RUDOLF STEINER

MIEKE MOSMULLER

RUDOLF STEINER

EINE SPIRITUELLE BIOGRAPHIE

OCCIDENT VERLAG

Aus dem Niederländischen
von Holger Niederhausen

2. Auflage Mai 2018

1. Auflage November 2011

ISBN 978-3 - 00- 036201-9
Alle Rechte vorbehalten
Copyright © Occident Verlag, Baarle Nassau 2011
Internet: www.occidentverlag.de
E-Mail. Info@occidentverlag.de
Umschlaggestaltung: Martijn Franssen
Umschlagabbildung: Rudolf Steiner, 1923
© Verlag am Goetheanum, Dornach

„*Ich bin nicht der Anschauung, daß geistiges Schauen nur als eine besondere Gabe für Ausnahmepersönlichkeiten erreichbar ist. Ich muß dieses Schauen für eine Fähigkeit der Menschenseele halten, die jeder sich aneignen kann, wenn er die zu ihr führenden seelischen Erlebnisse in sich wachruft.*"[1]

---

[1] Rudolf Steiner, „Von Seelenrätseln", GA 21, S. 109f.

Karma und Reinkarnation	482
Die neuen Mysterien, Die Freie Hochschule für Geisteswissenschaft	515
Die letzte Ansprache	523
Die Zeit des Krankenlagers, Anthroposophische Leitsätze	535

SIEBENTER TEIL, Der lebendige Rudolf Steiner

Abschied vom Erdenwirken	553
Nach dem 30. März 1925, Der lebendige Rudolf Steiner	561
Die Erscheinung des Christus in der ätherischen Welt	566
Der Grundstein	578
Nachwort	583
Literatur	585

VORWORT
Über die Methode

Im Jahr 2011, 150 Jahre nach der Geburt Rudolf Steiners, sind Bücher erschienen, Vorträge gehalten, Feste gefeiert worden. Viele haben über Rudolf Steiner gesprochen und geschrieben, auch außerhalb der anthroposophischen Kreise.

Auch ich wurde einige Male eingeladen, in Seminaren zu sprechen. Dadurch entstand wie von selbst eine Meditation des inneren Lebens Rudolf Steiners, zuerst an Hand seiner Autobiographie, später auch an Hand seiner eigenen Worte in Büchern und Vorträgen. Zugleich las ich auch die drei Biographien von Helmut Zander (*Rudolf Steiner. Die Biographie*), Miriam Gebhardt (*Rudolf Steiner. Ein moderner Prophet*) und Heiner Ullrich (*Rudolf Steiner. Leben und Lehre*). Vor allem „Die Biographie" von Helmut Zander war es, die mir das Erlebnis des Unterschiedes zwischen einem vorurteilsvollen Verfolgen von Rudolf Steiners Leben und einem kräftigen, erstaunenden Miterleben dieses Lebens brachte. Es hängt sehr viel davon ab, ob man von vornherein seine Meinungen hat, oder ob man echte Verwunderung empfinden kann, davon ausgehend, dass der Mensch, dessen Biographie man mitdenkt, erlebt, über sich selbst wahrhaftig geschrieben hat.

Die Frage, ob ich meine Erlebnisse, die ich durch die Seminare hatte, auch aufschreiben wolle, gab mir dann den Anlass zu dem vorliegenden Buch.

Grundlage ist das meditative Erleben des spirituellen Weges, wie Rudolf Steiner diesen in „Mein Lebensgang" beschrieben hat. Die hier vorliegende Biographie ist in zweifachem Sinne spirituell, denn ich habe mich auf den spirituellen Weg Rudolf Steiners beschränkt, und ich habe dies selbst in einer meditativen Art gemacht. Ich habe dabei nur diejenigen Zitate verwendet, die mich in den vergangenen 28 Jahren Anthroposophie so stark beeindruckt haben, die mir so lieb sind, dass ich sie in meiner Bibliothek ohne weiteres finden kann. Ich habe nicht im Internet gesucht. Da ich in der niederländischen Sprache

Franz Joseph, der zugleich „apostolischer König" von Ungarn war.

In Russland herrschte Zar Alexander II. (von 1855 bis 1881). In den Niederlanden war Willem III. von 1849 bis 1890 König, in Belgien regierte König Leopold I. von 1831 bis 1865.

1860 wurde die päpstliche Herrschaft durch die italienische Einigung bedroht. Papst Pius IX. führte den Kampf um den Vatikan. 1871 erhielt der Vatikan die Souveränität und die Immunität des Papstes zurück, jedoch ohne Territorium. Die Päpste Pius IX. bis Pius XI. erkannten dies nicht an und weigerten sich, sich außerhalb des Vatikans zu begeben (was erst 1929 durch Mussolini ein Ende fand).

In Amerika wurde von 1861 bis 1865 der Bürgerkrieg geführt, Abraham Lincoln war Präsident. Im Jahre 1865 wurde die Sklaverei der Schwarzen abgeschafft.

Wenn man diese politische und gesellschaftliche Konstellation auf sich wirken lässt, dann bekommt man nach und nach ein Bewusstsein des Kontextes, in dem der von seiner Geburt her unbekannte Mensch Rudolf Steiner aufwuchs.

Die erste europäische Eisenbahnlinie außerhalb Englands wurde erst 1935 eröffnet (Brüssel-Mecheln, wenige Monate darauf Nürnberg-Fürth). Zuvor gab es schon Bahnlinien für Pferdezüge, *elektrische* Züge liefen überhaupt erst ab 1881. Der Vater von Rudolf Steiner war Telegraphist bei der Österreichischen Südbahn. Züge, Stationen und Schienenwege spielten deshalb in dessen Kindheit eine große Rolle.

Aber wir wollen uns auch die unbefestigten, staubigen Wege vorstellen, die förmliche Kleidung der Männer und Frauen, den Umgang der Männer untereinander, der Frauen untereinander, den Umgang zwischen Männern und Frauen, zwischen Eltern und Kindern. Frauen hatten kein Stimmrecht und mussten bei der Hochzeit dem Manne Gehorsam geloben. Die Rolle des Glaubens und der Kirche in der Mitte des 19. Jahrhunderts dürfen wir nicht vergessen, ebenso wenig die Rolle des Adels, des Bürgertums, des Militärs, der Arbeiter. Es war das Viktorianische Zeitalter und der Beginn der Industrialisierung. Alles schien sich in dieser Zeit aber auch grundlegend zu verändern.

Es ist die Zeit von Richard Wagners „Musikdramen", mit der ersten

Premiere im Jahr 1836, „Das Liebesverbot", und einer der letzten im Jahr 1888, „Parsifal". Nietzsches erste Werke erschienen 1862: „Fatum und Geschichte" und „Willensfreiheit und Fatum", das erste große bekannte Werk 1872: „Die Geburt der Tragödie aus dem Geiste der Musik".

1808 wurde Friedrich Schlegel (ein Freund von Novalis) durch eine teilweise Übersetzung der Bhagavad Gita aus dem Sanskrit als Begründer der indischen Philologie in Deutschland bekannt.

Die Technik steht mit dem Bahnverkehr, der Telegrafie und der Schreibmaschine am Beginn einer großartigen neuen Epoche. In der Wissenschaft entdeckt man zum Beispiel in der Medizin die Mikroorganismen, das Phänomen der Infektion und die Bedeutung der Hygiene.

In der Politik entwickelt sich eine neue Art von Nationalismus. 1848 war das Kommunistische Manifest von Karl Marx erschienen.

Die Frauenemanzipation kam einige Jahrzehnte später ebenfalls stark auf. Aletta Jacobs war die erste weibliche Medizin-Studentin, sie bestand 1878 ihr Examen. Auf spirituellem Gebiet stand das öffentliche Auftreten von H. P. Blavatsky bevor, sie gründete 1875 die Theosophische Gesellschaft.

Einerseits gab es also noch die Tradition, die aus dem alten Europa kam: Könige, Kaiser, Adel, protestantische und katholische Kirche, Judentum, Reichtum und Armut, große Unterschiede durch Abstammung und Geschlecht. Andererseits stand dies alles zugleich schon auf tönernen Füßen.

In dieses wankende Gleichgewicht wurde das Kind Rudolf Steiner am 27. Februar 1861 bei Kraljevec, das im nördlichen Teil des heutigen Kroatien an der österreichischen Grenze zwischen den Flüssen Mur und Drau liegt, hineingeboren.

Mitleben mit diesem Mann können wir nur, wenn wir die Idee von Karma und Reinkarnation nicht von vornherein abweisen. In unserer Zeit ist dieser Gedanke ziemlich weit verbreitet und wird auch von vielen Menschen zumindest als eine Möglichkeit akzeptiert. In der Zeit Rudolf Steiners war dies absolut nicht der Fall. Zwar kam der Gedanke der Wiedergeburt in den östlichen Religionen vor, im Westen aber war es ein bizarrer Gedanke.

1780 war ein Werk von Gotthold Ephraim Lessing erschienen: „Die Erziehung des Menschengeschlechts". Darin kam dieser durch eine Art notwendiger Logik am Ende des Werkes zu dem Gedanken der Reinkarnation: Die Geschichte der Menschheit kann nur begriffen werden, wenn die Entwicklungen als Taten menschlicher, durch verschiedene Inkarnationen hindurch sich entwickelnder Individualitäten betrachtet werden.

Die Theosophische Bewegung führt dann das Prinzip von Reinkarnation und Karma in Europa ein. Aber es ist Rudolf Steiner gewesen, der diese Idee mit dem esoterischen Christentum verbunden hat. Christus selbst ist der einzige Mensch, der nur *ein* Leben auf Erden hatte und haben wird, weil Er ein übermenschlich-göttliches Wesen ist, das zur Entwicklung keiner Inkarnationen bedarf, sondern sich mit der Menschheit verbunden hat, um nach dieser einen Inkarnation einen ganz anderen Weg zu gehen als der gewöhnliche Mensch... Alle anderen Menschen sind Wesen, die sich reinkarnieren.

Wir müssen also eine Frucht von Rudolf Steiners Leben – die christliche Reinkarnations-Idee – zur Verfügung haben, wenn wir mit diesem außergewöhnlichen Mann, mit diesem außergewöhnlichen Leben wirklich mitleben, mitdenken, mitleiden, mittun wollen.

In den folgenden Kapiteln werde ich von dieser Idee von Reinkarnation und Karma ausgehen.

„Ich weiß, daß ich an der Geometrie das Glück zuerst kennen gelernt habe."

In Neudörfl ging Rudolf Steiner zur Grundschule. Es war ein kleines ungarisches Dorf, in dem sein Vater auf der Bahnhofsstation arbeitete. Als sie dorthin zogen, war Rudolf Steiner im achten Lebensjahr.

Etwas später, als er etwa acht Jahre alt war, durfte er von dem Hilfslehrer ein Buch über Geometrie leihen. „Wochenlang war meine Seele ganz erfüllt von der Kongruenz, der Ähnlichkeit von Dreiecken, Vierecken, Vielecken; ich zergrübelte mein Denken mit der Frage, wo sich eigentlich die Parallelen schneiden; der pythagoreische Lehrsatz bezauberte mich."[1]

Hieran hat der kleine Rudolf Steiner zum ersten Mal das Glück kennengelernt. Er schreibt dies selbst in seiner Autobiografie. Man könnte sagen, es sei unmöglich, dass so ein junges Kind sich damit beschäftige und sogar das größte Glück daran erlebe. Aber Kinder mit einer hohen Begabung, einer genialen Anlage, zeigen oft solche besonderen Vorlieben. So ging Mozart schon mit sieben Jahren auf eine lange Konzertreise, und mit dreizehn Jahren wurde er bereits Konzertmeister am Hof des Erzbischof Hieronymus von Colloredo in Salzburg. Von Einstein ist bekannt, dass er mit fünf Jahren von der magnetischen Kraft des Kompass' fasziniert war. Mit sechzehn Jahren dachte er bereits über ein Gedankenexperiment nach, das in seiner späteren Relativitätstheorie ganz ausgearbeitet wurde. Und so könnten wir noch viele Beispiele finden. Man sieht an so einem Kind die Vorzeichen der Genialität, einer großen Aufgabe. Das wird allgemein als richtig angenommen.

Aber bei Rudolf Steiner liegt diese Genialität auf einem ganz anderen Gebiet und ist dadurch weniger allgemein akzeptiert. In Rudolf Steiner geht diese hohe Begabung von früher Kindheit an einher mit einem Bewusstsein von der realen Existenz einer unsichtbaren Welt in der sichtbaren. Das Kind nahm diese unsichtbare Welt wahr.

---

[1] Mein Lebensgang. GA 28, S. 20f.

1. Teil, Der Philosoph

„Denn die Wirklichkeit der geistigen Welt war mir so gewiß wie die der sinnlichen. Ich hatte aber eine Art Rechtfertigung dieser Annahme nötig. Ich wollte mir sagen können, das Erlebnis von der geistigen Welt ist ebenso wenig eine Täuschung wie das von der Sinnenwelt. Bei der Geometrie sagte ich mir, hier *darf* man etwas wissen, was nur die Seele selbst durch ihre eigene Kraft erlebt; in diesem Gefühle fand ich die Rechtfertigung, von der geistigen Welt, die ich erlebte, ebenso zu sprechen wie von der sinnlichen. Und ich sprach so davon. Ich hatte zwei Vorstellungen, die zwar unbestimmt waren, die aber schon vor meinem achten Lebensjahr in meinem Seelenleben eine große Rolle spielten. Ich unterschied Dinge und Wesenheiten, „die man sieht" und solche, „die man nicht sieht"."[2]

Eine natürliche Hellsichtigkeit kommt wohl bisweilen vor, sie verschwindet oft mit dem Älterwerden, kann aber auch bleiben. In den Niederlanden kennen wir zum Beispiel den Paragnosten Gerard Croiset, der sogar bei polizeilichen Fahndungen um Hilfe gebeten wurde. Prof. Wilhelm ten Haeff betrachtete ihn als den Mozart oder Beethoven unter den Hellsehern. Er nannte ihn einen der paragnostischen „Superstars" des 20. Jahrhunderts.

Hier ist der physische Leib in geringerem Maße als gewöhnlich ein Hindernis für das „helle Sehen". Diese Veranlagung ist dann oft in der Familie verbreitet.

Es kann sein, dass bei Rudolf Steiner eine solche familiäre Veranlagung mitspielte; manche sagen, auch seine Mutter habe einige Veranlagung in dieser Richtung gehabt. In „Mein Lebensgang" ist hiervon jedoch in keiner Weise die Rede, das Kind Rudolf Steiner ist mit seinen „Dingen und Wesenheiten, die man nicht sieht", ganz allein.

In der Entwicklung dieses Kindes sehen wir jedoch noch etwas anderes. Von früher Kindheit an spielt für ihn die Frage nach dem Erkennen der Natur und dem Erkennen des Geistes, nach der Vertrauenswürdigkeit dieser beiden Formen des Wissens und ihrem Verhältnis zueinander die Hauptrolle. Es handelte sich also hauptsächlich *nicht* um eine Faszination an der geistigen (übersinnlichen) Wahrneh-

---

[2] Mein Lebensgang, S. 22.

mung, sondern um ein Ringen, das Übersinnliche und das Sinnliche beiderseits miteinander in Übereinstimmung zu bringen. Dies ist wirklich ein sehr großer Unterschied zu anderen Hellsehern, die ihre Gabe benutzen, um spirituelle Offenbarungen zu geben. Rudolf Steiner hat dies schließlich auch getan, aber erst nachdem die Frage nach dem exakten Erkennen, nach dem Zusammenhang beider Gebiete, wirklich bis auf den Grund untersucht und beantwortet war.

Was ist Hellsichtigkeit? Kurz gesagt: Ein Vermögen, nicht nur die Natur mit den Sinnen wahrzunehmen, sondern zugleich auch den Geist, wie er als Prozess und Wesenhaftes überall gegenwärtig ist, mit höheren Sinnesorganen wahrzunehmen, so dass ein komplettes „Weltbild" geschaut wird.
Wodurch aber ist bei der Mehrheit der Menschen diese Hellsichtigkeit *nicht* wirksam?
Der physische Leib mit dem Gehirn und den Sinnesorganen steht im Wege, er steht mehr und mehr zwischen der übersinnlichen und der sinnlichen Welt. In der alten Literatur finden wir noch in Bildern geschildert, wie die menschliche Geistseele auf dem Weg zu einer neuen Verkörperung den Trank des Vergessens aus dem Lethe-Fluss nehmen muss. Diesen passierte der Mensch auch schon, als er sich von der Erde löste, um *diese* völlig zu vergessen und sich in den höchsten Himmel, den „Sternenhimmel" ergießen zu können. Aber dann kommt der Ruf eines neuen Erdenlebens, man kehrt zurück, und man muss erneut „vergessen", man muss sein „Sternenbewusstsein" und dessen Inhalt vergessen und sich zu einer irdischen Persönlichkeit zusammenziehen, um frei auf Erden sein und wirken zu können. Einen zweiten Trank des Vergessens nimmt man aus der Lethe, diesmal, um den Himmel zu vergessen. Dieser „Himmel" wirkt noch fort im kleinen Kinde, bis es beginnt, „ich" zu sagen – aber es hat davon kein Bewusstsein, und man kann sich später an diese Zeit nicht erinnern.
Nun wird in den alten Schriften aber auch noch von einem anderen Trank gesprochen, den man aus der Quelle der Mnemosyne nehmen kann. Sie schenkt gerade die Erinnerung an die „Sternenwelt", aber man darf nur von ihr trinken, wenn die Seele *so* rein ist, dass dieses hohe, himmlische Wissen nicht durch irgendeine Unreinheit der Seele

beschmutzt wird. Eine *solche* Hellsichtigkeit ist nicht leiblicher Natur, beruht nicht auf einer allgemeinen Veranlagung. Die Anlage zu *dieser* Hellsichtigkeit stammt aus den Himmelshöhen, die durch jenen Einzelnen auf die Erde getragen werden dürfen, der rein genug dafür ist.

Die Zeit, in der Rudolf Steiner ein Kind war, war bereits eine Zeit des zunehmenden Materialismus. Die Körper waren längst nicht mehr so, dass sie die geistige Welt noch ungehindert hereinkommen lassen konnten. Nur ab und zu gab es einen Körper mit einer besonderen Durchlässigkeit. Bei Rudolf Steiner müssen wir uns vorstellen, dass sich in einem zeitgemäß dichten, menschlichen Leib eine Individualität inkarnieren wollte, die *so* von reiner Geisteskraft durchdrungen war, dass diese den Erdenwiderstand „übertönte". Eine Individualität, die als „Wesen" direkte Verwandtschaft mit der himmlischen Weisheit hat, kommt zur Erde und trinkt aus Mnemosyne, wodurch die Welt des Vorgeburtlichen sich erkennbar macht – mit einer geist-natürlichen Selbstverständlichkeit.

Die Individualität beginnt schon vom achten Lebensjahr an einen Weg, auf dem sie fortwährend nach einem harmonischen Hineintragen des Geistes in das irdische Bewusstsein strebte, nach Übereinstimmung zwischen der Geist-Erkenntnis und der Natur-Erkenntnis, nach einem Hinauftragen der Naturwissenschaft in das Sein des Geistes, wodurch sich eine Wissenschaft des Geistes entfalten kann. Es muss eine Individualität sein, die schon früher mit der Frage der Natur- und Geist-Erkenntnis gerungen hatte; die schon früher danach getrachtet hatte, das eine mit dem anderen in Beziehung zu bringen. Eine Individualität, die eine große Verwandtschaft mit der reinen menschlichen Intelligenz hat; die diese sowohl aus dem himmlischen als auch aus dem irdischen Gebiet durch und durch kennt. Eine Individualität, die, erfüllt von diesen Erfahrungen, durchglüht von diesem Streben, sich nun mit einer immer mehr aufhellenden Erinnerung daran inkarniert. Jeder Schritt dieser Aufhellung geht einher mit einem Ringen darum, das Geist-Erkennen mit der Naturerkenntnis zu verbinden, in einen Austausch zu bringen.

Eine erste Äußerung dieses Ringens, eines positiven Ringens, finden wir in Steiners Beschäftigung mit der Geometrie. Wir sehen einen Jungen, der nur mit einiger Mühe in die exakte sinnliche Wahrnehmung vordringt, wodurch auch das Schreibenlernen sehr langsam geht; der jedoch schnell lesen lernt und der sich mit der größten Leichtigkeit in Gedankengängen aller Art zuhause fühlt; der in einer kindlichen Welt mit Dingen lebt, die man sieht und die man nicht sieht, und der in der Geometrie eine erste Verbindung zwischen dem findet, was man sieht und was man nicht sieht.

1913 hielt Rudolf Steiner einen autobiografischen Vortrag über seine Kindheits- und Jugendjahre. Darin sagt er über seine Hellsichtigkeit das Folgende. Er spricht in der dritten Person über Rudolf Steiner.[3]

„Da saß er eines Tages in jenem Wartesaale ganz allein auf einer Bank. In der einen Ecke war der Ofen, an einer vom Ofen abgelegenen Wand war eine Tür; in der Ecke, von welcher aus man zur Tür und zum Ofen schauen konnte, saß der Knabe. Der war dazumal noch sehr jung. Und als er so dasaß, tat sich die Tür auf; er mußte es natürlich finden, daß eine Persönlichkeit, eine Frauenspersönlichkeit, zur Türe hereintrat, die er früher nie gesehen hatte, die aber einem Familiengliede außerordentlich ähnlich sah. Die Frauenspersönlichkeit trat zur Türe herein, ging bis in die Mitte der Stube, machte Gebärden und sprach auch Worte, die etwa in der folgenden Weise wiedergegeben werden können: „Versuche jetzt und später, so viel du kannst, für mich zu tun!" Dann war sie noch eine Weile anwesend unter Gebärden, die nicht mehr aus der Seele verschwinden können, wenn man sie gesehen hat, ging zum Ofen hin und verschwand in den Ofen hinein. Der Eindruck war ein sehr großer, der auf den Knaben durch dieses Ereignis gemacht worden war. Der Knabe hatte niemanden in der Familie, zu dem er von so etwas hätte sprechen können, und zwar aus dem Grunde, weil er schon dazumal die herbsten Worte über seinen dummen Aberglauben hätte hören müssen, wenn er von diesem Ereignis Mitteilung gemacht hätte.

Es stellte sich nach diesem Ereignis nun folgendes ein. Der Vater, der sonst ein ganz heiterer Mann war, wurde nach jenem Tage recht traurig, und der Knabe konnte sehen, daß der Vater etwas nicht sagen wollte, was er wußte. Nachdem nun einige Tage vergangen waren und

---

[3] Autobiografischer Vortrag vom 4.2.1913, Beiträge zur Gesamtausgabe Nr. 83/84, S. 5ff.

ein anderes Familienglied in der entsprechenden Weise vorbereitet worden war, stellte sich doch heraus, was geschehen war. An einem Orte, der für die Denkweise der Leute, um die es sich da handelt, recht weit von jenem Bahnhofe entfernt war, hatte sich in derselben Stunde, in welcher im Wartesaale dem kleinen Knaben die Gestalt erschienen war, ein sehr nahestehendes Familienglied selbst den Tod gegeben. Dieses Familienglied hatte der Knabe nie gesehen; er hatte auch nie sonderlich viel von ihm gehört, weil er eigentlich in einer gewissen Beziehung – das muß auch hervorgehoben werden – für die Erzählungen der Umgebung etwas unzugänglich war; sie gingen bei dem einen Ohr hinein, bei dem anderen wieder hinaus, und er hatte eigentlich nicht viel von den Dingen gehört, die gesprochen worden sind. So wußte er auch nicht viel von jener Persönlichkeit, die sich da selbst gemordet hatte. Das Ereignis machte einen großen Eindruck, denn es ist jeder Zweifel darüber ausgeschlossen, daß es sich gehandelt hat um einen Besuch des Geistes der selbstgemordeten Persönlichkeit, die an den Knaben herangetreten war, um ihm aufzuerlegen, etwas für sie in der nächsten Zeit nach dem Tode zu tun. Außerdem traten ja die Zusammenhänge dieses geistigen Ereignisses mit dem physischen Plan, wie soeben erzählt worden ist, in den folgenden Tagen gleich stark zutage.

Nun, wer so etwas in seiner frühen Kindheit erlebt und es nach seiner Seelenanlage zu verstehen suchen muß, der weiß von einem solchen Ereignisse an – wenn er es eben mit Bewußtsein erlebt –, wie man in den geistigen Welten lebt. Und da nur an den unmittelbar notwendigen Punkten das Hereinleuchten der geistigen Welten besprochen werden soll, so soll hier gleich angedeutet werden, daß von jenem Ereignisse ab für den Knaben ein Leben in der Seele anfing, welchem sich durchaus diejenigen Welten offenbarten, aus denen nicht nur die äußeren Bäume, die äußeren Berge zu der Seele des Menschen sprechen, sondern auch jene Welten, die hinter diesen sind. Und der Knabe lebte etwa von jenem Zeitpunkte ab mit den Geistern der Natur, die ja in einer solchen Gegend ganz besonders zu beobachten sind, mit den schaffenden Wesenheiten hinter den Dingen, in derselben Weise, wie er die äußere Welt auf sich wirken ließ."

Wenn wir uns nun einmal vorstellen, dass es hier also nicht um eine "gewöhnliche" Hellsichtigkeit geht, sondern um ein erinnertes vorgeburtliches geistiges Erleben, das durch dieses intensive Erlebnis der geistigen Erscheinung einer Verstorbenen kraftvoll in das kindliche Bewusstsein gebracht wird; wenn wir uns weiterhin vorstellen, dass so etwas nicht „zufällig" bei jedem beliebigen Menschenkind auftritt, sondern dass es ein sorgfältig vorbereitetes Geschehen ist, das nur bei *dieser* einen Individualität, mit dieser bestimmten Vorgeschichte und auf diese Weise geschehen kann; dann können wir ein Bild einer geistigen Individualität mit einer beeindruckenden Vorgeschichte formen, die mit einem sicheren Bewusstsein des Geistes in das Erdenleben hineinkommt und deren wesentliche Aufgabe in *allen* Inkarnationen ist, den Weg für eine weitere Entwicklung der menschlichen Intelligenz zu bahnen.

1912 hat Rudolf Steiner in Berlin Vorträge gehalten, die in der Gesamtausgabe unter dem Titel „Der irdische und der kosmische Mensch" erschienen sind. Darin zeigt er am Beispiel einer Reihe von Inkarnationen, wie eine Individualität in jeder Inkarnation dasselbe vollbringt, jedoch jeweils in einer Metamorphose, die zu der betreffenden Zeit passt. Er sagt dann in dieser Besprechung jener Individualität, die in dem Renaissance-Maler Raffael lebte:[4]

„Dafür, daß das Werk Raffaels nicht untergehe, trotzdem das, was Raffael auf die Wände gemalt hat, untergeht, dafür kann Raffael selber sorgen, wie er dafür gesorgt hat, daß das andere nicht untergegangen ist. Ja, wir können sagen: Wie er gesorgt hat, daß eine neue Art dessen, was er den Menschen einst zu verkünden hatte, wiederauferstanden ist, so wird er dazu immer wieder imstande sein, in seinen folgenden Wiederverkörperungen.

So vermag die menschliche Individualität dasjenige weiterzutragen, was sie einmal geleistet hat, durch die Sphäre der Ewigkeit."

*

Dasselbe gilt dann auch für die Individualität in Rudolf Steiner selbst.

---

[4] Vortrag vom 2.5.1912, GA 133, S. 94.

1. Teil, Der Philosoph

Nannte er Raffael in all seinen Inkarnationen einen „Herold des Christentums", so könnte man die Individualität Rudolf Steiners als die Verkörperung der kosmischen Intelligenz in der irdischen Intelligenz betrachten – jeweils in jener spezifischen Entwicklung des Verhältnisses beider Formen der Intelligenz, die der betreffenden Inkarnation und ihrer Zeit entspricht. In diesem Sinne bringt diese Individualität das entsprechende Verhältnis jedes Mal selbst mit, braucht dies nicht von anderen zu lernen, weil es *ihr Wesen* ist.

Wenn man die Inkarnationen Rudolf Steiners einmal auf diese Weise miterlebt, dann sieht man in der Entwicklung seines Lebens und Wirkens eine reine „Inkarnation" des Verhältnisses zwischen kosmischer und irdischer Intelligenz – in einer Zeit, in der das Irdische die absolute Oberhand zu bekommen droht und in der man das Kosmische zu vergessen droht, während gerade in *dieser* Zeit die Möglichkeit entsteht, die einsame irdische Intelligenz (die ausschließlich in der Naturwissenschaft entfaltet wird) mit der ursprünglichen kosmischen Intelligenz zu verbinden. Dies *tut* Rudolf Steiner. Ich rufe den Leser auf, einmal den Gedanken zuzulassen, dass er dies nicht nur *tut*, sondern dass dieses „Tun" auf der konkreten Erscheinung seines eigentlichen Wesens beruht, das so unmittelbar mit der Intelligenz verbunden ist. In meinem Buch „Der lebendige Rudolf Steiner" habe ich bereits einen Versuch gemacht, dies vorsichtig anzudeuten. Ich will nun versuchen, diese Sicht weiter zu vertiefen. Anhand von Rudolf Steiners eigenen Beschreibungen in „Mein Lebensgang" ist diese Sicht für jeden zu beweisen, der miterleben will. Er spricht dies in seiner Autobiografie eigentlich sehr deutlich aus, nur nicht unmittelbar. Man kann eine vollkommen harmonische Linie finden, in der das eigentliche Wesen Rudolf Steiners sich in sich selbst erkennt, und damit erfüllt er seine Aufgabe in einer für den Beginn des 20. Jahrhunderts charakteristischen Form.

*

Der achtjährige Junge lernt also die Geometrie kennen und erlebt mit seinem Kindesbewusstsein das Glück rein im Innern lebender Gedanken, als rein innerlich angeschaute Formen.

„Ich weiß, daß ich an der Geometrie das Glück..."

„In meinem Verhältnisse zur Geometrie muß ich das erste Aufkeimen einer Anschauung sehen, die sich allmählich bei mir entwickelt hat. Sie lebte schon mehr oder weniger unbewußt in mir während der Kindheit und nahm um das zwanzigste Lebensjahr herum eine bestimmte, vollbewußte Gestalt an.
Ich sagte mir: die Gegenstände und Vorgänge, welche die Sinne wahrnehmen, sind im Raume. Aber ebenso wie dieser Raum außer dem Menschen ist, so befindet sich im Innern eine Art Seelenraum, der der Schauplatz geistiger Wesenheiten und Vorgänge ist. In den Gedanken konnte ich nicht etwas sehen wie Bilder, die sich der Mensch von den Dingen macht, sondern Offenbarungen einer geistigen Welt auf diesem Seelen-Schauplatz. Als ein Wissen, das scheinbar von dem Menschen selbst erzeugt wird, das aber trotzdem eine von ihm ganz unabhängige Bedeutung hat, erschien mir die Geometrie. Ich sagte mir als Kind natürlich nicht deutlich, aber ich fühlte, so wie Geometrie muß man das Wissen von der geistigen Welt in sich tragen." [5]

Hieraus spricht bereits deutlich dasjenige, was die erkenntnistheoretische Grundlage der späteren Anthroposophie kennzeichnet. Es ist sehr leicht zu sagen: Ach, das hat er später alles hinzugedacht, so dass sein Leben und Werk eine schöne „Oper" wird.[6] Weniger leicht, aber ehrlich und wahrhaftig ist es, zunächst vollkommen verwundert und unbefangen auf dieses Kind zu schauen, was es erlebt, wie es damit umgeht. Und dann zu bemerken, wie *darin* die ewige Individualität auf ihrem Wege in das erwachsene Alter wiedererkannt werden kann.

---

[5] Mein Lebensgang, S. 21.
[6] vgl. Helmut Zander: Rudolf Steiner. Die Biographie. Piper Verlag 2011.

„Mir steht ... stark dieses vor der Seele, wie die Anschauung des Kultus in Verbindung mit der musikalischen Opferfeierlichkeit vor dem Geiste in stark suggestiver Art die Rätselfragen des Daseins aufsteigen läßt. ... Von Anfang an war mir das alles nicht eine bloße Form, sondern tiefgehendes Erlebnis."[7]

Es ist noch immer die Grundschulzeit, die hier beschrieben ist. Es liegt keineswegs in meiner Absicht, Rudolf Steiner zu einem „Gott" zu erheben, der ausschließlich alles vollkommen gemacht hätte. In seinem Lebenslauf wird ein echter *Mensch* sichtbar, aber als Inkarnation einer Individualität, die in Bezug auf die Bewusstseinsentwicklung der übrigen Menschheit vorausgeht – und die dies schon immer tat. Eine Individualität, die daher in ihrem *Wesen* das Merkmal eines Eingeweihten trägt: In jedem Erdenleben zeigt sie, wie der Mensch sich optimal entwickeln kann, in Bezug auf die Intelligenz und moralisch.

Wenn es solche Menschen nicht gäbe, müsste die Menschheit ohne äußere Lehrer zurechtkommen. Nicht zu einem Gott will ich Steiner erheben, aber in ihm einen Menschen sehen, der sich so entwickelt, wie es für den Menschen optimal möglich ist. Es ist schwer, in Worte zu fassen, dass man dies als ein *Wesensmerkmal* dieses Menschen ansehen kann. So wie Raffael ein Herold für Christus war, ist und sein wird, so ist Rudolf Steiner Träger der Entwicklung der bewussten Intelligenz im optimalen Sinne. Deshalb kann seine Sprache nicht anders als *begreiflich* sein und spricht er nicht in Rätseln oder schwer zu ergründenden Symbolen; nicht in unbegreiflichen Lauten oder Sprüchen. Es hängt mit dem Wesen Rudolf Steiners zusammen, dass er immer verständlich für seine (entwickelten) Zeitgenossen gesprochen und geschrieben hat.

Als Junge erlebte er das Anschauen und Erleben des (katholischen) Kultus und der feierlichen Kirchenmusik als ein tiefgehendes Geschehen. Wenn man den Kultus ernst nimmt und hier einmal besinnend innehält, kann man begreifen, dass im Kultus vor den Augen der

---

[7] Mein Lebensgang, S. 28.

Gläubigen etwas gezeigt wird, durch Wort und Ritual, was nicht von der Erde, sondern vom „Himmel" stammt. In unserer Zeit ist der katholische Kultus profan geworden, in der Mitte des 19. Jahrhunderts war dies noch nicht der Fall. In der heiligen Messe wurde am Altar etwas „vorgemacht", was eigentlich in der geistigen Welt geschieht.

Es ist dann auch sehr begreiflich, dass der Junge, der so sehr in „den Dingen, die man nicht sieht" lebte, davon tief beeindruckt war. So wie die Geometrie für ihn Formen waren, die rein innerlich geformt werden konnten, so war der Kultus ein Geschehen in der geistigen Welt, das sinnlich wahrgenommen werden konnte. Geometrie: sinnliche Formen, die sinnlichkeitsfrei gedacht werden konnten; Kultus: sinnlichkeitsfreies, rein geistiges Geschehen, das sich vor den Sinnen abspielt.

In der Grundschulzeit des Jungen finden wir also diese zwei Extreme des inneren Lebens: Geometrie und Kultus. Rudolf Steiner erzählt auch, wie fasziniert er später, als er zur Mittelschule ging, von den Zisterzienser-Patern war. Wenn er – so sagt er – auf das Gymnasium geschickt worden wäre, wäre die Wahrscheinlichkeit groß gewesen, dass er das Zisterziensergewand angenommen hätte.

Es gibt also in dieser zweiten Periode von sieben Jahren eine innige Verbindung mit der Religion, obwohl er diese zuhause überhaupt nicht mitbekam und darüber zuhause auch nicht einmal sprechen konnte. Ein großer christlicher Denker des 13. Jahrhunderts hat über das Sakrament der Kommunion das Folgende geschrieben:[8]

> „Im Hinblick auf das sakramentliche Zeichen war das höchste Vor-Bild dieses Sakramentes die Opfergabe des Melchisedek, der Brot und Wein darbrachte. Im Hinblick aber auf den das Todesleiden erduldenden Christus selbst, welcher in diesem Sakramente gegenwärtig ist, waren Vor-Bild alle Opfer des alten Bundes, vor allem das Sühneopfer, welches das feierlichste war. Im Hinblick aber auf die Frucht war das vornehmste Vor-Bild das Manna, welches „alle

---

[8] Thomas von Aquin, Sentenzen über Gott und die Welt. Zusammengestellt, verdeutscht und eingeleitet von Joseph Pieper, Johannes Verlag Einsiedeln, Trier, S.361 f.

Süßigkeit in sich enthielt" (Wsh 16,20), wie auch die Gnade dieses Sakramentes in allem den Geist erquickt. – Das Osterlamm aber hat dieses Sakrament vorgebildet in jeder der drei Beziehungen. In der ersten: weil es gegessen wurde mit den ungesäuerten Broten gemäß dem Worte: „Sie sollen das Fleisch essen und ungesäuertes Brot." (Ex. 12,8); in der zweiten: weil es geopfert wurde vom ganzen Volk der Söhne Israels am vierzehnten Tage des Mondes, dies aber war ein Vor-Bild des Todesleidens Christi, der wegen seiner Schuldlosigkeit ein Lamm genannt wird; in Bezug auf die Frucht des Sakramentes: weil die Söhne Israels durch das Blut des Osterlammes geschützt wurden vor dem Würgeengel und herausgeführt aus der ägyptischen Gefangenschaft. Demgemäß gilt das Osterlamm als das vornehmlichste Vor-Bild dieses Sakraments, das in ihm in jeglicher Hinsicht sein Gleichnis hat.
(...)
Dieses Sakrament hat aus sich selbst die Kraft, die Gnade mitzuteilen. Und niemand hat die Gnade, bevor er dieses Sakrament empfangen hat, wenigstens kraft des Gelöbnisses, es zu empfangen – entweder aus Eigenem, wie bei den Erwachsenen, oder aus dem Willen der Kirche, wie bei den Unmündigen."

Aus derselben Hand sind auch die folgenden Worte:[9]

„Wie sehr es auch nur ein Winziges ist, das der erkennende Geist an Gotteserkenntnis zu fassen vermag: es ist doch sein letztes Ziel, mehr als die vollkommene Erkenntnis des niederen Erkennbaren.

So viel der Mensch sich der Ergründung der Weisheit hingibt, so viel hat er schon Anteil an der wahren Glückseligkeit."

Hier spricht ein Mensch, der im Mittelalter mit der Entwicklung des Erkenntnisvermögens und dem Finden der richtigen Position darin gerungen hat: Wie weit kann (*darf*) ein Mensch in der Erkenntnis Gottes kommen, wie steht dies in Beziehung zur Erkenntnis der Na-

---

[9] Ebd., S. 225.

tur? Was ist die menschliche Intelligenz, wie muss man sie im Verhältnis zur göttlichen Intelligenz betrachten?

Er kommt, als großer katholischer Denker, nicht zu einer völligen Trennung von Wissenschaft und Glauben. Er sagt, dass uns die höchste Wirklichkeit nicht deshalb unzugänglich ist, weil sie selbst die Finsternis, sondern weil die unerschöpfliche Fülle ihres Lichtes die natürliche Kraft unseres Geistes übersteigt: Um sie zu fassen, muss man die standhafte Sehkraft des Adlers haben. Das ist eine völlig andere Sicht als die eines seiner arabischen Zeitgenossen. Thomas von Aquino hat hierüber das Folgende geschrieben:[10]

„Unter allen Irrtümern ist der schmählichste der, der die Intelligenz betrifft, durch die wir doch befähigt sind, Irrtümer zu vermeiden und die Wahrheit zu erkennen. Geraume Zeit schon hat sich diese irrige Anschauung von der Intelligenz bei vielen eingebürgert, und zwar ihren Ursprung nehmend von gewissen Aussprüchen des Averroes, in denen man sich zu behaupten bemüht: „Die Intelligenz sei eine von der menschlichen Seele völlig abgetrennte Wesenheit und sie sei eine und dieselbe in allen Menschen." Wobei man sich besonders darüber wundern muß, daß diese Ansicht von Menschen stammt, die Peripatetiker sein wollen und es lieber auf sich nehmen, mit Averroes auf Abwegen zu gehen, als mit den übrigen Peripatetikern, ja mit Aristoteles selbst die Wahrheit zu wissen. Denn es geht doch aus dieses selben Aristoteles Worten ganz einwandfrei und deutlich hervor, daß *dieses* seine Ansicht über die Intelligenz der menschlichen Seele gewesen ist, durch die sie Ideen erfaßt und Einsichten ausbildet: Nämlich: Erstens, daß sie ein Teil der Seele ist. – Zweitens, daß sie nicht ein Teil des Körpers ist, noch irgend ein körperliches Organ besitzt, wie die übrigen Seelenkräfte. – Drittens, daß man sie mit Recht als vom Körper getrennt betrachtet, und sie ihm von außen her zukommt, da sie nicht aus der Materie hervorgeht, von der sie völlig unabhängig ist, sondern daß sie aus edlerem Ursprung hervorgeht, wie auch andere die Materie überragende Wesenheiten. – Viertens, daß nichts die Intelligenz

---

[10] Wilhelm Rath: Rudolf Steiner und Thomas von Aquino. Perseus Verlag Basel, 2009, S. 79ff.

hindert, die Materie zu überdauern, zumal eben ihre eigentliche Wirksamkeit völlig unabhängig vom Körper ist usw.

Nimm noch hinzu, daß auch andere Peripatetiker noch bezeugen, daß dies die Meinung des Aristoteles gewesen sei, wie von den Griechen deutlich aussprechen: Themistius, Theophrast und Alexander Aphrodisius, von den Arabern aber Avicenna und Algazel, die alle auch dasselbe bewähren, und zwar mit Recht: Daß, wenn man nämlich die Intelligenz nicht als so vereint mit dem Menschen betrachten könne, daß sie ganz und gar eins sei mit der Seele, und zwar ihr wesentlichster Teil, die Intelligenz 1. auch nicht *das Wesentliche* bedeuten könnte, daß der Mensch sich selbst intelligent nennen darf, wodurch er sich doch allein von den Tieren unterscheidet. – 2. Es gäbe dann im Menschen auch keinen aus der Intelligenz hervorgehenden bewussten Willen, und dadurch würde alle Moralphilosophie mundtot gemacht sein. – 3. Es könnte auch nichts darüber ausgemacht werden, wie eigentlich eine solche völlig von der Seele getrennte Intelligenz durch die Phantasmen in der Weise affiziert werden kann, daß man *hier* etwas wirklich begreift, *dort* aber nicht?

Aber auch die andere Behauptung: „die Intelligenz sei der Zahl nach nur *eine* in allen Menschen" erscheint aus vielfachem Grunde unmöglich. Denn hieraus würde ja erstens folgen, daß *dieser* einzelne Mensch gar nicht etwas anderes wäre als *jener* einzelne Mensch, sondern daß *alle* Menschen nur *ein* Mensch wären und *allen* der Zahl nach nur *eine* Seele innewohne. – Weiterhin würde mit Notwendigkeit folgen, daß für alle Menschen es nur *ein* Verstehen gäbe, nämlich so, daß wenn *ich* einen Stein begreifend erfasse, *du* ihn ganz gleich zur selben Zeit und in derselben Weise auch begreifen müßtet. Das stimmt aber mit der Erfahrung nicht überein. Hat doch auch Aristoteles die menschliche Intelligenz nicht wie Plato der Sonne verglichen, sondern dem Sonnenlichte, wie Themistius ausführt in seinem Kommentar über die Seele: Es ist recht, wenn man eine erste allerleuchtende Intelligenz annimmt, dann aber auch solche Intelligenzen, die selbst wiederum leuchten. Denn wenn auch die Sonne *eine* ist, so wird das Licht, das von ihr ausgeht, gleichsam abgegliedert und losgerissen von ihr und somit in

viele Augen auseinandergeteilt.
Es liegt also auf der Hand, wie falsch Averroes gesprochen hat: Alle griechischen und arabischen Philosophen außer den lateinischen allein hätten behauptet: „Es gäbe nur *eine* Intelligenz in allen Menschen." Nicht geringere Anmaßung ist es, wenn er es wagt, das folgende zu behaupten: Nicht einmal Gott könne es bewirken, daß mehrere Intelligenzen bestehen. – Und das Allerschlimmste, wenn er sagt: „Aus der Vernunft schließe ich mit Notwendigkeit, daß die Intelligenz nur *eine* sei, am Gegenteil aber halte ich mit dem Glauben fest." – Als ob man etwas glauben könne, dessen Gegenteil mit Notwendigkeit geschlossen werden muß. Denn was mit Notwendigkeit geschlossen werden kann, ist auch mit Notwendigkeit wahr. Dessen Gegenteil aber mit Notwendigkeit falsch und unmöglich. Aus seinen Aussprüchen würde also folgen, daß unser Glaube sich beziehe auf etwas Falsches und Unmögliches, was auch Gott nicht bewirken könne. Das aber können die Ohren wahrhaft Gläubiger nicht vertragen."

Averroes behauptet also, dass die Intelligenz getrennt von der Seele lebe und für alle Wesen ein und dieselbe sei, dass sie sich in den Menschen nur ausstülpe, ohne je Teil des Menschen zu werden.
Für Thomas von Aquino, diesen großen christlichen Denker, gilt also nicht, dass die Naturerkenntnis logisch, die Glaubenserkenntnis unlogisch sei, so dass man daran nur glauben könne. Für ihn gilt, dass der menschliche Geist zu *schwach* ist, um die göttliche Erkenntnis aufzunehmen: dass dieser also stärker werden muss und kann und so immer mehr Erkenntnis Gottes empfangen kann. So wie die standhafte Sehkraft des Adlers muss der Geist werden.
Es ist Thomas von Aquino, der dies gesagt hatte, im Streit mit Averroes. Es kommt darauf an, dass wir begreifen, dass Thomas von Aquino in der Erkenntnis des Göttlichen die höchste Glückseligkeit sieht, die der Mensch bereits schmecken kann, auch wenn diese Erkenntnis noch so nichtig ist.
Das menschliche Denken wird in dieser Zeit immer mehr auf die Natur gerichtet, die Intelligenz wird immer „menschlicher". Aber Thomas ringt mit dem richtigen Verhältnis zwischen der Erkenntnis

Gottes und der Naturerkenntnis, zwischen der Intelligenz, die das Göttliche erkennen kann, und der Intelligenz, die die Natur erkennen kann. Er hat in sich den Impuls, mit der immer menschlicher werdenden Intelligenz trotzdem noch die göttliche Offenbarung begreifend zu durchdringen. Beispiele hierfür sind seine Untersuchungen des Prologs des Johannesevangeliums, in denen er mit Hilfe der Kategorienlehre von Aristoteles Wort für Wort den Text zu vertiefen und zu ergründen versucht.

In der Zeit von Thomas von Aquino beginnt die Trennung zwischen Wissenschaft und Glauben, aktuell zu werden. In den älteren Zeiten brauchte man diese Trennung nicht, weil das Wissen gläubig war und der Glaube kein Glaube, sondern ein mehr oder weniger direktes Anschauen des Göttlichen. Dieses direkte Anschauen verblasste zugunsten des Verstandes, und in dieser Zeit von Thomas beginnt die Verstandesentwicklung – und damit eine *Natur*wissenschaft –, die Oberhand zu gewinnen. Gott ist nicht mehr anzuschauen, seine Existenz muss „geglaubt" werden. Der Verstand nimmt immer mehr die rationale Form an, die wir heute kennen. Diese Ratio kann nicht hinnehmen, dass Wunder möglich seien (Wunder im Sinne eines Durchbrechens von Naturgesetzen).

Im Anbruch dieser Entwicklung lebt Thomas, und er setzt sein ganzes Wesen ein, um sich der richtigen Verbindung zwischen Ratio, Verstand und Glaube bewusst zu werden und diese in Worten auszudrücken. Er kämpft dabei mit Extremen, wie sie in den Auffassungen von Averroes, aber auch Siger von Brabant leben. Später ist auch Johannes Duns Scotus ein Vertreter dieses extremen Standpunktes.

In den Auffassungen Siger von Brabants geht es um Folgendes: Theologisch gesehen kann die Kirche die Wahrheit finden, während sie wissenschaftlich gesehen in einem Irrtum lebt. Es gibt eine doppelte Wahrheit: die Wahrheit der übernatürlichen Welt und die Wahrheit der natürlichen, *die zu der übernatürlichen im Widerspruch steht.* Solange wir Wissenschaft betreiben, können wir glauben, dass das Christentum Unsinn sei, aber wenn wir uns dann erinnern, dass wir Christen sind, müssen wir annehmen, dass das Christentum wahr ist, *selbst wenn es Unsinn ist.* Duns Scotus vertritt diesen Standpunkt auf eine edlere Weise, indem er annimmt, dass der Wille Gottes absolut unergründlich und (für uns) nicht rational ist, wodurch unsere Intelligenz nie imstande sein wird, etwas von Gott zu begreifen, und wir nur *glauben* können:[11]

> „Es gibt kein Vernunftargument für das, was des Glaubens ist.;
> *ad ea, quae fidei sunt, ratio demonstrativa haberi non potest.*"

Josef Pieper gibt hier diesen Satz auf Lateinisch wieder, als wäre es die Antwort von Duns Scotus. Im folgenden Absatz gibt er jedoch zu, dass dieser Satz in Wirklichkeit nicht von Duns Scotus stammt, sondern von ... Thomas von Aquino.
Pieper schreibt:

> „...es scheint mir wichtig, deutlich zu machen, dass ein so überlegener Kopf wie Thomas von Aquin offenbar keine Schwierigkeit darin sieht, das von Duns Scotus formulierte Prinzip ausdrücklich anzuerkennen und dennoch nicht zu verzichten auf die Verknüpfung des Geglaubten mit dem Gewussten. Denn dies bleibt bestehen: Thomas und Duns Scotus haben gerade über die wechselseitige Zuordnung von *fides* und *ratio* radikal verschiedene Ansichten – obwohl beide darin übereinstimmen, dass die menschliche Vernunft niemals an das Geheimnis der göttlichen Freiheit zu rühren vermag, in welchem sowohl die Schöpfung ihren Grund und Ursprung hat, wie auch alles, was der Glaube Erlösung und Begnadung nennt."

Man könnte denken, auch Thomas von Aquino komme am Ende seines Lebens zu dem Schluss, dass das Streben des Verstandes eitel sei. Schließlich bricht der Traktat über die Sakramente in der „Summa theologiae" mittendrin ab; Thomas bricht hier das gesamte Werk ab, nachdem er eine großartige Ekstase erlebt hatte, eine „Begegnung mit Christus". Er will kein Wort mehr schreiben: „Alles, was ich geschrie-

---

[11] Josef Pieper: Scholastik. Kösel Verlag, 1991. S. 195f.

ben habe, kommt mir wie Spreu vor."

Mit anderen Worten: Das eigentliche Korn habe ich nicht in meine Worte bringen können.

Das bedeutet nicht, dass der Wahrheitsgehalt der Spreu ein anderer sei als der des Korns. Beide entspringen derselben Wachstumskraft, derselben Formkraft, derselben Pflanze. Die Spreu jedoch kann nicht weiter verwendet werden, sie hat keine Keimkraft. Das Korn hat eine doppelte Wirkung: Es kann als Keim *und* als Nahrung dienen.

Es ist deutlich, dass Thomas nicht zwei entgegengesetzte Wahrheitswelten sieht, sondern nur eine. Nur ist der menschliche Verstand und das Wort wie Spreu, es kann die Glorie des Göttlichen nicht in sich aufnehmen, erst recht nicht verbreiten.

Man sieht, wie hier eine großartige Individualität ihr Wesen auf die Erde zu bringen versucht, so vollkommen, wie es geht – aber es geht nur so weit, wie die betreffende Zeit es zulässt. Die „Zeit" besteht aus dem Status der Menschheitsentwicklung im allgemeinen und den mit- und entgegenwirkenden Kräften und Individualitäten auf Erden im besonderen. Ein wichtiger hemmender Faktor war die dogmatische Lehre der katholischen Kirche. Als Vertreter dieser Kirche konnte Thomas seine Intelligenz einsetzen, um die Offenbarungen (die Heilige Schrift) zu ergründen. Die Ekstase war ein anderer Prozess, eine heilige Glaubenshingabe ohne intelligenten Inhalt. In diesem Sinne hielt Thomas von Aquino Wissenschaft (in diesem Fall Theologie) und Glauben ebenfalls strikt getrennt. Aber das bedeutet nicht, dass in der Ekstase eine andere, gegenteilige Wahrheit wirken würde als in der Wissenschaft. Es geht um Spreu und Korn, zwei Aspekte derselben Wahrheit.

Es ist außergewöhnlich bereichernd, diese verschiedenen Standpunkte erlebend zu durchdenken und dann zu erfahren: In Thomas von Aquino lebt nicht nur ein Mensch, der mit seiner Zeit, mit den herrschenden Auffassungen und Möglichkeiten ringt. Man „sieht", wie da zugleich etwas auf Erden erscheinen will, was von allgemeinmenschlicher Bedeutung ist. Das Verhältnis zwischen göttlicher Intelligenz und menschlicher Intelligenz will hier so konkret wie möglich zu Bewusstsein gebracht werden. Und sichtbar will werden, wie in die

Zukunft hinein die göttliche Intelligenz, die „vermenschlicht", mit dem Ursprung in Verbindung gehalten werden kann: wie das „Reich der Himmel" auf Erden bewusst werden kann. Gleichsam ein offenes Ende ist das Leben von Thomas. Die höchste göttliche Wirklichkeit und die irdische Moral werden von ein und derselben Wahrheit getragen. Aber der Verstand und das gesprochene Wort verhalten sich zu der höchsten göttlichen Wirklichkeit wie die Spreu zum Korn. Die „unerschöpfliche Fülle des Lichts" überwältigt die reine menschliche Intelligenz.

Kann diese schwache menschliche Intelligenz in Entwicklung gebracht werden? Gibt es eine Möglichkeit, sie mehr und mehr in Übereinstimmung mit der unerschöpflichen Fülle des Lichtes zu bringen? Anders gesagt: Kann die Glaubensekstase zu einem verständlichen „Wort-Grund" werden, um das Korn zu empfangen?

Wenn diese Individualität sich erneut auf Erden inkarnieren würde, würde ihr Leben dann nicht ein „Vorbild" der Realisierung dieser Frage und ihrer Antwort sein? Wenn jede Inkarnation als ein „Wort" gesehen werden kann, wird die Reihe der Inkarnationen einen Satz formen, eine Geschichte sein, ohne die die ganze Weltgeschichte sinnlos sein würde...

Auf Erden kann eine Aufgabe nie ungehindert erfüllt werden. Es treten fortwährend Ablenkungen, Gegenwirkungen, Hindernisse auf. Dadurch läuft jede Aufgabe Gefahr, liegen zu bleiben, aber andererseits wird der Impuls, der in der Aufgabe liegt, durch die Widerstände unsäglich viel stärker und differenzierter.

Das war im Leben Rudolf Steiners ganz besonders der Fall. Eine großartige Individualität erscheint – und die Welt, die sie empfängt, erhebt sich massiv in ihrer „Weltlichkeit", um dem Empfangenen äußersten Widerstand zu bieten.

Diesen ernsten Überlegungen in Bezug auf Rudolf Steiners Ehrfurcht vor dem Kultus stehen andere Anekdoten gegenüber, die deutlich machen, dass der Junge *keinen* Respekt für das äußere Institut

„katholische Kirche" entwickeln konnte.[12]

„Es war da ein Bauernsohn des betreffenden Ortes, der es bis dahin gebracht hatte, Geistlicher zu werden, worauf ja die Bauern besonders stolz sind. Er war Zisterzienser geworden, was der Knabe nicht miterlebt hatte, aber er sah, was sich nun abspielte. Damals war eine große Feier veranstaltet worden, denn der ganze Ort war stolz darauf, daß es ein Bauernsohn soweit gebracht hatte. Es waren fünf bis sechs Jahre dahingegangen, der betreffende Geistliche hatte eine Pfarre bekommen und kam zuweilen auch in seinen Heimatort. Da konnte man dann beobachten, wie ein Wagen, den eine bauernmäßig gekleidete Frau und jener Pfarrer zusammen schoben, immer schwerer und schwerer wurde. Das war nämlich ein Kinderwagen, und mit jedem Jahr gab es ein Kind mehr für diesen Kinderwagen. Man konnte von dem ersten Besuche an bei diesem Geistlichen eine merkwürdige Vermehrung seiner Familie beobachten, die als „Beigabe" seines Zölibats mit jedem neuen Jahr immer sonderbarer erschien."

---

[12] Beiträge zur Gesamtausgabe Nr. 83/84, S. 8f.

„Ich empfand: ich müsse an die Natur heran, um eine Stellung zu der Geisteswelt zu gewinnen, die in selbstverständlicher Anschauung vor mir stand." [13]

Eine Individualität hat also eine bestimmte *wesentliche* Konstellation, ist ein sehr bestimmter Impuls im Gang der Menschheitsentwicklung. Die *Bedeutung* dieses bestimmten Impulses der Individualität, die sich in Rudolf Steiner verkörpern wollte, ist umfassend, aber nichtsdestoweniger spezifisch. Die menschliche und die kosmische Intelligenz in ihrem sich entwickelnden Verhältnis und ihrer Wirksamkeit. Aber die Bedeutung einer Individualität in einer Inkarnation ist nicht nur durch diese spezifische Aufgabe bestimmt. Es gibt etwas, was damit unzertrennlich zusammenhängt. In früheren Zeiten kannte man – und akzeptierte man – den Begriff „Heiligkeit". Modern ausgedrückt würde man vielleicht sagen: hohe menschliche Fähigkeit zur Liebe und zum Mitleid gegenüber allen lebenden Wesen; das Vermögen zu einem ganz und gar intensiven Einleben in das Wesen und Sein eines Mitmenschen. Oder in spirituellem Sinne: Bewusstes *Wissen*, dass der menschliche Ursprung nicht auf der Erde, sondern „in den Sternen" liegt, eingebettet in die göttlichen Hierarchien und getragen durch die „Sonne" auf Erden.

Dies sind stockende Umschreibungen einer menschlichen Größe und Würde, die unser Vorstellungsvermögen notwendigerweise übersteigt – weil wir selbst (noch) nicht so sind. Aber der Mensch hat die Kräfte der Fantasie bekommen, um sich solche Erhabenheit vorzustellen.

Diese „menschliche Würde", die die *Liebe* ist, ist gerade die Kraft und Macht der Inkarnation. Das heißt: Je größer und erhabener diese würdige Liebe, desto mehr kann die Individualität mit ihrem in ihr wohnenden Impuls auf Erden tatsächlich zur Erscheinung kommen. So ist es die „Heiligkeit" des Menschen Thomas von Aquino, die bewirkt, dass seine Einsichten in die Intelligenz, die Wahrheit und den Glauben so rein sind und auch so rein formuliert werden. Dass er

---

[13] Mein Lebensgang, S. 37.

seine Schriften selbst als „Spreu" beurteilt, hat damit zu tun, dass er im 13. Jahrhundert nicht so weit gehen konnte, die Intelligenz mit der Ekstase zu verbinden.

Dies nun ist aber der entwickelte Impuls in dem jungen Rudolf Steiner. In der Grundschule offenbart sich dies erst sehr zart, als Erlebnisse von Glück und tiefer innerer Bewegung.

In der Mittelstufe – er geht auf die Realschule in Wiener Neustadt – wird es schon ein Ringen, das, was innerlich geistig angeschaut wird, in eine Verbindung mit dem „weltlichen Erkennen" zu bringen. Er will die Geistanschauung nicht nur für sich selbst innerlich enthüllen, er will diese in den äußeren Erkenntnisprozess hineintragen; er lernt diesen schließlich in der Schule immer mehr kennen – und er wird auch gut darin, von der dritten Realschulklasse an gehört er zu den besten Schülern. Er trägt in sich jedoch eine innere Anschauung, er tritt dem äußerlichen Wissen mit unbefangener Verwunderung gegenüber, auch wenn er innerlich weiß, dass die Dinge in Wirklichkeit anders liegen, als das äußere Wissen annimmt.

Ein Beispiel hierfür ist sein Ringen mit den Ansichten seines Schuldirektors über die „Bewegung der Materie":[14]

„1. Es existiert ein Raum und in diesem eine Bewegung durch längere Zeit.

2. Raum und Zeit sind kontinuierliche homogene Größen; die Materie aber besteht aus gesonderten Teilchen (Atomen)."

Obwohl das Buch des Direktors eigentlich noch außerhalb der Fähigkeiten des jungen Rudolf Steiners lag, versuchte er, es begrifflich zu erfassen.

Ein anderes Thema wurde Immanuel Kants „Kritik der reinen Vernunft". Auch das lag (weit) außerhalb des Rahmens der schon vorhandenen Begriffe, aber der Junge *wollte* sich damit auseinandersetzen, aus einer Ahnung der Bedeutung dessen:[15]

---

[14] Mein Lebensgang, S. 35f.
[15] Mein Lebensgang, S. 37ff.

„Ich empfand: ich müsse an die Natur heran..."

„Ich sagte mir, man kann doch nur zurechtkommen mit dem Erleben der geistigen Welt durch die Seele, wenn das Denken in sich zu einer Gestaltung kommt, die an das Wesen der Naturerscheinungen herangelangen kann. (...)"

„Ich wollte zu einem Urteile darüber kommen, wie das menschliche Denken zu dem Schaffen der Natur steht.

Die Empfindungen, die ich gegenüber diesen Denkbestrebungen hatte, wurden von zwei Seiten her beeinflußt. Zum ersten wollte ich das Denken in mir selbst so ausbilden, daß jeder Gedanke voll überschaubar wäre, daß kein unbestimmtes Gefühl ihn in irgendeine Richtung brächte. Zum zweiten wollte ich einen Einklang zwischen einem solchen Denken und der Religionslehre in mir herstellen. Denn auch diese nahm mich damals im höchsten Grade in Anspruch. Wir hatten gerade auf diesem Gebiete ganz ausgezeichnete Lehrbücher. Dogmatik und Symbolik, die Beschreibung des Kultus, die Kirchengeschichte nahm ich aus diesen Lehrbüchern mit wirklicher Hingebung auf. Ich lebte ganz stark in diesen Lehren. Aber mein Verhältnis zu ihnen war dadurch bestimmt, daß mir die geistige Welt als ein Inhalt der menschlichen Anschauung galt. Gerade deshalb drangen diese Lehren so tief in meine Seele, weil ich an ihnen empfand, wie der menschliche Geist erkennend den Weg ins Übersinnliche finden kann. Die Ehrfurcht vor dem Geistigen – das weiß ich ganz bestimmt – wurde mir durch dieses Verhältnis zur Erkenntnis nicht im geringsten genommen."

Der Ton dieser Beschreibung der inneren Impulse während der mittleren Schulzeit wird sehr deutlich ein ganz anderer. War das Erleben in der Grundschule noch „pflanzenhaft" zart und vorsichtig, wird es nun zielgerichteter und ein immer klareres Suchen nach einem bewussten Zusammenhang, einer bewussten Harmonie, einerseits zwischen den religiösen Lehren und der geistigen Anschauung, andererseits zwischen der Natur- und der philosophischen Erkenntnis und der geistigen Anschauung. Was in der Grundschule die Geometrie und der Kultus waren, das wurden hier Mathematik, Physik und Philosophie auf der einen Seite und die *Lehre* vom Kultus, von der Religion usw. auf der anderen Seite.

1. Teil, Der Philosoph

An dem Streben, nur solche Begriffe zu formen, die man völlig überblicken konnte – d.h. dass darin keine unerkannten, unbewussten Gefühle mitsprechen – offenbart sich erneut die Genialität dieses „Wunderkindes". Welcher Junge von 15, 16, 17 Jahren hat ein so bewusstes Verlangen nach einem reinen Denken? Und dann das Verlangen, solche reinen Begriffe einzusetzen, um die religiösen Lehren zu ergründen ... das hat mancher Mensch sein ganzes Leben lang nicht. Es geht diesem Jungen noch lange nicht darum, festzustellen, ob ein bestimmtes Denksystem *richtig* ist oder nicht. Er schärft sein Denken an den Ideen des Schuldirektors, an Kant, an der religiösen Lehre – und er versucht, seine innere Geistanschauung in Übereinstimmung damit zu halten: nicht so sehr dem Inhalt nach (denn dieser unterschied sich natürlich enorm), aber in Bezug auf die Methode reiner Begriffsbildung.

Hier wird beschrieben, wie eine *Seele* aus den rein leiblichen Wirkungen frei wird für das Fassen eines großen Impulses; wie diese Seele darum ringt, ins Bewusstsein zu bringen, was sie aus der geistigen Welt und den früheren Inkarnationen mitbringt – um die Entwicklung damit fortsetzen zu können. Und ich wiederhole: Wir dürfen nicht aus dem Auge verlieren, dass dies nur durch die in der Seele bereits anwesende menschliche Würde, die edle Liebe, möglich ist. Dadurch braucht diese Seele keine Selbstbefriedigung, welcher Art sie auch sei, sondern kann sich rein ihrer Aufgabe widmen. Rein: Insoweit die Welt es zulässt, dringt diese Reinheit dann auch wirklich in die Welt ein. In der frühen Jugendzeit Rudolf Steiners spielt sich alles vor allem in der eigenen Entwicklung ab.

„Auf der andern Seite beschäftigte mich unaufhörlich die Tragweite der menschlichen Gedankenfähigkeit. Ich empfand, daß das Denken zu einer Kraft ausgebildet werden könne, die die Dinge und Vorgänge der Welt wirklich in sich faßt. Ein „Stoff", der außerhalb des Denkens liegen bleibt, über den bloß „nachgedacht" wird, war mir ein unerträglicher Gedanke. Was in den Dingen ist, das muß in die Gedanken des Menschen herein, das sagte ich mir immer wieder." [16]

---

[16] Mein Lebensgang, S. 40.

„Ich empfand: ich müsse an die Natur heran…"

Hier in dieser Passage lebt eine Erinnerung an den großen Philosophen Aristoteles auf, der diesen „unerträglichen Gedanken" gerade gedacht hatte. Er unterschied Form und Stoff. Die Dinge, die wir wahrnehmen, bestehen aus Form und Materie. Im Denken lösen wir die Formen auf. Die Materie bleibt jedoch als ein Rest außerhalb von uns bestehen, sie können wir im Denken nicht auflösen, und die Form ist nicht imstande, aus *sich* heraus die Materie hervorzubringen.

Der junge Rudolf will dies nun nicht annehmen, weil er *erlebt*, dass das Denken zu einer Kraft werden kann, die das *Ganze* zu umfassen vermag, so dass kein Rest übrigbleibt. Hier kommt bereits dasjenige zu Bewusstsein, was später der Kern des anthroposophischen Einweihungsweges sein wird. Aber dahin entwickelt sich der junge Rudolf Steiner ganz allmählich. Es ist eine Entwicklung, die Ähnlichkeit mit Wachstum und Blüte einer Pflanze hat: Die Gestalt ist im Keim schon vorgebildet und entfaltet sich Schritt für Schritt zu neuer Blüte und Keim. Ungehindert durch Begierde oder subjektives Gefühl schreitet der Prozess in voller Reinheit fort – nur gehindert durch das Gewirr des Alltagslebens mit allen dazugehörenden Widerständen.

In der „Ersten Philosophie", in der Aristoteles eine Übersicht der Auffassungen der ersten Philosophen bis zu Platon gibt, sagt er im Kapitel über die Naturphilosophen:[17]

> „… fast alles, was homogen ist, entsteht und vergeht nach seinen (Anaxagoras von Klazomenai) Worten ebenso wie Wasser oder Feuer ausschließlich durch Zusammenfügung und Abscheidung, ein anderes Entstehen und Vergehen gibt es nicht, die Dinge bleiben ewig erhalten.
> Aufgrund dessen könnte niemand denken, dass die einzige Ursache jene Ursache ist, die wir stofflich nennen. Aber während sie also einen Fortschritt erzielten, wies die Sache selbst ihnen Weg und zwang sie, weiter zu suchen. Denn so wahr es auch ist, dass alles

---

[17] Aristoteles, De eerste filosofie (prima philosophia), Historische Uitgeverij, 2002, S. 15 ff, übersetzt.

Entstehen und Vergehen aus einem oder mehr als einem Urstoff geschieht: Warum geschieht dies, was ist die Ursache? Es ist doch sicher nicht der Grundstoff selbst, der sich selbst verändern lässt – so wie zum Beispiel Holz oder Bronze nicht die Ursache ist, dass Holz sich verändert oder dass Bronze sich verändert, und es auch nicht Holz ist, das ein Bett verfertigt, oder Bronze, die ein Bild verfertigt: Es ist etwas anderes, das die Ursache der Veränderung ist. Diese zu suchen, heißt das andere Prinzip suchen, von dem, wie wir es ausdrücken würden, der Beginn der Veränderung kommt."

Die ersten Philosophen mussten ihren Weg im Denken über die Dinge, die Schöpfung, suchen. Sie hatten noch eine reale Wirkung der geistigen Seite des Daseins in sich, aber diese verdunkelte sich immer mehr, bis in dem Übergang von Plato zu Aristoteles eine Veränderung der Erkenntnislage auftritt: Aristoteles – obwohl auch noch mit höherer Weisheit beseelt – steht denkend in einer Welt, die mit den Sinnen wahrgenommen wird. Er erlebt schon eine Trennung zwischen beiden: Das Denken wird immer mehr innerlich erlebt, die Wahrnehmung äußerlich. So kommt Aristoteles zu diesem schon rationalen Gedanken: Der Stoff wird durch ein Prinzip („Ursache") verändert, das selbst *kein* Stoff ist. Und in seiner Metaphysik stellt er die Gottheit dann so vor, dass diese in der vollen Aktualität steht, in der vollkommenen Einheit von Stoff und Ursache: von Gedanke und Denker.

Aristoteles:[18]

„Darum denkt der göttliche Geist sich selbst, wenn er am vollkommensten ist, und seine Denkaktivität besteht aus dem Denken des Denkens."

„Darum denkt die Denkkraft (der Geist) sich selbst, weil sie an dem Gegenstand des Denkens teilnimmt. Dadurch nämlich, dass sie ihren Gegenstand erfasst und denkt, wird sie selbst Gegenstand

---

[18] Metaphysica, Buch Lambda.

des Denkens, so dass Denkkraft und Gedanke zusammenfallen. Denkkraft ist nämlich das Vermögen, den Gedanken und das wesentliche Sein aufzunehmen. Und sie ist aktuell, wenn sie dies tut."

Vergleichen wir dies mit dem jungen Rudolf Steiner:

„Ich empfand, dass das Denken zu einer Kraft ausgebildet werden könne, die die Dinge und Vorgänge der Welt wirklich in sich faßt. Ein „Stoff", der außerhalb des Denkens liegen bleibt, über den bloß „nachgedacht" wird, war mir ein unerträglicher Gedanke"[19]

Aristoteles sieht diese Qualität in der Denkkraft, die es vermag, „den Gedanken und das wesentliche Sein aufzunehmen. Und sie ist aktuell, wenn sie dies tut." Und er sagt weiter: „Wenn Gott sich immer in diesem Zustand befindet, der für uns nur vorübergehend möglich ist, dann ist dies bereits wunderbar; ist er es in einem noch höheren Grade, dann ist dies noch wunderbarer."

Rudolf Steiner nimmt die Geistanschauung mit auf die Erde und versucht mit diesem wunderbaren Einssein von Gedanke und wesentlichem Sein, sich der Natur zu nähern.

Interessant ist, dass Thomas von Aquino ganz ähnliche Worte niedergeschrieben hat. Nun ist es natürlich einfach, zu sagen, dass „die Herren einfach voneinander abgeschrieben haben". Wir wollen demgegenüber einmal annehmen, dass sie zwar gemeinsame Ansichten teilten, dass sie sie aber *so* teilten, dass jeder von ihnen sich diese Einsicht *zueigen* gemacht hat. Dass es also von ihrem Wahrheitssinn ausgehend ein echtes *Erkennen* dieser Einsicht ist, mit der eigenen Denkkraft. Dann ist es doch wunderbar, bei Thomas von Aquino zu lesen:[20]

„Wenn das Denkende und das Gedachte ein und dasselbe sind, dann ist

---

[19] Mein Lebensgang, S. 40.
[20] Der Prolog des Johannes-Evangeliums (Super Evangelium S. Johannis), übersetzt von Wolf-Ulrich Klünker.

1. Teil, Der Philosoph

das Wort der Begriff und ein Abbild des Geistes, aus dem es hervorgeht." Aber für Thomas von Aquino spielt „die Materie" eine besondere Rolle, eine Hauptrolle. Von ihm stammt die Aussage, dass die Seele *im* Leibe eine größere Vollkommenheit hat als *außerhalb* des Leibes. Und zugleich: Die Materie ist in der Schöpfung das wichtigste, wenn alle Formen vergehen, bleibt die Materie.

Scheinbar hat hier eine völlige Umkehr stattgefunden: Für Aristoteles bleibt nach dem Auflösen aller Form im Denken ein Rest: die Materie. Für Thomas ist gerade dieser Rest die Essenz des Daseins. Und Rudolf Steiner will auf seinem Weg von der Geist-Anschauung zum Natur-Wissen keine Zweiheit mehr anerkennen: Die Form kann auch die Materie fassen, ja sogar hervorbringen (darüber mehr in der betreffenden Lebensphase Rudolf Steiners).

Rudolf Steiner versucht, seinen Weg zu bahnen, vom Geist zur Natur. Aber es ist nicht nur eine Geistesaufgabe. Diese Aufgabe ist eingebettet in eine Seele, und diese Seele bildet die Brücke zu einem menschlichen physischen Leib, mit erblichen Eigenschaften, mit einem ebenso harten Skelett wie bei allen anderen Menschen, einem Muskelsystem, einem Nervensystem, Sinnesorganen, inneren Organen, Blutkreislauf. Gerade das ist das „Mehr" in der Vollkommenheit, die Thomas meint. Können Seele und Geist in diesem Tempel Wohnung nehmen, dann wird ein gleichgewichtiges Wirken in der Welt möglich. Und dieses steht dann höher als ein ausschließliches Verweilen im Geiste – vorausgesetzt, die Seele und der Geist können so rein wie möglich bis in das Skelett, bis in die Handlung vordringen.
Dieser *Mensch* Rudolf Steiner, der von 1861 bis 1925 lebte, kehrt nicht mehr so zurück, wie er damals war. Er war ein Mensch von „Fleisch und Blut", mit Merkmalen seiner Zeit, mit einer bestimmten Familie, bestimmtem Dialekt, bestimmter Erziehung. *Wie* er genau war, können wir nicht rekonstruieren, das erweist sich an den Widersprüchen in den Beschreibungen der Biografen. Es geht daraus sehr deutlich hervor, dass diese Biografen viel eher die eigene Seele beschreiben und diese auf Steiner projizieren. Dieser unermessliche Reichtum eines lebenden Menschen in seiner Zeit, die nicht zu be-

schreibenden Qualitäten im Umgang, der Blick seiner Augen, das Lachen, die Tränen ... sind vergangen. Auch in den Beschreibungen durch Zeitgenossen erleben wir oft mehr den Schreiber als den Beschriebenen. Nur diejenigen, die in der Akasha-Chronik lesen können, würden die Intimität des lebendigen Menschen noch gewahr werden können.

Darum müssen wir uns streng an Steiners eigene Worte halten und so wenig wie möglich interpretieren, wohl aber versuchen, sie zu verstehen. Mit der Denkkraft, „die die Dinge und Prozesse in der Welt wirklich in sich fasst", können wir den Weg der Individualität in Rudolf Steiner wirklich in uns erfassen lernen. Und wenn wir das, was dann in der Denkkraft erfasst ist, *erleben*, rühren wir wirklich an dieser Akasha-Chronik. Dann kommen wir in ein Gebiet wunderbarer Gewahrwerdungen, die unbeschreiblich sind, die uns aber den lebendigen Menschen Rudolf Steiner näher bringen. Diesen Menschen, in diesem Körper, mit diesen Gebärden, diesem Blick, Lächeln, dieser Haltung, Sprache, Nettigkeit, Heftigkeit, Ehrlichkeit...

„Inwiefern läßt sich beweisen, daß im menschlichen Denken realer Geist das Wirksame ist?" [21]

Mit dieser Frage macht der Jüngling Rudolf Steiner den Übergang zur Universität. Der Vater erhält eine Station in Inzersdorf zugewiesen, wodurch der Sohn täglich zur Universität nach Wien reisen konnte.

Und der alte Rudolf Steiner schreibt in „Mein Lebensgang" über den ankommenden Studenten:[22]

„Mir kam es damals darauf an, das lebendige Weben der menschlichen Seele in der Form eines strengen Gedankenbildes auszudrücken. Meine Bemühungen um naturwissenschaftliche Begriffe hatten mich schließlich dazu gebracht, in der Tätigkeit des menschlichen „Ich" den einzig möglichen Ausgangspunkt für eine wahre Erkenntnis zu sehen. Wenn das Ich tätig ist und diese Tätigkeit selbst anschaut, so hat man ein Geistiges in aller Unmittelbarkeit im Bewußtsein, so sagte ich mir. Ich meinte, man müsse nun nur, was man so anschaut, in klaren, überschaubaren Begriffen ausdrücken."

„Ich arbeitete nunmehr immer bewußter daran, die unmittelbare Anschauung, die ich von der geistigen Welt hatte, in die Form von Gedanken zu gießen."

Es ist inzwischen 1879, das Jahr, das von Rudolf Steiner später als der Anbruch der Zeit des Zeitgeistes Michael genannt wurde. In dieser Zeit lernt Rudolf Steiner Karl Julius Schröer kennen, er besucht die Vorlesungen dieses Professors über „Deutsche Literatur seit Goethe" und über „Schillers Leben und Wirken". Zugleich besuchte er Vorlesungen bei Robert Zimmermann und Franz Brentano.

„Aber ich schaute doch eine geistige Welt *als Wirklichkeit*. Mit aller Anschaulichkeit offenbarte sich mir an jedem Menschen seine geistige

---

[21] Mein Lebensgang, S. 50.
[22] Mein Lebensgang, S. 51f und 53.

Individualität. Diese hatte in der physischen Leiblichkeit und in dem Tun in der physischen Welt nur ihre Offenbarung. Sie vereinte sich mit dem, was als physischer Keim von den Eltern herrührte. Den gestorbenen Menschen verfolgte ich weiter auf seinem Wege in die geistige Welt hinein. Einem meiner früheren Lehrer, der mir auch nach meiner Realschulzeit freundschaftlich nahe blieb, schrieb ich einmal nach dem Tode eines Mitschülers über diese Seite meines Seelenlebens. Er schrieb mir ungewöhnlich lieb zurück, würdigte aber, was ich über den verstorbenen Mitschüler schrieb, keines Wortes."[23]

Aus dieser Passage wird sehr deutlich, dass Rudolf Steiner schon mit achtzehn Jahren das geistige Wesen des Menschen unabhängig von seiner Leiblichkeit schauen konnte. Außerdem geht aus dieser Stelle seine innige Verbundenheit mit den ihn umgebenden Menschen hervor, in diesem Fall mit dem Mitschüler und dem Lehrer, die es also *gab*, auch wenn er in „Mein Lebensgang" bei weitem nicht immer darüber spricht und bei übelwollenden Lesern der Eindruck entstehen kann, er sei ein Außenseiter gewesen, der in abstrakten Gedanken verweilte, statt in der vollen menschlichen Wirklichkeit zu leben.

Der junge Steiner rang gerade damit, diese tiefe Verbundenheit mit der menschlichen – geistigen – Wirklichkeit in eine Berührung mit jener *Denkaktivität* zu bringen, die in der Bildung naturwissenschaftlicher Begriffe tätig ist. Davon jedoch wollte seine Umgebung nichts hören. Es war für Rudolf Steiner dann auch eine Erleichterung, als er in dem Zug nach Wien einem Kräutersammler begegnete, der seine Heilkräuter an Wiener Apotheker verkaufte. Mit *ihm* konnte der Jüngling über die geistige Welt sprechen. Dieser Mann schien ihm wie „das Sprachorgan für einen Geistesinhalt, der aus verborgenen Welten heraus sprechen wollte". Er trug „in seinem Herzen die Ergebnisse, die er aus der Geistigkeit der Natur bei seinem Sammeln gewonnen hatte."

Andere lächelten über diesen Mann, weil sie kein Wort von dem begriffen, was er sagte.

---

[23] Mein Lebensgang, S. 59.

1. Teil, Der Philosoph

„Auch mir war er anfangs nicht verständlich. Aber vom ersten Kennenlernen an hatte ich die tiefste Sympathie für ihn. Und so wurde es mir nach und nach, wie wenn ich mit einer Seele aus ganz alten Zeiten zusammen wäre, die unberührt von der Zivilisation, Wissenschaft und Anschauung der Gegenwart, ein instinktives Wissen der Vorzeit an mich heranbrächte. (...) „Lernen" konnte man von diesem Manne nichts. Aber man konnte, wenn man selbst die Anschauung einer geistigen Welt hatte, in diese durch einen Andern, in ihr ganz Feststehenden, tiefe Einblicke tun."[24]

In „Mein Lebensgang" sagt Rudolf Steiner kein Wort über den geistigen Lehrer, den er dank dieses Kräutersuchers kennenlernte und der ihm dann seine spirituelle Aufgabe bewusst machte. Diese Tatsache wurde durch Steiners Brief an den Franzosen Eduard Schuré bekannt, der dessen Buch „Das Christentum als mystische Tatsache" ins Französische übersetzte und hierfür ein Vorwort schrieb.

Dieser Brief ist als das „Dokument von Barr" bekannt. Darin schreibt Rudolf Steiner:[25]

„In diese Zeit (den Beginn seiner Studienzeit, M.M.) fiel – und dies gehört schon zu den äußeren okkulten Einflüssen – die völlige Klarheit über die Vorstellung der Zeit. Diese Erkenntnis stand mit den Studien in keinem Zusammenhang und wurde ganz aus dem okkulten Leben her dirigiert. Es war die Erkenntnis, daß es eine mit der vorwärtsgehenden interferierende rückwärtsgehende Evolution gibt – die okkult-astrale. Diese Erkenntnis ist die Bedingung für das geistige Schauen.

Dann kam die Bekanntschaft mit dem Agenten d. M. [des Meisters]. (...)

Nicht sogleich begegnete ich dem M. [Meister], sondern zuerst einem von ihm Gesandten, der in die Geheimnisse der Wirksamkeit aller Pflanzen und ihres Zusammenhanges mit dem Kosmos und mit der menschlichen Natur vollkommen eingeweiht war."

---

[24] Mein Lebensgang, S. 61.
[25] GA 262, S. 15f.

„Inwiefern läßt sich beweisen…"

Und in dem autobiografischen Vortrag von 1913 sagt Steiner hierüber das Folgende:[26]

„Schon im ersten Jahre des Hochschulstudiums [1879/80] trat etwas ganz Besonderes ein. Durch eine besondere Verkettung von Umständen trat in den Gesichtskreis des Knaben eine merkwürdige Persönlichkeit, eine Persönlichkeit, die keine Gelehrsamkeit hatte, aber ein umfassendes tiefes Wissen und eine umfassende tiefe Weisheit. Nennen wir jene Persönlichkeit, wie sie mit ihrem Vornamen wirklich hieß, „Felix", der in einem abgelegenen, einsamen Gebirgsdörfchen mit seiner bäuerlichen Familie lebte, das Zimmer voll hatte mit mystisch-okkulter Literatur, selber tief eingedrungen war in mystisch-okkulte Weisheit und der seine Hauptzeit zuzubringen hatte mit dem Sammeln von Pflanzen.

(…)

Es darf nicht unerwähnt bleiben, daß er alles in der Welt liebte und nur bitter wurde – das sei aber nur kulturhistorisch erwähnt –, wenn er auf klerikale Verhältnisse zu sprechen kam und auf das, was auch er durch die klerikalen Verhältnisse auszustehen hatte; dem war er nicht liebevoll geneigt.

Es folgte aber bald darauf noch etwas anderes. Mein Felix war gewissermaßen nur der Vorherverkünder einer anderen Persönlichkeit, die sich eines Mittels bediente, um in der Seele des Knaben, der ja in der spirituellen Welt darinnenstand, die regulären, systematischen Dinge anzuregen, mit denen man bekannt sein muß in der spirituellen Welt. Es bediente sich jene Persönlichkeit, die nun wieder so fremd wie möglich allem Klerikalismus gegenüberstand und damit selbstverständlich gar nichts zu tun hatte, eigentlich der Werke *Fichtes*, um gewisse Betrachtungen daran anzuknüpfen, aus denen sich Dinge ergaben, in welchen doch die Keime zu der „Geheimwissenschaft" gesucht werden könnten, die der Mann, der aus dem Knaben geworden ist, später schrieb. Und manches, aus dem die „Geheimwissenschaft" geworden ist, wurde damals in Anknüpfung an Fichtes Sätze erörtert. Ebenso unansehnlich im äußeren Berufe war jener aus-

---

[26] Beiträge zur Gesamtausgabe Nr. 83/84, S. 17f.

1. Teil, Der Philosoph

gezeichnete Mann wie Felix auch. Ein Buch war es, das er gleichsam als Anhaltspunkt benutzte, das in Österreich oft wegen seiner antiklerikalen Richtung unterdrückt wurde, durch welches man sich aber zu ganz besonderen geistigen Wegen und geistigen Pfaden anregen lassen kann. Jene eigenartigen Strömungen, die durch die okkulte Welt gehen, die man nur erkennen kann, wenn man eine aufwärts- und eine abwärtsgehende Doppelströmung ins Auge faßt, traten damals lebendig vor des Knaben Seele. Es war in der Zeit, da der Knabe noch nicht den zweiten Teil des „Faust" gelesen hatte, als er auf diese Weise okkult hineingeführt wurde. (...) [A]lles, was sich ihm darbot, blieb in der Seele des Jünglings; er erlebte es in sich selbst und schritt seinen eigenen Lebensweg weiter fort."

Hierüber steht in „Mein Lebensgang" also nichts, wir finden es nur in den „Beiträgen zur Gesamtausgabe".

In dieser Biografie stellen wir uns auf den Standpunkt der Annahme, dass Rudolf Steiner über sich selbst stets die Wahrheit sprach und darin wahrhaftig war. Aus dem weiteren Gang der Entwicklung wird sich zeigen, ob diese Annahme zu einer Sicherheit werden kann.

Wir können also miterleben, dass um 1880 eine erste Begabung in der Einweihung Rudolf Steiners auftrat. Wie können wir dies in Übereinstimmung mit seinem philosophischen Streben bringen, das mehr äußerlich verlief?

Von Kindheit an hatte der Junge eine Anschauung des Geistes. Er hatte also eine Anschauung, die in dem rückwärts laufenden, dem okkult-astralen Zeitstrom verläuft. Dieser hat die entgegengesetzte Richtung wie der fortlaufende. Der fortlaufende Zeitstrom strebt in die Zukunft, der rückwärts laufende in die Vergangenheit, wobei die Evolution „involuiert".

Immer mehr wird durch das innere Ringen deutlich, welche Bedeutung das Anschauen des Geistes im Verhältnis zum Denken von Begriffen hat, im Verhältnis zum Formen naturwissenschaftlicher Begriffe, zur Welt um uns herum, die wir sinnlich wahrnehmen; er ringt also darum, die Geistanschauung in Beziehung zur Naturwissenschaft zu bringen. Die gewöhnliche Wissenschaftsphilosophie hat keinen Begriff für eine Geistanschauung, es wird absolut nicht damit gerechnet, denn niemand hat eine solche.

Rudolf Steiner hat diese jedoch, und er wird in dem Leben in den Gedanken immer mehr gewahr, dass diese eine Abschattung dessen sind, was die Seele in der geistigen Welt erlebt. Die Menschen in seiner Zeit hatten nur diese Abschattung und konnten sie nicht bis zu einer realen Geistanschauung "emportragen". Steiner *hatte* diese Geistanschauung, und er fand im *Erleben der Gedanken* die Umwandlung vom Gedanken zu einem Erleben in der geistigen Welt.

Eine derart unmittelbare Beziehung fand er zu der sinnlichen Welt nicht, man kann diese nicht so wesenseigen erleben wie den Gedanken. Und die Frage entstand: Ist die sinnliche Welt eine volle Wirklichkeit, so wie die *erlebte* Gedankenwelt dies ist?

Er studierte Schillers "Briefe über die ästhetische Erziehung des Menschen" und fand hier den Bewusstseinszustand beschrieben, der da sein musste, um die *Schönheit* der Welt zu erleben. Steiner suchte nach einer Beschreibung jenes Bewusstseinszustands, der da sein musste, um die *Wahrheit* im Wesen der Dinge zu erfassen:[27]

"Und ich glaubte, zu erkennen, daß ein solcher Bewußtseinszustand bis zu einem gewissen Grade erreicht sei, wenn der Mensch nicht nur Gedanken habe, die äußere Dinge und Vorgänge abbilden, sondern solche, die er *als Gedanken selbst erlebt*. Dieses Leben in Gedanken offenbarte sich mir als ein ganz anderes als das ist, in dem man das gewöhnliche Dasein und auch die gewöhnliche wissenschaftliche Forschung verbringt. Geht man immer weiter in dem Gedanken-Erleben, so findet man, daß diesem Erleben die geistige Wirklichkeit entgegenkommt. Man nimmt den Seelenweg zu dem Geiste hin. Aber man gelangt auf diesem inneren Seelenwege zu einer geistigen Wirklichkeit, die man dann auch im Innern der Natur wiederfindet. Man erringt eine tiefere Naturerkenntnis, indem man sich der Natur dann gegenüberstellt, wenn man im lebendigen Gedanken die Wirklichkeit des Geistes geschaut hat."

---

[27] Mein Lebensgang, S. 71f.

1. Teil, Der Philosoph

So fand Steiner die Vermittlung zwischen Geist und Natur in dem Erleben des Gedanken. Dabei findet die Seele durch ihre erlebte innige Vereinigung mit dem Geist zugleich die Vereinigung mit der Natur, weil in dieser der Geist derselbe ist wie in dem erlebten Gedanken, der zu dem Erleben der geistigen Wirklichkeit führt.

„Mir wurde immer klarer, wie durch das Hinwegschreiten über die gewöhnlichen abstrakten Gedanken zu denjenigen geistigen Schauungen, die aber doch die Besonnenheit und Helligkeit des Gedankens sich bewahren, der Mensch sich in eine Wirklichkeit einlebt, von der ihn das gewöhnliche Bewußtsein entfernt. Dieses hat die Lebendigkeit der Sinneswahrnehmung auf der einen Seite, die Abstraktheit des Gedanken-Bildens auf der andern. Die geistige Schauung nimmt den Geist wahr wie die Sinne die Natur; aber sie steht mit dem Denken der geistigen Wahrnehmung nicht ferne wie das gewöhnliche Bewußtsein mit *seinem* Denken der Sinneswahrnehmung, sondern sie denkt, indem sie das Geistige erlebt, und sie erlebt, indem sie die erwachte Geistigkeit im Menschen zum Denken bringt."

Mit diesem „Erleben der Gedanken" ist *selbstverständlich* nicht das gemeint, was es im gewöhnlichen Bewusstsein an Erleben von Gedanken oder an Denkerfahrung gibt. Dies hat jeder Mensch, man weiß dadurch, was man denkt, wenn man seine Aufmerksamkeit darauf richtet. Das ist ein sehr flüchtiges Etwas, was von Natur aus gegeben ist und wodurch man im Denken „wissend" ist, bewusst ist. Damit hat man natürlich kein bewusstes Schauen der geistigen Wirklichkeit, es gehört zum gewöhnlichen Bewusstsein, das sich gerade von dieser geistigen Wirklichkeit entfernt. Das Erleben des Gedanken, wie Steiner es meint, ist eine Tatsache der Einweihung und gehört zu dem Mysterium der fortlaufenden und zurücklaufenden Zeit. Nun ist gerade Rudolf Steiner der Mensch, der aus seinem Wesenskern heraus dazu kommen würde, dieses Mysterium in die volle Klarheit des Gedankens zu bringen, wodurch das Mysterium übertragbar wird, so wie mathematische Lehrsätze in ihrer Beweisführung übertragbar sind.

„Eine geistige Schauung stellte sich mir vor die Seele hin, die nicht auf einem dunklen mystischen Gefühle beruhte. Sie verlief vielmehr in einer geistigen Betätigung, die an Durchsichtigkeit dem mathematischen Denken sich voll vergleichen ließ. Ich näherte mich der Seelenverfassung, in der ich glauben konnte, ich dürfe die Anschauung von der Geisteswelt, die ich in mir trug, auch vor dem Forum des naturwissenschaftlichen Denkens für gerechtfertigt halten.

Ich stand, als diese Erlebnisse durch meine Seele zogen, in meinem zweiundzwanzigsten Lebensjahre." [28]

Vorläufig können wir sagen: Das gewöhnliche Bewusstsein steht mit dem gewöhnlichen abstrakten Denken anhand der sinnlichen Wahrnehmung in dem fortlaufenden Strom der Zeit, läuft von der Vergangenheit zur Zukunft. Es trägt in sich, bezogen auf Wachstum und Blüte in der Natur, das Merkmal des Abbaus. Es ist der Strom der „Erbsünde", der vom Paradies wegführt, hinein in die immer tiefere Verstricktheit mit der Materie.

Der zurücklaufende Strom, der „das Evoluierende involuiert", der das Gewordene umstülpt, vergeistigt, erwacht hier in Rudolf Steiner zum klaren, mathematisch durchsichtigen Bewusstsein. Wir sehen in diesem jungen Mann, wie sein Wesen ihn dazu bringt, das, was ihm als lebendige Geistanschauung vor der Seele steht und was bis dahin „Glaube" hatte werden müssen, in eine wissenschaftliche Form zu bringen, wodurch sich in ihm der Glaube *voll-wirklich* in die Wissenschaft „verkörpert". Eine Hochzeit zwischen Glaube und Wissenschaft wird hier gefeiert, denn der Glaube wird Wissenschaft, und die Wissenschaft wird „religiös". Und damit scheinen zugleich alle Gegensätze aufgelöst zu werden...

---

[28] Mein Lebensgang, S. 72.

„Es war in der Zeit meines lebhaftesten Verkehrs mit Schröer, als mir die Frage nach dem Verhältnis von geistiger und natürlicher Welt in erneuerter Art vor die Seele trat." [29]

Durch den Umgang mit Schröer wurde Rudolf Steiner immer mehr mit Goethes Geistesleben bekannt. Unabhängig davon blieb jedoch vorläufig sein Studium der Naturphänomene wie Licht und Schall. So studierte er auch die Anatomie und Physiologie.

„Blickte ich in dieser geistigen Art auf die seelische Regsamkeit des Menschen, auf Denken, Fühlen und Wollen, so gestaltete sich mir der „geistige Mensch" bis zur bildhaften Anschaulichkeit. Ich konnte nicht stehen bleiben bei den Abstraktionen, an die man gewöhnlich denkt, wenn man von Denken, Fühlen und Wollen spricht. Ich sah in diesen inneren Lebensoffenbarungen schaffende Kräfte, die den „Menschen als Geist" im Geiste vor mich hinstellten. Blickte ich dann auf die sinnliche Erscheinung des Menschen, so ergänzte sich mir diese im betrachtenden Blicke durch die Geistgestalt, die im Sinnlich-Anschaubaren waltet.
Ich kam auf die *sinnlich-übersinnliche Form*, von der Goethe spricht, und die sich sowohl für eine wahrhaft naturgemäße wie auch für eine geistgemäße Anschauung zwischen das Sinnlich-Erfaßbare und das Geistig-Anschaubare einschiebt.
Anatomie und Physiologie drängten Schritt für Schritt zu dieser sinnlich-übersinnlichen Form." [30]

Und hierin konnte er an Goethes Naturwissenschaft anschließen. Dieser hatte schließlich entdeckt, wie man über das Organische denken muss. Im Erkennen der *anorganischen* Natur wurde Begriff hinter Begriff gesetzt, um den Zusammenhang von Kräften und Wirkungen in der Natur zu durchschauen.

„Dem Organischen gegenüber ist es notwendig, einen Begriff aus

---

[29] Mein Lebensgang, S. 94.
[30] Mein Lebensgang, S. 98f.

dem andern so hervorwachsen zu lassen, daß in der fortschreitenden lebendigen Begriffsverwandlung *Bilder* dessen entstehen, was in der Natur als gestaltete Wesen erscheint." [31]

Man kann an diesem Fortgang in Rudolf Steiners Entwicklung sehen, ablesen, wie das erlebende Denken und die Geistanschauung sich immer mehr differenzieren, sich in immer kompliziertere Gebiete begeben. Zuerst war es vor allem das klare Bewustwerden der Verbindung zwischen dem Erleben des Denkens, des Gedanken, mit der geistigen Wirklichkeit. Der erlebte Gedanke nahm dann zugleich das Naturwissen, die Begriffe aus der Naturwissenschaft, zum Inhalt. Die Beziehung zwischen Geist in der Natur und „Geist im Geist" wird aufgehellt. Dann beginnt dieses geist-anschauende Denken, sich in der lebendigen Natur, ja sogar in der menschlichen Natur zu entfalten. Sinnlich-übersinnliche Form ist hier das Mysterium, aber auch dieses Mysterium wird in der Verwirklichung der geistigen Individualität in der menschlichen Person Rudolf Steiner zu einer nahezu völligen Erhellung kommen: hierfür würde man die Andeutung „Anthroposophie" wählen wollen...

Die sinnliche Form gehört zum fortlaufenden Zeitstrom, worin der zurücklaufende der übersinnliche ist, der letztlich den sinnlichen ganz „verzehrt"; im Tode legt die übersinnliche Form die sinnliche ab. Dieses Rätsel wird im Leben Rudolf Steiners mehr und mehr durchdrungen und aufgehellt.

Andererseits entwickelt Steiner immer mehr die klaren Gedanken, die schließlich zu dem Buch „Die Philosophie der Freiheit" führen sollen.

In Wien besuchte er Empfangsabende der Dichterin Marie Eugenie delle Grazie; sie vertrat einen tiefen Lebenspessimismus, der in den Idealen machtlose Formen sieht – machtlos gegenüber dem ideenlosen, grausamen und vernichtenden Wirken der Natur.

Ihr Vortrag von Fragmenten zu einem eigenen Epos „Robespierre" und dann die Veröffentlichung eines pessimistischen Gedichts über

---

[31] Mein Lebensgang, S. 113.

die Natur als eine alle Ideale verhöhnende Macht gab dem jungen Rudolf Steiner Veranlassung, einen Aufsatz mit dem Titel „Die Natur und unsere Ideale" zu schreiben. Darin gibt er Delle Grazie teilweise Recht, weil er den Gegensatz an sich zugibt, tritt dann aber kraftvoll für die Idee der Freiheit ein und endet folgendermaßen:[32]

„O, wir sollten doch endlich zugeben, daß ein Wesen, das sich selbst erkennt, nicht unfrei sein *kann*! . . . Wir sehen das Gewebe der Gesetze über den Dingen walten, und das bewirkt die *Notwendigkeit*. Wir besitzen in unserem Erkennen die Macht, die Gesetzlichkeit der Naturdinge aus ihnen loszulösen und sollten dennoch die willenlosen Sklaven dieser Gesetze sein?"

Schröer konnte seinem jungen Schüler und Freund in seiner teilweisen Anerkennung von Delle Grazies pessimistischem Standpunkt nicht folgen und schrieb ihm, dass sie einander dann offenbar nie verstanden hätten. „Und wer von der Natur so spreche wie ich in diesem Aufsatze, der zeige damit, daß er Goethes Worte „Erkenne dich und leb' mit der Welt in Frieden" nicht tief genug nehmen könne."
Dies war für Steiner eine große Betrübnis, aber er musste seine eigene Sichtweise weiter entwickeln. „Ich war im tiefsten meiner Seele betroffen, als ich diese Zeilen von der Persönlichkeit empfing, an die ich mit stärkster Anhänglichkeit hingegeben war." [33]

Auch entwickelte er immer mehr eine klar umrissene Vorstellung über das Rätsel der Reinkarnation des Menschen. Er nahm schon lange bei Menschen bestimmte Spuren aus früheren Leben wahr und beschreibt, wie er in der Begegnung mit Fercher von Steinwand (um 1888) in dessen Mienenspiel und Gebärden eine Seele wahrnimmt, die in der allerersten Zeit der Entwicklung des Christentums gelebt hatte.[34]

---

[32] Mein Lebensgang, S. 131.
[33] Mein Lebensgang, S. 123.
[34] Mein Lebensgang, S. 135f.

„Es war in der Zeit meines lebhaftesten Verkehrs mit Schröer..."

„Eine solche Anschauung gewinnt man nicht, wenn man über die zunächst sich aufdrängenden Äußerungen einer Persönlichkeit sinnt; man fühlt sie erregt durch die solche Äußerungen scheinbar begleitenden, in Wirklichkeit aber sie unbegrenzt vertiefenden, in die Intuition eintretenden Züge der Individualität. Man gewinnt sie auch nicht, wenn man sie sucht, während man mit der Persönlichkeit zusammen ist, sondern erst dann, wenn der starke Eindruck nachwirkt und wie eine belebte Erinnerung wird, in der das im äußeren Leben Wesentliche sich auslöscht und das sonst „Unwesentliche" beginnt, eine ganz deutliche Sprache zu reden. Wer Menschen „beobachtet", um ihre vorangegangenen Erdenleben zu enträtseln, der kommt ganz gewiß nicht zum Ziele. Solche Beobachtung muß man wie eine Beleidigung empfinden, die man den Beobachteten zufügt;[35] dann erst kann man hoffen, daß wie durch eine von der geistigen Außenwelt kommende Schicksalsfügung sich das Langvergangene des Menschen in dem Gegenwärtigen enthüllt."

---

[35] Anmerkung: Dieses Prinzip gilt auch für das Beobachten und Besprechen von Kindern in der Schule.

GOETHE

Rudolf Steiner geht nach Weimar, um an der großen Goethe-Ausgabe mitzuarbeiten. Dieser „Einschlag" Goethes in das Leben Rudolf Steiners ist eine bedeutsame Tatsache. Er erhält die Aufgabe dank der Fürsprache von Prof. Karl Julius Schröer, und wir sehen hier etwas in das Leben und Wirken Rudolf Steiners „hineinkommen", was scheinbar von „außerhalb" seiner Individualität und seines Wesens kommt. In der Entwicklung seiner Geistanschauung in Beziehung zur Naturanschauung sahen wir ein entwickeltes Wiederaufleben des Wesens der Scholastik und der Philosophie des Aristoteles im 19. Jahrhundert. Nun tritt über Schröer die mehr platonische Richtung Goethes in das Leben und Werk Steiners ein. Ein solches Geschehen müssen wir sehr ernst nehmen und nicht als ein Zufall ansehen.

„Ich hatte in meinen bis dahin veröffentlichten Schriften diese Erkenntnisart so aufgefaßt, daß Goethe in der Anschauung lebte, der Mensch stehe zunächst mit seinem gewöhnlichen Bewußtsein dem wahren Wesen der ihn umgebenden Welt ferne. Und aus diesem Ferne-Stehen sproßt der Trieb auf, *vor* dem Erkennen der Welt erst Erkenntniskräfte in der Seele zu entwickeln, die im gewöhnlichen Bewußtsein nicht vorhanden sind."[36]

Goethe sah vier Schritte in der Entwicklung des wissenschaftlichen Erkenntnisprozesses: Die *Nutzenden*, die *Wissenden*, die *Anschauenden* und die *Umfassenden*. Die Anschauenden sind in der Erkenntnis bereits produktiv, aber die Umfassenden, „die man in einem stolzen Sinne die Erschaffenden nennen könnte, verhalten sich im höchsten Sinne produktiv, indem sie nämlich von Ideen ausgehen, sprechen sie die Einheit des Ganzen schon aus, und es ist gewissermaßen nachher die Sache der Natur, sich in diese Idee zu fügen."

---

[36] Mein Lebensgang, S. 151.

Goethe

Das sind Goethes Worte, aber Steiner sagt dann:[37]

„Das erkennende Erleben im Geiste ist damit allerdings noch nicht gegeben; aber der Weg dazu ist von der *einen* Seite her vorgezeichnet, von derjenigen, die sich aus dem Verhältnis des Menschen zur Außenwelt ergibt. Vor meiner Seele stand, daß erst im Erfassen der anderen Seite, die sich aus dem Verhältnis des Menschen zu sich selbst ergibt, Befriedigung kommen könne.
(...)
Eine Verständigung des menschlichen Bewußtseins mit sich selbst müsse zuerst bewirkt werden; dann könne man die Rechtfertigung des rein geistig Erlebten finden. Solche Wege nahmen meine Gedanken, ihre früheren Formen deutlicher wiederholend, als ich über Goethes Papieren in Weimar saß."

Wir sehen Goethe, der in der Natur anschauend zu einer umfassenden Idee der Pflanzenwelt kam, zu der Urpflanze. Wir sehen Steiner, der darin das bewusste Verhältnis zur geistigen Welt vermisst und erneut auf die Suche nach Formulierungen für seine Geist-Anschauung geht.
Indem Steiner die Aufgabe auf sich nimmt, Goethes naturwissenschaftliche Schriften für die große Weimarer Ausgabe herauszugeben, fügt er seiner eigenen aristotelischen Aufgabe das platonische Element hinzu. Dadurch wird der eigene Weg zwar verzögert, aber durch das Aufnehmen eines „Gegenstroms" zugleich harmonisiert und vertieft. Er selbst hat darüber in einem persönlichen Gespräch gesagt:[38]

„Ich entschloß mich damals, Schröers Schicksal als mein eigenes zu leben unter Verzicht auf das Ausleben meines eigenen Schicksalsweges. Indem ich diesen Entschluß damals faßte, erlebte ich das Wesen der Freiheit. Ich konnte meine „Philosophie der Freiheit" schreiben,

---

[37] Mein Lebensgang, S. 153.
[38] Jürgen von Grone: Rudolf Steiner und Karl Julius Schröer. Eine schicksaltragende Entscheidung. Mitteilungen aus der anthroposophischen Arbeit in Deutschland, 15. Jg., Ostern 1961. Zit. nach Beiträge zur Gesamtausgabe Nr. 49/50, S. 30.

weil ich erlebt hatte, was Freiheit ist."

So wird das Arbeiten an der Goethe-Ausgabe eine fortwährende Verzögerung und Vertiefung des eigenen Einweihungsweges.

„So erlebte ich durch meine Goethe-Arbeit den Unterschied einer Seelenverfassung, der sich die geistige Welt gewissermaßen wie gnadevoll offenbart, und einer solchen, die Schritt vor Schritt das eigene Innere immer mehr dem Geiste erst ähnlich macht, um dann, wenn die Seele sich selbst als wahrer Geist erlebt, in dem Geistigen der Welt darinnen zu stehen. In *diesem* Darinnenstehen empfindet man aber erst, wie innig in der Menschenseele Menschengeist und Weltengeistigkeit mit einander verwachsen können.

Ich hatte in der Zeit, da ich an meiner Goethe-Interpretation arbeitete, Goethe stets im Geiste wie einen Mahner neben mir, der mir unaufhörlich zurief: Wer auf geistigen Wegen zu rasch vorschreitet, der kann zwar zu einem engumgrenzten Erleben des Geistes gelangen; allein er tritt an Wirklichkeitsgehalt verarmt aus dem Reichtum des Lebens heraus." [39]

Steiner beschäftigte sich in dieser Zeit auch tiefgehend mit Goethes Märchen „Die grüne Schlange und die schöne Lilie". Was Schiller in seinen Briefen über die ästhetische Erziehung des Menschen rational beschreibt, gibt Goethe in Bildern wieder. Dieser fand Schillers Abhandlung zu abstrakt und einseitig philosophisch. Er wollte in dem vollen Reichtum der Seele bleiben, während er mit dem Begriff „wahrhaftiger Mensch" rang. Steiner findet in Goethes Märchen den Übergang zum erkennenden Erleben der geistigen Welt, nicht allein in dessen Inhalt, sondern auch in den Bildern selbst. In Goethes übrigem Werk jedoch fehlt nach Steiner dieser Übergang, und so musste er seine Interpretationen fortsetzen, ohne das Märchen einbeziehen zu können.

Durch das Arbeiten an der Goethe-Interpretation kommt Steiner zu der Einsicht, wie Goethe durch „anschauende Urteilskraft", durch

---

[39] Mein Lebensgang, S. 176f.

ein phänomenologisches, lebendiges Anschauen der Mannigfaltigkeit der Natur zu der „umfassenden Idee" kommt. Aber er findet auch, dass Goethe diese Idee selbst nicht weiter auf sich einwirken lässt. Er kommt *nicht* zum Erleben der Idee.

Was ist nun dieses Erleben der Idee?

In der Entwicklung der Gedanken in dem Buch „Die Philosophie der Freiheit" (1894) tritt dieses Erleben sehr deutlich hervor, in Beziehung zur Freiheit. Das Freiheitserleben wird als „Wissenschaft der Freiheit" und als „Wirklichkeit der Freiheit" geschildert.

DIE PHILOSOPHIE DER FREIHEIT
Erkenntnistheorie

Die Individualität Rudolf Steiner, die als Wesen ein sehr intimes Verhältnis zum Wesen der Intelligenz hat und die in ihren Inkarnationen stets die Aufgabe hat, das richtige, zu der Zeit passende Verhältnis zwischen der „Erkenntnis, die durch die Sterne geschenkt wird" und der Erkenntnis, die der Mensch sich selbst erwerben kann, zustande zu bringen und aufzuzeigen, hat nun etwa zwanzig Jahre einerseits mit ihrer Anschauung der Wirklichkeit des Geistes, andererseits mit der Suche nach einer ebenso großen Sicherheit in Bezug auf das Erkennen der Natur gelebt. In der griechischen Zeit lag diese Polarität in dem Gegenüber von Mysterienwissen und Logik. In der Scholastik waren es die Offenbarung auf der einen Seite und die beginnende Naturwissenschaft auf der anderen.

Rudolf Steiner lebt zwischen Geistanschauung und Naturwissenschaft, und die Vermittlung fand er in dem Erleben seiner Entwicklung durch die Interpretation von Goethes Erkenntnisart, durch das Sich-Einleben in *dessen* Weltanschauung. Steiner findet die Verbindung mit einem großen Menschen, der zum Beispiel in seinen Untersuchungen der Pflanzennatur die umfassende Idee findet, sich aber nicht dazu entschließt, diese Idee erlebend zu vertiefen. Obwohl die Idee in unmittelbarem Zusammenhang mit der wirklichen geistigen Welt steht, ist sie von ihr doch entfernt, und Goethe hätte erst dann den innigen Zusammenhang der Idee mit dem realen Geist finden können, wenn er zum Erleben der Idee gekommen wäre.

Rudolf Steiner will nun eine Freiheitsphilosophie schreiben, in der er den Standpunkt des Menschen in der Natur einnimmt, der *nicht* die Gnade der Geistanschauung kennt. Er hatte schließlich erlebt, dass in der Philosophie und Erkenntnistheorie *nirgendwo* eine Hinaufführung des Erkenntnisbegriffes bis in die Geistanschauung zu finden war, ja dass man dies nicht einmal versuchte.

„Auf die Widerlegung der Anschauung von Erkenntnisgrenzen kam

es mir beim Vorbringen meiner eigenen Einsichten in erster Linie an. Ich wollte den Erkenntnisweg ablehnen, der auf die Sinneswelt sieht und der dann nach außen durch die Sinneswelt zu einer wahren Wirklichkeit durchbrechen will. Ich wollte darauf hindeuten, daß *nicht* in einem solchen Durchbrechen *nach außen*, sondern in dem Untertauchen in das Innere des Menschen das wahre Wirkliche zu suchen sei.
(...)
Der Sinn meiner Darstellungen war damals dieser: Der Mensch tritt, indem er sich im Erdendasein von der Geburt an weiter entwickelt, der Welt erkennend gegenüber. Er gelangt zuerst zur sinnlichen Anschauung. Aber diese ist erst ein Vorposten des Erkennens. Es offenbart sich in dieser Anschauung noch nicht alles, was in der Welt ist. Die Welt ist wesenhaft; aber der Mensch gelangt zuerst noch nicht zu diesem Wesenhaften. Er verschließt sich noch vor demselben. Er bildet sich, weil er sein eigenes Wesen noch nicht der Welt gegenüberstellt, ein Weltbild, das des Wesens entbehrt. Dieses Weltbild ist in Wahrheit eine Illusion. Sinnlich wahrnehmend steht der Mensch vor der Welt als einer Illusion. Wenn aber aus seinem Innern zu der sinnlichen Wahrnehmung das sinnlichkeitsfreie Denken nachrückt, dann durchtränkt sich die Illusion mit Wirklichkeit; dann hört sie auf, Illusion zu sein. Dann trifft der in seinem Innern sich erlebende Menschengeist auf den Geist der Welt, der für den Menschen nun nicht *hinter der Sinneswelt verborgen ist, sondern in der Sinneswelt webt und west*.
Den Geist in der Welt zu finden, sah ich damals nicht als eine Sache des logischen Schließens, oder der Fortsetzung des sinnlichen Wahrnehmens an; sondern als etwas, das sich ergibt, wenn der Mensch vom Wahrnehmen zum *Erleben des sinnlichkeitsfreien Denkens* sich fortentwickelt." [40]

Hier ist also absolut nicht der gewöhnliche Erkenntnisprozess gemeint, den jeder Mensch anhand der Wahrnehmung vollzieht. Es ist ein grundlegender Fehler, wenn man aus der „Philosophie der Freiheit" den Schluss zieht, ein Mensch stünde bereits in der vollen

---

[40] Mein Lebensgang, S. 163f, Kursivierung M.M.

1. Teil, Der Philosoph

Wirklichkeit, wenn er Wahrnehmen und gewöhnliches Denken zusammenbringt – das geschieht im Erkenntnisprozess von selbst und gehört noch zum sinnlichen Weltbild. In der Entwicklung des Erkenntnisprozesses tritt eine „Steigerung", eine Erhöhung auf, und zwar in *zwei* Schritten.

Erstens muss in der sinnlichen Wahrnehmung das sinnlichkeitsfreie Denken aus dem Inneren des Menschen „nachrücken", es muss den Platz des an die Sinne gebundenen Denkens einnehmen, wodurch ein „Aufstieg" des Erkenntnisprozesses verwirklicht wird, er erreicht eine Stufe intensiver Aktivität.

Nehmen wir zum Beispiel das Betrachten einer Pflanze, sagen wir, eines Veilchens. Mit dem gewöhnlichen Wahrnehmen und Denken sehen wir die Pflanze, sehen die Blüte und wissen, dass es ein Veilchen ist. Das ist Erkenntnis, die zur Illusion gehört. Haben wir nun innerlich die Idee der Urpflanze zur Verfügung, ein sinnlichkeitsfreies, umfassendes, innerliches, nicht materielles „Bild", und fügen wir diese Idee unserem Erkenntnisprozess hinzu, dann gewinnt das Veilchen bereits viel mehr Bedeutung, es wird eine Pflanzen-„Individualität", das Wesen des Veilchens beginnt zu sprechen. Aber auch diese zwar erhöhte Erkenntnis ist noch immer abstrakt.

Es ist *ein zweiter Schritt* notwendig, der ebenso *losgelöst* von der Sinneswahrnehmung in intensiver innerer Aktivität getan werden muss. Hier kehrt sich der eine, fortlaufende Zeitstrom in den rückwärts verlaufenden um, und der okkult-astrale Strom wird Wirklichkeit.

Der Punkt der Umwandlung liegt in der „Philosophie der Freiheit" im dritten Kapitel verborgen. Die Entfaltung des sinnlichkeitsfreien Denkens gehört noch zu dem fortlaufenden Strom des Denkens im Strom der Zeit. Es ist die eigene Aktivität im Denken, die produktive Kraft. Nun wird die Möglichkeit vorgeschlagen, diese produktive Kraft anzuschauen, die eigene Gedanken hervorbringende Aktivität anzuschauen. Die Tiefe dieser Möglichkeit kommt in diesem dritten Kapitel zwar nicht unmittelbar und wörtlich zum Ausdruck. Derjenige aber, der diesen Schritt zu verwirklichen sucht, fühlt von Mal zu Mal stärker dessen Bedeutung.

Von dem gewöhnlichen sinnlichen Weltbild werden wir angeregt, zum Bilden sinnlichkeitsfreier Begriffe zu kommen, damit dann „der

Mensch vom Wahrnehmen zum Erleben des sinnlichkeitsfreien Denkens sich fortentwickelt". Aber dieser *Ausnahmezustand*, der eintritt, wenn man versucht, den Blick des Denkens auf die produktive Denkkraft selbst zu richten, ist noch kein *Erleben*. Es kommt darauf an, das, was in die Anschauung des Denkens eintritt, zu einem *Erleben* zu vertiefen.

Ich gebe hier die zwei Zitate wieder, die ich auch in meinem Büchlein „Anschauen des Denkens" anführe. Das erste stammt aus der Schrift „Goethes Weltanschauung" (1897), das zweite aus dem Vortragszyklus „Anthroposophie. Ihre Erkenntniswurzeln und Lebensfrüchte" (1921).

„Aber so wie die schöpferischen Naturkräfte „nach tausendfältigen Pflanzen" noch eine machen, worin „alle übrigen enthalten" sind, so bringen sie auch nach tausendfältigen Ideen noch eine hervor, worin die ganze Ideenwelt enthalten ist. Und diese Idee erfaßt der Mensch, wenn er zu der Anschauung der andern Dinge und Vorgänge auch diejenige des Denkens fügt. Eben weil Goethes Denken stets mit den Gegenständen der Anschauung erfüllt war, weil sein Denken ein Anschauen, sein Anschauen ein Denken war: deshalb konnte er nicht dazu kommen, das Denken selbst zum Gegenstande des Denkens zu machen. Die Idee der Freiheit gewinnt man aber nur durch die Anschauung des Denkens. Den Unterschied zwischen Denken über das Denken und *Anschauung des Denkens* hat Goethe nicht gemacht. Sonst wäre er zur Einsicht gelangt, daß man gerade im Sinne *seiner* Weltanschauung es wohl ablehnen könne, über das Denken zu denken, daß man aber doch zu einer *Anschauung* der Gedankenwelt kommen könne. An dem Zustandekommen aller übrigen Anschauungen ist der Mensch unbeteiligt. In ihm leben die Ideen dieser Anschauungen auf. Diese Ideen würden aber nicht da sein, wenn in ihm nicht die produktive Kraft vorhanden wäre, sie zur Erscheinung zu bringen. Wenn auch die Ideen der Inhalt dessen sind, was in den Dingen *wirkt*, zum erscheinenden Dasein kommen sie durch die menschliche Tätigkeit.[41] Die eigene Natur der Ideenwelt kann also der Mensch nur erken-

---

[41] Hervorhebungen M.M.

nen, wenn er seine Tätigkeit anschaut. Bei jeder anderen Anschauung durchdringt er nur die wirkende Idee; das Ding, in dem gewirkt wird, bleibt als Wahrnehmung außerhalb seines Geistes. In der Anschauung der Idee ist Wirkendes und Bewirktes ganz in seinem Innern enthalten. Er hat den ganzen Prozeß restlos in seinem Innern gegenwärtig. Die Anschauung erscheint nicht mehr von der Idee hervorgebracht; denn die Anschauung ist jetzt selbst Idee. Diese Anschauung des sich selbst Hervorbringenden ist aber die Anschauung der Freiheit. Bei der Beobachtung des Denkens durchschaut der Mensch das Weltgeschehen. Er hat hier nicht nach einer Idee dieses Geschehens zu forschen, denn dieses Geschehen ist die Idee selbst. Die sonst erlebte Einheit von Anschauung und Idee ist hier Erleben der anschaulich gewordenen Geistigkeit der Ideenwelt. Der Mensch, der diese in sich selbst ruhende Tätigkeit anschaut, fühlt die Freiheit." [42]

„Im Naturbeobachten lehnt man sich an die äußere Sinneserfahrung an. Man entwickelt der Sinneserfahrung entgegen die menschliche Gedankenwelt, den Inhalt des Denkens, und es ergibt sich als die wahre Wirklichkeit dasjenige, was sich zusammenfügt aus dem einseitigen Erfahrungsinhalte der Außenwelt und dem einseitigen Inhalte des Denkens. Man ergänzt dasjenige, was, wie ich gestern sagte, als eine halbe Wirklichkeit dem Menschen durch seine Organisation entgegentritt. Man kann, wenn man diese Freiheit erfassen will, die ja ein unmittelbar mit dem Menschen identisches Erlebnis ist, nicht an Äußeres sich anlehnen. Man muß das Denken selber verbinden mit demjenigen, was man, ich möchte sagen, in dem Prozesse seines Ichs ist. Man muß dasjenige anschauen, was in der Freiheit vor einem steht, aber indem man anschaut, muß man zu gleicher Zeit das Denken entwickeln, wie man es sonst an den Erscheinungen der äußeren Natur entwickelt.

Was Goethe so gefallen hat, als Heimroth sein Denken ein gegenständliches genannt hat, das muß auf einer noch höheren Stufe zutage treten, wenn man die Offenbarung der Freiheit erfassen will, denn Goethe verband sein Denken mit dem Äußerlich-Sinnlichen

---

[42] Goethes Weltanschauung, GA 6, S. 85f.

der pflanzlichen Welt. Da gelang es ihm, das Denken untertauchen zu lassen in das Objekt, mit dem aktiven Denken in dem Objekt selbst drinnen zu leben; aber das Objekt blieb passiv. Will man dieses, wenn ich es da noch so nennen darf, gegenständliche Denken auf die Freiheit anwenden, dann muß man ein Übersinnlich-Geistiges, das im Menschenseelenweben in fortwährender Tätigkeit ist, noch auf eine viel innigere Weise durchdringen mit der Aktivität des Denkens. Man muß *nicht ein Äußerliches*, man muß dasjenige, was in einem selber sich entwickelt, mit *der Aktivität des Denkens*[43] durchdringen. Dadurch aber reißt sich das, was nun Inhalt des Denkens wird, los von einem jeglichen Haften an einem Objekt im gewöhnlichen Sinne.

Was hier das Denken vollzieht, es wird selber ein Akt der Befreiung. Es hebt sich das Denken, indem es nicht inhaltlos wird, sondern gerade indem es angefüllt ist mit dem intimsten Fließen des Menschenwesens selbst, herauf zu einem freien Flusse, der das eine aus dem andern hervorströmen läßt. Es erfüllt sich der Seeleninhalt mit etwas, das er selber erzeugt und das in seiner Erzeugung zu gleicher Zeit objektiv ist. Der Geist naturwissenschaftlicher Denkungsweise ist heraufgetragen in das Aufsuchen der dem Menschen wichtigsten Seelenresultate.

Damit aber war für das Gebiet, das dem Menschen als ethisches, als sittliches Wesen zugrunde liegt, die geisteswissenschaftliche Methode geltend gemacht, und diese besteht in nichts anderem als in dem Erleben eines Inhalts, der da ist, wenn das menschliche Seelenleben sich losreißt von dem Haften an einem äußeren Objekte. Und wenn die Seele noch etwas erleben kann, dann ist das Erlebnis ein übersinnliches. Qualitativ ist dasjenige, was da erstrebt worden ist als seelische Beobachtungsresultate, nichts anderes, als was später von mir geltend gemacht worden ist mit Bezug auf die Erforschung der verschiedenen Gebiete der übersinnlichen Welten. Man wird durch dasjenige, was später geltend gemacht worden ist, allerdings in andere Gebiete geführt als diejenigen, die dem Menschen zunächst im gewöhnlichen Leben vorliegen; aber man verfällt mit Bezug auf das Innerste der Seelenverfassung auch für diese übersinnlichen Gebiete nicht anders, als man zu verfahren hat, wenn man das Wesen der menschlichen

---

43 Hervorhebungen M.M.

Freiheit untersucht, so daß man eine wirkliche Erkenntnis dieses Wesens erhält. Man beschränkt den Gegenstand der Untersuchung zunächst auf den Menschen als freies Wesen innerhalb der physischen Welt, aber dieses freie Wesen wurzelt in einem Übersinnlichen. Man bewegt sich in den Freiheitsuntersuchungen in einem Strom übersinnlicher Forschung. Wer dann in vollem Sinne ernst nimmt, was er da eigentlich tut, was da eigentlich in ihm geschieht, indem er sich in diesem Strom übersinnlicher Forschung bewegt, bei dem bietet sich nach und nach selbst der Weg, dasjenige, was er nun angewendet hat behufs Untersuchung der menschlichen Freiheit, auch für weitere Gebiete anzuwenden. Und eines tritt für ihn hervor aus solchen Untersuchungen mit einer deutlich sprechenden Notwendigkeit: daß der Mensch, wenn er sich nur nicht durch naturwissenschaftliche Vorurteile den Weg zur Freiheit verdunkelt, wenn er unbefangen dasjenige im Freiheitswesen untersucht, was ihm im alleralltäglichsten Leben vorliegt, daß der Mensch dazu kommt, wenigstens zunächst für dieses Gebiet anzuerkennen, daß er imstande ist, sich in seinem inneren Seelenleben loszureißen von der Leiblichkeit, die sonst das Werkzeug des Denkens ist, weil diese Leiblichkeit eben gerade das liefern muß, was die äußere Beobachtung bietet, zu der dann der Gedanke als die Ergänzung hinzutritt. Und man weiß, was übersinnliche Forschung ist, wenn man in richtiger Weise geforscht hat über das Freiheitsproblem. Man steht in dem Geiste dieser Forschung schon drinnen, der dann auch hinaufführt in die Höhe der übersinnlichen Welt." [44]

Aber es gibt noch einen anderen Zugang zum Erfassen dessen, was Steiner „Erleben" nennt.

---

44 Anthroposophie. Ihre Erkenntniswurzel und Lebensfrüchte. GA 78, S. 49ff.

MYSTIK

Steiner wies die Mystik als junger Mann insofern ab, als er fand, ein Mystiker sei ein Mensch mit einem Mangel an geistiger Wirklichkeit.

„Wie eine Ohnmacht im Erkennen erschien es mir, wenn die Seele die geistige Wirklichkeit, die in den Ideen zwar nicht selbst webt, die sich aber durch die Ideen vom Menschen erleben läßt, durch die Flucht vor den Ideen erreichen will.
(...)
Aber mir war auch klar, daß man zu der gleichen Art des inneren Erlebens kommt, wenn man *mit* dem vollen, klaren Inhalt der Ideenwelt in die Untergründe der Seele sich versenkt, statt diesen Inhalt bei der Versenkung abzustreifen. Ich wollte das Licht der Ideenwelt in die Wärme des inneren Erlebens einführen." [45]

„Ich suchte das Zusammensein mit dem Geiste durch die vom Geiste durchleuchteten Ideen auf dieselbe Art wie der Mystiker durch Zusammensein mit einem Ideenlosen. Ich konnte auch sagen: Meine Anschauung beruhe auf „mystischem" Ideen-Erleben.
(...)
Ich wollte keine mystischen Anwandlungen in mir beim Bilden dieser Ideen (für die spätere „Philosophie der Freiheit", M.M.) walten lassen, trotzdem mir klar war, daß das letzte Erleben dessen, was in Ideen sich offenbaren sollte, von der gleichen Art im Innern der Seele sein mußte wie die innere Wahrnehmung des Mystikers." [46]

„Während ich an meiner „Philosophie der Freiheit" arbeitete, war meine stete Sorge, in der Darstellung meiner Gedanken das innere Erleben bis in diese Gedanken hinein voll wach zu halten. Das gibt den Gedanken den mystischen Charakter des inneren Schauens, macht

---

[45] Mein Lebensgang, S. 169f.
[46] Mein Lebensgang, S. 172f.

1. Teil, Der Philosoph

aber dieses Schauen auch gleich dem äußeren sinnenfälligen Anschauen der Welt. Dringt man zu einem solchen inneren Erleben vor, so empfindet man keinen Gegensatz mehr zwischen Natur-Erkennen und Geist-Erkennen. Man wird sich klar darüber, daß das zweite nur die metamorphosierte Fortsetzung des ersten ist." [47]

Die „Philosophie der Freiheit" ist also kein abstraktes Gedankengebäude, das Buch zeigt einen *Weg* von der gewöhnlichen sinnlichen Erkenntnis zur inneren Anschauung des Geistes. Dieser Weg ist in *Gedanken* geschildert, die dadurch einen mystischen Charakter haben, dass der Schreiber bei ihrer Schilderung das innere Erleben bis in die Gedanken hinein wachzuhalten wusste. Will der Leser bis an diesen Punkt vordringen, wird er sich aus dem *Wort* in den *Gedanken* befreien müssen, um dann darin die Idee zu finden und diese zu erleben. Es geht in der „Philosophie der Freiheit" ja nicht nur darum, eine Erkenntnistheorie zu entfalten, die die Geistanschauung in sich trägt, und eine Idee der Freiheit zu geben; es geht tatsächlich um die *Befreiung des Lesers selbst*.

Die „Philosophie der Freiheit" entsteht im Anbruch der Epoche, in der der Erzengel Michael Zeitgeist wird (1879), wir können dieses Buch Rudolf Steiners also als ein michaelisches Dokument betrachten. Im Anschluss an die Neubegründung der Anthroposophischen Gesellschaft in Dornach (Weihnachten 1923/24) sprach Rudolf Steiner in einer Reihe von Vorträgen über die Beziehung von Wort und Gedanke im Sinne Michaels:[48]

„Und so ist es bei Michael, daß er eine strenge Abweisung für alles das hat, was auch zum Beispiel das Trennende der menschlichen Sprachen ist. Solange man seine Erkenntnisse in die Sprache nur einhüllt, sie nicht hinaufträgt in den Gedanken, so lange kommt man nicht in die Nähe des Michael. Daher besteht auch heute in der geistigen Welt im Grunde genommen ein vielbedeutsamer Kampf. Denn auf der einen Seite ist eben hereingetreten in die Menschheitsentwickelung der

---

[47] Mein Lebensgang, S. 178f.
[48] Vortrag vom 13.1.1924, GA 233a, S. 95f.

Michael-Impuls: er ist da; aber auf der anderen Seite ist innerhalb der Menschheitsentwickelung vieles, was diesen Michael-Impuls eben nicht aufnehmen will, was diesen Michael-Impuls zurückweisen will. Und zu dem, was diesen Michael-Impuls zurückweisen will, gehören zum Beispiel heute die Nationalitätsempfindungen. Sie loderten auf im 19. Jahrhundert, wurden stark im 20. Jahrhundert immer mehr und mehr. Nach dem Nationalitätsprinzip ist in der letzten Zeit viel, man kann nicht sagen, geordnet, sondern geunordnet worden. Es ist eben wirklich geunordnet worden. Das alles widerstrebt im furchtbarsten Sinne dem Michael-Prinzip. Das alles enthält ahrimanische Kräfte, die entgegenstreben dem Hereinwirken, dem Hereinimpulsieren der Michael-Kräfte in das Erdenleben des Menschen. Und so schaut man denn heute diesen Kampf von nach oben anstürmenden ahrimanischen Geistern, die das nach oben tragen möchten, was aus den vererbten Nationalitätsimpulsen herauskommt und was Michael streng abweist, zurückweist.

Es ist in der Tat heute nach dieser Richtung hin der lebhafteste Geisteskampf vorhanden, weil über einen großen Teil der Menschheit das ja ausgegossen ist, daß nicht Gedanken vorhanden sind, sondern daß die Menschen in Worten denken. So aber in Worten denken ist kein Weg zu Michael. Zu Michael kommt man nur, wenn man durch die Worte hindurch zu wahren inneren Geist-Erlebnissen kommt, wenn man nicht an den Worten hängt, sondern zu wahren inneren Geist-Erlebnissen kommt. Das ist ja in der Tat das Geheimnis der modernen Einweihung: über die Worte hinauszukommen zum Erleben des Geistigen. Das ist nichts, was gegen die Empfindung der Schönheit der Sprache verstößt. Denn gerade dann, wenn man nicht mehr in der Sprache denkt, dann fängt man an, die Sprache zu empfinden und als Empfindungselement in sich und von sich strömen zu haben. Aber das ist etwas, was von dem Menschen heute erst angestrebt werden muß."

Das Buch „Die Philosophie der Freiheit" enthält die Möglichkeit zu einer Initiation des okkult-astralen, rückwärts laufenden Zeitstroms, weil in ihm die Potenz verborgen liegt, den fortlaufenden Denkstrom mit dem Denken zu erfassen; dies wird in dem okkulten Symbol der

Schlange ausgedrückt, die sich selbst am Schwanz erfasst und sich verzehrt. Die Strömung kehrt sich um, sie kommt aus der Zukunft und geht in die Vergangenheit.

In der „Philosophie der Freiheit" kommen das Wesen und die Aufgabe Rudolf Steiners nicht nur zum Ausdruck, sondern der Mitmensch empfängt selbst die „Gabe dieser Aufgabe": die Geistanschauung zu finden, indem der Erkenntnisprozess der Natur entwickelt und gesteigert wird bis zu einem mystischen Erleben der darin wirkenden sinnlichkeitsfreien Idee.

DIE PHILOSOPHIE DER FREIHEIT
Die Freiheit

Die sinnlichkeitsfreie, umfassende Idee wird ein auf sich selbst beruhendes, wirkendes „Etwas", das in einer ebenso lebendigen Anschauung wahrgenommen werden kann wie die sinnlich wahrnehmbare Welt. Darin, in dieser sich selbst anschauenden Aktivität, fühlt der Forscher seine Freiheit, man *ist* wirklich frei. Aus der Zukunft kommend, schaut man die eigene Denkaktivität. Dieser zurücklaufende Strom führt schließlich bis in jenen Teil der Kindheit, der nicht erinnert werden kann, bis in das vorgeburtliche Dasein, bis in die vorherigen Inkarnationen, bis in die Entwicklung von Erde und Kosmos, bis in die vorherigen Verkörperungen der Erde.

Diesen rückwärts verlaufenden Strom mit dem fortlaufenden in Zusammenhang zu bringen, ist die Aufgabe Rudolf Steiners – so, dass dieser Weg auch für andere begehbar gemacht wird. Seit Rudolf Steiner kann der Mensch sich selbst in Freiheit zu diesem *okkult-astralen Strom* erheben...

Wenn man durch Übung so weit kommt, dass man die Produktivität des eigenen Ich (das ist die Aktivität des Denkens) mit dem Denken selbst verbinden kann, als durchdringe man einen äußerlichen Prozess mit dem Denken; wenn man also die Denkaktivität hervorbringen kann und sie aktuell zu denken vermag, so ist das Denken zugleich Wille geworden, das reine Denken ist reiner Wille. Denkt man nun aber mit der Zeit mit, „nach vorne", in die Zukunft hinein, wie man es gewohnt ist – jetzt aber durchwollt, in zunehmender Aktivität und Energie –, so tritt man in die reale Zeit hinein, in die fortlaufende Zeit.

Im Höhepunkt des Freiheitserlebens, wenn der Freiheitsstrom bis ans Äußerste „bedacht" ist, kehrt er sich um, stülpt sich um in Liebeskraft. Da liegt die Umkehrung in den okkult-astralen Strom, in das eigentlich Okkulte, da fängt man an, sich in der Zeit zurückzubewegen – so wie es nach dem Tod sein wird, so wie es in der geistigen Welt ist.

In diesem Punkt der Umstülpung liegt der Punkt der moralischen Intuition.

„In der menschlichen Persönlichkeit mußte ich einen Mittelpunkt sehen, in dem diese ganz unmittelbar mit dem ursprünglichsten Wesen der Welt zusammenhängt. Aus diesem Mittelpunkt heraus quillt das Wollen. Und wirkt in dem Mittelpunkt das klare Licht des Geistes, so wird das Wollen frei. Der Mensch handelt dann in Übereinstimmung mit der Geistigkeit der Welt, die nicht aus einer Notwendigkeit, sondern nur in der Verwirklichung des eigenen Wesens schöpferisch wird. In diesem Mittelpunkte des Menschen werden nicht aus dunklen Antrieben heraus, sondern aus „moralischen Intuitionen" Tatenziele geboren, aus Intuitionen, die in sich so durchsichtig sind wie die durchsichtigsten Gedanken. So wollte ich durch das Anschauen des freien Wollens den Geist finden, durch den der Mensch als Individualität in der Welt *ist*." [49]

„In zweiter Linie (das erste war der Erkenntnisprozess, M.M.) kam es mir damals darauf an, die Idee der Freiheit zum Ausdrucke zu bringen. Handelt der Mensch aus seinen Instinkten, Trieben, Leidenschaften usw., so ist er unfrei. Impulse, die ihm so bewußt werden wie die Eindrücke der Sinneswelt, bestimmen dann sein Handeln. Aber es handelt da auch nicht sein wahres Wesen. Er handelt auf einer Stufe, auf der sein wahres Wesen sich noch gar nicht offenbart. Er enthüllt sich als Mensch da ebensowenig, wie die Sinneswelt ihr Wesen für die bloß sinnenfällige Beobachtung enthüllt. Nun ist die Sinneswelt nicht in Wirklichkeit eine Illusion, sondern wird dazu nur von dem Menschen gemacht. Der Mensch in seinem Handeln kann aber die sinnlichkeitsähnlichen Triebe, Begierden usw. als Illusionen wirklich machen; er läßt dann an sich ein Illusionäres handeln; es ist nicht *er selbst*, der handelt. Er läßt das Ungeistige handeln. Sein Geistiges handelt erst, wenn er die Impulse seines Handelns in dem Gebiete seines sinnlichkeitfreien Denkens als moralische Intuitionen findet. Da handelt er selbst, nichts anderes. Da ist er ein freies, ein aus sich selbst handelndes Wesen." [50]

---

[49] Mein Lebensgang, S. 142ff.
[50] Mein Lebensgang, S. 166.

Und in der „Philosophie der Freiheit" selbst:

„Die höchste Stufe des individuellen Lebens ist das begriffliche Denken ohne Rücksicht auf einen bestimmten Wahrnehmungsgehalt. Wir bestimmen den Inhalt eines Begriffes durch reine Intuition aus der ideellen Sphäre heraus. Ein solcher Begriff enthält dann zunächst keinen Bezug auf bestimmte Wahrnehmungen." [51]

In „Mein Lebensgang", wo er diese Sätze zitiert, fügt Steiner hinzu:[52]

„Es sind hier „sinnenfällige Wahrnehmungen" gemeint."

Das Erreichen des „Feldes" der Freiheit hängt – wie im vorangegangenen Kapitel deutlich wurde – unmittelbar zusammen mit der Entwicklung des sinnlichkeitsfreien Denkens, das vollkommen getrennt von der Wahrnehmung entfaltet wird, auf sich selbst beruht und dann in seiner Entfaltung angeschaut werden kann. Dann ist man in dem Element der Freiheit. Man kann also nicht mehr meinen – wenn man die Wahrheit hiervon erlebt hat –, dass die moralischen Intuitionen anhand bestimmter Lebenssituationen im Denken einfach so aufkommen. Auch nicht, dass man sich bestimmte Prinzipien ausdenken und diese dann im Leben anwenden könnte. Moralische Intuitionen werden im sinnlichkeitsfreien Denken „ausgedacht":

„Der *freie Geist* handelt nach seinen Impulsen, das sind Intuitionen, die aus dem Ganzen seiner Ideenwelt durch das Denken ausgewählt sind." [53]

In diesem Prozess liegt eine viel größere innerliche Kraft, als man gewöhnlich meint. Aber wie das sinnlichkeitsfreie Denken dem Wahrnehmen in der sinnlichen Welt „nachrückt", d.h. zu diesem hinzugebracht wird, so werden in demselben sinnlichkeitsfreien Denken

---

[51] Die Philosophie der Freiheit, S. 153.
[52] Mein Lebensgang, S. 168.
[53] Die Philosophie der Freiheit, S. 191.

die moralischen Begriffe – losgelöst von jedweder Erden-Situation – als Ideen geformt, nach eigener Wahl. Diese Intuitionen „rücken" dann als moralische Intuitionen, als sinnlichkeitsfreies Denken, in der Wahrnehmung einer Lebenssituation „nach", man bringt die Intuition *absichtlich* mit der Lebenssituation zusammen und handelt dadurch auf eine Weise, die außerhalb des Schicksals liegt. In dem an früherer Stelle schon angeführten, von Jürgen von Grone erwähnten Gespräch sagt Steiner hierüber:[54]

„In jedem Freiheitserlebnis sind drei Dinge verwoben. Sie erscheinen als Einheit im Moment, wo das Erlebnis sich ereignet, aber der nachherige Gang des Lebens läßt sie getrennt bewußt werden. Man erlebt das, was man zu tun hat, als inneres Bild, das in freier moralischer Phantasietätigkeit vor einem aufsteigt. Als eine wahre Imagination erscheint, was man zu tun sich entschließt, weil man es liebenswert finden muß. Das Zweite, was in dem einheitlichen Erlebnis enthalten ist, ist der Impuls, daß man von höheren Mächten ermahnt wird, dem im Innern Aufkeimenden zu folgen. ‚Tue es' sagen die inneren Stimmen, und das Gewahrwerden derselben ist eine wahre Inspiration. Aber noch ein drittes Element ist dem einheitlichen Erlebnis einverwoben. Man stellt sich durch die Tat in eine äußere Schicksalsumgebung hinein, in die man ohne das Freiheitserlebnis niemals eingetreten wäre. Man begegnet jetzt anderen Menschen, wird an andere Orte geführt, dadurch, daß das innere intuitiv Erfaßte nun zur schicksalhaft von außen herantretenden Umgebung wird. Die Situation einer wahren Intuition ergibt sich."

Das Freiheitserleben spielt sich rein innerlich ab, aber es *wird* äußerlich durch die Tat und alles, was damit zusammenhängt: das *alles* ist ein Stück *Leben*, welches dadurch geformt wird. Rudolf Steiner sagt dies anläßlich seiner eigenen moralischen Intuition, Schröers Schicksal in Bezug auf die Ausarbeitung von Goethes Weltanschauung auf sich zu nehmen. Die moralische Idee liegt hier also in dem Gebiet des Impulses, Schröers Schicksal tragen zu wollen. Die Folgen sind weit-

---

[54] Beiträge zur Gesamtausgabe Nr. 49/50, S. 30.

gehend gewesen, anhand von Goethes Werk hat sich Steiners eigener Weg verzögert und verfeinert, hat er jahrelang in Weimar gewohnt, dort sehr viele Kontakte geknüpft und so weiter. Die Frage entsteht, ob die Begegnung mit Anna von Eunike, der Witwe mit fünf Kindern, in deren Haus Rudolf Steiner wohnte und die er dann heiratete, zu diesem „neuen Schicksal" gehört?

„In meiner „Philosophie der Freiheit" habe ich nun die Kraft gesucht, die aus der ethisch neutralen naturwissenschaftlichen Ideenwelt in die Welt der sittlichen Impulse führt. Ich habe zu zeigen versucht, wie der Mensch, der sich als in sich geschlossenes, geistgeartetes Wesen weiß, weil er in Ideen lebt, die nicht mehr aus dem Geist erströmend, sondern an dem materiellen Sein angeregt sind, *auch* für das Sittliche aus seinem Eigenwesen *Intuition* entwickeln kann. Dadurch leuchtet das Sittliche in der *frei gewordenen* Individualität als individuelle ethische Impulsivität so auf wie die Ideen der Naturanschauung." [55]

Aber wir müssen dabei streng im Auge behalten, dass „die Ideen der Naturanschauung" als sinnlichkeitsfreies Denken gemeint sind, das zu der sinnlichen Wahrnehmung hinzugebracht wird. Es liegt auf der Hand, dies bequemerweise zu übersehen und zu meinen, es ginge um das gewöhnliche Denken, das zur Wahrnehmung hinzutritt. Dieses wird von Rudolf Steiner jedoch absolut *nicht* gemeint, das mögen die Zitate im Kapitel über die Erkenntnistheorie deutlich gezeigt haben. Sinnliche Wahrnehmung plus gewöhnliches Denken gehört für Rudolf Steiner zum sinnlichen Weltbild, in dem der naive Mensch lebt. Der kritische Mensch beginnt, Gedanken über sich selbst und seine Beziehung zur Welt zu bilden.

Rudolf Steiner sieht in der „wahren Wirklichkeit" die Vereinigung eines freien sinnlichkeitsfreien Denkens in Ideen, die angeschaut und erlebt werden, und der sinnlichen Wahrnehmung, mit der diese dann vollbewusst in Verbindung gebracht werden. In diesem Licht muss auch die Idee der Freiheit gesehen werden: ein freigewordenes, sinnlichkeitsfreies Denken in moralischen Ideen, die angeschaut und erlebt werden und dann vollbewusst in einer Lebenssituation „verkör-

---

[55] Mein Lebensgang, S. 293.

pert" werden, zu einer Handlung werden. Kein einziges instinktives, triebmäßiges oder leidenschaftliches Element spielt mit. Etwas dergleichen spielt in der sinnlichen Wahrnehmung und im gewöhnlichen Denken *immer* mit.

Es ist das Leben in zwei Welten, der Geistanschauung und der sinnlichen Welt, welches in dem jungen Mann Rudolf Steiner so deutlich zutage trat und was ihn dazu brachte, die Welt der erlebten Idee einerseits und die des gewöhnlichen sinnlichen Weltbildes andererseits so klar zu unterscheiden. Für ihn war dies seine „Natur", für uns ist es ein Ringen, zu dieser klaren Unterscheidung zu kommen, die wir dennoch zuerst *begreifen* werden müssen, bevor wir bewusst in beiden Welten leben können.

DIE PHILOSOPHIE DER FREIHEIT
Die Liebe

Es gibt noch ein drittes Thema in der „Philosophie der Freiheit", das das „Ziel" dieses Buches genannt werden könnte – aber das geht nicht, denn wahre Liebe ist „ziellos", gerade das macht die Liebe zur Liebe. Liebe zur Handlung, „Liebe zur Tat", das ist es, wohin die Freiheit führt.

„Als eine wahre Imagination erscheint, was man zu tun sich entschließt, weil man es liebenswert finden muss."
Nicht die Idee ist liebenswert, nicht das Ziel, nicht einmal so sehr das Wesen, für das man es tut, sondern das *Tun selbst*, weil man es „der Liebe wert findet". Liebenswert. Hier kehrt sich der Impuls in grandioser Weise um, und aus „etwas, was man nicht sieht" wird „etwas, was man sieht".

Die innere Aktivität, die notwendig ist, um zu sinnlichkeitsfreien moralischen Ideen zu kommen, kann man aneinander nicht wahrnehmen. Dann jedoch wird die betreffende moralische Idee in der Lebenssituation zur Handlung. Und diese Handlung kann niemals gleichgültig, achtlos oder widerstrebend verrichtet werden, denn die um-gekehrte erlebte moralische Idee ist notwendigerweise die Liebe. So *ist* eine wirklich freie Tat eine Tat, die mit Liebe verrichtet wird, das kann nicht anders sein. In der Umstülpung der Freiheit zur Handlung auf Erden stülpt sie sich um zur Liebe. Die geistige Welt tritt hinzu, und sie ruft nicht nur: „Tue es!", sondern sie geht als Liebe mit in die Handlung ein.
Später hat Rudolf Steiner dies in einem Vortrag des Zyklus' „Die Brücke zwischen der Weltgeistigkeit und dem Physischen des Menschen" eindrücklich beschrieben:[56]

---

[56] Vortrag vom 19.12.1920, GA 202, S. 200ff.

„Denken Sie sich einmal, Sie lebten im Sinne der gewöhnlichen Wissenschaften für eine Weile rein nachdenklich, Sie regten sich gar nicht, Sie sähen ganz ab von allem Handeln, Sie lebten eben ein Vorstellungsleben. Sie müssen sich aber klar sein, daß dann in diesem Vorstellungsleben Wille tätig ist, Wille, der allerdings dann in Ihrem Inneren sich betätigt, der im Bereiche des Vorstellens seine Kräfte ausbreitet. Gerade wenn wir so den denkenden Menschen betrachten, wie er fortwährend den Willen hineinstrahlt in seine Gedanken, dann muß uns eigentlich eines gegenüber dem wirklichen Leben auffallen. Die Gedanken, die wir also fassen, wenn wir sie alle durchgehen, wir werden immer finden, daß sie an irgend etwas anknüpfen, was in unserer Umgebung, was unter unseren Erlebnissen ist. Wir haben zwischen Geburt und Tod gewissermaßen keine anderen Gedanken als diejenigen, die uns das Leben bringt. Ist unsere Erfahrung reich, so haben wir auch einen reichen Gedankeninhalt; ist unsere Erfahrung arm, so haben wir einen armen Gedankeninhalt. Der Gedankeninhalt ist gewissermaßen unser innerliches Schicksal. Aber innerhalb dieses Denk-Erlebens ist eines ganz uns eigen: Die Art und Weise, wie wir die Gedanken verknüpfen und voneinander lösen, die Art und Weise, wie wir innerlich die Gedanken verarbeiten, wie wir urteilen, wie wir Schlüsse ziehen, wie wir uns überhaupt im Gedankenleben orientieren, das ist unser, ist uns eigen. Der Wille in unserem Gedankenleben ist unser eigener.

(...)

Es ist für die Erfüllung dessen, was Selbsterkenntnis von uns Menschen will, im hohen Grade bedeutsam, wenn wir auseinanderhalten, wie auf der einen Seite uns von der Umwelt der Gedankeninhalt kommt, wie auf der anderen Seite aus unserem Inneren in die Gedankenwelt einstrahlt die Kraft des Willens, die von innen kommt.

Wie wird man eigentlich innerlich immer geistiger und geistiger! Man wird nicht dadurch geistiger, daß man möglichst viele Gedanken aus der Umwelt aufnimmt, denn diese Gedanken geben ja doch nur, ich möchte sagen, die Außenwelt, die eine sinnlich-physische ist, in Bildern wieder. Dadurch, daß man möglichst den Sensationen des Lebens nachläuft, dadurch wird man nicht geistiger. Geistiger wird

Die Philosophie der Freiheit

man durch die innere *willensgemäße*[57] Arbeit innerhalb der Gedanken. Daher besteht auch Meditieren darinnen, daß man sich nicht einem beliebigen Gedankenspiel hingibt, sondern daß man wenige, leicht überschaubare, leicht prüfbare Gedanken in den Mittelpunkt seines Bewußtseins rückt, aber mit einem starken Willen diese Gedanken in den Mittelpunkt seines Bewußtseins rückt. Und je stärker, je intensiver dieses innere Willensstrahlen wird in dem Elemente, wo eben die Gedanken sind, desto geistiger werden wir. Wenn wir Gedanken von der äußeren physisch-sinnlichen Welt aufnehmen – und wir können ja nur solche aufnehmen zwischen Geburt und Tod –, dann werden wir dadurch, wie Sie leicht einsehen können, unfrei, denn wir werden hingegeben an die Zusammenhänge der äußeren Welt; wir müssen dann so denken, wie es uns die äußere Welt vorschreibt, insofern wir nur den Gedankeninhalt ins Auge fassen; erst in der inneren Verarbeitung werden wir frei.

Nun gibt es eine Möglichkeit, ganz frei zu werden, frei zu werden in seinem inneren Leben, wenn man den Gedankeninhalt, insofern er von außen kommt, möglichst ausschließt, immer mehr und mehr ausschließt, und das Willenselement, das im Urteilen, im Schlüsseziehen unsere Gedanken durchstrahlt, in besondere Regsamkeit versetzt. Dadurch aber wird unser Denken in denjenigen Zustand versetzt, den ich in meiner „Philosophie der Freiheit" genannt habe das reine Denken. Wir denken, aber im Denken lebt nur Wille. Ich habe das besonders scharf betont in der Neuauflage der „Philosophie der Freiheit" 1918. Dasjenige, was da in uns lebt, lebt in der Sphäre des Denkens. Aber wenn es reines Denken geworden ist, ist es eigentlich ebensogut als reiner Wille anzusprechen. So daß wir aufsteigen dazu, uns vom Denken zum Willen zu erheben, wenn wir innerlich frei werden, daß wir gewissermaßen unser Denken so reif machen, daß es ganz und gar durchstrahlt wird vom Willen, nicht mehr von außen aufnimmt, sondern eben im Willen lebt. Gerade dadurch aber, daß wir immer mehr und mehr den Willen im Denken stärken, bereiten wir uns vor für das, was ich in der „Philosophie der Freiheit" die moralische Phantasie genannt habe, was aber aufsteigt zu den moralischen Intuitionen,

---
[57] Hervorhebung M.M.

die dann unseren gedankegewordenen Willen oder willegewordenen Gedanken durchstrahlen, durchsetzen. Auf diese Weise heben wir uns heraus aus der physisch-sinnlichen Notwendigkeit, durchstrahlen uns mit dem, was uns eigen ist und bereiten uns vor für die moralische Intuition. Und auf solchen moralischen Intuitionen beruht doch alles das, was den Menschen von der geistigen Welt aus zunächst erfüllen kann. Es lebt also auf dasjenige, was Freiheit ist, dann, wenn wir gerade in unserem Denken immer mächtiger und mächtiger werden lassen den Willen.

Betrachten wir den Menschen von dem anderen Pol aus, von dem Willenspol. Der Wille, wann tritt er durch unser Handeln uns besonders klar vor das Seelenauge? Nun, wenn wir niesen, so tun wir ja auch etwas sozusagen, aber wir werden nicht in der Lage sein, uns einen besonderen Willensimpuls dabei zuzuschreiben, wenn wir niesen. Wenn wir sprechen, dann tun wir schon etwas, wo in einer gewissen Weise der Wille drinnen liegt. Aber bedenken Sie nur einmal, wie im Sprechen Willentliches und Unwillentliches, Willensgemäßes und Unwillensgemäßes ineinanderlaufen! Sie müssen sprechen lernen und müssen es gerade so lernen, daß Sie nicht mehr jedes einzelne Wort willensgemäß formen müssen, daß gewissermaßen etwas Instinktives hineinkommt in das Sprechen. Für das gewöhnliche Leben ist es wenigstens so, und im Grunde genommen ist es so gerade für diejenigen Menschen, die wenig nach Geistigkeit streben. Schwätzer, die gewissermaßen fortwährend ihren Mund offen haben müssen, um das oder jenes zu sagen, in das nicht viel Gedankliches hineingesandt wird, die lassen den anderen merken – sie selber merken es allerdings nicht –, wieviel Instinktives, Unwillensgemäßes im Sprechen liegt. Aber je mehr wir aus unserem Organischen herausgehen und übergehen zur Tätigkeit, die vom Organischen gewissermaßen losgelöst ist, desto mehr tragen wir in unser Handeln die Gedanken hinein. Das Niesen steckt noch ganz im Organischen drinnen, das Sprechen steckt zum großen Teil im Organischen drinnen, das Gehen schon sehr wenig, dasjenige, was wir mit den Händen vollziehen, auch sehr wenig. Und so geht es allmählich über in immer mehr und mehr vom Organischen in uns losgelöste Handlungen. Diese Handlungen, die verfolgen wir mit unseren Gedanken, wenn wir auch nicht wissen, wie der

Wille in diese Handlungen hineinschießt. Und wenn wir nicht gerade Nachtwandler sind und in diesem Zustande uns betätigen, dann werden unsere Handlungen stets von unseren Gedanken begleitet sein. Wir tragen in unser Handeln die Gedanken hinein, und je mehr sich unser Handeln ausbildet, desto mehr tragen wir die Gedanken in unser Handeln hinein.

Sie sehen, wir werden immer innerlicher und innerlicher, indem wir unsere Eigenkraft als Wille in das Denken hineinschicken, das Denken gewissermaßen ganz vom Willen durchstrahlen lassen. Wir bringen den Willen in das Denken hinein und gelangen dadurch zur Freiheit. Wir gelangen dazu, indem wir immer mehr und mehr unser Handeln ausbilden, in dieses Handeln die Gedanken hineinzutragen. Wir durchstrahlen unser Handeln, das ja aus unserem Willen hervorgeht, mit unseren Gedanken. Auf der einen Seite, nach innen, leben wir ein Gedankenleben; das durchstrahlen wir mit dem Willen und finden so die Freiheit. Auf der anderen Seite, nach außen, fließen unsere Handlungen von uns aus dem Willen heraus; wir durchsetzen sie mit unseren Gedanken.

Aber wodurch werden denn unsere Handlungen immer ausgebildeter? Wodurch, wenn wir den allerdings anzufechtenden Ausdruck gebrauchen wollen, kommen wir denn zu einem immer vollkommeneren Handeln? – Wir kommen zu einem immer vollkommeneren Handeln eigentlich dadurch, daß wir diejenige Kraft in uns ausbilden, die man nicht anders nennen kann als Hingabe an die Außenwelt. Je mehr unsere Hingabe an die Außenwelt wächst, desto mehr regt uns diese Außenwelt an zum Handeln. Dadurch aber gerade, daß wir den Weg finden, um hingegeben zu sein an die Außenwelt, gelangen wir dazu, dasjenige, was in unserem Handeln liegt, mit Gedanken zu durchdringen. Was ist Hingabe an die Außenwelt? Hingabe an die Außenwelt, die uns durchdringt, die unser Handeln mit den Gedanken durchdringt, ist nichts anderes als *Liebe*.

Geradeso wie wir zur Freiheit kommen durch die Durchstrahlung des Gedankenlebens mit dem Willen, so kommen wir zur Liebe durch die Durchsetzung des Willenslebens mit Gedanken. Wir entwickeln in unserem Handeln Liebe dadurch, daß wir die Gedanken hineinstrahlen lassen in das Willensgemäße; wir entwickeln in unserem Denken

Freiheit dadurch, daß wir das Willensgemäße hineinstrahlen lassen in die Gedanken. Und da wir als Mensch eine Ganzheit, eine Totalität sind, so wird, wenn wir dazu kommen, in dem Gedankenleben die Freiheit und in dem Willensleben die Liebe zu finden, in unserem Handeln die Freiheit, in unserem Denken die Liebe mitwirken. Sie durchstrahlen einander, und wir vollziehen ein Handeln, ein gedankenvolles Handeln in Liebe, ein willensdurchsetztes Denken, aus dem wiederum das Handlungsgemäße in Freiheit entspringt.

Sie sehen, wie im Menschen die zwei größten Ideale zusammenwachsen, Freiheit und Liebe. Und Freiheit und Liebe sind auch dasjenige, was eben der Mensch, indem er dasteht in der Welt, in sich so verwirklichen kann, daß gewissermaßen das eine mit dem anderen sich gerade durch den Menschen für die Welt verbindet."

Aber wie könnte es im Falle von Steiners eigenem Vorbild anders sein: Er folgt dem Impuls, Schröers Schicksal zum Teil auf sich zu nehmen. Die „Handlung" ist dann Steiners Arbeit an der Interpretation von Goethes naturwissenschaftlichen Schriften und der darin zum Ausdruck kommenden Weltanschauung. Das wird nicht immer tadellos verlaufen sein, aber die „Liebe zur Tat" wird unverbrüchlich gewesen sein. Dadurch ist diese Auseinandersetzung mit Goethes Geistesart nicht nur eine Stelle, die Steiner angenommen hat, sondern ist ein Teil seines eigenen Lebens und Schicksals geworden, ein Teil seines eigenen Lebenswerkes, das bis in seine letzten Lebensjahre fortwirkt – zum Beispiel in den Plänen für das „neue Goetheanum" in Dornach, nachdem das alte durch einen Brand zerstört worden war.

Doch das Ausbilden eines sinnlichkeitsfreien Denkens – das Befreien des Denkens aus den Sinnen –, das Erkraften und Anschauen dessen und das Erleben dessen; das Bilden moralischer Ideen und das Anschauen und Erleben dieser Ideen; das Hineintragen der freien moralischen Ideen in das Leben als Liebe – dies alles ist keine Entwicklung, die „nur Rudolf Steiner" realisieren konnte. Die exakte Ausarbeitung und die Formulierungen sind von ihm, aber er hat sie gegeben, weil es eine Gabe für die ganze sich entwickelnde Menschheit sein sollte. Ein Impuls ist es, der zwar der Individualität Rudolf Steiners eigen ist, der aber natürlich kein Privatbesitz bleiben darf.

Friedrich Rittelmeyer[58] berichtet von einem Gespräch mit Rudolf Steiner, an dessen Ende dieser die hier gemeinte Gabe und Aufgabe ebenfalls betont:[59]

„Bald darauf war ich mit einem Aufsatz für die „Christliche Welt" beschäftigt, der ich nahestand. Ich bat Steiner, ob ich ihn über einiges in seiner Lebensentwicklung fragen dürfe, um gut unterrichtet zu sein. „Kommen Sie einmal. Ich werde Ihnen ausführlich erzählen." Als ich kam, sagte er: „Ist es Ihnen recht, wenn ich Frau Doktor dazu hole?" So habe ich ihn nun viel länger als eine Stunde erzählen hören und ihn dabei so wenig wie möglich mit Fragen unterbrochen. Wie die Fähigkeit zum Schauen schon in frühester Jugend in ihm aufgewacht sei, als er den Tod einer Verwandten durch diese selbst erfuhr, ehe die Nachricht von außen kam – doch es ist ja inzwischen der „Lebensgang" Rudolf Steiners erschienen, in dem alles steht, was er selbst der Öffentlichkeit mitteilen wollte. Außerdem ist die „Skizze eines Lebensabrisses" zugänglich, in der ungefähr das steht, was ich damals, nur viel intimer und persönlicher, erfahren durfte.
Das Eindrucksvollste war, wie er von den großen Lehrern sprach, die seinen Weg kreuzten. Außerordentliche Geistesmenschen, der Öffentlichkeit völlig unbekannt, waren in der rechten Stunde zur Stelle, halfen ihm in den entscheidenden Jahren zum Erkennen und Entwickeln seiner Fähigkeiten und standen gewissermaßen Pate beim Aufleuchten seiner Lebensmission. Ohne daß Rudolf Steiner davon sprach, gewann man einen Eindruck, wie ein solches Leben lange vorbereitet ist, wie im rechten Augenblick die nötigen Helfer geschickt werden, wie alles sich zusammenfügt zu einem Unternehmen, das weisheitsvoll wissend in die Menschheitsgeschichte eingreift. Die äußere Welt hat davon gar keine Ahnung. Das Leben

---

[58] Friedrich Rittelmeyer (1872-1938) war zunächst evangelischer Pfarrer, dann Mitbegründer sowie Erzoberlenker der Christengemeinschaft.
[59] Friedrich Rittelmeyer: Meine Lebensbegegnung mit Rudolf Steiner. Verlag Urachhaus, S. 103.

eines Menschheitsführers, der auf höchstem Gebiet eine Mission hat, ist ein Kunstwerk, an dem Engel und Menschen zusammenarbeiten. Merkwürdig war es, so unmittelbar in den Einzelheiten zu hören, daß es wirklich solche Geistesführer der Menschheit gibt, die, wohlgeschützt in ihrer Verborgenheit, vorausschauend und leitend hinter der Menschheitsgeschichte walten. Wer das Eingreifen des Unbekannten in das Leben Jakob Böhmes, das Erscheinen des Gottesfreundes im Leben Taulers sich ins Gedächtnis ruft, kann eine Vorstellung gewinnen von dem, was Rudolf Steiner damals erzählte. Nur daß die hohen Führer hier in ihrer Hinleitung zu einer großen Erdenaufgabe bewußter und klarer erkannt wurden. So fremd diese Welt scheinen konnte, wenn man an die Alltagswelt dachte, so heimisch fühlte man sich in ihr, wenn Rudolf Steiner von ihr erzählte.

Unvergeßlich ist mir besonders der Blick, mit dem Rudolf Steiner von dem einen dieser beiden Geistesmenschen sagte: „Das war eine sehr bedeutende Persönlichkeit!" Sein Auge schaute ihm gleichsam lange nach. Und in dem Blick lag die Verehrung, die ein großer Wissender einem anderen Großen zollte. Daß er einmal von einem „Meister" plötzlich gerettet wurde, als er etwas zu tun im Begriff war, das ihm „den Tod gebracht hätte", hat er mir später erzählt. Auf meine Frage, ob einer von diesen beiden noch lebe und ob er ihn manchmal sehe, antwortete er: „Das brauche ich nicht." Er fühlte sich in der Fähigkeit, jederzeit eine geistige Berührung herzustellen auch ohne äußere Gegenwart, ganz sicher. Einmal später drängte es mich doch zu der Frage: „Wo sind denn jetzt eigentlich die ‚Eingeweihten' der Menschheit, wo ein solches Werk wie das Ihrige auf dem Spiel steht?" Da sagte er: „Jetzt kommt es darauf an, daß die höheren Wahrheiten durch das Denken der Menschen ergriffen werden." „Wenn Sie diesen Eingeweihten heute begegneten, würden Sie an Ihnen vielleicht gar nicht das finden, was Sie suchen. Sie hatten ihre Aufgabe mehr in früheren Inkarnationen. Jetzt muß das Denken der Menschen spiritualisiert werden."

BESINNUNG AUF DAS VORANGEGANGENE

Nun steht Rudolf Steiner etwa im 35. Lebensjahr. In dieser Periode, nach der Publikation der „Philosophie der Freiheit" und einige Jahre nach seiner Promotion zum Doktor der Philosophie – die Prüfungsschrift trägt in ihrer weiter ausgearbeiteten Version nun den Titel „Wahrheit und Wissenschaft" –, beginnt eine große Veränderung im Innern des begabten Rudolf Steiner einzutreten. Bevor diese beschrieben wird, wollen wir noch einmal auf das Wesentliche in der Entwicklung bis zu diesem Punkt zurückschauen.

Steiner hatte schon als Kind die Gabe der Geistanschauung. Er stand damit ganz allein, konnte mit seiner Familie und den Freunden und Bekannten mit keinem Wort darüber sprechen. Aber diese Geistanschauung war für ihn real, sogar realer als die sinnliche Anschauung. In diesem Licht müssen wir sein Glückserleben an der Geometrie sehen. In dem rein innerlichen Erleben der Punkte, Linien, Dreiecke, Vielecke, Axiome und Lehrsätze erlebte der Junge eine gleiche innere Haltung wie bei der Geistanschauung: „so wie Geometrie muß man das Wissen von der geistigen Welt in sich tragen." „Rein im Geiste etwas erfassen zu können, das brachte mir ein inneres Glück."

„Sie (diese Anschauung) lebte schon mehr oder weniger unbewußt in mir während der Kindheit und nahm um das zwanzigste Lebensjahr herum eine bestimmte, vollbewußte Gestalt an." [60]

Nicht *interpretieren* will ich diesen Seelenzustand Steiners, sondern mitdenkend ihn mir so klar wie möglich *anschauend vorstellen* und dann diese anschauende Vorstellung *erleben*. Was erleben wir dann?

Wir finden eine innerliche Verfassung, in der die Seele nicht so völlig von dem Leben in den Sinnen aufgesogen ist, mit einem winzigen Faden eines immer toten Denkens; sondern wir finden eine Verfassung, in der das Leben in den Sinnen mehr oder weniger im Hintergrund steht, während vor allem die Geistanschauung und ihre Ab-

---

[60] Alle Zitate: Mein Lebensgang, S. 21.

schattung im Denken, „die Idee", in der – *inneren* – Aufmerksamkeit stehen.

Beim „gewöhnlichen Menschen" wird im Sinnes-Bewusstsein an diesem das Selbstbewusstsein geweckt, es ist da dank der (sinnlichen) Wahrnehmung des eigenen Leibes, der Geist wird gleichsam ganz vom Leib und den Sinnen aufgesogen. Jenes *innerlich* zum Selbstbewusstsein kommende Bewusstsein, wie es bei Rudolf Steiner da war, wird nicht in demselben Maße durch das leibliche Dasein aufgesogen, es bleibt teilweise frei davon. In diesem *freien* Teil, in dem Steiners Selbstbewusstsein entstand, herrschte nicht die Naturnotwendigkeit der sinnlichen Welt. Aber wir müssen uns sehr klar bewusst sein, dass diese innere Welt von Geistanschauung und erlebter Idee dann auch wirklich *auf sich selbst beruhte*.

Der gewöhnliche Mensch ist wach durch die Sinneswahrnehmung und den Verstand. Er lebt in seinem gespiegelten Ich auf dem Fundament des physischen Leibes. Bei Rudolf Steiner müssen wir uns vorstellen, dass dieses starke „Ich" seiner selbst anhand des Äther- und Astralleibes bewusst ist, dass *darin* das Selbstbewusstsein lebt. Das Ich ist hier nicht so völlig mit der Sinneswelt verwoben, sondern die Geistanschauung und die erlebte Idee „stehen" innerlich selbständig da. *Das* wird angeschaut und erlebt – und verstärkt sich dadurch in einem immer weiter zunehmenden Maße. Formen einer sinnlichkeitsfreien Idee, Anschauen dessen, erlebte Anschauung, Kraft. Kraft, Anschauung dessen, erlebte Anschauung der Kraft, differenzierte Kraft. Differenzierte Kraft, erlebte Anschauung der differenzierten Kraft (d.h. keine amorphe Kraft, sondern Formkraft, „Bildekraft"), Offenbarung von Wesen, die in dieser Kraft zu einem sprechen. Offenbarung von Wesenssprache, Anschauung („Anhörung") dessen, erlebte Anhörung der Wesenssprache, Berührung durch Wesen. Berührung durch Wesen, Durchleben und Erleben des Durchlebens, Vereinigung mit dem Wesen.

Rudolf Steiner begegnet einem Mitmenschen. In sich bildet er das sinnlichkeitsfreie Bild dieses Menschen, schaut es an und erlebt die Anschauung. Diese erlebte Anschauung wird zur Kraft. Diese Kraft, zunächst als Ganzes, wird angeschaut und die Anschauung erlebt. Die Kraft wird ein differenziertes Bildekräfte-, Formkräfte-Ganzes. Dieses wird angeschaut und erlebt. Dieses Erlebnis eines differenzierten Formkräftefeldes (Bildekräfteleib, Ätherleib) könnte zu einer medizinischen Diagnose eventueller Störungen führen. Die erlebte Anschauung des Formkräfteleibes wird zu einer „Anhörung" der Seelen-Geistes-Sprache des Mitmenschen, das eigentliche Wesen spricht sich aus, ein Hinweis auf die Individualität verweist auf vorherige Inkarnationen. Das anhörende Erleben dieses individuellen „Wortes" wird zu einer Vereinigung mit dem Wesen, und in dieser Vereinigung kann etwas von der Zukunft erlebt werden. In der reinen Geistanschauung findet man auf diese Weise sogar die Verstorbenen real wieder. Diese Ganzheit in der menschlichen Begegnung wird *nicht in* der Begegnung gesucht, wie wir schon von Rudolf Steiner selbst hörten. Es wurde wohl in der Begegnung geweckt, trat aber dann erst später in einer Besinnung in das schauende Bewusstsein – wenn das Schicksal es wollte.

Wenn Rudolf Steiner also sagt:[61]

„Dieses Leben in Gedanken offenbarte sich mir als ein ganz anderes als das ist, in dem man das gewöhnliche Dasein und auch die gewöhnliche wissenschaftliche Forschung verbringt. Geht man immer weiter in dem Gedanken-Erleben, so findet man, daß diesem Erleben die geistige Wirklichkeit entgegenkommt. Man nimmt den Seelenweg zu dem Geiste hin. Aber man gelangt auf diesem inneren Seelenwege zu einer geistigen Wirklichkeit, die man dann auch im Innern der Natur wiederfindet. Man erringt eine tiefere Naturerkenntnis, indem man sich der Natur dann gegenüberstellt, wenn man im lebendigen Gedanken die Wirklichkeit des Geistes geschaut hat."

– dann finden wir hierin die Beschreibung des Weges, den der Geistesschüler gehen kann, der eine *Geisteswissenschaft* finden will.

An diesem Punkt der Betrachtungen angekommen, geht es darum, dass wir Rudolf Steiners konkrete Methode geisteswissenschaftlicher Forschung – so wie sie oben beschrieben wurde – einmal auf ihren Begründer anwenden. Wir haben seinen inneren Weg bis zu diesem Punkt kennengelernt, wir haben ihn in diesem Kapitel der Besinnung noch

---

[61] Mein Lebensgang, S. 71f.

1. Teil, Der Philosoph

einmal konzentriert beschrieben. Es geht um das Vermögen, die sinnlichkeitsfreien Ideen in die Anschauung zu bringen und zu erleben. Erst wenn sie so viel Kraft in sich aufgenommen haben, dass sie gleichsam *stehenbleiben*, nachdem sie gedacht sind, können sie angeschaut werden. Erst was dann angeschaut wird, kann in dem hier gemeinten Sinne erlebt werden. *Nicht* angeschaute Ideen sind im Erleben nur gewöhnliche Gedanken.

Nun nehmen wir diese Idee von dem inneren Leben Rudolf Steiners selbst als Inhalt und verstärken sie, indem wir sie so konkret wie möglich sinnlichkeitsfrei denken und wirken lassen. Sie kann angeschaut werden. Was schauen wir dann? Eine innere Welt, die ganz auf sich selbst beruht, d.h. vollkommen frei ist in Bezug auf die sinnliche Welt, die jedoch innerlich lebendig ist, in der der Mensch Rudolf Steiner vollbewusst leben kann. Dieses innere Leben ist von einer präzisen Disziplin erfüllt, einer absoluten Wahrheitstreue, einer kaum zu ahnenden inneren *Stärke*. So konnte man diesem Menschen begegnen und keinerlei Ahnung haben, was sich im Verborgenen abspielte.

Nach außen müssen die Kraft, die Wahrheitstreue und die Güte im Blick der Augen bemerkbar gewesen sein, in dem älteren Steiner sicher auch in der Haltung, der Geste, der Mimik, den Gesichtszügen. Darüber und über seine Äußerungen ist viel gesagt und geschrieben worden. Aber der eigentliche Rudolf Steiner, seine Individualität mit ihrer Begabung für die Geistanschauung, lebte in dem, „was man nicht sieht". Es ist sichtbar geworden in der gedruckten Gesamtausgabe von Büchern und Vorträgen, in einer Anzahl von Bänden, die die Anzahl der Tage eines Jahres übersteigt – und es ist noch lange nicht alles gedruckt. Darin kommt diese „Geistanschauung" zum Ausdruck, als „Resultat". Auch das kann man einmal konzentriert vorstellen, zu einem sinnlichkeitsfreien Gedanken formen, anschauen und erleben. Man tue es … und man bekommt einen realen Eindruck jenes mächtigen inneren *Seins* dieser Individualität, die einmal „der Philosoph" war und spater „der heilige Philosoph", der Doktor, der so heilig war wie ein Engel (der „doctor angelicus").

Das alles kommt in einem selbständigen, freien, inneren Geistesleben in Rudolf Steiner zur Auferstehung, und er hat dies *so* exakt und unnachahmlich beschrieben, dass die „kleinen Seelen" es fassen

Besinnung auf das Vorangegangene

können und einen Anfang machen können, indem sie aus eigener Initiative ein sinnlichkeitsfreies Denken ausbilden, dieses verstärken, die auf sich selbst beruhende sinnlichkeitsfreie Idee anschauen, diese Anschauung erleben und gewahr werden, dass es wirklich wahr ist: Die geistige Wirklichkeit kommt diesem Erleben entgegen, verwebt sich damit, offenbart sich darin.

„Am Ende meiner weimarischen Zeit hatte ich sechsunddreißig Lebensjahre hinter mir. Schon ein Jahr vorher hatte in meiner Seele ein tiefgehender Umschwung seinen Anfang genommen." [62]

„Das Erfahren von dem, was in der geistigen Welt erlebt werden kann, war mir immer eine Selbstverständlichkeit; das wahrnehmende Erfassen der Sinneswelt bot mir die größten Schwierigkeiten. Es war, als ob ich das seelische Erleben nicht so weit in die Sinnesorgane hätte ergießen können, um, was *diese* erlebten, auch vollinhaltlich mit der Seele zu verbinden.

Das änderte sich völlig vom Beginne des sechsunddreißigsten Lebensjahres angefangen. Mein Beobachtungsvermögen für Dinge, Wesen und Vorgänge der physischen Welt gestaltete sich nach der Richtung der Genauigkeit und Eindringlichkeit um. Das war sowohl im Wissenschaftlichen wie im äußeren Leben der Fall. Während es vorher für mich so war, daß große wissenschaftliche Zusammenhänge, die auf geistgemäße Art zu erfassen sind, ohne alle Mühe mein seelisches Eigentum wurden und das sinnliche Wahrnehmen und namentlich dessen erinnerungsgemäßes Behalten mir die größten Anstrengungen machte, wurde jetzt alles anders. Eine vorher nicht vorhandene Aufmerksamkeit für das Sinnlich-Wahrnehmbare erwachte in mir. Einzelheiten wurden mir wichtig; ich hatte das Gefühl, die Sinneswelt habe etwas zu enthüllen, was nur *sie* enthüllen kann. Ich betrachtete es als ein Ideal, sie kennen zu lernen allein durch das, was *sie* zu sagen hat, ohne daß der Mensch etwas durch sein Denken oder durch einen andern in seinem Innern auftretenden Seelen-Inhalt in sie hineinträgt.
(…)
Ich fand, wie die Menschen, weil sie früh vom seelischen Weben in der geistigen Welt zum Erleben des Physischen übergehen, zu keinem reinen Erfassen weder der geistigen, noch der physischen Welt gelangen. Sie vermischen fortdauernd ganz instinktiv dasjenige, was die Dinge ihren Sinnen sagen, mit dem, was die Seele durch den Geist erlebt und was dann von ihr mitgebracht wird, um sich die Dinge „vorzustellen".

---

[62] Mein Lebensgang, S. 162.

Für mich war in der Genauigkeit und Eindringlichkeit der sinnenfälligen Beobachtung das Beschreiten einer ganz neuen Welt gegeben. Das von allem Subjektiven in der Seele freie, objektive Sich-Gegenüberstellen der Sinneswelt offenbarte etwas, worüber eine geistige Anschauung nichts zu sagen hatte.

Das warf aber auch sein Licht auf die Welt des Geistes zurück. Denn indem die Sinneswelt im sinnlichen Wahrnehmen selbst ihr Wesen enthüllte, war für das Erkennen der Gegenpol da, um das Geistige in seiner vollen Eigenart, unvermischt mit dem Sinnlichen, zu würdigen.

Besonders einschneidend in das Seelenleben wirkte dieses, weil es sich auch auf dem Gebiete des menschlichen Lebens zeigte. Meine Beobachtungsgabe stellte sich darauf ein, dasjenige ganz objektiv, rein in der Anschauung hinzunehmen, was ein Mensch darlebte. Mit Ängstlichkeit vermied ich, Kritik zu üben an dem, was die Menschen taten, oder Sympathie und Antipathie in meinem Verhältnis zu ihnen geltend zu machen: ich wollte „den Menschen, wie er ist, einfach auf mich wirken lassen".

Ich fand bald, daß ein solches Beobachten der Welt wahrhaft in die geistige Welt hineinführt. Man geht im Beobachten der physischen Welt ganz aus sich heraus; und man kommt gerade dadurch mit einem gesteigerten geistigen Beobachtungsvermögen wieder in die geistige Welt hinein." [63]

Es könnte sehr gut Goethes Wirken in der Seele Rudolf Steiners gewesen sein, durch das diese Beobachtungsgabe für das Sinnliche erwachte.

Rudolf Steiner hatte ja während vieler Jahre an der Erkenntnisart Goethes gearbeitet. Dieser lebte mit seiner „anschauenden Urteilskraft", mit seinem anschauenden Urteilen ganz in der Natur. Die Natur selbst gab ihm ihre Ideen preis. Und Steiner fühlte Goethe als „Mahner" neben sich stehen. Wenn alles im Leben „*Wesen*" ist, dann kann eine solche Zunahme in der Begabung nicht nur als ein Resultat eines fortwährenden Strebens des Menschen gesehen werden, sondern muss auch als eine Gabe von Menschen in der geistigen Welt gesehen

---

[63] Mein Lebensgang, S. 316ff.

1. Teil, Der Philosoph

werden, die den Lebenden ihre Kräfte schenken, auf dass deren Werk auf Erden noch größer sein kann. So scheint die Begabung Goethes derjenigen von Steiner hinzugefügt zu werden, wodurch seine Genialität in der Geistanschauung nun in ein wirkungsvolles Gleichgewicht mit einer Genialität in der sinnlichen Anschauung kommt.

Aber es ist auch gerade die vollkommene Kontrolle über das Denken, Fühlen und Wollen, die zu Steiners Genialität gehörte, welche es möglich macht, nun ganz bewusst und *gewollt* nur sinnlich wahrzunehmen. Es wäre also nicht ausreichend, diese sinnliche Wahrnehmungsseite *nur* „denkfrei" zu machen und die Geistanschauung nicht zu haben. Dann verfiele man der Gesamtheit der Wirkungen in der materiellen Welt. Man kann dies nur *dann* so zustande bringen, wenn der innere Pol der sinnlichkeitsfreien Denkkraft entwickelt ist. So wie man nicht ohne entwickelte Kraft der sinnlichkeitsfreien Idee zum mystischen Erleben kommen wollen darf, so darf man auch nicht nach einer „Sinnesmystik" streben.[64]

Diese Umkehr in Rudolf Steiners Seelenleben tritt *nach* der „Philosophie der Freiheit" auf. Viel später hat er in dem Vortragszyklus „Grenzen der Naturerkenntnis" sehr deutlich diese Umkehr beschrieben – *so*, dass man ihr folgen kann. Nicht nur mitdenken, sondern auch wirklich folgen. Und in einem seiner letzten Zyklen, „Das Initiatenbewusstsein", beschreibt er im Jahr 1924 auf eine andere Art, wie das Gehirn ausgeschaltet werden muss, um durch eine „in die Sinne hineingeführte erweckte Spiritualität" den Geist in der Sinneswelt zu finden.

Ein großartiges Gleichgewicht entsteht jetzt in dem Erkenntnisprozess, ein sich verschiebendes Gleichgewicht zwischen dem Welträtsel einerseits und der menschlichen Selbsterkenntnis andererseits. Rudolf Steiner erfährt immer mehr, dass die eigene innere Entwicklung des Menschen diesen erst zur Welterkenntnis befähigt. Keine abstrakte intellektuelle Erkenntnis entsteht so, sondern eine aus dem Gleichge-

---

[64] Heute spielt diese Entwicklung in Strömungen wie der „mindfulness" (aufmerksames Gewahrsein) eine große Rolle. Es führt zu einem Verlust an selbstbewusstem Geist zugunsten einer Mystik der sinnlichen Wahrnehmung.

wicht zwischen Innen und Außen geborene Weisheit.

„Dadurch konnte ich denken: der Mensch vermag in jedem Augenblick etwas über das Welträtsel zu sagen. Was er sagt, kann aber stets nur so viel an Inhalt über die Lösung geben, als er selbst über sich als Mensch erkannt hat."

„Doch die Rätsel ... lösen sich *nicht durch Gedanken*. Diese bringen die Seele auf den Weg der Lösungen; aber sie enthalten die Lösungen nicht. In der wirklichen Welt *entsteht* ein Rätsel; es ist als Erscheinung da; seine Lösung ersteht ebenso *in der Wirklichkeit*. Es tritt etwas auf, das Wesen oder Vorgang ist; und das die Lösung des andern darstellt."

„Mir war in dieser Beobachtung (der reinen, ungetrübten Sinnes-Beobachtung in objektiver Hingabe, M.M.) eine neue Welt gegeben; ich mußte aus dem, was bisher erkennend in meiner Seele war, dasjenige suchen, was das seelische Gegen-Erlebnis war, um das Gleichgewicht mit dem Neuen zu bewirken.
Sobald ich die ganze Wesenhaftigkeit der Sinneswelt nicht dachte, sondern sinnlich anschaute, ward ein Rätsel als Wirklichkeit hingestellt. Und im Menschen selbst liegt dessen Lösung."

„Der Mensch ist nicht das Wesen, das *für sich* den Inhalt der Erkenntnis *schafft*, sondern *er gibt mit seiner Seele den Schauplatz her, auf dem die Welt ihr Dasein und Werden* zum Teil erst erlebt. Gäbe es nicht Erkenntnis, die Welt bliebe unvollendet." [65]

Es ist also ganz sicher nicht so, dass Steiner nun meinte, das innere Erleben der anschauenden Idee müsse schweigen. Das geht aus den obenstehenden Worten überdeutlich hervor. Die beiden Gebiete – sinnliche Welt und innere Anschauung – werden nur vollbewusst und kräftig auseinandergehalten, um in einem beherrschten und bewusst geführten Prozess zu einer Vereinigung gebracht zu werden. Was in der „Philosophie der Freiheit" auf einer weniger bewussten Stufe schon besprochen wurde, gelangt hier auf ein höheres Niveau,

---

[65] Alle Zitate: Mein Lebensgang, S. 319f.

1. Teil, Der Philosoph

es steigert sich, potenziert sich, kommt unter die bewusste Herrschaft von Rudolf Steiners Seele.

Später, in der Ausgabe von „Die Rätsel der Philosophie" wird in dem Kapitel „Skizzenhaft dargestellter Ausblick auf eine Anthroposophie" dieser Prozess in wiederum andere Worte gebracht:[66]

„Die hier gemeinte Seelenarbeit besteht in der *unbegrenzten Steigerung* von Seelenfähigkeiten, welche auch das gewöhnliche Bewußtsein kennt, die dieses aber in solcher Steigerung nicht anwendet. Es sind die Fähigkeiten der *Aufmerksamkeit* und der *liebevollen Hingabe an das von der Seele Erlebte.*"

Rudolf Steiner selbst erhebt überhaupt nicht den Anspruch, dass er alles immer vollkommen getan hätte.

Er selbst sagt:[67]

„Man kann, wenn man die Dinge nur an der Oberfläche betrachtet, diesen oder jenen *Widerspruch* konstruieren zwischen dem Einen und dem Andern in diesen meinen fast in der ganz gleichen Zeit entstandenen Darstellungen (Einleitung zu Goethes „Sprüchen in Prosa" und „Goethes Weltanschauung", M.M). Sieht man aber nach dem, was unter der Oberfläche *lebt*, was in den an der Oberfläche sich nur gestaltenden Formulierungen sich als *Anschauung* der Lebens-, Seelen- und Geistes-Tiefen offenbaren will, so wird man nicht Widersprüche finden, sondern gerade in meinen damaligen Arbeiten ein *Ringen* nach Ausdruck."[68]

Unter der Oberfläche der einzelnen Formulierungen müssen wir also nach einem *Begreifen* desjenigen suchen, was sich so schwer ausdrücken ließ.

---

[66] Die Rätsel der Philosophie, GA 18, S. 605.
[67] Mein Lebensgang, S. 322.
[68] Hervorhebungen M.M.

„Am Ende meiner weimarischen Zeit..."

Als Junge wollte Rudolf Steiner schon „an die Natur heran", die Natur erreichen, und er versuchte, das zu tun, indem er sich in die Naturgesetze einlebte, die Ideen darin zu finden suchte, um so den Geist in der Natur zu finden. Die Sinneswelt konnte er nicht in diesem Sinne erreichen, das kam also zu seiner inneren Begabung um sein 36. Lebensjahr herum allmählich hinzu. Es ist deutlich, aus seinen Beschreibungen, dass die Natur ihm über die Sinne noch etwas anderes zu sagen hatte als das, was er bereits über die Naturwissenschaft aufgenommen hatte. Die lebendige anschauende Kraft im Wahrnehmen, wie Goethe sie als Genialität besaß, fügte sich zu dem innerlichen Genie Steiners hinzu.

Dadurch veränderte sich auch seine Art zu meditieren, wir hören hier in „Mein Lebensgang" zum ersten Mal von der Meditation, aber es ist deutlich, dass das Sich-Vertiefen in „die Idee" bis zu einem anschauenden Erleben des „Wesens" bereits eine meditative Aktivität war.[69]

„Ich hatte auch früher schon ein meditatives Leben geführt; doch kam der Antrieb dazu aus der ideellen Erkenntnis seines Wertes für eine geistgemäße Weltanschauung. Nunmehr trat in meinem Innern etwas auf, das die Meditation forderte wie etwas, das meinem Seelenleben eine Daseinsnotwendigkeit wurde. Das errungene Seelenleben brauchte die Meditation, wie der Organismus auf einer gewissen Stufe seiner Entwickelung die Lungenatmung braucht.

Wie die gewöhnliche begriffliche Erkenntnis, die an der Sinnesbeobachtung gewonnen wird, sich zu der Anschauung des Geistigen verhält, das wurde mir in diesem Lebensabschnitt aus einem mehr ideellen Erleben zu einem solchen, an dem der *ganze Mensch* beteiligt ist. Das ideelle Erleben, das aber das wirkliche Geistige doch in sich aufnimmt, ist das Element, aus dem meine „Philosophie der Freiheit" geboren ist. Das Erleben durch den ganzen Menschen enthält die Geisteswelt in einer viel *wesenhafteren* Art als das ideelle Erleben. Und doch ist dieses schon eine obere Stufe gegenüber dem begrifflichen Erfassen der Sinneswelt."

---

[69] Die folgenden Zitate: Mein Lebensgang, S. 323, 326, 327f.

1. Teil, Der Philosoph

„In einer solchen aus innerer geistiger Lebensnotwendigkeit geübten Meditation entwickelt sich immer mehr das Bewußtsein von einem „inneren geistigen Menschen", der in völliger Loslösung von dem physischen Organismus im Geistigen leben, wahrnehmen und sich bewegen kann."

„Ich fühlte, wie das Ideelle des vorangehenden Lebens nach einer gewissen Richtung zurücktrat und das Willensmäßige an dessen Stelle kam. Damit das möglich ist, muß sich das Wollen bei der Erkenntnis-Entfaltung aller subjektiven Willkür enthalten können. Der Wille nahm in dem Maße zu, als das Ideelle abnahm. Und der Wille übernahm auch das geistige Erkennen, das vorher fast ganz von dem Ideellen geleistet worden ist. Ich hatte ja schon erkannt, daß die Gliederung des Seelenlebens in Denken, Fühlen und Wollen nur eingeschränkte Bedeutung hat. In Wahrheit ist im Denken ein Fühlen und Wollen mitenthalten; nur ist über die letzteren das Denken vorherrschend. Im Fühlen lebt Denken und Wollen, im Wollen Denken und Fühlen ebenso. Nun wurde mir Erlebnis, wie das Wollen mehr vom Denken, das Denken mehr vom Wollen aufnahm.
Führt auf der einen Seite das Meditieren zu der Erkenntnis des Geistigen, so ist andererseits die Folge solcher Ergebnisse der Selbstbeobachtung die innere Verstärkung des geistigen, vom Organismus unabhängigen Menschen und die Befestigung seines Wesens in der Geisteswelt, so wie der physische Mensch seine Befestigung in der physischen Welt hat. – Nur wird man gewahr, wie die Befestigung des geistigen Menschen in der Geisteswelt sich ins Unermeßliche steigert, wenn der physische Organismus diese Befestigung nicht beschränkt, während die Befestigung des physischen Organismus in der physischen Welt – mit dem Tode – dem Zerfalle weicht, wenn der geistige Mensch diese Befestigung nicht mehr von sich aus unterhält."

Diesen Prozess hat Rudolf Steiner in einigen Vorträgen und Autoreferaten später in Worte gefasst, in dem Band „Philosophie und Anthroposophie" sind sie nach Thema geordnet.[70] Wir kommen noch

---

[70] Philosophie und Anthroposophie. Gesammelte Aufsätze 1904-1923. GA 35.

darauf zurück.

In diesem Moment, am Ende der neunziger Jahre des 19. Jahrhunderts, als Rudolf Steiner sich seinem 40. Lebensjahr nähert, kommt also diese bewusste Einweihung bis in den Willen zustande, und wir werden sehen, wie in dieser Vertiefung und Verstärkung des Erkennens der geistigen Welt der Übergang zu einem Erleben des Göttlichen in der Seele und von da aus zu einem realen Erleben dessen liegt, was Rudolf Steiner später „das Mysterium von Golgatha" nennt.

DAS GÖTTLICH-GEISTIGE IN JEDER EINZELNEN MENSCHENSEELE

„Ich fand: die göttlich-geistigen Kräfte, die den Menschenwillen innerlich durchseelen, haben keinen Weg aus der Außenwelt in das menschliche Innere. (...) Ein Naturweg, der äußerlich zum Wollen Veranlassung gibt, kann nicht gefunden werden. Somit kann auch kein göttlich-geistiger sittlicher Impuls auf einem solchen äußeren Wege an denjenigen Ort der Seele dringen, wo der im Menschen wirkende Eigen-Impuls des Willens sich ins Dasein bringt. Es können äußere naturhafte Kräfte auch nur das Naturhafte im Menschen mitreißen."[71]

Die Frage entstand:

„Wie ist der Weg im Seelenleben beschaffen von dem unfreien, naturhaften Wollen zu dem freien, das heißt wahrhaft sittlichen? Und um auf diese Frage Antwort zu finden, mußte darauf hingeschaut werden, wie das Göttlich-Geistige in *jeder einzelnen* Menschenseele lebt."

„Die Freiheit lebt in dem Denken des Menschen; und nicht der Wille ist unmittelbar frei, sondern der Gedanke, der den Willen erkraftet."

„Auch diese Idee wurde im meditativen Leben ganz besonders verstärkt. Die sittliche Weltordnung stand immer klarer als die eine auf Erden realisierte Ausprägung von solcher Art Wirkens-Ordnungen vor mir, die in übergeordneten geistigen Regionen zu finden sind."

„(...) daß die Wesen und Vorgänge der Welt nicht in Wahrheit erklärt werden, wenn man das Denken zum „Erklären" gebraucht; sondern wenn man durch das Denken die Vorgänge in dem Zusammenhange zu schauen vermag, in dem das eine das andere erklärt, in dem eines

---

[71] Mein Lebensgang, S. 332.

Das Göttlich-Geistige in jeder einzelnen Menschenseele

Rätsel, das andere Lösung wird, und der Mensch selbst das Wort wird für die von ihm wahrgenommene Außenwelt.

Damit aber war die Wahrheit der Vorstellung erlebt, daß in der Welt und ihrem Wirken *der Logos, die Weisheit, das Wort* waltet." [72]

Auf dieser nun erreichten Stufe in seiner Entwicklung durchschaute Rudolf Steiner das Mysterium von Stoff und Geist. Er erkennt,[73]

„(...) daß Geist sich in Stoff metamorphosiert, um zu Wirkungsweisen zu kommen, die *nur* in dieser Metamorphose möglich sind. *Geist* muß sich zuerst die Form eines stofflichen Gehirnes geben, um in dieser Form das Leben der Vorstellungswelt zu führen, die dem Menschen in seinem Erdenleben das frei wirkende Selbstbewußtsein verleihen kann. Gewiß: im Gehirn steigt aus dem Stoffe der Geist auf; aber erst, nachdem das Stoffgehirn aus dem Geist aufgestiegen ist."

Goethe dichtete dieses Geheimnis so berührend in folgende Worte:[74]

> *Was kann der Mensch im Leben mehr gewinnen,*
> *Als dass sich Gott-Natur ihm offenbare:*
> *Wie sie das Feste lässt zu Geist verrinnen,*
> *Wie sie das Geisterzeugte fest bewahre.*

Aber Rudolf Steiner formuliert es noch anders:[75]

> *Was kann der Mensch im Leben mehr gewinnen,*
> *Als dass sich Gott-Natur ihm offenbare:*
> *Wie sie im Geiste lässt den Stoff zerrinnen,*
> *Und wie im Stoff der Geist sich selbst erfahre.*

Wir werden nun zunächst eine Betrachtung der Begriffe Stoff und

---

[72] Mein Lebensgang, S. 333f.
[73] Mein Lebensgang, S. 334f.
[74] aus dem Gedicht „Bei Betrachtung von Schillers Schädel".
[75] Beiträge zur Gesamtausgabe Nr. 49/50, S. 14.

Form – Materie und Form, Hyle und Morphe – einfügen, wie sie bei Aristoteles und Thomas von Aquino zu finden sind, bevor wir miterleben können, wie gerade dieses Mysterium zum Christus-Erleben führt.

MATERIE UND FORM

Von Aristoteles stammt die Ausarbeitung der Begriffe Materie und Form. Bei ihm finden wir eine so reine und verständliche Entfaltung dieser Begriffe, dass sie bis heute ihre Gültigkeit haben – selbst wenn sie sich für den Menschen auch weiter entwickelt haben.

Rudolf Steiner hat diese beiden aristotelischen Grundbegriffe in einem Aufsatz von 1908 mit dem Titel „Philosophie und Anthroposophie" ausführlich und übersichtlich beschrieben.[76]

Aristoteles geht davon aus, dass die Schöpfung aus einem „Grundstoff" besteht, den er Materie nennt (*hyle*). Dies ist nicht der moderne Materiebegriff des Stoffes und der Atome und Moleküle, es ist eine Ursubstanz, die nicht-materiell gedacht werden muss. In diesem Sinne hat auch ein Engel seine „Materie". Ein *ungeformter* übersinnlicher „Stoff" ist diese Hyle. Die *Form* dagegen (*morphe*) gibt dieser Materie die Gestalt, durch die das Wesen zum Ausdruck kommt. Heute wird gesagt, Aristoteles habe der Form keine Selbständigkeit zuerkannt. Rudolf Steiner widerspricht dem, er zeigt, dass Aristoteles auch die Formen als etwas ewig Bestehendes ansah.

In der Scholastik wurde das Verhältnis von Form und Materie weiter ausgearbeitet. Steiner legt dies wie folgt aus:

Die Scholastiker nehmen das Universelle als Sein der Form *vor* allem möglichen Wirken und Leben dieser Form in den selbständigen Dingen an. Sie nannten dies die *universalia ante rem* (lat. res = Sache, Ding). Diese Formprinzipien, diese verschiedenen Universalia wurden dann so gesehen, dass sie die besonderen Dinge durchwirkten und durchlebten, wodurch das „Ding" wesentlich wurde: die Universalia sind *in* den Dingen, *universalia in re*.

Und drittens kann der Mensch durch Wahrnehmung und Denken die Universalia „aus" den Dingen befreien, er findet die *universalia post rem*, die Universalia im Nachhinein. In den *universalia post rem* lebt der Mensch einerseits in den universellen Formen, andererseits

---

[76] Autoreferat eines Vortrages vom 17.8.1908 in Stuttgart, GA 35, S. 66ff.

sind diese subjektiv, weil die Person diese Universalia persönlich denkt. Rudolf Steiner:

„In dem Universell-Wesenhaften, wie es vor seiner Verwirklichung in den Einzeldingen besteht, muß eine rein geistige Daseinsstufe gedacht werden." [77]

Der Mensch entwickelt in seiner Vorstellung des Dinges also eine subjektive Version der Entelechie, des Universell-Wesenhaften, der Form. In der Entwicklung eines reinen, sinnlichkeitsfreien Begriffes nähert sich die subjektive der objektiven Form, und sei es noch immer in einer ideellen Abschattung. So kann durch das sinnlichkeitsfreie Denken im Prinzip die ganze Schöpfung in reine, aus der Materie befreite Formen, Entelechien „aufgelöst" werden. Ein „Rest" bleibt dann übrig, der nicht Form werden kann: die Hyle, die Ursubstanz, der „Stoff", die Materie.

Aristoteles nun sah „Gott" als die reine Aktualität, das heißt als das Wesen, welches Form und Materie zugleich hervorbringen kann, wobei „die Aktualität, also die Formgebung, zugleich die Kraft hat, ihre eigene Wirklichkeit hervorzubringen, nicht etwas zu sein, dem die Materie entgegensteht, sondern etwas, das in ihrer reinen Tätigkeit zugleich selbst die volle Wirklichkeit ist." [78]

Ein Abbild davon hat der Mensch zuerst in dem reinen sinnlichkeitsfreien Denken:[79]

„Das reine Denken können wir nach Aristoteles als Aktualität bezeichnen. Es ist reine Form; es ist zunächst, so wie es auftritt, ohne Inhalt in bezug auf die unmittelbaren, einzelnen Dinge in der sinnlichen Wirklichkeit draußen."

Aber damit zusammenhängend hat der Mensch das Abbild der rei-

---

[77] Philosophie und Anthroposophie, GA 35, S. 91.
[78] Ebd., S. 101.
[79] Ebd., S. 98.

nen göttlichen Aktualität nun *in* sich selbst,[80]

„(...) wenn er aus dem reinen Denken heraus zu dem Begriff des „*Ich*" kommt. Da ist er im Ich bei etwas, was Fichte als *Tathandlung* bezeichnet. Er kommt in seinem Innern zu etwas, das, indem es in Aktualität lebt, zugleich mit dieser Aktualität seine Materie mit hervorbringt. Wenn wir das Ich im reinen Gedanken fassen, dann sind wir in einem Zentrum, wo das reine Denken zugleich essentiell sein materielles Wesen hervorbringt. Wenn Sie das Ich im Denken fassen, so ist ein dreifaches Ich vorhanden: ein reines Ich, das zu den Universalien „ante rem" gehört, ein Ich, in dem Sie drinnen sind, das zu den Universalien „in re" gehört, und ein Ich, das Sie begreifen, das zu den Universalien „post rem" gehört. Aber noch etwas ganz Besonderes ist hier: für das Ich verhält es sich so, daß, wenn man sich zum wirklichen Erfassen des Ich aufschwingt, diese drei „Ichs" zusammenfallen. Das Ich lebt in sich, indem es seinen reinen Begriff hervorbringt und im Begriff als Realität leben kann. Für das Ich ist es nicht gleichgültig, was das reine Denken tut, denn das reine Denken ist der Schöpfer des Ich. Hier fällt der Begriff des Schöpferischen mit dem Materiellen zusammen, und man braucht nur einzusehen, daß wir in allen anderen Erkenntnisprozessen zunächst an eine Grenze stoßen, nur beim Ich nicht: dieses umfassen wir in seinem innersten Wesen, indem wir es im reinen Denken ergreifen."

Wir haben also die Morphe und wir haben die Hyle. Im Erkenntnisprozess lösen wir die Morphe im Bilden von Vorstellung und Begriff aus der Hyle. Nur in dem reinen Ich-Begriff haben wir sowohl Morphe als auch Hyle, *zunächst nur* hier. Damit durchdringen wir die Grenze des Erkennens, die für alle anderen Dinge existiert, nämlich die Grenze zwischen Form und Materie.

Das folgende Zitat ist eine Übersetzung von Thomas von Aquino

---

[80] Ebd., S. 101f.

1. Teil, Der Philosoph

durch Roman Boos:[81]

> „Je vollkommener eine Form ist, um so mehr überwindet sie die körperliche Materie, was bei Betrachtung der verschiedenen Grade der Formen sichtbar wird.
> (...)
> Die vollkommenste der Formen aber, nämlich die *menschliche Seele*, die das Endziel aller natürlichen Formen ist, hat eine Tätigkeit, die gänzlich die Materie überragt, und die nicht durch ein körperliches Organ geschieht, nämlich das Intelligieren. Und da das Sein eines Dings seiner Tätigkeit entspricht . . . muß notwendigerweise das Sein der menschlichen Seele die körperliche Materie weit übersteigen und kann nicht ganz von ihr eingefaßt sein, wenn es schon auf irgendeine Weise von ihr berührt wird. Insoweit nun die menschliche Seele das Sein des materiellen Körpers übersteigt und imstande ist, auf sich selbst zu ruhen (subsistere; d.h. ein Sein ohne stoffliche Unterlage zu haben) und zu handeln, ist sie eine *geistige Substanz*; insofern sie aber von der Materie berührt wird und ihr das eigene Sein mitteilt, ist sie *Form des Körpers*. (...) Und so kann die menschliche Seele, die unterste in der Ordnung der geistigen Substanzen, ihr Sein dem menschlichen Körper mitteilen, – was auch das Würdigste ist, damit aus Seele und Leib Eins werde wie aus Form und Materie.
> (...)
> Bei den wirkenden und handelnden Kräften zeigt sich, daß eine Kraft, je höher sie steht, um so mehr Verrichtungen in sich faßt, und zwar nicht in zusammengesetzter, sondern in einheitlicher Weise (...)."

Und in den *Kommentaren* von Roman Boos heißt es:[82]

> „Ursprünglich, bei Adam und Eva, war nach thomistischer Leh-

---

[81] Die Philosophie des Thomas von Aquino, GA 74, S. 129ff. Die teilweise in Klammern hinzugefügten lateinischen Worte wurden bis auf eine Ausnahme weggelassen.
[82] Ebd., S. 131, 133.

re die „anima rationalis" oder „humana" mit der Urgerechtigkeit begnadet, die ihr die Kraft verlieh, den materiellen Leib gegen die Gesetze der Materie unzerstörbar, frei von Krankheit und Tod, zu halten."

„Der Mensch aber ragt über das Gebiet der Materie, in dem die Himmelskörper ihre Wirkungen ausüben, mit seiner „anima humana", die ja nicht nur die oberste Körperform, sondern auch das unterste Geistwesen ist, in die geistige Welt hinauf.

Das menschliche *Erkennen* aber ist zugleich das höchste Tun, das überhaupt eine leibgebundene Substanz ausführen kann, und die niederste Art des Intelligierens, verglichen mit dem Schauen, das den Hierarchien zukommt."

Hier klingen die Begriffe des Aristoteles nach und der Rudolf Steiners „voraus". Es ist außerordentlich berührend, wenn in einer erlebten Anschauung dieser Idee des Thomas über die *anima humana* und den materiellen Leib erfahren wird, was da eigentlich gesagt wird. Die menschliche Seele, *anima humana*, ist eine rein geistige Substanz, die eine Form ist, welche ganz leibfrei auf sich selbst beruhen kann. Die ihr eigene Tätigkeit und Aktivität ist das „Intelligieren". Aber sie „formt" die materielle Leiblichkeit mit und wird auch durch diese berührt. Und in dem Erleben dessen – dieses Formens der Leibessubstanz durch die *anima humana* und ihres eigenen Berührtwerdens –, also in dem Austausch zwischen Geistsubstanz und materieller Substanz, in der Berührung zwischen beiden, da liegt das Erlebnis des christlichen Mysteriums.

Die Heiligkeit der „anima humana" des Thomas strahlt aus diesen Formulierungen hinein bis in das Erleben des Lesers, der erlebend, anschauend begreifen will. Dann wird die Berührung des Intelligierens und der Materie selbst substantiell. Das „Et incarnatus est" wird empfunden. „Was kann der Mensch im Leben mehr gewinnen, als dass sich Gott-Natur ihm offenbare." Hier liegt die Offenbarung der Gott-Natur, des „incarnatus est", das seit der Inkarnation Christi eine so vollkommene Umwandlung durchgemacht hat. Dadurch ist Thomas ein „heiliger Philosoph", ein von Christus durchdrungener Denker, der Christus „intelligiert", zwar mit Hilfe der aristotelischen

Begriffe, aber in einer völligen Metamorphose.

Was ist diese Metamorphose, die dann im Leben Rudolf Steiners zu dem Wunder einer „Geisteswissenschaft" geführt hat? Die Wirkung der Form hat sich in ihrer Richtung total umgekehrt, weil die Form immer reiner die auf sich selbst beruhende Geistsubstanz werden konnte, im Gegensatz zu den vererbten Formen der Familie, dem erblichen Geschlecht usw., was *vor* Christus noch das vorherrschende Formprinzip gewesen war.

Was ist die konkrete Bedeutung dieser Worte? Das muss in den folgenden Beschreibungen deutlich werden, wenn die Transsubstantiation des Denkens beschrieben wird.

In der Zeit, in der Rudolf Steiner aus Weimar wegging und nach Berlin umzog, vollzog sich in ihm die beschriebene Umkehr. Über diese Periode sagt Steiner selbst, dass er immer mehr gewahr wurde, „die Wahrheit der Vorstellung erlebte", dass in der Welt und ihrem Wirken der Logos, die Weisheit, das Wort waltet. Diese erlebte Vorstellung führte dann auch zum Durchschauen des Wesens von Stoff und Form, von Materie und Geist.

An diesem Punkt ist es von allergrößter Wichtigkeit, selbst eine „erlebte Vorstellung" zu bilden, und zwar diese:

Man kann sich die Materie so vorstellen, dass sie ein gleichbleibender Grundstoff ist, der durch das Aufnehmen der Form das spezifische Ding wird. Dann ist Silber nur Silber, weil der Urstoff die Silberform in sich aufgenommen hat, während der Urstoff an sich unveränderter Stoff ist. Weitergedacht bis zum Menschen würde das bedeuten, dass der Urstoff sich gemäß dem genetischen Formprinzip formt; wenn dieses zu wirken aufhört, vergeht der Körper wieder zu Stoff. *Darin*, in dem lebenden Körper, würde dann die „anima humana" oder das Seelen-Geistwesen erscheinen, es würde den Leib durchstrahlen, aber nicht mit formen.

Die zweite mögliche, erlebte Vorstellung ist diese:

Man kann sich den Urstoff so vorstellen, dass dieser sich nicht nur plastisch formen lässt, sondern dass er auch in eine „Transsubstantiation" gebracht werden kann. Das heißt, dass die Urmaterie am Anfang

Materie und Form

formlos ist, aber die Form die Materie wirklich verändern kann. Das bedeutet, dass, wenn die Urmaterie von der Silberform durchzogen wird, eine neue Materie entstanden ist: Silber als Substanz. Man kann sich dann sogar vorstellen, dass diese vom Silber durchzogene Materie in verschiedenen Aggregatzuständen existieren kann, also nicht nur als fester Stoff, sondern auch flüssig, gasförmig und noch anders; dass dabei immer derselbe Urstoff, in Silber verwandelt, der Untergrund ist, aber in verschiedenen elementaren Formen.

Weitergedacht bis zum Menschen würde das bedeuten, dass die Urmaterie durch das genetische Prinzip zu einer zu dieser Person gehörenden, einzigartigen, aber vergänglichen Materie wird. Dass durch das Hereintreten der Individualität, des Seelen-Geistwesens, der „anima humana", nicht nur eine vorbereitete „Schale" gefüllt wird, sondern dass diese höchste Form auf Erden (die Individualität) bis in die Materie hinein umformend wirken kann, so dass diese Materie eine andere Natur annimmt, die Eigenschaften der „Form" *selbst* annimmt, sich durch die Berührung verwandeln lässt. Es würde dann eine Materie *entstehen* – infolge der einzigartigen Verwandlung durch die Individualität, die als Form nicht nur eine unveränderliche Materie formt, sondern die eine auf Veränderung angelegte Urmaterie in eine einzigartige „Zusammenstellung" bringt. Die Materie wird dann selbst Geist, d.h. nimmt die Form des Geistes an. Nicht nur als „Bild", also „gebildhauert", sondern so, dass dies eine Veränderung der Ursubstanz veranlasst, die dadurch ewig einzigartig bleibt.

So kann man eine „erlebte Vorstellung" eines unsterblichen Leibes entfalten.

Um so tief in die Struktur der Materie vorzudringen, müsste das Seelen-Geistwesen eine bis in den Urstoff hinein formende, durchdringende Kraft haben. Dass wir diese als Menschen (noch) nicht haben, ist etwas anderes, als dass wir diese *nie* haben könnten. In der reinen Denkaktivität des Ich finden wir, wie wir oben bei Rudolf Steiner lesen konnten, die Quelle für das Entwickeln dieser Kraft. Das Ich *ist* schon mit dem Vermögen begabt, Form und Materie zugleich zu sein, die Materie *so* zu formen, dass sie das Ich als Wesen *ist*, ja die Materie des Ich hervorzubringen. Die Ich-Denk-Kraft *ist* die Materie, und

1. Teil, Der Philosoph

wenn das Ich in dieser zu leben beginnt, mit dem Ich-Bewusstsein, dann bringt es die eigene Existenz hervor. Hier ist der Gedanke zugleich der Denker, sind Form und Materie ungetrennt.

Ein Unterschied zwischen Plato und Aristoteles liegt in der Vorstellung von Form und Materie. Bei Plato ist die Form die Idee, die Gesamtheit der Formen ist die Ideenwelt. Die Idee existiert selbständig, getrennt von der Materie, obwohl sie dieser ihre Form verleiht. Es sind zwei getrennte Welten, die zwar ineinanderwirken, aber nicht „verwachsen".

Aristoteles sieht beide Prinzipien in dem „Ding" als ungetrennt. Die Kategorie „ousia" (im Lateinischen „Substanz", das ist verwirrend, denn es ist die Form *in* der Materie, universalis *in re*) stimmt damit überein: Ein Ding ist eine durch die Form metamorphosierte Materie. Dieses nimmt man als Mensch wahr. Im Denken sind sie zu trennen, man kann die Form als Universalie post rem erfassen, aber „ousia" ist das ganze Ding.

Rudolf Steiner sagt dann über zwei Jahrtausende nach Aristoteles:

„(Der Materialist) weiß nicht, daß Geist sich in Stoff metamorphosiert, um zu Wirkungsweisen zu kommen, die *nur* in dieser Metamorphose möglich sind." [83]

Vorbereitung für ein in die Geist-Anschauung tretendes Stehen vor Christus ist dies...
Bis dahin hatte Steiner viel Kritisches über das Christentum geschrieben. Wenn er selbst sagt, dass er damit ausschließlich das äußere Christentum vor Augen hatte, verstehen wir dies und nehmen es auch ohne weiteres an. Die ganze Entwicklung von Steiner ist eine „religiöse", weil er von Anfang an innere Anschauungen der geistigen Welt hatte. Kennzeichnend für ihn ist nun einmal, dass er viel weiter gehen musste als andere, die mit einem gewissen Schauvermögen begabt waren. Steiner wollte das Anschauen des Geistes in eine ebenso verlässliche Form bringen, wie es die Naturwissenschaft war.

---

83 Mein Lebensgang, S. 334.

Materie und Form

Innerlich fand er das Gleichgewicht, weil die geistig-ideelle Erkenntnis, die in ihm so stark war, durch den Gegenpol ergänzt wurde: eine Sinneswahrnehmung ohne Urteil, eine unbefangene Hingabe an das, was die Sinne „sagen wollen".

Zwischen diesen beiden Polen – innere Geistanschauung, äußere Sinneserfahrung – entsteht diese ergreifende Erfahrung der Berührung des Stoffes durch die Form, des Körpers durch die „anima humana", des Intelligierens und des Entstehens von Stoff. Gerade dort, wo diese zwei Pole einander berühren, während das volle „intelligierende" Bewusstsein dabei ist, wurde er, Rudolf Steiner, das Mysterium gewahr, das zwischen allen Gegensätzen liegt.

Hier, in dem Urgegensatz von Form und Materie, wo diese einander berühren und aufeinander einwirken, steht dieses Mysterium.

So wie in dem Beweis eines mathematischen Satzes eine innere logische Notwendigkeit liegt – nämlich dass der eine Schritt aus dem vorhergehenden folgt –, so liegt in dem inneren Lebensweg Rudolf Steiners eine „mathematische" Notwendigkeit.

Der Schreiber dieser inneren Biografie denkt sich die verschiedenen Schritte nicht aus, denkt sich auch diese innere Umwandlung zu einem „Stehen vor dem großen Mysterium" nicht aus. Obwohl Steiner selbst nicht so geschrieben hat, wie ich es nun aus dem „Blütenstaub seines Lebensweges" ablese, ist es ein *Lesen von Tatsachen*, die aus dem genauen Miterleben aller inneren Schritte sichtbar werden, geschaut werden können.

Um die Jahrhundertwende herum wird Rudolf Steiner aus einem Philosophen mit einer Geistanschauung zu einem heiligen Philosophen mit einer Geisteswissenschaft.

ZWEITER TEIL

DER HEILIGE PHILOSOPH

VORBEREITUNG

Während in Rudolf Steiner die Frage lebt: „Muss man verstummen?", ereignet sich ein „letztes" grandioses Ringen in Bezug auf das existierende Christentum und die eigene Position gegenüber Natur und Geist.

Aber auch dies müssen wir wiederum eher so betrachten, dass hier bestimmte Gegenmächte, die die Entwicklung der Menschheit einschränken und an sich ziehen wollen, zur klaren Anschauung gebracht werden, als dass eine Gefahr bestanden hätte, dass der Mensch Rudolf Steiner diesen Kräften verfallen könnte. Wenn man die vorangegangene Entwicklung wirklich miterlebend in so intensiven Vorstellungen wie möglich entfalten konnte, dann sieht man einen Menschen, in dem die reine innere Anschauung, die man ein „Geist-Intelligieren" nennen könnte, *so* kräftig und real ist, dass er diese nicht verlieren kann. Aber Prüfungen und „Versuchungen" gibt es natürlich sehr wohl, weil gerade dadurch einerseits die Kraft zunimmt, andererseits in dem Maße auch die umfassende Erkenntnis der entwicklungsfördernden und entwicklungshemmenden Kräfte real wird. Was heutige Biografen, die aus diesen entwicklungshemmenden Kräften schöpfen, hierüber zu sagen haben, kann man de facto nicht ernst nehmen – außer dass auch sie unsere Erkenntnis vergrößern, wie diese Gegenmächte vorgehen.[84]

Wir nehmen Steiners eigene Worte ernst, aus der enormen Wirksamkeit und Wirkung dieses Menschen und seines Lebens können wir doch wohl einiges Vertrauen schöpfen.

„Aller Inhalt des religiösen Erlebens verwies auf eine Geistwelt, die für den Menschen in der Entfaltung seiner Geisteskräfte nicht zu erreichen sein soll. Was Religion zu sagen habe, was sie als sittliche Ge-

---

[84] Vgl. die drei Biografien des Jahres 2011: Helmut Zander: Rudolf Steiner. Die Biographie. Piper Verlag. Miriam Gebhardt: Rudolf Steiner. Ein moderner Prophet. Deutsche Verlags-Anstalt. Heiner Ullrich: Rudolf Steiner. Leben und Lehre. Verlag C.H. Beck.

bote zu geben habe, stammt aus Offenbarungen, die von außen zum Menschen kommen. Dagegen wendete sich meine Geistanschauung, die die Geistwelt genau wie die sinnenfällige im Wahrnehmbaren am Menschen und in der Natur erleben wollte. Dagegen wendete sich auch mein ethischer Individualismus, der das sittliche Leben nicht von außen durch Gebote gehalten, sondern aus der Entfaltung des seelisch-geistigen Menschenwesens, in dem das Göttliche lebt, hervorgehen lassen wollte.

Was damals im Anschauen des Christentums in meiner Seele vorging, war eine starke Prüfung für mich. (...) Solche Prüfungen sind die vom Schicksal (Karma) gegebenen Widerstände, die die geistige Entwickelung zu überwinden hat.

Ich sah in dem Denken, das aus der Naturerkenntnis folgen kann – aber damals nicht folgte – die Grundlage, auf der die Menschen die Einsicht in die Geistwelt erlangen konnten. Ich betonte deshalb scharf die Erkenntnis der Naturgrundlage, die zur Geist-Erkenntnis führen muß. Für denjenigen, der nicht wie ich erlebend in der Geistwelt steht, bedeutet ein solches Sich-Versenken in eine Denkrichtung eine bloße Gedankenbetätigung. Für den, der die Geist-Welt erlebt, bedeutet sie etwas wesentlich anderes. Er wird in die Nähe von Wesen in der Geist-Welt gebracht, die eine solche Denkrichtung zur allein herrschenden machen wollen. Da ist Einseitigkeit in der Erkenntnis nicht bloß der Anlaß zu abstrakter Verirrung; da ist geist-lebendiger Verkehr mit Wesen, was in der Menschenwelt Irrtum ist. Von ahrimanischen Wesenheiten habe ich später gesprochen, wenn ich in diese Richtung weisen wollte. Für sie ist absolute Wahrheit, daß die Welt Maschine sein müsse. Sie leben in einer Welt, die an die sinnenfällige unmittelbar angrenzt.

Mit meinen eigenen Ideen bin ich keinen Augenblick dieser Welt verfallen. Auch nicht im Unbewußten. Denn ich wachte sorgfältig darüber, daß sich all mein Erkennen im *besonnenen* Bewußtsein vollzog. Um so bewußter war auch mein innerer Kampf gegen die dämonischen Mächte, die nicht aus der Naturerkenntnis Geist-Anschauung, sondern mechanistisch-materialistische Denkart werden lassen wollten.

Der nach geistiger Erkenntnis Suchende muß diese Welten *erleben*;

bei ihm genügt nicht ein bloßes theoretisches Denken darüber. Ich mußte mir damals meine Geistanschauung in inneren Stürmen retten. Diese Stürme standen hinter meinem äußeren Erleben.

Ich konnte in dieser Prüfungszeit nur weiter kommen, wenn ich mit meiner Geist-Anschauung die Entwickelung des Christentums mir vor die Seele rückte. (...)

Ich fand das Christentum, das ich suchen mußte, nirgends in den Bekenntnissen vorhanden. Ich mußte mich, nachdem die Prüfungszeit mich harten Seelenkämpfen ausgesetzt hatte, selber in das Christentum versenken, und zwar in der Welt, in der das Geistige darüber spricht. (...)

In der Zeit, in der ich die dem Wort-Inhalt nach Späterem so widersprechenden Aussprüche über das Christentum tat, war es auch, daß dessen wahrer Inhalt in mir begann keimhaft vor meiner Seele als innere Erkenntnis-Erscheinung sich zu entfalten. Um die Wende des Jahrhunderts wurde der Keim immer mehr entfaltet. Vor dieser Jahrhundertwende stand die geschilderte Prüfung der Seele. *Auf das geistige Gestanden-Haben vor dem Mysterium von Golgatha in innerster ernstester Erkenntnis-Feier kam es bei meiner Seelen-Entwickelung an.*[85]

---

[85] Mein Lebensgang, S. 363ff. Hervorhebung M.M.

HEILIGE PHILOSOPHIE

Einst fragte Walter Johannes Stein Rudolf Steiner: „Was wird nach Jahrtausenden von Ihrem Werk noch übrig bleiben?" Er antwortete: „Nichts als die ‚Philosophie der Freiheit'. Aber in ihr ist alles andere enthalten. Wenn jemand den dort geschilderten Freiheitsakt realisiert, findet er den ganzen Inhalt der Anthroposophie." Stein fragte weiter: „Waren Ihnen zu der Zeit, als Sie Ihre ‚Philosophie der Freiheit' schrieben, die geistigen Baumeister der Welt, die Hierarchien, wie sie in der ‚Geheimwissenschaft' dargestellt sind, schon bewußt gewesen?" Rudolf Steiner: „Bewußt sind sie gewesen; aber die Sprache, die ich damals sprach, ergab noch keine Formulierungsmöglichkeit; die ist erst später gekommen. Doch wenn auch in der ‚Philosophie der Freiheit' die Hierarchien noch nicht formuliert sind, so sind sie in ihr doch enthalten. Denn wenn man sich zu dem in ihr geschilderten Freiheitserlebnis durchringt, nimmt man nicht nur den Menschen als geistiges Wesen wahr, sondern auch die Hierarchien, da sie alle im Menschen sind. Im geistigen Schauen erscheint, was im Menschen ist, als geistige Umgebung."[86]

Die Menschen zerbrechen sich den Kopf darüber, wie der Übergang vom Philosophen Steiner zum Eingeweihten, dem christlichen Eingeweihten Steiner sich wohl zugetragen haben mag. Sowohl Anthroposophen als auch unmittelbare Gegner Steiners stoßen hier auf eine undurchdringliche Mauer. Es scheinen zwei „Steiners" zu existieren, der „Querdenker" Rudolf Steiner *vor* seinem 48. Lebensjahr und der Verkünder des esoterischen Christentums *nach* diesem Zeitpunkt – mit dem merkwürdigen Medium der Theosophie, in dem sich dies alles abspielt. Es sind viele Interpretationen möglich, variierend von „alles ist ausgedacht und von anderen plagiiert"[87] über „nur die Philo-

---

[86] GA 264, S. 475.
[87] vgl. z.B. Helmut Zander.

sophie ist echt Steiner, danach ist alles Mystifikation"[88] bis zu „in der ‚Philosophie der Freiheit' spricht ein Mensch mit einem göttlichen Denken, das wir gewöhnlichen Menschen kaum oder gar nicht fassen können; wir müssen ihn als unseren Geistesführer anerkennen, indem wir selbstlos sein Wort rezitieren, als laut gesprochenes Gebet um Verständnis."

Aber in Rudolf Steiners eigenen Worten in „Mein Lebensgang" liegt – wenn man diese zu erlebten Vorstellungen erhebt und so zu einer Geistanschauung seines Lebensweges kommt – der Weg, den er gegangen ist, doch wirklich offen erlebbar vor uns, auch wenn der Übergang zum Christentum mit so wenigen Worten beschrieben wurde. Die ganze vorangegangene Schilderung führt – wie ich schon sagte: wie ein Beweis eines mathematischen Satzes – in einer höheren Logik zu diesem Punkt der feierlichen Einweihung in Christus. Aber das Einfachste lässt sich am schwierigsten in Worte fassen. In den kommenden Kapiteln werde ich einen Versuch machen, dieses „Stehen vor Christus" als Erkenntnis-Feier für das mitlesende Gemüt erlebbar zu machen.

Eine menschliche Individualität, deren „Entelechie" die Intelligenz im kosmischen und irdischen Sinn, in ihrem Verhältnis, ist, steigt aus Himmelshöhen zur Erde, reif, um auf Erden, von der Erde aus, die Intelligenz zu ihrem Ursprung im Kosmos zurückzuführen.

Während jede andere menschliche Individualität, wenn sie auf die Erde kommt, „aus der Lethe getrunken hat" und dadurch die himmlische Vorzeit vergisst, „trinkt dieser Mensch aus der Quelle der Mnemosyne", die die Erinnerung an die vorgeburtliche Weisheit lebendig hält. Der gewöhnliche Mensch schließt diese vorgeburtliche Zeit definitiv ab, wenn er anfängt, zu sich selbst „ich" zu sagen. Das tat der kleine Rudolf natürlich auch, aber der Geist schien doch durch dieses „Ich-Bewusstsein" hindurch und führte zu dem besonderen Lebensgang, den wir bis jetzt beschrieben haben.

Das Maß, in dem ein Mensch sich allmählich der vorgeburtlichen Welt erinnern darf, hängt mit der Tiefe und der Bewusstseinsklarheit

---

[88] vgl. z.B. Sebastian Gronbach, Info3.

des Erlebens in der „Mitternachtsstunde" zusammen, jener Phase, in der das Seelen-Geistwesen ebensoweit vom Todesaugenblick wie von der nächsten Geburt entfernt ist. Die Tiefe (Höhe) und Bewusstseinsklarheit hängen wiederum mit der Verbindung mit Christus im vorigen Erdenleben zusammen. Das sind Einsichten des „späteren Rudolf Steiner". Sie helfen uns, zu einer intensiv erlebten Vorstellung zu kommen.

Inwieweit finden wir das Mysterium von Golgatha schon in der „Philosophie der Freiheit"?
Zwei umwälzende Geschehnisse macht man beim Verwirklichen des ersten Teils der „Philosophie der Freiheit" durch. Zusammen bilden sie den „Freiheitsakt", der dann im zweiten Teil in die Welt zurückströmt.
Das erste Geschehen ist das Einnehmen dessen, was Steiner den „Ausnahmezustand" nennt. Mit dem Erkenntnisvermögen kann man sich auf *alles* in der Welt richten. Was man jedoch *niemals* tut, ist, dessen Richtung umzukehren, nämlich das Erkenntnisvermögen auf sich selbst zu richten. In „Goethes Weltanschauung" nennt Steiner dies das Erfassen der Idee der Idee *während* des Bildens der Idee (siehe das Zitat auf S. 69).
Nun verläuft das gewöhnliche Denken im Zeitenstrom von der Vergangenheit zur Zukunft. Man schwimmt gleichsam mit dem Strom mit und kann nur zurückschauen und in der Ferne etwas von dem sehen, *was war*.
Nun jedoch wird man wach, man steht aus dem Strom auf, man schaut nicht zurück, man wendet sich vollkommen um, und man wird gewahr, dass es einen anderen Strom gibt, in dem man nun steht. Während der Denkprozess mit dem alten Strom fortläuft, kommt man aus der entgegengesetzten Richtung, von der Zukunft hin zu Vergangenheit, man schaut denkend nach der Vergangenheit und *ist* in dem vollen Augenblick der Geistesgegenwart, man begegnet „sich selbst" in einer lebendigen Selbsterkenntnis, die ausschließlich im Erkenntnisprozess selbst verläuft. Aber diese spirituelle Begegnung von Denker und Denkprozess ist das freie Strömen des geistigen Menschenwesens, es ist das zweite Geschehen, das Erleben der Freiheit.

Die zwei Zitate am Ende des 8. Kapitels (S. 69ff) müssten an diesem Punkt noch einmal erlebt werden, um diese zwei Geschehnisse, die zusammen die Freiheit bilden, tief zu erfassen; doch auch die Entfaltung des Ich als Form und Materie (siehe S. 113f) ist in anderen Worten eine Schilderung desselben Geschehens.

In meinem Buch „Das Tor zur geistigen Welt" habe ich geschrieben: „Der Ausnahmezustand ist Christus". Hier, in diesem Punkt, liegt bereits die ganze geistige Welt. Dieser Satz ist mir von einigen Seiten sehr übel genommen worden. Es ist aber eine tief bewegende Wahrheit, ein wirkliches Geschehen, wenn man aus dem mitreißenden Strom des Denkens aufsteht und „ausnahmsweise" ganz umkehrt und dann den Gegenstrom bemerkt, der im *Augenblick der Gegenwart* mit dem ersten Strom verwirbelt. Man befindet sich zwischen „generatio" und „corruptio", zwischen dem materiellen Werden und dem „Entwerden", zwischen dem Aufblühen des Geistes (Zukunft → Vergangenheit) und seinem Sterben (Vergangenheit → Zukunft).

Da, in diesem Augenblick, in dem sich nun die Ewigkeit öffnet, erlebt man dessen makrokosmisches Ebenbild, jenen Weltenaugenblick, in dem der aus der Vergangenheit kommende Strom ebenso „lang" war wie der Strom aus der Zukunft; jenen Augenblick, in dem der Makrokosmos den Atem anhielt, den Moment des Sterbens am Kreuz, das Mysterium von Golgatha, den absoluten Mittelpunkt der Menschheitsentwicklung. In der inneren Entwicklung ist dies der Umschlagpunkt von dem Freiheitsstrom in den Liebesstrom.

Dass man dies in unserer Zeit unmittelbar so erlebt, wenn man durch den Freiheitsakt, der aus dem Anschauen des gegenwärtigen Denkakts und der daraus hervorströmenden Freiheitsmoral besteht, in diesem „Augenblick" erwacht; dass man durch und durch *weiß*, dass man in Christo ist, das verdankt man der existierenden Geisteswissenschaft Rudolf Steiners. Er selbst musste die Formulierungen dafür noch finden, entwickeln.

In meinen Beschreibungen dieses Geschehens In „Der Heilige Gral" habe ich dies in folgenden Worten ausgedrückt:[89]

---

[89] Mieke Mosmuller: Der Heilige Gral. Occident 2007, S. 52.

„Später in der Entwicklung kommt Stabilität in die Erlebnisse. Man entdeckt, dass die Gnade geschenkt wird durch eine einsetzende Veränderung in seinem eigenen Verhältnis zu sich selbst. Zuerst ging die Meditation noch aus vom gewöhnlichen Willen, den wir auch sonst im Leben einsetzen. Durch die Konzentration in der Meditation wird immer mehr und mehr der übersinnliche Wille eingesetzt, die Kraft des eigentlichen Willenswesens, das auch reale Vorstellungen formt. Die Umformung des Willens erlebt man als die Gnade, sie ist die Befreiung des Willens aus dem physischen Leib.

Es ist eine absolute Realität, die man erfährt. Wie das Sonnenlicht, das durch eine Wolkendecke bricht, Realität ist, so tritt dieses warme Liebeslicht aus dem Umkreis in die eigene Denkkraft, die metamorphosierte Willenskraft ist, hinein.

Das ist die Erscheinung des ätherischen Christus im Denken."

Seine Erscheinung im reinen Denken, das zugleich reiner Wille ist, ereignet sich in der Umkehrung des fortlaufenden Zeitstroms in den rückwärts laufenden; in jeder Sekunde ist dies möglich.

Beim Sterben des Menschen bricht der Willensstrom definitiv durch, und es erscheint das vollständige Erdenleben (die Vergangenheit) als Lebenstableau. Man stirbt „in Christo". Rudolf Steiner hat die tröstlichste Einsicht in diesen Todesmoment gegeben, als er aussprach, dass der Augenblick des Sterbens eine vollkommene Befreiung ist. Die damit verbundenen Erfahrungen sind so voller Freude und Ewigkeit, dass die Menschenseele diesen Moment während ihrer ganzen Reise durch das Leben zwischen Tod und neuer Geburt als gleichsam leuchtenden Bezugspunkt behält.

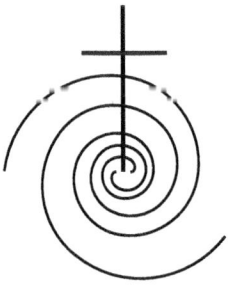

Rudolf Steiner stand nun etwa im 40. Lebensjahr. Innere Geistanschauung hatte er bis in das Ideenerleben „hinuntergetragen", hatte aber noch nicht die Formulierungen dafür gefunden, und er lebte in der Frage „Muss man verstummen?". Die naturwissenschaftlichen Begriffe brachte er bis zu den Ideen „hinauf", er schaute die naturwissenschaftliche Idee an, erlebte sie und trug sie so empor, zur Geistanschauung hinauf.

Man sieht, wie er die Gegensätze sowohl im Denken bis in jenen großartigen Gleichgewichtsmoment ineinanderweben lassen konnte – Geistanschauung wird erlebte Idee, und Naturbegriff wird erlebte Ideenanschauung –; als auch im umfassenden, vollständigen Erkenntnisprozess – wo er Geistanschauung und Sinnesanschauung (die er in voller, urteilsfreier Hingabe gewahr werden konnte) voll bewusst in ihrer Gegensätzlichkeit erfasste und ineinanderweben lassen konnte.

Er durchdrang diese Gegenströmungen bis in ihre äußerste Erscheinung: Geist und Materie, Geist und Stoff. Da, wo diese äußersten Realisierungen ineinanderweben, entsteht eine Erkenntnis, die Weisheit des Menschen ist, eine „Anthroposophia". Wir müssen uns das so konkret wie nur möglich vorstellen. Bewusstsein des Geistes dringt als Anschauung bis zu einem Bewusstwerden des eigenen sinnlichen Organismus vor, bis zur physischen „Intuition". Dann wird ideelle Erkenntnis erst wirklich zu wesenhafter Geist-Erkenntnis, die Einweihung vollzieht sich.

Hier, an diesem Punkt, wünschte man sich, man würde über Mittel verfügen, zum vollen, konkreten Ausdruck zu bringen, was sich da vollzieht.

Gewöhnliche Wahrnehmung und Denken sind ein „materielles" Abbild dieses Geschehens. „Geistige Idee begegnet Naturidee" steht eine Stufe höher. „Geistanschauung berührt die Sinnesanschauung" gibt ein rein geistiges Erkennen von Geisteswelt und Natur. Aber dies kann *noch* konkreter, *noch* realer werden, so dass nicht die geringste „Maya" mehr anwesend ist. Das Vorbild ist die Inkarnation des Gottessohnes in einem dazu vorbereiteten menschlichen Leib: Da tritt der Geist des Makrokosmos, der Logos *selbst* als Schöpfer in einen physischen menschlichen Leib ein, und er tut dies mit dem vollen göttlichen, aktuellen Bewusstsein. Dem kann ein Mensch nicht folgen. Aber in einer abgeschwächten Form geschieht dies in der Einweihung, und Rudolf Steiner zeigt es uns. Was er uns zeigt, bleibt kein Erkenntnisprozess, und sei er noch so geistig. Es wird zu einem tatsächlichen Eingreifen vollbewusster, besonnener Geistanschauung bis in den Geist-Stoff des physischen Leibes hinein. Eine Berührung der „anima humana" oder besser des „spiritus humanus" mit dem „corpus spirituale", mit dem Stoff-Geist. Die Rührung, die wir fühlen konnten, als wir dies in den Worten von Thomas von Aquino beschrieben – „Und so kann die menschliche Seele, die unterste in der Ordnung der geistigen Substanzen, ihr Sein dem menschlichen Körper mitteilen, – was auch das Würdigste ist, damit aus Seele und Leib Eins werde wie aus Form und Materie." –, diese Rührung kann hier wiederum erlebt werden.

Das ist kein „Erkenntnisprozess" mehr, das ist ein „Bekennen", eine Hochzeit, eine Befruchtung. Es ist eine Mystik, die zu einer *Tatsache* wird, eine mystische Hochzeit, die *wirksam* ist, die zu einem Gleichwerden von Geist und Stoff wird. Thomas durfte dem Menschen keinen „spiritus" zuerkennen, nur „anima" war zugestanden, nachdem bereits im Konzil von 869 „der Geist abgeschafft" wurde und dies zum Dogma geworden war. Für Steiner aber ist alles Realität, er braucht keine Dogmen zu respektieren, und er *vollzieht* bewusst, was Thomas *einsah*. Eine mystische Tatsache ist dies, und sie hängt in vollem Umfang mit der Inkarnation Christi zusammen. Kann eine bessere Formulierung für dieses christliche Geschehen gegeben werden als: „Das Christentum als *mystische Tatsache*"?

Aber dies ist erst das erste Drittel des Christentums als mystische Tatsache. Der Gottessohn, der Logos, zieht in einem Siegeszug zuerst in die Seele ein und läutert diese vollkommen – was in den Versuchungen in der Wüste zum Ausdruck kommt. Dann dringt Er weiter vor und belebt den Ätherleib, was in den Wundern und Heilungen zum Ausdruck kommt. Dann wird auch der physische Körper, die geistige Form, ganz durchgöttlicht, in einer „erlebten Vorstellung" kann man eine Ahnung davon bekommen, wie alles, was an diesem Körper „korrupt" war, in den ursprünglichen Zustand der „Urgerechtigkeit" zurückgeführt wurde. Aber angesichts dessen kann der „korrupte Körper", der mit der „materiellen Materie", mit der tastbaren, sichtbaren Materie in Verbindung gekommen ist, nicht bestehen. Der „Weltenaugenblick" nähert sich, in dem Vergangenheit und Zukunft in einem völligen Gleichgewicht sein werden und das Kreuz auf Golgatha aufgerichtet wird. Ein Gott stirbt nicht, auch jetzt nicht. Der Körper fällt ab, insoweit er „korrupt" ist. Aber der Inkarnationsprozess geht weiter, der Körper wird eingetauscht gegen die ganze Erde als Leib (Grablegung), und was als menschlicher Körper zum Göttlichen gehört, aufersteht aus dem Grabe. Die ursprüngliche Urgerechtigkeit als göttlicher, aktueller Gedanke des menschlichen Leibes ist in der vollen ursprünglichen Reinheit als Möglichkeit der menschlichen Schöpfung zurückerrungen. Aber bevor dies geschehen kann, ist da der Weltaugenblick, wo Zukunft und Vergangenheit in einem mächtigen Moment ineinanderwirbeln und ein Gott durch den Tod schreitet. Ein Abbild dieses Augenblickes trägt der Mensch in sich, wenn er für einen Moment zu einer realen Berührung zwischen bewusster Geistanschauung und dem eigenen physischen Geistleib kommt. Kann man meditativ bis zu dieser realen Berührung vordringen, dann tritt diese tiefe Ergriffenheit ein, in der sich jenes durch und durch wirkliche Erleben des Mysteriums von Golgatha ankündigt.

In „Mein Lebensgang" widmet Rudolf Steiner alledem nur *einen* Satz. Mehr ist auch nicht nötig, denn das Übrige ist in seinem *Lebenswerk* zu finden, der Anthroposophie. Da spricht er zwar nicht über seine eigenen inneren Erfahrungen, aber er offenbart ihren vollen Umfang.

Wie wir *diese Anthroposophie* in erlebte Vorstellungen bringen können, werden wir in den folgenden Kapiteln miterleben.

Zunächst aber will ich nun einen Versuch machen, mich dem „Gestanden-Haben vor dem Mysterium von Golgatha in innerster ernstester Erkenntnis-Feier" noch von einer ganz anderen Seite zu nähern.

ORPHEUS UND EURYDIKE

Die „Philosophie der Freiheit" trägt in sich das Potential, es dem Leser zu ermöglichen, aus dem fortlaufenden Strom der Zeit aufzustehen, sich umzukehren, diesen vergangenen Strom anzuschauen und ihn zur Vergangenheit hin zu durchlaufen, zurückzulaufen. Ein „Geist-Erinnern" könnte man dies nennen, aber dies ist erst möglich, wenn es zugleich mit einem „Geist-Besinnen" (das ist ein Bewusstwerden des Stromes und ein bewusstes In-Verbindung-Bringen beider Ströme) vollzogen wird. Die drei sind hier eins. Die Vergangenheit wird als eine Realität „angeschaut" und „verzehrt", wie es im Symbol der Schlange ausgedrückt wird, die in ihren eigenen Schwanz beißt und diesen vergeistigt:[90]

In der gewöhnlichen Erinnerung steht man gleichsam mit dem Rücken dazu und „schaut sich um", auf die vergangene Zeit. Im Geist-Erinnern steht man „Auge in Auge" mit seiner eigenen Vergangenheit, und diese zeigt sich in ihrer wahren Gestalt. Aber das Erinnern webt dennoch nicht weiter als bis zur frühesten Erinnerung; bis dahin

---

[90] Ouroboros, Theodoros Pelecanos, 1478. Aus Tractatus Alchemicus „Synosius".

reicht das webende, wirbelnde, wellende Zeitenbild, das zum Raum geworden ist, weil die Berührung des zurücklaufenden und des fortlaufenden Stromes im Bewusstsein die Zeit zum Raum erweitern.

Nun kommt es darauf an, einen anderen Aspekt der Einweihung Rudolf Steiners zu betrachten. Es ist deutlich geworden, wie er mit seinem Geist in der Philosophie und in der Naturwissenschaft stand; wie das Werk Goethes in ihm auch die andere Seite, die Sinnesseite, geweckt haben muss. Aber *vor* der Zeit, in der die Umkehrung zu einem exakten Wahrnehmen mit den Sinnen auftrat, liegt bereits die Zeit, in der Steiner sich mit Goethes Märchen von der grünen Schlange und der schönen Lilie beschäftigte und worüber er später auch Vorträge zu geben (1891 bis 1909) und Aufsätze zu schreiben (1899, 1918) beginnt. Später wird dieses Märchen in dramatischer Form in den Vorstudien für die Mysteriendramen erscheinen, woraus hervorgeht, wie groß die Bedeutung dieses Märchens für Rudolf Steiner war. In „Mein Lebensgang" schreibt Rudolf Steiner über das Märchen zum Beispiel Folgendes:[91]

„Der Briefwechsel zwischen den beiden Freunden (Goethe und Schiller), und was man sonst über ihren geistigen Verkehr wissen kann, bezeugen, daß die Schiller'sche Lösung Goethe zu abstrakt, zu einseitig philosophisch war. Er stellte die anmutvollen Bilder von dem Flusse, der zwei Welten trennt, von Irrlichtern, die den Weg von der einen in die andere Welt suchen, von der Schlange, die sich hingeben muß, um eine Brücke zwischen den beiden Welten zu bilden, von der „schönen Lilie", die „jenseits" des Flusses nur als waltend im Geiste von denen erahnt werden kann, die „diesseits" leben, und vieles andere hin. Er stellte der Schiller'schen philosophischen Lösung eine märchenhaft-poetische Anschauung gegenüber. Er hatte die Empfindung: geht man gegen das von Schiller wahrgenommene Rätsel der Seele mit philosophischen Begriffen vor, so verarmt der Mensch, indem er nach seinem wahren Wesen sucht; er wollte im Reichtum des seelischen Erlebens sich dem Rätsel nahen.

---
[91] Mein Lebensgang, S. 181f und 183.

Die Goethe'schen Märchenbilder weisen zurück auf Imaginationen, die von Suchern nach dem Geist-Erleben der Seele öfters vor Goethe hingestellt worden sind. Die drei Könige des Märchens findet man in einiger Ähnlichkeit in der „Chymischen Hochzeit des Christian Rosenkreutz". Andere Gestalten sind Wieder-Erscheinungen von früher in Bildern des Erkenntnisweges Aufgetretenem. – Bei Goethe erscheinen diese Bilder nur in schöner, edler, künstlerischer Phantasie-Form, während sie vorher doch einen mehr unkünstlerischen Charakter tragen."

„Aber, wenn ich zunächst auch für meine Goethe-Schriften durch das Versenken in das Märchen nichts gewann, so ging doch eine Fülle von Seelenanregungen davon aus. Mir wurde, was sich an Seeleninhalt in Anlehnung an das Märchen ergab, ein wichtiger Meditationsstoff. Ich kam immer wieder darauf zurück. Ich bereitete mir mit dieser Betätigung die Stimmung vor, in der ich in meine Weimarer Arbeit später eintrat."

Wir wissen also, dass diese Übungen in der Imagination schon *vor* 1890 (vor dem 30. Lebensjahr) von Steiner gemacht wurden.
Wenn wir nun, im 21. Jahrhundert, kennenlernen, was so alles an Strömungen in der Anthroposophie zu finden ist, dann stößt man früher oder später auf eine bestimmte Auffassung, die schwer in Worte zu fassen ist. Menschen, die bewusst oder unbewusst in dieser Strömung stehen, wollen Steiner als Philosophen vollkommen anerkennen, wollen ihn sogar als philosophischen Esoteriker oder als esoterischen Philosophen anerkennen, aber sie wollen unter keinen Bedingungen das imaginative Gebiet betreten. Manche anerkennen dieses bei Steiner sehr wohl, halten aber den gewöhnlichen Sterblichen für nicht imstande dazu; andere weisen das bildende Element gänzlich ab.
Man gewinnt den Eindruck, dass eine Angst davor besteht, vor dem Unergründlichen, Un-Nüchternen daran. Vielleicht wird dieses Element mit dem „Sibyllinischen" verwechselt, das durch den Einschlag des Christlichen natürlich überwunden ist. Vielleicht ist es auch das Fortwirken des rationalistischen Protestantismus in der Seele, der alles „Bildhafte" unbewusst mit „Rom" assoziiert. Oder vielleicht sind es

Nachwirkungen des Nationalsozialismus, der diese „neue weiße Magie" bekämpfte, weil er bei einer alten, einer schwarzen Magie bleiben wollte.

Schon zu seiner Zeit wurde der eingeweihte Steiner von Gegnern als Phantast betrachtet. In unserer Zeit ist diese Sichtweise in gewissem Sinne sogar bei bestimmten Anthroposophen zu finden. Sie wollen nicht erkennen, dass die von Steiner beleuchtete *Freiheit* im Menschen Wirklichkeit werden kann und dass diese freigewordene Denkaktivität sich real selbständig zu entfalten vermag, wobei dieses freie Element in eine Hingabe an die reale geistige Welt gebracht werden kann. Dass dieses freie Element durch den Geist „*ergriffen*" werden kann; dass das Denken dann durch den Geist geführt wird; dass dies jedoch nicht mehr in den verstandeslogischen Formen geschehen kann, weil diese „entheiligt" sind.

Ich will es folgendermaßen formulieren: Die geistige Welt mit den Wesen und Prozessen ist „ante rem", wobei in diesem Fall „res" das Denken ist. Wird das Denken aus dem Zusammenhang mit dem Blut befreit, dann kann die geistige Welt „in re" leben, *in* dem freien aktiven Denken, sie „denkt sich" darin, aber dies geschieht in Bildern, die bedeutungsvoll sind, d.h. in Imaginationen. Danach, „post rem", können diese wieder in logische Gedankenformen gebracht werden; dies ist die Geisteswissenschaft Rudolf Steiners. Aber der Inhalt bleibt „phantastisch".

Um 1890 hatte Steiner bereits einen Standpunkt über die Phantasie. Er sagt:[92]

„Mir erschien, was in der Phantasie lebt, nur dem Stoffe nach angeregt von den Erlebnissen der menschlichen Sinne. Das eigentlich Schöpferische in den echten Phantasiegestaltungen zeigte sich mir als ein Abglanz der außer dem Menschen bestehenden geistigen Welt. Ich wollte zeigen, wie die Phantasie das Tor ist, durch das die Wesenheiten der geistigen Welt schaffend auf dem Umwege durch den Menschen in die Entfaltung der Kulturen hereinwirken."

---

[92] Mein Lebensgang, S. 216 und 217f.

„In der Phantasie erhebt sich die Seele um ebensoviel über den gewöhnlichen Bewußtseinsstand, wie sie sich im Traumleben unter denselben heruntersenkt. Es erscheint nicht das im Sinnensein verborgene Geistige, sondern das Geistige wirkt auf den Menschen; er kann es aber nicht in seiner ureigenen Gestalt erfassen, sondern er verbildlicht es sich unbewußt durch einen Seeleninhalt, den er aus der Sinneswelt entlehnt. Das Bewußtsein dringt nicht bis zur Anschauung der Geisteswelt vor; aber es erlebt diese in Bildern, die ihren Stoff aus der Sinneswelt entnehmen. Dadurch werden die echten Phantasie-Schöpfungen zu Erzeugnissen der geistigen Welt, ohne daß diese selbst in das Bewußtsein des Menschen eindringt. (...)
So bemühte ich mich, Mittel zu finden, durch die ich die erlebte Geisteswelt zur Darstellung bringen und doch in irgend einer Art anknüpfen konnte an das, was dem gewöhnlichen Bewußtsein geläufig ist. Ich war eben der Ansicht: vom Geiste müsse gesprochen werden; aber die Formen, in denen man sich in diesem wissenschaftlichen Zeitalter auszusprechen gewohnt ist, müßten respektiert werden."

In der Phantasie gebraucht man sinnliche Bilder, um eine im Unbewussten wirkende geistige Welt in sich wirken zu lassen.

In der Imagination wird dieses Wirken der geistigen Welt *bewusst* in Bilder gebracht. Die Bilder bestehen noch immer aus dem „Stoff" der Sinneswelt, aber sie *zeigen* die geistige Welt in ihrem Wesen und Prozess, und der Mensch ist sich dessen voll bewusst, denn er lebt voll bewusst in dem frei strömenden Denk-Element, das mit Geist von außerhalb befruchtet wird, *weil* der Wille in diesem Element lebt. In der Imagination kommen die beiden Ströme in der Zeit zusammen, der fortlaufende Denkstrom wird durch den rückwärts laufenden befruchtet, und *Bilder* entstehen, werden vom eigenen Willen mitgeformt, stammen aber aus dem Willen der geistigen Welt. Obwohl Steiner sich also *vor* 1900 in philosophischen Formulierungen äußert, müssen wir uns sein Seelenleben doch als einen „goetheanistischen" Reichtum vorstellen, eine imaginative Erfüllung mit grandiosen Bildern, die die geistige Welt in ihm malte.

Hier kann der Leser sagen, dass *ich* phantasiere. Ich antworte dann jedoch: Es ist die geistige Individualität von Rudolf Steiner selbst, die

Orpheus und Eurydike

mich das einsehen lässt. *Er* lässt mich den Reichtum eines Seelen-Geistwesens wie des seinigen einsehen. In *meinem* freien Denkstrom, der sich in das fortlaufende Element in „Mein Lebensgang" vertieft, aber in dem darin lebenden Gegenstrom des Willens *seine* Lebensbilder empfängt, „gestaltet" sich das Wesentliche seines Weges.

Der Inhalt von dem, was ich hier aufschreibe, könnte an sich beweisend für seine Wahrheit sein. Der Mensch muss nur die selbständige Vernunft gebrauchen, um etwas mitzudenken, was nicht allgemein üblich ist. Kann die menschliche Vernunft sich noch für neue Einsichten öffnen, für Wissen, das man nicht selbst erworben hat, das aber im Mitdenken dennoch erworben wird? Wenn die Vernunft etwas mitdenkt, das nicht selbst erworben wurde, aber durch die in der Vernunft selbst anwesende Potenz eingesehen werden kann, *ist* es eigene Einsicht geworden. Was sollte der Sinn von Geisteswissenschaft sein, wenn man sich die Einsichten nicht *zueigen* machen dürfte oder wollte?

Die Einsicht, dass Rudolf Steiner zwischen 1890 und 1900 die imaginative Erkenntnisart erwarb, brauchen wir, um weitergehen zu können. Wir können sein „Gestandenhaben vor dem Mysterium von Golgatha" in seiner weiteren Entwicklung nicht wiederfinden, wenn wir nicht den Mut haben, *mit-zu-imaginieren*.

*

Wir vertiefen uns in das Bild von Orpheus und Eurydike.[93]

Wunderbar ist es, dass eigentlich alles, was sich im Menschen entfaltet, schon sehr lange zuvor von der göttlichen Führung vorbereitet wird. Im Lichte dessen zitiere ich Ovid aus einer seiner „Metamorphosen", Buch 10 und 11:[94]

---

[93] Das Folgende ist ein Autoreferat eines Vortrags der Autorin vom 11.3.2011 in Rotterdam.
[94] Ovid: Metamorphosen. Goldmann Verlag. Übersetzer: Prof. Michael von Albrecht.

Buch 10

Von dort schreitet Hymenaeus (der von Orpheus gerufene Hochzeitsgott) in seinem krokusgelben Gewand durch den unermeßlichen Äther; er eilt zu den Gestaden der Ciconen; dorthin ruft ihn Orpheus' Stimme, doch vergebens. Anwesend war er zwar, doch brachte er nicht die gewohnten Segensworte, keine fröhlichen Gesichter, kein glückliches Omen; auch die Fackel in seiner Hand zischte immerfort; nur tränenerregender Rauch, keine Flamme entstieg ihr, mochte man sie noch so sehr schwingen. Der Ausgang war schlimmer als das Vorzeichen; denn während die Neuvermählte, von der Schar der Naiaden begleitet, durch die Wiesen streifte, starb sie, weil eine Schlange sie in die Ferse gebissen hatte.
Nachdem sie der Seher vom Rhodopegebirge an den Lüften des Himmels zur Genüge beweint hatte, wollte er es auch noch mit dem Schattenreich versuchen. So wagte er durch die taenarische Pforte zur Styx hinabzusteigen. Mitten durch die schwerelosen Völker und die Schattenbilder der Bestatteten kam er bittend zu Persephone und zu dem König im unwirtlichen Reich, dem Herrn der Schatten. Dann schlug er zum Liede die Saiten und sang:
„O ihr Gottheiten der unterirdischen Welt, in die wir zurückfallen, wir, alles Sterbliche, was entsteht! Ist es erlaubt und gestattet ihr mir, ohne Trug und Umschweife die Wahrheit zu sagen, so wißt: Ich bin nicht hier herabgestiegen, um den finsteren Tartarus zu sehen, nicht, um die drei Hälse des medusischen Höllenhundes zu fesseln, an denen Schlangen als Zotteln hängen. Der Grund meiner Fahrt ist meine Gattin; eine Viper, auf die sie trat, hat Gift in ihr Blut gespritzt und ihr die jungen Jahre geraubt. Ich wollte es ertragen und bekenne: Ich hab's versucht; doch Amor hat gesiegt. In der oberen Welt ist dieser Gott wohlbekannt; ob er es auch hier ist, weiß ich nicht. Doch ich vermute, daß er es auch hier ist; denn, sofern die alte Sage von dem Raub nicht erlogen ist, hat auch euch Amor vereint. Bei diesen Gefilden voller Angst, bei diesem riesigen Chaos und dem Schweigen des öden Reiches bitte ich euch: Macht Eurydices übereilten Tod rückgängig! Alles ist euch verfallen, und nach kurzem Aufenthalt eilen wir früher oder später zu ein und

Orpheus und Eurydike

demselben Wohnsitz. Wir alle streben hierher; dies ist unser letztes Heim, und ihr herrscht am längsten über das Menschengeschlecht. Auch Eurydice wird euch gehören, wenn sie die Jahre, die ihr zustehen, vollendet hat und reif ist. Ich bitte euch nicht, sie mir zu schenken, nur zu leihen. Verweigert aber das Geschick meiner Gattin die Gnade, bin ich fest entschlossen, nicht zu rückzukehren: Freut euch dann über den Tod zweier Menschen!"

Während er so sang und zu seinen Worten die Saiten schlug, weinten die blutlosen Seelen, Tantalus griff nicht nach der fliehenden Welle, staunend stand Ixions Rad still, die Vögel zerfletzschten nicht die Leber des Tityos, die Beliden ließen ihre Krüge stehen, und du, Sisyphus, saßest auf deinem Stein. Damals sollen zum ersten Mal die Wangen der Eumeniden von Tränen feucht geworden sein, weil der Gesang sie überwältigte. Weder die Königin noch der Herrscher der Unterwelt bringen es über sich, die Bitte abzuschlagen, und sie lassen Eurydice rufen. Sie befand sich unter den neuangekommenen Schatten, kam heran, und die Wunde erlaubte ihr nur langsam zu schreiten. Orpheus vom Rhodopegebirge erhält sie unter der Bedingung, nicht zurückzublicken, bevor er die Täler des Avernus verlassen habe, sonst werde das Geschenk zunichte.

Der Pfad führt sie durch die Totenstille bergan; steil ist er, dunkel und in dichten Nebel gehüllt. Schon waren sie nicht weit vom Rand der Erdoberfläche entfernt – besorgt, sie könne ermatten, und begierig, sie zu sehen, wandte Orpheus voll Liebe den Blick, und alsbald glitt sie zurück. Sie streckt die Arme aus, will sich ergreifen lassen, will ergreifen und erhascht doch nichts, die Unselige, als flüchtige Lüfte. Schon starb sie zum zweiten Mal, doch mit keinem Wort klagte sie über ihren Gatten – denn worüber hätte sie klagen sollen als darüber, daß sie geliebt wurde? –, sprach ein letztes Lebewohl, das er kaum noch hören konnte, und sank wieder an denselben Ort zurück.

Über den zweifachen Tod seiner Gattin war Orpheus so entsetzt wie der Mann, der voll Grauen die drei Hälse des Höllenhundes – den mittleren in Ketten – erblickte und den die Angst nicht eher verließ als seine bisherige Natur, da sein Leib zu Stein wurde, oder wie Olenus, der den Vorwurf auf sich selbst lenkte und als der Schuldige

gelten wollte, und du, unglückliche Lethaea – allzu viel hast du dir auf deine Schönheit eingebildet –; einst wart ihr zwei engverbundene Herzen, jetzt seid ihr Steine auf dem quellenreichen Ida.
Den Bittenden, der vergeblich noch einmal ans andere Ufer wollte, hatte der Fährmann abgewiesen; dennoch saß Orpheus von Trauer entstellt sieben Tage lang am Ufer, ohne Ceres' Gaben zu genießen. Sorge, Seelenschmerz und Tränen waren seine Speise. Er klagt über die Grausamkeit der Götter des Erebus und zieht sich auf die hohe Rhodope und den sturmgepeitschten Haemus zurück.
Schon hatte Titan zum dritten Mal den Jahreskreis durchlaufen, den das Sternbild der Fische beschließt. Orpheus hatte alle Frauenliebe gemieden, sei es, weil er kein Glück gehabt oder weil er sein Wort gegeben hatte; viele Frauen aber brannten darauf, sich dem Sänger zu verbinden, und ebenso viele erlitten eine Zurückweisung. Er lehrte auch die Thrakervölker, die Liebe auf zarte Knaben zu übertragen, vor der Reifezeit den kurzen Frühling zu genießen und die ersten Blüten zu pflücken.

Buch 11

Während der thracische Sänger mit solchem Gesang die Wälder, die Herzen der wilden Tiere und die Steine, die ihm folgen, in seinen Bann zieht – siehe, da erspähen junge ciconische Frauen, deren besessene Brust Tierfelle bedecken, von der Höhe eines Hügels Orpheus, wie er die Saiten schlägt und dazu singt. Da spricht eine von ihnen und schüttelt im leichten Lufthauch ihr Haar: „Seht, seht, da ist unser Verächter!" Und schon hat sie den Thyrsusstab gegen den stimmbegabten Mund des apollinischen Sängers geschleudert; aber die mit Blättern umwundene Spitze schlug nur ein unblutiges Mal. Der zweiten dient ein Stein als Waffe. Er wird geworfen; mitten in der Luft hat ihn der Einklang von Stimme und Leier bezwungen, und als bitte er demütig um Vergebung für sein rasendes Unterfangen, blieb er zu Orpheus' Füßen liegen. Doch der unbedachte Krieg nimmt zu, das Maß ist verloren, und es herrscht die Erinys in all ihrem Wahnsinn.
Dennoch hätte der Gesang alle Geschosse besänftigt, aber das un-

geheure Geschrei, die berecyntische Pfeife mit ihrem gebogenen Horn, die Pauken, das Klatschen und das bacchantische Heulen übertönten den Klang der Cithara. Jetzt erst wurden die Steine rot vom Blut des Sängers, den sie nicht hörten. Und zuerst zerrissen die Maenaden die unzähligen Vögel, die auch jetzt noch von der Stimme des Sängers bezaubert waren, die Schlangen und die Schar der Tiere. So raubten sie ihm seinen Ruhm: seine Zuhörerschaft. Dann wenden sie sich mit blutüberströmten Händen gegen Orpheus selbst und scharen sich zusammen wie Vögel, wenn sie einmal bei Tage eine Nachteule umherflattern sehen. Und wie im Amphitheater ein Hirsch, der im morgenkühlen Sande sterben muß, den Hunden zur Beute wird, so gehen sie auf den Sänger los und werfen alle zumal auf ihn ihre grün belaubten Thyrsusstäbe, die nicht zu diesem Zweck gemacht sind. Die einen schleudern Erdschollen, die andern vom Baum gerissene Äste, andere werfen Steine. Und damit es dem Wahnsinn nicht an Waffen fehle, pflügten gerade Rinder mit tiefgehender Pflugschar die Erde, und nicht weit davon gruben Bauern, um mit saurem Schweiß einen Ertrag zu erzielen, mit starken Armen das harte Feld um. Kaum haben sie den Schwarm erblickt, ergreifen sie die Flucht und lassen ihr Arbeitsgerät zurück. Weit auf den verlassenen Feldern verstreut liegen Harken, schwere Hacken und lange Karste. Dies alles packen die Rasenden, zerfleischen die Rinder, die ihnen mit den Hörnern drohen, und rennen zurück, dem Sänger zum Verhängnis. Und ihn, der bittend die Hände ausstreckt, dessen Worte jetzt zum ersten Mal keinen Erfolg haben und dessen Stimme alles ungerührt läßt, töten die Frevlerinnen. Der Mund – o Iuppiter! –, den Steine erhört, den wilde Tiere verstanden hatten, hauchte die Seele aus, und sie entwich in die Winde.
Dich beklagten voll Trauer die Vögel, dich, Orpheus, der Schwarm der Tiere, dich die harten Steine, dich die Wälder, die oft deinen Liedern gefolgt waren. Entlaubt, als hätte er sein Haar geschoren, trauerte um dich der Baum. Ja, von ihren eigenen Tränen sollen die Flüsse angeschwollen sein; Naiaden und Dryaden trugen das Gewand schwarz gesäumt und das Haar offen.
Die Glieder liegen allerorten verstreut. Das Haupt und die Leier

nimmst du, Hebrus, auf, und – o Wunder! – während sie mitten im Fluß dahingleitet, läßt die Leier Klagetöne erklingen; Klagelaute murmelt die entseelte Zunge, und klagend antworten die Ufer. Schon verlassen Haupt und Saitenspiel den vertrauten Strom, treiben aufs Meer hinaus und erreichen den Strand der Insel Lesbos, auf der Methymna liegt. Hier bedroht eine wilde Schlange das Antlitz, das verlassen am fremden Strande ruht, und das Haar, auf dem die Wassertropfen wie Tau schimmern. Endlich greift Phoebus ein und wehrt die Schlange ab, als sie zum Biß ansetzt. Er versteinert ihren offenen Rachen und läßt das Maul weit aufgesperrt, wie es ist, erstarren. Orpheus' Schatten aber steigt zur Unterwelt hinab und erkennt all die Orte wieder, die er schon einmal gesehen hat. In den Gefilden der Seligen sucht und findet er Eurydice; voll Sehnsucht schließt er sie in die Arme. Hier wandeln beide bald mit vereinten Schritten nebeneinander, bald geht sie voraus, und er folgt ihr, bald schreitet Orpheus voran und blickt sich – jetzt ohne Gefahr – nach seiner Eurydice um.

Indessen läßt Lyaeus diese Freveltat nicht ungestraft. Voll Schmerz darüber, daß er den Verkünder seiner Geheimnisse verloren hatte, fesselte er sogleich in den Wäldern alle edonischen Mütter, die das Ungeheuerliche gesehen hatten, mit Wurzelsträngen an den Boden. Zog er doch die Zehen, so weit sie sich ziehen ließen, in die Länge und stieß sie mit den Spitzen hinab in den festen Boden. Wie ein Vogel, der mit dem Bein in die schlau versteckte Schlinge des Vogelstellers geraten ist, bemerkt, daß er gefangen ist, mit den Flügeln schlägt und durch seine zappelnden Bewegungen die Fessel nur noch enger zieht, so versuchte eine jede von ihnen, kaum daß sie fest am Boden haftete, verzweifelt zu entrinnen; doch umsonst! Zäh hält die Wurzel sie fest und fesselt sie, auch wenn sie sich aufbäumt. Und während sie noch sucht, wo ihre Zehen, wo der Fuß und wo die Nägel sind, sieht sie schon, wie emporwachsendes Holz an die Stelle der schlanken Waden tritt. Beim Versuch, sich mit trauernder Hand an die Schenkel zu schlagen, traf sie auf Holz. Auch die Brust wird zu Holz, Holz sind die Schultern, und die ausgestreckten Arme könnte man für wirkliche Äste halten und wird sich nicht darin täuschen.

*

Orpheus und Eurydike

Rudolf Steiner hat diesen Mythos von Orpheus in einem Vortrag in ein mehr oder weniger historisches Licht gestellt. Er hat geschildert, wie Orpheus eigentlich als der Vater der griechischen Mysterien betrachtet werden muss; dass in Orpheus ein großer Menschheitslehrer verkörpert war und dass im eigentlichen griechischen Zeitalter, also der vierten nachatlantischen Kulturepoche, dann eine Inkarnation dieses großen Menschheits-Weisheitslehrers stattfindet.

Steiner vergleicht dies mit der Buddhawerdung des Bodhisattva, der in Gautama zum Buddha wurde, und sagt dann:[95]

„Und der Buddha hatte die Aufgabe, im fünften bis sechsten Jahrhundert vor unserer Zeitrechnung die Bewußtseinsseele hineinzutauchen in die menschliche Organisation. Er konnte aber als Einzelindividualität nicht die volle Aufgabe übernehmen, alles zu tun, damit diese Bewußtseinsseele sich vom fünften Zeitraum ab richtig ausbildet. Er hatte nur einen Teil dieser Aufgabe als seine besondere Mission, nämlich die Aufgabe, der Menschheit die Lehre vom Mitleid und von der Liebe zu bringen. Andere Aufgaben oblagen anderen, ähnlichen Lehrern der Menschheit. Die in diesem Teil beschlossene Menschheitsethik, die Ethik der Liebe und des Mitleids wurde angeschlagen von dem Buddha, und sie vibriert weiter fort. Die Menschheit aber muß außerdem für die Zukunft eine ganze Summe anderer Fähigkeiten entwickeln, zum Beispiel in reinen Formen des Denkens zu denken, in auskristallisierten Gedanken Gedankenplastik zu treiben, einen Gedanken als reinen Gedanken zu dem andern zu setzen, diese Fähigkeit lag nicht in der Buddha-Mission. Er sollte herausbilden, was den Menschen dazu führt, von selber den achtgliedrigen Pfad zu finden.

So mußte ein anderer Lehrer der Menschheit da sein, der ganz andere Fähigkeiten hatte und ganz andere Ströme geistigen Lebens heruntertrug aus den höheren, geistigen Welten in diese Welt hinein. Diese andere Individualität hatte die Aufgabe, dasjenige herunterzutragen, was sich heute nach und nach in der Menschheit vorzugsweise zeigt als die Fähigkeit des logischen Denkens. Es mußte auch ein Lehrer

---
[95] Vortrag vom 25.10.1909, GA 116, S. 23f.

sich finden, der das herabtrug, was dazu gehört, sich in den Formen des logischen Denkens auszusprechen; denn das logische Denken hat sich auch erst im Laufe der Zeit entwickelt."

Und er erzählt dann, wie es der Sonnengott Apollo gewesen ist, der in Orpheus als Bodhisattva inkarniert war – aber nicht ganz. Und dieses „nicht ganz", das ist das Drama des Menschen, das sich in die moderne Zeit hinein fortsetzt, wo ein Teil des eigentlich göttlichen Wesens nicht mehr ganz auf die Erde kommen kann, während dann als Reaktion darauf die mehr physische Kraft es immer unmöglicher macht, dass die alte Weisheit, die der Mensch früher noch hatte, erlebt werden kann. Das ist das Drama von Orpheus und Eurydike.

Apollo hatte in Orpheus die Aufgabe, vorzubereiten, was in unserer Zeit das reine Denken ist. In der damaligen Zeit der Verstandesseele war dieses noch nicht möglich, aber es wurde durch das musikalische Element von Apollo in Orpheus vorbereitet. Ovid beschreibt, wie Orpheus mit seiner Leier und den Versen, die er dazu singt, die Elemente und die Natur, ja sogar das Gestein und die Flüsse zu rühren wusste. Er beschreibt auch, wie Orpheus, als er in die Unterwelt geht, den strengen Gott Hades und dessen Geliebte Persephone mit seiner Musik zu überzeugen vermag, dass Eurydike zu ihm zurückkommen müsse. Das ist ein Bild für das Hineintragen des musikalischen Elements in die menschliche Seele. Dieses musikalische Element kann in unserer Zeit der Entwicklung der Bewusstseinsseele in uns wirklich zu Bewusstsein kommen, als reines Denken in dieser Bewusstseinsseele. Dasjenige, was das reine Denken kann und was es ist, das wollte man eigentlich wirklich musikalisch wiedergeben, und doch muss es in unserer Zeit in einer Metamorphose des musikalischen Elements zum reinen Denken werden.

Aber das reine Denken ist nicht einfach ein Denken, das nur frei von sinnlichem Inhalt ist – so wird es oft mehr oder weniger definiert. Das reine Denken wäre dann ein Denken, das in sich keinen Inhalt mehr hat, der aus den Sinnen kommt. So wären alle reinen mathematischen Gedanken reines Denken, aber zum Beispiel auch die Logik mit ihren Gesetzmäßigkeiten. Rudolf Steiner spricht selbst oft von „sinnlichkeitsfreiem Denken", wenn es ihm um das „rein denken" geht. Aber es gibt bestimmte Stellen in seinem Werk, wo man die Bestätigung finden kann, dass dies nicht das einzige Merkmal des reinen Denkens ist.

Ein Beispiel dafür ist dieses Geschehen der Inkarnation von Apollo in Orpheus. Als Musik ist das reine Denken in die menschliche Seele gelegt, und in unserer Zeit könnte es sich als wirklich reines Denken entfalten, wir könnten dieses kultivieren; dann würde sich erweisen, dass reines Denken nicht nur ein sinnlichkeitsfreies Denken ist, sondern dass in diesem sinnlichkeitsfreien Denken insbesondere sehr stark der menschliche Willensimpuls aufglüht. Es ist nicht das abstrakte Denken, das auch in den gewöhnlichen sinnlichkeitsfreien Gedanken doch immer noch abstrakt bleibt, sondern es wird ein Impuls hineingebracht, wodurch es erst wirklich dieses musikalische reine Denken wird, das dann zugleich reiner Wille ist.

Dann können wir die Frage stellen: Was wird durch Eurydike eigentlich dargestellt? Wofür ist sie ein Bild? Was ist Orpheus eigentlich „weggestorben", was versucht er, zurückzubekommen, und was darf er schließlich doch nicht behalten?

Wenn man in die theosophische Literatur schaut, findet man, dass Eurydike dort als die „secret doctrine" betrachtet wird, also eigentlich als das, was H. P. Blavatsky an übersinnlichem Wissen gebracht hat; dieses wird als dem Wesen von Eurydike gleichartig angesehen.

Rudolf Steiner aber hat dies verfeinert und differenziert. Er sagt nicht nur: Es ist eigentlich die ganze Geisteswissenschaft, die der Mensch verliert, weil er in einen Seelenzustand kommt, in dem die Geisteswissenschaft entheiligt werden würde; sie darf nicht mehr da sein, man muss als Mensch darauf verzichten, und man dürfte sie erst zurückhaben, wenn man nicht mit dem gewöhnlichen Bewusstsein auf sie zurückblicken würde. Geschieht dies doch, dann hat man sie für das Erdenleben verloren. Rudolf Steiner spezifiziert dies dann weiter und macht deutlich, dass es hier eigentlich um das geht, was der Mensch vergessen *muss*, wenn er seines eigentlichen Erden-Ichs bewusst zu werden beginnt. In dem Moment also, wo man um das dritte Lebensjahr herum zum ersten Mal „ich" zu sich sagt, ist man daran gebunden, zu vergessen, wer Eurydike ist.

Was ist das, was da vergessen wird?

2. Teil, Der heilige Philosoph

Die ursprünglichen Orphischen Mysterien waren gerade Mysterien, in denen die Selbsterziehung, die Reinigung der Seele im Zentrum stand, so dass diese Seele so frei wurde, dass sie sich erneut mit demjenigen vereinigen konnte, was sie vergessen hatte. Viel bekannter ist ein bestimmter Teil der Orphischen Mysterien, die Dionysischen Mysterien; diese waren aber schon weit entartet, es wurde dort viel getrunken, die Teilnehmer gerieten in einen Rausch, und auf dessen Grundlage konnten sie Erfahrungen machen.

Die reinen Mysterien des Orpheus aber sind durch den Fund bestimmter goldener Tafeln in Italien bekannt geworden. Auf diesen stehen griechische Texte mit Geschichten über diese Orphischen Mysterien, und das Interessante ist, dass auf einer dieser Tafeln ein Spruch steht. Darin wird beschrieben, wie derjenige, der die Einweihung in diese Mysterien suchte, sich vor zwei Gestalten stellte: die eine ist die Quelle der Lethe, und die andere ist die Quelle der Mnemosyne. Wenn der Mensch, nachdem er nach einer Inkarnation seinen Weg durch den Kosmos hindurch genommen hat, auf die Erde zurückkehrt, dann trinkt er von der Lethe; das ist der Trank des Vergessens, so dass dieser Mensch auf Erden ganz vergessen hat, wo er gewesen ist. In den Orphischen Mysterien wurde der Schüler so vorbereitet, dass die Seele so rein wurde, dass sie „das Vergessen vergessen konnte". Dafür musste sie sich dann der Mnemoysne zuwenden. Und dann sprach die Seele die folgenden Worte:[96]

> *„Die Ehegemahlin des göttlichen Jupiter rufe ich an*
> *Quell der heiligen, lieblich sprechenden Musen*
> *Frei von dem Vergessen des gefallenen Geistes,*
> *durch den die Seele mit dem Verstand verbunden wird,*
> *Das Wachstum des Verstandes und des Denkens gehören dir,*
> *Es ist an dir, alle Gedanken aufgeschlagen in ihrem Herzen*
> *aus ihrer lethargischen Ruhe zu wecken.*

---

[96] Thomas Taylor, The Mystical Hymns of Orpheus: Translated from the Greek, and demonstrated to be the Invocations which were used in the Eleusinian Mysteries, New Edition, Bertram Dobell, Londen, 1896, aus der niederländische Übersetzung.

> *Und ohne etwas zu vergessen das geistige Auge*
> *kräftig aus der dunklen Macht des Vergessens erwachen zu lassen.*
> *Komm, gesegnete Macht, rufe deine mystische Erinnerung wach*
> *und zerreiße die Fesseln von Lethe.*
> *Ich bin ein Kind der Erde*
> *und des sternenübersäten Himmels,*
> *aber mein Ursprung liegt ausschließlich im Himmel."*

Mit diesen Worten zerrissen dann die Fesseln der Lethe, und die Erinnerung an die geistige Welt kehrte in den Schüler zurück.

Wie gesagt: Rudolf Steiner spezifiziert dies. Was wurde vergessen?

Wenn wir auf kleine Kinder schauen, bis zum dritten Jahr, wo sie „ich" zu sagen beginnen, dann sehen wir diese drei wunderbaren Kräfte, die im Kinde wirksam sind, ohne dass der Erzieher etwas dazu beiträgt. Natürlich wächst und entwickelt sich der Leib, aber in Kindern gibt es noch etwas, was geschieht und was nicht leiblich ist und auch nicht aus der Erziehung hervorgeht. Etwas, was in dem Kind von selbst entsteht, wirkt – und was vergessen wird, wenn es „ich" sagt.

Es ist diese wundersame Kraft, die bewirkt, dass das Kind einige Zeit nach der Geburt beginnt, sich aufzurichten, eine vertikale Haltung einzunehmen. Auch fängt es an, die Klänge der Vokale und Konsonanten nachzuahmen, noch ohne dass man da eigentlich ein Wort hört. Es ist eigentlich eine Musik für sich, die man dann hört. Erst sehr allmählich wird dies dann Wort, und so kann man sehen, wissen, dass das Wort noch nichts Bestimmtes bedeutet. Dass es wirklich Nachsprechen ist, ohne irgendein *Wissen* von dem, was gesagt wird. Der Erzieher bewirkt dies nicht, er kann nur helfen. Man würde nicht wissen, wie man ein Kind dazu bringen sollte, Klänge so präzise nachzuahmen, wie es sein muss; Klänge, die auch abhängig von dem Sprachgebiet, in dem man lebt, jeweils anders klingen, zum Beispiel das rollende „r" der Spanier oder das merkwürdige „g" der Niederländer. Die einzige Möglichkeit ist: Vorsprechen.

Und was dann ganz unsichtbar ist, ist der dritte Schritt, nämlich dass das Wort Bedeutung gewinnt. Wir denken vielleicht, wir trügen dazu etwas bei, indem wir sagen: „Ja, das ist eine Katze, das ist eine Maus",

2. Teil, Der heilige Philosoph

aber das sagt natürlich gar nichts. Damit weiß man wirklich nicht, was das ist, eine Maus. Und dass das Kind dann die zweite Maus auch wirklich „Maus" nennt, das ist ein Wunder. Immer deutlicher wird es, dass Verbindungen geknüpft werden, dass Fragen gestellt werden, dass die Kinder auch selbst Antworten geben. Man weiß, dass man das als Erwachsener einem Kind wirklich nicht beibringt. Es spielt sich alles ganz unsichtbar innerlich in diesem Kind ab. Und was da wirksam ist, ist eine Kraft, die ein so unglaublich hohes Weisheitsniveau hat – auch Kraftniveau, Liebesniveau –, dass es von dem Moment an, wo man anfängt, „ich" zu sagen und zu begreifen, dass man da ist, ganz unangebracht ist, sich an diese Kräfte noch real erinnern zu können.

Rudolf Steiner hat gezeigt, dass es in der heutigen Zeit gestattet ist, das Ich so zu entwickeln, dass es seine gewöhnliche Ichheit vergisst und die ursprüngliche Ichheit anschauen darf. Nicht mit dem gewöhnlichen Tagesbewusstsein, sondern mit dem entwickelten hellsichtigen Bewusstsein, das unmittelbar mit der Läuterung der Seele zusammenhängt. Bildlich gesprochen: Heute ist die Zeit gekommen, wo der Mensch sich wieder bereit machen darf, vor die zwei Quellen zu treten und das Trinken aus der Lethe zu vergessen, durch das Trinken von Mnemosyne gerade sich das Vorgeburtliche zu erinnern. Und *was* dann in die Erinnerung tritt, sind gerade diese drei makrokosmischen Kräfte, die man als Mensch in seinem gewöhnlichen Ich nicht erinnern darf.

So hängen die Mysterien von Orpheus auf zwei Arten mit dem reinen Denken zusammen: Auf der einen Seite dadurch, dass mit Orpheus die Anlage in den Menschen hineingekommen ist, heute das Vermögen zu haben, zum reinen Denken aufzusteigen, und auf der anderen Seite dadurch, dass gerade im reinen Denken die Möglichkeit verborgen liegt, ein Ich zu finden, das nicht von der Erde ist, sondern ausschließlich aus dem „sternenübersäten Himmel" stammt.

*

Rudolf Steiner hat an viel mehr Stellen seines Werkes über sein „Stehen vor Christus" gesprochen, aber auch geschrieben – über sein

Orpheus und Eurydike

„Nicht ich, sondern Christus in mir", über das Fundament seiner christlichen Einweihung, aber auch über die Tatsache, dass er in seiner „philosophischen Zeit" schon Theosoph war, auch wenn er seine Geistanschauung nie so genannt hätte – denn zu der damaligen Theosophie fand er noch keine Verbindung. Dazu später.

1912 spricht er in der Vortragsreihe „Der irdische und der kosmische Mensch" sein Wissen in Bezug auf Christus wie folgt aus:[97]

„Wie sich der Mensch jetzt an dieses Ich erinnert, welches das luziferische Ich ist, so wird er sich später – und das tritt in den nächsten drei Jahrtausenden als etwas ganz Besonderes in die Menschheitsentwickelung herein – wie in einer Imagination gegenüberstehend sehen einem anderen Ich. Er wird sich künftig erinnern, daß in einem bestimmten Zeitpunkt seiner Kindheit das luziferische Ich aufgetaucht ist und daß in einem andern Zeitpunkt, an den er sich zurückerinnert, gegen das luziferische Ich, sagen wir, das Christus-Ich sich hinstellt, und statt des einen Ich-Punktes werden zwei auftreten. Daß dies als Erinnerung auftritt, das wird der Beweis dafür sein, daß das Christus-Ereignis nicht erst zu geschehen hat, sondern daß es sich schon abgespielt hat."

Dies ist eine Andeutung dafür, wie Steiner selbst dies erlebt hat. Es ist zwar das Ich-Erlebnis, das er schon viel früher hatte und in einem Brief an einen Freund beschrieben hat, jedoch als ein Ich-Erlebnis, das noch nicht bewusst in Zusammenhang mit dem Mysterium von Golgatha geschaut wird. Wir dürfen annehmen, dass es das wahre, das höhere Ich ist, welches durch den jungen Steiner in jener Nacht erlebt wird, aber er kann dieses zunächst nur in geistig-philosophischem Sinne deuten.

Es geht um die folgende Passage eines Briefes vom 13. Januar 1881 (Rudolf Steiner war zwanzig Jahre alt, es war die Zeit seiner Begegnung mit dem Kräutersammler und dem Meister):[98]

„Lieber, getreuer Freund!
Es war die Nacht vom 10. auf den 11. Januar, in der ich keinen

---

[97] Vortrag vom 23.4.1912, GA 133, S. 76.
[98] Brief vom 13.1.1888 an Josef Köck, GA 38, S. 13.

Augenblick schlief. Ich hatte mich bis ½ 1 Uhr mitternachts mit einzelnen philosophischen Problemen beschäftigt, und da warf ich mich endlich auf mein Lager; mein Bestreben war voriges Jahr, zu erforschen, ob es denn wahr wäre, was Schelling sagt: „Uns allen wohnt ein geheimes, wunderbares Vermögen bei, uns aus dem Wechsel der Zeit in unser innerstes, von allem, was von außen hinzukam, entkleidetes Selbst zurückzuziehen und da unter der Form der Unwandelbarkeit das Ewige in uns anzuschauen." Ich glaubte und glaube nun noch, jenes innerste Vermögen ganz klar an mir entdeckt zu haben – geahnt habe ich es ja schon längst –; (...)"

Im Jahr 1911, Rudolf Steiner war nun fünfzig Jahre alt, erschien die kleine Schrift „Die geistige Führung des Menschen und der Menschheit". Darin beschreibt er ausführlich, wie der christliche Eingeweihte in diese *vor* dem dritten Lebensjahr liegenden Kindheitserinnerungen hineingeführt wird, und auch ihren Zusammenhang mit dem Mysterium von Golgatha, mit Christus.
Ich gebe im nächsten Kapitel einige längere Zitate wieder[99] und werde versuchen, auf Steiners „geistiges Gestanden-Haben vor dem Mysterium von Golgatha in innerster, ernstester Erkenntnis-Feier" einzugehen.

„*Vor* diesem Zeitpunkte (des Ich-Sagens) aber hat die menschliche Seele am Menschen selbst die allerweisesten Dinge getan, und niemals kann der Mensch später, wenn er zu seinem Bewußtsein gekommen ist, so Großartiges und Gewaltiges an sich selber leisten, wie er in den allerersten Jahren seiner Kindheit aus unterbewußten Seelengründen heraus vollzieht."

„Und (...) er muß lernen drei der wichtigsten Dinge für sein Erdendasein. Als erstes lernt er die eigene Körperlichkeit im Raume orientieren. (...) Das Tier ist von vornherein so organisiert, daß es sich in richtiger Weise in den Raum hineinstellt; und das ist bis hinauf zu den menschenähnlichsten Säugetieren der Fall. (...) (Der Mensch) muß

---

[99] Die geistige Führung des Menschen und der Menschheit, GA 15, S. 11ff.

sich diese (volle Anlage für seine Gleichgewichtsverhältnisse, M.M.) erst aus seinem Gesamtwesen herausgestalten. (...) Der Mensch ist es selbst, der sich seine vertikale Lage, seine Gleichgewichtslage im Raum gibt. Er bringt sich selbst in ein Verhältnis zur Schwerkraft."

„Das zweite, was der Mensch sich selber lehrt, und zwar aus der Wesenheit heraus, welche von Verkörperung zu Verkörperung als dieselbe weiterschreitet, ist die *Sprache*. Durch sie setzt er sich zu seinen Mitmenschen in ein Verhältnis, welches ihn zum Träger desjenigen geistigen Lebens macht, das die physische Welt zunächst von ihm aus durchdringt. (...) Sprechen aber lernt er nur, wenn sein Seelenwesen als solches angeregt wird, als dasjenige, was von Leben zu Leben getragen wird. Der Mensch muß in jener Zeit den Keim für seine Kehlkopfentwickelung formen, in der er noch nicht sein Ich-Bewußtsein hat."

„Und dann gibt es ein Drittes, von dem es weniger bekannt ist, daß es der Mensch durch sich selbst lernt, durch das, was er in seinem Innern von Verkörperung zu Verkörperung trägt. Das ist das Leben innerhalb der Gedankenwelt selber. (...) Der Mensch aber muß in seinem Denken zum Ausdruck bringen, was er als Eigenwesen ist, gemäß seinen früheren Erdenleben."

„Warum wird aus den Seelentiefen, die außer dem Bewußtsein liegen, dies alles vollbracht? Es geschieht aus dem Grunde, weil der Mensch in den ersten Jahren seines Lebens mit seiner Seele, mit seiner ganzen Wesenheit viel mehr angeschlossen ist an die geistigen Welten der höheren Hierarchien, als dies später der Fall ist. (...) Während das, was wir die „kindliche Aura" nennen, in den ersten Lebensjahren wie eine wunderbare, menschlich-übermenschliche Macht das Kind umschwebt – so umschwebt, daß diese kindliche Aura, der eigentliche höhere Teil des Menschen, überall seine Fortsetzung in die geistige Welt hinein hat –, dringt in jenem Zeitpunkt, bis zu welchem der Mensch sich zurückerinnern kann, diese Aura mehr in das Innere des Menschen hinein. Der Mensch kann sich, bis zu diesem Zeitpunkte zurück, als zusammenhängendes Ich empfinden, weil dasjenige, was früher an die höheren Welten angeschlossen war, dann in sein Ich hineingezogen ist. (...) Diese höhere Weisheit verdunkelt sich für die menschliche Seele, welche dann dafür die Bewußtheit eintauscht. (...) Diese Kräfte sind es, die den Menschen fähig machen, sich in ein bestimmtes Verhältnis zur Schwerkraft zu bringen. Sie sind es auch, die seinen Kehlkopf formen, die sein Gehirn so bilden, daß es ein lebendiges Werkzeug für Gedanken-, Empfindungs- und Willensausdruck wird."

„Alles was der Mensch hervorbringen kann an Idealen, an künstlerischem Schaffen, aber auch alles, was er hervorbringen kann an naturgemäßen Heilkräften im eigenen Leibe, durch die ein fortwährendes Ausgleichen der Schädigungen des Lebens eintritt, alles das kommt nicht von dem gewöhnlichen Verstande, sondern von den tieferen Kräften, die in den ersten Jahren arbeiten an unserer Orientierung im Raum, an der Prägung des Kehlkopfes und am Gehirn. Denn es sind dieselben Kräfte später noch im Menschen. (...) Und weiter kommen aus derselben Quelle auch die besten Kräfte, durch welche man zur Erkenntnis der geistigen Welt gelangt, das heißt zu einem wahren Hellsehertum.

Nun liegt die Frage sehr nahe: Warum wirken die gekennzeichneten höheren Kräfte nur in den ersten Kindheitsjahren in den Menschen herein?

Die eine Hälfte der Antwort kann man leicht geben; denn sie liegt in folgendem. Wenn jene höheren Kräfte in derselben Weise weiter wirkten, würde der Mensch immer Kind bleiben; er würde nicht zum vollen Ich-Bewußtsein kommen. Es muß in seine eigene Wesenheit verlegt werden, was vorher von außen gewirkt hat. Aber es gibt einen bedeutungsvolleren Grund (...). Durch die Geisteswissenschaft kann erfahren werden, daß der menschliche Leib, wie er im gegenwärtigen Erdenentwickelungsstadium ist, als ein Gewordenes betrachtet werden muß, das aus anderen Zuständen sich zu seiner gegenwärtigen Form fortgebildet hat. (...) Die menschliche Wesenheit ist zu ihrer gegenwärtigen Form dadurch gekommen, daß auf sie jene Wesenheiten gewirkt haben, die wir die luziferischen und die ahrimanischen nennen. Durch diese Kräfte ist die menschliche Wesenheit in einer gewissen Weise schlechter geworden (...). In dem, was der Mensch durch die Geburt ins Dasein hereinbringt, liegt etwas, das besser ist als dasjenige, was in späterem Leben der Mensch daraus machen kann.

(...) Diese Kräfte sind so gewaltig, daß, wenn sie später noch wirken würden, unser Organismus hinsiechen müßte unter der Heiligkeit dieser Kräfte. Nur zu derjenigen Betätigung muß sich der Mensch an diese Kräfte wenden, welche ihn mit der übersinnlichen Welt in bewußten Zusammenhang bringt.

(...) Deshalb ist für die Erlangung jener Fähigkeiten, die ein Wahrnehmen der übersinnlichen Welten herbeiführen, eine sorgsame Vorbereitung notwendig. Diese Vorbereitung hat das Ziel, den Menschen geeignet zu machen zum Ertragen dessen, was er im gewöhnlichen Leben eben nicht ertragen kann."

„Nun kommen diejenigen Kräfte, durch welche der Mensch jenen andern nicht gewachsen ist, welche auf ihn in seiner Kindheit wirken, aus dem Erdenorganismus. Ist dieser selbst einmal von dem Menschenwesen abgefallen, so muß der Mensch, wenn er sein Ziel erreicht haben soll, so weit gekommen sein, daß er in der Tat sich mit seiner ganzen Wesenheit den Kräften hingeben kann, die gegenwärtig nur in der Kindheit tätig sind. Der Sinn der Entwickelung durch die aufeinanderfolgenden Erdenleben hindurch ist also, den ganzen Menschen, somit auch den bewußten Teil, allmählich zum Ausdruck der Kräfte zu machen, die in den ersten Lebensjahren unter Einwirkung der geistigen Welt an ihm – ihm unbewußt – walten. Der Gedanke, der aus solchen Betrachtungen heraus sich der Seele bemächtigt, muß mit Demut, aber auch mit richtigem Bewußtsein der Menschenwürde erfüllen. Es ist der Gedanke: Der Mensch ist nicht allein; in ihm lebt etwas, was ihm immerdar den Beweis liefern kann: Es kann der Mensch sich über sich selbst erheben, zu etwas, was gegenwärtig schon über ihn hinauswächst und was wachsen wird von Leben zu Leben. Immer bestimmtere und bestimmtere Gestalt kann dieser Gedanke annehmen; er liefert dann etwas ungeheuer Beruhigendes und Erhebendes; aber er durchdringt auch die Seele mit entsprechender Demut und Bescheidenheit. – Was hat in diesem Sinne der Mensch in sich? Wahrhaftig einen höheren, einen göttlichen Menschen, von dem er sich lebendig durchdrungen fühlen kann, sich sagend: *Er ist mein Führer in mir.*

Von solchen Gesichtspunkten aus kommt wohl leicht der Gedanke in die Seele, daß man mit allem, was man tun kann, den Einklang suchen soll mit demjenigen im Menschenwesen, das weiser ist als die bewußte Intelligenz. Und es wird von dem unmittelbar bewußten Selbst auf ein erweitertes Selbst hingewiesen, dem gegenüber alles, was falscher Stolz, und alles, was Überhebung im Menschenwesen ist, abgetilt und bekämpft werden kann. Es bildet sich dieses Gefühl zu einem andern fort, das ein richtiges Verständnis eröffnet in bezug auf die Art, in welcher der Mensch gegenwärtig unvollkommen ist; und dies Gefühl läßt erkennen, wie er vollkommen werden kann, wenn einmal die in ihm waltende umfassendere Geistigkeit zu seinem Bewußtsein dasselbe Verhältnis haben darf, das sie in den ersten Kindheitsjahren zu dem unbewußten Seelenleben hat."

„Würde nun irgend einmal in der mittleren Erdenzeit ein menschlicher Organismus in die Welt gestellt, der in einem späteren Lebensjahr durch gewisse Weltenmächte von seinem Ich befreit würde, und dafür jenes Ich in sich aufnähme, das sonst nur in den ersten drei Kindheitsjahren wirkt, und das im Zusammenhang stünde mit den geistigen Welten, in denen der Mensch zwischen dem Tode und einer neuen Geburt ist: wie lange könnte ein solcher Mensch im Erdenleibe leben? – Drei Jahre ungefähr; denn dann müßte durch das Weltenkarma etwas eintreten, was die betreffende Menschheitsorganisation zerstörte.

Was hier vorausgesetzt wurde, war aber in der Geschichte da. Der menschliche Organismus, welcher bei der Johannestaufe am Jordan stand, als das Ich des Jesus von Nazareth aus den drei Leibern fortging, barg nach der Taufe in voller bewußter Ausgestaltung jenes höhere Menschheitsselbst, das sonst, den Menschen unbewußt, mit Weltenweisheit am Kinde wirkt. Aber damit war die Notwendigkeit gegeben, daß dieses mit der höhern Geisteswelt zusammenhängende Selbst nur drei Jahre in dem entsprechenden Menschheitsorganismus leben konnte. Es mußten dann die Tatsachen so verlaufen, daß nach drei Jahren das irdische Leben des Wesens zu Ende war. (...)

Damit ist der tiefere Zusammenhang gegeben zwischen dem, was der Führer ist im Menschen, was wie im Dämmerlichte in unsere Kindheit hereinscheint, was immer wirkt unter der Oberfläche unseres Bewußtseins als das, was unser Bestes ist, und zwischen dem, was einmal hereintrat in die ganze Menschheitsevolution, so daß es drei Jahre in einer menschlichen Hülle sein konnte."

„Die am Menschen im Kindheitsalter wirksamen Kräfte erkennen, heißt den Christus im Menschen erkennen. Es entsteht nun die Frage: Führt *diese* Erkenntnis auch zur Anerkennung der Tatsache, daß dieser Christus wirklich einmal in einem Menschenleibe auf Erden gewohnt hat? Ohne daß irgendwelche Dokumente herangezogen werden, kann diese Frage bejaht werden. Denn eine wirkliche seherische Selbsterkenntnis führt *für den gegenwärtigen Menschen* dahin, einzusehen, daß *in* der Menschenseele Kräfte gefunden werden können, welche von diesem Christus ausgehen. In den ersten drei Kindheitsjahren wirken diese Kräfte, ohne daß der Mensch etwas dazu tut. Im späteren Leben *können* sie wirken, wenn der Mensch durch innere Versenkung den Christus in sich sucht. So wie nun gegenwärtig der Mensch den Christus in sich findet, so konnte er dieses nicht immer. Es gab Zeiten, wo keine innere Versenkung den Menschen zum Christus führen konnte. Daß dies so ist, lehrt wieder die seherische Erkenntnis. In der Zwischenzeit zwischen jener Vergangenheit, da der Mensch den Christus in sich nicht finden konnte, und der Gegenwart, da er ihn finden kann, liegt das Erdenleben Christi. Und dieses Erdenleben selbst ist der Grund, warum in der angegebenen Art der Mensch den Christus in sich finden kann. So beweist sich für die seherische Erkenntnis das Erdenleben Christi ohne alle geschichtlichen Urkunden."

„In einem zweifachen Sinn eröffnen solche Betrachtungen den Ausblick auf die geistige Führung des Menschen und der Menschheit. Man findet als Mensch in sich den Christus durch Selbsterkenntnis als den Führer, zu dem man seit Christi Erdenzeit immer gelangen kann, weil er immer im Menschen ist. Und man findet dann ferner, wenn man dasjenige, was man ohne die geschichtlichen Dokumente erkannt hat, auf diese anwendet, die wahre Natur dieser Dokumente.

Sie sprechen geschichtlich etwas aus, was im Innern der Seele sich durch sich selbst offenbart. Sie sind deshalb zu jener Führung der Menschheit zu zählen, welche die Hinlenkung der Seele auf sich selbst bewirken soll."

„Deshalb sollte auch hier versucht werden, eine Empfindung anzuregen von dem, was die ersten drei Jahre des Menschenlebens kennzeichnet, und wie sich dies verhält zu jenem Lichte, das ausstrahlt von dem Kreuze auf Golgatha. Diese Empfindung besagt, daß ein Impuls durch die menschliche Evolution geht, von dem man mit Recht sagen kann, daß das Paulinische Wort durch ihn Wahrheit werden muß: ‚Nicht ich, sondern der Christus in mir!' Man braucht nur zu wissen, was der Mensch in Wirklichkeit ist, und man kann von solcher Erkenntnis aus zu der Einsicht in die Wesenheit Christi vorschreiten. Wenn man aber durch die wahre Menschheitsbetrachtung zu dieser Christus-Idee gekommen ist und weiß, daß man den Christus am besten entdeckt, wenn man ihn erst in sich selber sucht, und wenn man dann zurückgeht zu den biblischen Urkunden, dann gewinnt erst die Bibel ihren großen Wert."

DAS MYSTERIUM VON GOLGATHA

In den vorangegangenen zwei Kapiteln haben wir gesehen, wie Rudolf Steiner in seinem Wesen so gereift war, dass er die allerhöchste Einsicht empfangen durfte, die auf Erden möglich ist.

Zuerst fanden wir das wirkliche Mysterium von Golgatha in den Umbrüchen der Einsicht, die schon in der „Philosophie der Freiheit" beschrieben werden. Für den Leser ist es so, dass er in diesem Buch den Weg geschildert findet, der ihn in folgender Weise führen kann: Von dem naturwissenschaftlichen Erkennen zum Bilden der naturwissenschaftlichen Ideen, die dann in ihrer Bildung angeschaut werden können, wodurch sie von einem „gewöhnlichen Denken" zu einem Erleben des eigenen, menschlichen aktiven Geistes werden, der dann durch die moralischen Ideen wieder in die Welt, in die Liebe zur eigenen Handlung zurückströmt. Aber wir haben anhand von Rudolf Steiners eigenen Beschreibungen in „Mein Lebensgang" miterleben können, dass seine eigene Entwicklung viel mehr aus der anderen Richtung kam: von der Geistanschauung zur Natur. Rudolf Steiner *hatte* die Geistanschauung ja bereits, er hatte die Natur- und Geistanschauung in sich bereits in Einklang gebracht. In der „Philosophie der Freiheit" hat er bewusst den anderen Standpunkt eingenommen, den der Naturwissenschaft, und gezeigt, wie diese zur Geistanschauung entwickelt werden kann. Und wir haben miterlebt, wie erst in der Zeit nach der „Philosophie der Freiheit" dieser andere Pol im Erkenntnisprozess zur vollen Reife kam: die Sinneswahrnehmung. Der Gegensatz von Geist und Materie *lebt* in einem ineinanderwirbelnden fortlaufenden und zurücklaufenden Strom der Zeit, und wo diese einander berühren, in dem absoluten Gleichgewicht dieser beiden, steht das Kreuz auf Golgatha.

Danach haben wir uns in die Orphischen Mysterien vertieft und erlebt, dass damals *nicht* möglich war, was nach Christus möglich geworden ist: das „Finden von Eurydike", die bewusste Berührung mit den unbewussten Kindheitskräften, ein Prozess, der bis ins Unendliche vervollkommnet werden kann.

In „Die geistige Führung des Menschen und der Menschheit" hat Rudolf Steiner schließlich ausführlich beschrieben, wie er vor das Mysterium von Golgatha gestellt wurde – auch wenn er hier „man" sagt, nicht „ich". In „Mein Lebensgang" denkt Steiner dieses Geschehen so zusammengezogen wie möglich. Aber dessen Entfaltung lebt in der oben genannten Schrift und in den vielen Vorträgen über die Evangelien.

„Ich konnte in dieser Prüfungszeit nur weiter kommen, wenn ich mit meiner Geist-Anschauung die Entwickelung des Christentums mir vor die Seele rückte."

„Ich mußte mich, nachdem die Prüfungszeit mich harten Seelenkämpfen ausgesetzt hatte, selber in das Christentum versenken, und zwar in der Welt, in der das Geistige darüber spricht."

„In der Zeit, in der ich die dem Wort-Inhalt nach Späterem so widersprechenden Aussprüche über das Christentum tat, war es auch, daß dessen wahrer Inhalt in mir begann keimhaft vor meiner Seele als innere Erkenntnis-Erscheinung sich zu entfalten. Um die Wende des Jahrhunderts wurde der Keim immer mehr entfaltet. Vor dieser Jahrhundertwende stand die geschilderte Prüfung der Seele. Auf das geistige Gestanden-Haben vor dem Mysterium von Golgatha in innerster ernstester Erkenntnis-Feier kam es bei meiner Seelen-Entwickelung an." [100]

Aus dem Vorangehenden geht ohne jeden Zweifel hervor, dass Rudolf Steiner diese unbewussten Kindheitskräfte in der Seele in einer gewissen Bewusstheit behalten durfte und dass seine ganze innere Entwicklung auf einem immer weitergehenden Bewusstwerden dieser Kräfte beruht. Und dann vertiefte er sich auch in der Meditation in das Christentum, in dessen Geist, und fand, dass man sich *vor* Christus dieser Kräfte nicht bewusst werden konnte, mit anderen Worten, dass seit Christus die Einweihung einen ganz anderen Charakter be-

---

[100] Alle Zitate: Mein Lebensgang, S. 365f.

kommen hat. Dies wurde von ihm dann in dem Buch „Das Christentum als mystische Tatsache" zum Ausdruck gebracht.

Wenn man Rudolf Steiners sparsame Worte aus „Mein Lebensgang" neben den Inhalt des Buches „Die geistige Führung des Menschen und der Menschheit" stellt und hinzunimmt, was er – wie oben beschrieben – über die Bedeutung von Orpheus und Eurydike offenbart hat, dann ist der Übergang des Philosophen Steiner zu dem „heiligen Philosophen", der das „Nicht ich, sondern Christus in mir" spricht, keineswegs mehr so dunkel und unbegreiflich. Es erfordert zwar eine große, aufmerksame Unbefangenheit im Mitdenken und auch ein Vermögen, „synthetisch" zu denken – an vielfältigen Stellen „verstreuten" Denkinhalt, Erlebnisinhalt, im Denken zusammenzunehmen –, dann aber wird deutlich, wie Steiner vor das Mysterium von Golgatha geführt wurde.

Orpheus blickte sich nach Eurydike um. Steiner blickte sich nicht um. Er hat den Ausnahmezustand eingenommen, kann in einer Position verweilen, in der er den fortlaufenden Strom mit dem zurücklaufenden anschaut. Er steht in diesem zurücklaufenden Strom, ist gleichsam bewusst *eins* mit Eurydike, braucht sich nicht umzuschauen, sie durchzieht ihn ja, weil er in der Zeit zurückläuft, aber Auge in Auge mit dem fortlaufenden Strom, diesen vergeistigend. Und so läuft dieser Strom zurück bis in die frühen Kindheitsjahre, über die Geburt zurück ins Vorgeburtliche, die vorherigen Leben, die früheren Verkörperungen der Erde.

Rudolf Steiner sagt über diese eigene Entwicklung wenig, aber manchmal doch etwas:[101]

„Ich rede nicht gern, wenn ich von geistesforscherischen Dingen rede, von persönlichen Erlebnissen. Aber alle diese Dinge sind persönliche Erlebnisse, die bis zur Objektivität getrieben sind. Ich muß gestehen, daß es zu dem Allererschütterndsten meines inneren Seelenlebens auf diesem Gebiete gehörte, als ich einmal – ich möchte sagen als eine Offenbarung aus der Geistwelt – mit dem menschlichen Den-

---

[101] Vortrag vom 14.6.1918 in Prag. „Das Goetheanum" 1941, Nr. 8-10. Beiträge zur Gesamtausgabe Nr. 49/50, S. 19.

ken, dem Vorstellen, nachdem ich es so geübt hatte wie geschildert, erschaute unser vorgeburtliches, rein in der geistigen Welt zugebrachtes menschliches Seelendasein. Aus dem Erleben heraus offenbart sich das vorgeburtliche Seelenleben, wenn man es dahin bringt, immer mehr seine Übungen so zu gestalten, daß womöglich gar nichts vom Abstrakten darin liegt, sondern ganz sich in das Bild hineinlebt; wenn man es dahin bringt, daß die Art, wie man darin lebt, zu solcher Lebendigkeit erwacht, wie es sonst nur das Erleben der Sinneswahrnehmung ist. Wenn man so lebhaft in der Seele lebt, wie sonst nur in der Sinneswahrnehmung, dann kommt – so sonderbar es für das heutige Denken ist – *die Anschauungserkenntnis*. Dann wird das vorherige Erdenleben erfahren, das vorgeburtliche, rein geistige Leben, das durch den letzten der Gedanken hindurchdringt, die geistige Wirklichkeit, die schon vor der physischen Wirklichkeit da war."

Auch ich kann Steiners wirkliches „Stehen vor dem Mysterium von Golgatha" nicht beschreiben, das kann kein Mensch. Wortlos sich darin vertiefen, mit Hilfe vorbereiteter Gedanken, das ist es, was man üben darf und kann. So hoffe ich, einiges zusammengetragen zu haben, was einerseits in einer Art höheren Logik den Beweis für Steiners Art der Einweihung in Christus gibt, andererseits Stoff für eine Vertiefung in dieses Mysterium selbst sein kann.

DIE HEILIGKEIT EINES EINGEWEIHTEN

Eine innere Biografie will diese Beschreibung sein. Aber wir wollen auch in direkter „Fühlung" mit der *Person* Rudolf Steiner bleiben, einerseits, um nicht in eine Vergöttlichung dieses Menschen zu geraten, andererseits, um nicht in eine Trennung zwischen Person und Eingeweihtem zu verfallen; etwas, was bei der Einweihung in Christus eine Unmöglichkeit ist.

Kurz nach der Jahrhundertwende, in Berlin, gibt Rudolf Steiner eine Reihe von Vorträgen über die Mystik und die Mystiker, die dann zu einem Buch verarbeitet werden: „Die Mystik im Aufgange des neuzeitlichen Geisteslebens und ihr Verhältnis zur modernen Weltanschauung" (1901, GA 7). In diesem Buch lebt der Ton der Einweihung in Christus sehr stark. Der „Ausnahmezustand" der „Philosophie der Freiheit" wird hier erneut beschrieben, in auferstandener Form: „Der neue Sinn". Der Glanz, die Innigkeit, die Glückseligkeit, die Demut, die Frömmigkeit, die Hingabe im Gemüt sind hier die Töne, in denen musiziert wird. Hier spricht der christliche Mystiker in Steiner, erfüllt von dem „Christus in ihm".

Das äußere Leben des Vierzigjährigen war natürlich voller Prüfungen. Keine äußerlich glänzende Laufbahn lag für dieses geniale Menschenkind bereit. Er unterrichtete an der Berliner Arbeiterbildungsschule, begann auf Einladung, Vorträge in theosophischen Kreisen zu geben. Er war mit Anna von Eunike verheiratet und begegnete in diesen theosophischen Kreisen Marie von Sivers. Die innige, durchchristete Heiligkeit wird nur für solche Menschen zu empfinden gewesen sein, die einen „Sinn" dafür hatten. Andere stoßen auf das äußere Bild, ohne sich in das Wesen vertiefen zu können. Das ist im menschlichen Zusammenleben nun einmal so. Auch Jakob Böhme wurde von vielen nicht als ein durchchristeter Mensch erkannt.

Es ist nicht einmal so sehr der „Ich-Sinn", der hierfür nötig ist. Man muss ein Herz haben, das das Herz des „Fremden" mitfühlen kann. „Durch Mitleid wissend", das ist eine Anlage, die entwickelt werden muss. Und so kann man die ganz widersprüchlichen Beschreibungen von Zeitgenossen verstehen. Eine äußere Biografie durch einen heutigen Biografen, der, bewaffnet mit einem Vorurteil, seinem Objekt zu Leibe rückt (wie Helmut Zander), ist natürlich völlig wertlos. Die Beschreibungen durch Zeitgenossen Steiners sind dies *nicht*, auch nicht, wenn sie sehr negativ sind. Denn wer ein Herz hat, fühlt das Herz des Beschriebenen überall hindurch. Es ist ein Herz, in dem Christus selbst wohnt. Und so wie Er gehasst wurde und wird, so wurde und wird Steiner gehasst. Aber so wie Christus innig und fromm, voller Freiheit und Hingabe geliebt wird, so wird auch Rudolf Steiner geliebt.

Ein erwachsener Mann erscheint vor uns, der die vollkommene Beherrschung über die eigene Seele hat (Wahrnehmen und Denken, erlebte Idee, durchwollte Geistanschauung) und der nunmehr durch die Seele auch den Lebensleib in voller Bewusstheit in der Hand hat. Dies ist das „Finden von Eurydike", das Vermögen, real Eingang zu finden in die Welt zwischen Tod und neuer Geburt, in die Welt des vorherigen Erdenlebens: Das eigene Wesen empfängt die bewusste Herrschaft über den Lebensleib. Das ist nur mit einer vollkommen reinen, transparenten, ego-freien Seele möglich. Das „Ich" lebt im Ausnahmezustand, außerhalb der Seele, und hat die vollbewusste Führung über die Seele und die Lebenskräfte.

Erst wenn alle Abstraktion (in der Meditation, der geistigen Forschung) überwunden ist, ist die Seele transparent und kann der Eingeweihte durch sie hindurch bis in den Lebensleib wirken; andererseits kann dann „die Seele sich selbst sehen", schaut also ihren Gang durch die geistigen Welten.

Alles, was mit dem „Erleben" zusammenhängt, ist für Rudolf Steiner Mystik; *wahre* Mystik wird es, wenn ein Seeleninhalt erlebt wird, der ebenso klar und bewusst ist wie die bewusst geformte „Idee";[102]

„Ich wollte keine mystischen Anwandlungen in mir beim Bilden dieser Ideen (der „Philosophie der Freiheit", M.M.) walten lassen, trotzdem mir klar war, daß das letzte Erleben dessen, was in Ideen sich

---

[102] Mein Lebensgang, S. 173.

Die Heiligkeit eines Eingeweihten

offenbaren sollte, von der gleichen Art im Innern der Seele sein mußte wie die innere Wahrnehmung des Mystikers. Aber es bestand doch der Unterschied, daß in meiner Darstellung der Mensch sich hingibt und die äußere Geistwelt in sich zur objektiven Erscheinung bringt, während der Mystiker das eigene Innenleben verstärkt und auf diese Art die wahre Gestalt des objektiven Geistigen auslöscht."

In „Die Mystik" schreibt Rudolf Steiner dann in der Einleitung:[103]

„(...) was für tiefer Blickende die Grundlage ihres Innenlebens ist; nämlich (...) daß wir bei aller anderen Art von Erkenntnis den Gegenstand außer uns haben, bei der Selbsterkenntnis innerhalb dieses Gegenstandes stehen, daß wir jeden anderen Gegenstand als fertigen, abgeschlossenen an uns herantreten sehen, in unserem Selbst jedoch als Tätige, Schaffende das selbst weben, was wir in uns beobachten."

„Die von uns unabhängige Welt lebt für uns dadurch, daß sie sich unserem Geiste mitteilt. Was uns da mitgeteilt wird, muß in der uns eigentümlichen Sprache gefaßt sein. Ein Buch, dessen Inhalt in einer uns fremden Sprache dargeboten würde, wäre für uns bedeutungslos. (...) Dieselbe Sprache, die von den Dingen zu uns dringt, vernehmen wir aus uns selbst. Dann *sind* wir es aber auch, die sprechen. Es handelt sich bloß darum, daß wir die Verwandlung richtig belauschen, die eintritt, wenn wir unsere Wahrnehmung den äußeren Dingen verschließen und nur auf das hören, was dann noch aus uns selbst tönt. Dazu gehört eben der neue Sinn."

Aber hier spricht Rudolf Steiner, der einen langen Weg hinter sich hat, von einem mystischen Erleben der Idee. Wir dürfen also nicht meinen, dass man dies als unvorbereiteter Mensch einfach so könnte. Was *dann* in einem spricht, ist oft das gewöhnliche Selbst und überhaupt nicht das, was das Objekt im höheren Selbst ausspricht. Auch eine gewöhnliche phänomenologische Methode oder eine geübte „goetheanistische" Wahrnehmung ist noch nicht das, was hier ge-

---
[103] Die Mystik im Aufgange..., GA 7, S. 18f.

meint ist. Hier spricht der Mensch, der später beschreiben wird, welche Anforderungen an die Seele gestellt werden, die so weit kommen will („Wie erlangt man Erkenntnisse der höheren Welten?"). Dennoch kann dies ein Vorblick auf etwas sein, wovon man unmittelbar erlebt, dass es *möglich* ist. Man kann versuchen, alle echte Erkenntnis auf diese Weise noch einmal in sich selbst zu *erleben*, und dann langsam dahin gelangen, dies *gleichzeitig* zu können.

Nun ist diese innere Phase abgeschlossen. Die Frage „muss man verstummen?" wird mit einem „Nein" beantwortet. Der Eingeweihte Rudolf Steiner wird von einigen Theosophen als solcher erkannt. Es ist vor allem Marie von Sivers, die die spezifisch christlich-esoterische Art seiner Einweihung erkennt. Mit ihr an seiner geistigen Seite tritt Rudolf Steiner den Weg als esoterischer Lehrer, als „Meister" an. Er wird Generalsekretär der Theosophischen Gesellschaft in Deutschland und findet dadurch zum ersten Mal ernsthaft Gehör für seine Offenbarungen und eine Hingabe gegenüber seiner Meisterschaft. Obwohl sein innerer Weg hier für das miterlebende Seelenauge in ferne Höhen verschwindet, werde ich dennoch den Versuch wagen, ihm auch hier noch zu folgen.

DRITTER TEIL

DER EINGEWEIHTE – „MEISTER DES ABENDLANDES"

DIE WELT UM 1900

Um 1900 hatten sich die Lebensumstände und die Situation in Europa und dem Rest der Welt im Vergleich zu 1861 gründlich verändert. Ich erwähne hier nur einige wenige Tatsachen.

Die *amerikanischen Präsidentenwahlen* von 1900 fanden wie vier Jahre zuvor zwischen dem republikanischen Kandidaten und amtierenden Präsidenten William McKinley und dem Demokraten William Jennings Bryan statt.

1900 fanden die *Olympischen Spiele* in Paris statt.

In *Deutschland* war inzwischen Kaiser Wilhelm II. an der Macht. Wilhelm I. wurde im Dreikaiserjahr 1888 von seinem liberalen Sohn Friedrich III. abgelöst, der zum Zeitpunkt seiner Thronbesteigung jedoch schon todkrank war und bereits 99 Tage später starb. Sein Sohn und Nachfolger, der ambitionierte Wilhelm II., war ebenso wie Bismarck konservativ gesinnt. Anfangs stand er stark unter dem Einfluss des „Eisernen Kanzlers", entließ ihn aber bereits zwei Jahre später (1890). Fortan sorgte er dafür, dass nur noch schwache Persönlichkeiten zu Reichskanzlern ernannt wurden, so dass er seine eigenen Ziele verfolgen konnte. Sein völliger Mangel an Feingefühl führte jedoch mehrmals zu internationalen Skandalen (wie der Daily-Telegraph-Affäre 1908).

In den *Niederlanden* war Wilhelmina Königin der Niederlande. Nach dem Ersten Weltkrieg bat Wilhelm II. am 10. November 1918 um politisches Asyl. Die niederländische Regierung gewährte ihm dies gegen den Willen der alliierten Mächte Frankreich, Großbritannien und vor allem Belgien. Wilhelmina vermied jedoch jeden Kontakt mit dem Exkaiser.
Am Abend des 22. Januar 1901 starb Königin Victoria im Alter von

81 Jahren. Im Moment ihres Todes waren ihr ältester Sohn, der spätere König Eduard VII., und ihr ältester Enkel, der deutsche Kaiser Wilhelm II., bei ihr.

1900 erschien das Buch „De stille kracht" (Die stille Kraft) von Louis Couperus. Es gehört neben „Noodlot" (Schicksal) und „Eline Vere" zu seinen bedeutendsten Werken. Das zentrale Thema des Buches ist der Gegensatz zwischen Ost und West. Die „stille Kraft", die den Niederländern entgegenarbeitet, ist ein Symbol für die mysteriöse javanische Kultur und den unabwendbaren Widerstand gegen die niederländische Herrschaft, der weniger als fünfzig Jahre nach Erscheinen des Buches zur Unabhängigkeit Indonesiens führen sollte. Das Buch wird aktuell (2010/11) von Paul Verhoeven verfilmt.

Film und Kino

Der erste auf Zelluloid produzierte Film war wahrscheinlich „Roundhay Garden Scene" von Louis Aimé Augustin Le Prince aus dem Jahr 1888, in jedem Fall ist es der älteste erhalten gebliebene Film. Der australische Film „Soldiers of the Cross" aus dem Jahr 1900 gilt dann als der erste Nicht-Dokumentarfilm bzw. „Spielfilm".

Das Auto

Carl Friedrich Benz (1844-1929) begann 1883 in Mannheim seinen Betrieb „Benz & Co.", um industrielle Maschinen zu produzieren. Hier entwickelte er diverse Zweitaktmotoren und arbeitete an einem Wagen mit einem Viertaktmotor. Zum ersten Mal fuhr das Auto 1885. Am 29. Januar 1886 erhielt Benz ein Patent auf seine Erfindung, und im Juli stellte er das erste Fahrzeug mit Benzinmotor vor. Im Sommer 1886 fuhr Benz damit durch Mannheim, und seine Frau Bertha Benz machte 1888 die erste längere Reise mit einem Automobil, von Mannheim nach Pforzheim.

Die Welt um 1900

Fliegen

Ferdinand Graf von Zeppelin baute 1900 sein Zeppelin, eine riesige „Zigarre", gefüllt mit Gas, die an einem langen Tau in der Luft hing. Die Zeppeline sollten dazu dienen, im Falle eines Krieges frühzeitig das Anrücken der Franzosen zu entdecken.

1903 gelang es dann den amerikanischen Brüdern Wright, mit ihrem selbst gebauten, motorisierten Flugzeug „The Flyer" den ersten kontrollierten Flug zu machen.

Impressionismus

In der Kunst war der im 19. Jahrhundert aufgekommene Impressionismus von Bedeutung, der von den bis dahin gebräuchlichen Malstilen Abstand nahm. Thema war das Alltagsleben, und man versuchte, den ersten Eindruck, die erste *Impression* wiederzugeben. Man könnte von einer materialistischen Wendung in der Kunst sprechen, das innere Erleben wurde außerhalb der Darstellung gehalten; „sensualistisch" ist vielleicht eine bessere Bezeichnung.

Rudolf Steiner sagte über den Impressionismus:[104]

...
Also möglichst ausschließen dasjenige, was die Seele selbst gibt! Daher versuchte die impressionistische Malerei gewissermaßen ein Bild von irgend etwas darzustellen in dem Augenblicke, wo man's noch gar nicht recht angeschaut hat, wo man noch gar nicht irgendwie den Eindruck innerlich verarbeitet hat. Wie gesagt: Anschauen – aber nun, möglichst bevor man irgend etwas von sich zu dem Bild hinzugebracht hat, das den Eindruck hervorruft, es gleich festhalten: Impressionismus! Diesen Impressionismus hat man natürlich in der verschiedensten Weise aufgefaßt; aber das ist das Wesentliche."

---

[104] Vortrag vom 6.6.1916, GA 169, S. 20f.

Expressionismus

Als Gegenströmung entstand zu Beginn des 20. Jahrhunderts die Strömung des Expressionismus, die sich schon im 19. Jahrhundert vorbereitete. Hier trat eine völlige Umkehrung auf: Statt die reine Sinnes-Impression wiedergeben zu wollen, versucht der Künstler gerade so ausschließlich wie möglich, seine Gefühle und Erfahrungen zum Ausdruck zu bringen. Die sinnliche Wirklichkeit ist unkenntlich geworden. Der Sensualismus schlägt in eine mehr psychistische Kunstauffassung um. Maßgeblich ist das Unterbewusste, sind die Gefühlswerte, wie sie vom Künstler je nach Thema erlebt werden. Der Expressionismus kennt nur ein Gesetz: dass es keine Gesetze gibt und sie also auch nicht auferlegt werden dürfen.

Bekannte Vertreter in der Malerei sind Franz Marc, Kandinsky, Charles Eyck oder Paul Klee.

Friedrich Nietzsche war der geistige Wegbereiter des Expressionismus, weil er das dionysische Element in die Kunst einführen wollte.

In der *Musik* ist Arnold Schönberg ein Beispiel eines expressionistischen Komponisten. Seine Musik ist ausgehend von der Idee der Zwölftontechnik mathematisch aufgebaut.

Rudolf Steiner sagt über diese Strömung:[105]

„Allerdings, solche Dinge wie der Expressionismus suchen über den Naturalismus hinauszukommen. Und da muß man sagen: Wie viel man auch einzuwenden hat gegen das, was die heutigen Expressionisten leisten – es gibt aber schon sehr respektable Leistungen darunter –, so ist das gerade ein Anfang, das zu gestalten, was nicht in der äußeren Wirklichkeit geschaut wird, sondern was nur im inneren Schauen sich dem Menschen wirklich ergeben kann. Weil die Menschen heute noch nicht sehr weit sind in der Anschauung des Geistes, deshalb sind die expressionistischen Versuche oftmals so linkisch.

---

[105] Vortrag vom 1.3.1919, GA 189 S. 83.

Die Welt um 1900

Jugendstil

Der Name dieser Strömung geht auf die seit 1896 in München herausgegebene Wochenzeitschrift „Die Jugend" zurück. In den Niederlanden, in Belgien und in Frankreich wird diese Richtung *art nouveau* genannt. Wie der Expressionismus war sie eine Reaktion auf den Impressionismus. Der Jugendstil hatte eine kurze Blüte in der Architektur und Malerei, auch in der Glaskunst (Tiffany) und verschiedenem Zierrat.

Bekannte Vertreter sind u.a. die Maler Gustav Klimt, Henri de Toulouse-Lautrec, Henry van Velde und die Architekten Otto Wagner und Antoni Gaudí. 1914 fand die Popularität dieser Strömung bereits wieder ein Ende.

ÜBERGANG ZUR THEOSOPHIE

Am Ende seiner zwanziger Jahre (also vor 1890) verkehrte Rudolf Steiner in Wien in dem Kreis um Marie Lang. Über sie schrieb er später: „Ein innerlich mit sich und der Welt schwer ringendes Leben konnte in ihr nur im mystischen Suchen eine wenn auch nicht völlige Befriedigung finden."

„In diesen Kreis war die Theosophie gedrungen, die von H. P. Blavatsky am Ende des vorigen Jahrhunderts ausgegangen war. Franz Hartmann, der durch seine zahlreichen theosophischen Werke und durch seine Beziehungen zu H. P. Blavatsky in weiten Kreisen berühmt geworden ist, hat auch in diesen Kreis seine Theosophie hineingebracht. (...)
Die Architekten, Literaten und sonstigen Persönlichkeiten, die ich in dem Hause von Marie Lang traf, hätten sich wohl kaum für die Theosophie, die von Franz Hartmann vermittelt wurde, interessiert, wenn nicht Marie Lang einigen Anteil an ihr genommen hätte. Und am wenigsten hätte ich mich selbst dafür interessiert. Denn die Art, sich zur geistigen Welt zu verhalten, die sich in den Schriften Franz Hartmanns darlebte, war meiner Geistesrichtung völlig entgegengesetzt. Ich konnte ihr nicht zugestehen, daß sie von wirklicher innerer Wahrheit getragen ist. Mich beschäftigte weniger ihr Inhalt, als die Art, wie sie auf Menschen wirkte, die doch wahrhaft Suchende waren." [106]

Wie schon gesagt entwickelte Rudolf Steiner seine imaginative Vorstellungskunst unter anderem anhand von Goethes Märchen, das für den Beginn seiner Vortragstätigkeit in theosophischen Kreisen eine wesentliche Rolle spielte:[107]

„Man ist mit einem Erleben dieser Goethe'schen Schöpfung im Vorhof der Esoterik.

---

[106] Mein Lebensgang, S. 157f.
[107] Mein Lebensgang, S. 392ff.

Übergang zur Theosophie

Es war dies die Zeit, in der ich durch Gräfin und Graf Brockdorff aufgefordert wurde, an einer ihrer allwöchentlichen Veranstaltungen einen Vortrag zu halten.
(...)
Ich wußte von alledem (den anderen Veranstaltungen, M.M.) nichts, bis ich zu einem Vortrage eingeladen wurde, kannte auch die Brockdorffs nicht, sondern hörte von ihnen zum ersten Male. Als Thema schlug man mir eine Ausführung über Nietzsche vor. Diesen Vortrag hielt ich. Nun bemerkte ich, daß innerhalb der Zuhörerschaft Persönlichkeiten mit großem Interesse für die Geistwelt waren. Ich schlug daher, als man mich aufforderte, einen zweiten Vortrag zu halten, das Thema vor: „Goethes geheime Offenbarung". Und in *diesem* Vortrag wurde ich in Anknüpfung an das Märchen ganz esoterisch. Es war ein wichtiges Erlebnis für mich, in Worten, die aus der Geistwelt heraus geprägt waren, sprechen zu können, nachdem ich bisher in meiner Berliner Zeit durch die Verhältnisse gezwungen war, das Geistige nur durch meine Darstellungen durchleuchten zu lassen.
Nun waren Brockdorffs die Leiter eines Zweiges der „Theosophischen Gesellschaft", die von Blavatsky begründet worden war. Was ich in Anknüpfung an das Märchen Goethes gesagt hatte, führte dazu, daß Brockdorffs mich einluden, vor den mit ihnen verbundenen Mitgliedern der „Theosophischen Gesellschaft" regelmäßig Vorträge zu halten. Ich erklärte, daß ich aber nur über dasjenige sprechen könne, was in mir als Geisteswissenschaft lebt.
Ich konnte auch wirklich von nichts anderem sprechen. Denn von der von der „Theosophischen Gesellschaft" ausgehenden Literatur war mir sehr wenig bekannt. Ich kannte Theosophen schon von Wien her, und lernte später noch andere kennen. Diese Bekanntschaften veranlaßten mich, im „Magazin" die abfällige Notiz über die Theosophen beim Erscheinen einer Publikation von Franz Hartmann zu schreiben. Und was ich sonst von der Literatur kannte, war mir zumeist in Methode und Haltung ganz unsympathisch; ich hatte nirgends die Möglichkeit, mit meinen Ausführungen daran anzuknüpfen.
(...)
Bei diesen Vorträgen erschien eines Tages als Zuhörerin Marie von Sivers, die dann durch das Schicksal ausersehen ward, die Leitung der

bald nach Beginn meiner Vorträge gegründeten „Deutschen Sektion der Theosophischen Gesellschaft" mit fester Hand zu übernehmen. Innerhalb dieser Sektion konnte ich nun vor einer sich immer vergrößernden Zuhörerschaft meine anthroposophische Tätigkeit entfalten.

Niemand blieb im Unklaren darüber, daß ich in der Theosophischen Gesellschaft nur die Ergebnisse meines eigenen forschenden Schauens vorbringen werde. (...)

Als ich dann nach London zu einem theosophischen Kongreß kam, da sagte mir eine der leitenden Persönlichkeiten, in meinem Buche „Die Mystik..." stünde die wahre Theosophie. Ich konnte damit zufrieden sein Denn ich hatte nur die Ergebnisse meiner Geistesschau gegeben; und in der Theosophischen Gesellschaft wurden diese angenommen. Es gab nun für mich keinen Grund mehr, vor dem theosophischen Publikum, das damals das einzige war, das restlos auf Geist-Erkenntnis einging, *nicht in meiner Art* diese Geist-Erkenntnis vorzubringen.

(...)

Erst als die Sektion begründet wurde und ich damit als „Theosoph" abgestempelt erschien, fing die Ablehnung an. Es war wirklich nicht die Sache; es war der *Name* und der Zusammenhang mit einer Gesellschaft, die niemand haben wollte.

(...) Was mir auf dem Herzen lag, dem Leben die Impulse der Geistwelt einzufügen, dafür gab es kein Verständnis. *Dieses* Verständnis konnte ich aber allmählich in theosophisch interessierten Menschen finden.

(...)

Die Vorträge über „Mystik..." haben dazu geführt, daß derselbe theosophische Kreis mich bat, im Winter darauf wieder zu ihm zu sprechen. Ich hielt dann die Vortragsreihe, die ich in dem Buche „Das Christentum als mystische Tatsache" zusammengefaßt habe.

(...)

Das wurde in der Theosophischen Gesellschaft nirgends gelehrt. Ich stand mit dieser Anschauung in vollem Gegensatz zur damaligen theosophischen Dogmatik, bevor man mich aufforderte, in der Theosophischen Gesellschaft zu wirken."

Der katholische Theologe Helmut Zander, der 2007 mit einem

Übergang zur Theosophie

großen Werk über „Anthroposophie in Deutschland" promoviert hat,[108] hat diesem Werk die Prämisse zugrunde gelegt, dass Rudolf Steiner keineswegs ein Eingeweihter war, sondern dass er alles, was er gebracht hat, von anderen kopiert habe (– wie kamen diese dann an ihren Inhalt, möchte man einmal fragen).

Es ist in der Tat „unglaublich", was da nach der Jahrhundertwende geschieht, als Steiner die Zuhörer gefunden hat, die das suchen, was er geben kann. Doch wenn man die Geschehnisse aufrichtig verfolgt, wird sehr deutlich, wie authentisch Rudolf Steiners Geisteswissenschaft ist. Ein Studium von Zanders Werk zeigt, dass er keine Mittel scheut, um seine Thesen beweisen zu können. Er verdreht die Zitate mit der größten Selbstverständlichkeit derart, dass sie seinem Ziel dienen. Er tut dies, indem er verschiedene Teile aufeinander bezieht, die sich nicht aufeinander beziehen, Fakten schildert, die keine Fakten sind, und so weiter. Diese „wissenschaftliche" Untersuchung hat ihm den Doktortitel geliefert. Die Leser nehmen an, was er sagt, weil es so gelehrt klingt; und nachprüfen, ob es stimmt – das tun nur die Anthroposophen, und die sind in den Augen Zanders und der übrigen Öffentlichkeit ja *voreingenommen*.

In dieser spirituellen Biografie haben wir angenommen, dass Steiner sein eigenes Leben wahrhaftig schildert und nicht zu einer „Riesenoper" verkompliziert hat. Das darf auch eine Prämisse sein, es ist eine ganz normale Prämisse bei einer Biografie. Ich lese im Moment eine Biografie über die verstorbene niederländische Dichterin M. Vasalis[109], und ich fühle die Liebe der Biografin für ihr „Objekt". Sie zieht nicht jeden Tagebucheintrag in Zweifel, sondern trinkt die Sätze in sich hinein ... und interpretiert sie sehr zart. Manchmal auch anders, als ich es tun würde, aber nicht „verkehrt" – denn es ist eine Zuneigung des Biografen für sein Thema gegeben.

Diese Liebe habe ich auch für mein „Thema". Liebe braucht nichts zu verzeichnen, die Liebe ist eher hellsichtig. Darum gehe ich davon

---

[108] Erweitert erschienen unter dem Titel: Anthroposophie in Deutschland. Theosophische Weltanschauung und gesellschaftliche Praxis 1884-1945. Vandenhoeck & Ruprecht, 2007.
[109] Maaike Meijer: M. Vasalis. Een biografie. Oorschot B.V., 2011.

aus, dass Rudolf Steiner über sich selbst wahrhaftig schreibt. Es ist dann also nicht die Frage: Bei welchen Autoren hat er plagiiert? Sondern die Frage ist: Wie kommt diese ungeheure Entfaltung geisteswissenschaftlicher *Tatsachen* zustande, während *vor* 1900 nichts davon zu Papier kam oder in einen Vortrag mündete?

Nach dem vorangegangenen zweiten Teil scheint mir die Antwort ebenso einfach wie weitreichend zu sein: Es ist *Christus in ihm*, der ihm alle Geisteswissenschaft schenkt. Und in Christus sprechen zugleich alle übrigen großen Lehrer der Menschheit. So lebt im Ineinanderwirbeln der beiden Zeitenströme die Ewigkeit im gegenwärtigen Augenblick auf und spricht mit Steiners Stimme dann der betreffende Lehrer oder ein hierarchisches Wesen, immer *in* Christus; und schreibt mit Steiners Hand der betreffende Lehrer, das hierarchische Wesen, immer *in* Christus. Übermenschlich ist er in solchen Augenblicken der Ewigkeit – also auch zu übermenschlichen Leistungen imstande. Aber nicht wie Blavatsky, die eine Abneigung gegen Christus hat. In dem freien, voll besonnenen höheren Bewusstsein Rudolf Steiners lebt Christus, Steiner ist kein Medium, er ist ein Meister. Dieses Wort kann man *hassen*, weil es etwas aus einer anderen Zeit zu sein scheint – aber Steiner ist ein Meister der neuen Art, nicht ein indischer oder tibetischer Meister, kein Mahatma oder Sri. Er ist der Meister der Mitte, Europas, des Abendlandes,[110] der Vorläufer für die Bewusstseinsseele, der zeigt, dass der *Freiheitsdrang* der Bewusstseinsseele mit dem Finden des „Christus in mir" einhergehen kann, ja dass dieses Finden sogar auf der Freiheit beruht. Dass keine „Hörigkeit" gegen-

---

[110] Dass Rudolf Steiner auch in früheren Inkarnationen schon ein „Meister des Abendlandes" war, wird von nicht-anthroposophischen Autoren beschrieben. Ingo W. Rath schreibt in seinem Nachwort zur Reclam-Ausgabe der „Kategorien" von Aristoteles: In jedem Fall gehört die Logik der Aristoteles zum Selbstverständnis unserer Kultur, und unser Denken ist, gleichgültig, wie man sich zu Aristoteles stellt, trotz Modifikationen und Weiterentwicklungen stark von ihr beeinflusst. Eine Auseinandersetzung mit dieser ersten Logik des Abendlandes lohnt sich allemal." – Josef Pieper schreibt über Thomas van Aquino: „Man hat das dreizehnte Jahrhundert das auf besondere Weise „abendländische" Jahrhundert genannt. Die Bedeutung, die man mit dieser Benennung verknüpft, ist nicht immer völlig klar. In einem bestimmten Sinn würde ich die Kennzeichnung gleichfalls akzeptieren; ich würde sogar die Behauptung wagen, das spezifisch Abendländische sei eben in diesem Jahrhundert zur endgültigen Konstituierung gebracht worden, und zwar durch Thomas von Aquin selbst."

über diesem neuen Meister mehr bestehen darf, dass er das lebendige Vorbild für alle ist, die die Zukunft tragen wollen. Die Wichtigkeit aller möglichen übrigen Meister verfällt mit seiner Ankunft nicht. In Christus leben schließlich sie alle, insoweit sie Ihm dienen.

Und dieser „moderne Mensch", in dem durch den Christus in ihm alle Wesen sprechen, zeigt, wie Sie und ich auch so werden können...

ÜBERTRAGUNG DER GABE

Als geistiger Lehrer in der deutschen Sektion der Theosophischen Gesellschaft gibt Rudolf Steiner Vorträge, schreibt über Theosophie, gibt innerhalb der Esoterischen Schule der Gesellschaft esoterische Lektionen und tritt als Lehrer auf.

Er schließt an das an, was da ist, geht aber dennoch völlig seinen eigenen Weg. So verfasst er Aufsätze über den Einweihungsweg, die später unter dem Titel „Wie erlangt man Erkenntnisse der höheren Welten?" veröffentlicht werden. Darin ist die Übertragung der Gabe der Einweihung beschrieben, d.h. man findet hier beschrieben, welche Arbeit man an sich selbst verrichten muss, wenn man sich entschließt, den Einweihungsweg zu gehen.

In Steiners Beschreibung seines eigenen Weges findet man diese Übungen nicht beschrieben. Das hängt mit der Reinheit seiner Aufgabe und seines Wesens zusammen. Wenn man die verschiedenen Übungen zur Läuterung der Seele durcharbeitet, findet man darin wieder, was im ersten und zweiten Teil dieses Buches über Steiners eigenen Weg beschrieben steht. Es lebt da in einer Radikalität, die einzigartig ist. In der „Philosophie der Freiheit" liegen die Übungen für die Reinigung der sechzehn- und zwölfblättrigen Lotusblume verborgen. In der Arbeit mit Goethe liegt die Entfaltung der zehnblättrigen Lotusblume, die dann mit der um das 35. Lebensjahr liegenden „Umkehr" deutlich eine Tatsache wurde.

Vertiefen wir uns in die Übungen für die verschiedenen Chakren.
Das Chakra in der Gegend des Kehlkopfes wird als erstes behandelt, als *sechzehnblättrige Lotusblume*. Acht Blätter müssen durch Selbsterziehung entwickelt werden, die anderen acht sind bereits entwickelt, aber durch die Entwicklung des klaren Tagesbewusstseins verdunkelt: beides geht nicht zusammen.

Werden die acht in unserer Zeit durch Selbsterziehung entwickelt, dann werden jene anderen acht auch wieder strahlend und beweglich.

Übertragung der Gabe

Das erste Blatt hängt mit der Art zusammen, in der man sich Vorstellungen zueigen macht:[111]

1. „Er muß zu diesem Zwecke auf seine Vorstellungen achten. Eine jede Vorstellung soll für ihn Bedeutung gewinnen. Er soll in ihr eine bestimmte Botschaft, eine Kunde über Dinge der Außenwelt sehen. Und er soll nicht befriedigt sein von Vorstellungen, die nicht eine solche Bedeutung haben. Er soll sein ganzes Begriffsleben so lenken, daß es ein treuer Spiegel der Außenwelt wird. Sein Streben soll dahin gehen, unrichtige Vorstellungen aus seiner Seele zu entfernen."

Dies ist ein erster Schritt in der Befreiung von der Last dessen, was wir modern „den Kontext" nennen. Die ganze Fracht an Meinungen, Auffassungen, Begriffen, die man aus früheren Leben und aus seiner heutigen Umgebung, Erziehung, dem Studium etc. mitschleppt, färbt das Vorstellungsleben. Es verhindert die Entwicklung eines reinen Denkens, das hiervon *nichts* in sich trägt. Also auch keine anthroposophischen Dogmen, keine katholischen, keine evangelischen, keine sozialistischen, keine liberalen, keine medizinischen, keine einzige Voreingenommenheit. Man könnte sagen: Es ist ein rein phänomenologisches Vorstellen, aus dem die Bedeutung hervorgeht; nicht aus der Meinungsfracht, und sei sie noch so schön.

Aus den Beschreibungen der Entwicklung Rudolf Steiners vom Kind zum Erwachsenen geht hervor, dass dies für ihn eine selbstverständliche Tätigkeit war. Stets trachtete er danach, die richtigen Vorstellungen zu seiner Geistanschauung einerseits und zu seiner Naturanschauung andererseits zu finden, aber auch in Bezug auf den katholischen Kultus suchte er sie, versuchte immer, bewusste Vorstellungen zu finden, die nicht von unbewussten Gefühlen oder Willensimpulsen getragen waren.

Schon über den Übergang von der vierten zur fünften Klasse der Realschule schreibt er:[112]

---

[111] Wie erlangt man Erkenntnisse der höheren Welten? S. 119.
[112] Mein Lebensgang, S. 39f.

„Zum ersten wollte ich das Denken in mir selbst so ausbilden, daß jeder Gedanke voll überschaubar wäre, daß kein unbestimmtes Gefühl ihn in irgendeine Richtung brächte."

Ein Junge von fünfzehn, sechzehn Jahren, der schon aus sich heraus diese Übung für die Entfaltung der sechzehnblättrigen Lotusblume macht.

Die Entfaltung der folgenden Blätter ruht auf dem Fundament des ersten:[113]

2. „Er soll nur aus gegründeter, voller Überlegung selbst zu dem Unbedeutendsten sich entschließen. Alles gedankenlose Handeln, alles bedeutungslose Tun soll er von seiner Seele fernhalten. Zu allem soll er wohlerwogene Gründe haben. Und er soll unterlassen, wozu kein bedeutsamer Grund drängt."

Die Kraft der bewussten, bedeutungsvollen Vorstellung dringt durch bis in den Entschluss zum Handeln. Der Schreiber der „Philosophie der Freiheit", der im ersten Teil das Denken, im zweiten das Handeln aus freier Moralität beschreibt, zeigt mit diesem Buch, dass ihm beide Grundprinzipien ganz und gar eigen sind.

3. „Der dritte Vorgang bezieht sich auf das Reden. Nur was Sinn und Bedeutung hat, soll von den Lippen des Geheimschulers kommen. Alles Reden um des Redens willen bringt ihn von seinem Wege ab."

Sprechen ist auch eine Handlung. Die Kraft der gegründeten Vorstellung wirkt über den richtigen Entschluss in dem Entschluss zu sprechen. Das Sprechen muss bedeutungsvoll werden – stets wohlüberlegt und in innerer Erwägung geformt. Die langsam wachsende Geistesgegenwart dehnt sich allmählich bis auf den Übergang zur Außenwelt aus: das Gespräch.

---

[113] Die folgenden Zitate aus: Wie erlangt man..., S. 120ff.

Übertragung der Gabe

In „Mein Lebensgang" finden wir viele Beispiele von Begegnungen Steiners mit anderen Menschen. Auch gibt es zahllose Beschreibungen anderer über Steiner. Was uns fehlt, ist die lebendige, leibliche Anwesenheit des Mannes Rudolf Steiner. Der Umgang mit ihm hätte uns bewiesen, wie sehr er „das richtige Wort" beherrschte...

Die nächste Aufgabe ist die Regelung des äußerlichen Handelns:

4. „Er unterläßt Handlungen, welche für andere störend sind oder die im Widerspruche stehen mit dem, was um ihn herum vorgeht. Er sucht sein Tun so einzurichten, daß es sich harmonisch eingliedert in seine Umgebung, in seine Lebenslage und so weiter."

Nun könnten wir à la Zander im Leben Steiners nach Beispielen suchen, wo es so scheint, als hätte er diese Regel eindeutig übertreten, z.B. als er das Manuskript seiner Freundin Rosa Mayreder verlor, – und dann schließen, dass er selbst diese Regeln nicht einmal befolgte.
So können wir auch uns gegenseitig behandeln und versuchen, zu beweisen, dass der andere nichts von diesen Qualitäten entwickelt habe. Aber das kann nicht die Absicht sein. Es geht um Selbsterkenntnis und Selbstentwicklung. Das Leben ist komplex, die Aufgaben des anderen kennt nur er selbst. Dann gibt es auch noch die Wirkung des Karma, des Schicksals, das Dinge verursacht, gerade in Momenten äußerlicher Schwächung der Aufmerksamkeit – und diese gibt es immer, denn die Aufmerksamkeit kann bei etwas verweilen, das noch wichtiger ist. Die Tatsache, dass Rudolf Steiner einmal seine Pantoffeln verlor und diese später „wie ein Buch" im Bücherregal wiederfand, weist nicht auf ein misslungenes Entfalten des vierten Blattes der sechzehnblättrigen Lotusblume hin; seine heftigen Äußerungen gegenüber dem Christentum nicht auf eine misslungene Entfaltung des dritten Blattes...

5. „Der Geheimschüler versucht natur- und geistgemäß zu leben. Er überhastet nichts und ist nicht träge. Übergeschäftigkeit und Lässigkeit liegen ihm gleich ferne. Er sieht das Leben als ein Mittel

der Arbeit an und richtet sich dementsprechend ein (...), daß ein harmonisches Leben die Folge ist."

Es geht um den zunehmend bewussten Umgang mit diesen Prozessen, so dass man nicht mehr vom Leben mitgeschleift wird (fortlaufende Zeit), sondern daraus *aufstehen* lernt, um die Prozesse selbst zu lenken (Umkehr zur zurücklaufenden Zeit). Man kann dabei miterleben, dass man in einen „Ausnahmezustand" aufwacht, der in einem anderen Punkt gefasst wird als in der „Philosophie der Freiheit", der aber dennoch derselbe ist. In der „Philosophie" liegt der Ausnahmezustand direkt in der zweiblättrigen Lotusblume oberhalb der Nasenwurzel. Hier in der sechzehnblättrigen Lotusblume liegt die Arbeit an sich selbst in der Gegend des Kehlkopfes. Schließlich wird als „Ausnahmezustand" ein zweiter Mensch geboren, der ganz „neben" dem gewöhnlichen Menschen anschauend anwesend ist. Diese Geburt haben wir bei Steiner nach seiner „Umkehr", nach der Verlagerung seiner Meditationen vom Ideellen zum Willensmäßigen, beschrieben gesehen.

6. „Der Geheimschüler prüft seine Fähigkeiten, sein Können und verhält sich im Sinne solcher Selbsterkenntnis. Er versucht nichts zu tun, was außerhalb seiner Kräfte liegt; aber auch nichts zu unterlassen, was innerhalb derselben sich befindet. Anderseits stellt er sich Ziele, die mit den Idealen, mit den großen Pflichten eines Menschen zusammenhängen."

Hier wird dazu aufgerufen, ein Streben entflammen zu lassen, das zu mehr führt, als die natürliche Anlage umfasst. Das ganze Leben des jungen Steiner stand schon in diesem Zeichen. Steiners Lebensweg zeigt, dass er schon mit einer veranlagten sechzehnblättrigen Lotusblume auf die Erde kam und dass er das Leben „gebrauchte", um diese zu harmonischer Wirksamkeit kommen zu lassen.

7. „Das siebente in seinem Seelenleben betrifft das Streben, möglichst viel vom Leben zu lernen. (...) Hat er etwas unrichtig und

unvollkommen verrichtet, so wird das ein Anlaß, ähnliches später richtig oder vollkommen zu machen."

„Ohne Reue", das ist eine Ermahnung, die Steiner oft gibt. Die Reue verweist auf ein Unglücklichsein, dass etwas schief gegangen ist; insofern ist sie etwas Egoistisches. Selbstlos wird Reue jedoch, wenn sie in den Willen umgewandelt wird, es das nächste Mal richtig oder vollkommen zu machen.

8. „Der Geheimschüler muß von Zeit zu Zeit Blicke in sein Inneres tun; er muß sich in sich selbst versenken, sorgsam mit sich zu Rate gehen, seine Lebensgrundsätze bilden und prüfen, seine Kenntnisse in Gedanken durchlaufen, seine Pflichten erwägen, über den Inhalt und Zweck des Lebens nachdenken und so weiter."

Das ist die Meditation der Selbstbesinnung.

Die Wirkung der sechzehnblättrigen Lotusblume gibt das Vermögen, übersinnliche Gestalten zu „sehen".

Die Entfaltung der *zwölfblättrigen Lotusblume* in der Nähe des Herzens hat eine andere Grundlage. Ihre Wirksamkeit gibt das Vermögen, Seelenwärme und Seelenkälte wahrzunehmen.[114] Auch hier muss die Hälfte der zwölf Blätter bewusst entwickelt werden, und Rudolf Steiner gibt sechs Übungen an.

In der ersten Übung geht es nicht um das Formen bedeutungsvoller Gedanken, sondern um das Beherrschen des Verlaufs der Gedanken. Der Geheimschüler wird

1. „(...) ganz still in seinem Innern die von außen auf ihn einstürmenden Gedanken in eine logische, sinngemäße Richtung bringen. Und er bestrebt sich, in seinen eigenen Gedanken überall diese Richtung einzuhalten."

---

[114] Die folgenden Zitate aus: Wie erlangt man..., S. 128f.

Der Schreiber von Büchern, in denen das Kennzeichnende gerade ist, dass der eine Gedanke den folgenden hervorbringt, gibt hiermit „preis", dass er diese Fähigkeit nicht nur beherrscht, sondern sie auch übertragen, lehren kann: Rudolf Steiner.

2. „Wenn der Geheimschüler etwas getan hat, so richtet er sein folgendes Handeln danach ein, daß es in logischer Art aus dem ersten folgt. Wer heute im anderen Sinn handelt als gestern, wird nie den charakterisierten Sinn (die Lotusblume, M.M.) entwickeln."

3. „Der Geheimschüler läßt sich nicht durch diese oder jene Einflüsse von einem Ziel abbringen, das er sich gesteckt hat, solange er dieses Ziel als ein richtiges ansehen kann. Hindernisse sind für ihn eine Aufforderung, sie zu überwinden, aber keine Abhaltungsgründe." (Ausdauer).

Denken wir einmal an den Brand des Goetheanums, in der Sylvesternacht 1922/23. Die Vorträge, die geplant waren, gingen an demselben Abend und in den folgenden Tagen einfach weiter. Können wir uns ein deutlicheres Vorbild an Ausdauer vor Augen stellen?

4. „Das vierte ist die Duldsamkeit (Toleranz) gegenüber Menschen, anderen Wesen und auch Tatsachen. Der Geheimschüler unterdrückt alle überflüssige Kritik gegenüber dem Unvollkommenen, Bösen und Schlechten (...), was an ihn herantritt. (...) Andere Meinungen betrachtet er nicht nur von seinem Standpunkte aus, sondern er sucht sich in die Lage des anderen zu versetzen."

Wir dürfen nicht über das Wort „überflüssig" hinweglesen. Es steht nicht da, dass der Schüler in keinem Fall Kritik haben dürfe. Es geht um überflüssige Kritik. Rudolf Steiner hat in seinen Zeitschriftenartikeln genügend Beweise für seine scharfe Art der Kritik geliefert.

5. „Das fünfte ist die Unbefangenheit gegenüber den Erscheinungen des Lebens. (...) Er sagt sich nie, wenn ihm etwas mitgeteilt

Übertragung der Gabe

wird: das glaube ich nicht, weil es meiner bisherigen Meinung widerspricht. (...) Zaghaftigkeit und Zweifelsucht verbannt er aus seinem Wesen. Hat er eine Absicht, so hat er auch den Glauben an die Kraft dieser Absicht. Hundert Mißerfolge können ihm diesen Glauben nicht nehmen."

6. „Das sechste ist die Erwerbung eines gewissen Lebensgleichgewichtes (Gleichmutes). Der Geheimschüler strebt an, seine gleichmäßige Stimmung zu erhalten, ob ihn Leid, ob ihn Erfreuliches trifft."

Moralische Übung ist dies, Läuterung der Seele. An anderen Stellen wird dieser sechsgliedrige Pfad etwas anders formuliert (es mag eine Prüfung der eigenen inneren Geschmeidigkeit sein, beide Formulierungen miteinander in Übereinstimmung zu bringen): Kontrolle über das Denken, Kontrolle über die Handlung, Gleichmut, Positivität, Unbefangenheit, Gleichgewicht zwischen den Übungen. Wenn man nicht an den *Worten* hängt, erfährt man, dass dies trotzdem dieselbe Abfolge ist.

Die *zehnblättrige Lotusblume* (in der Gegend der Magengrube) wird zur Wirksamkeit gebracht, indem man daran arbeitet,[115]

„die Sinneseindrücke selbst in bewußter Weise beherrschen zu lernen. Für den angehenden Hellseher ist das ganz besonders nötig. Nur dadurch vermag er einen Quell zahlloser Illusionen und geistiger Willkürlichkeiten zu vermeiden. Der Mensch macht sich gewöhnlich gar nicht klar, von welchen Dingen seine Einfälle, seine Erinnerungen beherrscht sind und wodurch sie hervorgerufen werden."

In Rudolf Steiners Beschreibungen seiner „Umkehr", der hellen Klarheit seiner sinnlichen Wahrnehmung, sehen wir die Entwicklung und Wirkung dieses Chakras sich entfalten.
Hierfür ist die folgende Disziplin nötig, die wir auch im 22. Kapitel

---
[115] Wie erlangt man..., S. 131f.

von „Mein Lebensgang" wiederfinden.[116]

„Der Geheimschüler muß alles gedankenlose Herumschauen und Herumhören vermeiden. Für ihn soll nur da sein, worauf er Ohr und Auge richtet. Er muß sich darin üben, daß er im größten Trubel nichts zu hören braucht, wenn er nicht hören will; er soll sein Auge unempfänglich machen für Dinge, auf die er nicht besonders hinschaut. Wie mit einem seelischen Panzer muß er umgeben sein für alle unbewußten Eindrücke. – Besonders auf das Gedankenleben selbst muß er nach dieser Richtung hin Sorgfalt verwenden. Er setzt sich einen Gedanken vor, und er versucht nur das weiterzudenken, was er ganz bewußt, in völliger Freiheit, an diesen Gedanken angliedern kann. Beliebige Einfälle weist er ab. (...) Er geht noch weiter. Wenn er zum Beispiel eine bestimmte Antipathie gegen irgend etwas hat, so bekämpft er sie und sucht eine *bewußte* Beziehung zu dem betreffenden Dinge herzustellen. Auf diese Art mischen sich immer weniger unbewußte Elemente in sein Seelenleben hinein. (...) (U)nd das, was durch die vorher geschilderten geistigen Sinnesorgane nur Form und Wärme hatte, erhält geistig Licht und Farbe. (...) Die Farbenaura der belebten Wesen wird dadurch sichtbar."

Die *sechsblättrige Lotusblume* befindet sich in der Mitte des Körpers. Für ihre Ausbildung[117]

„(...) muß die vollkommene Beherrschung des ganzen Menschen durch das Selbstbewußtsein angestrebt werden, so daß bei ihm Leib, Seele und Geist in einer vollkommenen Harmonie sind. (...) Der Leib muß so veredelt und geläutert werden, daß seine Organe zu nichts drängen, was nicht im Dienste der Seele und des Geistes geschieht. Die Seele soll durch den Leib nicht zu Begierden und Leidenschaften gedrängt werden, die einem reinen und edlen Denken widersprechen. Der Geist aber soll nicht wie ein Sklavenhalter mit seinen Pflichtgeboten und Gesetzen über die Seele herrschen müssen; sondern diese soll aus eigener freier Neigung den Pflichten und Geboten folgen.

---

[116] Wie erlangt man..., S. 134f.
[117] Wie erlangt man, S. 135ff.

Übertragung der Gabe

(...) Eine freie Seele, die im Gleichgewichte zwischen Sinnlichkeit und Geistigkeit steht, muß der Geheimschüler entwickeln."

„Wer die sechsblätterige Lotusblume entwickelt hat, der gelangt zum Verkehr mit Wesen, die den höheren Welten angehören, jedoch nur dann, wenn deren Dasein sich in der Seelenwelt zeigt."

Und über die *zweiblättrige Lotusblume* (über der Nasenwurzel) sagt Rudolf Steiner schließlich:[118]

„Fängt sie an sich zu bewegen, so findet der Mensch die Möglichkeit, sein höheres Ich mit übergeordneten geistigen Wesenheiten in Verbindung zu setzen. Die Ströme, welche von dieser Lotusblume ausgehen, bewegen sich so zu höheren Wirklichkeiten hin, daß die entsprechenden Bewegungen dem Menschen völlig bewußt sind. (...)
Durch Versenkung in der Geisteswissenschaft entstammende Vorstellungen, welche Grundwahrheiten enthalten, lernt der Schüler die Strömungen der Augenlotusblume in Bewegung setzen und dirigieren."

Dies ist nur ein erster Eindruck der Bedingungen für die Entfaltung der selbstbewussten Geistanschauung, die in Rudolf Steiner zur vollen Blüte gekommen war. Wer es *will*, der findet in all diesen Bedingungen die Lebensbeschreibung Rudolf Steiners tiefgehend wieder – wenn wir nur davon ausgehen, dass er wirklich eine Autobiografie geschrieben hat und nicht ... eine Oper.

---

[118] Wie erlangt man..., S. 154.

DAS ROSENKREUZ

Rudolf Steiner hat vielen Schülern in der esoterischen Schule der Theosophischen Gesellschaft Inhalte für die Meditation geraten. Einerseits waren das allgemeine Anweisungen, andererseits war ein Teil auch individueller.

In dem 1910 erschienenen Hauptwerk „Die Geheimwissenschaft" steht ziemlich am Ende das Kapitel „Die Erkenntnis der höheren Welten". In diesem Kapitel wird, mit Absicht *am Ende* eines Buches voller geisteswissenschaftlicher Erkenntnisse, eine prägnante Beschreibung des Weges zum Geist gegeben. An zentraler Stelle – neben einem Resümee der Entwicklung der Lotusblumen – steht die Meditation des Rosenkreuzes. Diese wird also nicht individuell gegeben, sondern erscheint in einem Buch, ist daher für jeden Leser bestimmt.

Rudolf Steiner hat das Bild des Rosenkreuzes weder „erfunden" noch von anderen übernommen (plagiiert). In diesem Kapitel werde ich versuchen, zu zeigen, wie sehr er *eins* mit diesem Bild, mit dessen Verwirklichung war; wie es schon im Mittelalter zu finden ist, noch *vor* der Einweihung von Christian Rosenkreutz, auch wenn es nicht *als* Rosenkreuz geschildert wird.

Auch in anderen leuchtet dieses Bild auf, sei es durch ihre Verbindung mit den Rosenkreuzern, sei es durch individuelle Imagination. So schrieb Anastasias Grün 1835 das Gedicht „Fünf Ostern", in dem er beschreibt, wie Jesus jedes Jahr zu Ostern nach Golgatha geht. Die Zukunftsvision ist außergewöhnlich ergreifend; darin steht, dass ein Bauer beim Pflügen zufällig auf einen harten Gegenstand stößt. Es scheint ein Kreuz zu sein, an dessen Bedeutung die Menschen sich nicht mehr erinnern. Sie richten es jedoch als ehrwürdiges altes Zeichen auf, und es ranken verschiedene Blumen daran empor: „Längst sieht vor Rosen man das Kreuz nicht mehr..."

Ein anderes, ebenso tief bewegendes Bild finden wir bei Goethe in seinem unvollendeten Gedicht „Die Geheimnisse". Darin wird die Suche von Bruder Markus beschrieben, der spätabends hoch oben in den Bergen bei einer klosterartigen Gemeinschaft Zuflucht sucht. An der Pforte sieht er das Kreuz, und zu seiner Verwunderung ist es mit Rosen umkränzt: „Wer hat dem Kreuze Rosen zugesellt?"

Thomas von Aquino hat, anknüpfend an Aristoteles, eine differenzierte Gliederung der Schöpfung entwickelt, die bei Rudolf Steiner in einer mehr esoterischen Form von neuem erscheint.

Was sagt Thomas?[119] Er unterscheidet einen Urstoff, die *materia prima*, die Hyle, und die reine schöpferische Tat Gottes, den *actus purus*. Die materia prima ist nicht ein Gefäß, das mit Geist gefüllt ist, sondern sie wird durch eine schöpferische Aktivität in ihre Form gebracht. In diesem Sinn ist sie die absolute Möglichkeit: sie kann zu allem werden. Die materia prima ist das *maximum imperfectum* oder das *maximum in potentia*.

Zwischen Gottes *actus purus* und der *materia prima* liegt die ganze materielle und geistige Welt. Die materielle Welt liegt der *potentia* am nächsten, die geistige Welt dem *actus purus*, aber das Licht des *actus purus* reicht bis in die Materie und deren Schatten bis in den Geist. Die Form entstammt dem *actus purus*, und je vollkommener sie ist, desto mehr überwindet sie die Materie.

Die Elemente (Erde, Wasser, Luft, Feuer) sind ausschließlich das Ergebnis des Zusammenspiels aktiver und passiver Qualitäten ohne eigene Form.

Das Mineral wird durch seine *Form* schon etwas über die aktiven und passiven Qualitäten der Materie herausgehoben. Thomas gibt das Beispiel des Magneten, der das Eisen anzieht, und des Saphirs, der Abszesse heilt. Rudolf Steiner differenziert dies, indem er sagt, dass das Mineral sein individuelles Wesen nicht auf Erden hat, sondern in der dritten Sphäre darüber, im „höheren Devachan".

Die Pflanze hat als Form und Wesen, das sich noch weiter über die *prima materia* erhebt, insbesondere die Lebensprozesse, wie Ernährung und Wachstum. Rudolf Steiner differenziert dies durch die Wahrnehmung, dass die „Individualität" der Pflanze im Devachan zu finden ist, also in der zweiten Sphäre über der irdischen.

---

[119] Siehe Rudolf Steiner: Die Philosophie des Thomas von Aquino, GA 74.

Die *anima sensitiva* hat eine Aktivität, die nicht mehr von den passiven und aktiven Qualitäten der Materie berührt wird, außer insoweit von ihr der physische Leib gebildet wird, z.B. die Sinnesorgane. Diese Organe braucht die *anima sensitiva*, um ihre Empfindungen haben zu können. Rudolf Steiner findet diese *anima sensitiva* als Tier-Individuen in der astralen Welt.

Die *anima humana* ist die höchste auf Erden erscheinende Form, Entelechie, und verwendet gar keine *materia prima*. Sie braucht keine Leibesorgane für ihre Aktivität: das Intelligieren. Sie übersteigt die Materie völlig und auch weit und beruht ganz auf sich selbst. Dennoch ist sie *sowohl geistige Substanz* (als Intelligenz ganz in sich selbst ruhend) *als auch Form* für den Leib. So ist sie, die *substantia spiritualis*, die freie, schaffende Form des physischen Leibes, und „das ist auch das Würdigste, weil aus Seele und Leib das Eine wird, so wie auch Form und Materie". Rudolf Steiner sagt: Der Mensch hat seine Individualität auf Erden.

Vor dem „Sündenfall" war die *anima humana* mit der Urgerechtigkeit begnadet, wodurch sie den Leib frei von Verfall halten konnte. Danach hatte sie diese Kraft nicht mehr, und so treten Krankheit und Tod auf. Vom Körper aus können die Leidenschaften trübend und verwirrend auf Intelligenz und Willen einwirken. Auch die Planetenwirkungen, die sich als Sphären durchdringen – mit der Erde als Mittelpunkt –, denkt Thomas als auf der Erde und ihren Wesen wirksam. Nur die *anima humana* geht über die Erde und ihre Planetenwirkungen hinaus, ist frei davon. Ihre Eigenschaft, das Intelligieren, ist auf Erden das höchste Tun, im Reich der Hierarchien das niedrigste. Soweit Thomas.

Nun ist das Drama des Menschen, dass ein Teil der *anima humana*, des Ich, durch Luzifer in die *anima sensitiva*, den Astralleib, hineingezogen wurde, wodurch auch das Intelligieren selbstsüchtig sein kann. Schauen wir nun darauf, welche innere Arbeit an den Lotusblumen verrichtet werden muss (das *ist* das astrale Gebiet, die Seele), dann sehen wir, dass alles darauf hinwirkt, über all diese inneren Qualitäten, die mit Wahrnehmen, Denken, Erkennen, Fühlen und Handeln zu

Das Rosenkreuz

tun haben, die Beherrschung und ein Bewusstsein zu erlangen. Aus all diesen automatisch ablaufenden Prozessen muss ein *Mensch* sich erheben, der den höheren Blick darauf richtet, sie beurteilt und allmählich völlig in die Hand nimmt. *Das* ist diese hohe *anima humana*, die geistige Substanz, die menschliche Entelechie, der höhere Wille, der nicht mehr aus subjektiver Willkür intelligiert, sondern aus freiem Impuls, aus der ursprünglichen Urgerechtigkeit, die dann zur moralischen Intuition und der Liebe zur Handlung wird.

Die *anima humana* hat ein reines Denken und einen moralischen Willen, zwischen beiden lebt die Liebe. Liebe zur Erkenntnis, die Liebe zur Tat.

Sehen wir hier nicht, wie die thomistischen Einsichten in der „Philosophie der Freiheit" wieder lebendig werden? Und wie sie wiederum in anderer Gestalt in der christlich-theosophischen Rosenkreuzer-Esoterik aufleben, die Rudolf Steiner bringt? Die umfassende Wirksamkeit in der Selbsterkenntnis, die die Übungen für die Lotusblumen beinhalten, führt zu demselben Ergebnis wie das reine Denken, der reine Wille der „Philosophie der Freiheit". Es ist ein Zurückführen des korrumpierenden Einflusses des mit der Seele verwachsenen Ich bis zur *Befreiung* des Ich, der Geistsubstanz aus der Seele, die dadurch erst wieder ihre wahre Bedeutung erlangt.

Was hat uns die „Potenz" gegeben, soweit zu kommen, dass diese korrumpierende Wirkung des „Sündenfalls" überwunden werden kann? Welches Symbol stünde damit in Übereinstimmung? Das Kreuz. Welche Substanz müsste das Kreuz als Symbol haben? Die Substanz, die am meisten der Hyle gleicht, der *materia prima*. Zugleich die Substanz, aus der das Kreuz auch wirklich gemacht war: Holz.

Das Wort „Hyle" hat von der Bedeutung her Verwandtschaft mit „Holz". Holz ist auch die Substanz, die die meiste Ähnlichkeit mit einem physischen Leib hat, der physisch tastbar und dennoch vollkommen rein ist. Es ist schließlich wirklich „materiell", aber dennoch pflanzenartig, nicht mineralisch. Es steht zwischen Mineral und wachsender Pflanze, es ist eine Ablagerung der lebenden Pflanze. Es ist hart und weich zugleich. Tot und lebendig zugleich. Es kann versteinern, aber es ist auch das natürliche Material, das am besten in Flammen aufgeht, es wird dann zu pflanzlicher Kohle, zu Asche.

Ein hölzernes Kreuz ist das richtige Symbol für die Befreiung des höheren Menschen aus der Seele, das Bekämpfen des niederen Willens, indem man diesen Willen geistig anschaut und ihn in den Griff bekommt. Was wird dann aus dem Menschen?

Das rote Blut ist der „Saft", die physisch-geistige Substanz, die die Folgen der „corruptio" trägt. Dadurch, dass das gewöhnliche Ich in den astralischen Leib untergetaucht ist, von wo aus es sich selbst und die Welt als Illusion betrachten muss und in und aus der Subjektivität lebt, ist das Blut das Element Luzifers. Man denke an die Szene in Goethes Faust: Der Pakt mit Mephisto wird mit Fausts Blut unterschrieben. Es ist *sein* Element, das Element von Mephisto-Luzifer.[120]

Das Blut von Christus, das drei Jahre von Ihm durchlebt worden war, strömt aus der Wunde und auf die Erde: die Erde wird gereinigt. Zugleich wird das Blut in einer Schale aufgefangen: Es ist der Gral mit Seiner Geistsubstanz, der göttlichen *anima humana*, die die ursprüngliche Urgerechtigkeit wiedererlangt hat.

Wenn der Mensch durch die schwere Arbeit der Selbsterkenntnis das Kreuz auf sich genommen hat, was wird dann aus ihm? Sein Blut wird dem Gralsblut verwandt. Wir nehmen das Buch „Wie erlangt man...?" auf und lesen, was Rudolf Steiner als Folge der Entwicklung der Lotusblumen beschreibt, was zwischen der Schilderung der sechsblättrigen und der zweiblättrigen Lotusblume beschrieben steht.[121]

„Die Ausbildung des Seelenleibes, wie sie eben geschildert worden ist, macht dem Menschen möglich, übersinnliche Erscheinungen wahrzunehmen. Wer sich aber in dieser Welt wirklich zurechtfinden will, der darf nicht auf dieser Stufe der Entwickelung stehenbleiben. Die bloße Beweglichkeit der Lotusblumen genügt nicht. Der Mensch muß in der Lage sein, die Bewegung seiner geistigen Organe selbständig, mit vollem Bewußtsein zu regeln und zu beherrschen. Er würde

---

[120] Mephisto ist nach Rudolf Steiner als „Mischform" von Luzifer und Ahriman anzusehen.
[121] Wie erlangt man..., S. 138ff.

sonst ein Spielball äußerlicher Kräfte und Mächte werden. Soll er das nicht werden, so muß er sich die Fähigkeit erwerben, das sogenannte „innere Wort" zu vernehmen. Um dazu zu kommen, muß nicht nur der Seelenleib, sondern auch der Ätherleib entwickelt werden. Es ist dies jener feine Leib, der sich für den Hellseher als eine Art Doppelgänger des physischen Körpers zeigt. Er ist gewissermaßen eine Zwischenstufe zwischen diesem Körper und dem Seelenleib. Ist man mit hellseherischen Fähigkeiten begabt, so kann man sich mit vollem Bewußtsein den physischen Körper eines Menschen, der vor einem steht, absuggerieren. Es ist das auf einer höheren Stufe nichts anderes als eine Übung der Aufmerksamkeit auf einer niedrigeren. So wie der Mensch seine Aufmerksamkeit von etwas, das vor ihm ist, ablenken kann, so daß es für ihn nicht da ist, so vermag der Hellseher einen physischen Körper für seine Wahrnehmung ganz auszulöschen, so daß er für ihn physisch ganz durchsichtig wird. Vollführt er das mit einem Menschen, der vor ihm steht, dann bleibt vor seinem seelischen Auge noch der sogenannte Ätherleib vorhanden, außer dem Seelenleibe, der größer als beide ist und der auch beide durchdringt.

(...)

Nun sind beim Menschen die Teilchen des Ätherleibes in einer fortwährenden Bewegung. Zahllose Strömungen durchziehen ihn nach allen Seiten. Durch diese Strömungen wird das Leben unterhalten und geregelt. Jeder Körper, der *lebt*, hat einen solchen Ätherleib. Die Pflanzen und die Tiere haben ihn auch. Ja, selbst bei den Mineralien sind Spuren für den aufmerksamen Beobachter wahrnehmbar. – Die genannten Strömungen und Bewegungen sind zunächst von dem Willen und Bewußtsein des Menschen ganz unabhängig, wie die Tätigkeit des Herzens oder Magens im physischen Körper von der Willkür nicht abhängig ist. – Und solange der Mensch seine Ausbildung im Sinne der Erwerbung übersinnlicher Fähigkeiten nicht in die Hand nimmt, bleibt diese Unabhängigkeit auch bestehen. Denn gerade darin besteht die höhere Entwickelung auf einer gewissen Stufe, daß zu den vom Bewußtsein unabhängigen Strömungen und Bewegungen des Ätherleibes solche hinzutreten, welche der Mensch in bewußter Weise selbst bewirkt.

Wenn die Geheimschulung so weit gekommen ist, daß die in den vorhergehenden Abschnitten gekennzeichneten Lotusblumen sich zu bewegen beginnen, dann hat der Schüler auch bereits manches von dem vollzogen, was zur Hervorrufung ganz bestimmter Strömungen und Bewegungen in seinem Ätherkörper führt. Der Zweck dieser Entwickelung ist, daß sich in der Gegend des physischen Herzens eine Art Mittelpunkt bildet, von dem Strömungen und Bewegungen in den mannigfaltigsten geistigen Farben und Formen ausgehen. Dieser Mittelpunkt ist in Wirklichkeit kein bloßer Punkt, sondern ein ganz kompliziertes Gebilde, ein wunderbares Organ. Es leuchtet und schillert geistig in den allerverschiedensten Farben und zeigt Formen von großer Regelmäßigkeit, die sich mit Schnelligkeit verändern können. Und weitere Formen und Farbenströmungen laufen von diesem Organ nach den Teilen des übrigen Körpers und auch noch über diesen hinaus, indem sie den ganzen Seelenleib durchziehen und durchleuchten. Die wichtigsten dieser Strömungen aber gehen zu den Lotusblumen. Sie durchziehen die einzelnen Blätter derselben und regeln ihre Drehung; dann strömen sie an den Spitzen der Blätter nach außen, um sich im äußeren Raum zu verlieren. Je entwickelter ein Mensch ist, desto größer wird der Umkreis, in dem sich diese Strömungen verbreiten.

In einer besonders nahen Beziehung steht die zwölfblätterige Lotusblume zu dem geschilderten Mittelpunkte. In sie laufen unmittelbar die Strömungen ein. Und durch sie hindurch gehen auf der einen Seite Strömungen zu der sechzehnblätterigen und der zweiblätterigen, auf der anderen (unteren) Seite zu den acht , sechs und vierblätterigen Lotusblumen. In dieser Anordnung liegt der Grund, warum auf die Ausbildung der zwölfblätterigen Lotusblume bei der Geheimschulung eine ganz besondere Sorgfalt verwendet werden muß. Würde hier etwas verfehlt, so müßte die ganze Ausbildung des Apparates eine unordentliche sein. – Man kann aus dem Gesagten ermessen, von wie zarter und intimer Art die Geheimschulung ist und wie genau man vorgehen muß, wenn alles in gehöriger Weise sich entwickeln soll. Ohne weiteres ist hieraus auch ersichtlich, daß nur derjenige über Anweisung zur Ausbildung übersinnlicher Fähigkeiten reden kann, der alles, was er an einem anderen ausbilden soll, selbst an sich erfahren hat und der vollkommen in der Lage ist zu erkennen, ob seine Anweisungen auch zu dem ganz richtigen Erfolge führen.

Wenn der Geheimschüler das ausführt, was ihm durch die Anweisungen vorgeschrieben wird, dann bringt er seinem Ätherleib solche Strömungen und Bewegungen bei, welche in Harmonie stehen mit den Gesetzen und der Entwickelung der Welt, zu welcher der Mensch gehört. Daher sind die Anweisungen stets ein Abbild der großen Gesetze der Weltentwickelung. Sie bestehen in den erwähnten und ähnlichen Meditations- und Konzentrationsübungen, welche, gehörig angewendet, die geschilderten Wirkungen haben. Der Geistesschüler muß in gewissen Zeiten seine Seele ganz mit dem Inhalte der Übungen durchdringen, sich innerlich gleichsam ganz damit ausfüllen. Mit Einfachem beginnt es, was vor allem geeignet ist, das verständige und vernünftige Denken des Kopfes zu vertiefen, zu verinnerlichen. Dieses Denken wird dadurch frei und unabhängig gemacht von allen sinnlichen Eindrücken und Erfahrungen. Es wird gewissermaßen in *einen Punkt* zusammengefaßt, welchen der Mensch ganz in seiner Gewalt hat. Dadurch wird ein *vorläufiger* Mittelpunkt geschaffen für die Strömungen des Ätherleibes. Dieser Mittelpunkt ist zunächst noch nicht in der Herzgegend, sondern im Kopfe. Dem Hellseher zeigt er sich dort als Ausgangspunkt von Bewegungen. – Nur eine solche Geheimschulung hat den vollen Erfolg, welche zuerst diesen Mittelpunkt schafft. Würde gleich vom Anfang an der Mittelpunkt in die Herzgegend verlegt, so könnte der angehende Hellseher zwar gewisse Einblicke in die höheren Welten tun; er könnte aber keine richtige Einsicht in den Zusammenhang dieser höheren Welten mit unserer sinnlichen gewinnen. Und dies ist für den Menschen auf der gegenwärtigen Stufe der Weltentwickelung eine *unbedingte* Notwendigkeit. Der Hellseher darf nicht zum Schwärmer werden; er *muß* den festen Boden unter den Füßen behalten.

Der Mittelpunkt im Kopfe wird dann, wenn er gehörig befestigt ist, weiter nach unten verlegt, und zwar in die Gegend des Kehlkopfes. Das wird im weiteren Anwenden der Konzentrationsübungen bewirkt. Dann strahlen die charakterisierten Bewegungen des Ätherleibes von dieser Gegend aus. Sie erleuchten den Seelenraum in der Umgebung des Menschen.

Ein weiteres Üben befähigt den Geheimschüler, die Lage seines

3. Teil, Der Eingeweihte – „Meister des Abendlandes"

Ätherleibes selbst zu bestimmen. Vorher ist diese Lage von den Kräften abhängig, die von außen kommen und vom physischen Körper ausgehen. Durch die weitere Entwickelung wird der Mensch imstande, den Ätherleib nach allen Seiten zu drehen. Diese Fähigkeit wird durch Strömungen bewirkt, welche ungefähr längs der beiden Hände verlaufen und die ihren Mittelpunkt in der zweiblätterigen Lotusblume in der Augengegend haben. Alles dies kommt dadurch zustande, daß sich die Strahlungen, die vom Kehlkopf ausgehen, zu runden Formen gestalten, von denen eine Anzahl zu der zweiblätterigen Lotusblume hingehen, um von da aus als wellige Strömungen den Weg längs der Hände zu nehmen. – Eine weitere Folge besteht darin, daß sich diese Ströme in der feinsten Art verästeln und verzweigen und zu einer Art Geflecht werden, das wie ein Netzwerk (Netzhaut) zur Grenze des ganzen Ätherleibes sich umbildet. Während dieser vorher nach außen keinen Abschluß hatte, so daß die Lebensströme aus dem allgemeinen Lebensmeer unmittelbar aus- und einströmten, müssen jetzt die Einwirkungen von außen dieses Häutchen durchlaufen. Dadurch wird der Mensch für diese *äußeren* Strömungen empfindlich. Sie werden ihm wahrnehmbar. – Nunmehr ist auch der Zeitpunkt gekommen, um dem ganzen Strom- und Bewegungssystem den Mittelpunkt in der Herzgegend zu geben. Das geschieht wieder durch die Fortsetzung der Konzentrations- und Meditationsübung. Und damit ist auch die Stufe erreicht, auf welcher der Mensch mit dem *„inneren Wort"* begabt wird. Alle Dinge erhalten nunmehr für den Menschen eine neue Bedeutung. Sie werden gewissermaßen in ihrem innersten Wesen geistig hörbar; sie sprechen von ihrem eigentlichen Wesen zu dem Menschen. Die gekennzeichneten Strömungen setzen ihn mit dem Innern der Welt in Verbindung, zu welcher er gehört. Er beginnt das Leben seiner Umgebung mitzuerleben und kann es in der Bewegung seiner Lotusblumen nachklingen lassen."

Nun ist es ein Kennzeichen der Arbeit Rudolf Steiners als geistigem Lehrer, dass die meditativen Bilder und Sprüche genau *das* enthalten, was angestrebt wird. Die Meditation des Rosenkreuzes, das unter den meditativen Bildern eine zentrale Bedeutung hat, ist als *Bild* zugleich der zurückzulegende Weg. In diesem Bild liegt die Aufgabe des heu-

Das Rosenkreuz

tigen Menschen wie „geheim" verborgen, während diese Aufgabe in Rudolf Steiner gleichsam inkarniert war.

So gestaltet dieser zentrale, auf die innere Selbsterziehung bezogene Teil aus „Wie erlangt man..." sich zu einem *Bild*. Dieses Bild kann verschiedene Gestalt annehmen, aber das am meisten zusammengezogene, alles im Keim enthaltende Bild ist das Bild des Rosenkreuzes.

Wir haben gesehen, wie die innere Arbeit der Selbsterziehung, das Erschaffen eines festen Punktes außerhalb des gewöhnlichen Bewusstseins, der die verschiedenen inneren „Funktionen" bewusst in die Hand nimmt, in das Symbol des hölzernen Kreuzes gefasst werden kann. Es steht vor der Quelle unseres Vermögens, an uns zu arbeiten, das Niedere zu überwinden. Sieben Lotusblumen gibt es, Rudolf Steiner beschreibt für fünf von ihnen die Entwicklung, die notwendige Übung. Drei davon sind Teil einer wiederum noch tiefer reichenden Selbstbeherrschung, die auch die Strömungen des Ätherleibes umfasst.

Den Prozess, in dem die reinen entwickelten Chakren in Bewegung kommen und sich mit den Strömungen des Ätherleibes berühren, können wir in den sieben Rosen um den Kreuzespunkt symbolisiert sehen.

Der unentwickelte Mensch lebt aus dem Blut, ein Teil seines Daseins beruht auf der daraus hervorgehenden Getriebenheit, auch in seinem Denken. Die innerliche Übung führt zu einem „Ausnahmezustand", das Ich lernt, sich *außerhalb* des Blutes in der Hand zu haben, zuerst im Nervensystem, später auch *davon* frei. Die sieben entwickelten Chakren sind wie Bündelungen des gereinigten, selbstlosen Blutes, des Blutes, in dem keine unbewusste Triebfeder mehr treibt. Das dicke, klebrige, gerinnende Blut wird wie Rosen-Saft, selbstlos ätherisch. Die Imagination des Menschen mit den entwickelten, sich bewegenden Chakren und den bewussten Strömungen des Ätherleibes ist die Imagination des Rosenkreuzes.

Das ist keine Erfindung, man kann es im imaginativen Denken „sehen".

Später, in den Meditationen der Ersten Klasse der Freien Hochschule für Geisteswissenschaft, die ab 1924 gegeben wurden, findet man dasselbe Bild in anderer Gestalt wieder.

3. Teil, Der Eingeweihte – „Meister des Abendlandes"

Rudolf Steiner schildert den Aufbau der Meditation des Rosenkreuzes nicht nur in seiner „Geheimwissenschaft", sondern auch z.B. in dem Vortragszyklus „Makrokosmos und Mikrokosmos", gehalten 1910 in Wien:[122]

„Wie geht man vor, um diese Vorstellung des Rosenkreuzes in der richtigen Weise innerlich als Erlebnis zu haben? Obwohl es auch hier in Wien schon gesagt worden ist, so soll es doch heute, weil es sich ja in unser Ganzes hineinstellen muß, noch einmal wiederholt werden. Wer einen Geistesschüler zu höheren Stufen der Erkenntnis hinaufführen will und damit zunächst einen kleinen Anfang machen will, würde sagen: Sieh dir einmal an, wie eine Pflanze aus dem Boden herauswächst. Da siehst du, wie Blatt um Blatt wächst bis zur Blüte und zur Frucht. Sie wächst so, daß du siehst, sie ist durchzogen von dem grünen Pflanzensaft. Jetzt vergleichen wir diese Pflanze mit einem Menschen. Wir wissen, daß dieser Mensch durchzogen wird von dem, was wir das Blut nennen, und wir wissen, daß im Blut der äußere Ausdruck vorhanden ist von dem, was im Menschen pulsiert als Leidenschaften, als Triebe, als Begierden und so weiter.
Dadurch, daß der Mensch ein Ich-Wesen ist, erscheint er uns als ein höheres Wesen gegenüber der Pflanze. Nur ein Phantast könnte glauben – obwohl es viele solche gibt –, daß die Pflanze auch ein solches Bewußtsein hätte wie der Mensch, daß sie innerlich spiegeln könnte die äußeren Eindrücke. Nicht dadurch hat man ein Bewußtsein, daß man irgendeine Tätigkeit ausübt – das tut die Pflanze auch –, sondern dadurch, daß man die äußeren Eindrücke innerlich abspiegeln kann. Der Mensch kann das. Er hat sich also in einer gewissen Weise höher heraufgebildet als die Pflanze, die das nicht kann. Dadurch aber, daß er sich höher herauf gebildet hat, hat der Mensch in Kauf nehmen müssen in gewissem Sinn eine Art Erniedrigung, er hat in Kauf nehmen müssen die Möglichkeit zu irren. Die Pflanze irrt sich nicht, indem sie ihre Gesetze befolgt. Wir können da nicht sprechen von Irrtum. Die Pflanze hat auch nicht ein höheres und ein niederes Wesen in sich, sie hat nicht das in sich, was man nennt nach dem

---
[122] Vortrag vom 28.3.1910, GA 119, S. 202ff.

Niedrigen hinuntergehende Triebe, Begierden, Leidenschaften und so weiter. Wenn wir vor einer Pflanze stehen, so können wir beeindruckt sein von der Keuschheit der Pflanze, im Gegensatz zu dem, was den Menschen durchsetzt an Trieben, Begierden, Leidenschaften. So steht der Mensch mit seinem roten Blut der Pflanze gegenüber als ein Wesen, das sich zwar in seinem Bewusstsein höher hinauf entwickelt hat, das für diese Höherentwickelung aber hat in Kauf nehmen müssen ein Hinunterrücken in eine Art Erniedrigung.

Das alles wird der Lehrer dem Geistesschüler klarmachen. Dann wird er hinweisen darauf, daß der Mensch nun selber erreichen muß, was ihm auf niedrigerer Stufe in der Pflanze erscheint. Der Mensch muß wiederum Herr werden über seine Triebe, Begierden und Leidenschaften, über das, was seinen Ausdruck im wallenden Blut hat. Das wird er, wenn er mit seiner höheren Natur über seine niedere Natur den Sieg davongetragen hat, wenn sein rotes Blut so keusch geworden ist, wie der grüne Pflanzensaft, der sich rötet in der roten Rose. So kann uns die rote Rose ein Symbolum dafür sein, was der Mensch werden muß, wenn er einem realen Ideal entgegenlebt, durch dessen Erfüllung seine höhere Natur Herr wird über seine niedere Natur. Wir schauen auf die Rose als ein Vorbild; sie ist ein Symbolum, ein Sinnbild des gereinigten, geläuterten Blutes.

Und wenn wir uns die rote Rose vereinigen mit dem schwarzen Holzkreuz, dem abgestorbenen Holz, das uns die Pflanze übrigläßt, wenn sie abstirbt, verdorrt, dann kann uns der Kranz von roten Rosen an dem schwarzen Holzkreuz ein Symbolum sein für den Sieg der höheren Natur, der geläuterten Natur des Menschen über seine niedere Natur, die er überwinden muß. In dem schwarzen Holzkreuz haben wir das Sinnbild der überwundenen niederen Natur des Menschen, und in der roten Rose haben wir das Sinnbild des geläuterten roten Blutes. Das Rosenkreuz ist ein Sinnbild für die Entwickelung des Menschen, wie sie in der Welt vorgeht. Wir haben im Rosenkreuz nicht einen abstrakten Begriff vor uns, sondern ein Sinnbild für etwas Gefühltes, Empfundenes; wir können warm werden in unserer Seele, wenn wir so hinschauen auf die menschliche Entwickelung, wie sie dargestellt wird im Rosenkreuz."

3. Teil, Der Eingeweihte – „Meister des Abendlandes"

Im Rosenkreuz schlummert die Anthroposophie, es ruht darin die Hingabe der Individualität, die Rudolf Steiner wurde. Er trug stets ein Kreuz mit Rosen bei sich, das er vor seinem Tod Ita Wegman gab. Das meditative Bild ist unerschöpflich. Es trägt in sich die Naturanschauung, die zur erlebten Idee wird; die Geistanschauung, die diese erlebte Idee berührt, in einer Ineinanderwirbelung beider Ströme. Das Kreuz ragt aus diesem Berührungspunkt auf. „Wer hat dem Kreuze Rosen zugesellt?" Im Rosenkreuz finden wir den Rosenkreuzerspruch verborgen, den Rudolf Steiner auch später immer wieder ausspricht:

>   Ex Deo nascimur
>   In Christo morimur
>   Per Spiritum Sanctum reviviscimus

In Goethes Gedicht „Die Geheimnisse" lesen wir:

> ...
> *Schon sieht er dicht sich vor dem stillen Orte,*
> *Der seinen Geist mit Ruh und Hoffnung füllt,*
> *Und auf dem Bogen der geschloßnen Pforte*
> *Erblickt er ein geheimnisvolles Bild.*
> *Er steht und sinnt und lispelt leise Worte*
> *Der Andacht, die in seinem Herzen quillt,*
> *Er steht und sinnt, was hat das zu bedeuten?*
> *Die Sonne sinkt und es verklingt das Läuten!*
>
> *Das Zeichen sieht er prächtig aufgerichtet,*
> *Das aller Welt zu Trost und Hoffnung steht,*
> *Zu dem viel tausend Geister sich verpflichtet,*
> *Zu dem viel tausend Herzen warm gefleht,*
> *Das die Gewalt des bittern Tods vernichtet,*
> *Das in so mancher Siegesfahne weht:*
> *Ein Labequell durchdringt die matten Glieder,*
> *Er sieht das Kreuz, und schlägt die Augen nieder.*

Das Rosenkreuz

Er fühlet neu, was dort für Heil entsprungen,
Den Glauben fühlt er einer halben Welt;
Doch von ganz neuem Sinn wird er durchdrungen,
Wie sich das Bild ihm hier vor Augen stellt:
Es steht das Kreuz mit Rosen dicht umschlungen.
Wer hat dem Kreuze Rosen zugesellt?
Es schwillt der Kranz, um recht von allen Seiten
Das schroffe Holz mit Weichheit zu begleiten.

Und leichte Silber-Himmelswolken schweben,
Mit Kreuz und Rosen sich empor zu schwingen,
Und aus der Mitte quillt ein heilig Leben
Dreifacher Strahlen, die aus einem Punkte dringen;
Von keinen Worten ist das Bild umgeben,
Die dem Geheimnis Sinn und Klarheit bringen.
Im Dämmerschein, der immer tiefer grauet,
Steht er und sinnt und fühlet sich erbauet.

Im Kreuz sehen wir die äußerste Bildung der *prima materia*, da, wo sie das Maximum erreicht, den Punkt, wo der Mensch selbst die bis dahin durch Gott gegebene Entwicklung in die Hand nimmt.

---

[123] Bild: Celtoslavica.de

Die natürliche Entwicklung, *Ex Deo nascimur*, kann nicht weitergeführt werden als bis dahin. Hier liegt der Moment, in dem die Ewigkeit lebt, der Punkt, in dem der fortlaufende Strom durch den zurücklaufenden aufgefangen wird: Der Mensch steht innerlich auf und nimmt seinen Ausnahmezustand ein. Eine neue Fähigkeit wird geweckt, während das Alte stirbt: Besinnung. *In Christo morimur.* Dies ist der Übergang von dem Blut zur roten Rose, das Wiedergewinnen dessen, was Thomas die „Urgerechtigkeit" nennt. Dann, wenn die Lotusblumen zu Rosen geworden sind, gehen ihre Strömungen bis in den Ätherleib und verleihen das freie Geist-Anschauen. *Per Spiritum Sanctum reviviscimus.*

In Aristoteles fanden wir diese Dreiheit schon als Vorausschau in seinen *universalia ante rem*, *in re* und *post rem*. Die *universalia ante rem* und *in re* gehören zum *Ex Deo nascimur*. Die *universalia post rem* gehören zum Logos, der an dem Punkt steht, im Menschen zum toten Denken zu werden, der in der großen Menschheitsentwicklung diesen Prozess als mystische Tatsache vollziehen wird.

Bei Thomas gehören die *universalia ante rem* zum *actus purus*, die *universalia in re* sind die ganze Schöpfung zwischen *actus purus* und *materia prima*; die *universalia post rem* werden durch die *anima humana* „intelligiert". Auch hier gehören *ante rem* und *in re* zum *Ex Deo nascimur*, aber in dem *post rem* tritt eine Differenzierung im Intelligieren auf: einerseits zur Natur hin, andererseits zur Offenbarung hin. Die *substantia spiritualis* des Menschen beruht auf sich selbst, braucht keine *materia prima*, um wirken zu können, sondern ist zugleich Form für den eigenen Leib. Hier erscheint der Mensch, der die Subjektivität nicht braucht, der diese mit Christus sterben lässt und der im Heiligen Geist aufersteht, welcher die reine *anima humana* zur „Materie" erhebt, die den Geist empfangen kann.

In Thomas' Sicht auf Mensch und Materie liegt das Rosenkreuz „avant la lettre", bevor es da war. So ein großartiges Symbol wird nicht „erfunden", wie auch der Satz von Pythagoras und sein Beweis nicht erfunden sind. Er wird von einem bestimmten Moment an *gesehen*, weil er auf einer Wirklichkeit beruht.

In der Weihnachtstagung 1923/24 und in den „Klassenstunden" wird das Rosenkreuz noch einmal in aller Herrlichkeit aufgerichtet (darüber später).

Rudolf Steiner hat immer deutlich ausgesprochen, dass er zwar an bestehende Strömungen und Traditionen anknüpfte, dass aber seine „spirituelle Berechtigung" *nicht* an eine bestehende Tradition anknüpfte, sondern ganz auf sich selbst beruhte – wie es einer Einweihung in die „anima humana" gebührt.
In den heutigen anthroposophischen Strömungen wird manchmal gedacht, es würde eine esoterische Sukzession bestehen. Dann hätte Rudolf Steiner seine Berufung zum spirituellen Lehrer von Annie Besant empfangen, als sie ihn zum Leiter der esoterischen Schule der Theosophischen Gesellschaft machte. Diese in Steiner lebende esoterische Bewegung hätte sich dann mit seinem Tod erschöpft, weil er keinen Nachfolger benannt hat. Dann müssten die Anthroposophen in aller Demut und Bescheidenheit auf seine Wiederkunft warten, wo er seine Aufgabe von neuem auf sich nähme und fortsetzte.
Dass diese Sicht *nicht* richtig ist, finden wir in Rudolf Steiners eigenen Worten, ausgesprochen in „Mein Lebensgang".[124]

„Diese „Esoterische Schule" ging auf H. P. Blavatsky zurück. Diese hatte für einen kleinen inneren Kreis der Gesellschaft eine Stätte geschaffen, in der sie mitteilte, was sie in der allgemeinen Gesellschaft nicht sagen wollte. Sie hielt es wie andere Kenner der geistigen Welt nicht für möglich, gewisse tiefere Lehren der Allgemeinheit mitzuteilen.
(...)
Für den modernen Menschen gibt es eine irrtumsfreie Möglichkeit, zu entscheiden, was von dem Inhalte des geistigen Schauens weiteren Kreisen mitgeteilt werden kann. Mit Allem kann das geschehen, das der Forschende in solche Ideen kleiden kann, wie sie der Bewußtseinsseele eigen und wie sie ihrer Art nach auch in der anerkannten Wissenschaft zur Geltung kommen.
Nicht so steht die Sache, wenn die Geist-Erkenntnis nicht in der Bewußtseinsseele lebt, sondern in mehr unterbewußten Seelenkräften. *Diese* sind nicht genügend unabhängig von den im Körperlichen wirkenden Kräften. Deshalb kann für Lehren, die so aus unterbewuß-

---
[124] Mein Lebensgang, S. 424.

ten Regionen geholt werden, die Mitteilung gefährlich werden. Denn solche Lehren können ja nur wieder von dem Unterbewußten aufgenommen werden.

(...)

Das alles kommt für Anthroposophie deshalb nicht in Betracht, weil diese ihre Lehren ganz aus der unbewußten Region heraushebt.

(...)

Ich hatte mein anthroposophisches Wirken in die Theosophische Gesellschaft hineingestellt. Ich mußte deshalb informiert sein über alles, was in derselben vorging. Um dieser Information willen und darum, weil ich für Vorgeschrittene in der anthroposophischen Geist-Erkenntnis selbst einen engeren Kreis für notwendig hielt, ließ ich mich in die „Esoterische Schule" aufnehmen. Mein engerer Kreis sollte allerdings einen andern Sinn als diese Schule haben.

(...)

Nun wollte ich überall an Bestehendes, an historisch Gegebenes anknüpfen. So wie ich dies mit Bezug auf die Theosophische Gesellschaft tat, wollte ich es auch gegenüber der „Esoterischen Schule" machen. Deshalb bestand mein „engerer Kreis" auch zunächst in Zusammenhang mit dieser Schule. Aber der Zusammenhang lag nur in den *Einrichtungen*, nicht in dem, was ich als Mitteilung aus der Geist-Welt gab. So nahm sich mein engerer Kreis in den ersten Jahren äußerlich wie eine Abteilung der „Esoterischen Schule" von Mrs. Besant aus. Innerlich war er das ganz und gar nicht. Und 1907, als Mrs. Besant bei uns am theosophischen Kongreß in München war, hörte nach einem zwischen Mrs. Besant und mir getroffenen Übereinkommen auch der äußere Zusammenhang vollständig auf.

(...)

So war bis 1907 mein engerer Kreis in einem auf die Einrichtung bezüglichen Sinne in einem Zusammenhang mit dem, was Mrs. Besant als einen solchen Kreis pflegte. Aber es ist ganz unberechtigt, aus diesen Tatsachen heraus das zu machen, was Gegner daraus gemacht haben. Es wurde geradezu die Absurdität behauptet, ich wäre zu der Geist-Erkenntnis überhaupt nur durch die esoterische Schule von Mrs. Besant geführt worden."

Das Rosenkreuz

Die geistige Erkenntnis Rudolf Steiners ist in dem Bild des Rosenkreuzes umfasst, zusammengefasst. Es dürfte deutlich sein, dass die traditionelle theosophische geistige Erkenntnis darin keinesfalls symbolisiert, erfasst, zusammengefasst werden kann. Allein schon daraus kann ersichtlich werden, dass das eine nicht aus dem anderen hervorgegangen sein kann.

DIE AKASHA-CHRONIK

Der Entwicklung, die ich bis hierher zu beschreiben versuchte, kann der heutige mitdenkende und -fühlende Mensch noch immer folgen. Zwar kann der denkende Verstand, das fühlende Erleben nicht bis in die Realität von Rudolf Steiners Innerem kommen, *vorstellen* kann man sich diese Entwicklung jedoch in jedem Fall.

Aber Rudolf Steiner als Theosoph erscheint dann dennoch in einer Gestalt, die etwas Übermenschliches hat. Seine Frage: „Muss man verstummen?" ist mit einem kräftigen „Nein!" beantwortet, und in der Theosophischen Gesellschaft findet Steiner die Menschen, die ein Interesse an den geistigen Offenbarungen haben. Doch zugleich damit wird die Höhe und Tiefe von Steiners Seelenleben, seiner Geistanschauung offenbar. Vor 1903 kann man Steiner noch sehr beruhigend als einen Philosophen mit eigenen Einsichten betrachten. Danach kann man seine spirituelle Philosophie noch als Basis, als Grundlage betrachten, aber es erscheint ein *Wissen*, dass seinesgleichen sucht. Helmut Zander löst dieses Wunder, indem er behauptet, Steiner habe alles von anderen übernommen – und er benutzt die unwahrhaftigsten Methoden, um dies zu „zeigen". Wer jedoch *unbefangen*, ohne Hypothesen, dem Offenbarungswerk Steiners gegenübertritt, wird dafür gewonnen – durch dessen innere Konsistenz, die Vielfältigkeit ohne Widersprüche, das innere Gleichgewicht zwischen Gegensätzen (was etwas anderes ist als Widersprüche).

Dann steht man vor einem wirklichen Wunder: Ein Mann, im Beginne des 20. Jahrhunderts lebend, fasst einzigartige spirituelle Erfahrungen in Worte – in Büchern, Aufsätzen, Vorträgen und esoterischen Lektionen. Sein christlich-esoterisches Wissen wird großteils in die gebräuchlichen theosophischen Worte gebracht, teilweise wird auch die christliche Terminologie verwendet (z.B. bei den Namen der höheren Hierarchien). Aber über diese Worte hinaus reicht und lebt die eigentliche höhere Einsicht. Der Weg zu einem solchen Vermögen derart hoher Einsicht wurde in den vorangegangenen Kapi-

Die Akasha-Chronik

teln besprochen. Wenn man diese hohe Einsicht miterlebt, erscheint die Geistgestalt des Eingeweihten Rudolf Steiner, der ein geistiges Erkenntnisvermögen entwickelt hat, welches sich durch die wissenschaftliche Ideenform auszeichnet, in die das geistige Wissen für den modernen Menschen gebracht wurde.

Eine wichtige Fähigkeit bei dem Erwerb okkulten Wissens ist das erkennende Lesen in der „Akasha-Chronik". Wollen wir Rudolf Steiner auch jetzt noch auf seinem Weg folgen, dann ist es von Wichtigkeit, dass wir uns eine Vorstellung von diesem Lesen in der Akasha-Chronik bilden – und zugleich eine Vorstellung von der Akasha-Chronik selbst.

1904 hielt Rudolf Steiner darüber zwei Vorträge, die jedoch sehr unvollständig festgehalten wurden und nicht im Druck erschienen. In der Einleitung von Band 265 der Gesamtausgabe gibt Hella Wiesberger jedoch einige Fragmente davon wieder:[125]

„Sie (die Akasha-Chronik) ist geschrieben in Symbolen und Zeichen, nicht in Worten einer jetzt bestehenden oder einer der bestanden habenden Sprachen. Solange man nur *die* Kraft anwendet, die der Mensch gewöhnlich anwendet beim Denken – und jeder Mensch, der nicht ausdrücklich daraufhin gelernt hat, wendet diese Kraft an –, kann man nicht in der Akasha-Chronik lesen.

Wenn Sie sich fragen: ‚Wer denkt?', so werden Sie sich sagen müssen: ‚Ich denke'. Sie verbinden Objekt und Prädikat miteinander, wenn Sie einen Satz bilden. Solange Sie selbst es sind, der die einzelnen Begriffe verbindet, so lange sind Sie nicht imstande, in der Akasha-Chronik zu lesen. Sie sind nicht imstande zu lesen, weil Sie Ihre Gedanken mit dem eigenen Ich verbinden. Sie müssen aber Ihr Ich ausschalten. Sie müssen verzichten auf jeden eigenen Sinn. Sie müssen lediglich die Vorstellungen hinstellen, um die Verbindung der einzelnen Vorstellungen durch Kräfte außerhalb von Ihnen, durch den Geist, herstellen zu lassen.

Es ist also der Verzicht – nicht auf das Denken, wohl aber darauf, von sich aus die einzelnen Gedanken zu verbinden – notwendig, um

---
[125] GA 265, S. 28f.

in der Akasha-Chronik zu lesen. Dann kann der Meister kommen und Sie lehren, durch den Geist von außen Ihre Gedanken zusammenfügen zu lassen zu dem, was Ihnen der universelle Weltengeist über das, was in der Geschichte sich vollzogen hat, zu zeigen vermag. Dann urteilen *Sie* nicht mehr über die Tatsachen, sondern dann spricht zu Ihnen der universelle Weltengeist selbst. Und Sie stellen ihm Ihr Gedankenmaterial zur Verfügung.

Nun muß ich etwas sagen, was vielleicht etwas Vorurteil erweckt. Ich muß sagen, was heute vorbereitend notwendig ist, um zu der Ausschaltung des Ich zu kommen, um in der Akasha-Chronik lesen zu können. Sie wissen, wie es eine heute verachtete Sache ist, was die Mönche im Mittelalter gepflegt haben. Sie haben nämlich gepflegt das ‚Opfer des Intellekts'. Der Mönch hat nicht so gedacht, wie der heutige Forscher denkt. Der Mönch hatte eine bestimmte heilige Wissenschaft, die heilige Theologie. Über den Inhalt hatte man nicht zu entscheiden. Man sprach deshalb davon, daß der Theologe im Mittelalter seinen Verstand dazu zu gebrauchen hat, die gegebenen Offenbarungen zu erklären und zu verteidigen. Das war, wie man sich auch heute dazu stellen mag, eine strenge Schulung in der Hinopferung des Intellektes an einen gegebenen Inhalt. Ob das nun nach modernen Begriffen etwas Vorzügliches oder etwas Verwerfliches ist, davon wollen wir absehen.

Dieses Opfer des Intellektes, das der Mönch des Mittelalters brachte, führte zu der Ausschaltung des von dem persönlichen Ich ausgehenden Urteils, es führte ihn dazu, zu lernen, wie man den Intellekt in den Dienst eines Höheren stellt. Bei der Wiederverkörperung kommt dann das, was damals durch dieses Opfer hervorgebracht wurde, zur Auswirkung und macht ihn zum Genie des Anschauens. Kommt dann das höhere Schauen hinzu, dann kann er die Fähigkeit anwenden auf die Tatsachen, die in der Akasha-Chronik zu lesen sind." (Berlin, 1. Juni 1904)

Zwei Monate später sagt Steiner dann in demselben Sinne:[126]

---

[126] GA 265, S. 30.

Die Akasha-Chronik

„Wenn er (der Mensch) in Selbstlosigkeit, aber auch in Bewußtheit und Klarheit die Gedanken aufsteigen läßt, dann tritt ein Ereignis ein, welches, von einem gewissen Gesichtspunkte aus, jeder Okkultist kennt, nämlich das Ereignis, daß sich die Vorstellungen, die Gedanken, die er früher nach seinem persönlichen Standpunkte zu Sätzen, zu Einsichten geformt hat, jetzt durch die geistige Welt selbst formen, so daß nicht *er* urteilt, sondern in ihm geurteilt wird. Es ist dann so, daß er sich hingeopfert hat, auf daß ein höheres Selbst geistig durch seine Vorstellungen spricht.

Das ist – okkult aufgefaßt – das, was man im Mittelalter das ‚Opfer des Intellektes' genannt hat. Es bedeutet das Aufgeben meiner eigenen Meinung, meiner eigenen Überzeugung. So lange ich selbst meine Gedanken verbinde, und meine Gedanken nicht höheren Gewalten zur Verfügung stelle, die auf der Tafel des Intellektes dann gleichsam schreiben, so lange kann ich nicht okkulte Geschichte studieren." (Berlin, 25. Juli 1904)

1914, also zehn Jahre später, spricht Rudolf Steiner in dem Vortragszyklus „Okkultes Lesen und okkultes Hören" in derselben Weise darüber:[127]

„Wenn wir meditieren, uns konzentrieren, haben wir immer zunächst das Ziel, das Bestreben, nicht in der Egoität zu leben. Die darf dann nicht physische Erfahrungen[128] vermitteln, sondern wir haben das Bestreben, sie herunterzudrücken in den Astralleib. Wenn sie im Astralleib ist, spiegelt sie sich zunächst nicht im physischen Leib. (...) Wenn Sie das Ich mit der Egoität unterdrücken, dann werden Sie im Astralleib drinnen sein. Und der ist jetzt so fein, daß Sie die feinen fluktuierenden Dinge der Außenwelt bewußt wahrnehmen können, aber dazu müssen sie nun auch erst gespiegelt werden, wenn Sie sie wirklich wahrnehmen sollen. Hier ist etwas, was Sie recht gut ins Auge fassen müssen. Es sind viele unter Ihnen, die sich treulich und wahrhaftig der Meditation hingeben. Dadurch erreichen Sie, daß die

---

[127] Vortrag vom 3.10.1914, GA 156, S. 24ff.
[128] Selbst innerlich gesprochene Worte sind in strengem Sinne noch eine physische Erfahrung.

gewöhnliche Egoität unterdrückt wird, daß das Erleben im Astralleib eintritt. Aber es muß erst die Spiegelung dazukommen, damit Sie es wie bewußt im Astralleib erleben.
(...)
Und geradeso wie man im gewöhnlichen Leben durch den physischen Leib das, was man erlebt, gespiegelt erhält, so muß man, wenn man in der geistigen Welt bewußt wahrnehmen will, durch den Ätherleib die Erlebnisse des astralischen Leibes zunächst gespiegelt erhalten.
(...)
Da lebt und webt alles. Nichts ist auch nur einen Augenblick ruhig von dem, was da ist.
(...)
So ist das, was ich zunächst bekomme, was ich im Astralleib erlebe und gespiegelt bekomme im Ätherleibe, nur richtig, wenn ich es als ein Zeichen auffasse, und wenn ich lerne, daß es für etwas anderes steht."

Was ist nun diese Akasha-Chronik, worin können wir lesen lernen, wenn wir „okkulte Geschichte" studieren können?
Aus einer Fragenbeantwortung im Jahr 1906, in der Rudolf Steiner auf die Frage, ob man nach dem Tode physische Gegenstände sehe, antwortete, sind folgende Notizen erhalten:[129]

„Nach dem Tode sieht man nichts Physisches, aber das entsprechende Astrale, astrale Kraftgegenbilder, und devachanische. Das Mineralische fehlt; es erscheint als Hohlraum, wie ein photographisches Negativ. Eine Uhr sieht man im Devachan, da eine menschliche Absicht dabei ist. So sieht man dort jedes Menschenwerk.

Wir können nun wie folgt schematisieren:

---

[129] Notizen der Fragenbeantwortung nach dem Vortrag vom 4.9.1906, GA 95, S. 160.

Die Akasha-Chronik

	Atma	umgestalteter physischer Leib
	Buddhi	umgestalteter Ätherleib
	Manas	umgestalteter Astralleib
Kama Manas	Ich	
Kama	Astralleib	
Prana	Ätherleib	
	Physischer Leib	

Die allgemeine Lebensflut heißt Prana. Sie rinnt wie Wasser; ist sie aber geformt, wie man Wasser in ein Gefäß gießt, in den physischen Leib gegossen, so spricht man von Ätherleib. Ebenso heißt die allgemeine Astralmaterie Kama, das heißt Wunschmaterie. Zu einem Leibe geformt, sagt man Astralleib. Das Ich ist das Zentrum der Person. Kama ragt hinein und ebenso Manas. Das Ich ist also aus Kama und Manas zusammengemischt. Das Kama soll ganz umgewandelt und veredelt werden, so daß Manas daraus wird. Wird der Ätherleib veredelt, so entsteht Buddhi, und Atma entsteht durch Verwandlung des physischen Leibes.

Die Mentalebene

	VII	Kausalleib
Arupa	VI	Kausalleib
	V	Kausalleib

Akasha-Chronik

	IV	Ätherkreis
Rupa	III	Luftkreis
	II	Meeresgebiet, wie das Blut im Menschenleib
	I	Kontinentalgebiet

3. Teil, Der Eingeweihte – „Meister des Abendlandes"

Das Kontinentalgebiet enthält alles Physische, das Meeresgebiet alles Leben, der Luftkreis alle Empfindungen und der Ätherkreis alle Gedanken. An der Grenze des Ätherkreises ist die Akasha-Chronik. Sie enthält alles, was je gedacht ist. Jenseits der Akasha-Chronik liegt alles noch nicht Gedachte, Arupa. Alles neu Gedachte, alle Erfindungen und so weiter kommen aus der Aruparegion. Wer Kama Manas entwickelt hat, kommt nach dem Tode bis in den Ätherkreis, zu selbständigen Gedanken. Das Ich gestaltet den Astralleib, so daß Manas daraus wird. Alles Manas, was noch nicht ins Astrale gezogen wurde, ist Arupa."

Am 5. Oktober 1905 gab Rudolf Steiner einen esoterischen Vortrag, in dem das Obenstehende bereits enthalten war, nicht als Gliederung der Reiche nach dem Tod, sondern als Entwicklungsphasen der Erdenentwicklung. Wenn man beide Inhalte zusammendenkt – als Meditation –, wird deutlich, was wir uns unter der „Akasha-Chronik" vorstellen müssen. Zuerst gebe ich die Worte von Steiner wieder: [130]

„Das erscheint wieder zunächst im arupischen Zustande, im reinen Akasha. Man nennt diesen Zustand eben „Akasha". Zuerst befindet sich am Anfang jeder neuen Runde alles im Akasha (z.B. nach dem „alten Mond" am Beginn der eigentlichen Erdenentwicklung, theosophisch „vierte Runde" genannt, M.M.). Später sind nur Abdrücke im Akasha. So haben wir also in diesen Abdrücken im Akasha die ganze Erde mit all ihren Wesen. Beim Übergang von der dritten zur vierten Runde erschienen auch alle Wesen, die in der dritten Runde entstanden waren, am Anfange der vierten Runde im Akasha wieder.
Bei der weiteren Entwickelung aus dem Akasha muß sich das ganze verdichten, es muß eine dichtere Form annehmen. Das geschieht im Rupazustand der Erde. Diese mehr materielle Form nennt man im Okkultismus (...) den Äther. In dieser Äthererde ist alles nur in Gedanken enthalten. Alle Wesen waren in Gedanken enthalten in dieser Äthererde. Aber dahinter bleibt doch das Akasha als eine Grundlage bestehen. Der Äther verdichtet sich wieder weiter zum Astrallicht. Im

---
[130] Vortrag vom 5.10.1905, GA 93a, S. 77ff.

Die Akasha-Chronik

Astrallicht strahlt der dritte Globus (Formzustand), die Astralerde auf.
(...)
Darauf geht die Erde über in ihren jetzigen, den physischen Zustand.
(...)
In demselben Maße aber, in dem sie immer physischer und physischer wird, gliedert sie die einzelnen aurischen Eier für die Menschheit ab. Die gliedern sich so ab, als wenn in einem gefüllten Wassergefäß das Wasser einerseits zu Eis gefriert und andererseits in Tropfen verperlt.
(...)
Im aurischen Ei sind die Kräfte veranlagt gewesen, die der Ätherleib, der Linga sharira, herausarbeitet.
(...)
So unterscheiden wir: Erstens Akasha, zweitens Äther, drittens Astrallicht, viertens Erde, fünftens Aurisches Ei.
(...)
Die aurischen Eier der Menschen sind das individualisierte Astrallicht. Daher kann man in dem Astrallicht lesen; nicht die Handlungen, aber die Emotionen, die damit verbunden sind, kann man in dem Astrallicht lesen.
(...)
Die physischen Handlungen auf dem physischen Plane sind für alle Ewigkeit vergangen. (...) aber der Impuls (...) ist in dem Astrallicht geblieben. Die kamischen (astralen) Korrelate von dem, was auf dem physischen Plan vorgeht, bleiben im Astrallicht. Man muß sich daran gewöhnen, von allen physischen Wahrnehmungen abzusehen und nur die kamischen Impulse zu sehen. Diese muß man festhalten und bewußt ins Physische zurückübersetzen. Es hat keinen Sinn, nach etwas zu suchen, was so aussehen würde, wie wenn man die Sachen photographiert hätte.
Die größten Impulse der Weltgeschichte kann man aber im Astrallicht nicht mehr lesen, denn die Impulse der großen Eingeweihten waren leidenschaftslos. Wer daher nur im Astrallichte liest, für den ist das ganze Werk der Initiierten nicht da (...). Solche Eindrücke sind nur im Äther aufgeschrieben. Was man von dem, was die großen Eingeweihten getan haben, im Astrallicht lesen kann, beruht auf einer

Täuschung, weil man nur die Folge des Auftretens der großen Eingeweihten lesen kann aus den Impulsen ihrer Schüler. Schüler und ganze Völker haben lebhaft und leidenschaftlich empfunden bei den Handlungen der großen Initiierten, und dies ist im Astrallicht geblieben. Es ist aber so schwer, die innersten Motive der großen Eingeweihten zu studieren, weil sie nur im Äther vorhanden sind.

Die kosmischen Ereignisse – solche Umwandlungen wie die von Atlantis – stehen nun noch höher, nicht mehr im Äther, sondern im eigentlichen Akasha. Das ist die Akasha-Chronik. Diese hängt aber in gewisser Weise trotzdem mit den untersten Angelegenheiten der Menschen zusammen. Denn der Mensch steht in Verbindung mit den großen Ereignissen des Kosmos. Jeder einzelne Mensch ist mit allgemeinen Strichen in der Akasha-Chronik zu finden. Was dort ist, setzt sich fort und fungiert hinein in den Äther und in das Astrallicht. Der einzelne Mensch wird immer klarer erkennbar, je mehr man ihn in den niedrigeren Gebieten sucht. Und man muß alle diese Gebiete studieren, um den eigentlichen Mechanismus des Karma zu verstehen."

Und zwei Wochen später sagt er in einem weiteren Vortrag desselben Zyklus:[131]

„Einer Unsumme von Irrtümern kann derjenige ausgesetzt sein, der den Astralraum betritt. Außer allem anderen ist auf dem Astralplan ein Abdruck der Akasha-Chronik. Wenn jemand die Fähigkeit hat, auf dem Astralplane in der Akasha-Chronik zu lesen, die sich dort in ihren einzelnen Teilen spiegelt, so wird er seine früheren Inkarnationen sehen können. Die Akasha-Chronik ist nicht mit Buchstaben gedruckt, sondern man liest da ab, was sich wirklich vollzogen hat. Ein Akasha-Bild gibt auch noch nach eintausendfünfhundert Jahren den Eindruck der früheren Persönlichkeit.

(...)

So kann man also dem Irrtum unterliegen, mit Dante zu reden, während in der Tat Dante heute wieder als lebende Persönlichkeit da sein könnte.

---

[131] Vortrag vom 18.10.1905, GA 93a, S. 157f.

(...)
Damit man sich auf dem Astralplan auskennen kann, ist eine starke, eindringliche Schulung erforderlich, weil dort immer Täuschungen möglich sind. Und besonders notwendig ist es, daß man lernt, sich möglichst lange jeglichen Urteils zu enthalten."

In einem weiteren Vortrag vom Mai 1907 finden wir folgendes:[132]

„Vor allen Dingen ist eins wichtig, was uns im Devachan, in dieser sogenannten Vernunftwelt, begegnet. Es ist das, was wir gewohnt sind, die Akasha-Chronik zu nennen. Nicht als ob dieselbe erzeugt würde im Devachan, sie wird in einem noch höheren Gebiet hervorgebracht, aber man kann, wenn man bis zum Devachan hinaufgelangt ist, anfangen das zu sehen, was man die Akasha-Chronik nennt.

Was ist Akasha-Chronik? Wir machen uns den besten Begriff davon, wenn wir uns klar sind, daß alles, was auf unserer Erde oder sonst auf der Welt geschieht, einen bleibenden Eindruck auf gewisse feine Essenzen macht, der für den Erkennenden, der eine Einweihung durchgemacht hat, aufzufinden ist. Es ist keine gewöhnliche Chronik, sondern eine Chronik, die man als eine lebendige bezeichnen könnte. Nehmen wir an, ein Mensch lebte im ersten Jahrhundert nach Christo. Das, was er damals gedacht, gefühlt, gewollt hat, das, was in seine Taten übergegangen ist, ist nicht ausgelöscht, sondern es ist aufbewahrt in dieser feinen Essenz. Der Seher kann es „sehen". Nicht etwa so, wie wenn es aufgeschrieben wäre in einem Geschichtsbuche, sondern so, wie es sich zugetragen hat. Wie man sich bewegt, was man getan, wie man zum Beispiel eine Reise gemacht hat, kann man sehen in diesen geistigen Bildern. Man kann auch die Willensimpulse, die Gefühle, die Gedanken sehen. Doch wir dürfen uns nicht vorstellen, daß diese Bilder sich so ausnehmen, als wenn sie Abdrücke der physischen Persönlichkeiten hier wären; das ist nicht der Fall. Um ein einfaches Bild zu gebrauchen: Wenn man seine Hand bewegt, so ist der Wille des Menschen überall in den kleinsten Teilen der sich bewegenden Hand, und diese Willenskraft, die sich hier versteckt, die kann

---
[132] Vortrag vom 28.5.1907, GA 99, S. 43ff.

man sehen. Das, was jetzt geistig wirkt in uns und im Physischen ausgeflossen ist, das sieht man dort im Geistigen.

Suchen wir zum Beispiel Cäsar auf. Wir können alles, was er unternommen hat, verfolgen. Doch machen wir uns klar, daß wir mehr die Gedanken des Cäsar sehen können in der Akasha-Chronik. Wenn er sich vorgenommen hat, etwas zu tun, sieht man die ganze Folge von Willensentschlüssen bis zu dem Punkte, wo die Tat ausgeflossen ist ins Leben. Es ist nicht leicht, ein konkretes Ereignis in der Akasha-Chronik zu verfolgen; man muß sich zu Hilfe kommen durch Anknüpfung an Dinge, die man äußerlich erfahren hat. Will der Seher etwas von Cäsar verfolgen und vergegenwärtigt er sich ein Geschichtsdatum als Punkt, an den er anknüpft, dann ergibt sich das andere mit Leichtigkeit. Die geschichtlichen Daten sind zwar oft unzuverlässig, doch mitunter eine Hilfe.

(...)

Die Akasha-Chronik ist zwar zu finden im Devachan, doch sie erstreckt sich herunter bis in die astrale Welt, so daß man in dieser oft Bilder der Akasha-Chronik wie eine Fata Morgana finden kann. Sie sind aber oft unzusammenhängend und unzuverlässig, und das ist wichtig zu beachten, wenn man Forschungen über die Vergangenheit anstellt.

(...)

Noch eine andere Quelle des Irrtums kann kommen, wenn man sich auf die Angaben von Medien stützt. Medien, wenn sie entsprechende Mediumität haben, können die Akasha Chronik sehen, obgleich meist nur deren astrale Spiegelungen. Nun ist etwas Eigentümliches in der Akasha-Chronik. Wenn wir einen Menschen aufsuchen, benimmt er sich wie ein lebendes Wesen.

(...)

Das Akasha-Bild ist so lebendig, daß es wie ursprünglich im Sinn des Menschen fortwirkt. Daher kann es geschehen, daß man es verwechselt mit dem Menschen selbst. Die Medien glauben, daß sie es zu tun haben mit dem im Geist fortlebenden Toten, während es doch nur dessen astrales Akasha-Bild ist. Cäsars Geist kann schon wieder verkörpert sein auf der Erde, sein Akasha-Bild antwortet in den Sitzungen. Es ist nicht die Individualität des Cäsar, sondern nur der blei-

Die Akasha-Chronik

bende Eindruck, den Cäsars Bild in der Akasha-Chronik hinterlassen hat. Hierauf beruht der Irrtum in zahlreichen Medien-Sitzungen. Wir müssen unterscheiden zwischen dem, was bleibt vom Menschen in seinem Akasha-Bilde, und dem, was sich fortentwickelt als die Individualität."

Was in dem Vortrag von 1906 von Rudolf Steiner „Ätherkreis" genannt wurde, das wird von ihm im Buch „Theosophie" als die vierte Region des Devachan, die Vernunftwelt, bezeichnet:[133]

„Die Urbilder der vierten Region beziehen sich nicht unmittelbar auf die andern Welten. Sie sind in gewisser Beziehung Wesenheiten, welche die Urbilder der drei unteren Regionen beherrschen und deren Zusammentritt vermitteln. Sie sind daher beschäftigt mit dem Ordnen und Gruppieren dieser untergeordneten Urbilder. Von dieser Region geht demnach eine umfassendere Tätigkeit aus als von den unteren."

Wir können nun noch einmal wie folgt schematisieren:

Erdenentwicklung (Geheimwissenschaft)   *Nachtodliches Gebiet (Theosophie)*

                                                Mentalplan

                                                - Kausalkörper = Weltenerinnerung

Arupa – ungeformte Akasha, in der   Arupa - Kausalkörper = Weltendenken
        noch ungeformt alles Voran-   - Kausalkörper = Weltenwort
        gegangene anwesend ist

Geformte Akasha   Akasha

Äther = alles in Gedankenform anwesend

    Astrallicht   - Urbilder-Ordnung = Ätherkreis
     /   \\   Rupa - Urbilder der Empfindungen/Gefühle = Luft
Erde   Aurische Anlage („Eier")   Urbilder des Lebens = Ozean
Physische   des Menschen   - Urbilder des Physischen = Kontinente
Welt

---

[133] Theosophie, GA 9, S. 127.

3. Teil, Der Eingeweihte – „Meister des Abendlandes"

Menschliche Entwicklung

Atma	umgewandelter physischer Leib
Buddhi	umgewandelter Ätherleib
Manas	umgewandelter Astralleib

Reines Denken – Akasha = reine Gedankenmaterie = Geistsubstanz

Kama Manas, ICH
- Bewusstseinsseele
- Verstandes-/Gemütsseele
} = Ordnungsmaterie (= Begriffsmaterie)

- Empfindungsseele

Kama — Astralleib = Wunschmaterie
Prana — Ätherleib = Formmaterie
— Phys. Leib = Hyle-Materie

Der Umschlagpunkt liegt im Ich: Die Wunschmaterie wird zum Ordnen. Da liegt die „Erbsünde" noch in der Ordnungsmaterie verborgen, wodurch die Ordnung subjektiv gefärbt ist und nicht rein objektiv. Die Aufgabe ist, dass das Manas die Oberhand in Bezug auf das Kama gewinnt. Dies geschieht durch die Reinigung des „Ordnungsprinzips", indem dieses von dem Einfluss der Sinnesorgane befreit wird. So wird ein sinnlichkeitsfreies Denken gebildet, das seinen Ursprung in der vierten Region des Devachan hat – in der reinen Welt der Urbilder-Ordnung. Doch die Entwicklung des Denkens kann noch darüber hinausgehen. Es gibt eine Gedankensubstanz, welche Essenzen umfasst, die noch keine Form angenommen haben oder die über die Form hinausgestiegen sind. Hier, in diesem Gebiet zwischen Gedankenform und dem „Ungeformten", liegt eine Geist-Substantialität – eine Art Urstoff, die kein Stoff ist –, die aus einer noch nicht zur Form gewordenen Form besteht, in der aber doch die Essenz lebt.

In dieses Gebiet tritt der Mensch ein, wenn er in die Anschauung dessen eintritt, was das sinnlichkeitsfreie Denken ist. Die „Idee der Idee" – da, wo die Idee nicht ordnendes Prinzip ist, sondern wo sie in sich selbst besteht und angeschaut wird. Die anschauende Substanz, die selbst keine Form ist, sondern allein Form der Form, wo die Form die Substanz oder Materie aus sich hervorbringt, also nicht den Inhalt des Denkens, sondern die Anschauung als Geistsubstanz hervorbringt: da ist der Mensch in der reinen Akasha-Chronik. Da ist das lebendige Denken rein und gibt nur unlesbare „Zeilen" preis: unlesbar, weil man dessen entwöhnt ist, weil man sich daran aufs Neue gewöhnen muss, weil einem nur die niederen Regionen bekannt sind. Die Akasha trägt die höheren Devachan-Regionen vollständig in sich, als nicht offenbartes Licht, als unaussprechbares Wort, als Bewusstsein ohne Wissen von einem Objekt. Arupa lebt in der Akasha-Substanz: die Akasha-Substanz lebt in der Anschauung der Idee.

Das ordnende Denken ist Kama Manas, es entwickelt sich zum reinen, objektiven Verstand, zum reinen, selbständigen Gedanken, zum Ätherkreis, zu der Welt der ordnenden Urbilder, zur vierten Region der „Vernunftwelt", des Devachan. Wird es zur sinnlichkeitsfreien Idee entwickelt, die dann selbst noch angeschaut wird, dann ist die anschauende Substanz völlig von Kama befreit, ist zu dem geworden (bzw. hat sich dem hinzugefügt), was im Ursprung schon da war, was als Ungeworden-Gewordenheit alles in sich trägt: Akasha. Akasha ist das Wort, welches im Urbeginne war und aus dem alles Entstandene geworden ist. Es ist Fleisch geworden, und seitdem kann es in dem im Fleisch begrabenen Wort zu sich selbst kommen – dort, wo der neue Sinn geweckt wird: die Anschauung der sinnlichkeitsfreien Ordnung.[134]

Akasha ist Gedankenstoff, der von einer höheren Geistigkeit ist als die Äthersubstanz, die wiederum höher ist als das Astrallicht.

In unserer modernen Zeit haben wir um uns herum eine Umkehrung der Akasha in dasjenige, was auch „Äther" genannt wird: in die unsichtbare Wellenmaterie des elektromagnetischen Feldes. Darin ist auch eine Welt von Gedanken und Bildern „eingeschrieben", die unsichtbar um uns herum wirksam sind und die einen mächtigen Wall aufwerfen, durch den die feinen Substanzen von Astrallicht, Äthersubstanz und Akasha nicht mehr wahrgenommen werden dürfen. Als eine unsäglich starke, unsichtbare Substanz umringt uns dieses Schall-, Bilder- und Fakten-Medium. Konzentrations- und Medita-

---

[134] Siehe auch Mieke Mosmuller: Das Tor zur geistigen Welt. Occident 2010. Anschauen des Denkens, Occident 2011.

tions-Übungen verschaffen schnell einen Zugang zu diesem groben Kraftfeld, das eine umgekehrte, *unterhalb* der physischen Natur liegende Welt ist.[135]

Was ist nun die Bedeutung der Akasha-Chronik in der Entwicklung und in dem Werk Rudolf Steiners? Die Antwort kann nur zögernd und tastend gesucht werden. Aber manchmal gibt Steiner sie selbst, in *einem* Satz. So sprach er in einem Vortrag in Nürnberg 1915 folgende Worte:[136]

„Die Wahrheit ist ja doch diese, daß zum Beispiel all dasjenige, was ich geschrieben habe in meinem Buche „Die Mystik im Aufgange des neuzeitlichen Geisteslebens", nur herausgeschrieben ist aus der Art, wie der Spiritualismus in der mitteleuropäischen Kulturströmung lebt. Das Buch ist sogleich ins Englische übersetzt worden, und man hat uns damals dort – mir wenigstens – gesagt, in diesem Buche stecke die ganze Theosophie darin."

Man braucht sich dann nur zu fragen: Was ist denn die Art, wie der Spiritualismus in der mitteleuropäischen Kulturströmung lebt, die also offenbar die Grundlage des Buches „Die Mystik..." ist?
Die Art der Spiritualität, die dieses ganze Buch durchzieht, wird in der Einleitung deutlich in Worte gefasst. Ich wiederhole noch einmal das Zitat von Seite 161. Rudolf Steiner schreibt in der Einleitung von „Die Mystik":[137]

„(...) was für tiefer Blickende die Grundlage ihres Innenlebens ist; nämlich bei dem Satze, daß wir bei aller anderen Art von Erkenntnis den Gegenstand außer uns haben, bei der Selbsterkenntnis innerhalb dieses Gegenstandes stehen, daß wir jeden anderen Gegenstand als fertigen, abgeschlossenen an uns herantreten sehen, in unserem Selbst

---

[135] Siehe Mieke Mosmuller: Das Menschliche Mysterium. Lebenskräfte, Bildekräfte, Gestaltung des menschlichen Leibes. Occident 2011.
[136] Vortrag vom 14.3.1915, GA 277, S. 17.
[137] Die Mystik im Aufgange..., GA 7, S. 18f.

jedoch als Tätige, Schaffende das selbst weben, was wir in uns beobachten. (...)
Die von uns unabhängige Welt lebt für uns dadurch, daß sie sich unserem Geiste mitteilt. Was uns da mitgeteilt wird, muß in der uns eigentümlichen Sprache gefaßt sein. Ein Buch, dessen Inhalt in einer uns fremden Sprache dargeboten würde, wäre für uns bedeutungslos. (...) Dieselbe Sprache, die von den Dingen zu uns dringt, vernehmen wir aus uns selbst. Dann *sind* wir es aber auch, die sprechen. Es handelt sich bloß darum, daß wir die Verwandlung richtig belauschen, die eintritt, wenn wir unsere Wahrnehmung den äußeren Dingen verschließen und nur auf das hören, was dann noch aus uns selbst tönt. Dazu gehört eben der neue Sinn."

Dieser neue Sinn heißt in der „Philosophie der Freiheit" noch „Ausnahmezustand". In der „Mystik" wird er zum „inneren Sinn", der sich außerhalb der eigenen inneren Prozesse stellen kann, während er doch auch deren Initiator ist.
Das ist die Art, wie der Spiritualismus in der mitteleuropäischen Kulturströmung lebt. Ich selbst versuche immer wieder, dieses *Wesen der christlichen Esoterik* in Worte zu fassen, so wie ich dieses Wesen dank Rudolf Steiner gefunden habe. In „Das Tor zur geistigen Welt" schrieb ich:[138]

„Rudolf Steiners ‚Philosophie der Freiheit' ist ein durch und durch christliches Buch, obwohl der Name darin nicht genannt wird. Das Wesen dieses Buches ist das Aufzeigen eines *Ausnahmezustandes*, einer innerlichen Verfassung, die von Natur aus nie existiert, die der Mensch nur in Freiheit einnehmen kann. Es wird ein Schritt gezeigt, der ebenso einfach wie auch unmöglich zu sein scheint. Kann man sein eigenes Antlitz ohne Spiegel sehen? Kann man sein tätiges Denken aktuell anschauen? Wenn der Mensch es könnte, würde er aus sich herausgehen können. Er würde nicht in seinem Blut verhaftet bleiben, er würde sich daraus lösen können, wann immer er sich dazu anschicken würde. Er würde lernen zu sagen: Das bist Du! Es würde ein Plural entstehen, durch den sich ein geistiges Genie entfalten würde.

---

[138] Mieke Mosmuller: Das Tor zur geistigen Welt, S. 317ff.

‚Wenn der Mensch erst ein wahrhaft innerliches Du hat – so entsteht ein höchstgeistiger und sinnlicher Umgang und die heftigste Leidenschaft ist möglich – Genie ist vielleicht nichts, als Resultat eines solchen inneren Plurals. Die Geheimnisse dieses Umgangs sind noch sehr unbeleuchtet -.'
(Novalis)

Das kann er aber aus sich heraus nie. Das kann er nur, wenn er seine Ohnmacht vollständig gewahr wird, wenn er das schwarze Kreuz an die Stelle seiner Ich-Sucht setzen kann. Dann bleibt sein Blut nicht dieselbe Substanz, es ätherisiert, wird ätherisiert, und die Seele kann den Geist gebären, der erst außerhalb des Blutes da sein kann. Das Fleisch wird Geist, wird ätherische Rose.
Der Ausnahmezustand, der Versuch, sich außerhalb seines Denkens denkend aufrecht zu halten, ist die Zauberformel, die diesen Einweihungsschritt möglich macht. Er ist unmöglich, und trotzdem kann man ihn finden. Das ‚Wie' ist hier vollständig kongruent mit der Frage: ‚Wie finde ich den Christus?'. (...) Eine Unmöglichkeit der gleichzeitigen Beobachtung des aktuell tätigen Denkens gibt es nur so lange, wie wir an die *Möglichkeit* nicht glauben wollen. Das Hinaustreten aus dem Selbst ist ein Sich-Befreien aus der Gewalt, die alle Menschen bindet."

Es ist nicht die Willkür der Autorin, die bestimmt, dass dieser „Ausnahmezustand" mit der Akasha-Chronik übereinstimmt, dass der „Stoff", den man betritt, wenn man in den Ausnahmezustand eintritt, derselbe ist wie der „Stoff", der Akasha genannt wird. Es ist nichts Ausgedachtes, dass der Ausnahmezustand den Menschen innerlich in die Akasha versetzt – auch wenn man da dann natürlich nicht unmittelbar etwas lesen kann, *man ist darinnen*. Ich meine, durch die zuvor aus „Das Tor zur geistigen Welt" zitierten Absätze schon gezeigt zu haben, dass dies so ist. Sobald der Mensch sein Ich aus dem Astralleib herauszuziehen und sich darin aufrechtzuerhalten vermag, gelangt dieses Ich in die Geistsubstanz, die alle Gedanken als Wesen umfasst – auch wenn man nicht einen sieht. Das Ich hat alle Wunschmaterie abgelegt, tritt selbst aus dem verwirklichten Gedankenstoff (dem Ätherleib als Gedankenleib) heraus und schaut nur noch an, vollkommen selbstlos. Dann jedoch kann diese selbstlose Anschauung ihrer selbst gewahr werden: Das ist das Bewusstwerden des Akasha-Stoffes. Da sind die Gedanken wirklich Taten, und die Taten haben Gedankengestalt.

Dies ist der Punkt, der von Rudolf Steiner in der „Umkehr" um sein 35. Lebensjahr erreicht wird, als das Ideelle immer mehr dem Willensmäßigen Platz machte. Und wie von ihm beschrieben, trat er mit seinem ganzen geistigen Menschen immer mehr aus seinem physischen Leib heraus, bis sich eine totale Befreiung ereignete, wodurch dieser geistige Mensch in der geistigen Welt selbständig aktiv sein kann.

Diesen Prozess hat Rudolf Steiner nicht nur in seinem „Lebensgang" beschrieben. Er hat ihn als notwendigen Schritt in der inneren Entwicklung unter anderem an einigen Stellen beschrieben, die in den Bänden „Philosophie und Anthroposophie" und „Vom Menschenrätsel" zu finden sind. So lesen wir in dem Aufsatz „Frühere Geheimhaltung und jetzige Veröffentlichung übersinnlicher Erkenntnisse" (1918) die folgende Passage:[139]

„Die Art des meditativen Lebens, die bisher geschildert worden ist, ergibt das übersinnliche Selbstbewußtsein. Aber dieses müßte ohne alle übersinnliche Umgebung bleiben, wenn neben dieser Art von Meditation nicht eine andere einherginge. Zu deren Verständnis gelangt man, wenn man den selbstbeobachtenden Blick auf die Willenstätigkeit lenkt. Diese ist im gewöhnlichen Leben bewußt auf äußere Verrichtungen gerichtet. Neben dieser läuft aber eine andere Willensäußerung des Menschen, die vom Bewußtsein nur in ganz geringem Maße beachtet wird. Es ist diejenige, welche das menschliche Seelenwesen im Laufe des Lebens von einer Entwickelungsstufe zur andern trägt. Der Mensch ist nicht nur jeden Tag mit einem andern Seeleninhalt erfüllt als an dem vorangehenden; sein Seelenleben ist auch an jedem folgenden Tage aus demjenigen des vorangehenden Tages herausentwickelt. Und das treibende Element dieser Entwickelung ist der Wille, der auf diesem Felde seiner Betätigung zum weitaus größten Teile unbewußt bleibt. Dieser Wille kann aber durch entwickelte Selbstbeobachtung in seiner eigentümlichen Verfassung in das

---
[139] GA 35, S. 400f.

Bewußtsein hereingehoben werden. Und durch dieses Hereinheben gelangt man zur Empfindung eines Wollens, das mit Vorgängen einer sinnenfälligen Außenwelt gar nichts zu tun hat, das vielmehr ganz allein auf die von dieser Außenwelt unabhängige Innenentwickelung der Seele gerichtet ist. Kennt man diesen Willen einmal, dann lernt man allmählich sich in seine Wesenheit so einleben wie in dem oben geschilderten meditativen Erleben in den Zusammenfluß von denkender und wahrnehmender Seelentätigkeit. Aber das Erleben innerhalb dieses Willenselementes erweitert sich zu demjenigen einer übersinnlichen Außenwelt. Das auf die gekennzeichnete Art entwickelte übersinnliche Selbstbewußtsein erlebt sich durch das Versetztsein in dieses Willenselement in einer übersinnlichen Umgebung, die von geistigen Wesenheiten und Vorgängen erfüllt ist. So wie das übersinnliche Denken zu einem Selbstbewußtsein führt, das sich der an die menschliche Sinnesorganisation gebundenen Erinnerungsfähigkeit nicht bedient, so belebt sich das übersinnliche Wollen in solcher Art, daß es ganz durchsetzt ist von einer vergeistigten Liebefähigkeit. Und diese ist dasjenige, was des Menschen übersinnliches Selbstbewußtsein in den Stand setzt, die übersinnliche Außenwelt wahrnehmend zu erfassen. Die übersinnliche Erkenntnisfähigkeit wird bewirkt durch ein Selbstbewußtsein, das die gewöhnliche Erinnerung ausschaltet und das im intuitiven Erfassen der geistigen Außenwelt durch eine vergeistigte Liebekraft lebt."

Hiermit ist gekennzeichnet, wie der Mensch sich mit dem übersinnlichen Selbstbewusstsein erheben kann zu einem erkennenden Leben in demjenigen, was als geistige Substanz „Akasha" heißt. Es ist eine Substanz, in der alles in geistiger Form – als höherer Wille, der Gedanke ist – eingeschrieben ist.

Es ist Willensstoff, der Gedanke ist. Hier sind alle Gedanken Taten und alle Taten Gedanken, aber dieser Willensstoff besteht aus „hoherem Willen", aus Entwicklungswille, nicht aus Wunschwille oder Triebwille oder Instinktwille. Darum findet man dort die Taten und Gedanken von Menschen nur „summarisch", jene von Eingeweihten dagegen voll dargestellt. Für die „gewöhnlichen" Menschen muss der Hellseher das in der Akasha-Chronik Gelesene heruntertragen, in niederere Gebiete, um dort dann spezifische Details zu finden. In *diesen* Regionen findet man dagegen *nicht* den Willen des Eingeweihten.

Zum Schluss möchte ich noch das Zitat aus „Von Menschenrätseln" anführen:[140]

„Nun aber ist ein solches Erwachen durchaus möglich dadurch, daß man in innerem (seelischen) Erleben eine gewisse, von der gewöhnlichen abweichende Betätigung der Kräfte des Seelenwesens (Gedanken- und Willenserlebnisse) entwickelt. Der Hinweis darauf, daß mit der Idee von dem erwachten Bewußtsein in der Richtung weitergegangen wird, in der Goethes Weltanschauung sich bewegt, kann zeigen, daß das hier Vorgebrachte nichts mit Vorstellungen eines verworrenen Mystizismus zu tun haben will. Man kann sich in innerer Erkraftung so aus dem Zustand des gewöhnlichen Bewußtseins herausheben, daß man dabei ein ähnliches Erlebnis hat, wie beim Übergange vom Träumen zum wachen Vorstellen. Wer vom Träumen zum Wachen übergeht, der erfährt, wie der Wille eindringt in den Ablauf seiner Vorstellungen, während er im Träumen willenlos dem Ablauf der Bilder hingegeben ist. Was da durch unbewußte Vorgänge geschieht, kann auf einer anderen Stufe durch die bewußte Seelenverrichtung bewirkt werden.
Der Mensch kann in das gewöhnliche bewußte Denken eine stärkere Willensentfaltung einführen, als in diesem im gewöhnlichen Erleben der physischen Welt vorhanden ist. Er kann dadurch vom Denken zum *Erleben des Denkens* übergehen. Im gewöhnlichen Bewußtsein wird nicht das Denken erlebt, sondern durch das Denken dasjenige, was gedacht wird. Es gibt nun eine innere Seelenarbeit, welche es allmählich dazu bringt, nicht in dem, was gedacht wird, sondern in der Tätigkeit des Denkens selbst zu leben. Ein Gedanke, der nicht einfach hingenommen wird aus dem gewöhnlichen Verlauf des Lebens, sondern der *mit Willen* in das Bewußtsein gerückt wird, um ihn in seiner Wesenheit als Gedanke zu erleben, löst in der Seele andere Kräfte los, als ein solcher, der durch auftretende äußere Eindrücke oder durch

---

[140] Vom Menschenrätsel, GA 20, Kapitel „Ausblicke", S. 160ff.

den gewöhnlichen Verlauf des Seelenlebens hervorgerufen wird. Und wenn die Seele in sich die im gewöhnlichen Leben doch nur in geringem Maße geübte Hingabe an den Gedanken als solchen immer erneut bewirkt – sich auf den Gedanken als Gedanken konzentriert –: dann entdeckt sie in sich Kräfte, die im gewöhnlichen Leben nicht angewendet werden, sondern gleichsam schlummernd (latent) bleiben. Es sind Kräfte, die nur im *bewußten* Anwenden entdeckt werden. Sie stimmen aber die Seele zu einem ohne ihre Entdeckung nicht vorhandenen Erleben. Die Gedanken erfüllen sich mit einem ihnen eigentümlichen Leben, das der Denkende (der Meditierende) verbunden fühlt mit seinem eigenen Seelenwesen.

(Das hier gemeinte schauende Bewußtsein entsteht aus dem gewöhnlichen Wach-Bewußtsein nicht durch körperliche [physiologische] Vorgänge, wie das gewöhnliche Wachbewußtsein aus dem Traumbewußtsein. Beim Erwachen aus diesem in das Tagesbewußtsein hat man es mit einer sich verändernden Einstellung des Leibes im Verhältnis zur Wirklichkeit zu tun. Beim Erwachen aus dem gewöhnlichen Bewußtsein zum schauenden Bewußtsein mit einer sich verändernden Einstellung der geistig-seelischen Vorstellungsart im Verhältnis zu einer geistigen Welt.)

Es ist aber zu diesem Entdecken des Gedankenlebens die Aufwendung bewußten Willens notwendig. Das kann aber auch nicht ohne weiteres *der* Wille sein, der im gewöhnlichen Bewußtsein zutage tritt. Auch der Wille muß in anderer Art und in anderer Richtung gewissermaßen eingestellt werden, als er eingestellt ist für das Erleben in dem bloßen Sinnesdasein. Im gewöhnlichen Leben fühlt man sich selbst im Mittelpunkte dessen, was man will, oder was man wünscht. Denn auch im Wünschen ist ein gleichsam angehaltener Wille wirksam. Der Wille strömt von dem Ich aus und taucht in das Begehren, in die Leibesbewegung, in die Handlung unter. Ein Wille in dieser Richtung ist unwirksam für das Erwachen der Seele aus dem gewöhnlichen Bewußtsein. Es gibt aber auch eine Willensrichtung, die in einem gewissen Sinne dieser entgegengesetzt ist. Es ist diejenige, welche wirksam ist, wenn man, ohne unmittelbaren Hinblick auf ein äußeres Ergebnis, das eigene Ich zu lenken sucht. In den Bemühungen, die man macht, um sein Denken zu einem sinngemäßen zu gestalten, sein Fühlen zu vervollkommnen, in allen Impulsen der Selbsterziehung äußert sich diese Willensrichtung. In einer allmählichen Steigerung der in dieser Richtung vorhandenen Willenskräfte liegt, was man braucht, um aus dem gewöhnlichen Bewußtsein heraus zu erwachen.

Eine besondere Hilfe leistet man sich in der Verfolgung dieses Zieles dadurch, daß man mit innigerem Gemütsanteil das Leben in der Natur betrachtet. Man sucht zum Beispiel eine Pflanze so anzuschauen, daß man nicht nur ihre Form in den Gedanken aufnimmt, sondern gewissermaßen mitfühlt das innere Leben, das sich in dem Stengel nach oben streckt, in den Blättern nach der Breite entfaltet, in der Blüte das Innere dem Äußeren öffnet und so weiter. In solchem Denken schwingt der Wille leise mit; und er ist da ein in Hingabe entwickelter Wille, der die Seele lenkt; der nicht aus ihr den Ursprung nimmt, sondern auf sie seine Wirkung richtet. Man wird naturgemäß zunächst glauben, daß er seinen Ursprung in der Seele habe. Im Erleben des Vorgangs selbst aber erkennt man, daß durch diese Umkehrung des Willens ein außerseelisches Geistiges von der Seele ergriffen wird.

Wenn ein Wille nach dieser Richtung erstarkt ist und das Gedankenleben in der angedeuteten Art ergreift, so wird in der Tat aus dem Umkreise des gewöhnlichen Bewußtseins ein anderes herausgehoben, das sich zu dem gewöhnlichen verhält wie dieses zu dem Weben in den Traumbildern. Und ein solches schauendes Bewußtsein ist in der Lage, die geistige Welt erlebend zu erkennen. (...) Ein Wille, der nicht in der angegebenen Richtung liegt, sondern in derjenigen des alltäglichen Begehrens, Wünschens und so weiter, kann, wenn er auf das Gedankenleben in der beschriebenen Art angewendet wird, nicht zu dem Erwachen eines schauenden Bewußtseins aus dem gewöhnlichen, sondern nur zu einer Herabstimmung dieses gewöhnlichen führen, zu wachendem Träumen, Phantasterei, visionsgleichen Zuständen und ähnlichem. – Die Vorgänge, die zu dem hier gemeinten schauenden Bewußtsein führen, sind ganz geistig-seelischer Art; und ihre einfache Beschreibung müßte schon davor behüten, das durch sie Erreichte mit pathologischen Zuständen (Vision, Mediumismus, Ekstase und so weiter) zu verwechseln. Alle diese pathologischen Zustände drücken das Bewußtsein *unter* den Stand herab, den es im wachenden

Menschen einnimmt, der seine gesunden physischen Seelenorgane voll brauchen kann."

Nach all diesem zusammengetragenen Werk Rudolf Steiners mag deutlich sein, dass er hier den „Umschwung" im Seelenleben beschreibt, wie er ihn für sich selbst im 22. Kapitel von „Mein Lebensgang" beschrieben hat; aber auch, dass hier der Anfang für das Betreten der Akasha-Chronik liegt, der Entwicklung eines bewussten Lesens in dieser Chronik.

DER HÜTER DER SCHWELLE

Nun müssen wir uns die Frage stellen: Finden wir in dem Lebensweg Rudolf Steiners auch Hinweise dafür, dass er vor dem Hüter der Schwelle stand? In seiner Autobiografie finden wir die Bezeichnung „Hüter der Schwelle" in Bezug auf den eigenen inneren Lebensweg nicht. In der theosophischen und der darauf folgenden anthroposophischen Zeit finden wir die Begegnung mit dem Hüter der Schwelle als notwendigen Durchgangspunkt zur geistigen Welt in vielfältiger Form beschrieben. In den Anweisungen über den Entwicklungsweg, die in „Wie erlangt man..." zusammengestellt sind, werden zwei Gestalten geschildert, der kleine und der große Hüter. Wir werden zunächst auf den „kleinen Hüter" eingehen – und erst am Ende dieses Kapitels vorsichtig auf den „großen Hüter" hindeuten.

Die Beschreibung des Hüters der Schwelle in „Wie erlangt man..." ist als ein Bild gegeben, in einer Art Erzählung. Der Hüter erscheint im inneren Erleben, wenn das Denken, Fühlen und Wollen, die im unentwickelten Seelenleben miteinander verwoben sind und *worinnen* der Mensch sich erlebt, zu drei selbständigen Kräften, ja sogar drei Wesen werden:[141]

„Ein allerdings schreckliches, gespenstisches Wesen steht vor dem Schüler. Dieser hat alle Geistesgegenwart und alles Vertrauen in die Sicherheit seines Erkenntnisweges notwendig, die er sich während seiner bisherigen Geheimschülerschaft aber hinlänglich aneignen konnte."

„Nun aber sollen dir selbst offenbar werden alle die guten und alle die schlimmen Seiten deiner vergangenen Lebensläufe. Sie waren bis jetzt in deine eigene Wesenheit hineinverwoben, sie waren in dir, und du

---

[141] Wie erlangt man Erkenntnisse der höheren Welten? Kapitel „Der Hüter der Schwelle", S. 193ff.

konntest sie nicht sehen, wie du physisch dein eigenes Gehirn nicht sehen kannst. Jetzt aber lösen sie sich von dir los, sie treten aus deiner Persönlichkeit heraus. Sie nehmen eine selbständige Gestalt an, die du sehen kannst, wie du die Steine und Pflanzen der Außenwelt siehst. Und – ich bin es selbst, die Wesenheit, die sich einen Leib gebildet hat aus deinen edlen und deinen üblen Verrichtungen. Meine gespenstige Gestalt ist aus dem Kontobuche deines eigenen Lebens gewoben.

(...)

Ich muß zu einer in sich vollkommenen, herrlichen Wesenheit werden, wenn ich nicht dem Verderben anheimfallen soll. (...) Ich werde, wenn du meine Schwelle überschritten hast, keinen Augenblick mehr als dir sichtbare Gestalt von deiner Seite weichen. Und wenn du fortan Unrichtiges tust oder denkst, so wirst du sogleich deine Schuld als eine häßliche, dämonische Verzerrung an dieser meiner Gestalt wahrnehmen. Erst wenn du all dein vergangenes Unrichtiges gutgemacht und dich so geläutert hast, daß dir weiter Übles ganz unmöglich ist, dann wird sich mein Wesen in leuchtende Schönheit verwandelt haben. Und dann werde ich mich zum Heile deiner ferneren Wirksamkeit wieder mit dir zu einem Wesen vereinigen können.

(...)

Bisher trat ich nur aus deiner eigenen Persönlichkeit heraus, wenn der Tod dich von einem irdischen Lebenslauf abberief. Aber auch da war meine Gestalt dir verschleiert. (...)

So stehe ich heute sichtbar vor dir, wie ich stets unsichtbar neben dir in der Sterbestunde gestanden habe. Wenn du meine Schwelle überschritten haben wirst, so betrittst du die Reiche, die du sonst nach dem physischen Tode betreten hast. Du betrittst sie mit vollem Wissen und wirst fortan, indem du äußerlich sichtbar auf Erden wandelst, zugleich im Reiche des Todes, das ist aber im Reiche des ewigen Lebens, wandeln. Ich bin wirklich auch der Todesengel; aber ich, ich bin zugleich der Bringer eines nie versiegenden höheren Lebens. Beim lebendigen Leibe wirst du durch mich sterben, um die Wiedergeburt zum unzerstörbaren Dasein zu erleben.

Das Reich, das du nunmehr betrittst, wird dich bekannt machen mit Wesen übersinnlicher Art. Die Seligkeit wird dein Anteil in diesem Reiche sein."

Der Hüter der Schwelle

„Es muß nun die Vorbereitung des Geheimschülers dahin zielen, daß er ohne eine jegliche Scheu den schrecklichen Anblick aushält und daß er im Augenblicke der Begegnung seine Kraft wirklich so gewachsen fühlt, daß er es auf sich nehmen kann, die Verschönung des „Hüters" mit vollem Wissen auf sich zu laden.

Eine Folge der glücklich überstandenen Begegnung mit dem „Hüter der Schwelle" ist, daß der nächste physische Tod dann für den Geheimschüler ein ganz anderes Ereignis ist, als vorher die Tode waren. Er erlebt bewußt das Sterben, indem er den physischen Körper ablegt, wie man ein Kleid ablegt, das abgenutzt oder vielleicht auch durch einen plötzlichen Riß unbrauchbar geworden ist."

In der „Geheimwissenschaft" wird der Hüter der Schwelle vor allem als „Doppelgänger" beschrieben:[142]

„Es handelt sich also darum, daß man zuerst wahre, durchgreifende Selbsterkenntnis habe, um dann die umliegende geistig-seelische Welt rein wahrnehmen zu können. Nun bringen es gewisse Tatsachen der menschlichen Entwickelung mit sich, daß solche Selbsterkenntnis beim Eintritte in die höhere Welt wie naturgemäß stattfinden *muß*.

(...)

Dieses Ich wirkt nun wie ein Anziehungs-Mittelpunkt auf alles, was zum Menschen gehört. Alle seine Neigungen, Sympathien, Antipathien, Leidenschaften, Meinungen usw. gruppieren sich gleichsam um dieses Ich herum. Und es ist dieses Ich auch der Anziehungspunkt für das, was man das Karma des Menschen nennt.

(...)

Mit alle dem, was so am Ich haftet, *muß* es nun als erstes Bild vor die Menschenseele treten, wenn diese in die seelisch-geistige Welt aufsteigt. Dieser Doppelgänger des Menschen muß, nach einem Gesetz der geistigen Welt, vor allem andern als dessen erster Eindruck in jener Welt auftreten.

(...)

Dringt der Mensch aber in sich selbst und hält er sich ohne Täu-

---

[142] Die Geheimwissenschaft im Umriß, GA 13, S. 376ff.

schung diese oder jene seiner Eigenschaften vor, so wird er entweder in der Lage sein, sie an sich zu verbessern oder aber er wird dies in der gegenwärtigen Lage seines Lebens nicht können. In dem letzteren Falle wird seine Seele ein Gefühl beschleichen, das man als Gefühl des Schämens bezeichnen muß. (...) So ist dieses Gefühl der Verhüller des Menschen vor sich selbst. Und damit ist es zugleich der Verhüller der ganzen geistig-seelischen Welt.
(...)
Wenn nun aber der Mensch durch regelrechte Schulung dahin arbeitet, diese Wahrnehmungsorgane zu erhalten, so tritt dasjenige als erster Eindruck vor ihn hin, was er selbst ist. Er nimmt seinen Doppelgänger wahr. Diese Selbstwahrnehmung ist gar nicht zu trennen von der Wahrnehmung der übrigen geistig-seelischen Welt.
(...)
Durch seine regelrechte Schulung lernt der Mensch wie absichtslos so viel aus der Geisteswissenschaft kennen und es werden ihm außerdem so viele Mittel zur Selbsterkenntnis und Selbstbeobachtung klar, als notwendig sind, um kraftvoll seinem Doppelgänger zu begegnen.
(...)
Wie ein „Hüter" steht er da vor dieser Welt, um den Eintritt jenen zu verwehren, welche zu diesem Eintritte noch nicht geeignet sind.
(...)
Dadurch nun, daß durch die Begegnung mit dem „Hüter der Schwelle" der Geistesschüler alles kennenlernt, was in ihm ist, was er also in die seelisch-geistige Welt hineintragen kann, ist diese Quelle der Täuschung beseitigt. Und die Vorbereitung, welche der Geistesschüler vor dem Betreten der seelisch-geistigen Welt sich angedeihen läßt, wirkt ja dahin, daß er sich gewöhnt, schon bei der Beobachtung der sinnlich-physischen Welt sich selbst auszuschalten und die Dinge und Vorgänge rein durch ihre eigene Wesenheit auf sich einsprechen zu lassen. Wer diese Vorbereitung genügend durchgemacht hat, kann ruhig die Begegnung mit dem „Hüter der Schwelle" erwarten. Durch sie wird er sich endgültig prüfen, ob er sich nun wirklich in der Lage fühlt, seine eigene Wesenheit auch dann auszuschalten, wenn er der seelisch-geistigen Welt gegenübersteht.

Der Hüter der Schwelle

Es droht jedoch eine große Gefahr, die dazu führen könnte, dass der Schüler in der Selbsterkenntnis dennoch nicht *durchhält*.[143]

Man sieht sein neugeborenes Selbst wie ein anderes Wesen vor sich. Aber man kann es nicht ganz wahrnehmen. (...) Nun ist aber die Versuchung ungeheuer groß, welche den Menschen befällt, wenn er zuerst irgend etwas von seinem „höheren Selbst" gewahr wird, dieses „höhere Selbst" gleichsam von dem Standpunkte aus zu betrachten, welchen man in der physisch-sinnlichen Welt gewonnen hat. Diese Versuchung ist sogar gut, und sie *muß* eintreten, wenn die Entwickelung richtig vor sich gehen soll. Man muß das betrachten, was als der Doppelgänger, der „Hüter der Schwelle", auftritt, und es vor das „höhere Selbst" stellen, damit man den Abstand bemerken kann zwischen dem, was man ist, und dem, was man werden soll. Bei dieser Betrachtung beginnt der „Hüter der Schwelle" aber eine ganz andere Gestalt anzunehmen. Er stellt sich dar als ein Bild aller der *Hindernisse*, welche sich der Entwickelung des „höheren Selbst" entgegenstellen. Man wird wahrnehmen, welche Last man an dem gewöhnlichen Selbst schleppt. Und ist man dann durch seine Vorbereitungen nicht stark genug, sich zu sagen: Ich werde hier nicht stehenbleiben, sondern unablässig mich zu dem „höheren Selbst" hinaufentwickeln, so wird man erlahmen und zurückschrecken vor dem, was bevorsteht. Man ist dann in die seelisch-geistige Welt hineingetaucht, gibt es aber auf, sich weiterzuarbeiten. Man wird ein Gefangener der Gestalt, die jetzt durch den „Hüter der Schwelle" vor der Seele steht. Das Bedeutsame ist, daß man bei diesem Erlebnis nicht die Empfindung hat, ein Gefangener zu sein.
(...)
Die Gestalt, welche der „Hüter der Schwelle" hervorruft, kann so sein, daß sie in der Seele des Beobachters den Eindruck hervorbringt, dieser habe nun in den Bildern, welche auf dieser Entwickelungsstufe auftreten, schon den ganzen Umfang aller nur möglichen Welten vor sich; man sei auf dem Gipfel der Erkenntnis angekommen und brauche nicht weiter zu streben."

---
[143] Die Geheimwissenschaft im Umriß, S. 388f.

Es kommt auf den Mut an, unaufhörlich weiterzustreben, um dasjenige, was der Seele zu Beginn nur wie ein verschleierter Totaleindruck erscheint, auch wirklich „sichtbar" zu machen. Gerade diese „Verschleierung" deutet auf die Hindernisse, die noch überwunden werden müssen. Aber „hinter" diesen Hindernissen ist bereits das Morgenrot des *neuen Tages* wahrnehmbar, an dem die Seele ihre Wiedergeburt und Überwindung des Todes feiern werden darf! „Wer immer strebend sich bemüht, den können wir erlösen!"

Es geht um das „immer streben", das ist gerade eine Mahnung des „Hüters": Das *Streben* kann vollkommen werden, das höhere Selbst niemals, dieses hat eine unendlich sich fortsetzende Vervollkommnung vor sich...
Wer den festen Willen hat, stets weiter zu streben, kann nie in die Gefangenschaft des „Hüters der Schwelle" geraten.

In Rudolf Steiners drittem Mysteriendrama „Der Hüter der Schwelle" wird Johannes Thomasius mit dem Doppelgänger konfrontiert. Wunderbar wird hier gezeigt, wie ein Arbeiten an dem reinen Denken dazu führt, dass der Doppelgänger immer reiner wird, wie jedoch zu dieser Arbeit auch das „Herz" hinzugefügt werden muss und wie Luzifer hier versucht, die Läuterung zu verderben:[144]

> *Der Doppelgänger des Thomasius:*
> *„(...) Seither ergab er sich dem strengen Denken;*
> *Und dies hat Kräfte, welche Seelen läutern.*
> *Was aus der Reinheit seines Denkens strömte,*
> *Ergoß sich auch in mich. Ich ward verwandelt;*
> *Ich fühle seine Reinheit auch in mir.*
> *Er hat mich nicht zu fürchten, wenn er jetzt*
> *Sich zu Maria hingezogen fühlt.*
> *Doch noch gehört er deinen [= Luzifers] Reichen an.*
> *Ich fordre ihn zurück in dieser Stunde.*

---

[144] Vier Mysteriendramen, GA 14, „Der Hüter der Schwelle", drittes Bild, S. 318f.

Er wird mein Wesen jetzt erleben können,
Wenn du auch nicht den Sinn davon bestimmst.
Er braucht mich jetzt, dass ihm zu seinem Denken
Auch Seelenwärme und die Herzenskräfte
Aus meinem Wesen kräftig sich erzeugen.
Er soll sich wieder selbst als Mensch gewinnen."

Viel später spricht der Hüter der Schwelle zu Johannes Thomasius:[145]

„Die Seele, die an meiner Schwelle dir
In jener Hülle sich vor dich gestellt,
Die sie vor vielen Jahren irdisch trug,
Sie hat in deines Lebens ernster Stunde
Entflammt in deinen tiefsten Seelengründen
Die stärkste Liebe, die in dir verborgen. –
Da du noch außer diesem Reiche standest
Und mich erst um den Einlaß bitten wolltest,
Erschien sie bildhaft dir, und Wahn ist nur
Im Bilde möglich, das der Wunsch gebiert;
Doch jetzt sollst du in Wahrheit schauen können
Die Seele, die in langvergangnem Leben
In jenem Greise wohnte, den du sahst."

Johannes hat eine vorherige Inkarnation geschaut und sie verkehrt interpretiert. Er antwortet:

„Ich seh' ihn wieder, in dem langen Kleide,
Den würdevollen Greis mit ernstem Antlitz.
o Seele, die in dieser Hülle lebte,
Warum verbirgst du dich so lange mir.
Es muß, es darf nur Theodora sein.
o schon erschaffet sich die Wirklichkeit

---

[145] Ebd., achtes Bild, S. 373.

3. Teil, Der Eingeweihte – „Meister des Abendlandes"

Aus erst verhülltem Bildesleben – Theo . . . ich selbst."

Der Doppelgänger (erschienen bei den Silben Theo):
„Erkenne mich – und schaue dich in mir."

Hier wird klar, wie gewaltig der Mensch bei der Interpretation desjenigen, was er in der geistigen Welt schaut, irren kann. Der Wunsch ist hier der Führer, der Johannes in dem Greis Theodora erkennen lässt – er ist es aber selbst.

In Rudolf Steiners Schrift „Ein Weg zur Selbsterkenntnis des Menschen" gibt es eine Meditation über den Hüter der Schwelle. Darin wird ein ganz bestimmter Aspekt betont:[146]

„Das alles verwandelt sich in die Vorstellung: so wie die Seele nunmehr ist, so liegt vor ihr eine Aufgabe, die sie nicht bewältigen kann, weil sie so, wie sie ist, von der übersinnlichen Außenwelt nicht aufgenommen wird, weil diese sie nicht in sich haben will. So kommt die Seele dazu, sich im Gegensatze zur übersinnlichen Welt zu fühlen, sie muß sich sagen, du bist nicht so, wie du mit dieser Welt zusammenfließen kannst. Sie aber kann dir nur die wahre Wirklichkeit zeigen, und auch, wie du selbst zu dieser wahren Wirklichkeit dich verhältst; (...)
Man fühlt sich mit seinem vollen Leben in einem Irrtum drinnen stehend. Doch unterscheidet sich dieser Irrtum von anderen Irrtümern. Diese werden gedacht, er aber wird erlebt. Ein Irrtum, der gedacht ist, wird weggeschafft, wenn man an die Stelle des unrichtigen Gedankens den richtigen setzt. Der erlebte Irrtum ist ein Teil des Seelenlebens selbst geworden; man *ist* der Irrtum; man kann ihn nicht einfach verbessern, denn man mag denken, wie man will, er ist da, er ist ein Teil der Wirklichkeit, und zwar der eigenen Wirklichkeit. Ein solches Erlebnis hat etwas Vernichtendes für das eigene Selbst."

„Der stärkste Trieb ist in ihr (der Seele), das Ich sich überall zu wah-

---

[146] Ein Weg zur Selbsterkenntnis des Menschen. In acht Meditationen. GA 16, S. 40, 44, 46.

ren, um nicht allen Boden unter den Füßen zu verlieren. Was so die Seele im gewöhnlichen Leben berechtigt empfinden muß, das darf sie nicht mehr empfinden, sobald sie in die übersinnliche Außenwelt eintritt. Sie muß da eine Schwelle überschreiten, an der sie nicht den einen oder anderen wertvollen Besitz nur, an welcher sie das zurücklassen muß, was sie sich bisher selbst war. Sie muß sich sagen können, was dir bisher als deine stärkste Wahrheit zu gelten hatte, das muß nun jenseits der Schwelle zur übersinnlichen Welt dir als der stärkste Irrtum erscheinen können."

„Was eintreten soll, besteht darin, daß der Mensch sich fähig mache, das, was er im gewöhnlichen Leben als stärkste Wahrheit empfindet, beim Betreten der übersinnlichen Welt abzulegen und sich auf eine andere Art einzurichten, die Dinge zu empfinden und zu beurteilen. Er muß nur sich auch klar darüber sein, daß er, wenn er wieder der Sinnenwelt gegenübersteht, auch wieder die für diese gültige Empfindungs- und Beurteilungsart gebrauchen muß. Er muß nicht nur lernen, in zwei Welten zu leben, sondern auch in beiden auf ganz verschiedene Art zu leben."

Johannes Thomasius spricht dies im dritten Mysteriendrama wie folgt aus:[147]

> *„So ist mein Lebenslauf mir vorgezeichnet.*
> *Als Zweiheit muss ich fühlen, was ich bin.*
> *Durch Benedictus und durch deine Hilfe*
> *Bin ich ein Wesen, das für sich besteht*
> *Und dessen Kräfte meinem eignen Menschen,*
> *Der noch in mir sich regt, nicht angehören.*
> *Was ihr mir gabet, ist ein Mensch für sich,*
> *Der andern Menschen willig reichen muss,*
> *Was ihm gewährt durch Geistesschülerschaft.*
> *Er soll der Welt sich widmen, wie er kann;*

---

[147] „Der Hüter der Schwelle", neuntes Bild, S. 380f.

> *Doch darf in diesem Menschen nichts vom andern*
> *Sich störend mischen, der am Anfang erst*
> *Der wahren Selbsterkenntnis sich erahnt.*
> *Der wird als Welt für sich sich weiter führen,*
> *Wenn ihm die eigne Kraft und eure Hilfe*
> *In Zukunft schicksalformend sich erzeugen."*

> *Maria:*
> *„Ob du in Wahrheit oder Irrtum wandelst,*
> *Du kannst die Aussicht dir stets offen halten,*
> *Die deine Seele weiter dringen läßt,*
> *Wenn du Notwendigkeiten mutig trägst,*
> *Die aus des Geistesreiches Wesen stammen."*

In dem Band „Die Schwelle der geistigen Welt" befindet sich auch eine aphoristische Schilderung über den Hüter der Schwelle. Hier wird wiederum ein anderer Aspekt beschrieben – es sind natürlich verschiedene Beschreibungen desselben Erlebnisses:[148]

„Das Bewußtsein hängt an der Art, wie es sich in der Sinneswelt erleben kann. Es fühlt sich in seinem Elemente, wenn es mit den Gedanken, Gefühlen, Affekten usw. sich in sich erleben kann, die es der Sinneswelt verdankt. Wie stark das Bewußtsein an diesem Erleben hängt, das zeigt sich ganz besonders in dem Augenblicke, in welchem der Eintritt in die übersinnlichen Welten wirklich erfolgt. Wie man an lieben Erinnerungen in besonderen Augenblicken seines Lebens sich festklammert, so kommen beim Eintritt in die übersinnlichen Welten alle die Neigungen mit Notwendigkeit wie aus den Seelentiefen herauf, deren man nur überhaupt fähig ist. Man wird da gewahr, wie man im Grunde an dem Leben hängt, das den Menschen mit der Sinneswelt verbindet. Dieses Hängen zeigt sich da in seiner vollen Wahrheit, ohne alle Illusionen, die man sich sonst im Leben über diese Tatsache macht. Es kommt beim Eintritte in die übersinnliche

---

[148] Die Schwelle der geistigen Welt. Aphoristische Ausführungen. GA 17, S. 47f, 50.

Welt – gewissermaßen als eine erste übersinnliche Errungenschaft – ein Stück Selbsterkenntnis zustande, von der man vorher kaum eine Ahnung haben konnte. Und es zeigt sich, was man alles hinter sich lassen muß, wenn man wirklich wissend in die Welt eintreten will, in welcher man doch tatsächlich fortwährend darinnen ist."

„Man kann sagen, in dem Menschen stecke ein Wesen, das sorgsame Wache hält an der Grenzscheide, die beim Eintritte in die übersinnliche Welt überschritten werden muß. Diese im Menschen steckende geistige Wesenheit, die man selbst ist, die man aber so wenig durch das gewöhnliche Bewußtsein erkennen kann, wie das Auge sich selbst sehen kann, ist der *„Hüter an der Schwelle"* in die geistige Welt. Man lernt ihn erkennen in dem Augenblicke, in welchem man er selber nicht nur tatsächlich ist, sondern sich ihm, wie außer ihm stehend, wie ein anderer *gegenüber* stellt."

Im ersten Teil dieses Buches habe ich in Kapitel 13 Rudolf Steiners „Umkehr" im Seelenleben beschrieben, die um sein 35. Lebensjahr herum eintrat und die er selbst im 22. Kapitel von „Mein Lebensgang" beschreibt. Obwohl Rudolf Steiner gleichsam in bewusster „Geistanschauung" zur Welt kam, muss auch er eine bewusste Begegnung mit dem Hüter der Schwelle erlebt haben. Jeder Mensch, der seinen „Fuß auf die Erde setzt", wird unrein, auch der größte Meister – außer Christus selbst. Jeder Mensch muss sich „die Füße waschen lassen", auch Rudolf Steiner. Aber das Stehen vor dem „Hüter der Schwelle" ist etwas, was kein Mensch dem Inhalt nach offenbar machen wird. Dies ist schließlich das allerintimste persönliche Erleben, zu dem keinem anderen Menschen Zugang gebührt. Darum ist es selbstverständlich, dass im Werk Rudolf Steiners nirgendwo ein Wort über seine eigenen Erfahrungen mit dem „Hüter" zu finden ist, dass jedoch sehr wohl sehr viel über den Prozess an sich zu finden ist, so wie er Teil der Einweihung ist. Aber diese Erfahrung braucht ganz und gar nicht jene Bedrückung zu haben, die sie normalerweise hat. Dies beschreibt Rudolf Steiner am Schluss des Kapitels über den „Hüter" in „Wie erlangt man...":[149]

„(...) die höhere Schulung, welche dem Menschen überhaupt möglich macht, bis zur Schwelle vorzudringen, setzt ihn zugleich in die Lage, im entsprechenden Augenblicke die notwendige Kraft zu finden. Ja, diese Schulung kann eine so harmonische sein, daß dem Eintritt in das neue Leben jeder erregende oder tumultuarische Charakter genommen wird. Dann wird für den Geheimschüler das Erlebnis an der Schwelle von einem Vorgefühl jener Seligkeit begleitet sein, welche den Grundton seines neu erwachten Lebens bilden wird. Die Empfindung der neuen Freiheit wird alle anderen Gefühle überwiegen; und mit dieser Empfindung werden ihm die neuen Pflichten und die neue Verantwortung wie etwas erscheinen, das der Mensch auf einer Stufe des Lebens übernehmen muß."

Wir dürfen wohl annehmen, dass dies für Rudolf Steiner galt. Dass auch er seine wachsende Persönlichkeit so bilden musste, dass diese *kein* Irrtum, kein Hindernis für seine Geistanschauung wurde. Dass wird auch für ihn ein Kampf gewesen sein, auch wenn dieser zweifellos voll bewusst und dadurch zielgerichtet geführt wurde. Im 22. Kapitel lesen wir von der völligen Befreiung aus dem physischen Leib, damit muss die Begegnung mit dem Hüter einhergegangen sein. Wir sehen, wie Rudolf Steiner sich selbst ganz beherrschen und zurückhalten lernt und wie damit die Befreiung in die geistige Welt einherging.
Aber wir lesen auch, wie er danach noch einen Kampf mit dem Christentum geführt hat, wie er seine Geistanschauung in das Gebiet ahrimanischer Wesen führen musste und „in inneren Stürmen retten" musste. Darin lesen wir die Vorbereitung auf die Begegnung mit dem „Großen Hüter der Schwelle".

In der theosophischen Zeit finden wir diese Erfahrungen in den Büchern und Vorträgen wieder, so wie sie von Bedeutung für all seine Schüler waren.

Und in der Zeit nach der „Weihnachtstagung", im letzten Jahr von Rudolf Steiners Aktivität, wurde in der esoterischen Schule, der Frei-

---

[149] Wie erlangt man..., S. 203.

en Hochschule für Geisteswissenschaft, der „Hüter der Schwelle" die zentrale Gestalt. In den esoterischen Klassenstunden tritt er als die ermahnende, unterweisende Gestalt auf, der in den ersten sieben Stunden die innere Schulung leitet. Der Blick des Schülers wird auf sich selbst gerichtet, mit den Worten:[150]

> *„O Mensch, erkenne dich selbst!*
> *So tönt das Weltenwort.*
> *Du hörst es seelenkräftig,*
> *Du fühlst es geistgewaltig.*
> *Wer spricht so weltenmächtig?*
> *Wer spricht so herzinniglich?*
>
> *Wirkt es durch des Raumes Weitenstrahlung*
> *In deines Sinnes Seinserleben?*
> *Tönt es durch der Zeiten Wellenweben*
> *In deines Lebens Werdestrom?*
>
> *Bist du es selbst, der sich*
> *Im Raumesfühlen, im Zeiterleben*
> *Das Wort erschafft, dich fremd*
> *Erfühlend in Raumes Seelenleere.*
> *Weil du des Denkens Kraft*
> *Verlierst im Zeitvernichtungsstrome."*

Wir sind nun an den Punkt gekommen, wo wir in diesem Spruch die beiden Zeitenströme wiederfinden können: „Lebens-Werdestrom" und „Zeitvernichtungsstrom".

Der fortlaufende „Werdestrom" und der zurücklaufende „Vernichtungsstrom" der Zeit. Das ist der Aufruf des Hüters der Schwelle, der dann von der achten Klassenstunde an erklingt, aber in den späteren Wiederholungsstunden von der ersten Stunde an.

Später kommen im Gang der Klassenstunden noch zwei Sprüche

---

[150] GA 266/3, S. 502ff.

hinzu:

> *Erkenne erst den ernsten Hüter*
> *Der vor des Geisterlandes Pforten steht*
> *Den Einlass deiner Sinnenkraft*
> *Und deines Verstandes Macht verwehrend*
> *Weil du im Sinnesweben*
> *Und im Gedankenbilden*
> *Aus Raumeswesenlosigkeit*
> *Aus Zeiten Truggewalten*
> *Des eignen Wesens Wahrheit*
> *Dir kraftvoll erst erobern musst.*

Und:

> *Ich trat in diese Sinnes-Welt*
> *Des Denkens Erbe mit mir führend*
> *Eines Gottes Kraft hat mich hereingeführt*
> *Der Tod, er steht an des Weges Ende –*
> *Ich will des Christus Wesen fühlen –*
> *Es weckt in Stoffes-Sterben Geistgeburt*
> *Im Geiste find ich so die Welt*
> *Und erkenne mich im Weltenwerden.*

DER GROßE HÜTER DER SCHWELLE

Hier nun finden wir Rudolf Steiners *einen* Satz über das „Stehen vor dem Mysterium von Golgatha" wieder, nun in einem anderen Sinn. Wir wollen versuchen, eine Verbindung zur spirituellen Entwicklung von Rudolf Steiner selbst zu finden. Bis zur Jahrhundertwende ist diese noch in philosophisch-spirituellen Begriffen zu fassen. Nach der Jahrhundertwende haben wir es mit einer Entwicklung zu tun, die zu spiritueller Meisterschaft geführt hat. Damit können wir uns nur noch verbinden, wenn wir ihre „Äußerungen" mitdenken, fühlen, wollen. Dann wächst in uns eine Ahnung, wie weit diese Entwicklung reichte. Je mehr man sich darin vertieft, desto deutlicher wird die vollkommen zusammenhängende Struktur in dieser Entwicklung. Wie in einer mathematischen Beweisführung alle Schritte notwendig sind und einander „tragen", wird deutlich, dass sich in Rudolf Steiner ein Prozess vollzog, in dem alle Teile „organisch" miteinander zusammenhängen, verbunden sind. Jeder Zweifel an der Wahrheit, der Wahrhaftigkeit verschwindet, bis hin zum allerletzten Rest, wenn man diese übersinnlichen Gesetzmäßigkeiten in einer menschlichen Entwicklung gewahr zu werden beginnt. Man kann sich dem nicht mehr wie einem philosophischen Thema nähern, man fühlt mehr und mehr, wie man in die Nähe eines begnadeten Gotteskindes kommt, das zugleich ein Mensch ist, der die bis zu diesem Punkt höchste mögliche Vollendung erreicht. Kein Gott ist Rudolf Steiner, aber ein Mensch, der im Reiche der Himmel lebt.

In der Periode der Theosophie schildert er mehrfach die zwölf Bodhisattvas, die um den dreizehnten thronen, um den Christus. Ein Bodhisattva hat eine bestimmte Mission in der Menschheitsentwicklung. Wenn diese Mission durch viele, viele Inkarnationen hindurch zu einer vollkommenen irdischen Inkarnation gekommen ist, wird der Bodhisattva zum Buddha, der sich dann nicht mehr zu inkarnieren braucht, sondern andere Aufgaben erhält. So war Gautama Buddha die vollkommene Inkarnation der Lehre von Liebe und Mitleid.

Diese Lehre wird dann durch ihre vollkommene Verkörperung *Realität*. Nach dieser vollkommenen Verkörperung brauchte Buddha sich nicht mehr in einen irdischen Körper zu begeben.

So könnte man die Inkarnation Rudolf Steiners als eine vollkommene Umwandlung der irdischen Intelligenz in eine solche Intelligenz betrachten, die in zwei Welten zuhause ist. Dann hätte Rudolf Steiner in dieser Hinsicht die Buddha-Würde erreicht. Aber seit Christus hat diese Würde eine andere Bedeutung bekommen. Diese lernen wir in der Begegnung mit dem großen Hüter der Schwelle kennen. Und hiermit stimmt auch überein, was *Friedrich Rittelmeyer* über ein Gespräch mit Rudolf Steiner berichtet, das ich zuvor schon zitiert habe (siehe S. 89), dessen Ende ich hier aber noch einmal wiederhole.

„Einmal später drängte es mich doch zu der Frage: „Wo sind denn jetzt eigentlich die ‚Eingeweihten' der Menschheit, wo ein solches Werk wie das Ihrige auf dem Spiel steht?" Da sagte er: „Jetzt kommt es darauf an, daß die höheren Wahrheiten durch das Denken der Menschen ergriffen werden." „Wenn Sie diesen Eingeweihten heute begegneten, würden Sie an ihnen vielleicht gar nicht das finden, was Sie suchen. Sie hatten ihre Aufgabe mehr in früheren Inkarnationen. Jetzt muß das Denken der Menschen spiritualisiert werden.""

Die Inkarnation Rudolf Steiners in ihrer Vollkommenheit bedeutet die *Möglichkeit* für die Menschen, das Denken zu spiritualisieren. Zu dieser Aufgabe passt nicht mehr die äußere Führung durch einen Eingeweihten, die Menschen müssen ihre spirituelle Selbständigkeit finden, und sie *können* dies dank jenes Geschehens, das die Inkarnation Rudolf Steiners war – die wiederum direkt mit dem „Christentum als mystische Tatsache" zusammenhängt. Das Tor zur geistigen Welt ist geöffnet, es wird auf uns gewartet. Dies zeigte Goethe schon in seinem „Märchen". 1924 spricht Rudolf Steiner in Vorträgen davon, dass Goethe in seinem Märchen ein Bild dessen gegeben hat, was in der übersinnlichen Michael-Unterweisung gelehrt wurde, und was ein Vorblick auf dasjenige war, was dann als Anthroposophie auf die Erde kam.

In Steiners Beschreibung der Begegnung mit dem großen Hüter der Schwelle kommt das Obenstehende deutlich zum Ausdruck. Steiner hat diese Begegnung erlebt, und sie bestimmt seinen weiteren Weg.[151]

„Nachdem der Mensch erkannt hat, wovon er sich befreien muß, tritt ihm eine erhabene Lichtgestalt in den Weg. (...) Dieser so aus allen sinnlichen Banden befreiten Seele tritt nun der zweite „Hüter der Schwelle" entgegen und spricht etwa folgendes:
„Du hast dich losgelöst aus der Sinnenwelt. Dein Heimatrecht in der übersinnlichen Welt ist erworben. Von hier aus kannst du nunmehr wirken. Du brauchst um deinetwillen deine physische Leiblichkeit in gegenwärtiger Gestalt nicht mehr. Wolltest du dir bloß die Fähigkeit erwerben, in dieser übersinnlichen Welt zu wohnen, du brauchtest nicht mehr in die sinnliche zurückzukehren. Aber nun blicke auf mich. Sieh, wie unermeßlich erhaben ich über all dem stehe, was du heute bereits aus dir gemacht hast. Du bist zu der gegenwärtigen Stufe deiner Vollendung gekommen durch die Fähigkeiten, welche du in der Sinnenwelt entwickeln konntest, solange du noch auf sie angewiesen warst. Nun aber muß für dich eine Zeit beginnen, in welcher deine befreiten Kräfte weiter an dieser Sinnenwelt arbeiten. Bisher hast du nur dich selbst erlöst, nun kannst du als ein Befreiter alle deine Genossen in der Sinnenwelt mitbefreien. Als einzelner hast du bis heute gestrebt; nun gliedere dich ein in das Ganze, damit du nicht nur dich mitbringst in die übersinnliche Welt, sondern alles andere, was in der sinnlichen vorhanden ist. Mit meiner Gestalt wirst du dich einst vereinigen können, aber ich kann kein Seliger sein, solange es noch Unselige gibt! Als einzelner Befreiter möchtest du immerhin schon heute in das Reich des Übersinnlichen eingehen. Dann aber würdest du hinabschauen müssen auf die noch unerlösten Wesen der Sinnenwelt. Und du hättest dein Schicksal von dem ihrigen getrennt. Aber ihr seid alle miteinander verbunden. Ihr mußtet alle hinabsteigen in die Sinnenwelt, um aus ihr heraufzuholen die Kräfte für eine höhere. Würdest du dich von ihnen trennen, so mißbrauchtest du die Kräfte,

---

[151] Wie erlangt man..., S. 210ff.

die du doch nur in Gemeinschaft mit ihnen hast entwickeln können. Wären sie nicht hinabgestiegen, so hättest es auch du nicht können; ohne sie fehlten dir die Kräfte zu deinem übersinnlichen Dasein. Du mußt diese Kräfte, die du *mit* ihnen errungen hast, auch mit ihnen teilen. Ich wehre dir daher den Einlaß in die höchsten Gebiete der übersinnlichen Welt, solange du nicht *alle* deine erworbenen Kräfte zur Erlösung deiner Mitwelt verwendet hast. Du magst mit dem schon Erlangten dich in den unteren Gebieten der übersinnlichen Welt aufhalten; vor der Pforte zu den höheren stehe ich aber „als der Cherub mit dem feurigen Schwerte vor dem Paradies" und wehre dir den Eintritt so lange, als du noch Kräfte hast, die unangewendet geblieben sind in der sinnlichen Welt. Und willst du die deinigen nicht anwenden, so werden andere kommen, die sie anwenden; dann wird eine hohe übersinnliche Welt alle Früchte der sinnlichen aufnehmen; dir aber wird der Boden entzogen sein, mit dem du verwachsen warst. Die geläuterte Welt wird sich über dich hinausentwickeln. Du wirst von ihr ausgeschlossen sein. So ist dein Pfad der *schwarze*, jene aber, von welchen du dich gesondert hast, gehen den *weißen* Pfad."

(...)

Ein unbeschreiblicher Glanz geht von dem zweiten Hüter der Schwelle aus; die Vereinigung mit ihm steht als ein fernes Ziel vor der schauenden Seele. Doch ebenso steht da die Gewißheit, daß diese Vereinigung erst möglich wird, wenn der Eingeweihte alle Kräfte, die ihm aus dieser Welt zugeflossen sind, auch aufgewendet hat im Dienste der Befreiung und Erlösung dieser Welt.

Wir versuchen, Rudolf Steiner auf seinem inneren Weg einigermaßen zu folgen, und tun dies einerseits anhand seiner unvollendeten Autobiografie und seiner Beschreibungen des inneren Entwicklungsweges, andererseits indem wir seine Offenbarungen intensiv mitdenken und -erleben – in einem Versuch, zu einem zusammenhängenden Bild dieses großen modernen Eingeweihten zu kommen.

In der Beschreibung des „großen Hüters der Schwelle" finden wir die Beschreibung eines Stehens vor Christus. Für Rudolf Steiner ging dies seiner Wirksamkeit als Generalsekretär der Deutschen Sektion der Theosophischen Gesellschaft voraus. Diese Wirksamkeit können wir also als eine erste Ausführung des Auftrages des großen Hüters ansehen, „alle Kräfte, die ihm aus dieser Welt zugeflossen sind, aufzuwenden im Dienste der Befreiung und Erlösung dieser Welt."

Der eigene Wille, der persönliche Wille, schweigt von diesem Moment an; der Eingeweihte wirkt aus der geistigen Welt *und* aus den Fragen, die ihm aus dem Willen der Mitmenschen gestellt werden. Der Wille dieses Eingeweihten ist nur noch rein übersinnlich. Der irdische Wille ist der Wille der anderen.

DIE WIRKSAMKEIT IN DER THEOSOPHISCHEN GESELLSCHAFT

Ein Biograf, der als Ausgangspunkt den Willen hat, zu zeigen, dass Rudolf Steiner ein Betrüger war (Helmut Zander), kann sehr einfach behaupten, dass aller „geisteswissenschaftliche Inhalt", den Steiner nach 1900 bringt, von anderen abgeschrieben und dann etwas abgewandelt worden sei. In der spirituellen Biografie haben wir dagegen gesehen, dass Rudolf Steiner gleichsam als Individualität die eigene Entwicklung *ist* und also in dieser Inkarnation sein Wesen in gewisser Vollkommenheit zur Erscheinung bringt, während er den Weg für andere entwickelt. Wie Aristoteles die Verstandeslogik vorbereitete, so führt Steiner zu dem Begriff des Heiligen Geistes.

H. P. Blavatsky schrieb „Isis entschleiert" und „Geheimwissenschaft". Rudolf Steiner schrieb „Theosophie" und „Geheimwissenschaft im Umriß". Als geistiger Lehrer in der Theosophischen Gesellschaft muss er seine eventuell bereits bestehenden Einsichten in die Akasha-Chronik so in innere Worte gebracht haben, dass er sie in einer Weise aufschreiben konnte, dass sie für Schüler als *Gedanken* aufzunehmen waren, die den Schüler selbst zum Geist führen konnten. Dass er dabei seine ursprüngliche Form der Geistanschauung nicht verlassen hat, haben wir bis jetzt miterleben können. Aber es sind auch in der Literatur Beweise dafür zu finden. So berichtet Christoph Lindenberg in seiner Steiner-Biografie:[152]

> „Am 8. Oktober [1902] hielt Rudolf Steiner vor dem Giordano Bruno-Bund im Bürgersaal des Berliner Rathauses den Vortrag, in dem er sich zur Theosophie bekannte: *Monismus und Theosophie*. Steiner war diese Form der öffentlichen Vorstellung der von ihm vertretenen Theosophie wichtig. Man sollte durch ihn selbst wissen, was er tat und vorhatte. Die deutsche Sektion sollte nicht

---

[152] Christoph Lindenberg: Rudolf Steiner. Eine Biographie. Verlag Freies Geistesleben, 2011, S. 348.

klammheimlich im Winkel begründet werden.
Zwei Grundgedanken standen im Mittelpunkt dieses Vortrags: Entwicklung und Selbsterkenntnis. Die natürliche Entwicklung hat die Menschheit auf die gegenwärtige Entwicklungsstufe gebracht, auf der der Mensch das bewußte Erkennen entfaltet. Das Naturerkennen findet die Gesetze des Gegebenen. Nunmehr kann der Mensch, der das Erkennen auf sich selbst richtet, seine eigenen Gesetze schaffen und aus eigener Kraft seine Entwicklung weiterführen. Diese Steigerung der Erkenntnis durch Selbsterkenntnis und schöpferische Selbstentwicklung ist Theosophie."

Im Jahre 1906 ereignete sich der „Fall Leadbeater", wodurch die zuvor schon erwähnte Trennung der deutschen Esoterischen Schule Rudolf Steiners von der theosophischen Esoterischen Schule in Gang gesetzt wurde. Leadbeater wurde beschuldigt, im Zusammenhang mit der esoterischen Entwicklung bestimmte sexuelle Praktiken zu fördern. Rudolf Seiner schreibt darüber Briefe an die Mitglieder, aber auch einen an die Vorsitzende der internationalen Theosophischen Gesellschaft, Annie Besant:[153]

„Mir stellt sich die ganze Sache in einem viel tieferen Lichte und Zusammenhang dar. Ich *muß* das Schlimme an der ganzen Sache in der Eigenart von Mr. Leadbeaters okkulter Methode sehen. Diese okkulte Methode *muß* notwendigerweise in gewissen Fällen zu solchen oder ähnlichen Fehlern führen, wie sie bei Mr. Leadbeater sich finden, weil sie für den Menschheitszyklus, dem die abendländische Bevölkerung angehört, nicht mehr anwendbar ist. Es müssen nicht dieselben Fehler in jedem Falle sein; aber es kann zu ähnlichen kommen, die nicht minder schlimm sind. Denn diese Methoden können nur dann zu einem sichern Resultat führen, wenn hinter jedem, der den Pfad betritt, eine so absolute Autorität eines Guru steht, wie sie im Abendlande wegen der allgemeinen Kulturverhältnisse ganz unmöglich ist. Eine Person darf im Abendlande zu der Stufe psychischer Entwickelung, auf welcher Leadbeater stand, nur geführt werden,

---

[153] Brief von Anfang Juli 1906, GA 264, S. 280f.

wenn bei ihr der Teil von Führung, die nicht mehr vom Guru ausgehen kann, durch eine bis zu einem gewissen Grade gekommene *mentale* Schulung ersetzt wird. Und diese Schulung fehlt Mr. Leadbeater. Ich meine damit nicht eine bloß intellektuell-philosophische Schulung, sondern die Entwickelung jener Bewußtseinsstufe, welche in *gedanklich-innerem* Schauen besteht. Das fordert einfach die Stufe der Gehirnentwickelung, auf welcher der Abendländer stehen muß. In Deutschland zum Beispiel müssen die Wege zu dieser Schulung von der Gedankenmystik Fichtes, Schellings und Hegels genommen werden, die eigentlich nach ihrer in Wahrheit okkulten Grundlage gar nicht verstanden werden.

Dies alles ist deswegen der Fall, weil der Gedanke selbst für alle Plane derselbe ist. Wo auch der *Gedanke* ausgebildet wird, ob auf dem physischen oder einem höheren Plane: er wird für alles dann ein sicherer Führer sein, wenn er sinnlichkeitfrei und ein in Selbst-Erkenntnis erfaßter ist. Wird er zuerst – nach der abendländischen Gehirnanlage – auf dem physischen Plane entwickelt, dann bleibt er der sicher leitende Faden durch alle Stufen der physischen und der überphysischen Erkenntnis. Fehlt er, dann wandelt der Abendländer *steuerlos*, gleich ob er sich auf dem physischen oder einem höheren Plane bewegt. Und bei der im gegenwärtigen Zeitpunkt so nahen Verwandtschaft aller höheren Menschenkräfte mit den Kräften, die auf niederer Stufe der Sexualsphäre angehören, kann in jedem Augenblicke eine Entgleisung ähnlich derjenigen Mr. Leadbeaters stattfinden."

Später wird Mr. Leadbeater, der aufgrund dieses Skandals ausgeschlossen wurde, wieder rehabilitiert. Er ist derjenige, der dann auch den jungen Krishnamurti auserwählt, der künftige Weltenlehrer zu sein, der künftige Träger des Christus, des Maitreya Buddha.

Seit 1900 bleibt Rudolf Steiner seiner spezifischen Art der Geistanschauung treu, die sich auf in Selbsterkenntnis gefasste sinnlichkeitsfreie Gedanken gründet, das heißt auf ein sinnlichkeitsfreies Denken, das in Selbsterkenntnis angeschaut und erlebt wird. *Das* ist Theosophie, *das* ist Anthroposophie. Und in dieser Geistanschauung, die in der Akasha-Chronik immer mehr zuhause war, sind seine Bücher „Theosophie" und „Geheimwissenschaft im Umriß" „gelesen". In „Wie erlangt man..." wird der Weg beschrieben, der im Anschluss an die auch in der Theosophischen Gesellschaft gebräuchlichen Methoden innerer Schulung zu diesen in Selbsterkenntnis anschauenden sinnlichkeitsfreien Gedanken führt. Rudolf Steiner bringt seine Geistanschauung nun in Zusammenklang mit der theosophischen Tradition und zeigt den spezifischen Weg für das Abendland: die Rosenkreuzer-Geisteswissenschaft. Immer deutlicher stellt sich diese offen in das Licht des Christus. Die Schüler, die Mitglieder fragen und bitten um weitere Vertiefung.

Es muss wohl die unauslotbare Tiefe der „Missgunst" sein, der Neid der theosophischen Führer auf die reale Begabung und Gnade dieses Eingeweihten Rudolf Steiner, der dann zu dieser Gegenbewegung führt: der Auserwählung Krishnamurtis als künftiger Weltenlehrer, ja sogar als Träger von Christus – wobei Christus mit Maitreya gleichgesetzt wird. Man wollte Steiner sein Thema, dem in Europa ein wachsender Enthusiasmus entgegengetragen wurde, nehmen, indem man es in Krishnamurti „verkörperte". Damit wollte man die eigene Macht wiederherstellen, und Steiner hätte dann ebenfalls eine schöne Inkarnationsgeschichte bekommen können: als der wiedergeborene Evangelist Johannes.

Wenn man diese Geschehnisse seit 1907, wie sie in den Biographien beschrieben, aber auch in Steiners Vorträgen über die Jahre hinweg bemerkbar sind, auf sich wirken lässt, so tief wie möglich, dann sieht man, wie *er* seinen Willen zurückhält und erwartet, dass die Mitglieder und Schüler, die sich für seinen Weg entscheiden, aktiv werden. Er unternimmt nichts, wartet all diese Jahre mehr oder weniger ab – bis zur „Befreiung" im Jahr 1912/13: die Befreiung aus der Theosophischen Gesellschaft durch Ausschluss auf Geheiß von Annie Besant.

In den Jahren, die dem vorausgehen, werden die tiefsten christlichen Vorträge gehalten, beginnend im Mai 1908 mit den Vorträgen über das Johannes-Evangelium, dann 1909 über das Lukas-Evangelium, 1910 über „Das Ereignis der Christus-Erscheinung in der ätherischen Welt" und das Markus-Evangelium, 1911 der Vortragszyklus „Von

Jesus zu Christus" und ab 1912 die Offenbarungen über „Das Fünfte Evangelium".

In dieser Zeit entstehen auch die vier Mysteriendramen, und die Anfänge der Eurythmie werden begründet. Die Theosophie blüht aus dem „übersinnlichen Herzen" heraus auf, wird zur Anthroposophie, wird also der Aufgabe der in Rudolf Steiner lebenden Individualität immer ähnlicher. Zugleich mit dieser Entfaltung entflammt der Hass dagegen und erreicht in der Mitteilung Annie Besants in der Zeitschrift „The Theosophist" im Januar 1913 einen Höhepunkt:[154]

> „Die T.S. (Theosophical Society) steht einem organisierten Angriff gegenüber, der von den gefährlichsten Feinden der Gedanken- und Rede-Freiheit angezettelt wird: von den Jesuiten. ... In Deutschland wirken sie nun, um die Vorherrschaft des Christentums in der T.S. zu sichern und um so die T.S. zu einer christianisierenden Sekte zu machen. Damit wollen sie die Zurückweisung der T.S. im Osten sicherstellen. ... Alle Mittel sind ihnen zum größeren Ruhme Gottes recht. Der *Schwarze General*, wie man das Haupt der Jesuiten nennt, hat seine Agenten überall. Angriffe werden in vielen Ländern in Umlauf gesetzt; Geld wird wie Wasser ausgeschüttet; die Post eines Tages bringt Angriffe aus Rom, Stockholm und Hongkong. Es ist sehr interessant, das zu verfolgen, und man erinnert sich an die warnenden Worte: ‚Der Teufel ist zu euch herabgestiegen mit großem Zorn, weil er weiß, daß er nur noch eine kurze Zeit hat'."

Aufgrund dieser „Jesuiten-Lügen" hat Rudolf Steiner dann jenen in diesem Buch schon mehrfach erwähnten autobiografischen Vortrag gehalten,[155] um anzudeuten, dass er mit dieser Gruppierung nichts zu tun hat. Zugleich hat er in einem Beitrag für die „Mitteilungen für die Mitglieder der anthroposophischen Gesellschaft" eine ausführliche Beschreibung der Geschichte des Konfliktes gegeben, um die Dinge ins richtige Licht zu stellen.

---

[154] Zit. nach Christoph Lindenberg, a.a.O., S. 502.
[155] Beiträge zur Gesamtausgabe Nr. 89/90.

Die Wirksamkeit in der Theosophischen Gesellschaft

Wir sehen in dieser Phase der Jahre 1902 bis 1913 also, wie Steiner seinen ursprünglichen Geistesweg gleichsam wie einen „basso continuo" aufrechterhielt und auf dieser Grundlage das theosophische „Lehrgut" wie auch den Weg zu höherer Erkenntnis durch okkulte Forschung in ein original christlich-rosenkreuzerisches Licht brachte.

Nachdem sich die deutschsprachige Esoterische Schule von der esoterischen Schule der Theosophischen Gesellschaft getrennt hatte, blüht das Christliche in grandioser Weise auf – und ruft die Gegenmächte herauf. Missgunst bringt die Gegenbewegung in Gang: den *Orden vom Stern des Ostens*.

Rudolf Steiner wird aus der Theosophischen Gesellschaft „befreit" und setzt seine Wirksamkeit als geistiger Lehrer für die neu begründete Gesellschaft fort, die von Marie von Sivers, Michael Bauer und Carl Unger geleitet wird.

DIE KUNST

In „Mein Lebensgang" schreibt Rudolf Steiner:[156]

„Ich wollte im Kunstwerk als das Wesentliche dasjenige ansehen, was den Sinnen erscheint. Aber mir zeigte sich der Weg, den der wahre Künstler in seinem Schaffen geht, als ein Weg zum wirklichen Geiste. Er geht aus von dem, was sinnlich wahrnehmbar ist; aber er gestaltet dieses um. Bei dieser Umgestaltung läßt er sich nicht von einem bloß subjektiven Drang leiten, sondern er sucht dem sinnlich Erscheinenden eine Form zu geben, die es so zeigt, als ob das Geistige selbst da stehe. Nicht die Erscheinung der Idee in der Sinnenform ist das Schöne, so sagte ich mir, sondern die Darstellung des Sinnlichen in der Form des Geistes. So erblickte ich in dem Dasein der Kunst ein Hereinstellen der Geist-Welt in die sinnliche. Der wahre Künstler bekennt sich mehr oder weniger unbewußt zum Geiste. Und es bedarf nur – so sagte ich mir damals immer wieder – der Umwandlung derjenigen Seelenkräfte, die im Künstler an dem sinnlichen Stoffe wirken, zu einem sinnenfreien, rein geistigen Anschauen, um in die Erkenntnis der geistigen Welt einzudringen."

Es geht also nicht darum, dass eine geistige Idee als Inhalt in den Stoff hineingebracht wird, sondern darum, den Stoff *so* zu formen, dass es ist, als ob der Geist selbst erscheine. Wenn man sich den tätigen Künstler vorstellt, wie er dem Stoff dem Geiste gemäß Form verleiht, dann findet man in dieser Aktivität etwas, was, zu einem sinnlichkeitsfreien geistigen Anschauen umgewandelt, zum geistigen Erkennen führt. Was der Künstler kann, nämlich vom Geiste aus dem Stoff eine „Geistgestalt" zu geben, das kann man rein *innerlich* halten, so dass es ein Formen des „Denkstoffes" zum Geiste hin wird.

Hier zeigt sich erneut das Mysterium von Form und Materie, nun als Grundlage der Kunst und als Andeutung des Zusammenhanges zwi-

---

[156] Mein Lebensgang, S. 142.

Die Kunst

schen der gleichzeitigen Bildung von Form und Stoff beim Formen des Begriffes des „Ich" einerseits und der Aktivität des Künstlers auf der anderen Seite.

Stellen wir uns einen Konzertpianisten vor, der ein echter Künstler ist. Er spielt ein Klavierkonzert von Beethoven. Während der (Jahre der) Vorbereitung hat er dieses Konzert bewusst oder unbewusst als „Geistgestalt" in sich aufgenommen. Das ist ein wortloser Begriff dessen, was in diesem Konzert lebt und wie es klingen muss. Es ist ein „Totalbewusstsein", das der intuitiven Erkenntnis entspricht, es wird aber auch eine mehr „konzeptuelle" Idee der Bedeutung sein (inspirativ), und es wird zugleich innerlich in ihm singen, sich in Klängen, Bildern usw. äußern (imaginativ). Das alles ist noch unabhängig von der technischen Fertigkeit, auch wenn es durch diese sehr wohl auch befruchtet wird. Das Spielen selbst wirkt auf die Geistgestalt im Innern des Künstlers zurück.

Nun bringt er es so weit, dass er technisch so geschickt ist, dass er dafür keine Aufmerksamkeit braucht. Jetzt kann die innere Geistgestalt wirksam werden, und der Künstler trägt sie bis in die Töne, die Rhythmen, den Anschlag, die Dynamik etc. Das alles wird durch die „Geistgestalt" *so* geformt, dass diese in dem aufgeführten Konzert zur Erscheinung kommt und selbst anwesend ist – dank der Materie, die aus der Gesamtheit der gegebenen Tatsachen besteht: Orchester, Dirigent, Flügel, physischer Leib, Fertigkeit, Partitur etc. Die „Idee" wird als Erlebnis hörbar, sichtbar und damit für das Publikum erlebbar.

Würde nun der Pianist soweit kommen, dass er sich dieser „Geistgestalt" bewusst werden würde, dass er diese anschauen könnte, dass er ihr „in die Augen sehen" könnte, dass sie nicht mehr unbewusst wirksam wäre, sondern als bewusster Geist erkannt werden würde, dann wäre der Künstler zur Idee der Idee dieses Klavierkonzerts von Beethoven aufgestiegen.

Diese Geistgestalt ist nicht mehr sinnlich, man *hört* sie nicht, man spricht sie nicht aus, es ist ein wortloses Totalbewusstsein, das *alles* in sich trägt, was der Künstler hieraus schöpfen kann. Hätte er dieses Totalbewusstsein *als* Geistgestalt, als erlebte und angeschaute Idee, dann hätte er sich zu einer sinnlichkeitsfreien, rein geistigen Anschauung des Wesens dieses Musikstückes emporgearbeitet – und er träte damit

in die Erkenntnis der geistigen Welt ein. Er wäre dann aber zugleich *Anthroposoph auf dem Weg zur Einweihung.*
Für gewöhnlich hat der Künstler kein derart klares „Bewusstsein der Form", der Geistgestalt – auch wenn diese Geistgestalt sehr wohl *da* ist und bis in die feinsten Details der Aufführung hinein wirkt. Aber hier liegt für den Künstler der Zugang zur realen Anthroposophie.

Andererseits verstehen wir dann auch Rudolf Steiners Worte im „Pädagogischen Jugendkurs", dass der Mensch, der zu einem Anschauen des reinen Denkens kommt, sich in einer „künstlerischen Verfassung" befindet. Denn dieser Zustand ist eben „das Bewusstsein der Form", der Idee der Idee, das bewusste, die volle Freiheit verwirklichende Strömen des Ich. Wenn man auf diese Weise innerlich sinnlichkeitsfrei anschauen kann, kann man dem Stoff diese „Form" verleihen.
So könnte dann auch die menschliche Begegnung, ja das ganze soziale Leben selbst zum Kunstwerk werden. Wenn zum Beispiel ein Mensch die „Geistgestalt" des anderen, das „Du" des anderen erfasst, so würde er in dem Zusammengehen von „Ich und Du" den Stoff haben, in dem sich die Geistgestalten in Liebe vereinigen. Das könnte die Kunst der Begegnung sein. Wie dies zu einer neuen sozialen Idee erweitert werden könnte, davon wird später noch die Rede sein.
Wir können auch noch versuchen, uns vorzustellen, wie in dem bewussten Erfassen der eigenen Geistgestalt einst die Möglichkeit bestehen wird, diese in voll bewusster künstlerischer Aktivität real in den Stoff (Seele, Ätherleib, physischer Leib) zu verwandeln. Dann würde der Stoff völlig bewusst zu Geist geformt werden, so dass der Stoff *als* Geist da ist. Heute sind noch die Kräfte der Vererbung und des Karma die stärkste formende Kraft. Einst wird es der individuelle Geist sein, der bewusst den vorhandenen Stoff formt. Die umgeformte Seele wird Manas, der umgeformte Ätherleib Buddhi, der umgeformte physische Leib Atma. Dann wird der ganze Mensch ein „künstlerisches" Produkt sein, und der Künstler wird der individuelle Geist sein.

Wenn man als Schriftsteller Prosa schreibt, dann spielt sich dieser Prozess – wenn es *Kunst* ist – mit dem Inhalt ab. Der Inhalt, zunächst „leer", ist das Material, und dieses Material wird eine Erzählung, die

Die Kunst

Geistgestalt hat. Die Sprache ist Medium, nicht Ziel, nicht Material. Die Sprache fügt sich dem Erzähler, um den Inhalt in Geistgestalt erscheinen zu lassen.

Schreibt ein anderer Dichter Poesie, so ist es umgekehrt. Dann ist die Sprache in all ihren Facetten (auch im Rhythmus, Reim usw.) der „Stoff", das Material, und der Inhalt ist mehr Medium. Von Schiller ist bekannt, dass er ein Gedicht zuerst als etwas Musikalisches „hörte", um ihm dann in der Sprache Form zu verleihen.

Dieses Prinzip ist von großer Wichtigkeit, wenn man die von Rudolf Steiner initiierte Kunst verstehen will: die Sprachkunst, die dramatische Kunst, Eurythmie, Architektur.

Die drei erstgenannten Künste hat Steiner mit Marie von Sivers – später Marie Steiner-von Sivers – zur Entwicklung gebracht, sie hat sie dann in der Praxis weiter ausgebildet. Marie von Sivers spielte auch die Maria in den Mysteriendramen.

In der Sprachkunst ist es nicht so sehr die Sprache, die der Stoff ist, sondern das Sprechen selbst. Dieses wird in allen Facetten so geübt, dass es sich in seinen Äußerungen so gestaltet, als sei der Geist wirklich *da*, als höre man den Geist sprechen. Der Sprachkünstler muss daher all diese Facetten des Sprechens, alle Möglichkeiten, auch die begleitenden Seelen- und Charakterhaltungen, durch und durch kennen. Dann kann er soweit kommen, dass das Sprechen selbst Material wird. Dann ist das Gedicht (nur) Mittel geworden, um im Sprechen den Geist erscheinen zu lassen.

So müssen wir auch die Mysteriendramen betrachten. „Szenische Bilder" sind der Stoff, und in diesen Bildern kann der Geist erscheinen. Ich stelle mir vor, dass dies der Unterschied zu den Dramen von Eduard Schuré war, die zunächst aufgeführt wurden. Da war der *Inhalt* auf der Bühne geistig. In den Mysteriendramen ist der Inhalt auch geistig. Aber es geht viel weiter: Auch die Bilder, die Inszenierung, das Spiel, das Sprechen, die Beleuchtung, der Szenenverlauf, die Gesamtheit aller Aspekte der Bühnenkunst will *so* geformt werden, dass es ist, als sei es die geistige Realität selbst, die man als Zuschauer erlebt.

Schon vor der Jahrhundertwende war Goethes Märchen „Die grüne

Schlange und die schöne Lilie" für Rudolf Steiner ein wichtiger Meditationsstoff. Und in den Karmavorträgen im Jahr 1924 deutet er an, dass Goethe in diesem Märchen wirklichkeitsgetreu gestaltet hat, was der moderne Mensch in sich zu verwandeln hat, um zur Spiritualisierung des Denkens zu kommen.

In den Entwürfen für die Mysteriendramen (GA 44) sind Fragmente erhalten, in denen die späteren Personen der Dramen noch die Namen der Gestalten aus Goethes Märchen haben. So ist Maria da die Lilie, Johannes ist der Mensch, der durch die Berührung der Lilie innerlich stirbt, die Irrlichter scheinen Capesius und Strader zu sein; der Mann mit der Lampe ist Felix Balde; der Hierophant ist Benedictus. Es wird deutlich erlebbar, dass Rudolf Steiner die geistige Bedeutung, die in Goethes Imaginationen liegt, zu Bühnenbildern formen will. Dass dieses Menschheitsdrama in Personen und Szenen angeschaut werden kann, das ist die Aufgabe. Es geht also nicht so sehr darum, dass zum Beispiel Luzifer und Ahriman als Gestalten auf der Bühne zu sehen sind. Es geht darum, dass die Bühnenszene mit allem, was sie ist und sein kann, Ausdrucksmaterial für diese Gestalten und ihre Wirkungen wird. So kann sogar die Gesamtheit der vier Dramen das Erscheinen von Christus darstellen, während ihm nur im ersten Drama ausdrücklich einige Zeilen gewidmet sind, der Name nicht weiter genannt wird und Er überhaupt nicht gezeigt wird.

DIE EURYTHMIE

Die Eurythmie ist anthroposophische Kunst im reinsten Sinne. Ein Mitglied der anthroposophischen Gesellschaft fragte Rudolf Steiner eines Tages, ob nicht eine spezielle Tanzkunst begründet werden könnte. Die Antwort Steiners war die Eurythmie. Wenn man sich in diese Kunst vertieft – auch wenn man kein Eurythmist ist –, dann sieht man, wie auch hier wieder die originäre Geistanschauung Rudolf Steiners in einen „Stoff" geformt wird, das heißt, dass der Stoff so geformt wird, dass er weitestmöglich selbst als Geist erscheint.
Rudolf Steiner sagt:[157]

„Derjenige aber, der Eurythmie treibt, der Eurythmie in irgendeiner Art hinzustellen hat in der Welt, der muß für Eurythmie ebenso in das Wesen der Sache eindringen, wie, sagen wir, der Musiker oder der Maler oder der Plastiker in das Wesen der Sache eindringen muß. Bei der Eurythmie haben wir es zugleich mit einem Eindringen in das Menschliche überhaupt zu tun, wenn wir in das Wesen der Eurythmie eindringen wollen. Denn es gibt keine Kunst, die sich in einem so eminenten Sinne desjenigen, was am Menschen selbst ist, bedient wie die Eurythmie. Nehmen Sie alle Künste, Künste, die Instrumente haben, Künste, die irgendwelche Werkzeuge nötig haben, sie haben nicht Mittel und nicht Werkzeuge, die so nahe an den Menschen herankommen wie die Eurythmie.
(...)
Bei der Eurythmie haben wir es zu tun mit etwas, das nach keiner Richtung da ist am Menschen im gewöhnlichen physischen Leben, das durch und durch eine Schöpfung sein muß aus dem Geistigen heraus, mit etwas, das sich nur des Menschen bedient, wie der Mensch nun einmal dasteht in seiner Gestalt in der physischen Welt, das sich nur des Menschen als eines Ausdrucksmittels, und zwar der mensch-

---

[157] Eurythmie als sichtbare Sprache, GA 279, S. 43f und 46ff.

lichen Bewegung als eines Ausdrucksmittels bedient.
 Nun fragt es sich: Was wird denn eigentlich dargestellt? Sie werden nur begreifen, was in der Eurythmie dargestellt wird, wenn Sie eben ins Auge fassen, daß Eurythmie eine sichtbare Sprache sein will.
 (...)
 Wenn wir die Sprache mimisch gestalten, so haben wir an der gewöhnlichen Sprache das Vorbild, aber wenn wir die Sprache selbst gestalten, so hat diese als solche kein Vorbild. Sie tritt als selbständiges Produkt aus dem Menschen heraus. Nirgends in der Natur ist dasjenige vorhanden, was in der Sprache sich offenbart, in der Sprache zutage tritt.
 Ebenso muß Eurythmie durchaus etwas sein, was eine ursprüngliche Schöpfung darstellt."

„Aber nun ist das zweite Glied der menschlichen Natur da, der Ätherleib des Menschen. Dieser Ätherleib des Menschen, wenn man ihn aufzeichnen würde, würde etwas ungeheuer Kompliziertes darstellen. Denn dieser Ätherleib des Menschen kann im Grunde genommen als etwas Bleibendes ebensowenig hingemalt werden wie der Blitz, wenn man den Blitz hinmalt, so hat man ja nicht den Blitz gemalt, denn der Blitz ist in Bewegung, der Blitz ist in Strömung. Man müßte also in der Nachahmung des Blitzes eine Strömung, eine Bewegung darstellen. Man kann nur so, wie man etwa den Blitz malen könnte, wenn man ihn malen wollte, den Ätherleib irgendwie fixieren. Der Ätherleib ist in fortwährender Beweglichkeit, in fortwährender Regsamkeit.
 Diese Bewegungen nun, diese in Bewegung begriffenen Formen, aus denen der Ätherleib des Menschen nicht besteht, sondern fortwährend entsteht und vergeht, haben wir sie irgendwo in der Welt der Menschen, so daß wir an sie herantreten können? Ja, wir haben sie. Daß man sie hat, das wußte eben eine ursprüngliche intuitive Erkenntnis. Man hat sie in dem, was der Mensch überhaupt – bitte, meine lieben Freunde, ich spreche genau, die Dinge müssen genau so gefaßt werden, wie ich spreche –, man hat sie, indem man alles dasjenige lautlich formt, was in den Inhalt der Sprache hineinfließt.
 (...)
 Werden Sie sich bewußt, daß alle diese Elemente, die aus dem

Die Eurythmie

Kehlkopf herauskommen, die Bestandteile alles dessen sind, was im Sprechen zutage tritt, werden Sie sich bewußt, daß alles das aus bestimmten Bewegungen besteht, denen ursprünglich in der Anlage die Formungen des Kehlkopfes und seiner Nachbarorgane zugrunde liegen.

(...)

Wir sprechen nicht auf einmal alles dasjenige, was der Sprache zugrunde liegt. Wann würden wir es denn sprechen, alles dasjenige, was der Sprache zugrunde liegt? Wir würden es sprechen – so paradox das klingt, es ist so –, wenn wir einmal von *a b c* bis *z* alle möglichen Laute hintereinander ertönen ließen. Stellen Sie sich das einmal vor. Stellen Sie sich vor, ein Mensch würde beginnen mit dem *a*, *b* und so fort hintereinander, ohne abzusetzen natürlich, nur mit dem entsprechenden Atemholen, bis zum *z*, ein Mensch würde das hintereinander lautlich erklingen lassen. Alles dasjenige, was wir aussprechen, zeichnet in die Luft hinein eine gewisse Form, die man nur nicht sieht, die man aber durchaus als vorhanden voraussetzen muß, von der man sich sogar denken könnte, daß sie durch wissenschaftliche Mittel ohne die menschliche Zeichnung fixiert würde.

(...)

Fragen wir uns einmal, wenn wirklich ein Mensch das zustande brächte, was da entstünde. Es müßte in einer gewissen Zeit geschehen – wir werden schon im Laufe der Vorträge noch hören, warum –, so daß, wenn wir beim *z* angekommen sind, nicht schon das erste vollständig wiederum auseinandergeflossen ist, daß also das *a* in seiner Form plastisch noch bleibt, wenn wir beim *z* angekommen sind. Wenn wir tatsächlich vom *a* bis zum *z* gehen könnten in der Lautformulierung, wenn wir dies so zuwege brächten, daß das *a* stehenbleiben würde bis zum *z*, und das Ganze würde sich in der Luft abbilden, was wäre denn das? Was wäre das für eine Form? Das wäre die Form des menschlichen ätherischen Leibes. Der menschliche ätherische Leib würde auf diese Weise zustande kommen.

(...)

Was ist da eigentlich geschehen? Der Mensch als Ätherleib ist ja immer da. Sie tragen ihn immer in sich. Was tun Sie also, indem Sie sprechen, das Alphabet aussprechen? Sie versenken sich gewisserma-

ßen in die Form Ihres Ätherleibes und teilen sie der Luft mit. Sie bilden in der Luft ein Abbild Ihres Ätherleibes. Wenn wir ein einzelnes Wort sprechen, das nicht alle Laute hat selbstverständlich, was geschieht dann? Stellen wir uns vor, der Mensch steht vor uns. Da steht er als physischer Leib, als Ätherleib, Astralleib, Ich. Er spricht irgendein Wort. Man sicht, er versenkt sich mit dem Bewußtsein in seinen Ätherleib. Ein Stück dieses Ätherleibes bildet er in der Luft ab, so wie wenn Sie sich vor den physischen Leib stellen würden und meinetwillen eine Hand abbilden würden, so daß die Hand in der Luft zu sehen wäre. Nun, der Ätherleib hat nicht diese Formen, die der physische Leib hat, aber die Formen des Ätherleibes bilden sich in der Luft ab. Wir schauen, wenn wir dies richtig verstehen, gerade in die wunderbarste Metamorphose der menschlichen Gestalt, der Entwickelung hinein. Denn, was ist dieser Ätherleib? Er ist dasjenige, was die Kräfte des Wachstums, die Kräfte, die in Betracht kommen, um die Ernährung zu besorgen, aber auch die Kräfte, die in Betracht kommen, um das Gedächtnis in die Wege zu leiten, was das alles enthält. Das alles teilen wir der Luftgestaltung mit, indem wir sprechen.
(...)
Bevor aber ein physischer Mensch auf der Erde war, war der ätherische Mensch da. Denn der ätherische Mensch liegt dem physischen Menschen zugrunde. Was ist denn aber der ätherische Mensch? Der ätherische Mensch ist das Wort, das das ganze Alphabet umfaßt.
Und so können wir, wenn wir von der Gestaltung dieses Urwortes, das im Anfange war, bevor der physische Mensch da war, sprechen, können – wenn wir darauf Rücksicht nehmen – das, was da mit der Sprache entsteht, eine Geburt nennen, eine Geburt des ganzen ätherischen Menschen, wenn eben das Alphabet lautlich gesagt wird.
(...)
Das ganze Universum wurde ausgesprochen mit *a*, *b*, *c* und so weiter. Teile des Universums werden ausgesprochen mit einzelnen Worten.
(...)
Dem Laute als solchem liegt zunächst alles das vom menschlichen Inneren zugrunde. Es ist dann, was sich vom Ätherleib darlebt, alles das vom menschlichen Inneren, was gefühlsmäßig sich in der Seele erleben läßt."

Die Eurythmie

Hören wir hier nicht die geisteswissenschaftliche Version dessen, was Plato in seinem Dialog „Kratylos" als dessen Überzeugung wiedergibt? Kratylos wird dem Hermogenes gegenübergestellt, und Sokrates führt den Gang der Fragestellung:[158]

Hermogenes: Sollen wir auch dem Sokrates da die Sache mitteilen?
Kratylos: Wenn dir's beliebt.
Hermogenes: Dieser Kratylos behauptet, o Sokrates, es gebe von Natur einen richtigen Namen für jedes Ding, und nicht das sei ein Name, den einige nach *Übereinkunft* einem Dinge beilegten – dabei ließen sie nur ein Teilchen von ihrer Stimme über es laut werden –, sondern es gebe eine Richtigkeit der Namen von Natur, und zwar für Hellenen und Barbaren, für alle ein und dieselbe. Ich frage ihn nun, ob ihm in Wahrheit der Name Kratylos gebühre oder nicht? – Er bejahte es. – „Welcher Name aber gebührt dem Sokrates?" sagte ich. – „Sokrates", sagt er. – „Gehört denn nicht auch jedem unter allen übrigen Menschen der Name, den wir ihm beilegen?" – Da sagt er: „Dir gewiß nicht der Name Hermogenes, auch wenn dich alle Menschen so nennen." Wie ich nun weiter frage und wissen will, was er eigentlich meint, gibt er mir durchaus keine deutliche Antwort, sondern verstellt sich gegen mich und tut, als überlege er bei sich und wüßte etwas über die Sache, und wenn er es nur sagen wollte, könnte er auch mich zum Zugeständnis bringen und für seine eigene Meinung gewinnen. Wenn du nun etwa das Rätsel des Kratylos lösen kannst, so würde ich es gerne hören; noch lieber aber würde ich deine eigene Meinung über die Richtigkeit der Namen (Wörter) erfahren, wenn es dir genehm ist, sie mitzuteilen.
Sokrates: O Sohn des Hipponikos, Hermogenes, es gibt ein altes Sprichwort. *Schwer ist das Verständnis des Schönen*, und das Verständnis der Namen ist keine geringe Aufgabe. (...)
(...)
Hermogenes: Wieso?
Sokrates: Ich will versuchen, dir meine Ansicht mitzuteilen. Denn es ist unmöglich, daß ein einziger Name besser für die vier Eigen-

---

[158] Übersetzung nach Julius Deuschle, www.zeno.org/Philosophie/M/Platon/Kratylos.

schaften des Gottes passen könnte, so daß er an alle anklänge und gewissermaßen die Kunst der Musik, des Wahrsagens, der Heilkunde und des Bogenschießens offenbarte.
Hermogenes: Nur heraus damit! Denn der Name muß nach deinen Worten etwas ganz Absonderliches sein.
Sokrates: Wohlgefugt ist er, weil der Gott musikalisch ist. Denn zunächst das Reinmachen und die Reinigungen der Heilkunst und der Wahrsagerei, ferner die Räucherungen, die Bäder, die dabei vor kommen, und Besprengungen, sei es im Dienst der Heilkunde oder der Wahrsagekunst, alles dies hat nur ein Ziel: den Menschen rein darzustellen an Leib und Seele. Nicht?
Hermogenes: Allerdings.
Sokrates: Sollte er also nicht der Gott sein, der da reinigt, *abwäscht* (*ho apolouôn*) und von den betreffenden Übeln *erlöst* (*apolyôn*)?
Hermogenes: Sicherlich.
Sokrates: Nach den Lösungen und Abwaschungen wäre daher, weil er der Arzt dafür ist, sein rechter Name *Apoluon*. Mit Bezug auf die Wahrsagekunst aber, die Wahrheit und das *Einfache* (*haploun*) hieße er mit Recht, wie ihn die Thessalier nennen: Denn alle Thessalier nennen diesen *Gott Aplun*. Weil er ferner immer des Schusses mächtig ist durch seine Bogenschützenkunst, heißt er der *Immertreffer, aei ballôn*. In bezug auf die Musik muß man annehmen, daß das *a*, wie in *akolouthos* (Geleiter) und *akoitis* (Gemahlin) und oft, das *Zusammen* bedeutet, so auch hier das *Zusammendrehen* (*polêsis*) sowohl am Himmel, bei dem man ja von Polen (*poloi*) spricht, als auch bei dem Zusammenklang im Gesang, den man Symphonie nennt, weil alles dies, wie die Gelehrten in der Musik und Astronomie sagen, *zusammen* nach einer gewissen Harmonie sich drehe (*polei*). Dieser Gott aber hat die Harmonie unter sich und dreht alles zusammen (*homopolôn*) bei Göttern und Menschen. Wie man nun statt *homokeleuthos* und *homokoizis* sagte *akolouthos* (Geleiter) und *akoitis* (Gemahlin) und an die Stelle von *homo* ein *a* setzt, so hat man auch den Gott *Apollon* benannt, weil er ein *homopolôn*, ein *Zusammendreher*, und hat ein *l* eingeschoben, weil er sonst gleichlautend würde mit dem unangenehmen Namen (*apolôn*, der da verderben wird). Diese Ableitung nehmen auch jetzt noch manche

an, und weil sie die innere Bedeutung des Namens nicht richtig auffassen, fürchten sie sich davor, als bezeichne er eine Vernichtung. Er aber, wie gesagt, klingt an alle Eigenschaften des Gottes an: das Einfache (*haploun*), sein Immertreffen (*aei ballôn*), Abwaschen (*apolouôn*) und Zusammendrehen (*homopolôn*). (...)

Später wird Kratylos in das Gespräch einbezogen:

Hermogenes: Wahrlich, Sokrates, mir macht ja Kratylos oft und viel dadurch zu schaffen, wie ich von Anfang sagte, daß er trotz der Behauptung, es gebe eine Richtigkeit der Namen, sich durchaus nicht deutlich erklärt, worin sie bestehe, so daß ich nicht wissen kann, ob er absichtlich oder ohne Absicht allemal so undeutlich sich darüber ausdrückt. Daher erkläre dich also jetzt, o Kratylos, gegenüber dem Sokrates, ob des Sokrates Darstellung über die Worte deinen Beifall hat, oder ob du noch etwas Besseres vorzubringen weißt? Und wenn das, so bringe es vor, damit du entweder von Sokrates belehrt werdest oder uns beide belehrest!
Kratylos: Wie doch, Hermogenes? Hältst du es denn für leicht, sich so rasch über etwas, was es auch sei, belehren zu lassen oder zu belehren, geschweige gar über einen so gewichtigen Gegenstand, der zu den allerbedeutendsten gehört?
Hermogenes: Wahrhaftig, das sage ich nicht. Nur des Hesiod Ausspruch ist, denke ich, in der Ordnung: *Wenn man zu wenigem auch wenig nur hinzufüge,* so sei es doch förderlich. Wenn du daher auch nur wenig die Untersuchung vorwärts bringen kannst, so laß dich's nicht verdrießen, sondern leiste unserem Sokrates den guten Dienst; und auch mir bist du es schuldig.
Sokrates: Natürlich möchte auch ich, mein Kratylos, keine meiner Bemerkungen für sicher ausgeben; nur wie ich mir die Sache vorstellte, habe ich sie mit Hermogenes untersucht. Was also das anlangt, so bringe nur getrost deine Ansicht vor, wenn du eine bessere hast, und sei überzeugt, daß ich darauf eingehen werde! Denn du hast gewiß schon selbständig Untersuchungen darüber angestellt und von anderen dir Mitteilungen machen lassen. Wenn du also eine bessere Ansicht vorbringst, so darfst du auch mich in die Liste

deiner Schüler über die Richtigkeit der Worte eintragen.
Kratylos: Allerdings, Sokrates, habe ich mich, wie du sagst, damit beschäftigt, und vielleicht kann ich in dir einen Schüler gewinnen. Doch fürchte ich, daß es gerade umgekehrt gehe. Denn es drängt mich, nun den Ausspruch des Achilleus anzuwenden, den er in den „Bitten" an den Aias richtet. Dort sagt er:
Aias, göttlicher Sohn des Telamon, Herrscher der Völker, Alles hast du mir fast aus der Seele selber geredet.
So sind auch, o Sokrates, deine Orakelsprüche ganz nach meinem Sinne ausgefallen, magst du nun durch Euthyphron begeistert gewesen sein, oder hat vielleicht auch schon lange eine andere Muse heimlich in dir gesteckt.
(...)
Sokrates: Allerdings nicht im mindesten, mein Freund. Doch hier wollen wir das auf sich beruhen lassen und folgendes erwägen, ob du auch darin beistimmst oder nicht: Also stimmten wir nicht eben darin überein, die jedesmaligen Namenbildner, in hellenischen so gut wie in ausländischen Städten, seien Gesetzgeber, und die Kunst, die sich darauf verstünde, sei die gesetzgeberische?
Kratylos: Gewiß.
Sokrates: So gib denn an: Bildeten die ersten Gesetzgeber die Stammwörter mit Erkenntnis der Dinge, denen sie sie beilegten, oder in Unkenntnis derselben?
Kratylos: Ich denke doch, Sokrates, mit Erkenntnis.
Sokrates: Denn gewiß nicht, mein lieber Kratylos, in Unkenntnis.
Kratylos: Ich denke nicht.
(...)
Sokrates: In welcher Weise sollen sie also mit Erkenntnis die Worte gebildet haben oder Gesetzgeber sein, ehe auch nur irgend ein Wort vorhanden war und sie eines kennen konnten, wenn es doch nicht möglich ist, die Dinge anders kennen zu lernen als aus den Worten?
Kratylos: Ich denke, die richtigste Erklärung darüber sei, o Sokrates, eine übermenschliche Macht sei es gewesen, die den Dingen die ersten Namen gab, so daß sie notwendig richtig sein müssen."

Der moderne Übersetzer meint, ein solcher Dialog spiele nur mit

Die Eurythmie

der logischen Argumentation, die schließlich sogar ad absurdum geführt werden kann. Ganz anders steht man dem gegenüber, wenn man dank Rudolf Steiners Anweisungen etwas von einem denkenden Einleben gelernt hat. Dann sieht man, wie Kratylos – auf platonische Weise in Worte gefasst –, den Standpunkt einnimmt, dass mit dem gesprochenen Wort (dem Namen) wirklich ein Teil des Universums ausgesprochen wird. Ja sogar, dass es verkehrte Namen nicht gibt, weil es kein *Name* mehr ist, wenn ein Wort nicht das Ding in seiner ätherischen Wirklichkeit ausspricht, wie sie in unserem Ätherleib zu finden ist.

Dann aber haben wir auch die Grandiosität der Eurythmie in ihrer Bedeutung erfasst. Für jeden Klang des Alphabets wurde von Rudolf Steiner das innere Erleben in der Seele *und* die dem entsprechende äußere Gebärde gegeben. Darüber hinaus wurden für die Dynamik der Sprache, für die Bedeutungen, die Bewegungen in den Bedeutungen usw. Anweisungen gegeben, wie der ganze Körper in Bewegung zu bringen ist und wie dies von einer Gruppe von Eurythmisten ausgedrückt werden kann. So wird der ganze sich bewegende Leib als „Stoff" verwendet, um die ätherischen Abbilder in der Luft zu verändern; dieser individuelle Körper kann in einer Gesamtheit von sich bewegenden Körpern noch mehr zum Ausdruck bringen.

Die inneren Erlebnisse der Seele in der Sprache werden in Bewegungen des Ätherleibes umgesetzt, die sich in der Luft abbilden. *Das* ist die Form, die der sich bewegende Körper in der Eurythmie annimmt. „Der ganze Körper muß in der eurythmischen Ausführung Seele werden"[159] In der eurythmischen Kunst wird also in dem sich bewegenden Körper die *Seele* äußerlich sichtbar, so wie sie den Ätherleib in der Sprache bewegt. Bei dieser Kunst, die *die* anthroposophische Kunst schlechthin ist, kann der ausführende Künstler nicht eine „unbewusste Geistgestalt" als Form in sich tragen. Hier ist es ein Teil des Künstlertums, dass der ausführende Künstler ein *Bewusstsein* von dieser „Geistgestalt", dieser „Form" hat.

In diesem Fall bedeutet das, dass er ein Bewusstsein der inneren Erlebnisse der Seele hat und dass auch die Übertragung in die Bewegung

---
[159] Thema des fünfzehnten Vortrags vom 12.7.1924, GA 279, S. 240.

bewusst geschieht. „Bewusstsein der Form" habe ich dies zuvor genannt. Damit aber würde der eurythmisierende Künstler unmittelbar in der Idee der Idee leben. In dem Bewusstsein der inneren Erlebnisse der Seele und ihrer Umwandlungen in ätherische Bewegungen würde der Künstler eine Idee des *Wortes* fassen, die bis zu einer Geistanschauung werden kann. Das ist *nicht* der Fall, wenn der Eurythmist ausschließlich in den Bewegungen lebt und die Geistgestalt der Seelenbewegung nicht hat. Die Bewegung wirkt dann dennoch in das Innere zurück, kann jedoch außerhalb des Bewusstseins bleiben. Dann wirkt Eurythmie als eine schwer zu ertragende Halbheit, deren geistige Seite amputiert ist.

Der Eurythmist hat die Möglichkeit, die ätherische „Weisheit des Menschen" innerlich in seiner Ganzheit zu erleben und äußerlich immer vollkommener sichtbar zu machen. Sichtbar gewordene Anthroposophie, sichtbar gewordene Erleuchtung (Photismos) würde Eurythmie auf diese Weise sein.

Rudolf Steiner hat dieses innere Erleben der Laute sowohl für Vokale als auch für Konsonanten klar umschrieben. Ich gebe hierfür der Vollständigkeit halber noch ein Beispiel, um danach zu einem nächsten Thema überzugehen. Es ist nicht meine Aufgabe, eine vollständige Idee der Eurythmie zu geben, dies liegt auch außerhalb meines Bereiches. Hier will ich zeigen, wie die anthroposophische Kunst auf dem Fundament von Steiners Geistanschauung ruht und wie sie andererseits für alle „Nachkömmlinge" zu erwerben wäre, wenn nur das wesentliche Urprinzip dieser Geistanschauung erfasst würde.[160]

„Beginnen wir beim *a*. Heute lernt man das a aussprechen, wie man es erlernt in jenen unbewußten träumerischen Zuständen, wenn man ganz kleines Kind ist. Das wird ja begraben, wenn man später in der Schule malträtiert wird mit dem weiteren Unterrichtetwerden der Laute. Wenn man als Kind sprechen lernt, da ist schon etwas da von dem, was eigentlich das große Geheimnis des Sprechens ist; aber es ist eben noch im Traumhaften, im Unterbewußten drunten.

Wenn wir *a* aussprechen, so müssen wir, wenn wir einigermaßen

---

[160] Eurythmie als sichtbare Sprache, GA 279, S. 49f und 85ff.

gesund empfinden, dieses *a* als dasjenige empfinden, was aus unserem Inneren kommt, wenn wir in irgendeiner Art von *Verwunderung, Erstaunen* sind.
Diese Verwunderung, das ist wiederum nur ein Teil des Menschen. Der Mensch ist ja nicht etwas Abstraktes. Er ist in jeder Minute irgend etwas.
(...)
So ist man eben auch zuzeiten der Sich-Verwundernde, der Erstaunende. Das kommt dann zum Ausdrucke, indem man, was im Ätherleib vorgeht beim Erstaunen, beim Erleben des Erstaunens, indem man das in die Luft hineinformt mit Hilfe des Kehlkopfes: *a*. Man setzt also einen Teil seines Menschtums, nämlich den sich verwundernden Menschen, dabei heraus; man setzt ihn in die Luft hinein."

„Das *d*, sagte ich Ihnen, ist ein Nach-unten-Weisen oder überhaupt Irgendwohin-Weisen: *d*. Setzt man noch das *a* dazu – daß man über dasjenige erstaunt, verwundert sein kann, auf das man eben weist –, so hat man: da. (...)
Machen Sie uns ein *d* vor: Münden Sie ganz in das Wesentliche des *d*-Lautes ein! – Worinnen liegt das Wesentliche des *d*-Lautes? In der Deutebewegung. Sie müssen also das Gefühl haben: da ist etwas, *da* ist auch etwas, *d*, in dem Sie zuletzt landen. Daher müssen Sie schon die *d*-Bewegung so ausführen, daß man gewissermaßen ein Zusammenstimmen einer um einen kleinen Moment früheren und einer um einen kleinen Moment späteren Landung des Armes an einer bestimmten Lage hat, aber rasch hintereinander, daß der eine nur nachgezogen wird. Es kann von links und rechts geschehen.
Es ist schon notwendig, daß wir diese Dinge für sich herausheben, und fühlen sollen Sie tatsächlich das Hindeuten; aber vorher gewöhnen Sie sich an, um den *d*-Laut rein herauszukriegen, die Deutebewegung hineinzukriegen."

So ist das Wort „da" eine innere Gestalt des „Deutens in Verwunderung", die durch das Sprechen des Wortes in der Luft geformt wird, d.h. die Luft wird nach dem gesprochenen Wort geformt.

Eurythmie als sichtbare Sprache beruht auf dem gesprochenen Wort. Hierfür werden keine Prosatexte verwendet, in denen es um die Bedeutung geht. Die Poesie ist das Gebiet des gesprochenen Wortes, in dem sich die Eurythmie bewegt.

Etwas anderes ist das *gedachte* Wort, noch etwas anderes das geschriebene Wort. Bei dem letzteren muss man sich fragen: Geht es hier um das Erleben von Klang oder von Bedeutung? Wenn es um den *Klang* geht, ist es Poesie oder ein Spruch oder Mantram. Wenn es um die Bedeutung geht, ist nicht das klingende Wort von Belang, sondern die Kunst der „Grammatik" und der „Dialektik", die den Leser dann auf die richtige Weise dazu bringen können, das, was in den Worten ausgedrückt werden will, als „reines Denken" zu erfassen.

Das Geheimnis der Sprache findet man als Erwachsener nur da, wo das Wort als Kunst gesprochen wird; da geht es nicht um Bedeutung, sondern um inneres Erleben. Und man findet das Geheimnis der Sprache in der Eurythmie, wo das gesprochene Wort in der Bewegung des Leibes sichtbar wird.

Ich erwähne hier nur noch, dass es auch Eurythmie als sichtbare *Musik* gibt.

RUDOLF STEINER IST NICHT UNNACHAHMLICH

Vielleicht ist das größte Hindernis im Leben Rudolf Steiners die Vergöttlichung gewesen. Diese wirkt bis heute fort und verhindert, dass die Anthroposophie zum Kulturfaktor werden könnte. Denn vor dem Hintergrund dieser Vergöttlichung kann kein Mensch auch nur ansatzweise in die Nähe dessen kommen, „was Rudolf Steiner konnte". Sein Denken wäre kein menschliches Denken. Wir könnten ihn also nicht einfach verstehen, er wäre der Lehrer, dem wir nur demütig folgen könnten. Das Begreifen von Rudolf Steiners Werk wäre etwas für viele, mühsame Inkarnationen, und zu meinen, dass man etwas davon verstünde, wäre dann ein ernstlicher Beweis von Leichtsinn.

Man könnte ein ganzes Buch mit Zitaten zusammenstellen, in denen Steiner das Gegenteil ausspricht. Zusammengefasst lebt dieses Gegenteil in seinen Worten des Jahres 1915 (Lindenberg beginnt mit ihnen seine „Biographie"): „Ich will nicht verehrt werden! Ich will verstanden werden.".

Hier führe ich zwei weitere Zitate an, aus denen hervorgehen möge, dass Rudolf Steiner auf Menschen gehofft hat, die den Mut und die Aktivität aufbringen, zu glauben, dass man ihm nachfolgen *kann*.

Im Vorwort des Buches „Die Geheimwissenschaft im Umriß" von 1909 und einer 1913 hinzugefügten Anmerkung sagt Rudolf Steiner Folgendes:[161]

„Obwohl das Buch sich mit Forschungen befaßt, welche dem an die Sinnenwelt gebundenen Verstand nicht erforschbar sind, so ist doch nichts vorgebracht, was nicht verständlich sein kann unbefangener Vernunft und gesundem Wahrheitssinn einer jeden Persönlichkeit, welche diese Gaben des Menschen anwenden will. Der Verfasser sagt es unumwunden: er möchte vor allem Leser, welche nicht gewillt sind,

---

[161] Die Geheimwissenschaft im Umriß, GA 13, S. 14f.

auf blinden Glauben hin die vorgebrachten Dinge anzunehmen, sondern welche sich bemühen, das Mitgeteilte an den Erkenntnissen der eigenen Seele und an den Erfahrungen des eigenen Lebens zu prüfen.* Er möchte vor allem *vorsichtige* Leser, welche nur das logisch zu Rechtfertigende gelten lassen. Der Verfasser weiß, sein Buch wäre *nichts* wert, wenn es nur auf blinden Glauben angewiesen wäre; es ist nur in dem Maße tauglich, als es sich vor der unbefangenen Vernunft rechtfertigen kann.

* Gemeint ist hier nicht etwa *nur* die geisteswissenschaftliche Prüfung durch die übersinnlichen Forschungsmethoden, sondern vor allem die *durchaus mögliche* vom gesunden, vorurteilslosen Denken und Menschenverstand aus."

Hier ist keine Rede von einem vollkommen „anderen Denken" oder einem „karmafreien Denken", sehr wohl aber von unbefangener Vernunft, einem vorurteilslosen Denken und einem gesunden Menschenverstand. Ein solcher Verstand denkt wirklich „frei vom Karma", *das* gerade macht ihn gesund und rein. Aber dieses „Das konnte nur Rudolf Steiner" – das sind Worte für faule Seelen, die nicht *aufstehen* wollen. Aus dem soeben angeführten Zitat aus dem Vorwort eines rein geisteswissenschaftlichen Buches mag hervorgehen, worauf Rudolf Steiner hoffte.

Das zweite Zitat stammt aus dem Vortragszyklus „Okkultes Leben und okkultes Hören". Dieser Zyklus wurde ab dem 3. Oktober 1914 in Dornach gehalten und war eine Kurzversion des Zyklus, der in München gehalten werden sollte, aber durch den Ausbruch des Ersten Weltkrieges nicht zu Ende geführt werden konnte. Im vierten Vortrag sagt Steiner dann das Folgende:[162]

„Ja, das Idealste wäre, wenn das Studium eines solchen Buches, wie die „Theosophie" es ist, so eifrig betrieben würde, daß gar mancher Leser selber aus solchen Andeutungen, wie sie dort gegeben sind, auf

---

[162] Vortrag vom 6.10.1914, GA 156, S. 77.

so etwas kommen würde, wie es jetzt auseinandergesetzt worden ist.[163] Es liegt vieles in diesen Büchern drin, und man könnte schon durchaus nur durch eigenes Lesen darauf kommen, wenn man mit dem Herzen, mit dem ganzen inneren seelischen Erleben liest. Aber Bücher, die auf dem Gebiet der Geisteswissenschaft geschrieben sind, die werden in der Regel ja nicht mit der für sie nötigen Aufmerksamkeit gelesen. Das werden sie wirklich nicht, denn sonst hätten, nachdem „Theosophie" und „Wie erlangt man Erkenntnisse der höheren Welten?" und vielleicht auch noch die „Geheimwissenschaft im Umriß" geschrieben worden sind, alle Zyklen von irgend jemand anderem geschrieben oder gehalten werden können als von mir selber. Es steht im Grunde genommen alles in diesen Büchern drin. Man glaubt es nur gewöhnlich nicht. Und wie vieles könnte erst geschrieben werden, wenn alles herausgeholt würde, was in den vier Dramen enthalten ist!"

Darüber kann man hinweglesen, man kann glauben, dies sei einfach so gesagt. Aber was Rudolf Steiner sagt, *ist* so; dahinter kommt man um so mehr, je mehr man sich mit seinem Werk beschäftigt. Was er hier gesagt hat, ist also, dass der heutige Mensch ihm so weit nachfolgen kann, dass Einsichten seiner Bücher *weitergedacht* werden können, wenn der Leser nur mit dem Herzen und dem ganzen inneren Erleben der Seele liest. Rudolf Steiner hoffte auf Leser, die mit ihrem „ganzen Menschen" lesen würden, nicht nur mit Kopf und Gedächtnis; die das eine mit dem anderen und dies wieder mit den eigenen Einsichten und Lebenserfahrungen in Verbindung bringen wollen würden; die nicht flüchtig, sondern tief darüber nachsinnend, mitfühlend, mitleidend und mitjubelnd lesen würden.
Dass es solche Leser nicht oder kaum gab, hängt ausschließlich mit der Faulheit zusammen – der inneren Faulheit wohlgemerkt –, mit Faulheit, Leere und Angst.
Auf mutige, herzensvolle, aktive Denker und fühlende Seelen hoffte Rudolf Steiner. Keinem Autor kann man so gut folgen wie Rudolf

---

[163] Er hatte zuvor über das Zusammensein mit einem Verstorbenen und über Spiegelungsvorgänge am physischen Leib und Ätherleib gesprochen, danach über das Wahrnehmen in der geistigen Welt nach dem Tod, das mit einem Einschreiben in die Akasha-Chronik einhergeht.

Steiner, weil er sich ganz und gar an seine *selbst* formulierte Anforderung in Bezug auf das Offenbaren der Mysterienweisheit hält:[164]

„Für den modernen Menschen gibt es eine irrtumsfreie Möglichkeit, zu entscheiden, was von dem Inhalte des geistigen Schauens weiteren Kreisen mitgeteilt werden kann. Mit Allem kann das geschehen, das der Forschende in solche Ideen kleiden kann, wie sie der Bewußtseinsseele eigen und wie sie ihrer Art nach auch in der anerkannten Wissenschaft zur Geltung kommen.
Nicht so steht die Sache, wenn die Geist-Erkenntnis nicht in der Bewußtseinsseele lebt, sondern in mehr unterbewußten Seelenkräften. *Diese* sind nicht genügend unabhängig von den im Körperlichen wirkenden Kräften. Deshalb kann für Lehren, die so aus unterbewußten Regionen geholt werden, die Mitteilung gefährlich werden. Denn solche Lehren können ja nur wieder von dem Unterbewußten aufgenommen werden."

Daraus geht hervor, dass Anthroposophie nur in Ideenform mitgeteilt, aber zunächst auch aufgenommen werden kann. Ein lautes Rezitieren von Inhalten, die für ein reines Ideenerleben bestimmt sind, versetzt diese Inhalte in ein weniger bewusstes Gebiet der Seelenkräfte. Dadurch wird die Anthroposophie in ein Gebiet gebracht, wo sie nicht herkommt und wo sie nicht hingehört. Um diese Worte mit einem Zitat Rudolf Steiners zu bekräftigen, schließe ich dieses Kapitel mit Worten aus einem Vortrag im Zusammenhang mit den freichristlichen Feiern in der Waldorfschule. Zwar spricht Rudolf Steiner hier über die direkte Rede, doch was darüber gesagt wird, gilt für das geschriebene Wort in noch viel absoluterem Sinne:

„Meine lieben Freunde, wenn wir von Mensch zu Menschen sprechen, dann müssen wir uns klar sein darüber, daß unserer Rede immer zugrundeliegen muß dasjenige, was einzig und allein in der überzeugenden Kraft des Inhaltes unserer Rede liegt. Wenn wir die gegenwärtige Zeit auch im religiösen Sinne recht verstehen, so müssen wir

---

[164] Mein Lebensgang, S. 425.

uns klar sein, daß wir durch die Rede, die wir von Mensch zu Menschen oder von Mensch zu einer Menschenversammlung sprechen, durch nichts anderes zu wirken haben als durch dasjenige, was bei dem Sprecher aus seiner eigenen Überzeugung und aus der Kraft der eigenen Persönlichkeit fließen kann. Also Reden, welche ein suggestives Moment enthalten würden (...), wären im Sinne unserer heutigen Weltverfassung absolut verwerflich, weil wir durch die Menschheitsentwickelung dazu gekommen sind, daß, wenn wir das Wort handhaben können in einer freien Weise, wir in das Wort hineinlegen müssen dasjenige, was unsere errungene eigene persönliche freie Überzeugung ist. Dieser eigenen persönlichen freien Überzeugung darf, wenn das Geistesleben in voller Realität genommen wird, niemals etwas Suggestives aufgedrängt werden, sondern man muß sich durchaus so verhalten, daß die Zustimmung von dem anderen aus völliger Freiheit heraus kommt. Das ist die Voraussetzung eines jeden zukünftigen religiösen oder geisteswissenschaftlichen oder sonstigen Wirkens. Wenn jemand die Rede mißbrauchen würde zur Magie, so wäre das im Sinne desjenigen, was Anthroposophie vertreten muß, ein im eminentesten Sinne Irreligiöses, ja eine ungöttliche Hantierung, es wäre in dem strengen Sinne, wie es die Anthroposophie auffassen muß, eine Sünde wider den Heiligen Geist. Denn die Rede darf nur durchdrungen sein von jener Heiligung, die man nennen kann die Heiligung durch den Heiligen Geist, und muß beobachten im Menschen absolut das Prinzip der unmittelbar vollständig freien Überzeugung, die es vor dem Mysterium von Golgatha überhaupt nicht hat geben können in der Menschheitsentwickelung, weil man überhaupt an dem Menschen abgeprallt wäre mit dem Worte, wenn das Wort nur die Kraft gehabt hätte, die es heute allein haben darf. Damals mußte es suggestiv wirken, weil eben die menschliche Organisation darauf angelegt war. Darum mußten auch auserwählte Führer da sein, wie ich gestern gesagt habe, und es durfte damals auch durch das Wort gewirkt werden in einem Sinne, wie es bloß im Geiste geschieht, indem man sich bewußt wurde, man redete im Geiste, nicht aus seiner eigenen Kraft, sondern aus der Kraft des in einem lebenden Gottes, des Nous oder des Logos. Man muß sich bewußt sein, daß dies heute unmöglich ist, und daß heute nur aus dem Heiligen Geiste heraus gesprochen werden darf; das ist aber das Wort, dem allein antwortet die freie Überzeugung dessen, der das Wort hört. Es muß also heute alle Unterweisung in dem Zeichen des Heiligen Geistes geschehen."

Hieraus mag deutlich geworden sein, dass das Wort nicht als Wort magisch überzeugen darf, sondern dass es die Bedeutung der Worte sein muss, die überzeugend wirken kann. Rudolf Steiner ist nicht ein „Führer", der mit unbekannten übermenschlichen Worten seine Schüler modelliert, sondern ein moderner Eingeweihter, der ausschließlich durch das Verständnis wirkt.

RUDOLF STEINER IST BIS JETZT UNÜBERTROFFEN

In diesen Beschreibungen der spirituellen Impulse, die Rudolf Steiner in sich trug und die er der heutigen Menschheit als weckenden Aufruf übergab, ist deutlich geworden, dass *ein* Schritt in jedem Fall gesetzt werden muss: Der Mensch wird sich daran gewöhnen müssen, sich von Zeit zu Zeit *außerhalb* der eigenen Seelenerlebnisse zu stellen, als Zuschauer. *Besinnung* könnte man dies nennen, vorausgesetzt, es wird wirklich ein Standpunkt außerhalb der eigenen Gefühle und Gedanken eingenommen. Dann schaut man von dort aus zurück auf das, was in dieser – objektivierten – Seele lebt. Zuerst war man darin untergetaucht und mit der eigenen Subjektivität verwachsen. Nun ist man sich selbst zum Objekt geworden, aber damit wird der ganze Seeleninhalt objektiv: er erscheint einem in vollkommen neuer Gestalt. Man steht seiner Seele als Zuschauer gegenüber, wie einem Mitmenschen, mit dem Unterschied, dass man die eigene Seele durch und durch kennt. Das am meisten *Eigene* wird zum Objekt.

Aber dafür ist es vor allem notwendig, dass man lernt, die eigene Denkaktivität zum Objekt zu machen, sonst bleibt man mit seinem *Denken* unbemerkt verklebt und glaubt, man würde objektiv sein Fühlen und Wollen wahrnehmen, während man es gerade mit seinem subjektiven Denken tut. Um *dies* zu können, ist eine Verstärkung der Denkaktivität notwendig (durch Untersuchung des Denkens an sich und durch Meditation), damit diese in sich selbst wahrnehmbar wird und von außen angeschaut werden kann.

Mit einem so verstärkten Denken haben wir versucht, die innere Entwicklung Rudolf Steiners mitzudenken und zu erleben – in aller Bescheidenheit, denn man fühlt von selbst den Abstand zwischen dem, was man mitdenken und erleben kann, und dem, was sich wirklich vollzogen haben muss. Man kann Rudolf Steiner nachfolgen. Dasselbe erreichen oder ihn sogar übertreffen, das ist etwas ganz anderes.

In dem sich selbst anschauenden Denken und Fühlen ist ein „Bild" der eigentlichen geistigen Gestalt Rudolf Steiners entstanden. Indem man dieses Erlebnis immer wieder von neuem sucht, wird die Nähe dieses Menschen sehr konkret und immer größer, intensiver. Das „Verständnis" für ihn nimmt wesenhafte Formen an.

In der europäischen Kultur ist das Phänomen des „spirituellen Meisters" heute wohlbekannt. Wenn man auf die Suche nach diesen Meistern geht, dann findet man vor allem östliche Meister; auch die westlichen haben ihre Einweihungen im Osten empfangen. Die spirituelle Kultur im Westen ist also eigentlich östlich.

Es gibt *eine* echte Ausnahme, und das ist Rudolf Steiner.

Als ich meinen ersten Roman schrieb, konnte ich darin keine Namen nennen, das schien mir unmöglich, unnatürlich. So wurde Aristoteles „der Philosoph", Goethe „der Dichter". Rudolf Steiner selbst gab an, dass Mitteleuropa die Mitte von Europa ist, dass es in der Welt insgesamt jedoch zum Westen, zum Abendland gehört.

Das Phänomen der östlichen spirituellen Meister hat sich eingebürgert, jeder kennt es. Der Dalai Lama ist hierfür ein Beispiel, aber wir kennen viele Meister, zuverlässig und unzuverlässig. Baghwan, Maharishi, Krishnamurti, Sri Aurobindo ... und zum Beispiel den „amerikanischen Morgenländer" Ken Wilber.

Im Abendland selbst ist nur in der Vergangenheit spirituelle Meisterschaft zu finden. Man sieht Jesus gern als einen spirituellen Meister an (nicht als den Gottessohn), aber vom Standpunkt des Abendlandes gesehen, wäre er eigentlich auch östlich. Die späteren Meister sind (esoterisch-)christliche Meister, Kirchenväter, Mystiker und „unbekannte Meister". Augustinus, Mani, Christian Rosencreutz, Jakob Böhme. In der modernen Zeit hat das Abendland scheinbar keinen eigenen spirituellen Meister.

Es hat aber Rudolf Steiner.

Er ist ein moderner, europäischer, originärer spiritueller Meister, er ist der einzige, er ist *der* Meister des Abendlandes.

Das sieht man, das wird jeder sehen können, wenn er mit dem inneren Lebensweg dieses Mannes, der von 1861 bis 1925 gelebt hat, *mitdenkt*, -fühlt und -will. Wenn man dieses Erleben in eine objektive Besinnung zu bringen vermag, dann lebt man in der Anschauung einer Menschenseele, in die sich die geistige Welt mit ihren Individualitäten, Wesen und Hierarchien ergießen wollte, während diese Seele

so stark war, dass sie ihr Selbstbewusstsein erhalten konnte; dass sie diese „himmlische Last" tragen konnte, ohne ihr zu erliegen. Der Leib Rudolf Steiners erlag schließlich, nicht unter der himmlischen Last, sondern unter der von außen kommenden „menschlichen Last".
Einen Menschen sehen wir, in dem die göttlich-geistige Welt sprach, der dies aber so in Ideenform umzusetzen vermochte, dass diese göttlichen Zeichen von der Bewusstseinsseele verstanden werden konnten. Kein Leben allein in glückseliger Ekstase war dies, sondern ein Kreuzweg, ein Weg des seligen Geistes zur intellektuellen Idee und aus dieser wieder heraus. Er selbst beschreibt dies in einem Vortrag in Berlin am 12. Dezember 1911:[165]

„Das größte Kunstwerk ist die Welt, entweder der Makrokosmos oder der Mikrokosmos. In Bildern oder Symbolen, in allerlei dergleichen drückten die alten Zeiten aus, was sie auszudrücken hatten von den Geheimnissen der Dinge, und wir kommen mit der „uralten" Weisheit – die aber nur so alt ist, wie sie sich als Same vorbereitet hat für das fünfte nachatlantische Kulturzeitalter, wir kommen mit dem Intellekt, wir kommen mit der ganzen Geisteswissenschaft als einer Welt*erklärung*. Das ist etwas ebenso Abstraktes und Trockenes gegenüber der lebendigen Wirklichkeit, wie der Kommentar gegenüber dem Kunstwerk! Trotzdem es Geisteswissenschaft geben muß, trotzdem unsere Zeit Geisteswissenschaft verlangt, müssen wir sie in gewisser Beziehung doch empfinden wie ein strohernes Gerippe gegenüber der lebendigen Wirklichkeit. Das ist in einer gewissen Weise nicht zu viel gesagt. Denn insofern Theosophie oder Geisteswissenschaft nur unseren Verstand beschäftigt, insofern wir nur mit dem Intellekt dabei sind, insofern wir Schemen und allerlei Termini technici prägen, besonders in den Teilen, die sich auf den Menschen selbst beziehen, insofern ist Theosophie ein ganz strohernes Gerippe. Und sie fängt erst an, etwas erträglicher zu werden da, wo wir ausmalen können zum Beispiel die verschiedenen Zustände von Saturn, Sonne und Mond und den früheren Erdenzeiten, oder die Tätigkeiten der

---

[165] Vortrag vom 12.11.1911, Der Ursprung der Architektur aus dem Seelischen des Menschen und ihr Zusammenhang mit dem Gang der Menschheitsentwickelung, GA 286, S. 28f.

verschiedenen Hierarchien. Greulich aber ist es, davon zu sprechen: der Mensch bestehe aus physischem Leib, Ätherleib, Astralleib und Ich – oder gar aus Manas und Kama-Manas – und noch greulicher ist es, wenn man in Schemen und auf Tafeln diese Dinge zum Ausdruck gebracht hat. Ich kann mir kaum etwas Grauenvolleres denken als den ganzen, in sich grandiosen Menschen, und daneben auf einer Tafel den Menschen mit den sieben Menschengliedern; in einem großen Saal umgeben sein von einer großen Menschenzahl und neben sich zu haben eine Tafel mit der Skala der sieben menschlichen Grundteile. Ja, so ist es! Aber so etwas müssen wir erfühlen. Wir brauchen diese Dinge nicht gerade vor unsere Augen hinzuhängen, denn sie sind nicht einmal schön, aber wir müssen sie vor unsere Seele hinhängen! Das ist die Mission unserer Zeit. Und man mag noch so viel gegen diese Dinge vom Standpunkte des Geschmackes, der künstlerischen Produktivität aus sagen – das gehört in unsere Zeit herein, das ist die Aufgabe unserer Zeit.

Aber wie kommen wir über dieses Dilemma überhaupt hinweg? Wir sollen in gewisser Beziehung auch öde Theosophen, Anthroposophen sein, sollen die Welt zerpflücken und zerblättern, grandiose Kunstwerke in Abstraktionen hineinziehen und sogar noch sagen: Wir sind Theosophen! Wie kommen wir aus diesem Dilemma heraus?

Nur durch ein einziges Mittel! Und dieses Mittel liegt darin, daß Geisteswissenschaft für uns ein Kreuz ist, daß Geisteswissenschaft für uns ein Opfer ist, daß wir sie wirklich so empfinden, daß sie uns fast alles nimmt, was die Menschheit bisher an lebendigem Weltinhalt gehabt hat. Und es gibt keinen Grad von Intensität, den ich schildern möchte, um begreiflich zu machen, daß für alles, was lebendig sprießt – auch im Hergange der Menschheitsentwickelung und der göttlichen Welt – Geisteswissenschaft zunächst sein muß etwas wie ein Leichenfeld!

Aber wenn wir dann Geisteswissenschaft als Künderin des Größten, was es in der Welt gibt, so empfinden, daß sie uns der größte Schmerz, die größte Entbehrung wird, so daß wir in uns einen der göttlichen Züge ihrer Mission in der Welt empfinden, dann wird sie zu dem Leichnam der sich aus dem Grabe erhebt, dann feiert sie die Auferstehung, dann steht sie aus dem Grabe auf! Keiner wird eine Freude empfinden über die Entblätterung und Verödung des Weltengehaltes, doch keiner kann die Produktivität der Weltengeheimnisse empfinden wie der, welcher sich mit seiner Produktivität als eine Nachfolge des Christus empfindet, der das Kreuz zur Schädelstätte getragen hat, der durch den Tod gegangen ist. Das ist aber auch auf dem Erkenntnisgebiete das Kreuz der Erkenntnis, das die Geisteswissenschaft auf sich nimmt, um darinnen zu sterben und aus dem Grabe zu erfahren, wie eine neue Welt aufsteigt, ein neues Lebendiges. Wer so umprägt – was dem Intellekt niemals gefallen darf – sein Seelenwesen wie ein lebendiges Inneres, wer wie durch einen Tod durchgeht in der Geisteswissenschaft selber, der wird auch das Leben fühlen als eine lebendige Kraft zu neuen künstlerischen Impulsen, welche dasjenige in die Wirklichkeit umzusetzen vermögen, was ich Ihnen heute skizzieren konnte."

Wer in der Geisteswissenschaft einen Todesprozess erfährt, hat darin also die richtigen Gefühle. Wer die Geisteswissenschaft als Glückseligkeit der Auferstehung fühlt, hat darin ebenso die richtigen Gefühle. Das letztere geht aus dem ersteren hervor.

Wenn wir dann aber diese beschriebenen inneren Erfahrungen Rudolf Steiners nachgezeichnet, erlebt und durchfühlt haben und in uns selbst sein Werk, seine Wirksamkeit, seine Offenbarungen, sein Wesen anschauen ... dann sehen wir einen spirituellen Meister des Abendlandes, einen christlichen Meister des Abendlandes, wie in unserer Zeit kein Zweiter erschienen ist.

Wer würde ihm nicht folgen wollen, nicht alles in sich wachrufen wollen, um ihm so weit zu folgen, wie es nur geht? Wer würde nicht zugleich erleben, wie *weit* dieser Mensch sich spirituell entwickelt hat, wie unübertroffen er als Meister des Abendlandes dasteht?

Unsere Kultur kennt das Phänomen des östlichen spirituellen Meisters. In Rudolf Steiner stirbt diese alte Spiritualität und steht aus dem Grabe auf. Aber er kann nur in Ideenform zu uns sprechen, und Aufgabe des westlichen Menschen ist es, selbst so aktiv werden zu wollen, dass die dürre Geisteswissenschaft das Feuer der Auferstehung feiert.

3. Teil, Der Eingeweihte – „Meister des Abendlandes"

Einer der letzten Sprüche, die Rudolf Steiner aufschrieb, war der folgende (1925):[166]

> *Ich möchte jeden Menschen*
> *Aus des Kosmos' Geist entzünden,*
> *Daß er Flamme werde*
> *Und feurig seines Wesens*
> *Wesen entfalte. –*
>
> *Die andern, sie möchten*
> *Aus des Kosmos' Wasser nehmen,*
> *Was die Flammen verlöscht*
> *Und wäß'rig alles Wesen*
> *Im Innern lähmt. –*
>
> *O Freude, wenn die Menschenflamme*
> *Lodert auch da, wo sie ruht!*
> *O Bitternis, wenn das Menschending*
> *Gebunden wird da, wo es regsam sein möchte.*

---

[166] GA 40, S. 165.

VIERTER TEIL

ANTHROPOSOPHIE

JOHANNESBAU – GOETHEANUM

Der Übergang von der Theosophie zur Anthroposophie ist mehr ein Übergang von der Theosophischen Gesellschaft zur Anthroposophischen Gesellschaft. Anthroposophie war das, was Rudolf Steiner entwickelte und lehrte, vom allerersten Moment an.

Durch die Kunst (Rezitation und Deklamation, Mysteriendramen, Eurythmie) wird der Anthroposoph auch *sichtbar*.

Diese Sichtbarkeit wird verstärkt, als ein Plan zu einem Gebäude gefasst wird, in dem die anthroposophische Aktivität stattfinden kann: Vorträge, Esoterische Stunden, kultische Handlungen, Mysteriendramen-Aufführungen, Eurythmie. Damit wird zugleich ein Teil der inneren Entwicklung und der spirituellen Einsichten *äußerlich sichtbar*. Für jeden Besucher, jeden Zuhörer und Zuschauer wird anschaulich, wie weit diese westliche exakte Hellsichtigkeit in *einem* Menschen fortgeschritten war.

Wenn ich hier also versuche, etwas Wesentliches über den Bau des alten, ersten Goetheanums in Dornach hervorzuheben, kann dies nur ein äußerst unvollkommener Versuch sein. Ich trage hier zusammen, was mir von größter Wichtigkeit für die spirituelle Bedeutung des Goetheanums erscheint – einerseits für Rudolf Steiner selbst, andererseits für alle Menschen, die mit dem Goetheanum in Berührung kamen – und mit dem neuen, zweiten Goetheanum in Dornach noch immer in Berührung kommen können.

Frank Teichmanns Buch „Die Entstehung der Anthroposophischen Gesellschaft auf mysteriengeschichtlichem Hintergrund" zeigt einen deutlichen Zusammenhang zwischen der Bauidee des Goetheanums und dem okkulten Prinzip des Doppelstroms der Zeit – was wir als fundamentales okkultes Erleben kennengelernt haben. Teichmann zeigt die Verbindung zu den alten ägyptischen Mysterien, namentlich den Hermes-Mysterien.

4. Teil, Anthroposophie

Ich zitiere Teichmann, der in Übereinstimmung mit Rudolf Steiner schreibt:[167]

„Im Mittelpunkt dieser Hermes-Mysterien stand das Wissen vom Wesen des Menschen selbst, mit all seinen Hüllen und ihren Schicksalen, im Leben und im Leben nach dem Tod. Das Hauptinteresse galt dabei den Fragen nach dem physischen Leib des Menschen, nach seinen gestaltbildenden Kräften, wie er ein Abbild des Kosmos ist und wodurch er ein Träger der Seele und eines Geistes sein kann. Im Verfolg all dieser Fragen ist dem Eingeweihten und seinen Schülern die Polarität im Aufbau des Leibes wichtig geworden, insofern sich dieser in Rumpf und Kopf gliedert. Die individuell ausgeprägte Physiognomie im Bereich des Kopfes kontrastierte sich für ihn mit dem von seinen Bewegungen beherrschten Rumpf mitsamt den Stoffwechselorganen. Den Hauptfuktionen dieser Gliederung gemäß empfand er in der Denk- und Wahrnehmungsorganisation des Kopfes mehr die Nähe zum Tod und dem Bereich der Dauer (djet), in der Stoffwechsel- und Gliedmaßenorganisation des Leibes mehr die Nähe zum Leben und dem Bereich der fließenden Zeit (neheh). Das wirkliche Leben selbst spielt sich im rhytmischen Wechsel zwischen diesen Polen ab. Diese Doppelgestalt des Menschen, die zwischen dem Bereich der Zeit und dem der Dauer immer vermittelt und sich dabei entwickelt, fand ihren symbolischen Ausdruck im Hermes- oder Merkurstab, dessen beide Schlangen sich immer wieder rhytmisch beggnen. Auch der allseits bekannte Spruch des Hermes-Trismegistos, der in jedem Werk der hermetischen Literatur zitiert wird: „Oben alles wie unten, unten alles wie oben" weist auf diesen Zusammenhang hin. Eines der eindrücklichsten Bilder für diesen doppelten Zeitenstrom in Bezug auf den Menschen ist die Darstellung auf dem zweiten Schrein aus dem Grabe des Tutanchamun. Dort steht bei dem unteren Schlangenkreis in verschlüsselten Hieroglyphen: „der den Zeitenstrom entstehen lässt" und bei dem oberen: „der den Strom vernichtet", das

---

[167] Frank Teichmann: Die Entstehung der Anthroposophischen Gesellschaft auf mysteriengeschichtlichem Hintergrund. Freies Geistesleben, 2002, S. 78.

heißt zum Tableau gerinnen lässt."
Wie sehr der Gedanke der beiden Zeitströme das Schaffen Rudolf Steiners beherrscht, wird aus dem parallel zu den Münchener Entwürfen geschaffenen „Seelenkalender" deutlich. Auch dieser ist eine künstlerisches Produktion aus derselben Quelle, aus der sowohl die Anthroposophie erfloss als auch die Baugedanken zum Goetheanum."

Im Vorwort des Seelenkalenders schreibt Rudolf Steiner:[168]

„Mit der Welt und ihrem Zeitenwandel verbunden fühlt sich der Mensch. In seinem eigenen Wesen empfindet er das Abbild des Welten-Urbildes. Doch ist das Abbild nicht sinnbildlich-pedantische Nachahmung des Urbildes. Was die große Welt im Zeitenlaufe offenbart, entspricht einem Pendelschlage des Menschenwesens, der nicht im Elemente der Zeit abläuft. Es kann vielmehr fühlen der Mensch sein an die Sinne und ihre Wahrnehmungen hingegebenes Wesen als entsprechend der licht- und wärme-durchwobenenen Sommernatur. Das Gegründetsein in sich selber und das Leben in der eigenen Gedanken- und Willenswelt kann er empfinden als Winterdasein. So wird bei ihm zum Rhythmus von Außen- und Innenleben, was in der Natur in der Zeiten Wechselfolge als Sommer und Winter sich darstellt. Es können ihm aber große Geheimnisse des Daseins aufgehen, wenn er seinen zeitlosen Wahrnehmungs- und Gedankenrhythmus in entsprechender Weise zum Zeitenrhythmus der Natur in Beziehung bringt. So wird das Jahr zum Urbilde menschlicher Seelentätigkeit und damit zu einer fruchtbaren Quelle echter Selbsterkenntnis."

Teichmann beschreibt dann, wie der Schüler in den ägyptischen Hermes-Mysterien dazu gebracht wurde, in der Zeit zurückzugehen, zurück in das Vorgeburtliche, zum früheren Tod, zu dem vorherigen Erdenleben und so weiter bis zur ersten Inkarnation; dass der Schüler dann auch die Einsicht in das Grundprinzip der Reinkarnation

---

[168] In GA 40.

erlangte:[169]

> „(...) dass nämlich sein Doppelleib deswegen so polar aufgebaut ist, weil sich zwischen zwei Inkarnationen jeweils die Bildekräfte des Rumpfes in die Bildekräfte des Kopfes metamorphosieren. Aus dem Bewegungsorganismus des einen Lebens wird der Kopforganismus im nächsten Leben!"
>
> „Denn der Keim des Bauimpulses entwickelte sich aus den sieben Kapiteln der sieben Säulen"
>
> „In dieser Metamorphosenreihe (der Kapitel der sieben Säulen) ist das Grundgesetz der leiblichen Entwicklung der Menschengestalt zur Anschauung gebracht worden…"[170]

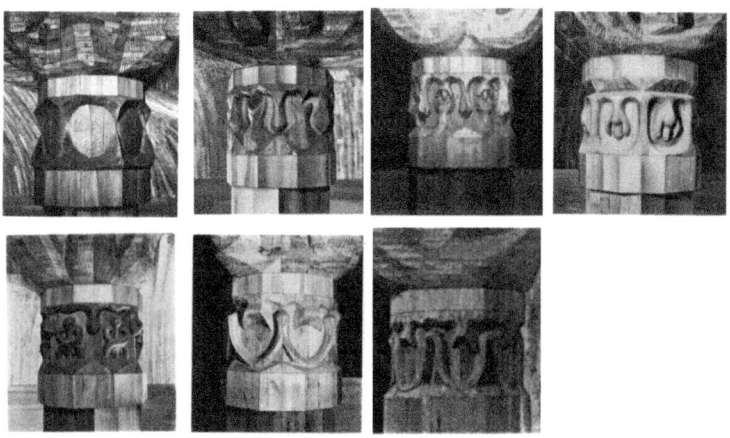

Rudolf Steiner selbst sagt 1911 in dem schon zitierten Berliner Vortrag über den künftigen Johannesbau Folgendes:[171]

---

[169] Frank Teichmann, a.a.O., S. 85.
[170] Ebd. S. 89
[171] Vortrag vom 12.11.1911, GA 286, S. 24f.

Johannesbau – Goetheanum

„Dazu ist unser Zeitalter da, daß es den Anfang macht mit einer Tempelkunst, die laut zu den Menschen der Zukunft sprechen kann:
Der Tempel, das ist der Mensch, der Mensch, der in seiner Seele den Geist empfängt!
Aber es unterscheidet sich diese Tempelkunst von allen früheren. Und hier schließt sich das, was nunmehr im Inhaltlichen zu sagen ist, an den Ausgangspunkt unserer Betrachtung an.
Den äußeren Menschen, der sich aufrichtet, sieht man, den braucht man nur zu deuten. Den in sich selbst zu deutenden Menschen, den die Seele durchseelt hat, muß man fühlen und empfinden, das Deuten reicht da nicht hin. Er wurde empfunden (...) wie wirklich ein griechisches Kunstwerk in uns sich empfinden muß, indem gesagt worden ist, man fühlt die Knochen knacken. – Es lebt in uns der griechische Tempel, weil *wir* es sind, insofern als wir durchseelter Mikrokosmos sind. Aber unsichtbar, übersinnlich ist die Tatsache der Geistempfängnis durch die Seele, und doch: sie muß sinnlich werden, soll sie Kunst werden!
(...)
Was müssen *wir* nun bauen? (...) Aus dem, was uns die Geisteswissenschaft geben kann, müssen wir die Möglichkeit finden, jenen Innenraum zu schaffen, der in seinen Farben- und Formenwirkungen und in anderem, was er an künstlerischen Darbietungen in sich enthält, zugleich abgeschlossen und zugleich in jeder Einzelheit so ist, daß die Abgeschlossenheit *keine* Abgeschlossenheit ist, daß sie uns überall, wo wir hinblicken, auffordert, die Wände mit dem Auge, mit dem ganzen Gefühl und Empfinden zu durchdringen, so daß wir abgeschlossen sind und zugleich in der Abgeschlossenheit der Zelle in Verbindung sind mit der Allheit des webenden Weltgöttlichen.
„Wände haben und keine Wände haben", das ist es, was beantworten wird die Tempelkunst der Zukunft: Innenraum, der sich selbst verleugnet, der keinen Egoismus mehr des Raumes entwickelt, der selbstlos in allem, was er an Farben, an Formen darbieten wird, nur da sein will, um das Weltall in sich hereinzulassen. Wie das die Farben können, inwiefern Farben sein können die Verbindung mit den Geistern der Umgebung, sofern sie in der geistigen Atmosphäre enthalten sind, versuchte ich schon darzustellen bei der Eröffnung unseres

Stuttgarter Baues.
(...)
Und wir werden entweder *den* Bau schaffen, den wir schaffen sollen oder wir werden dies nicht tun, sondern es zukünftigen Zeiten überlassen müssen. Wir *werden* es tun, wenn wir in der Lage sind, unseren Innenraum zum ersten Male in entsprechender Weise zu gestalten, so vollkommen als es heute geht, ganz abgesehen davon, wie der Bau nach außen sich darstellen wird. Da könnte er von allen Seiten mit Stroh umhüllt sein – das ist ganz gleichgültig. Der äußere Anblick ist für die äußere profane Welt da, die das Innere nichts angeht. Der Innenraum wird das sein, um was es sich handelt. Was wird er sein?
Er wird sich so darbieten, daß jeder Blick, den wir werfen, auf etwas fällt, das uns ankündigt: dies drückt in den Farben und Formen, in seiner ganzen Farben- und Formensprache, in all dem, was es ist, in all seinem real Lebendigen dasselbe aus wie das, was an diesem Orte getan und gesprochen werden kann, was der Mensch seinem eigenen Leiblichen anvertrauen kann als das Spirituellste an ihm. Und *eins* wird sein an diesem Bau, was in ihm als Weisheit, als Gebet Menschenrätsel kündet, und dasjenige, was den Raum umschließt. Und naturgemäß wird es sein, daß das Wort, das hinausdringt in den Raum, sich selbst so begrenzt, daß es gleichsam auffällt an den Wänden, und an den Wänden dasjenige trifft, was ihm so verwandt ist, daß es wieder zurückgibt an den Innenraum, was gegeben wird durch den Menschen selber. Von dem Zentrum des Wortes nach der Peripherie des Wortes wird ausgehen die Dynamik, und ein peripherisches Echo der Geisteskundschaft und Geistesbotschaft selber soll das sein, was als Innenraum sich darbietet, nicht als Fenster sich durchbrechend, sondern an seinen Grenzen, an dem, was er selber ist, zugleich begrenzt und zugleich sich frei öffnend nach den Weiten der spirituellen Unendlichkeit."

Nachdem die Pläne für den Bau in München mehrere Male zurückgewiesen worden waren, jedes Mal mit Auflagen für weitere Veränderungen, nahm Rudolf Steiner das Angebot des Baseler Zahnarztes Emil Grosheintz an. Dieser besaß ein großes Grundstück mit Haus in Dornach, wo die Gemeinde den Plänen keine Zustimmung erteilen musste. Am 20. September 1913 wurde der Grundstein für den Johannesbau gelegt, der später „Goetheanum" heißen sollte.

Es war eine Feier, die am Abend gehalten wurde und die von Rudolf Steiner in Verbindung mit dem in dieser Zeit durch ihn geoffenbarten Fünften Evangelium gebracht wurde. Ich zitiere hier einige Passagen aus der Ansprache bei dieser Grundsteinlegung, um so die Inten-tionen am deutlichsten hervorzuheben. Hierbei müssen wir uns den Hügel in Dornach vorstellen, am Abend:[172]

„Meine lieben Schwestern und Brüder,

Verstehen wir uns heute an diesem Festabend richtig. Verstehen wir uns dahin, daß diese Handlung in einem gewissen Sinne bedeutet für unsere Seele ein Gelöbnis. (...) Versuchen wir, meine lieben Schwestern und Brüder, dieses Seelengelöbnis abzulegen: daß wir hinwegsehen wollen für diesen Augenblick von allem Kleinlichen des Lebens, von all dem, was uns verbindet, notwendig verbinden muß als Mensch mit dem Leben des Alltags. Versuchen wir in diesem Augenblicke in uns den Gedanken zu erwecken der Verbindung der Menschenseele mit dem Streben in der Zeitenwende. Versuchen wir einen Augenblick daran zu denken, daß, indem wir das getan haben, was wir heute Abend vollbringen wollten, wir das Bewußtsein in uns tragen müssen, hinauszuschauen in weite, weite Zeitenkreise, um gewahr zu werden, wie sich die Mission, deren Wahrzeichen werden soll dieser Bau, einreihen wird der großen Mission der Menschheit auf unserem Erdenplaneten.

(...)

Versuchen wir daran zu denken, wie einstmals einzog in unsere Erdenevolution die große Kunde und Botschaft, das urewige Evangelium göttlich-geistigen Lebens, wie es hinzog über die Erde, als die göttlichen Geister selber die großen Lehrer der Menschheit noch waren. Versuchen wir, meine lieben Schwestern und Brüder, uns zurückzuversetzen in jene göttlichen Zeiten der Erde, von denen noch ein letztes Sehnen, eine letzte Erinnerung uns aufgeht, wenn wir etwa im alten Griechenlande mit den letzten Tönen der Mysterienweisheit – und zugleich mit den ersten philosophischen Tönen – den großen Plato künden hören von den ewigen Ideen und der ewigen Hyle der Welt.

---

[172] GA 268, S. 344ff.

4. Teil, Anthroposophie

Erstes Goetheanum (süd-westen) 1922.

Und versuchen wir zu begreifen, was über unsere Erdenevolution seither gezogen ist an luziferischen und ahrimanischen Einflüssen. Versuchen wir uns klarzumachen, wie aus der Menschenseele gewichen ist der Zusammenhang mit dem göttlichen Weltendasein, mit dem Wollen, mit dem Fühlen und mit dem göttlich-geistigen Erkennen.

Versuchen wir in diesem Augenblick tief, tief in unserer Seele nachzufühlen, was da draußen, in den Ländern im Osten, Norden, Westen und Süden heute die Menschenseelen fühlen, die wir anerkennen dürfen als die besten, und die nicht hinauskommen über dasjenige, was wir aussprechen können mit den Worten: ein unbestimmtes, unzulängliches Sehnen und Hoffen auf den Geist.

(...)

Fühlet hörend, hier beim Grundstein unseres Wahrzeichens, wie in dem unbestimmten Sehnen und Hoffen der Menschheit nach dem Geiste der Schrei hörbar ist nach der Antwort, nach jener Antwort, die gegeben werden kann da, wo Geisteswissenschaft walten kann mit ihrem Evangelium der Kunde von dem Geiste. (...) Dann wissen wir (...), daß wir sein müssen in unserem sich bemühenden Streben die Fortsetzer jener Geistesarbeit, die im Abendland ausgelöst worden ist im Laufe einer fortschreitenden menschheitlichen Entwickelung, die aber endlich dazu führen mußte durch die notwendige Gegenströmung der ahrimanischen Kräfte, daß heute die Menschheit an einem Punkte steht, wo die Seelen verdorren, veröden müßten, wenn jener Sehnsuchtsschrei nach dem Geiste nicht erhört würde. (...)

Da in der Fülle dieser Erden-Persönlichkeit verdorrt war das alte Erbstück der göttlichen Leiter des Urbeginnes der Erdenevolution, da erschien drüben im Osten das Weltenwort:

Im Urbeginne war das Wort
Und das Wort war bei Gott
Und ein Gott war das Wort.

Und das Wort erschien den Menschenseelen und hat zu den Menschenseelen gesprochen: Erfüllet die Erdenevolution mit dem Sinn der Erde! – Jetzt ist das Wort selber übergegangen in die Erden-Aura, ist aufgenommen von der spirituellen Aura der Erde.

Vierfach verkündet worden ist das Weltenwort durch die Jahrhunderte, die nun bald zwei Jahrtausende geworden sind. So hat das Weltenlicht hineingeleuchtet in die Erdenevolution.

(...)

Fühlen wir aber, meine lieben Schwestern und Brüder, wie bei dem allgemeinen Sehnsuchtsschrei diese Menschenseelen bleiben müßten, weil Ahriman, der finstere Ahriman, das Chaos breitet über die erstrebte Geisteserkenntnis der Welten der höheren Hierarchien. Fühlet, daß die Möglichkeit vorhanden ist, in unserer Zeit hinzuzufügen zu dem vierfach verkündeten Geisteswort jenes andere, das ich Euch nur im Symbole darstellen kann.

(...)

Das neue Geisteslicht ist erschienen! Aber da es erschienen war, ging es durch die Jahrhunderte der Menschheitsevolution vom Osten nach dem Westen, wartend auf das Verständnis für die Worte, die einstmals in der Bergpredigt in die menschlichen Herzen getönt haben. Aus den Tiefen unserer Weltevolution ertönt jenes urewige Gebet, das als Verkündigung des Weltenwortes gesprochen worden ist, da sich das Mysterium von Golgatha vollzog.

(...)

Es sollte erklingen in dem, was uns als „Vaterunser" verkündet worden ist, als es ertönte vom Osten nach dem Westen. Doch wartend verhielt sich dieses Weltenwort, das damals in den Mikrokosmos sich hineinsenkte, auf daß einstmals es zusammenklingen dürfe mit dem Fünften Evangelium; heranreifen mußten die Menschenseelen, um das zu verstehen, was vom Westen her als das urälteste, weil das makrokosmische Evangelium, wie ein Echo nun entgegenklingen soll dem mikrokosmischen Evangelium des Ostens.

(...)

So mögen denn am heutigen Abend zu des Mikrokosmos Geheimnissen hinzu die Worte erklingen, welche die Geheimnisse des Makrokosmos ausdrücken. Als Erstes des Fünften Evangeliums soll hier ertönen das makrokosmische Gegenbild des mikrokosmischen Gebetes, das einstmals verkündet wurde vom Osten nach dem Westen.

So klinge wider als Zeichen des Verständnisses das makrokosmische Weltengebet, enthalten im Fünften, uralten Evangelium, das verbunden ist mit dem Mond und dem Jupiter, so wie die vier Evangelien verbunden sind mit der Erde:

AUM, Amen!
Es walten die Übel,
Zeugen sich lösender Ichheit,
Von andern erschuldete Selbstheitschuld,
Erlebet im täglichen Brote,
In dem nicht waltet der Himmel Wille,
Da der Mensch sich schied von Eurem Reich
Und vergaß Euren Namen,
Ihr Väter in den Himmeln.

Das Vaterunser war als Gebet der Menschheit gegeben worden. Dem mikrokosmischen Vaterunser, das verkündet wurde vom Osten nach dem Westen, tönt nun entgegen das uralte makrokosmische Gebet. So tönt es wider, wenn es, recht verstanden von Menschenseelen, hinausklingt in die Weltenweiten und zurückgegeben wird mit den Worten, die geprägt worden sind aus dem Makrokosmos heraus.
(...)
Tragen wir von diesem wichtigen Augenblick nach Hause in unserer Seele mit Ernst und Würde unser Wollen, tragen wir nach Hause die Gewißheit, daß alle Weisheit, nach der da sucht die Menschenseele – wenn das Suchen ein echtes ist –, eine Gegenströmung ist der kosmischen Weisheit; und alle in selbstloser Liebe der Seele wurzelnde Menschenliebe aus der in der Menschheitsevolution waltenden Liebe erfruchtet.
Durch alle Erdenzeiten hindurch und in alle Menschenseelen hinein wirkt aus dem starken Menschenwillen, der sich erfüllt mit dem Sinn des Daseins und dem Sinn der Erde, eine Verstärkung durch die kosmische Kraft, welche die Menschheit heute sich erfleht, unbestimmt hinrichtend den Blick zu einem Geiste, den sie erhofft, aber nicht erkennen will, weil in die Menschenseele Ahriman eine ihr unbewußte

4. Teil, Anthroposophie

Furcht gesenkt hat überall da, wo heute vom Geiste gesprochen wird.
(...)
Fühlet dieses, so werdet Ihr Euch zu Eurem Geisteswerk rüsten können und Euch als Geisteslichtes Offenbarer „gedankenkräftig auch noch dann bezeugen, wenn über voll erwachter Geistesschau der finstere Ahriman, die Weisheit dämpfend, des Chaos Dunkelheit verbreiten will".
(...)
Höret, wie an den verschiedenen Geistesorten, wo von Geisteswissenschaft, von Religion und Kunst gesprochen und in ihrem Sinn gehandelt wird, höret, wie immer öder werden die Strebenskräfte der Seelen, fühlet, daß Ihr lernen sollt, diese Seelen, diese Strebenskräfte der Seele zu befruchten aus den Geistes-Imaginationen, den Inspirationen und Intuitionen heraus. Fühlet, was der finden wird, der richtig hören wird den Ton der schöpferischen Geistigkeit. (...)
So fühlet an diesem Abend, daß lebendig werden muß in den Menschenseelen die Weisheit und der Sinn der neuen Erkenntnis, der neuen Liebe und der neuen starken Kraft. Die Seelen, die da wirken werden in der Blüte und der Frucht künftiger Erdenevolutionen, werden dasjenige verstehen müssen, was wir heute unseren Seelen zum ersten Male einverleiben wollen: die makrokosmisch widerklingende Stimme des uralt ewigen Gebetes:

AUM, Amen!
Es walten die Übel,
Zeugen sich lösender Ichheit,
Von andern erschuldete Selbstheitschuld,
Erlebet im täglichen Brote,
In dem nicht waltet der Himmel Wille,
Da der Mensch sich schied von Eurem Reich
Und vergaß Euren Namen,
Ihr Väter in den Himmeln.

So gehen wir auseinander – in unserer Seele das Bewußtsein der Bedeutung mitnehmend von dem Ernst und der Würde der Handlung, die wir verrichtet haben. Das Bewußtsein, das von diesem Abend bleibt, soll in uns entzünden das Streben nach Erkenntnis einer der Menschheit gegebenen Neuoffenbarung, nach der da dürstet die Menschenseele, von der sie trinken wird, aber erst dann, wenn sie gewinnen wird furchtlos den Glauben und das Vertrauen zu dem, was da verkünden kann die Wissenschaft vom Geiste, die wiederum vereinen soll, was eine Weile getrennt durch die Menschheitsevolution gehen mußte: Religion, Kunst und Wissenschaft. Nehmen wir dies, meine Schwestern und Brüder, mit als etwas, was wir als ein Gedenken an diese gemeinsam gefeierte Stunde nicht wieder vergessen möchten."

In dieser Rede bei der Grundsteinlegung kommt am besten zum Ausdruck, was in Rudolf Steiner als Bedeutung dieses zu erbauenden Tempels der Geist-Erkenntnis lebte. In unermesslicher Größe äußern sich beide Ströme, nun als mikrokosmischer und makrokosmischer, von Ost nach West, von West nach Ost. Es liegt ein Mysterium in diesem makrokosmischen Vaterunser verborgen, das nur meditativ erlebt werden kann. Es ist der Grund von Rudolf Steiners Einweihung, es könnte der Grund *unserer* Einweihung sein. Das, was als Bau erschien, innen und außen, muss ein Abbild der Anthroposophie gewesen sein, eine architektonische Charakteristik bis in die inneren Details. Klang und Widerhall, fortlaufender und zurücklaufender Strom; Aufbau und Abbau, Haupt und Stoffwechsel, Leben auf Erden, Leben in der geistigen Welt. Metamorphose. Reinkarnation. Christus zwischen den Gegensätzen.

Das alles konnte in diesem Goetheanum *angeschaut* werden.

Hier will ich mit Rudolf Steiners eigenen Worten schließen, wie er sie in einigen Artikeln in „Das Goetheanum" aufschrieb. Er schrieb sie, nachdem das Goetheanum durch Brand vernichtet worden war. In ihnen ertönt die ursprüngliche Bedeutung des Goetheanums und Rudolf Steiners Schmerz über den Verlust:[173]

„Am Sylvesterabend hatten wir von 5 bis 7 Uhr eine Eurythmie-Vorstellung. Um 8 Uhr begann mein Vortrag, der eine halbe Stunde nach

---

[173] Das Goetheanum in seinen zehn Jahren. GA 36, S. 310ff.

4. Teil, Anthroposophie

9 Uhr beendet war. Ich hatte über den Zusammenhang des Menschen mit den Erscheinungen des Jahreslaufes in anthroposophischer Art gesprochen. Kurze Zeit darnach stand das Goetheanum in Flammen; am Neujahrsmorgen 1923 war es bis zum Betonunterbau niedergebrannt."

Der erste große Kurs fand im Oktober 1920 im Goetheanum statt:

„In der Eröffnungsrede wies ich kurz daraufhin, und in Vorträgen „über den Baugedanken in Dornach" wollte ich zeigen, wie im Goetheanum die Kunst aus derselben Geistigkeit geschöpft worden ist, die in Ideen sich offenbaren will, wenn Anthroposophie in der Erkenntnisform auftritt.
(...)
Aber am Goetheanum wurden keine abstrakten Ideen verkörperlicht. Die Ideengestaltung wurde völlig vergessen, wenn aus der künstlerischen Empfindung die Form, aus der künstlerischen Anschauung Linie aus Linie, Fläche aus Fläche hervorgeholt wurde. Wenn in Farben auf der Wand dargestellt wurde, was auch unmittelbar im Farbenbilde geschaut wurde.
(...)
Was man aus anthroposophischer Erkenntnis heraus in Gedanken formt, das steht für sich da. Man hat gar nicht das Bedürfnis, es in einer Halbkunst symbolisch auszudrücken. Dagegen hat man durch das Erleben derjenigen Wirklichkeit, welche Anthroposophie enthüllt, das Bedürfnis, in Formen, in Farben künstlerisch zu leben. Und diese Farben, diese Formen leben wieder für sich. Sie drücken keine Ideen aus. Ebenso wenig, oder ebenso viel, wie eine Lilie, oder ein Löwe eine Idee ausdrücken.
(...)
Aber Anthroposophie ist Leben, ist Ergreifen des Allmenschlichen und der Welt im und durch den Menschen.
(...)
Ich habe öfter ein Bild gebraucht: Man betrachte eine Nuß und die Nußschale. Die Schale ist gewiß kein Symbol der Nuß. Aber sie ist aus denselben Gesetzmäßigkeiten heraus geformt wie die Nuß. So kann

der Bau nur sein die Hülle, die in ihren Formen und Bildern künstlerisch den Geist verkündigt, der im Worte lebt, wenn Anthroposophie durch Ideen spricht.

(...)

Und rein künstlerisch ist für das Goetheanum entstanden, was man einen Baustil nennen kann, der von der Symmetrie, Wiederholung und so weiter zu dem übergehen mußte, was in den Formen des organischen Lebens atmet. Der Zuschauerraum zum Beispiel hatte zu beiden Seiten sieben Säulen. Nur immer eine links und rechts hatten gleichgebildete Kapitäle. Dagegen war jedes folgende Kapitäl die metamorphosische Entwickelung des vorigen. Das alles ergab sich aus der künstlerischen Empfindung; nicht aus einem gedankenhaften Elemente. Es konnten nicht typenhafte Motive an den verschiedenen Orten wiederholt werden; sondern jedes Gebilde ward an seinem Platze ganz individuell gestaltet, so wie das kleinste Glied an einem Organismus individuell und doch so gestaltet ist, daß es mit Notwendigkeit an dem Orte, an dem es ist, in seiner Bildung erscheint. – Die Siebenzahl der Säulen hat mancher für den Ausdruck eines Mystischen genommen. Auch dies ist ein Irrtum. Gerade sie ist ein Ergebnis der künstlerischen Empfindung. Indem man eine Kapitälform aus der andern künstlerisch entstehen ließ, war man mit der siebenten bei einer Bildung angekommen, über die man nicht hinausgehen konnte, ohne in das Motiv der ersten zurückzufallen.

(...)

Wenn man aus den Absichten, aus denen heraus das Goetheanum entstanden ist, so über dasselbe sprechen muß, fühlt man den Schmerz über seinen Verlust, für den die Worte nicht da sind. Denn das ganze Wesen dieses Baues war auf die *Anschauung* hingeordnet. Die *Erinnerung* schmerzt unsäglich. Denn man erinnert sich in Seelenerlebnissen, die nach *Anschauung* drängen. Aber die Möglichkeit der Anschauung ist seit der Sylvesternacht hinweggenommen.

(...)

Am Goetheanum konnte man durch ein *künstlerisches* Empfinden zu der Einsicht kommen, daß Anthroposophie keine Sektenbildung oder Religionsbegründung ist. In diesem Stil kann man nicht eine Kirche oder einen Tempel bauen. Zwei Zylindermantel, mit verschieden großen Grundflächen, griffen an den Seiten, an denen sie ausgeschnitten waren, ineinander. Sie waren oben durch eine größere und eine kleinere Kuppel abgeschlossen. Die Kuppeln hatten Halbkugelform und griffen ebenfalls ineinander, indem da, wo sie sich berührten, Sektoren ausgeschnitten waren.

Der kleine Kuppelraum sollte, nach der völligen Fertigstellung, als Bühnenraum für Mysterienaufführungen dienen. Doch war er dazu noch nicht eingerichtet. Bis jetzt hatten nur Eurythmievorstellungen in diesem Raum stattgefunden. – Der größere Kuppelraum umschloß die Zuschauer- und Zuhörerreihen. Irgend etwas, das diesem zweigliedrigen Raum den Charakter eines Tempel- oder Kultgebäudes verliehen hätte, gab es nicht.

Die Sockel der zwölf Säulen, die im Umkreise des kleinen Kuppelraumes waren, hatte man zu zwölf Stühlen umgebildet. Man konnte einen Versammlungsraum für eine beschränkte Zahl von Teilnehmern erkennen; aber nicht etwas Kirchenartiges. Zwischen den Säulen sollte dereinst eine plastische Gruppe stehen, in deren Mittelpunkt eine Gestalt sich befindet, in der man Christus erkennen kann. Es sollte das Wahrzeichen dafür sein, daß echte Geistes-Erkenntnis zu Christus führt, also mit dem Religionsgehalt sich zusammenfindet.

Wer durch das Hauptportal eintrat, zu dem sollte das Ganze auf künstlerische Art sprechen: „Erkenne die wahre Menschenwesenheit." So wollte man den Bau zu einer Heimstätte der Erkenntnis gestalten, nicht zu einem Tempel.

Die beiden Räume waren durch einen Vorhang getrennt. Vor dem Vorhang war ein Rednerpult, das versenkt werden konnte, wenn der Bühnenraum benützt wurde.

Man brauchte nur auf die Formen dieses Rednerpultes zu schauen, um zu erkennen, wie wenig dabei an etwas Kirchenartiges gedacht war. Alle diese Formen waren künstlerisch herausgeholt aus der Gesamtgestalt des Baues und aus dem Zusammentreffen der Gestaltungen, die nach dem Platze hinliefen, an dem der Redner stand.

Diese Formen waren kein architektonischer und plastischer Tempelinhalt, sondern die Umrahmung einer Pflegestätte der geistigen Erkenntnis. Wer etwas anderes darin sehen wollte, der mußte erst

künstlerische Unwahrheit in sie hineininterpretieren. Es war mir aber immer befriedigend, wenn ich von Befugten hören durfte: diese Formen sprechen in *wahrer* Art von dem, was sie sein wollen. Und daß ich solche Rede hören konnte, das kam mehrere Male vor.
(...)
Der Zuschauerraum war für neunhundert bis tausend Personen berechnet. Am Westende desselben war erhöht der Raum für die eingebaute Orgel und andere Musikinstrumente.
Dieser ganze aus Holz errichtete Bau stand auf einem Betonunterbau, der im Grundrisse größer war, so daß um den Zuschauerteil außen eine erhöhte Terrasse herumlief. In diesem Unterbau befanden sich unter dem Zuschauerraum die Stätten für das Ablegen der Kleider, unter dem Bühnenraum Maschinen. Auf diejenigen, welche den Inhalt dieses Betonunterbaues gesehen hatten, mußte es einen erheiternden Eindruck machen, wenn sie hörten, daß Gegner der anthroposophischen Weltanschauung von allerlei Geheimnisvollem, sogar von unterirdischen Versammlungsstätten in diesem Betonbau fabelten. (...)
Die Kuppeln waren bedeckt mit nordischem Schiefer aus den Voß'schen Schieferbrüchen. Der bläulich-graue Glanz im Sonnenlichte gab mit der Holzfarbe zusammen ein Ganzes, das mancher sympathisch begrüßt hat, der den Dornacher Hügel hinauf an einem leuchtenden Sommertage den Weg zum Goetheanum gemacht hat.
Jetzt trifft er einen Trümmerhaufen, aus dem eine niedrige Betonruine emporragt.
(...)
Wenn nun diese eurythmische Kunst auf der Bühne des Goetheanums auftrat, so sollte man das Gefühl haben, daß die ruhenden Formen der Innenarchitektur und der Plastik sich auf ganz naturgemäße Art zu den bewegten Menschen verhielten. Die erstern sollten die letztern gewissermaßen wohlgefällig in sich aufnehmen.
(...)
Die Unterweisungen für die seelische Gestaltung der bewegten Sprachformen wurde den Schülern zuerst in dem Saal gegeben, der in den Südflügel des Goetheanums eingebaut war. Die Innenarchitektur besonders dieses Saales sollte eine ruhende Eurythmie sein, wie die

eurythmischen Bewegungen darinnen bewegte plastische Formen, aus dem gleichen Geiste gestaltet wie diese ruhenden Formen selbst.

In diesem Saale wurde am 31. Dezember zuerst der Rauch entdeckt, welcher von dem Feuerkeim herrührte, der in seinem Erwachsen das ganze Goetheanum zerstörte. Man fühlt, wenn man mit dem Bau in Liebe verbunden war, die unbarmherzigen Flammen schmerzend durch die Empfindungen dringen, die in die ruhenden Formen und in die darin versuchte Arbeit sich ergossen haben.

(...)

Die welthistorische Bedeutung Goethes liegt ja gerade darinnen, daß seine Kunst aus dem *Urquell des Seins* fließt, daß sie nichts Illusorisches, nichts Subjektives an sich trägt, sondern als die Künderin jener Gesetzlichkeit erscheint, die der Dichter in den Tiefen des Naturwirkens dem Weltgeiste abgelauscht hat. Auf dieser Stufe wird die Kunst die Interpretin der Weltgeheimnisse, wie es die Wissenschaft in anderem Sinne ist. – So hat Goethe auch stets die Kunst aufgefaßt. Sie war ihm *eine* Offenbarung des Urgesetzes der Welt, die Wissenschaft war ihm die *andere*. Für ihn entsprangen Kunst und Wissenschaft aus einer Quelle.

(...)

Mag deshalb noch so viel gegen diese Stilformen des Goetheanums eingewendet werden; der *Versuch*, der gemacht wurde, war doch der, im Sinne Goethescher Intentionen einem Erkenntnisstreben ein künstlerisches Heim zu schaffen, das aus demselben Geistquell war wie die darin gepflegte Erkenntnis selbst. Der Versuch mag unvollkommen gelungen gewesen sein; er war als solcher da: und das Goetheanum ist im Sinne Goethescher Kunstanschauung gebaut worden.

So lernte man das Goetheanum als die Heimstätte der Anthroposophie fühlen; so fuhlt man sich aber auch, nach dem Unglücke vom 31. Dezember, nach der einen Seite hin, mit der Anthroposophie obdachlos geworden. Teilnehmende Besucher fanden sich am 1. Januar bei der Brandstätte ein, die sagten: wir wollen, was in diesem Bau uns lebte, im Herzen unsichtbar bewahren.

(...)

Johannesbau – Goetheanum

Das Goetheanum hat nur neun größere Veranstaltungen erlebt. Im September und Oktober 1920 fanden durch drei Wochen Vortragsreihen über die verschiedensten wissenschaftlichen Gebiete statt.
(...)
Mir fiel damals, als ich diese Zyklen miterlebte, auf, daß nicht alles sich so ausnahm wie ein aus dem Goetheanumgeiste heraus Geborenes. Wenn aus dem Geiste der anthroposophischen Gesamtvorstellungen, bei Beleuchtung einzelner Natur- oder Geschichtserkenntnisse, aus diesem Geiste heraus gesprochen wurde, so fühlte man Harmonie zwischen Bau und Erkenntnisdarstellung. Wenn Einzelfragen behandelt wurden, so war das nicht der Fall. (...)
Der Bau ist gerade durch das Fehlen der gekennzeichneten Harmonie bei der ersten Veranstaltung eng mit dem Schicksal der anthroposophischen Entwickelung in den letzten Jahren verbunden. Die erste Vortragsreihe als Ganzes offenbart sich als etwas, das nicht ganz organisch aus derselben Idee herausgewachsen war wie der Bau selbst. Sie war wie etwas in den rein anthroposophischen Bau Hineingetragenes.
(...)
Wissenschaftlich gebildete Persönlichkeiten sind Mitglieder der Gesellschaft geworden. Die Wissenschaft war ihr Lebensweg und ihre Erziehungssache. Die Anthroposophie ist ihnen Herzenssache geworden. Sie haben sich von ihr für ihre Wissenschaft anregen lassen. So haben wir wissenschaftliche Ausführungen von anthroposophisch denkenden Persönlichkeiten bekommen, bevor die einzelnen Erkenntnisgebiete aus der Anthroposophie selbst heraus geboren worden sind.
(...)
Das drückt sich auch in der geschilderten Disharmonie der ersten Veranstaltung 1920 aus.
(...)
Die Disharmonie war nur ein Ausdruck für das Bestreben, der Anthroposophie im engern Sinne ein Heim zu schaffen, das ihrem Entwickelungsstadium bis zum Jahre 1918 künstlerisch angemessen war.
(...)
Aber in einer merkwürdigen Harmonie mit diesem Baugedanken des Goetheanums empfinde ich heute, was sich damals in mir sträubte, das Goetheanum selbst festlich zu eröffnen, als in ihm die erste Veranstaltung

eingerichtet wurde.
(...)
Das sollte erst dann stattfinden, wenn einmal eine Veranstaltung möglich geworden wäre, deren Ganzes mit der ursprünglichen Bauidee vollkommen im Einklang gestanden hätte. Es ist nicht dazu gekommen. Das Goetheanum ist vorher hinweggestorben. In den Herzen derer, die es geliebt haben, ist eine dauernde Trauerfeier geworden.
(...)

Bei diesen Veranstaltungen fiel mir auch immer die Aufgabe zu, die Besucher im Bau herumzuführen und dabei von dem Künstlerischen des Goetheanums zu sprechen. (...) Aber es bot sich in Anknüpfung an die zu sehenden Formen und Bilder reichlich Gelegenheit, in freier fragmentarisch-aphoristischer Darstellung über Anthroposophisches zu sprechen. (...) Dann fühlte man ganz intim, wie gut das anthroposophisch orientierte Wort geborgen war, wenn es an einer Säule, oder unter einem Bilde gesprochen wurde, die aus demselben Geiste stammten wie das Wort selbst."

In einer Periode von zehn Jahren wurde das Goetheanum gebaut und wurde ihm die künstlerische Gestalt gegeben. Das Handwerk zahlloser, aus freiem Willen mitwirkender Menschen hatte Anteil an diesem „Haus der Anthroposophie". In *einer* Nacht brannte es völlig ab.
Vielleicht gibt es heute Menschen, die in dieser Nacht dabeigewesen sind. Eine Besinnung auf diese Nacht und die Folgen müsste die Erinnerung an die damalige Verkörperung wachrufen...

DER ERSTE WELTKRIEG

Während der Bau des Goetheanums in vollem Gange war und Mitglieder aller Nationalitäten daran mitarbeiteten, brach der Erste Weltkrieg aus. Rudolf Steiner beendete die Unterrichte und Handlungen der Esoterischen Schule. Einerseits, weil solche geschlossenen Zusammenkünfte verdächtig erscheinen konnten, andererseits, weil derartige Geschehnisse wie ein Krieg in der astralischen Sphäre so viel Unruhe und Unheil bringen, dass die unmittelbare esoterische Arbeit schwerwiegend behindert wurde.

In der Zeit von 1914 bis 1918 schaute Rudolf Steiner in Vorträgen immer wieder auf das menschliche Schicksal nach dem Tod. Daneben gab er viele Vorträge über die wahren Vorgänge beim Ausbruch des Weltkrieges, über die Lage des deutschen Volkes im Hinblick auf die umgebenden Mächte, über das Wesen des deutschen Geistes und anderer Volksseelen. Die Ehefrau des Oberbefehlshabers des deutschen Heeres, Helmuth von Moltke, war eine Schülerin Rudolf Steiners, und so hatte er auch Begegnungen mit Moltke selbst. Beeindruckend sind die sogenannten „post mortem" Briefe von Moltke – von Rudolf Steiner selbst aufgeschriebene Überlegungen Moltkes nach dessen Tod im Jahre 1916, viele weitere Jahre umspannend. Darin werden die wahren Hintergründe sichtbar, auch anhand des karmischen Zusammenhanges zwischen den Individualitäten.[174]

Die äußeren Tatsachen dürften allgemein bekannt sein. Anlass für den Kriegsausbruch war der Mord an Erzherzog Franz Ferdinand und seiner Frau Gräfin Sophie Chotek in Sarajevo, woraufhin Serbien von Österreich-Ungarn ein Ultimatum gestellt wurde. Da dieses nicht ganz erfüllt wurde, erklärte Österreich-Ungarn Serbien den Krieg. Deutschland folgte Österreich-Ungarn, Serbien wiederum hatte einen Vertrag mit Russland, und durch weitere Abkommen wurden auch

---

[174] Meyer, Thomas: Helmuth von Molthe. 2Bde. Perseus Verlag, 2005.

die meisten anderen Ländern Europas in den Krieg hineingezogen. Frankreich, England, Russland, Italien und die USA bildeten die Entente, zu den Mittelmächten gehörten Österreich-Ungarn, Deutschland, Bulgarien und das Ottomanische Reich. Der Krieg dauerte vom 28. Juli 1914 bis zum 11. November 1918, wobei der Stellungskrieg außerordentlich viele Opfer forderte – es werden Zahlen von fünfzehn bis siebzehn Millionen gefallener Soldaten genannt.
Der wichtigste Friedensvertrag war der am 28. Juni 1919 geschlossene Vertrag von Versailles zwischen Deutschland und der Entente. Er hatte mehrere Teile: I. Der Völkerbund, II. Deutsche Gebietsbeschränkungen, III. Verlust aller Kolonien, IV. Entwaffnung, V. Besetzung der Siegermächte, VI. und VII. Deutsche Reparationszahlungen, VIII. Alleinschuld Deutschlands und seiner Verbündeten. – Das „Diktat von Versailles" wurde in Deutschland als eine schwere Demütigung betrachtet, doch angesichts der alliierten Drohung, Deutschland gänzlich zu besetzen, und mit der Hoffnung auf die Möglichkeit einer baldigen Revision stimmte die Nationalversammlung der Weimarer Republik der Unterzeichnung des Vertrages schließlich zu.

Rudolf Steiner hat über den Kriegsausbruch viel gesprochen, vor allem in seinen Vorträgen zu zeitgeschichtlichen Betrachtungen. 1915 schrieb er über den Krieg:[175]

„Als sich die gekennzeichneten, gegen „Europas Mitte" gekehrten Wollensrichtungen zum gemeinsamen Druck zusammengefunden hatten, war es unvermeidlich, daß dieser „Druck" die Empfindungen bestimmte, die innerhalb der mitteleuropäischen Völker über den Gang der Weltereignisse sich bildeten. Und als die Tatsachen des Sommers 1914 eintraten, trafen sie Europa in einer weltgeschichtlichen Lage, in welcher die im Völkerleben wirksamen Kräfte in den Gang der Ereignisse so eingreifen, daß sie die Entscheidung darüber, was geschehen wird, aus dem Bereiche gewöhnlicher menschlicher Beurteilung hinwegnehmen und in das einer höheren Ordnung stel-

---

[175] Gedanken während der Zeit des Krieges. Für Deutsche und solche, die nicht glauben, sie hassen zu müssen. GA 24, S. 331f.

len, einer Ordnung, durch die die weltgeschichtliche Notwendigkeit innerhalb des Ganges der Menschenentwickelung wirkt. Wer das Wesen solcher Welt-Augenblicke empfindet, der hebt auch sein Urteil aus dem Gebiete heraus, in dem Fragen nisten von der Art, was wäre geschehen, wenn in schicksalsschwerer Stunde dieser oder jener Vorschlag dieser oder jener Persönlichkeit mehr Wirkung gehabt hätte, als es der Fall war? Die Menschen erleben in Augenblicken weltgeschichtlicher Wendungen in ihren Entscheidungen Kräfte, über die man nur richtig urteilt, wenn man bestrebt ist – an Emersons Worte sei erinnert –, nicht nur das „einzelne zu sehen", sondern die Menschheit „nach höheren Gesetzen als ein Ganzes aufzufassen". Wie sollten Entscheidungen der Menschen nach den Gesetzen des gewöhnlichen Lebens beurteilt werden dürfen, die nicht aus diesen Gesetzen heraus gefällt werden können, weil in ihnen der Geist wirkt, der nur in den *weltgeschichtlichen Notwendigkeiten* erschaut werden kann. – Naturgesetze gehören der Naturordnung an; über ihnen stehen die Gesetze, die der Ordnung des gewöhnlichen menschlichen Zusammenlebens angehören; und über ihnen stehen die geistig-wirksamen Gesetze des weltgeschichtlichen Werdens, die einer noch anderen Ordnung angehören, derjenigen, durch welche Menschen und Völker Aufgaben lösen und Entwickelungen durchmachen, die außerhalb des Gebietes des gewöhnlichen menschlichen Zusammenlebens liegen."

Über den Vertrag von Versailles sagte Rudolf Steiner:[176]

„Sehen Sie, das Zeug zu einer Besserung der Seele, das hat wahrhaftig die Menschheitsentwickelung noch nicht aus dieser Seele herausgerissen, das wäre noch immer da; das wäre selbst, und sogar in besonderem Maße, im deutschen Volke da. Aber dieses deutsche Volk, das hat seit langer, langer Zeit stets abgesehen davon, die Keimkräfte der eigenen Gedanken, der eigenen Empfindungen, der eigenen Impulse in sich zu entwickeln. Und in die unterste Schulstufe sind die Impulse eingeimpft worden, die den so großartig angelegten deutschen Menschen zu einer Obrigkeitsmaschine machen; zu einer Maschine, die

---

[176] Vortrag vom 1.6.1919, GA 192, S. 139ff.

blind der Obrigkeit folgt. Es ist ein Zusammenhang zwischen all dem, was heute so furchtbar uns vor Augen tritt, und dieser falschen Erziehung, dieser Erziehung, die den Menschen nicht frei und selbständig macht, weil sie selbst nicht frei und selbständig ist. Diese Erziehung, die sich um so wohler fühlt, je mehr sie in den Staat eingeschnürt sein kann, damit sie sich dann weiter wohl fühlen kann, wenn in unzähligen Versammlungen der Beschluß gefaßt werden kann: Wir stehen voll Vertrauen zu der Regierung, die in Versailles jetzt das Nötige dazu beiträgt, uns den Kragen abzuschneiden. In unzähligen Versammlungen werden die Beschlüsse gefaßt: Wir stehen fest hinter dieser Regierung. Während in Wahrheit in dieser Regierung kaum ein Mensch sitzt, der hineingehört, während die ersten Anforderungen wären, offen und frei zu gestehen: Alles dasjenige, was da geschieht, ist nur die Fortsetzung jenes Unheils, das sich in deutschen Gauen vollzogen hat im Unglücksjahr 1914. In diese Dinge hinein ergießen sich die Fehler unseres Erziehungswesens. Und diese Fehler unseres Erziehungswesens, sie haben dem Menschen alle Möglichkeit benommen, Augenmaß zu haben für die Ereignisse des Lebens. (...)

Heute liegt die Sache so, daß unser Erziehungswesen Menschenpflanzen an die Oberfläche treibt, die nicht das geringste Augenmaß haben für die Dinge, die um uns herum vorgehen. Daher sind alle die Nachrichten, die zum Beispiel von Versailles kommen, so unsinnig, weil niemand ein Urteil darüber hat, welches Gewicht das eine oder das andere hat, aus welchen Motiven heraus das eine oder andere Volk urteilt, was bei dem einen oder anderen Volk aus seiner menschlichen Wesensgrundlage eine Notwendigkeit ist. Daher wird man auch nicht verstanden, wenn man über solche Dinge redet. Würde auch nur ein Fünkchen von dem Wesen des dreigliedrigen sozialen Organismus in das menschliche Verständnis einziehen können, so würde man sehen, wie dasjenige, was uns vom Westen droht, die Überflutung alles politischen und Geisteslebens mit dem Wirtschaftsleben ist; wie dasjenige, was vom Osten zu uns dringt, auch aus Rußland heraus, der Aufschrei der Menschheit ist nach Herausrettung des Geisteslebens aus dem Wirtschaftsleben. Zwei Pole stehen sich entgegen, der Westen und der Osten, und wir in der Mitte haben die Aufgabe, auf den Westen hinzusehen und seine Schäden nicht bei uns aufkommen zu lassen; auf den Osten hinzusehen und dasjenige aus uns selbst zu pflegen, was er uns sonst nicht nach Jahrhunderten, sondern nach Jahrzehnten auferlegen muß, weil der Menschheit das auferlegt werden muß, was sie sich nicht selber auferlegt. Wir haben die Aufgabe, hier in der Mitte Europas dasjenige zu pflegen, was nur aus den drei Gliedern des sozialen Organismus heraus gepflegt werden kann."

Ich will nicht weiter auf die historischen Tatsachen eingehen. Auch auf den Inhalt von Rudolf Steiners Darlegungen der Verhältnisse zwischen Deutschland und der „Entente" will ich nicht weiter eingehen. Es sind darüber viele Bücher geschrieben worden, in denen die betreffenden Standpunkte zu finden sind.[177]

Aber man kann sich auch in diese Darlegungen Rudolf Steiners vertiefen, nicht so sehr wegen der *Tatsachen*, als aus einer Sehnsucht, die Gemütsbewegungen Rudolf Steiners in dieser vielbewegten Zeit spüren zu lernen, zu fühlen, zu erleben.

Es gibt viele Aussagen Rudolf Steiners aus dieser Zeit, welche von Menschen, die absolut gegen den anthroposophischen Impuls und ihren Begründer eingestellt sind, benutzt werden können, um Rudolf Steiner als einen Mann mit starken deutsch-nationalen Motiven hinzustellen. Aber auch „von innen", innerhalb der anthroposophischen Kreise selbst, werden diese Aussagen verwendet, um die eigenen nationalistischen Gefühle zu rechtfertigen. Im Ersten Weltkrieg bestand bereits ein sehr heftiger Hass gegen die Deutschen. Zeitlich *danach* liegen jene Geschehnisse, die dem heutigen Hass gegen die Deutschen scheinbar zugrunde liegen.

Aus den Darstellungen Rudolf Steiners wird deutlich, was sich in Wirklichkeit abgespielt hat. So wie er diese Geschehnisse schildert, gewinnt man als Leser ein außergewöhnlich ausgewogenes Bild der internationalen Verhältnisse, der Geschehnisse und herrschenden

---

[177] Z.B. Buchleitner, Karl: Das Schicksal der anthroposophischen Bewegung und die Katastrophe Mitteleuropas. Oratio Verlag, 1997; Meyer, Thomas: Helmuth von Moltke. 2 Bde. Perseus Verlag, 2005; Bücher von Karl Heyer.

Meinungen. Wenn man mehr auf das eingeht, was gleichsam der „Beweggrund" Rudolf Steiners ist, diese Darstellungen zu geben – insoweit man ein Empfinden dafür bekommt –, dann beginnt man etwas zu erleben, was in den darauffolgenden Jahren immer stärker an die Öffentlichkeit tritt.

Dieser Beweggrund ist kein Deutsch-Nationalismus. Es ist ein fast nicht zu erfassendes Maß von Sehnsucht, mit Hilfe der richtigen Meinungen und Urteile den richtigen Standpunkt in diesem Ersten Weltkrieg zu finden. Schilderungen dessen, wie es dem Wesen nach und wirklich ist, damit die Zuhörer, die Leser, durch die Wahrheit und die Wahrhaftigkeit innere Ruhe finden können.

Rudolf Steiner gibt auch viele Vorträge über das Leben nach dem Tod, beginnt und endet mit Sprüchen, die in Verbindung mit den auf dem Schlachtfeld Gefallenen, mit den trauernden Hinterbliebenen bringen.

In dem unaufhörlichen Einsatz Rudolf Steiners, in dem Wirrwarr und Chaos den richtigen Standpunkt aufzuzeigen, sieht man das Maß an Schmerz, das an ihm zehrte. Kein Deutsch-Nationalismus, sondern tiefer Schmerz über die allüberall als Wahrheit angebotenen Welt-Lügen und ihre fatalen Folgen. Schmerz wegen des Blickes auf die Vernichtung, die drohte, Vernichtung auch des anthroposophischen Impulses – nicht direkt natürlich, aber indirekt. Denn dieser Impuls hing nun einmal mit dem „deutschen Geist" zusammen, so wie dieser seinem Wesen nach war und ist. Dieser Geist hat mit Nationalismus nichts zu tun, ebensowenig, wie der griechische Geist etwas damit zu tun hat. Der deutsche Geist lebt nicht in politischen Beziehungen oder in Machtstreben, nicht in Kriegskunde oder Rhetorik, nicht in Vernichtungsdrang. Wollen wir Rudolf Steiner im Ersten Weltkrieg verstehen, dann müssen wir zuerst all unsere Vorurteile in Bezug auf dieses „deutsch" loslassen und dann diese Darlegungen Rudolf Steiners, die er aus einem für uns zweifellos kaum zu ermessenden *Schmerz* heraus gab, als diejenigen eines Menschen erleben, der überall die *Möglichkeit* für das richtige Verständnis und den richtigen Standpunkt sah, aber erleben musste, dass diese *Möglichkeit* nicht zu einer Wirklichkeit wurde.

Wenn man sich mit Herz und Seele in den Rudolf Steiner des Ersten Weltkrieges und der Zeit danach vertieft, dann findet man einen Menschen, der im Grunde seine ganze Urteilsbildung, seine ganze höhere Einsicht, auf die Liebe zur *menschlichen Würde* gegründet hat. Alles, was er von 1914 an bringt, trägt dieses Merkmal, und wenn man einmal gelernt hat, dies zu fühlen – wie es in jedem Wort, zwischen den Worten, über den Worten, in den Gedanken, den Überlegungen, den Feststellungen lebt –, dann wird dieses Gefühl von Liebe für die menschliche Würde immer stärker und stärker. Dann fühlt man den *Menschen* Rudolf Steiner – nicht nur diesen hohen Eingeweihten, den wir schon kennengelernt haben, sondern den Menschen, der diese hohe Einweihung hineinträgt in das Verständnis für das reine Selbstgefühl des Menschen, das individuelle Selbstbewusstsein, in den Schmerz über dessen Verlust.

Dann fasst man seine Darstellungen ganz anders auf, dann wird man Christus selbst als den urteilenden Impuls in seinen Darstellungen gewahr. Aber nicht so, dass es nicht mehr Steiner *selbst* wäre, der da denkt und spricht. Es ist gerade *seine* Liebe zur menschlichen Würde, die bewirkt, dass das Wesen, das diese Würde *ist*, sich mit ihm vereinigt. Ist das nicht das allerschönste Vorbild für uns? Das Vorbild dafür, wie die richtige Meinung, das richtige Urteil, die ganze „Richtigkeit" der Menschenseele auf der Liebe zum Menschen beruht, der sich in sich selbst seiner Menschlichkeit und des Schmerzes über den Verlust der Würde bewusst ist.

Und wenn *das* nun gerade der „deutsche Geist" ist? Wenn die Menschheitsentwicklung nun gerade durch eine Geisteshaltung hindurchgeführt wird, die nun einmal mit jenem Volksgeist verwandt ist, der in Mitteleuropa herrscht und mit dem Gebrauch der deutschen Sprache zusammenhängt? Und dies ist nicht die deutsche Sprache von heute. Auch nicht die von Hitler oder Ludendorff. Es ist die Sprache von Fichte und Goethe, von Schiller und ... Rudolf Steiner. Es ist auch nicht die Sprache der heutigen deutschen Anthroposophen, und seien sie auch Vorstandsmitglied in Dornach. Es ist eine Sprache, die von neuem errungen werden muss. Die folgenden Zitate stelle ich in dieses Licht. Rudolf Steiner schreibt und spricht nicht als Nationalist, sondern aus dem unermesslichen Schmerz über den drohenden Verlust des wahren Menschseins, welches nun einmal in seiner

313

4. Teil, Anthroposophie

Entwicklung den „deutschen Geist" nicht entbehren kann – während gerade dieser „deutsche Geist" in allem bekämpft und zu Schanden gemacht wird. Der „deutsche Geist" ist kein Krieg führender, sondern ein denkender Geist, der in sich selbst, in den Gedanken selbst, seiner bewusst wird.

1915 schreibt Rudolf Steiner:[178]

„Man muß in Fichte eine Persönlichkeit empfinden, welche in jeder Lebensregung sich bewußt eins fühlt mit dem Walten einer geistigen Welt, und die sich in dieser Welt darinnen stehend erschaut wie der Sinnesmensch in der stofflichen Welt. Daß dies nun die Seelenstimmung ist, die er dem deutschen Grundzug seiner Weltanschauung dankt, spricht Fichte deutlich aus. Er sagt: „Die wahre in sich selbst zu Ende gekommene und über die Erscheinung hinweg wahrhaft zum Kerne derselben durchgedrungene Philosophie . . . geht aus von dem einen, reinen, göttlichen Leben – als Leben schlechtweg, welches es auch in alle Ewigkeit, und darin immer eines bleibt, nicht aber als von diesem oder jenem Leben; und sie sieht, wie lediglich in der Erscheinung dieses Lebens unendlich fort sich schließe und wiederum öffne, und erst diesem Gesetze zufolge es zu einem Sein, und zu einem Etwas überhaupt komme. (...) Und so ist denn diese Philosophie (Fichte meint diejenige, zu der er sich bekennt) recht eigentlich nur deutsch, d. i. ursprünglich; und umgekehrt, so jemand nur ein wahrer Deutscher würde, so würde er nicht anders denn so philosophieren können."

Aber Fichte sagt auch:

„Was an Geistigkeit und Freiheit dieser Geistigkeit glaubt und die ewige Fortbildung dieser Geistigkeit durch Freiheit will, das, wo es auch geboren ist, und in welcher Sprache es rede, ist unseres Geschlechts, es gehört uns an und es wird sich zu uns tun."

---

[178] Gedanken während des Krieges. Für Deutsche und solche, die nicht glauben, sie hassen zu müssen. GA 24, S. 298f.

Und Rudolf Steiner fährt fort:

„In der Zeit, als Fichte das deutsche Volkstum bedroht sah von westlicher Fremdherrschaft, fühlte er die Notwendigkeit, zu bekennen, daß er das Wesenhafte seiner Weltanschauung als eine ihm wie vom deutschen Volksgeiste gereichte Gabe empfand."

In den „Zeitgeschichtlichen Betrachtungen" gibt Steiner eine Charakteristik des Verhältnisses zwischen Gedanken und Sprache bei den verschiedenen Völkern:[179]

„Die Sache ist nun so, daß das französische Volkstum die Tendenz hat, den Gedanken bis zum Worte herunterzudrängen, das heißt, indem gesprochen wird, in das Gesprochene den Gedanken hineinzudrücken. Daher so leicht gerade auf diesem Felde das Sich-Berauschen am Worte, das Sich-Berauschen an der Phrase geschieht, wobei ich Phrase durchaus im guten Sinne meine.
Das englische Volkstum nun drückt den Gedanken unter das Wort herunter, so daß der Gedanke das Wort durchsetzt und jenseits des Wortes Realität sucht.
Das Deutsche hat die Eigentümlichkeit, nicht bis zum Worte zu gehen mit dem Gedanken. Und nur durch diese Tatsache sind Philosophen, die sonst nirgends in der Welt möglich gewesen wären, wie Fichte, Schelling, Hegel, möglich geworden, daß das Deutsche nicht bis zum Worte den Gedanken trägt, sondern den Gedanken im Gedanken erhält.
(...)
Das slawische Volkstum stößt den Gedanken in das Innere zurück (...). Dort liegt das Wort dem Gedanken ganz fern, es schwebt wie abgesondert von ihm.
Die stärkste Koinzidenz zwischen Gedanke und Wort, so daß der Gedanke verschwindet gegenüber dem Worte, ist im Französischen. Das stärkste Selbstausleben des Gedankens ist im Deutschen, weshalb

---
[179] Vortrag vom 18.12.1916, GA 173, S. 209f.

auch nur im Deutschen das Wort einen Sinn hat, das Hegel und Hegelianer geprägt haben: „Das Selbstbewußtsein des Gedankens." Was für den Nichtdeutschen ein Abstraktum ist, ist für den Deutschen das größte Erlebnis, das er haben kann, wenn er es im lebendigen Sinne versteht. Das Deutsche geht darauf aus, die Ehe zu begründen zwischen dem Spirituellen an sich und dem Spirituellen des Gedankens. Nirgends in der Welt, in keinem Volkstum kann das erreicht werden außer im deutschen.

Das hat nichts zu tun mit irgendeinem Reiche, aber es ist gefährdet für Jahrhunderte, wenn die Menschen sich ablehnend verhalten gegen das, was jetzt als Friedensgedanke durch die Welt geht. Denn dann wird nicht bloß ein Reich in der Mitte gefährdet, sondern das ganze deutsche Wesen wird gefährdet."

Hier müsste man dieselbe Ergänzung hinzufügen, wie sie Fichte bei seiner Hingabe gegenüber der deutschen Philosophie machte. Das Selbstbewusstsein des Gedanken ist für jeden Menschen zu erreichen, dem es gelingt, das Denken aus den Worten zu befreien und seiner in sich selbst bewusst zu sein, in dem eigenen Gedankenelement. Aus Erfahrung kann ich sagen, dass auch ein Niederländer das kann. Vielleicht ist es für Deutsche noch immer leichter, zumindest wenn sie dahin kommen wollen. Umgekehrt darf man jedoch mit Fichte sagen, dass man, wenn man zu dem „Selbstbewusstsein des Gedanken" kommt, zugleich zum „Deutschen Geist" kommt.[180]

Doch es ist keineswegs so, dass Rudolf Steiner das deutsche Volk freispricht. Er tritt auf gegen den Hass gegenüber den Deutschen und gegen die verkehrte Meinung, der Erste Weltkrieg sei ausschließlich die Schuld der kriegssüchtigen Barbaren: der Deutschen. Er betrachtet auch, was versäumt wurde, und auch darin wird seine Liebe zur Würde des Menschen wieder so sehr deutlich fühlbar. In seiner Schrift „Die Kernpunkte der sozialen Frage", die 1919 in ihrer Erstausgabe erschien, steht ein Anhang mit dem Titel: „An das deutsche Volk und

---

[180] In diesem Sinne muss der Titel meines Romans „Der deutsche Geist" aufgefasst werden, in dem ich den Kontrast zwischen „Blut und Geist" wiederzugeben versuche.

die Kulturwelt". Darin schreibt er:[181]

„Sicher gefügt für unbegrenzte Zeiten glaubte das deutsche Volk seinen vor einem halben Jahrhundert aufgeführten Reichsbau. Im August 1914 meinte es, die kriegerische Katastrophe, an deren Beginn es sich gestellt sah, werde diesen Bau als unbesieglich erweisen. Heute kann es nur auf dessen Trümmer blicken. Selbstbesinnung muß nach solchem Erlebnis eintreten. Denn dieses Erlebnis hat die Meinung eines halben Jahrhunderts, hat insbesondere die herrschenden Gedanken der Kriegsjahre als einen tragisch wirkenden Irrtum erwiesen. Wo liegen die Gründe dieses verhängnisvollen Irrtums? Diese Frage muß Selbstbesinnung in die Seelen der Glieder des deutschen Volkes treiben. Ob jetzt die Kraft zu solcher Selbstbesinnung vorhanden ist, davon hängt die Lebensmöglichkeit des deutschen Volkes ab. Dessen Zukunft hängt davon ab, ob es sich die Frage in ernster Weise zu stellen vermag: wie bin ich in meinen Irrtum verfallen? Stellt es sich diese Frage heute, dann wird ihm die Erkenntnis aufleuchten, daß es vor einem halben Jahrhundert ein Reich gegründet, jedoch unterlassen hat, diesem Reich eine aus dem Wesensinhalt der deutschen Volkheit entspringende Aufgabe zu stellen. – Das Reich war gegründet. In den ersten Zeiten seines Bestandes war man bemüht, seine inneren Lebensmöglichkeiten nach den Anforderungen, die sich durch alte Traditionen und neue Bedürfnisse von Jahr zu Jahr zeigten, in Ordnung zu bringen. Später ging man dazu über, die in materiellen Kräften begründete äußere Machtstellung zu festigen und zu vergrößern. Damit verband man Maßnahmen in bezug auf die von der neuen Zeit geborenen sozialen Anforderungen, die zwar manchem Rechnung trugen, was der Tag als Notwendigkeit erwies, denen aber doch ein großes Ziel fehlte, wie es sich hätte ergeben sollen aus einer Erkenntnis der Entwickelungskräfte, denen die neuere Menschheit sich zuwenden muß. So war das Reich in den Weltzusammenhang hineingestellt ohne wesenhafte, seinen Bestand rechtfertigende Zielsetzung. Der Verlauf der Kriegskatastrophe hat dieses in trauriger Weise geoffenbart. Bis zum Ausbruche derselben hatte die außerdeutsche Welt in dem Verhalten des Reiches nichts sehen können, was ihr die Meinung hätte erwecken

---

[181] GA 23, S. 157ff.

4. Teil, Anthroposophie

können: die Verwalter dieses Reiches erfüllen eine weltgeschichtliche Sendung, die nicht hinweggefegt werden darf. Das Nichtfinden einer solchen Sendung durch diese Verwalter hat notwendig die Meinung in der außerdeutschen Welt erzeugt, die für den wirklich Einsichtigen der tiefere Grund des deutschen Niederbruches ist.

Unermeßlich vieles hängt nun für das deutsche Volk an seiner unbefangenen Beurteilung dieser Sachlage. Im Unglück müßte die Einsicht auftauchen, welche sich in den letzten fünfzig Jahren nicht hat zeigen wollen. An die Stelle des kleinen Denkens über die allernächsten Forderungen der Gegenwart müßte jetzt ein großer Zug der Lebensanschauung treten, welcher die Entwickelungskräfte der neueren Menschheit mit starken Gedanken zu erkennen strebt, und der mit mutigem Wollen sich ihnen widmet. Aufhören müßte der kleinliche Drang, der alle diejenigen als unpraktische Idealisten unschädlich macht, die ihren Blick auf diese Entwickelungskräfte richten. Aufhören müßte die Anmaßung und der Hochmut derer, die sich als Praktiker dünken, und die doch durch ihren als Praxis maskierten engen Sinn das Unglück herbeigeführt haben. Berücksichtigt müßte werden, was die als Idealisten verschrieenen, aber in Wahrheit wirklichen Praktiker über die Entwickelungsbedürfnisse der neuen Zeit zu sagen haben.

(...)

Nun müßte aus dem Unglück die Einsicht reifen. Man müßte den Willen zum möglichen sozialen Organismus entwickeln. Nicht ein Deutschland, das nicht mehr da ist, müßte der Außenwelt gegenübertreten, sondern ein *geistiges, politisches und wirtschaftliches* System in ihren Vertretern müßten als selbständige Delegationen mit denen verhandeln wollen, von denen *das* Deutschland niedergeworfen worden ist, das sich durch die Verwirrung der drei Systeme zu einem unmöglichen sozialen Gebilde gemacht hat."

Der Impuls der sozialen Dreigliederung wird in einem späteren Kapitel betrachtet werden.

Hier wollte ich versuchen, zu zeigen, *wie differenziert* Rudolf Steiners Einsichten waren. In seiner Haltung im Ersten Weltkrieg, in allem, was er geschrieben, gesagt und getan hat, zeigt sich mit aller Kraft seine Liebe. Aber dies ist keine „allgemeine Menschenliebe", ebenso wenig wie eine „Volksliebe". Es ist wirklich Liebe zur harmonischen Entwicklung jedes einzelnen Menschen. Es sind keine allgemeinen Prinzipien, die Steiner bringt, wo das Individuum sich unterwerfen oder hingeben muss. Urgedanke ist immer das Individuum, dessen Belang, insoweit dieses zur großen Entwicklung dazugehört. Das ist ein Thema für eine tiefgehende Betrachtung. Denn es ist ein weltenweiter Unterschied, ob man allgemeine Prinzipien bildet, denen das Individuum versuchen muss zu genügen, *oder* ob man von der individuellen Würde, dem Selbstgefühl, dem Gefühl des Selbstwertes, dem Selbstbewusstsein ausgehend dazu kommt, gerade *daraus* erst allgemeine Prinzipien zu schöpfen. Dem wird jeder Mensch genügen *wollen*, weil es mit dem *eigenen* Willen übereinstimmt.

Dass es dann doch Widerstand gegen solche Ideen gibt, hat mit jenem anderen Pol im Menschsein zu tun: dem Streben nach Macht, den Hassgefühlen gegenüber dem Wohl des Mitmenschen, den festgerosteten Dogmen. In Rudolf Steiner finden wir gerade in der Zeit des Krieges einen Menschen mit einem heiligen Vertrauen in diesen gemeinsamen menschlichen Willen, der dennoch so individuell ist, wie es nur möglich ist.

Nur ein solcher Begriff für die treibende Kraft im menschlichen Willen kann zu einem in Freiheit gewollten gemeinsamen Willen führen. Aber das kann *nicht* mit Verstandesgedanken erreicht werden, auch nicht, wenn sie sich an spirituellen Inhalt gewöhnen. Das geht nur, wenn das Denken über den Geist zu einem Leben *in* dem wirkenden Geist wird. Dies brachte Rudolf Steiner 1921 in einem Spruch für Edith Maryon zum Ausdruck:[182]

Den wirkenden Geist
An die Stelle des gedachten setzen
Heißt in dieser Zeit
Die soziale Grundforderung empfinden.

Zugleich mit dem Impuls der Dreigliederung des sozialen Organis-

---
[182] GA 40, S. 298.

mus kam auch der Wille auf, die Wahrheit über den Kriegsausbruch in Versailles bekannt zu machen, damit die Menschen sich ein wahrhaftiges Bild davon machen könnten.

Rudolf Steiner hatte ein Dokument verfasst und drucken lassen, aus dem die Unschuld des deutschen Volkes hervorging. Das Dokument enthielt Fakten, die aus den Briefen von Generalstabschef Helmuth von Moltke an seine Frau Eliza hervorgingen. Dieses Dokument hätte in Versailles vorgestellt werden sollen. Wenn das geschehen wäre, hätten die Friedensverhandlungen einen ganz anderen Verlauf nehmen können. Wenn man dies durchdenkt und durchfühlt und sich darauf besinnt, was die Folgen der Demütigung des deutschen Volkes in Versailles gewesen sind, kann man ein wenig den Schmerz mitempfinden, den Rudolf Steiner gehabt haben muss, als das gedruckte Dokument nicht unmittelbar in seine Hände gelangte, sondern in die Hände des Außenministeriums – das dann unmittelbar dafür sorgte, dass dieses Dokument *nicht* nach Versailles kam.[183]

Bevor wir uns in die soziale Dreigliederung vertiefen, liegt ein anderes Thema vor uns: Die Dreigliederung des Menschen.

---

[183] Siehe z.B. Thomas Meyer: Helmuth von Moltke. 2 Bde. Perseus Verlag, 2005

DIE MENSCHLICHE DREIGLIEDERUNG

Suche im Denken
Den Willen
Und du findest
Dich selbst:
Denn des eigenen Wesens
Weben geht dir auf;
Suche im Wollen
Die Gedanken
Und du findest
Die Welt:
Denn die Weltengedanken
Kraftend enthüllen sich dir.

Rudolf Steiner
9. Februar 1922, für Ita Wegman [184]

Im „Dokument von Barr" schrieb Rudolf Steiner an Edouard Schuré (über die Periode um sein zwanzigstes Lebensjahr):[185]

„In diese Zeit fiel – und dies gehört schon zu den äußeren okkulten Einflüssen – die völlige Klarheit über die Vorstellung der Zeit. Diese Erkenntnis stand mit den Studien in keinem Zusammenhang und wurde ganz aus dem okkulten Leben her dirigiert. Es war die Erkenntnis, daß es eine mit der vorwärtsgehenden interferierende rückwärtsgehende Evolution gibt – die okkult-astrale. Diese Erkenntnis ist die Bedingung für das geistige Schauen."

1917 tritt Rudolf Steiner dann zum ersten Mal mit der vollstän-

---

[184] Handschrift Rudolf Steiners.
[185] GA 262, S. 15.

digen Ausarbeitung dieser zwei Gegenströme hervor, insoweit sie im menschlichen Wesen zum Ausdruck kommen: in dessen Gliederung in Leib, Seele und Geist. Dies wird dann in vielen, vielen Vorträgen weiter ausgearbeitet und erscheint in seiner monumentalen Größe unter anderem in der Vortragsreihe „Der Mensch in seinem Zusammenhang mit dem Kosmos" (GA 201-209), hier zum Beispiel in dem Zyklus „Die Brücke zwischen der Weltgeistigkeit und dem Physischen des Menschen" (GA 202), aber auch etwa in „Allgemeine Menschenkunde als Grundlage der Pädagogik" (GA 293). Diese menschliche Dreigliederung hängt unmittelbar mit der sozialen Dreigliederung zusammen.

In einer Auseinandersetzung mit den Auffassungen von Franz Brentano über die Seele kommt Rudolf Steiner zu der exakten Formulierung der menschlichen Dreigliederung. Einige Teile hieraus gebe ich als Zitat wieder:[186]

„Skizzenhaft möchte ich nun auch darstellen, was sich mir ergeben hat über die Beziehungen des Seelischen zu dem Physisch-Leiblichen. Ich darf wohl sagen, daß ich damit die Ergebnisse einer dreißig Jahre währenden geisteswissenschaftlichen Forschung verzeichne. Erst in den letzten Jahren ist es mir möglich geworden, das in Frage Kommende so in durch Worte ausdrückbare Gedanken zu fassen, daß ich das Erstrebte zu einer Art vorläufigen Abschlusses bringen konnte.
(...)
Man muß bei einer derartigen Betrachtung von der von Brentano abgewiesenen Gliederung in Vorstellen, Fühlen und Wollen ausgehen. Faßt man nun zusammen alles dasjenige Seelische, das als Vorstellen erlebt wird, und sucht man nach den leiblichen Vorgängen, mit denen dieses Seelische in Beziehung zu setzen ist, so findet man den entsprechenden Zusammenhang, indem man dabei in weitgehendem Maße den Ergebnissen der gegenwärtigen physiologischen Psychologie sich anschließen kann. Die körperlichen Gegenstücke zum Seelischen des

---

[186] Von Seelenrätseln, Kapitel „Die physischen und die geistigen Abhängigkeiten der Menschen-Wesenheit", GA 21, S. 150ff.

Vorstellens hat man in den Vorgängen des Nervensystems mit ihrem Auslaufen in die Sinnesorgane einerseits und in die leibliche Innenorganisation andrerseits zu sehen.
(...)
[Andererseits] findet man, daß man wie das Vorstellen zur Nerventätigkeit so das Fühlen in Beziehung bringen muß zu demjenigen Lebensrhythmus, der in der Atmungstätigkeit seine Mitte hat und mit ihr zusammenhängt."

Hier beginnt diese Dreigliederung von der akademischen Physiologie abzuweichen. In dem Studium des menschlichen Leibes bekommt man als Student noch immer den Eindruck, dass das ganze Seelenleben vom Nervensystem geregelt würde. Über das Denken sind sich akademische Wissenschaft und Anthroposophie bis zu einem gewissen Grade einig. Und obwohl die Umgangssprache das Fühlen sehr wohl mit Herz und Lunge verbindet („Mein Herz sagt...", „Es nimmt mir den Atem"), wird in der Physiologie noch immer vor allem dessen Beziehung zum Nervensystem und den damit zusammenhängenden hormonalen Systemen gesucht. Auch der Willenseinsatz wird im Nervensystem gesucht, in den sogenannten motorischen Nerven, den Nerven, die die Muskeln innervieren und so zur Aktivität anregen würden.

Wenn man sich meditativ vorstellt, wie der Mensch wäre, wenn die Psyche in ihrem gesamten Umfang durch das Nervensystem geregelt werden würde, dann bekommt man einen Eindruck von der weitreichenden Bedeutung für das Menschenbild, das daraus entstehen muss. Die ganze Psyche des Menschen würde mit demjenigen Leibesorgan (zentrales und peripheres Nervensystem) zusammenhängen, das – auch von der akademischen Wissenschaft so gesehen – zu den Geweben mit der geringsten Regenerationskraft gehört. Mit anderen Worten: Dieses Gewebe ist kaum lebendig, „beinahe tot". Dass dieses Organ die Sinneseindrücke und Vorstellungen passiv empfängt, ist vorstellbar. Dass auch das viel lebendigere Gefühl und der sehr aktive Wille in dieses Todesgeschehen eingebettet sein sollen, ist, wenn man sich dies wirklich intensiv vorstellt, „unvorstellbar".

4. Teil, Anthroposophie

„Das Erleben des Musikalischen beruht auf einem Fühlen. Der Inhalt des musikalischen Gebildes aber lebt in dem Vorstellen, das durch die Wahrnehmungen des Gehörs vermittelt wird. Wodurch entsteht das musikalische Gefühls-Erlebnis? Die *Vorstellung* des Tongebildes, die auf Gehörorgan und Nervenvorgang beruht, ist noch nicht dieses musikalische Erlebnis. Das letztere entsteht, indem im Gehirn der Atmungsrhythmus in seiner Fortsetzung bis in dieses Organ hinein, sich begegnet mit dem, was durch Ohr und Nervensystem vollbracht wird. Und die Seele lebt nun nicht in dem bloß Gehörten und Vorgestellten, sondern sie lebt in dem Atmungsrhythmus; sie erlebt dasjenige, was im Atmungsrhythmus ausgelöst wird dadurch, daß gewissermaßen das im Nervensystem Vorgehende heranstößt an dieses rhythmische Leben.

(...)

Und bezüglich des Wollens findet man, daß dieses sich in ähnlicher Art stützt auf Stoffwechselvorgänge. Wieder muß da in Betracht gezogen werden, was alles an Verzweigungen und Ausläufern der Stoffwechselvorgänge im ganzen Organismus in Betracht kommt. Wie dann, wenn etwas „vorgestellt" wird, sich ein Nervenvorgang abspielt, auf Grund dessen die Seele sich ihres Vorgestellten bewußt wird, wie ferner dann, wenn etwas „gefühlt" wird, eine Modifikation des Atmungsrhythmus verläuft, durch die der Seele ein Gefühl auflebt: *so* geht, wenn etwas „gewollt" wird, ein Stoffwechselvorgang vor sich, der die leibliche Grundlage ist für das als Wollen in der Seele Erlebte. – Nun ist in der Seele ein vollbewußtes waches Erleben nur für das vom Nervensystem vermittelte Vorstellen vorhanden. Was durch den Atmungsrhythmus vermittelt wird, das lebt im gewöhnlichen Bewußtsein in jener Stärke, welche die Traumvorstellungen haben. Dazu gehört alles Gefühlsartige, auch alle Affekte, alle Leidenschaften und so weiter. Das Wollen, das auf Stoffwechselvorgänge gestützt ist, wird in keinem höheren Grade bewußt erlebt als in jenem ganz dumpfen, der im Schlafe vorhanden ist.

(...)

Vor allem ist scharf ins Auge zu fassen das Verhältnis von Nerventätigkeit, Atmungsrhythmus und Stoffwechseltätigkeit. Denn diese Tätigkeitsformen liegen nicht neben-, sondern *ineinander*, durchdringen sich, gehen ineinander über. Stoffwechseltätigkeit ist im ganzen Organismus vorhanden; sie durchdringt die Organe des Rhythmus und diejenigen der Nerventätigkeit. Aber im Rhythmus ist sie *nicht* die leibliche Grundlage des Fühlens, in der Nerventätigkeit *nicht* diejenige des Vorstellens; sondern in beiden ist ihr die den Rhythmus und die Nerven durchdringende Willenswirksamkeit zuzueignen.

(...)

Der *Leib als Ganzes*, nicht bloß die in ihm eingeschlossene Nerventätigkeit ist physische Grundlage des Seelenlebens. Und wie das letztere für das gewöhnliche Bewußtsein sich umschreiben läßt durch Vorstellen, Fühlen und Wollen, so das leibliche Leben durch Nerventätigkeit, rhythmisches Geschehen und Stoffwechselvorgänge. – Sogleich entsteht da die Frage: wie ordnen sich in den Organismus ein auf der einen Seite die eigentliche Sinneswahrnehmung, in welche die Nerventätigkeit nur ausläuft, und wie die Bewegungsfähigkeit auf der andern Seite, in welche das Wollen mündet? Unbefangene Beobachtung zeigt, daß beides nicht in demselben Sinne zum Organismus gehört wie Nerventätigkeit, rhythmisches Geschehen und Stoffwechselvorgänge. Was im Sinn geschieht, ist etwas, das gar nicht unmittelbar dem Organismus angehört. In die Sinne erstreckt sich die Außenwelt wie in Golfen hinein in das Wesen des Organismus. Indem die Seele das im Sinne vor sich gehende Geschehen umspannt, nimmt sie nicht an einem inneren organischen Geschehen teil, sondern an der Fortsetzung des äußeren Geschehens in den Organismus hinein. (...) – Und in einem Bewegungsvorgang hat man es physisch auch nicht mit etwas zu tun, dessen Wesenhaftes innerhalb des Organismus liegt, sondern mit einer Wirksamkeit des Organismus in den Gleichgewichts- und Kräfteverhältnissen, in die der Organismus gegenüber der Außenwelt hineingestellt ist. (...) und die Seele übergreift, indem sie sich wollend betätigt, den Bereich des Organismus und lebt mit ihrem Tun das Geschehen der Außenwelt mit. (...) Der sogenannte motorische Nerv dient *nicht in dem Sinne* der Bewegung, wie die Lehre von dieser Gliederung (in sensorische und motorische Nerven, M.M.) es annimmt, sondern *als Träger der Nerventätigkeit* dient er der inneren Wahrnehmung desjenigen Stoffwechselvorganges, der dem Wollen zugrunde liegt, geradeso wie der Empfindungsnerv der Wahr-

nehmung desjenigen dient, was im Sinnesorgan sich abspielt.
(...)
In ähnlicher Art, wie man psycho-physiologisch die Beziehungen des in Vorstellen, Fühlen und Wollen verlaufenden Seelenlebens zum Leibesleben suchen kann, so kann man anthroposophisch nach Erkenntnis der Beziehungen streben, welche das Seelische des gewöhnlichen Bewußtseins zum Geistesleben hat. Und da findet man durch die in dieser und in meinen anderen Schriften geschilderten anthroposophischen Methoden, daß sich für das Vorstellen wie im Leibe die Nerventätigkeit, so im Geistigen eine Grundlage findet. Die Seele steht nach der anderen, vom Leibe abgewandten, Seite in Beziehung zu einem geistig Wesenhaften, das die Grundlage ist für das Vorstellen des gewöhnlichen Bewußtseins. Dieses geistig Wesenhafte kann aber nur durch schauendes Erkennen erlebt werden. Und es wird so erlebt, indem sich sein Inhalt als gegliederte Imaginationen dem schauenden Bewußtsein darstellt. Wie nach dem Leibe hin das Vorstellen auf der Nerventätigkeit ruht, so strömt es von der andern Seite her aus einem geistig Wesenhaften, das in Imaginationen sich enthüllt. Dieses geistig Wesenhafte ist, was in meinen Schriften der Äther- oder Lebensleib genannt wird. (...) Und dieser Lebensleib (...) ist das Geistige, aus dem das Vorstellungsleben des gewöhnlichen Bewußtseins von der Geburt (beziehungsweise Empfängnis) bis zum Tode erfließt. – Das Fühlen des gewöhnlichen Bewußtseins ruht nach der Leibesseite hin auf dem rhythmischen Geschehen. Von der geistigen Seite her erfließt es aus einem Geistig-Wesenhaften, das innerhalb der anthroposophischen Forschung durch Methoden gefunden wird, welche ich in meinen Schriften als diejenigen der Inspiration kennzeichne.
(...)
Dem schauenden Bewußtsein offenbart sich in dem der Seele zugrunde liegenden, durch Inspirationen zu erfassenden geistig Wesenhaften dasjenige, was dem Menschen als Geistwesen eigen ist über Geburt und Tod hinaus. Auf diesem Gebiete ist es, wo die Anthroposophie ihre geisteswissenschaftlichen Untersuchungen über die Unsterblichkeitsfrage anstellt. *So wie im Leibe durch das rhythmische Geschehen sich der sterbliche Teil des fühlenden Menschenwesens offenbart, so in dem Inspirations-Inhalt des schauenden Bewußtseins der un-*

sterbliche geistige Seelenwesenskern. – Das Wollen, das nach dem Leibe hin auf den Stoffwechselvorgängen beruht, erströmt aus dem Geiste für das schauende Bewußtsein durch dasjenige, was ich in meinen Schriften die wahrhaftigen Intuitionen nenne. Was im Leibe durch die gewissermaßen niederste Betätigung des Stoffwechsels sich offenbart, dem entspricht im Geiste ein Höchstes: dasjenige, was durch Intuitionen sich ausspricht. Daher kommt das Vorstellen, das auf der Nerventätigkeit beruht, leiblich fast vollkommen zur Darstellung; das Wollen hat in den ihm leiblich zugeordneten Stoffwechselvorgängen nur einen schwachen Abglanz. Das wirkliche Vorstellen ist das *lebendige*; das leiblich bedingte ist das abgelähmte. Der Inhalt ist derselbe. Das wirkliche Wollen, auch das in der physischen Welt sich verwirklichende, verläuft in den Regionen, die nur dem intuitiven Schauen zugänglich sind; sein leibliches Gegenstück hat mit seinem Inhalte fast gar nichts zu tun. In demjenigen geistig Wesenhaften, das der Intuition sich offenbart, ist enthalten, was sich aus vorangegangenen Erdenleben in die folgenden hinübererstreckt. Und auf dem hier in Betracht kommenden Gebiet ist es, wo die Anthroposophie sich den Fragen der wiederholten Erdenleben und der Schicksalsfrage nähert.
(...)
Und wie der Leib in seinem Bereich nach zwei Seiten das Wesen *seiner* Außenwelt miterleben läßt, nämlich in den Sinnes- und den Bewegungsvorgängen, so der Geist nach der einen Seite hin, indem er das vorstellende Seelenleben auch im gewöhnlichen Bewußtsein *imaginativ* erlebt; und nach der andern Seite hin, indem er im Wollen *intuitive* Impulse ausgestaltet, die sich durch Stoffwechselvorgänge verwirklichen."

An diesem Punkt ist es notwendig, dass wir uns noch einmal den jungen Rudolf Steiner in die Erinnerung rufen – wie er bereits die Einsicht in den doppelten Strom der Zeit erwarb. Wir können beide Strome nun erst wirklich in Verbindung mit Leib und Geist bringen und so erfassen lernen, was eine lebendige Idee der Dreigliederung ist.
Der doppelte Strom ist die Grundlage für die Dreigliederungs-Idee. Thomas von Aquino sah den Leib noch als den menschlichen stofflichen Leib, den die an sich freie *anima humana* berührt, sie berühren

einander während des Lebens auf Erden.

In Rudolf Steiner wird dieses Bild jedoch zum dreigliedrigen Menschen, zur Dreigliederung in Leib, Seele und Geist. Der doppelte Strom differenziert sich zur Polarität von Wille und Denken, mit dem Fühlen als Gleichgewichtsträger zwischen beiden. Und dieser doppelte Strom ist zugleich die Grundlage für die Idee der Metamorphose im Menschen, wie sie in dem Wechsel zwischen einem Leben auf Erden und einem Leben zwischen Tod und neuer Geburt jedes Mal stattfindet. Wie oben, so unten; wie unten, so oben.

So lebt das Vorstellen des Menschen außerhalb der Zeit und ist das Bewusstsein sich der Zeit also nicht bewusst. Dadurch kann das abstrakte Denken die Zeit als reales Phänomen leugnen. Der Wille dagegen lebt in der Zeit, doch da ist das Bewusstsein nicht dabei. Diese Polarität kommt im Fühlen rhythmisch ins Gleichgewicht. Das ist unsere erwachsene Position. Aber im Werden unseres Leibes in Zusammenhang mit Seele und Geist gibt es ein fortwährendes Ineinanderspielen von Gegenpolen, die harmonisiert werden und wo durch diese Dreiheit dieses wunderbare Bauwerk entsteht, der Leib. Das erweckt den Schein einer materiellen Festigkeit, ist aber in Wirklichkeit fortwährend im Entstehen und Vergehen. Rudolf Steiner hat diesen lebendigen Prozess der Dreigliederung in allen Tonarten besungen, und nur, wenn man auf all diese verschiedenen Weisen lauscht, entsteht ein lebendiger Begriff für die Dreigliederung und die menschliche Metamorphose.

Das Problem beim Schreiben dieser spirituellen Biographie ist, dass jedes Thema *so* groß und umfassend ist, dass es *Bücher* füllen würde. Ich kann es hier nur „anschlagen", und hoffe, damit dennoch einen Eindruck von dieser Größe zu geben, aber auch einen Ansatz zu einem lebendigen Begriff dessen.

In der Vortragsreihe „Die Brücke zwischen der Weltgeistigkeit und dem Physischen des Menschen" finden wir eine dieser grandiosen Tonarten, die Dreigliederung zu besingen:[187]

---

[187] Vortrag vom 26.11.1920, GA 202, S. 17ff.

Die menschliche Dreigliederung

„Nun, der Mensch kommt zunächst als geistig-seelisches Wesen bei derjenigen Persönlichkeit, die er sich aus dem Weltenall als seine Mutter wählt, an. Und nunmehr übernimmt der Mond (als Wirkung aus dem Kosmos, M.M.) seine Hauptesbildung. Würde der Mensch zwölf Monate im mütterlichen Leibe verweilen, zwölf Mondenmonate, so würde sich eine ganz abgeschlossene Kreisbildung ergeben. Er verweilt nicht diese zwölf Monate, sondern nur zehn Mondmonate dort. Daher bleibt noch von seiner Entwickelung etwas offen. Damit beschäftigt sich nun alles das, was einwirkt aus dem Kosmos nach der Geburt. Vor der Geburt wirken zehn Zwölftel der kosmischen Kräfte auf die menschliche Hauptesbildung, die übrigen zwei Zwölftel werden der außermütterlichen Bildung überlassen. Aber es beginnt auch schon diese außermütterliche Bildung während der Embryonalzeit. Außer den kosmischen Kräften wirken auf den Menschen noch andere Kräfte, und die gehen jetzt im wesentlichen von der Erde selbst aus. Die wirken nicht auf das Haupt, sondern die wirken auf den Gliedmaßenmenschen. (...) In den Armen und Händen, in den Beinen und Füßen spielen die Kräfte der Erde. Nach innen setzt sich dieses Spiel so fort, daß es zum Stoffwechsel wird. Aber was im Inneren Stoffwechsel ist, ist im Äußeren Kraftwechsel. Wenn Sie die Arme bewegen, wenn Sie die Beine bewegen, so ist die Bewegung nicht etwas so Einfaches, sondern das hat auch mit den Kräften der Erde zu tun. Sie haben immer, wenn Sie die Beine bewegen im Gehen, die Schwerkraft der Erde zu überwinden, und das, was entsteht, ist eine Resultierende zwischen den im Inneren spielenden Kräften und den Kräften der Schwere.

Während beim Stoffwechsel das, was im Inneren des Menschen arbeitet, eben einen Wechselzustand eingeht mit den chemischen Eigenschaften der Erdsubstanz, geht das, was als Kraft in den Armen und Beinen ist, einen Kraftwechsel ein mit den Kräften der Erde. Was da ausgebildet wird, das hängt nun zusammen mit anderen Zeitverhältnissen als das, was im mütterlichen Leibe vor sich geht. Im mütterlichen Leibe haben wir zehnmal achtundzwanzig Tage, also zehn Monde. Da liegt zugrunde der Tageslauf in einer gewissen Anzahl, der Tageslauf zweihundertachtzigmal. Wir haben es im wesentlichen mit dem Tageslauf zu tun. Bei der Ausbildung des Gliedmaßenmenschen haben wir es mit dem zu tun, was wir als den Jahreslauf bezeichnen

329

4. Teil, Anthroposophie

können. Daher sehen wir auch, wie die menschlichen Gliedmaßen, in der ersten Zeit der Entwickelung allerdings mit großer Geschwindigkeit, dann aber immer langsamer und langsamer voll ausgebildet werden. Eigentlich braucht der Mensch achtundzwanzig Jahre (...), den Gliedmaßenmenschen auszubilden.

(...)

Die Erde ist ohnmächtig gegenüber der Bildung des menschlichen Hauptes. Nur dadurch, daß der Mensch die Kräfte sich mitbringt von vor der Geburt, vor der Empfängnis, und dann im mütterlichen Leibe beschützt wird vor der äußeren Erdenumgebung, der Kosmos durch den Mond auf ihn wirkt, dadurch kann dieser Kopf als eine höhere Metamorphose des Gliedmaßenmenschen der vorigen Inkarnation entstehen. Und der Gliedmaßenmensch, der unter dem Einfluß der Erde entsteht, kann nicht fertig werden durch die Erdbildung. Er kann es nicht zum Kopfe bringen.

(...)

Der Mensch ist eigentlich eingeschlossen, eingeklemmt zwischen dem Säulewerden, Radiuswerden von der Erde aus und dem Kugelwerden vom Kosmos aus.

(...)

So daß wir im Haupt nicht ganz kosmisch sind, sondern, ich möchte sagen, ein Kosmisches, das irdisch gemildert ist, und daß wir in bezug auf unsere Gliedmaßen nicht ganz irdisch sind, sondern ein Irdisches, das kosmisch gemildert ist. (...) Wären wir nicht als kosmische Wesen irdisch beeinflußt, so wären wir als Mensch eine Kugel; wären wir nicht als Gliedmaßenmensch, als irdischer Mensch kosmisch beeinflußt, so wären wir eine Säule.

Dann wird dieses Ineinanderwirken von Gegenpolen in ein moralisches Verhältnis gebracht:[188]

„Denn die Stärke, die von der Erde ausgeht, die als Kraft in uns wirkt, ist zu gleicher Zeit moralische Kraft und physische Muskelkraft. Diejenige Schönheit, die uns umstrahlt, die unserem Haupte

---

[188] Ebd., S. 22f.

zugrunde liegt, sie ist das, was in unserem Haupte als die Schönheit der Gedanken erscheint, sowohl in physischer Beziehung wie auch in sittlich-moralischer Beziehung.

Zwischen (...) beidem liegt der Rumpfesmensch. (...) Er ist im wesentlichen der rhythmische Mensch, der fortwährend das Kosmische nach dem Irdischen hinunterpendeln läßt und das Irdische nach dem Kosmischen heraufpendeln läßt. Wir haben eine fortwährende Kreisströmung in uns, die das, was in den Gliedmaßen liegt, auf dem Umwege durch das Atmen in den Kopf und das, was im Kopfe ist, auf dem Umwege durch das Atmen in die Gliedmaßen führt, so daß ein fortwährender Wellengang, ein Hin- und Herwellen zwischen Kopf und Gliedmaßen entsteht. Was diesen Wellenschlag vermittelt, ist dasjenige, was wir in unserem rhythmischen System, im Lungen- und Herzsystem, im Blutkreislauf in uns haben.

(...)

Und aus dem Zusammenwirken der Kräfte, das fortwährende Umkreis-werden-Wollen der gesamten Blutzirkulation, und die fortwährend zur Geraden werden wollenden Kräfte, daraus entsteht der besondere Blutkreislauf, von der Atmung angeregt, in uns. Dieses rhythmische System vermittelt Kosmisches und Irdisches innerhalb des Menschen, so daß im Menschen ein Band gewoben wird zwischen dem Kosmischen, der Schönheit, und der Erde, der Stärke. Und dieses Band, das da gewoben wird, das im Rumpfesmenschen ist, wird im wesentlichen, geistig-seelisch aufgefaßt, seit alten Zeiten „Weisheit" genannt.

Die Schönheit des Kosmos in den Menschen hineinprojiziert ist die Weisheit, die in seinen Gedanken lebt. Aber auch die sittliche Kraft, die auf dem Umwege durch das Gemüt von der Stärke der Erde herrührt, wird zur sittlichen Weisheit."

Etwas später heißt es:[189]

„Unser Vorstellungsleben ist, ich möchte sagen, das Bestimmteste in unserem Seelischen. Es ist das Gerundetste in unserem Seelischen. Es

---

[189] Ebd., S. 29ff.

ist auch dasjenige, welches Elemente enthält, die im Grunde genommen mit unserem Individuellen hier in der physischen Welt gar nicht zusammenhängen.

Nehmen Sie einmal das, was wir als mathematische Wahrheiten oder vielleicht auch als die Wahrheit der Logik in uns auffinden. Wir können nicht mathematische Wahrheiten aus der äußeren Beobachtung verifizieren, sondern wir müssen die Wahrheit des Mathematischen, die Wahrheit des Geometrischen aus unserem Inneren heraus entwickeln. In uns liegt die Wahrheit, zum Beispiel des Pythagoreischen Lehrsatzes, oder daß die drei Winkel eines Dreiecks hundertachtzig Grad sind. Wir können uns versinnbildlichen solche Wahrheiten, wenn wir entsprechende Figuren aufzeichnen, aber wir beweisen sie nicht an der Tafel, sondern wir bilden durch innere Anschauung das, was sich in unser Vorstellen als Mathematik hineinmischt. Und es ist vieles andere, das sich in unser Vorstellen in dieser Weise hineinmischt, und wir wissen lediglich dadurch, daß wir Menschen sind, von diesen mathematischen Wahrheiten. Auch wenn Tausende, Millionen von Menschen kämen und sagten: Der pythagoreische Lehrsatz ist nicht wahr –, wir wüßten doch als einzelner Mensch, daß er wahr sein muß, durch innere Anschauung. Woher rührt so etwas? Das rührt lediglich davon her, daß wir das Vorstellungsleben nicht erst wie das Gefühls- und Willensleben in dem Physischen ausbilden, sondern daß wir es schon hereintragen durch unsere Geburt in unser physisches Dasein.
(...)
Die Selbstbeobachtung, wenn sie nur unbefangen genug geführt wird, zeigt uns, daß das Gefühlsleben sich nach und nach im Physischen entwickelt. Wir können nicht unser Fühlen in derselben Weise mit demjenigen durchziehen, was so bestimmt ist wie das Mathematische, wie die Vorstellungen. Alles, was wir an Gefühlen entwickeln, mussen wir zwar von der Kindheit an, aber eben erst von der Kindheit an entwickeln durch das Leben seit der Geburt. Wir haben ein um so reicheres Gefühlsleben, je mehr wir eben erlebt haben seit der Geburt. Ein Mensch, der durch schweres Leid und schwere Schicksalsschläge gegangen ist, hat ein anderes Gefühlsleben als ein Oberflächling, der so leicht hingehuscht ist durch das Leben. Die Lebensschicksalsfälle, die präparieren uns für das Gefühlsleben. Ein mathematisches Urteil,

das unser Vorstellen durchdringt, das tritt plötzlich auf. Ein Gefühl können wir nicht plötzlich ausbilden. Ein Gefühl bildet sich langsam im Leben heraus und ist selber etwas, was mit uns wächst, was teilnimmt an unserem ganzen Wachstumsprozeß im physischen Leben.

Und das Willensleben ist etwas, was uns ja zunächst wenig mit dem Kosmos verbindet. Es ist dasjenige, das aus unbestimmten Untergründen unserer Seele herauspulst.

(...)

Wir sind mit dem Kosmos verbunden durch das Vorstellungsleben, wenn wir hinausgehen in die sternenhelle Nacht und gewissermaßen den Kosmos im Bilde vor uns haben, ihn in Gedanken umfassen. Wir können ihn auch fühlen. Wie klein ist dagegen das Stückchen Taten, das wir loslösen aus unserem Willenselement und das wir in den Kosmos hineinstellen!

(...)

Da haben wir es zu tun mit etwas, was sich primitiv ausnimmt gegenüber den Gefühlen, und noch mehr gegenüber dem Vorstellungsleben.

(...)

In dem Moment, wo er (der Geistesforscher, M.M.) sich durch innere Seelenentwickelung zur Intuition erhoben hat, wo alles andere ausgelöscht ist in seinem Seelenleben, steht zwar nicht das gegenwärtige Tatenleben, aber etwas sehr Merkwürdiges vor ihm. Es stehen vor ihm als erstes Erlebnis der Intuition nicht seine Taten selber, aber alles das, was seine Taten als Schicksale, Schicksalskeime für die Zukunft ihm darbieten können. Zukünftig ist alles das, was da der Intuition erscheint als erster Eindruck, was werden kann aus uns, da wir eine solche Summe von Taten durchgemacht haben, die wir nicht selber sehen, deren Keime vor unsere Seele treten.

Nun können wir auch auf den Geist des Menschen hinsehen, wie wir auf den physischen Leib und auf die Seele gesehen haben.

(...)

Nehmen wir das Wachleben. (...) Wenn es auch nicht gleich erscheint, so ist es doch das Vollkommenste, das Reifste, es ist dasjenige, was er dadurch hat, daß er als Mensch geboren wird. So daß wir sagen können: Das Wachleben verweist uns auf die Vergangenheit; das

4. Teil, Anthroposophie

Traumesleben – es scheint natürlich zunächst sonderbar, wenn man vom Traumleben sagt, daß es uns auf die Gegenwart verweist, aber es ist doch so.
(...)
Und das Schlafesleben, es ist dasjenige, durch das wir der Gegenwart noch gar nicht angehören, das verwandt ist mit unserem Willensleben, das das Unvollkommenste in uns ist, das erst vollkommen werden muß."

Und dann schreibt Steiner:[190]

„Nun aber können wir wiederum das, was wir so durch den dreigliedrigen Menschen aus der Geisteswissenschaft heraus entwickeln, auch auf das menschliche Leben anwenden. Wir können da vielleicht zunächst vom Geiste ausgehen und können uns fragen: Wie steht der Mensch im äußeren Leben, wenn er das äußere Leben mit klaren Vorstellungen überschauen will? Er kann das Vorstellungsleben, das in dem Kopfe ist, in die äußere Welt hineintragen. (...) Alles dasjenige, was auf diese Weise geschieht, gehört dem besonderen Gebiete des Geisteslebens an.
(...)
Ich bitte Sie einmal, darauf zu achten, wenn Sie Freundschaften schließen, wenn Sie Gefühle der Liebe zwischen sich und einem anderen Menschen entwickeln; wissen Sie nicht, daß Sie da nicht in derselben Weise dabei wach sein können, wie wenn Sie den Pythagoreischen Lehrsatz durchdenken?
(...)
Sie finden das Traumleben in denjenigen Gefühlen, die von Mensch zu Mensch walten im äußeren Leben.
Das ist das Leben, das wir aber auch im weitesten Umfange im Rechtsleben entwickeln. Da steht der Mensch dem Menschen gegenüber. Da muß Mensch zu Mensch im allgemeinen das Verhältnis finden. Wir finden unsere besonderen, speziellen Verhältnisse, indem wir den einen Menschen lieben, den anderen hassen, mit dem einen

---
[190] Ebd., S. 37ff.

Die menschliche Dreigliederung

Freundschaft schließen, den anderen nicht riechen können und so weiter. Das sind die speziellen Verhältnisse, die da oder dort differenziert auftreten. Aber das menschliche Leben über die Erde ist nur möglich, wenn alle Menschen zu allen gewisse Beziehungen eingehen können, die wir eben als die politischen, als die staatlichen, als die rechtlichen schildern können.

(...)

Und wir haben es da zu tun mit dem Rechtsleben, wenn der Mensch das zweite Glied dieses Traumeslebens der Außenwelt einverleibt.

Und was tritt ein, wenn er das Schlafesleben einverleibt? Beobachten Sie unbefangen das Leben: Sie haben Hunger, Sie erfreuen sich an einem goldenen Ring mit Edelsteinen, Sie haben das Bedürfnis nach einem Band lyrischer Gedichte, kurz, Sie haben irgendwelche Bedürfnisse. Sie werden durch andere befriedigt. Aber nun frage ich Sie: Können Sie das übersehen, auch nur so, wie Sie Ihre Freundschaften oder Rechtsverhältnisse übersehen? Das kann niemand. Der einzelne Mensch kann ein Traumleben führen mit Bezug auf die Rechtsverhältnisse; die Wirtschaftsverhältnisse kann einer nicht überschauen, da muß er sich mit anderen assoziieren. Was der eine nicht weiß, kann der andere wissen. Das Bewußtsein des einzelnen Menschen verschwindet in der einen Assoziation. Da ist etwas vorhanden, was völlig im Unbewußten abläuft und nur dadurch geschehen kann, daß der einzelne Mensch es gar nicht übersehen kann, sondern sein Bewußtsein untertauchen läßt in das der Assoziation. Da haben wir das Wirtschaftsleben.

(...)

Und es muß sich da, wo das menschliche Seelenleben zunächst ins Unbewußte hineinverschwindet, die Liebe ausbreiten über das assoziative Leben. Die Liebe, die ein willensartiges Element ist, Brüderlichkeit muß das Wirtschaftsleben durchsetzen. Freiheit ist das Element des Wachlebens, Brüderlichkeit das Element des Schlaflebens im Sozialen. Und was zwischen beiden steht, das ist dasjenige, worin alle Menschen gleich sind, was sie ausbilden als Gleiche, worinnen der eine verschwindet mit seinem Wachleben, was nur bestimmt wird durch das Verhältnis des einen zu dem anderen, aus dem traumhaften Element des Lebens."

Wie sehr in den Jahrzehnten, die nach dem Aussprechen dieser Worte vergangen sind, Veränderungen in Bezug auf diese drei Gebiete eingetreten sind, zeigt sich an der Haltung des heutigen Menschen – auch an der der Anthroposophen.

Über Freiheit wird viel gesprochen, aber sie existiert am allerwenigsten. Das reale Erlebnis, dass ein Mensch, ein Individuum, ein in sich selbst freies Element hat, in dem er seine persönliche, individuelle Beziehung zur Wahrheit hat (auch wenn diese Wahrheit *allgemein* gilt), scheint verloren gegangen zu sein. Das Element des Rechtslebens – alle Menschen haben gleiche Rechte – und das Element des Wirtschaftslebens – zwei wissen mehr als einer –, diese beiden sind im Geistesleben vorherrschend geworden. Ein individuelles, inneres, selbständiges freies Verhältnis zur Wahrheit wird nicht mehr toleriert. Auch im Gebiet des Vorstellens wird zu Gleichheit und Brüderlichkeit gezwungen: die Wahrheit muss mit anderen geteilt werden, denn sie entsteht erst in dem Prinzip der Gleichheit und der Brüderlichkeit. Kein Mensch kann sich darauf berufen, die Wahrheit in sich selbst finden zu können; sie ist nur in Gleichheit und Brüderlichkeit zu finden. Deine Wahrheit ist ebenso „rechtsgültig" wie meine, denn zwei wissen mehr als einer. Damit ist das Geistesleben im Rechts- und Wirtschaftsleben untergegangen, auch wenn von Staat oder Wirtschaft überhaupt nicht die Rede ist. Es geht darum, dass das Geistesleben nicht mehr existiert, weil es dem Individuum nicht zugestanden wird, auf dem Gebiet der Wahrheit und des *Wissens, was wahr ist, für sich* zu stehen. Da Wahrheit geteilt werden muss, als sei sie *Ware*, ist das Geistesleben zum Wirtschaftsleben geworden. Da in Wahrheitsfragen der Weise und der Nicht-Weise ebensoviel *Recht* zum Sprechen haben, ist das Geistesleben Staatsleben geworden, Politik. Die beste Art, in der das Recht des Nicht-Weisen lebt, ist in der Freundschaft...

Der deutsche Soziologe Jürgen Habermas hat diesen Kommunismus auf allen drei Gebieten beschrieben: „Theorie des kommunikativen Handelns".[191] Im Kapitel über die *soziale* Dreigliederung kommen wir auf diese Verwirrung noch zurück.

---

[191] Siehe auch Mieke Mosmuller: Ethisch Individualisme versus Kommunikatief Handelen. Kritiek op Jürgen Habermas. Occident, 1998.

Rudolf Steiner entwickelt dann die menschliche Dreigliederung in der Metamorphose des einen Erdenlebens in das folgende weiter:[192]

„Nun ist aber (...) die menschliche Hauptesorganisation (...) aus den Gedanken heraus gebildet. Die menschliche Hauptesorganisation aber weist uns ja zu gleicher Zeit nach dem vorigen Erdenleben hin. Wir wissen, daß das menschliche Haupt eigentlich das metamorphosische Ergebnis der vorigen Erdenleben ist, während die menschliche Gliedmaßenorganisation auf die künftigen Erdenleben hinweist. (...) In unserem Haupte arbeiten ja gegenwärtig, vorzugsweise in dem Leben zwischen Geburt und Tod, die Gedanken. Diese Gedanken sind, wie wir auch gesehen haben, zugleich die Umgestaltung, die Metamorphose desjenigen, was in unseren Gliedmaßen in dem vorigen Erdenleben als Wille wirkte. Und dasjenige wiederum, was als Wille wirkt in unseren gegenwärtigen Gliedmaßen, das wird zum Gedanken umgebildet sein in den nächsten Erdenleben.
(...)
So daß wir sagen können: Es entwickelt sich der Wille allmählich in den Gedanken hinein.
(...)
Nun wird das, was so den Menschen gewissermaßen aus dem Zusammenfluß von Gedanke und Wille organisiert, deren Ausdruck dann die äußere Organisation ist, das, was den Menschen gewissermaßen so durchorganisiert, besonders anschaulich, wenn man es vom Standpunkte geisteswissenschaftlicher Forschung betrachtet.
(...)
Durch die entwickelte Erkenntnis in Imagination, Inspiration, Intuition wird auch das Gedanklich-Kraftliche, was ja der Hauptesorganisation zugrunde liegt, was von den früheren Inkarnationen herüberkommt, sichtbar, wenn wir uns dieses Ausdruckes in übertragenem Sinne bedienen. Wie wird es sichtbar? So, daß wir für dieses Sichtbarwerden, für dieses selbstverständlich geistig-seelische Sichtbarwerden nur den Ausdruck brauchen können: es wird wie leuchtend.
(...)

---
[192] Vortrag vom 5.12.1920, GA 202, S. 72ff.

Genau gesprochen müßte man sagen: Der Mensch hat am äußeren Lichte ein gewisses Erlebnis. Dasselbe Erlebnis, das der Mensch durch die sinnliche Anschauung des Lichtes in der äußeren Welt hat, hat er gegenüber dem Gedankenelemente des Hauptes für die Imagination. So daß man sagen kann: Das Gedankenelement, objektiv geschaut, wird als Licht geschaut, besser gesagt, als Licht erlebt. – Wir leben, indem wir denkende Menschen sind, im Lichte. Das äußere Licht sieht man mit physischen Sinnen; das Licht, das zum Gedanken wird, sieht man nicht, weil man darinnen lebt, weil man es selber ist als Gedankenmensch. Man kann dasjenige nicht sehen, was man zunächst selber ist. *Wenn man heraustritt aus diesen Gedanken, wenn man in die Imagination, Inspiration eintritt, dann stellt man sich ihm gegenüber, und dann sieht man das Gedankenelement als Licht.*[193] (...) Das ist eben Ihr Denken, das ist ein Handeln im Lichte. Sie sind ein Lichtwesen. Sie wissen nicht, daß Sie ein Lichtwesen sind, weil Sie im Lichte drinnen leben. Aber Ihr Denken, das Sie entfalten, das ist das Leben im Lichte. Und wenn Sie das Denken von außen anschauen, dann sehen Sie durchaus Licht.

(...)

Würde ich aus mir herauskommen, wie es ja fortwährend der Fall ist, wenn ich einschlafe, und zurückschauen auf mein Haupt, also auf mich als Gedankenmenschen, so sähe ich mich leuchtend. Würde ich aus der Welt, aus der durchleuchteten Welt herauskommen, die Welt von außen sehen, so würde ich sie als ein Gedankengebilde sehen. Ich würde die Welt als Gedankenwesenheit wahrnehmen.

(...)

Wo Licht ist, ist Gedanke, aber wie? Gedanke, in dem eine Welt fortwährend erstirbt. Eine Vorwelt, eine vorzeitige Welt erstirbt im Gedanken, oder anders ausgesprochen, im Lichte. Das ist eines der Weltengeheimnisse. Wir schauen hinaus in das Weltenall. Es ist durchströmt vom Lichte. Im Lichte lebt der Gedanke. Aber in diesem gedankendurchdrungenen Lichte lebt eine ersterbende Welt. Im Lichte erstirbt fortwährend die Welt.

---

[193] Hervorhebung M.M.; dies ist der Ausnahmezustand, der schon in der „Philosophie der Freiheit" angedeutet wurde.

Die menschliche Dreigliederung

(...)
Und im Ersterben wird die Welt schön. (...) Denn in dem Lichte, in dem die Welt erstirbt, erglänzt die Schönheit der Welt. (...) Hegel hat allerdings inhaltsvollere Begriffe verwendet zum Begreifen der Welt, als die mathematischen es sind; aber für ihn war besonders anziehend das Reifgewordene, das Ersterbende. Man möchte sagen: Hegel stand der Welt so gegenüber wie ein Mensch, der einem Baum gegenübersteht, der gerade strotzend von Blütenentfaltung ist. Im Momente, wo die Früchte sich entfalten wollen, aber noch nicht da sind, wo die Blüten zum äußersten gekommen sind, da wirkt in dem Baum die Lichtesgewalt, da wirkt in dem Baum dasjenige, was lichtgetragener Gedanke ist.

(...)
Nehmen wir den Willen, irgendwie in einem menschlichen Gliede sich entfaltend, und fragen wir uns, wenn wir den Willen nun von der anderen Seite anschauen würden, wenn wir also vom Standpunkte der Imagination, der Inspiration, der Intuition den Willen betrachten: Was ist denn das Parallele im Anschauen gegenüber dem, daß wir den Gedanken als Licht schauen? (...) Wenn wir den Willen mit der Kraft des Hellsehens betrachten, so wird er immer dicker und dicker, dieser Wille, und er wird Stoff. (...) Innerlich ist der Stoff Wille, wie das Licht innerlich Gedanke ist. Und äußerlich ist der Wille Stoff, wie der Gedanke äußerlich Licht ist.

(...)
Sie schauen hinaus in die Welt: Sie sind vom Licht umflossen. In dem Lichte erstirbt eine vorzeitige Welt. Sie treten auf den harten Stoff auf – die Stärke der Welt trägt Sie. In dem Lichte erstrahlt gedanklich die Schönheit. In dem Erglänzen der Schönheit erstirbt die vorzeitige Welt. Die Welt geht auf in ihrer Stärke, in ihrer Kraft, in ihrer Gewalt, aber auch in ihrer Finsternis. In Finsternis geht sie auf, die zukünftige Welt, im stofflich-willensartigen Elemente.

(...)
Die Vergangenheit ist dasjenige, was in der Schönheit des Lichtes erglänzt, wobei Licht für alles Sich-Offenbarende gesetzt ist, denn natürlich, auch was im Tone erscheint, was in der Wärme erscheint, ist hier unter dem Lichte gemeint.

4. Teil, Anthroposophie

(...)

Schopenhauer (der Willensphilosoph, M.M.) ist als Weltenbetrachter wie ein Mensch, der vor einem Baume steht und eigentlich keine Freude hat an der Blütenpracht, sondern der eine innerliche Anstachelung hat, nur zu warten, bis da aus den Blüten überall die Keime für die Früchte hervorsprießen. Das freut ihn, daß da drinnen Wachstumskraft ist, das stachelt ihn an, es wässert sich ihm der Mund, wenn er daran denken kann, daß da aus der Pfirsichblüte die Pfirsiche werden. (...) Wenn Sie hinausgehen und sehen sich an die Bäume in ihrer Blüte, dann leben Sie eigentlich von der Vergangenheit. Also Sie betrachten die Frühlingsnatur der Welt und Sie können sich sagen: Was Götter in vergangenen Zeiten hineingewirkt haben in diese Welt, das offenbart sich in der Blütenpracht des Frühlings. Sie betrachten die fruchtende Welt des Herbstes, und Sie können sagen: Da beginnt eine neue Göttertat, da fällt ab, was aber weiterer Entwickelung fähig ist, was in die Zukunft sich hineinentwickelt."

Wir haben nun eine ausführliche Untermauerung für diese zwei Ströme, den Aufbau und den Abbau, die der modernen Einweihung zugrunde liegen; die im Menschen Rudolf Steiner zu den leitenden Prinzipien der Geisteswissenschaft geworden sind. Aber an diesem Punkt wird deutlich, dass Anthroposophie *lebt*, dass sie keine Ansammlung von Dogmen ist und eigentlich auch nie werden kann. Denn wir haben gesehen, dass die Freiheit im Geistesleben zu finden ist. Aus einem dogmatischen Durchdenken heraus würde man die Freiheit mit dem Vorgeburtlichen in Verbindung bringen, die Liebe mit dem Leben nach dem Tod. Hier liegt der Umschlagspunkt, hier liegt der Gleichgewichtspunkt, wo Anthroposophie sich als ein *lebendes Wesen* erweist, mit dem man in Kontakt treten kann, indem man mit dem, was Rudolf Steiner entwickelt, *mitgeht*. Das können sogar nicht nur außergewöhnlich begabte Menschen. Darum gebe ich dieser spirituellen Biografie das Motto aus „Von Seelenrätseln" mit, weil hieraus hervorgeht, *wie sehr* man Rudolf Steiner *missverstehen*, falsch verstehen würde, wenn man nicht mit ihm mitgehen wollte, wenn man meinte, man dürfe nur verehrend zu ihm emporschauen.

Die menschliche Dreigliederung

Wir wollen noch einmal Rudolf Steiners Worten lauschen:[194]

„Wir sehen das Kind, wie es zunächst, ich möchte sagen, undifferenzierte Züge hat, wie immer mehr und mehr sich aus ihm herausentwickelt die Menschengestalt. (...) Wir tun recht, wenn wir von dem Kinde aus den Blick zurückwenden zu dem, was vorgeburtlich, was vor der Empfängnis tätig war, und was jetzt noch nachwirkt, was jetzt seine Wirkung äußert.
(...)
Da ist die kindliche Organisation. Wir sehen, wie das Kind gewisse Eigenschaften entwickelt. Die suchen wir nicht in seinem Inneren, wo sie gewissermaßen herausstrahlen, sondern die suchen wir in seiner Vorzeit, von der noch die Strahlen hereinwirken.
(...)
Und indem wir dann das Leben weiterentwickeln in der Zeit, wandeln wir wiederum zurück, was leiblich-physisch ist, und wir kommen allmählich dazu, wiederum umzuwandeln das Leiblich-Physische in das Geistig-Seelische. Indem wir physische Menschen geworden sind, hat sich in der Tat das Geistig-Seelische in das Physisch-Leibliche verwandelt, und wir verwandeln das Physisch-Leibliche wiederum in das Geistig-Seelische zurück.
(...)
Es ist so, daß wir eigentlich in der absteigenden Lebenshälfte (...) schon unseren Leib als etwas mitschleppen, was nicht mehr ganz zu uns gehört. Wir werden langsam Leichnam, und der Tod besteht eigentlich nur darin, daß uns dieser Leichnam zu schwer wird, daß die Schwerkraft zu stark wird, wenn wir mit unserer Seele am Morgen beim Aufwachen immer wiederum in diesen Leib zurückkommen.
(...)
Wodurch können wir uns aus einem Geistig-Seelischen allmählich in ein Physisch-Leibliches metamorphosieren (...)? Dieses kann der Mensch erfassen, wenn er verstehen lernt, was die moralische Qualität der Liebe ist. Und eine wichtige, eine prinzipielle Wahrheit ist diese: Der Mensch geht in die physische Welt durch Liebe herein, durch das

---
[194] Vortrag vom 11.12.1920, GA 202, S. 111ff.

4. Teil, Anthroposophie

Sich-Ausgießen in das Physisch-Leibliche. Und wodurch geht er wieder hinaus? Er nimmt sich aus der physisch-leiblichen Metamorphose wieder zurück, er verwandelt sich zurück, und keine andere Kraft gibt ihm diese Möglichkeit des Zurückverwandelns als die Freiheit. So daß wir sagen: Daß wir uns weiterentwickeln, durch den Tod gehen, geschieht gerade durch die Freiheit. Wir werden geboren durch die kosmische Liebe, wir gehen durch das Tor des Todes in die geistig-seelische Welt ein durch die Kraft der Freiheit, die wir in uns haben. Und entwickeln wir Liebe in der Welt, so ist diese Liebe im Grunde genommen der Nachklang, das Nachtönen unserer geistig-seelischen Wesenheit, wie wir sie gehabt haben vor unserer Geburt, oder sagen wir vor unserer Empfängnis. Und entwickeln wir Freiheit im Dasein zwischen Geburt und Tod, so entwickeln wir geistig-seelisch in uns wie prophetisch vorher als Kraft dasjenige, was unsere wichtigste Kraft ist, wenn wir den Leib durch den Tod verlassen haben werden."

So sehen wir hier also die Liebeskraft mit dem Vorgeburtlichen verbunden, die Freiheitskraft mit dem Sich-Befreien aus dem Physisch-Leiblichen mit dem Tod. Der vorgeburtliche Mensch wird Gedankenmensch, in dem dieses Vorgeburtliche stirbt, aber die inkarnierende Kraft ist die Liebe, und diese ist die Nachwirkung unseres vorgeburtlichen Wesens. Der Willensmensch lebt sich zur Zukunft hin, die mit dem Tod beginnt, und die Kraft dazu liegt in der Freiheit, die unser eigentliches Wesen aus dem Physisch-Leiblichen befreit, sich davon selbstständig macht.

„Was heißt im Grunde genommen, kosmisch gefaßt, ein freies Wesen sein? Ein freies Wesen sein, sich zurückverwandeln können aus dem Physisch-Leiblichen in das Geistig-Seelische, heißt im Grunde genommen, sterben können; während Liebe heißt, sich verwandeln können aus dem Geistig-Seelischen in Physisch-Leibliches. Lieben können heißt leben können, kosmisch gefaßt." [195]

Hier wird das Grundprinzip des anthroposophischen Einweihungs-

---

[195] Ebd., S. 113.

weges erlebbar, das zugleich das Grundprinzip des Menschseins an sich ist.

Hier finden wir den Doppelstrom im menschlichen Wesen wieder. Die Inkarnation ist ein physisch aufbauender Prozess, basierend auf der Kraft der Liebe; aber das Vorgeburtliche wird im Gedankenmenschen zur Schönheit, zum Bild, in dem das Vorgeburtliche verblüht, stirbt. Die Exkarnation ist ein physisch abbauender Prozess, basierend auf der Kraft der Freiheit; aber der Wille ist die Kraft, die als Keim auf das Leben nach dem Tode verweist. Kein Bild ist es, sondern Kraft, Stärke.

In der Einweihung wird vom Menschen gefordert, sich mit beiden Strömen zu „vermählen". Dies erklang schon in dem Spruch von Benedictus für Johannes Thomasius in dem Mysteriendrama „Die Pforte der Einweihung":[196]

> *Des Lichtes webend Wesen, es erstrahlet*
> *Durch Raumesweiten,*
> *Zu füllen die Welt mit Sein.*
> *Der Liebe Segen, er erwärmet*
> *Die Zeitenfolgen,*
> *Zu rufen aller Welten Offenbarung.*
> *Und Geistesboten, sie vermählen*
> *Des Lichtes webend Wesen*
> *Mit Seelenoffenbarung;*
> *Und wenn vermählen kann mit beiden*
> *Der Mensch sein eigen Selbst,*
> *Ist er in Geisteshöhen lebend.*

So finden wir den Übergang zum inneren Entwicklungsweg – man kann auch sagen: seinen Ursprung. Der wirkliche anthroposophische innere Entwicklungsweg besteht aus einem bewussten In-die-Hand-Nehmen von Denken und Wollen – das Fühlen folgt dann.

---

[196] GA 14, S. 87f.

4. Teil, Anthroposophie

In dem Aufsatz „Die Erkenntnis vom Zustand zwischen dem Tode und einer neuen Geburt" schreibt Steiner 1916:[197]

„Hier soll nur gekennzeichnet werden, was in der Seele vorgeht, wenn sie sich solchen Verrichtungen unterzieht. – Verfährt die Seele in dieser Art, so schiebt sie gewissermaßen ihr inneres Erleben in das Gebiet der geistigen Wirklichkeit hinein. Sie öffnet ihre dadurch sich bildenden rein geistigen Wahrnehmungsorgane der geistigen Welt, wie sich die Sinne nach außen der physischen Wirklichkeit öffnen.
Eine Art dieser Seelenverrichtungen besteht in einer kraftvoll Hingabe an den Vorgang des Denkens. Man treibt diese Hingabe an die Denkvorgänge so weit, daß man die Fähigkeit erlangt, die Aufmerksamkeit nicht mehr auf die im Denken vorhandenen Gedanken zu lenken, sondern allein auf die Tätigkeit des Denkens. Für das Bewußtsein verschwindet dann jeglicher Gedankeninhalt, und die Seele erlebt sich wissend in der Verrichtung des Denkens. Das Denken verwandelt sich so in eine feine innerliche Willenshandlung, die ganz vom Bewußtsein durchleuchtet ist. – Im gewöhnlichen Denken leben Gedanken; die gekennzeichnete Verrichtung tilgt den Gedanken aus dem Denken aus. Das herbeigeführte Erlebnis ist ein Weben in einer inneren Willenstätigkeit, die ihre Wirklichkeit in sich selbst trägt. Es handelt sich darum, daß durch fortgesetztes inneres Erleben in dieser Richtung die Seele sich dahin bringe, mit der rein geistigen Wirklichkeit, in der sie webt, so vertraut zu werden, wie die Sinnesbeobachtung es mit der physischen Wirklichkeit ist.
(...)
Ein in der angegebenen Art entwickeltes Denken wird gewahr, daß es sich von jener Seelenkraft losgelöst hat, die im gewöhnlichen Vorstellen zur Erinnerung führt.
(...)
Die geschilderte Willenswirklichkeit muß, wenn sie als solche wieder im Bewußtsein erlebt werden soll, auch wieder so erarbeitet werden wie das erstemal.
(...)

---

[197] GA 35, S.

Die menschliche Dreigliederung

Indem man diesen Unterschied der durch die Entwickelung der Denktätigkeit erreichten geistigen Wirklichkeit von dem Hegen bloßer Gedanken lebendig erfaßt, gelangt man dazu, sich mit dieser Wirklichkeit außerhalb des physischen Leibes zu erleben. Was das gewöhnliche Denken zumeist für eine Unmöglichkeit halten muß, tritt ein: man erlebt sich als außerhalb des Daseins, das mit dem Leibe zusammenhängt.

(...)

Zunächst führt das Geschilderte zu inneren Seelenerlebnissen, die sich dem Menschen als bange seelische Bedrückung darstellen. Was erlebt wird, erscheint so, als wenn es aus dem Gebiete des gewöhnlichen Daseins herausführe und doch in eine neue Wirklichkeit nicht wahrhaft hineinführe. Man weiß zwar, daß man in einer Wirklichkeit lebt, aber man erfühlt diese Wirklichkeit nur als die eigene geistige Wesenheit. (...) Ein angstähnliches Einsamkeitsempfinden kann die Seele befallen. Eine Sehnsucht, nicht nur sich zu haben, sondern sich in einer Welt zu erleben.

(...)

Wird jedoch der Weg der Geistesforschung in der richtigen Art gegangen, so treten die obigen Erlebnisse zwar auf, aber sie werden als eine Seite der Seelenentwickelung durchgemacht, die ihre notwendige Ergänzung in anderen Erlebnissen findet. Wie gewisse Anstöße, die man den Seelenerlebnissen gibt, zu dem Erfassen der Willenswirklichkeit im Denken führen, so führen andere Richtungen, in die man die Seelenvorgänge lenkt, dazu, in der Willenstätigkeit verborgene Kräfte zu erleben. (...) Im gewöhnlichen Leben wird eine Willensentfaltung der eigenen Seele nicht so wahrgenommen wie ein äußerer Vorgang. (...) Daß man dieses Wollen sich so gegenüber finden könne, wie man als Zuschauer eine äußere Tatsache gegenüber hat, dazu sind wieder kraftvolle, durch Willkür hervorgerufene Seelenvorgänge notwendig. (...) Beim Beobachten des eigenen Wollens erlischt die gewohnte vorstellende Kraft. Man hört auf, in der nach außen gerichteten Art vorzustellen; dafür aber entbindet sich aus den Untergründen des Wollens ein wesenhaftes Vorstellen. Es bricht durch die Oberfläche der Willensbetätigung ein solches wesenhaftes Vorstellen hervor; ein Vorstellen, das mit sich lebendige geistige Wirklichkeit bringt. Zunächst tritt innerhalb dieser geistigen Wirklichkeit die eigene verborgene Geistwesenheit hervor. Man wird gewahr, wie man einen verborgenen Geist-Menschen in sich trägt. Man hat diesen nicht wie ein Gedankenbild in sich, sondern als ein wirkliches Wesen; wirklich in einem höhern Sinne, als es der äußere Leibesmensch ist. Nur tritt dieser Geistmensch nicht so auf, wie äußere sinnlich wahrnehmbare Wesen, die dem Beobachter sich in ihren nach außen sich offenbarenden Eigenschaften darbieten. Er stellt sich vielmehr durch sein Inneres dar, durch Entfaltung einer inneren Betätigung, die ähnlich ist dem Entfalten der Bewußtseinsvorgänge in der eigenen Seele. Nur ist das so entdeckte Bewußtseinswesen nicht wie die im Menschenleibe lebende Seele auf Sinnesdinge gerichtet, sondern auf geistige Vorgänge, zunächst auf die Vorgänge des eigenen bisher entwickelten Seelenlebens. Man entdeckt wahrhaftig in sich einen zweiten Menschen, der als Geistwesen ein bewußter Zuschauer des gewöhnlichen Seelen-Erlebens ist.

(...)

Wie im verwandelten Denken eine Willenswirklichkeit entdeckt wird, so im Willen ein im Geistigen webendes wesenhaftes Bewußtsein. – Und die beiden erweisen sich nun für das weitere Seelen-Erleben als zusammengehörig.

(...)

Die Bangnis der Seele, die im Weben in der Willenswirklichkeit erlebt wird, hört auf, wenn sich diese aus dem entwickelten Denken geborene Willenswirklichkeit mit dem gekennzeichneten Bewußtseinswesen verbindet. Und durch diese Verbindung wird der Mensch erst vor die allseitig wirkliche Geistwelt gestellt. Indem diese Verbindung eintritt, hat der Mensch nicht nur das eigene Selbst sich geistig gegenüber, sondern auch Wesenheiten und Vorgänge der geistigen Welt, die außerhalb seines Selbst liegen.

(...)

Wirkliche Wesenheiten und Vorgänge der geistigen Welt heben sich aus dem Bewußtseinswesen heraus, das aus der Entwickelung des Willens sich geoffenbart hat. Und durch die Wechselwirkung dieser Wesenheiten und Vorgänge mit dem aus der Entwickelung des Denkens entsprungenen Willenswirklichen werden sie geistig wahrgenommen."

Die menschliche Dreigliederung

Hier wird also „was oben ist, unten" und „was unten ist, oben". Was aus der Vergangenheit als sterbender Gedanke in die Gegenwart hineinkommt, wird durch den Willen im Denken zur „Willenswirklichkeit" auferweckt. Das, was unten im Willen lebt und was absolut unbekannt ist, bekommt eine gedankenartige Wirkung, es wird ein „wesenhaftes Vorstellen". Man kann dafür Verständnis gewinnen, wenn man sich einmal auf die Tätigkeiten in zum Beispiel einer Meditation besinnt. Wenn man sich auf einen Inhalt konzentriert, dann ist das eine Aktivität, aber man *weiß* auch, wie man sich konzentrieren muss. Wissen und Tun sind hier *eins*. So ist es auch, wenn man eine bestimmte Neigung in eine bessere umzuwandeln versucht. Das ist eine innere Tätigkeit, wofür man die Technik nicht äußerlich lernen kann, man hat das Wissen zur Verfügung – auch wenn man es nicht *kann*. Wenn man auf seinen inneren Impuls achtet, beobachtet und fühlt, wie man seine Gedanken in *einem* Punkt versammelt, dann ist man bei diesem Bewusstseinswesen, bei diesem wesenhaften Vorstellen. Nicht die Meditation selbst ist das, sondern man selbst als derjenige, der den Prozess beginnt und ausführt. Ein inneres Selbsterziehungswesen ist es, das da in einem tätig ist, das nach Entwicklung strebt und in dem zugleich die anderen geistigen Wesen und Prozesse ins Bewusstsein treten könnten, wenn man sie mit der Willenswirklichkeit, die das umgewandelte Denken ist, anschauen würde.

Rudolf Steiner war schon in der Mitte der 90er Jahre des 19. Jahrhunderts so weit, dass sich dies in ihm vollzog (siehe Teil I dieses Buches). Dieser Prozess innerer Entwicklung ist zugleich die Grundlage für das Finden der menschlichen Dreigliederung, der sozialen Dreigliederung, der anthroposophischen Pädagogik und der Heilkunde. Nicht weil das geisteswissenschaftliche Instrument diese Erkenntnisse gefunden hat, sondern weil das Instrument diese Wissenschaft *ist*. Das Instrument besteht aus einer Metamorphose des eigenen Denkens, Fühlens und Wollens. Der Mensch, der dies unternimmt, bildet diese Kräfte zum wissenschaftlichen Forschungsinstrument um. Aber damit wird dieses Instrument in sich selbst „hellsehend", es schaut das eigene Wesen, und dieses Wesen ist: Der dreigliedrige Mensch und die Metamorphose des Stoffwechsels und zugleich die reale Anschauung der Reinkarnation des Menschen und des dazu gehörenden Karma.

Zum Schluss seien Worte Rudolf Steiners zitiert, mit denen er dieses „In sich selbst hellsehend werden" des Instruments ausführlich beschreibt, diesmal in Bezug auf die Gedanken und das Lesen. Die Worte sind 1923 gesprochen, einige Wochen nach dem Brand des Goetheanums:[198]

„Solch ein Mensch, wie Jakob Böhme oder Gichtel, sagte sich: Wenn ich wach bin, da schlafe ich doch weiter. Nämlich das, was in mir während des Schlafes vorgeht, das wirkt auch im Wachen weiter. Das war eine andere Empfindung, als sie der moderne Mensch hat, der nun schon zum bloßen Denken übergegangen ist, zu dem reinen intellektuellen Denken. Dieser moderne Mensch wacht in der Frühe auf und macht einen scharfen Trennungsstrich zwischen dem, was er im Schlafe war und was er nun im Wachen ist. Er zieht sozusagen vom Schlaf nichts hinüber in das wachende Leben.
(...)
Ja, das hat eigentlich eine recht tiefe Bedeutung: diese modernen Menschen schlafen im Nichts. (...) Ich bin nicht nichts, indem ich schlafe, ich behalte während des Schlafens mein Ich und meinen astralischen Leib. Ich bin nicht nichts, aber ich reiße mich aus der ganzen Welt heraus, die ich wahrnehme mit meinen Sinnen, die ich begreife mit meinem wachen Verstande.
(...)
Der moderne Mensch reißt sich heraus während des Schlafens nicht nur aus seiner Sinneswelt, sondern auch aus der Welt, welche die Welt des alten Hellsehers war. Und von der Welt, in der dann der Mensch darinnen ist vom Einschlafen bis zum Aufwachen, da kann er ja nichts wahrnehmen, denn das ist eine Zukunftswelt, das ist die Welt, in die sich die Erde verwandeln wird in jenen Zuständen, die ich in meiner „Geheimwissenschaft" als Jupiter-, Venus-, Vulkanzustand beschrieben habe.
(...)
Aber gerade dadurch, daß der moderne Mensch im Nichts schlafen kann, wird ihm seine Freiheit garantiert; denn er lebt sich ein vom

---
[198] Vortrag vom 3.2.1923, GA 221, S. 32ff.

Die menschliche Dreigliederung

Einschlafen bis zum Aufwachen in die Befreiung von aller Welt, in das Nichts. Er wird gerade während des Schlafes unabhängig.
(...)
Geradesowenig wie die Spiegelbilder zwingen können, irgend etwas verursachen können, geradesowenig können die Gedankenbilder von den Dingen den Menschen zu etwas zwingen. Wenn daher der Mensch seine moralischen Impulse in reinen Gedanken ergreift, so muß er sie als ein freies Wesen befolgen. Keine Emotion, keine Leidenschaft, kein innerlich körperlicher Vorgang kann ihn veranlassen, jenen moralischen Impulsen zu folgen, die er in reinen Gedanken zu erfassen in der Lage ist. Aber er ist auch imstande, diesen bloßen Bildern in Gedanken zu folgen, diesem reinen Gedanken zu folgen, weil er sich während des Schlafes, befreit von allen Naturgesetzen, in seinem eigenen Körperlichen findet, weil er wirklich während des Schlafes eine reine freie Seele wird, die dem Nichtwirklichen des Gedankens folgen kann; während der ältere Mensch auch während des Schlafes abhängig blieb von der Welt und daher nicht hätte folgen können unwirklichen Impulsen.
Fassen wir das zunächst ins Auge, daß der moderne Mensch dieses Zweierlei hat: reine Gedanken haben kann, die rein intellektualistisch konzipiert sind, und einen in der Nichtigkeit zugebrachten Schlaf; wo er drinnen ist, wo er ein Wirkliches ist, aber wo seine Umgebung ihm ein Nichtiges zeigt. Denn nun kommt das Wesentliche. Sehen Sie, es ist nun auch einmal in der Natur des modernen Menschen begründet, daß er durch alles das, was er da durchgemacht hat, innerlich willensschwach geworden ist. Das will der moderne Mensch gar nicht wahr haben, aber es ist so: Der moderne Mensch ist innerlich willensschwach geworden.
(...)
Ja, der Mensch ist schon so schwach geworden, daß er eine heillose Angst bekommt, wenn irgendeiner Gedanken aus sich produziert, wenn er Gedanken nicht bloß abliest an demjenigen, was die äußere Natur darbietet. So daß sich zunächst das reine Denken in ganz passiver Weise in dem modernen Menschen entwickelt hat.
Ich sage das nicht als Tadel; denn wäre die Menschheit gleich übergegangen zu einem aktiven Produzieren des reinen Denkens, dann hätte

sie von der alten Erbschaft allerlei unreinliche Phantastereien in dieses Denken hineingebracht.

(...)

Durch Jahrhunderte, seit dem 15. Jahrhundert, ist der Mensch in dieser Passivität der Begriffe erzogen. Und heute betrachtet er schon das wie eine Art von Sünde, wenn er innerlich tätig ist, sich seine Gedanken selber macht. Ja, die Naturgedanken kann man nicht selber machen. Man würde die Natur nur verunreinigen durch allerlei Phantastereien, wenn man die Naturgedanken selber machte. Aber man hat in sich den Quell des Denkens. Man kann eigene Gedanken machen, ja man kann die Gedanken, die man schon hat, weil sie ja eigentlich eben bloße Gedanken sind, mit innerlicher Wirklichkeit durchdringen. Wann geschieht das? Das geschieht dann, wenn der Mensch so viel Willen aufbringt, daß er wiederum seinen Nachtmenschen in das Tagleben hineinschiebt, daß er nicht bloß passiv denkt, sondern seinen während des Schlafes unabhängig gewordenen Menschen in seine Gedanken hineinschiebt. Das kann man nur mit den reinen Gedanken.

Eigentlich ist das der Grundgedanke meiner „Philosophie der Freiheit" gewesen, daß ich aufmerksam darauf gemacht habe: In das Denken, das sich der moderne Mensch erworben hat, kann er sein Ich-Wesen wirklich hineinschieben. Jenes Ich-Wesen, das er – ich konnte es dazumal noch nicht aussprechen, aber es ist so – während des Schlafzustandes in der modernen Zeit freikriegt, das kann er hineinschieben in das reine Denken. Und so wird der Mensch seines Ich-Wesens sich wirklich bewußt im reinen Denken, wenn er so die Gedanken faßt, daß er aktiv, tätig in ihnen lebt.

(...)

Dann kommt man und sagt: Ja, ich habe diese Gedanken von anthroposophischer Forschung her, ich kann aber selbst nicht für sie eintreten, denn ich habe sie bloß aufgenommen (...).

(...)

Was bezeugt das, wenn jemand sagt, ich höre das von geisteswissenschaftlicher Seite her? Das heißt, er weist darauf hin, daß er im passiven Denken verharrt, daß er auch die Geisteswissenschaft nur im passiven Denken aufnehmen will. Denn in dem Momente, wo er

Die menschliche Dreigliederung

sich entschließt, die Gedanken, die ihm die anthroposophische Forschung überliefert, selbst in sich zu erzeugen, wird er auch imstande, mit seiner ganzen Persönlichkeit für ihre Wahrheit einzutreten, denn er erlebt dadurch die erste Stufe ihrer Wahrheit.
(...)
Wenn man Anthroposoph werden will in der Art, daß man die anthroposophischen Gedanken aufnimmt und dann nicht einfach passiv sich ihnen hingibt, sondern durch einen starken Willen dasjenige, was man während jeder Nacht im traumlosen Schlafe ist, hineingießt in die Gedanken, in die reinen Gedanken der Anthroposophie, dann hat man die erste Stufe desjenigen erklommen, was man heute berechtigt ist, Hellsehen zu nennen, dann lebt man hellsichtig in den Gedanken der Anthroposophie.
(...)
Wenn man ein anthroposophisches Buch liest, muß man mit seinem ganzen Menschen hinein, und weil man im Schlafe bewußtlos ist, also keine Gedanken hat – aber der Wille dauert fort –, muß man mit dem Willen hinein. Wollen Sie dasjenige, was in den Worten eines wirklichen anthroposophischen Buches liegt, so werden Sie durch dieses Wollen wenigstens gedankenhaft unmittelbar hellsichtig.
(...)
Dann wird dasjenige, was anthroposophische Verkündigung ist, nicht in der lendenlahmen Weise auftreten, daß man immer nur sagt: Von geisteswissenschaftlicher Seite wird uns versichert –, sondern dann wird man die anthroposophische Wahrheit als sein eigenes Erleben verkündigen können, wenigstens zunächst für das, was dem Menschen am allernächsten liegt, zum Beispiel für das medizinische Gebiet, für das physiologische Gebiet, für das biologische Gebiet, für das Gebiet der äußeren Wissenschaften oder des äußeren sozialen Lebens. Wenn auch nicht die Gebiete der höheren Hierarchien auf dieser ersten Stufe des Hellsehens zugänglich werden, aber das, was als Geist in unserer unmittelbaren Umgebung ist, das kann auf diese Weise auch wirklich Gegenstand der menschlichen Seelenverfassung der Gegenwart sein.
(...)
Heute nennt man Willen jeden beliebigen Wunsch; aber ein Wunsch ist kein Wille.

4. Teil, Anthroposophie

(...)
Der Wille ist tätige Kraft."

Anhand dieser Zitate über die Dreigliederung des Menschen haben wir kennengelernt, was in Rudolf Steiners Geisteswissenschaft auch Teil seiner eigenen Entwicklung, seines eigenen Denkens, Fühlens und Wollens war. Wie wir im letzten Zitat verstehen konnten, ist anthroposophische Geisteswissenschaft nur möglich, wenn die Willenskraft in das Erwerben der Erkenntnis vollständig hineingeht. Aber dann *haben* wir auch das spirituelle Wissen Rudolf Steiners, wenn wir uns mit „seiner" Geisteswissenschaft verbinden. Einerseits machen wir uns durch unseren Willenseinsatz im Erkennen die Geisteswissenschaft buchstäblich zueigen. Andererseits kommen wir in Kontakt mit der Individualität, die – indem sie sich so willensstark mit dem Erwerben spiritueller Einsicht verband – in diesen Einsichten essentiell als Willenswesen lebt. Das eine ist von dem anderen doch nicht zu trennen? Wenn die Methode, zur Hellsichtigkeit zu kommen, im Hineintragen des „Willensmenschen" in den „Gedankenmenschen" liegt und wir bei Rudolf Steiner sehen, dass dies in seiner Biografie ein charakteristischer Schritt ist, dann finden wir in dieser Geisteswissenschaft auch sein Wesen, neben dem unseren, das durch unseren *eigenen* Willenseinsatz zur Erscheinung kommt.

Suche im Denken
Den Willen
Und du findest
Dich selbst:
Denn des eigenen Wesens
Weben geht dir auf.
Suche im Wollen
Die Gedanken
Und du findest
Die Welt:
Denn die Weltgedanken
Kraftend enthüllen sich dir.

Die menschliche Dreigliederung

Zwischen Denken und Willen pulsiert das Fühlen. Rudolf Steiner hat die Dreigliederung in einer großartigen Gestalt wiedergegeben: dem Menschheitsrepräsentanten.

DER MENSCHHEITSREPRÄSENTANT

Um diese Gruppe aus Holz zu beschreiben, werde ich ausschließlich die Worte von Rudolf Steiner selbst wiedergeben. Die originale „Holzplastik" ist im Goetheanum in Dornach zu besichtigen.[199]

„Wenn einmal unser der Geisteswissenschaft gewidmeter Bau in Dornach fertiggestellt sein wird, so wird er an bedeutungsvoller Stelle eine plastische Gruppe enthalten, die drei Figuren hauptsächlich darbieten wird. In der Mitte dieser Gruppe wird eine Gestalt stehen, wie, ich möchte sagen, der Repräsentant des höchsten Menschlichen, das auf der Erde sich entfalten konnte. Daher wird man auch diese Gestalt des höchsten Menschlichen in der Erdenentwickelung empfinden können als den Christus, der in dem Leibe des Jesus von Nazareth drei Jahre innerhalb der Erdenentwickelung gelebt hat. Es wird die besondere Aufgabe sein, diese Christus-Gestalt so auszugestalten, daß man auf der einen Seite wird sehen können, wie das Wesen, um das es sich handelt, in einem menschlichen Erdenleibe wohnt, wie aber doch dieser Erdenleib in jeder Miene, in allem, was an ihm ist, durchgeistigt ist von dem, was aus kosmischen, aus geistigen Höhen im dreißigsten Jahre des Lebens in diesen Erdenleib als der Christus eingezogen ist. Dann finden sich da zwei andere Figuren, die eine zur linken, die andere zur rechten Seite der Christus-Gestalt (...). Diese Christus-Gestalt steht wie vor einem Felsen, der insbesondere da, wo die linke Seite des Christus ist, sich auftürmt, so daß sein Gipfel über dem Haupt der Christus-Gestalt liegt. Da oben auf dem Felsen ist eine andere Gestalt, eine geflügelte Gestalt; aber die Flügel sind zerbrochen, und diese Gestalt fällt, weil sie die Flügel zerbrochen hat, in den Abgrund. Was künstlerisch besonders scharf wird herausgearbeitet werden müssen, das wird die Art sein, wie diese Christus-Gestalt den linken Arm erhebt. Denn durch diese Erhebung des linken Armes der Christus-Gestalt geschieht es, daß diese herabstürzende Wesen-

---

[199] Vortrag vom 18.5.1915, GA 159, S. 266ff.

heit die Flügel zerbricht. Aber es darf das nicht so aussehen, als wenn etwa der Christus dieser Wesenheit die Flügel zerbräche, sondern das Ganze muß künstlerisch so gestaltet sein, daß, indem der Christus den Arm hinaufhebt, schon in der ganzen Handbewegung liegt, daß er eigentlich auch mit dieser Wesenheit nur unendliches Mitleid hat. Diese Wesenheit erträgt aber nicht das, was durch den Arm und die Hand hinaufströmt und was noch sichtbar sein wird, indem selbst im Felsen wie Einhöhlungen von den Fingern der hinaufgestreckten Hand sein werden. Was diese Wesenheit in sich selbst empfindet, da sie in die Nähe der Wesenheit kommt, die als die Christus-Wesenheit dasteht, das ist so, daß man es in die Worte kleiden möchte: Ich kann nicht ertragen, daß so Reines auf mich heraufstrahlt.

Das ist es, was in dieser Wesenheit lebt und was so wesentlich in dieser Wesenheit lebt, daß ihre Flügel zerbrochen werden und sie infolgedessen in den Abgrund stürzt. Es wird dieses eine besonders bedeutsame künstlerische Aufgabe sein. Und Sie merken, was da verfehlt werden könnte, wenn der Christus plastisch so dastehen würde und einfach durch Erheben der Hand eine solche Kraft ausgestrahlt würde, daß er dieser Wesenheit die Flügel zerbricht, wodurch sie in den Abgrund stürzt. Dann würde es der Christus sein, der wie mit Haß diese Wesenheit bestrahlen und sie zum Stürzen bringen würde. So darf das aber nicht dargestellt werden, sondern die Wesenheit selbst soll sich zum Stürzen bringen. Denn diese Wesenheit, die herabstürzend mit zerbrochenen Flügeln dargestellt wird, das ist Luzifer.

Und auf der andern Seite, gegen rechts von der Christus-Gestalt aus gelegen, wo der Felsen einen Vorsprung haben wird, da wird der Felsen ausgehöhlt sein. In dieser Aushöhlung ist auch eine Gestalt, die Flügel hat. Und diese Gestalt, die da Flügel hat, wendet sich mit den armähnlichen Organen nach der Felsenhöhlung oben. Sie müssen sich also vorstellen: rechts die Felsenhöhlung und in der Höhlung diese geflügelte Gestalt, die aber ganz anders geartete Flügel hat als die Gestalt oben am Felsen. Die Gestalt oben am Felsen hat mehr adlerartige Flügel, die Gestalt in der Felsenhöhlung aber fledermausartige Flügel. Die Gestalt in der Höhle klammert sich förmlich ein in die Höhle, man sieht sie in Fesseln, man sieht sie da unten arbeiten, das Erdreich auszuhöhlen.

Die Gestalt, die in der Mitte steht, die Christus-Gestalt, hat die rechte Hand heruntergerichtet. Während sie also die linke Hand nach oben richtet, ist die rechte Hand nach unten gerichtet. Wiederum wird es eine bedeutsame künstlerische Aufgabe sein, dies nicht so darzustellen, wie wenn der Christus diese Gestalt, die Ahriman ist, in Fesseln schlagen wollte, sondern der Christus hat selbst unendliches Mitleid für Ahriman. Ahriman aber kann das nicht ertragen, er windet sich in Schmerzen durch das, was durch die Hand des Christus ausstrahlt. Und was da ausstrahlt, das bewirkt, daß die Goldadern, die unten in der Felsenhöhlung sind, sich wie Schnüre um den Ahrimanleib winden und ihn fesseln. Ebenso wie das, was bei Luzifer geschieht, durch ihn selbst geschieht, so auch bei Ahriman."

Die Arbeiter am Goetheanum erhielten Gelegenheit, über Fragen, die sie interessierten, von Rudolf Steiner Vorträge zu bekommen. Anlässlich einer Frage nach Luzifer und Ahriman sagt er:[200]

„So kann man sagen: Wir können in dreierlei Weise gewisse Zustände beim Menschen unterscheiden. Erstens körperlich. Da haben wir auf der einen Seite das Nervensystem. Das ist fortwährend etwas, was zur Verhärtung hinneigt, zur Verkalkung.
(...)
Sehen Sie, Sie sind ja alle schon so alt, mit Ausnahme des einzigen, der da unter Ihnen sitzt, daß Sie Ihr Nervensystem ein bißchen verkalkt haben müssen. Denn hätten Sie heute noch Ihr Nervensystem, wie Sie es hatten, als Sie ein halbes Jahr alt waren, da wären Sie alle verrückt. Sie können nicht mehr ein so weiches Nervensystem haben. Diejenigen Leute, die verrückt sind, die haben eben ein kindliches Nervensystem. Also wir müssen die Kraft der Verhärtung, der Verkalkung in uns haben. Und auf der anderen Seite müssen wir die Kraft der Verweichung, der Verjüngung haben. Diese zwei Kräfte müssen sich das Gleichgewicht halten.
Wenn man die Sache seelisch anschaut, dann können wir sagen: Der Verhärtung entspricht seelisch Pedanterie, Philisterhaftigkeit, Materi-

---

[200] Vortrag vom 7.5.1923, GA 349, S. 223.ff

alismus, trockener Verstand.

Das alles muß man überschauen. Ein bißchen Philister müssen wir sein, sonst würden wir ein Springingerl sein. Ein bißchen Pedanten müssen wir sein, sonst würden wir gar nicht richtig unsere Sachen aufheben. Statt daß wir unseren Rock in den richtigen Schrank hängen, würden wir ihn in den Ofen oder in den Schornstein hineinhängen. Also ein bißchen Philister und ein bißchen Pedant sein ist ganz schön, aber es darf eben nicht zu stark sein. Dann haben wir seelisch auch die Kraft in uns zur Phantastik, zur Schwärmerei, zur Mystik, zur Theosophie. Wenn die alle zu stark werden, diese Kräfte, dann werden wir eben ein Phantast, ein Schwärmer. Das dürfen wir nicht werden. Aber wir dürfen auch nicht alle Phantasie weg haben.

Ich kannte einmal einen Menschen, der hat alle Phantasie gehaßt, und er ging niemals ins Theater zum Beispiel, in eine Oper schon gar nicht, weil er sagte: Das ist ja alles nicht wahr. – Er hatte eben gar keine Phantasie. Ja, wenn man aber gar keine Phantasie hat, dann wird man eben ein ganz trockenes Subjekt, dann wird man ein Schleicher durchs Leben, nicht ein richtiger, wirklicher Mensch. Also das darf wieder nicht ausarten.

Wenn wir es nun geistig ansehen, so haben wir die Kraft zur Verhärtung im Aufwachen. Im Aufwachen nehmen wir unseren Körper fest in die Hand, gebrauchen unsere Glieder. Und die Kraft, die sonst im Körper in der Verweichung, in der Verjüngung ist, die haben wir im Einschlafen. Da sinken wir in die Träume hinüber. Da haben wir unseren Körper nicht mehr in der Hand.

(...)

Nun, ebenso, sehen Sie, ist etwas Unsichtbares, Übersinnliches, in dem Verhärten drinnen. Und dieses Unsichtbare, Übersinnliche, Wesenhafte, das man beobachten kann, wenn man dazu die Gabe hat, nennt man ahrimanisch. Ahrimanisch sind also die Kräfte, die aus dem Menschen fortwährend eine Art von Leichnam machen möchten. Wären nur ahrimanische Kräfte da, würden wir fortwährend Leichnam werden, und wir würden Pedanten werden, ganz versteinerte Menschen. Wir würden fortwährend aufwachen, wir würden nicht schlafen können.

Die Kräfte, die uns nun verweichen, verjüngen, die uns zur Phan-

tasie bringen, das sind die luziferischen Kräfte, das sind diejenigen Kräfte, die wir brauchen, damit wir eben nicht ein lebender Leichnam werden. Aber wenn nur die luziferischen Kräfte da wären, ja, da blieben wir unser ganzes Leben lang Kinder. Also in der Welt braucht es die luziferischen Kräfte, damit wir nicht schon mit drei Jahren Greise sind. In der Welt braucht es die ahrimanischen Kräfte, damit wir nicht fortwährend Kinder bleiben.
(...)
Nun handelt es sich darum, daß diese zwei entgegengesetzten Kräfte ausgeglichen sein müssen. Worin liegt nun die Ausgleichung? Es darf nichts von diesen Kräften überhandnehmen.
(...)
Zwischen beiden steht dasjenige drinnen, was man nun im wirklichen Sinne das Christliche nennt. Sehen Sie, meine Herren, das wirkliche Christliche kennt man ja zu wenig in der Welt. Wenn man dasjenige christlich nennt, was man in der Welt kennt, da müßte man ja natürlich das Christliche bekämpfen, das ist ja selbstverständlich.
Aber diejenige Wesenheit, von der ich Ihnen auch das letzte Mal einiges gesprochen habe, die eben in der Zeitenwende geboren ist und dreiunddreißig Jahre gelebt hat, diese Persönlichkeit, die war ja nicht so, wie es die Leute beschreiben, sondern sie hatte eigentlich die Absicht gehabt, für alle Menschen solche Lehren zu geben, die einen Ausgleich, ein Gleichgewicht zwischen dem Ahrimanischen und dem Luziferischen möglich machten. Und christlich sein heißt eben, den Ausgleich zwischen dem Ahrimanischen und dem Luziferischen suchen. Christlich sein kann man nämlich wirklich nicht so, wie es heute die Menschen oftmals nennen."

Und im Oktober 1920 sagte Steiner über die Holzgruppe:[201]

„Man merkt im Arbeiten mit dem Holze, als dem Material des Architektonischen, des Plastischen, dass diese Arbeit im Holze etwas ganz anderes ist als etwa die Arbeit im Marmor oder überhaupt in ei-

---

[201] Vortrag vom 16.10.1920, zit. nach Ake Fant u.a.: Die Holzplastik Rudolf Steiners in Donach. Verlag am Goetheanum, 1981, S. 26f.

nem Material, das sich nach außen hin so offenbart, seiner Oberfläche nach so offenbart wie der Marmor oder der Stein. Man wird das insbesondere gewahr werden, wenn man einmal jene Mittelpunktsgruppe im rechten Lichte sehen wird, die da in diesem einen kleinen Kuppelraum an der Ostseite stehen wird. Sie ist entsprechend der ganzen Innenarchitektur eine plastische Holzgruppe geworden. Sie wurde also in Holz gearbeitet. Selbstverständlich war es, da ja nicht eine einzelne Persönlichkeit an einer 9½ m hohen Holzgruppe arbeiten kann, dass zuerst ein Modell gemacht wurde. (...) Nun hat man aber, indem man auf Stein hin, oder auf ein solches Aussehen, wie es der Stein darbieten kann, hinarbeitet, die Notwendigkeit, herauszuarbeiten die Form aus den Erhabenheiten, aus dem, was sich herauswölbt aus der Ebene, was einem entgegentritt aus der Ebene; man hat also die Notwendigkeit, gewissermaßen auf die Ebene, auf die Fläche aufzusetzen. Wenn man in Holz arbeitet, hat man die innere Notwendigkeit, nicht auf das Holz aufzusetzen, sondern aus dem Holze herauszuholen. Man hat hinzuarbeiten nicht auf das Konvexe, sondern auf das Konkave. Beim Stein und bei alledem, was steinähnlich ist, wirkt dasjenige, was heraustritt aus der Fläche, wirkt das Konvexe. Bei alledem, was aus dem Holze ist, wirkt dasjenige, was zurücktritt aus der Fläche, was also gewissermaßen herausgeschnitten, herausgehöhlt wird aus dem Holze.

Daher ist es notwendig – und ich bitte Sie, einmal sich zu vergegenwärtigen die ganze Art, sagen wir, der römischen Cäsarenköpfe, die ja überall in Abgüssen in Museen zu sehen sind, auf das hin, was ich jetzt sagen werde –, daher hat man, wenn man plastisch die Menschengestalt herausarbeitet aus einem steinähnlichen Material, die Notwendigkeit, das Ganze aus dem Antlitz, aus dem Kopfe herauszuarbeiten –, und die übrige Menschengestalt, die nicht Kopf ist, die ist eigentlich, künstlerisch ausgebildet, nur ein Anhang des Kopfes. Man darf gewissermaßen nicht sündigen gegen die Naturformen des menschlichen Hauptes, und man muss herausgestalten den ganzen Gliedmaßen- und Rumpforganismus aus dem, was veranlagt ist im Haupte. Das alles fordert z.B. der Marmor, das alles fordert der Stein.

Arbeitet man in Holz, dann hat man die Notwendigkeit, gerade im entgegengesetzten Sinne zu arbeiten. Dann hat man zu arbeiten aus der ganzen menschlichen Figur, aus der Bewegung der Gliedmaßen, aus dem Sicherfühlen des Rumpfes. Da darf man wagen, eine Armbewegung nach aufwärts, eine Armbewegung nach abwärts so zu gestalten, dass sie sich fortsetzt in einer asymmetrischen Stirne, die versucht worden ist bei dieser Gruppe. Das ist nur möglich geworden dadurch, dass die Gruppe eine Holzgruppe ist, dadurch, dass man, wenn man in Holz arbeitet, heraushol aus dem Material die Höhlung und nicht aufsetzt auf die Fläche dasjenige, was die Erhabenheit ist. Nur aus einem absoluten Drinnenstehen mit seinem ganzen Fühlen, und vollem Drinnenstehen vor allen Dingen in der Menschengestalt, kann dann ein solches Bearbeiten des Materials hervorgehen. Das aber, was dann, wenn man plastisch die Menschengestalt arbeitet, am anschaulichsten hervortritt, es tritt hervor in der ganzen Behandlung des Holzmaterials hier bei dieser Innenarchitektur."

1912 begegnete Rudolf Steiner in Berlin der englischen Bildhauerin Edith Maryon. 1913 kam sie nach München, 1914 nach Dornach. Im Herbst dieses Jahres begann Rudolf Steiner mit ihr, Vorstudien für die große plastische Gruppe anzufertigen. 1916 begannen sie dann mit der Bearbeitung der Holzgruppe in ihrer vollen Größe. In den aufeinanderfolgenden Vorstudien ist die Entwicklung zu sehen, nicht nur die der Ausarbeitung der Gruppe, sondern auch die Entwicklung von Rudolf Steiners eigener künstlerischer Fertigkeit.

Während des Brandes des Goetheanums, in der Sylvesternacht 1922/23, stand diese plastische Gruppe noch nicht in dem Gebäude, sie stand in der „Schreinerei" und wurde so gerettet. Das, was im Zentrum des Goetheanums hätte stehen sollen, ist also bewahrt geblieben.

Rudolf Steiner war innerlich ganz künstlerisch. Wir müssen uns nur einmal vorstellen, wie seine Seele ganz und gar Ausdruck des Geistes war. Das ist ja schließlich seine Kunstauffassung, dass der Künstler das Material *so* formt, dass es selbst den Geist zum Ausdruck bringt. So war Rudolf Steiners Seele, ganz nach dem Geiste geformt. Aber so waren immer mehr auch sein Ätherleib und sein physischer Leib. Und so konnte das, was in der geistigen Welt Anthroposophie ist, durch den Künstler Rudolf Steiner in und mit den Elementen, die er zur Verfügung hatte, dargestellt und gestaltet werden. Dies tat er in seinen

Der Menschheitsrepräsentant
Holzplastik, Goetheanum, Dornach

Büchern und Vorträgen, in den esoterischen Stunden (vor dem ersten Weltkrieg) und in der Kunst. Sprache, Bewegung des Leibes, Bühne, Architektur, Innenarchitektur, Holz, Farbe.

Wir sehen das Wesen Rudolf Steiners, das in sich die Bewegung vom Geiste zum physischen Dasein umfasst, immer mehr in die Öffentlichkeit treten: Die Anthroposophie kommt immer mehr auch äußerlich zur Erscheinung. Und so gehen wir über zum fünften Teil: Anthroposophie und die Welt.

FÜNFTER TEIL

ANTHROPOSOPHIE UND DIE WELT

DIE DREIGLIEDERUNG DES SOZIALEN ORGANISMUS

Es war die Zeit, in der Sozialismus und Kommunismus revolutionär hervortraten. Die entsprechenden Bewegungen waren bereit, sich mit Hilfe des *Kampfes* durchzusetzen. Rudolf Steiner hatte in den Anfangsjahren in Berlin intensive Bekanntschaft mit den Arbeitern gemacht, weil er an der zuvor schon genannten Arbeiterbildungsschule unterrichtet hatte.

Er selbst trägt eine ebenso „revolutionäre" Einsicht in den sozialen Organismus in sich, die jedoch auf einer vollkommen anderen Grundlage beruht. Prägnant fasst er diese Einsicht in seinem Buch „Die Kernpunkte der sozialen Frage" zusammen und spricht in vielen, vielen Vorträgen vor einem wechselnden und gemischten Publikum. In anthroposophischen Kreisen wird versucht, diese Einsicht in Taten umzusetzen. Aber Rudolf Steiner hoffte auf eine viel größere Verbreitung dieser Einsicht und auf einen wirklichen Durchbruch in Bezug auf den Aufbau und die Gestaltung der Gesellschaft, der Politik, der Ökonomie, des Geisteslebens.

Wenn man seine Einsicht *oberflächlich* betrachtet, kann man sagen: Er knüpfte an die Prinzipien der Französischen Revolution, „Freiheit, Gleichheit, Brüderlichkeit" an. Wenn man sozialistisch denkt und fühlt, würde man in seiner Deutung eine Übereinstimmung mit den eigenen sozialistischen Ideen zu finden glauben. Dies geschieht, wenn man dieser „sozialen Dreigliederung" mit bereits geformten Meinungen und Urteilen gegenübertritt. Damit tut man dieser großartigen sozialen Einsicht großes Unrecht. Man muss ihr unbefangen entgegentreten und keine existierenden politischen Richtungen darin sehen wollen. Es ist eine Umwälzung ohne Revolution, eine friedliche, vollkommen originelle Umformung der Gesellschaft in einen sozialen Organismus, der mit dem menschlichen Wesen korrespondiert, wie es ist und wie es nur in der Gesellschaft ein Zuhause finden kann: weil diese Gesellschaft dann genau so ist, wie der Mensch sie sich wünscht.

5. Teil, Anthroposophie und die Welt

Wie *jeder* Mensch sie sich wünscht, ob er nun Arbeiter, Politiker, Kapitalist, Adliger, Priester, Professor oder Eingeweihter ist.

Warum ist die Umwandlung in Richtung einer weltweiten sozialen Dreigliederung dann misslungen? Weil Meinung, Vorurteil, vage, unbegründete Antipathie, Unwissenheit und so weiter größer waren als das individuelle gesunde Selbstbewusstsein und -gefühl des Menschen. Rudolf Steiner sprach *ganz* von diesem gesunden individuellen menschlichen Selbstgefühl aus – und wie kann man von dieser zarten, innigen Menschenliebe *nicht* berührt werden, die sowohl im Arbeiter als auch im „Reichen" das Gefühl der eigenen Würde anspricht? Das, was in dem Gegensatz zwischen Kapitalist und Arbeiter so von Hass erfüllt ist, zerfällt hier zu nichts, weil Rudolf Steiner exakt erfasst, was wem zukommt, wo die Versäumnisse liegen, durch die der Hass entstehen konnte, und wie diese beseitigt werden können.

Man braucht sich nicht für einen bestimmten „Stand" oder eine bestimmte „Klasse" zu entscheiden, man braucht nicht gegen Privateigentum oder gegen die Forderungen der Arbeiter zu sein. Man versteht mit Leichtigkeit beide Seiten – und damit in jedem Fall immer auch sich selbst. Wie bei einem Migräneanfall die Stoffwechselprozesse zu stark den Kopf erfassen und man dadurch nicht mehr recht wirken kann, so kann ein sozialer Organismus nur funktionieren, wenn seine verschiedenen Teile *dort* wirksam sind, wo sie ihren „Lebensgrund" haben. Man kann sich vorstellen, dass Steiner stets betonte, dass diese Dreigliederungsidee keine Utopie ist. Denn sie war die Beschreibung dessen, wie es in Wirklichkeit *ist*.

Als Arzt weiß man, dass es bei Krankheit oft ein Problem ist, dass *gerade* die heilenden Maßnahmen abgewiesen werden. Dasselbe können wir bei dieser großen sozialen Krankheit auch sehen: Die Krankheit manifestiert sich erst wirklich in der Abweisung der Heilmethode. Die „Partner" (und Gegner) im sozialen Leben wollten ausgehend von ihrer Krankheit nur in ihren kranken, fehlerhaften Ideologien denken, nicht in gesunden Begriffen. Für einen so durch und durch gesunden Menschen wie Rudolf Steiner war dies natürlich ein unsägliches Leiden. Der Arzt muss manchmal mit ansehen, wie sein Patient stirbt, weil er sich weigert, die Ratschläge zu befolgen. Hier ging dies noch viel, viel weiter. Es ging um die Kultur an sich. Menschen sind erkennende Wesen. Thomas von Aquino sagt in seiner *Summa Theologiae*, dass die Sünde des Menschen darin besteht, keinen Gebrauch von seiner Intelligenz zu machen. Was Rudolf Steiners Versuch einer Heilung der Kultur misslingen ließ, war genau *diese* Sünde. Steiner musste erwartet haben, dass die Menschen in der Notsituation nach dem Weltkrieg bereit wären, ihre Intelligenz zu gebrauchen. Aber die Sünde des Menschen besteht darin, dass er dies nicht will, er will zwar intellektuelle Ideologie, aber keinen intelligenten Gebrauch der Idee. Und so konnte diese urgesunde soziale Einsicht gegen die aufgeworfene Krank-heit nichts ausrichten. Rudolf Steiner sah dennoch in allem Widerstand immer den darunter liegenden, eigentlichen, *guten* Impuls.

Den wirkenden Geist
an die Stelle des gedachten setzen
heißt in dieser Zeit
die soziale Grundforderung empfinden. [202]

Dieser Spruch für Edith Maryon drückt aus, was die allererste Bedingung ist, um zu einem Empfinden desjenigen zu kommen, was das soziale Leben fordert. Es geht daraus unmittelbar hervor, dass ein intellektuelles „reines Denken" nicht ausreicht, denn hier hat der Mensch noch immer nur „gedachten Geist" in sich. Was das bedeutet, hat Rudolf Steiner in Vorträgen erläutert, indem er Fichte und Hegel als Beispiel nahm.[203]

„Gerade das, was so in den unterbewußten Regionen des Seelenlebens vorgeht und sich an der Oberfläche maskiert durch etwas ganz anderes, das rumort dann oftmals in den allerwildesten Instinkten. Ebenso weiß der moderne Proletarier, wenn er das Wort Klassenkampf ausspricht, nicht, daß er dadurch nur zu maskieren versucht, was ebenfalls die Seelentiefen der modernen Menschheit wie eine tiefe Sehnsucht erfüllt: der Impuls nach Gedankenfreiheit. In sein Gegen-

---

[202] GA 263a, S. 182.
[203] Vortrag vom 2.3.1919, GA 189, S. 95ff.

5. Teil, Anthroposophie und die Welt

teil verkehrt sich auf dem Wege vom Unterbewußten zum Bewußten das Streben nach Gedankenfreiheit. (...) Und der wirkliche Sozialismus, nach dem unsere Zeit strebt in ihren Tiefen, der drückt sich eigentlich aus in dem, was im Grunde eine Art Gegenteil des Sozialismus ist: in dem Streben, egoistisch allen Mehrwert einzuheimsen.
(...)
Sehen Sie, wenn man heute frägt: wer sind denn eigentlich Bolschewisten? – da wird man mit verschiedenen Namen antworten. Nicht wahr, sich überall darbietende Namen sind *Lenin, Trotzki.* Aber ich will Ihnen einen dritten Bolschewisten nennen, bei dessen Nennung Sie vielleicht ein wenig erstaunt sein werden, der aber doch, ich kann es nicht anders sagen, von einem Gesichtspunkte aus ein echter Bolschewik ist; das ist *Johann Gottlieb Fichte.*
(...)
Es wird nicht zu leugnen sein, daß (...) er ein Idealist im echtesten Sinne des Wortes war. Aber Johann Gottlieb Fichte hat seine sozialistische Anschauung auch ausgesprochen in einer kleinen kompendiösen Schrift, in seinem „Geschlossenen Handelsstaat".
(...)
Man möchte sogar sagen, manchmal erinnert einen das, was Trotzki schreibt, fast Satz für Satz wörtlich, so weit bei so auseinanderliegenden Dingen das der Fall sein kann, an das, was im „Geschlossenen Handelsstaat" bei Fichte steht.
(...)
Was ist denn Johann Gottlieb Fichte für eine Persönlichkeit? Fichte ist einer der charakteristischsten Denker der neueren Zeit. Er ist gewissermaßen der Mann, der das Denken, das sich ja, wie wir wissen, auch entwickelt hat, (...) der das Denken in der energischsten Weise und in seiner reinsten Gestaltung ausgebildet hat. Gerade an einer solchen Persönlichkeit wie Fichte kann man sehen, wozu das Denken wird, wenn der Mensch dieses Denken ganz nur aus sich, aus dem Ich heraus schöpfen will. Und wendet man dann dieses reine Denken, so wie es ist, auf die soziale Struktur an, dann kommt das Bild heraus, das Fichte im „Geschlossenen Handelsstaat" gegeben hat. Nur derjenige kommt dieser Sache bei, der sich sagt: solch ein Denken wie das Fichtesche ist gar nicht geeignet, die soziale Struktur zu

finden. Das ganz nur aus dem Impulse des Ich heraus schöpfende Denken ist nicht in der Lage, die soziale Struktur zu finden, so wie der einzelne Mensch nicht die Sprache erfinden kann; (...) Fichtes Denken ist aus dem reinen Ich herausgeborenes Denken. Und aus dem reinen Ich herausgeborenes Denken, wenn auch in etwas anderer Form, ist schließlich auch das bolschewistische Denken. Es ist im Grunde genommen gerade deshalb antisozial, weil es nur aus den Offenbarungen des Ich heraus geboren ist. Denn es ist ja diese Form gerade nicht im menschlichen Gemeinschaftsleben entstanden. Das Gemeinschaftsleben des Proletariats hat diese Form auf Autorität hin angenommen. Das Maßgebende sind die einzelnen Führer.

(...)
Es ist eben ein reines Gedankengespinst für die meisten Menschen, was Fichte da darbietet. Woher kommt denn das? Es kommt gerade daher, daß dieses Denken ein reines Denken ist, ein Denken, das von aller Welterfahrung abgesehen nur herauswebt aus der Seele, was sich eben aus der Seele herausweben läßt. Wenn Sie Fichtes Wissenschaftslehre studieren, so schreiten Sie von Satz zu Satz in einer abstrakten Höhe vor, daß Sie oftmals gar nicht wissen, warum Sie denn eigentlich diese Gedanken hegen sollen, denn sie sagen Ihnen gar nichts. Sie können Fichtes Wissenschaftslehre durch viele Blätter lesen, und Sie erfahren: Das Ich setzt sich selbst. – Das ist zunächst auf vielen Blättern auseinandergesetzt. Das nächste: Das Ich setzt das Nichtich – wiederum auf vielen Blättern auseinandergesetzt. Das dritte: Das Ich setzt sich selbst begrenzt durch das Nichtich und das Nichtich als begrenzt durch das Ich. – Nun sind Sie schon fast durch die „Wissenschaftslehre" durch, in welcher diese Sätze nur in einer sehr stark in die Breite gehenden Deduktion auseinandergesetzt werden. Sie werden sagen: das interessiert mich gar nicht, denn schließlich sind das ja ganz ausgehöhlte Abstraktionen. Aber dennoch, wenn Sie wiederum das Fichtesche Leben und Streben so betrachten, wie ich es Ihnen einmal vor einiger Zeit hier dargestellt habe, dann bekommen Sie Respekt vor Fichte, dann bekommen Sie Respekt vor diesem Hinstreben zu dem reinen Denken.
Woher rührt denn dieser merkwürdige Widerspruch? Sehen Sie, dieser merkwürdige Widerspruch rührt davon her, daß es einmal in der

5. Teil, Anthroposophie und die Welt

Menschheitsentwickelung notwendig geworden ist, zu diesem reinen, nur von Gedanken erfüllten Denken hinzukommen. Das menschliche Denken ist ja sonst, namentlich in älteren Zeiten immer nur (...) von Bildern erfüllt gewesen. Die Leute, wie Fichte, Schelling und Hegel, sie haben einmal das gedacht, was nur reine Gedanken, bildlose Gedanken sind. So hätte der Grieche nie denken können, so hätte der Römer nicht denken können, so hätte man im ganzen Mittelalter nicht denken können, denn die Scholastik ist etwas ganz anderes trotz all ihrer Abstraktheit.

Wozu ist denn in der neueren geschichtlichen Entwickelung solch ein abstraktes Denken aufgetreten? Nun, es ist deshalb aufgetreten, weil die Menschen sich einmal anstrengen mußten. Und es gehört eine starke innere Anstrengung dazu, um sich zum Beispiel im Fichteschen Sinne bis zu einer solchen Abstraktheit zu erheben, um solche Abstraktionen sich kraftvoll zu erringen, von denen der banausische, wirklichkeitssinnliche Mensch sagt, das tauge ja gar nichts, denn da sei alle Erfahrung ausgepreßt. Das ist auch durchaus der Fall. Aber zu solchen Abstraktionen mußte man eben einmal kommen. Der erste Schritt war zu solchen Abstraktionen. Sobald man aber die innere Stoßkraft des Seelenlebens noch ein Stück weiter entwickelt über diese Abstraktionen heraus, geht es in das spirituelle Leben hinein. Es gibt keinen gesunden Weg der neueren Mystik als durch das energische Denken durch. Daher mußte zunächst das energische Denken errungen werden. Der nächste Schritt ist, daß dann über dieses energische Denken hinaus zum wirklichen Erleben des Spirituellen gegangen wird. Natürlich geht das alles in der geschichtlichen Entwickelung langsam vor sich, aber der Weg der Menschheit geht doch darauf hin. Und diese Sehnsucht, die eigentlich heute alle Menschen beherrscht, aus der Abstraktion heraus zum spirituellen Leben zu kommen, diese Sehnsucht liegt geheimnisvoll auch der in der modernen proletarischen Bewegung verankerten Kraft zugrunde.

Der Proletarier sagt, nichts wirke von geistigen Kräften in der Geschichte; in der Geschichte wirken nur die wirtschaftlichen Kräfte. Die nimmt er mit der gröbsten Wahrnehmung auf, die betrachtet er als das allein geschichtlich Werdende. Das geistige Leben ist ein bloßer Überbau, eine Ideologie, ein Spiegelbild der äußeren wirtschaftlichen Vorgänge. – Nun ja, das stellt er sich so vor, weil der moderne Mensch, wenn er in sich blickt, die alten atavistischen Schauungen verloren hat; er erblickt in sich bloße Abstraktionen, bloße abstrakte Gedanken, in denen er keine Wirklichkeit finden kann; denn da müßte er den nächsten Schritt machen, den ich eben charakterisiert habe. Daher sucht ein jeder die Wirklichkeit, nach der er sich eigentlich aus seinem Inneren heraus sehnt, in der äußeren Welt. Und weil der Proletarier seit dem Kapitalismus eingespannt ist in das bloße Wirtschaftsleben, sucht er diese Wirklichkeit im Wirtschaftsleben.

Was wird der nächste Schritt sein, der naturgemäße, selbstverständliche Schritt? Der wird sein, daß man durchschauen wird, daß innerhalb der wirtschaftlichen Ordnung letzten Endes nichts wirklich Treibendes liegt. Als das Treibende in der Geschichte wird gerade im Gegensatz zu diesem geschichtlichen Materialismus die Kraft aus dem Inneren erwachsen, zum Spirituellen vorzudringen. Es ist nur die Karikatur des in den Tiefen der menschlichen Seele liegenden Sehnens, was im historischen Materialismus zum Vorschein kommt.

Und ebenso ist im Klassenbewußtsein die Kraft der einzelnen menschlichen Individualität da, die in sich selber einen Inhalt sucht, die sich darin äußert – weil sie sich selbst noch leer vorkommt, den Inhalt noch nicht gefunden hat –, daß sie sich an die ganze Klasse anlehnt, sich stark fühlt, wenn sie als Menschheit im Zusammenhang da ist.

Und so sind alle die Impulse, die heute an der Oberfläche der sozialen Bewegung walten, im Geheimen hervorgehend aus der Quelle, die ich Ihnen eben bezeichnet habe. Und daher konnte in der Zeit, in der Fichte wirkte, die noch nicht reif war für geisteswissenschaftliches Streben, nichts anderes zum Vorschein kommen, als ein Denken, das eigentlich wartet auf das Entgegenkommen der spirituellen Welt und das für die äußere Wirklichkeit nichts taugt. Und das Denken, das eigentlich angewendet werden sollte auf die geistige Welt, das bewirkt – radikal, konsequent, gewalttätig angewendet auf die äußere sinnliche Wirklichkeit – nicht Aufbau dieser sinnlichen Wirklichkeit, sondern Zerstörung. (...) Das Böse ist ein versetztes Gutes. Nur dadurch, daß die ahrimanischen Kräfte das, was in eine ganz andere Welt gehört, in unsere Welt hereindrücken, entsteht die Artung des Bösen. Und so entsteht ein zerstörerisches Denken – nicht ein Denken, das warten kann auf die Erfüllung von der spirituellen Welt –, wenn das soziale Ideal herausgesponnen wird aus dem eigenen menschlichen Inneren."

Und zwei Wochen später sagt Steiner:[204]

„Aber man kann doch noch tiefer fragen: Warum sind denn die Leute so wenig geneigt, gerade das einzusehen, was sich als eine Notwendigkeit ergeben muß durch eine wahrhaftige Emanzipation des Geisteslebens, durch ein Auf-sich-Gestelltsein des Geisteslebens? – Das rührt allerdings davon her, daß dieses Geistesleben in der neueren Zeit eine gewisse Gestalt angenommen hat, welche als solche die Menschen abhält, ihre Blicke nach der geistigen Welt hin zu richten. Man könnte in einer gewissen Weise sogar davon reden, daß die gegenwärtigen traurigen Ereignisse eine gewisse Strafe der Menschheit seien für die Verkennung, für die notwendige Verkennung des geistigen Lebens, die in der neueren Zeit eingetreten ist. Und das, meine lieben Freunde, muß eingesehen werden, daß man ohne die Überleitung der menschlichen Gedanken in eine soziale Richtung in der Zukunft nicht auskommen wird. Das lehren die Tatsachen; solche Tatsachen, gegen die anzukämpfen eine Torheit ist. Aber auf der anderen Seite muß das, was Ihnen ja aus mancher Darstellung, die ich gegeben habe, schon hervorgeht, ganz tief in seinen Untergründen eingesehen werden: daß jegliche Art Sozialistik ohne gleichzeitig vor sich gehende Vergeistigung nicht das Heil, sondern das Unheil der Menschheit bewirken muß. Eine Grundlage, das einzusehen, verschafft man sich am besten, wenn man das sozialistische Denken in seinem Hervorgehen aus dem übrigen neuzeitlichen Denken einmal gründlich ins Auge faßt.

(...)

Dasjenige Denken aber, das ganz besonders charakteristisch ist für die neuere Zeit, ist eigentlich zum Vorschein gekommen in *Hegel*. Und von Hegel habe ich Ihnen ja gesagt, ist wiederum abhängig *Karl Marx*, allerdings in einer höchst merkwürdigen Weise.

---

[204] Vortrag vom 16.3.1919, GA 189, S. 155ff.

Die Dreigliederung des sozialen Organismus

(...)
Fassen wir einmal ins Auge, wie Hegel über die Welt gedacht, gesonnen hat, wie er versucht hat, den Blick hinzurichten auf die Offenbarung der Weltgeheimnisse für den Menschen. (...) Sehen Sie, die Weltanschauung Hegels zerfällt in drei Teile. Der erste Teil ist das, was Hegel Logik nennt. Aber Logik ist für Hegel nicht die Kunst des menschlichen, des subjektiven menschlichen Denkens, sondern Logik ist für Hegel die Summe aller derjenigen Ideen, welche in der Welt selbst wirksam sind. Hegel sieht nämlich in den Ideen nicht nur das, was im menschlichen Kopfe spukt. Was im menschlichen Kopfe spukt, ist nur die Anschauung der Idee. Ideen sind für Hegel gewissermaßen Kräfte, welche in den Dingen selber drinnen spielen. Und Hegel geht nicht weiter zum Wesen der Dinge zurück, als bis zu den Ideen, so daß er gleichsam in seiner Logik die Summe aller Ideen geben will, die in den Dingen drinnen sind. Die Ideen, die sich noch nicht schöpferisch in der Natur erweisen, die Ideen, die noch nicht im Menschen zur Spiegelung, zum Erkennen kommen, sind die Ideen an sich, die in der Welt als Ideen wirken. (...) Aber Hegel sieht in diesem reinen Ideengewebe Gott vor der Erschaffung der Welt. Also Gott ist für Hegel eigentlich eine Summe, besser gesagt, ein Organismus von Ideen geworden, und zwar in der Form, wie diese Ideen existiert haben, bevor eine Natur entstanden ist, und bevor wiederum auf der Grundlage der Natur sich der Mensch entwickelt hat.
(...)
Also Sie werden angehalten, die Summe aller Ideen, die sich der Mensch über die Welt macht, auf die er gewöhnlich nicht reflektiert, weil ihm das zu langweilig ist, von dem reinen Sein bis zu dem zweckmäßigen Aufbau des Organismus hin, abgesehen von jeder äußeren Welt, sich einmal vor die Seele zu stellen. Da bekommen Sie eine Summe von Ideen, aber nur von abstrakten Ideen.
(...)
Aber denken Sie einmal, wenn Sie sich die Vernunft und das Seelenleben eines Gottes vorstellen sollten, der nichts anderes in sich gehabt hätte als die Hegelschen Ideen, der also immer nur darüber nachgedacht hätte, was zwischen dem Sein und dem zweckmäßigen Organisieren lebt, der in sich nur gehabt hätte die Idee der alleräußersten

375

5. Teil, Anthroposophie und die Welt

Abstraktion – was würden Sie zu einer solchen Zumutung, sich dieses Seelenleben Gottes zu denken, sagen? Sie würden gar nicht begreifen können, wie ein Gott so ärmlich sein könnte, in seiner göttlichen Vernunft nur diese abstrakten Ideen zu denken. Und dennoch, für Hegel ist die Summe dieser abstrakten Ideen Gott selbst, nicht nur der Verstand Gottes, sondern sogar Gott selbst vor der Erschaffung der Welt."

So macht Rudolf Steiner anhand der zwei neben der Logik bestehenden Gebiete Natur und Geist bei Hegel noch deutlicher, wie abstrakt Hegels Denken ist. Das Zitat ist dem letzten Vortrag des Zyklus' „Die soziale Frage als Bewusstseinsfrage" entnommen. Steiners Schlussfolgerungen sind dann die folgenden:[205]

„Man kann sich nichts Genialeres denken, als diesen Gedanken über die menschliche Abstraktion, wenn man die Genialität auf dem Gebiete des Abstrakten ins Auge faßt. Und man kann sich eigentlich nichts innerlich Kühneres denken, als wenn der Mensch geltend macht: das Höchste sind die Ideen; außer den Ideen gibt es keinen Gott, die Ideen sind der Gott, und du Menschenseele bist auch Idee, nur daß es die Idee in dir zu ihrem Anundfürsichsein gebracht hat, sie schaut sich an.
(...)
Nun fehlt es allerdings, wenn Sie die Philosophie Hegels vom Anfange bis zum Ende durchgehen, überall an irgendeinem Weg in die übersinnliche Welt hinein! Es kann gar keinen solchen Weg in die übersinnliche Welt hinein geben, denn stirbt der Mensch, so geht er im Sinne der Hegelschen Philosophie, weil der Mensch eigentlich Idee ist, in die allgemeine Strömung der Weltenideen ein. Und nur über diese Strömung der Weltenideen kann man etwas sagen. Es gibt keinen einzigen Begriff – das ist eben gerade das Großartige der Hegelschen Philosophie –, der von irgend etwas Übersinnlichem handelte; nur daß alles, was nun – allerdings in eisigster Abstraktheit – uns als Philosophie Hegels entgegentritt, selber übersinnlich ist, aber eben

---

[205] Ebd., S. 161ff.

das Abstrakt-Übersinnliche. Das erweist sich gänzlich ungeeignet, nun selber etwas Übersinnliches aufzunehmen; es erweist sich nur geeignet, das Sinnliche in sich aufzunehmen. Durch ein Übersinnliches wird das Sinnliche vergeistigt, allerdings nur in abstrakten Formen; aber zu gleicher Zeit wird alles Übersinnliche abgewiesen, weil die Summe der Ideen, die vom Anfang bis zum Ende gegeben werden, sich eben nur bezieht auf die sinnliche Welt.
(...)
Ich möchte Sie hauptsächlich darauf aufmerksam machen, daß die Tendenz des neuzeitlichen Denkens sich darin äußerte, einmal mit aller Gründlichkeit das Übersinnliche abzuweisen, aber nicht mit oberflächlichem Materialismus, sondern mit der höchsten Kraft des geistigen Denkens. Hegel ist daher kein Materialist, er ist objektiver Idealist. Aber dieser objektive Idealismus behauptet, daß die objektive Idee selbst der Gott und die Grundlage der Welt und alles sei.
(...)
Jetzt denken Sie sich, daß nicht ein Mensch wie Hegel mit einem inneren übersinnlichen Impuls so denkt, sondern daß dieses Denken aufgenommen wird von einem anderen Kopf, der ganz und gar nur einen Sinn hat für das Materielle, wie das bei Karl Marx der Fall war. Dann wird diese idealistische Philosophie Hegels gerade der Anlaß, alles Übersinnliche und damit alles Idealistische zurückzuweisen, abzulehnen. Und so wurde es für Karl Marx. Karl Marx eignete sich die Form des Denkens an, die er bei Hegel gefunden hatte. Allein er betrachtete nun nicht die Idee in der Wirklichkeit, sondern er betrachtete die Wirklichkeit so, wie sie sich selbst fortwährend als bloße äußere materielle Wirklichkeit fortspinnt. Er setzte den Impuls des Hegeltums fort und materialisierte ihn. Und so wurzelt gerade der Grundnerv des modernen sozialistischen Denkens in der Gipfelung des modernen idealistischen Denkens. Daß sich auch persönlich und weltgeschichtlich der allerabstrakteste Denker mit dem allermateriellsten Denker berührt, das war eine innere Notwendigkeit des 19. Jahrhunderts, das ist aber auch die Tragik des 19. Jahrhunderts; das ist gewissermaßen das Umschlagen des Geisteslebens in sein Gegenteil.
(...)
Das ist die Aufgabe der neueren Zeit: nicht weiter zu streiten über

Spiritualismus und Materialismus, sondern die Gleichgewichtslage zu finden. Denn die beiden Extreme, die des Hegelschen Luziferismus und die des Marxschen Ahrimanismus haben sich ausgelebt. Sie waren da, sie haben sich geoffenbart. Es muß nun wirklich dasjenige gefunden werden, was der Ausgleich ist. Und das ist eben mit der anthroposophisch orientierten Geisteswissenschaft gemeint. Da muß allerdings heraufgestiegen werden bis zu einem solchen reinen Denken, wie das, zu dem Hegel heraufgestiegen ist; aber dieses reine Denken muß benützt werden können, um durchzubrechen zu dem Übersinnlichen. Man muß nicht nur Logik finden, das heißt einen Organismus von Ideen, der sich dann doch nur auf die Sinnenwelt beziehen kann, man muß durchbrechen an der Stelle, wo man die Logik entdeckt hat, aus dem Sinnlichen in das Übersinnliche. Dieses Durchbrechen ist eben bei Hegel noch nicht gelungen. Daher wurde die Menschheit wieder zurückgeworfen.

(...)

Zum wirklichen Menschen mußte wiederum die menschliche Anschauung hingeleitet werden. Und diesen Versuch habe ich gemacht in meiner „Philosophie der Freiheit". Das ist die eigentliche historische Stellung des Problems, das vorlag, als es mich hindrängte, die „Philosophie der Freiheit" zu schreiben! Frei kann dieses höchst entwickelte Tier nicht sein, das den Menschen umhüllt; frei kann auch nicht jener schemenhafte Mensch sein, der Idee – Ansichsein, Außersichsein, Anundfürsichsein – ist, denn der ist durch logische Notwendigkeit gebildet.

(...)

Frei ist nur der wirkliche Mensch, der als das Gleichgewicht angesehen wird zwischen der Idee, die aber durchbricht zum wirklichen Geiste, und der äußeren materiellen Wirklichkeit.

(...)

Hegelianer sein, das kann nur das Privatvergnügen von einigen vertrackten Köpfen sein, die am Beginne des 20. Jahrhunderts ihre große Geistreichigkeit darin suchen, da zu stehen, wo es einem erlaubt war zu stehen in den ersten Jahrzehnten des 19. Jahrhunderts. Denn das, meine lieben Freunde, müssen wir lernen, nicht nur abstrakt als Mensch leben zu wollen, sondern in der Zeit zu leben, in der Entwik-

kelung der Zeit zu leben.
(...)
Und darauf kommt es an, daß man mit der menschlichen Entwikkelung mitarbeitet."

Die Einsicht in die soziale Struktur, die von Rudolf Steiner errungen und formuliert wurde, ist heute, einhundert Jahre später, ganz gewiss noch immer gültig. Die lebendige Idee der, Dreigliederung des sozialen Organismus, wie ich sie anhand von Steiners eigenen Formulierungen noch wiedergeben werde, ist in unserer Zeit noch immer anwendbar.

Nur muss die *Zeitdiagnose* verändert werden, denn auch hier sind fast einhundert Jahre vergangen, und auch wir wären „vertrackte Köpfe", wenn wir die Zeitdiagnose der Jahre nach dem Ersten Weltkrieg und der Russischen Revolution auf die Gegenwart übertragen wollten. Der Kommunismus hat sich ausgelebt, der Sozialismus auch. Der Kapitalismus hat eine vollkommen andere Gestalt angenommen. Es hat einen zweiten Weltkrieg mit immensen sozialen Umwälzungen gegeben. Es hat darauf eine Nachkriegszeit mit idealistischen Neigungen gegeben, gefolgt von einem Strom östlicher Spiritualität. Es gab eine Bewunderung für Amerika und eine völlige Ablehnung. Der Arbeiter ist längst nicht mehr der Arbeiter der Proletarierbewegung von 1920. Es ist ein neues Glied zur Dreigliederung hinzugekommen: die Medien. Es gab den ungehemmten Höhenflug von Wissenschaft und Technik, das Aufkommen des Computers, des *world wide web*, die sozialen Folgen dessen. Völkerwanderungen finden statt. Die Kirchen sind bei weitem nicht mehr eine so tonangebende Macht. Und so weiter.

Allein ein reines Denken, sich der Logik bewusst, aber zum Geist durchgebrochen, ist imstande, diese neue Zeitdiagnose zu stellen. Ein anderes Denken, sei es persönlich gefärbt, sei es abstrakt-rein, kann nur vernichtende Kräfte anziehen. Es musste heute zuerst eine spirituelle Zeitdiagnose gestellt werden, sich haltend im Gleichgewichtspunkt zwischen abstrakter Idee und sinnlicher Wirklichkeit, aber vom reinen Denken aus durchbrechend zum Übersinnlichen und in Bezug auf die Welt durchbrechend zu einem Realitätsdenken. Man kann die

5. Teil, Anthroposophie und die Welt

Zeitsymptome von 1920 nicht einfach nach 2011 versetzen und von da aus weiterräsonieren. Eine Krankheitsdiagnose muss gestellt werden, wobei alle Symptome „vermerkt" und auf die richtige Weise als falsche Verzerrungen der verschiedenen Glieder des sozialen Organismus begriffen werden.

Diesen Aspekt lassen wir hier ruhen. Wir vertiefen uns weiter in die lebendige Einsicht in die soziale Dreigliederung, wie sie von Rudolf Steiner „gesehen" wurde und in unserer Zeit noch immer gültig ist, so wie auch unser Körper noch immer ein Nervensystem, einen Atem- und Blutzirkulationsrhythmus und ein Stoffwechselsystem hat – obwohl die Krankheiten wiederum sehr andere sind als vor einem Jahrhundert. Als Grundlage für diese Einsicht nehme ich das 1919 zum ersten Mal erschienene Buch Rudolf Steiners: „Die Kernpunkte der sozialen Frage in den Lebensnotwendigkeiten der Gegenwart und Zukunft".

Wir haben versucht, Rudolf Steiner innerlich zu folgen. 1919 war er achtundfünfzig Jahre alt. Es ist in Bezug auf den *Menschen* Rudolf Steiner enthüllend, wenn wir mit seiner Einsicht in den sozialen Organismus mitdenken. Wir müssen uns dann doch auch in die Art vertiefen, auf die er *seine* Zeitdiagnose stellt. Wir sehen dann den *Menschen*, der dies tut, und wir sehen die *Einsicht*, die er offenbart. Hier kann dies immer nur fragmentarisch wiedergegeben werden.[206]

„Alle die Auseinandersetzungen über das neuere Wirtschaftsleben, das Maschinenzeitalter, den Kapitalismus mögen noch so einleuchtend auf die Tatsachengrundlage der modernen Proletarierbewegung hinweisen; was die gegenwärtige soziale Lage entscheidend aufklärt, erfließt nicht unmittelbar aus der Tatsache, daß der Arbeiter an die Maschine gestellt worden, daß er in die kapitalistische Lebensordnung eingespannt worden ist. Es fließt aus der andern Tatsache, daß ganz bestimmte *Gedanken* sich innerhalb seines Klassenbewußtseins an der Maschine und in der Abhängigkeit von der kapitalistischen Wirtschaftsordnung ausgebildet haben.

(...)

---

[206] GA 13, S. 34-50.

Die Dreigliederung des sozialen Organismus

Wer die proletarische Bewegung verstehen will, der muß vor allem wissen, wie der Proletarier *denkt*. Denn die proletarische Bewegung – von ihren gemäßigten Reformbestrebungen an bis in ihre verheerendsten Auswüchse hinein – wird nicht von „außermenschlichen Kräften", von „Wirtschaftsimpulsen" gemacht, sondern von *Menschen*; von deren Vorstellungen und Willensimpulsen.

(...)

Diese Bewegung hat ihre Gedanken-Quelle in der neueren Wissenschaftsrichtung gesucht, weil dem Proletarier Maschine und Kapitalismus nichts geben konnten, was seine Seele mit einem menschenwürdigen Inhalt erfüllen konnte. Ein solcher Inhalt ergab sich dem mittelalterlichen Handwerker aus seinem Berufe. In der Art, wie dieser Handwerker sich *menschlich* mit dem Berufe verbunden fühlte, lag etwas, das ihn das Leben innerhalb der ganzen menschlichen Gesellschaft vor dem eigenen Bewußtsein in einem lebenswerten Lichte erscheinen ließ."

Stellen wir uns den Schneider-Meister mit seinen Gesellen und Lehrlingen vor – und demgegenüber die Mädchen in der Konfektionsindustrie, an Reihen von Nähmaschinen, wobei jede Arbeiterin immer wieder nur ein und dieselbe Naht in eine Bluse näht.

„Er vermochte, was er tat, so anzusehen, daß er dadurch verwirklicht glauben konnte, was er als „Mensch" sein wollte. An der Maschine und innerhalb der kapitalistischen Lebensordnung war der Mensch auf sich selbst, auf sein Inneres angewiesen, wenn er nach einer Grundlage suchte, auf der sich eine das Bewußtsein tragende Ansicht von dem errichten läßt, was man als „Mensch" ist. Von der Technik, von dem Kapitalismus strömte für eine solche Ansicht nichts aus. So ist es gekommen, daß das proletarische Bewußtsein die Richtung nach dem wissenschaftlich gearteten Gedanken einschlug. Es hatte den menschlichen Zusammenhang mit dem unmittelbaren Leben verloren.

(...)

Wie man auch über das Verhältnis der religiösen Impulse und dessen, was mit ihnen verwandt ist, zu der wissenschaftlichen Denkungsart der neueren Zeit urteilen mag: man wird, wenn man unbefangen

die geschichtliche Entwickelung betrachtet, zugeben müssen, daß sich das wissenschaftliche Vorstellen aus dem religiösen entwickelt hat. Aber die alten, auf religiösen Untergründen ruhenden Weltanschauungen haben nicht vermocht, ihren seelentragenden Impuls der neueren wissenschaftlichen Vorstellungsart mitzuteilen.
(...)
Den führenden Klassen konnte dieser (religiöse, M.M.) Bewußtseinsinhalt noch etwas Wertvolles sein. Er hing auf die eine oder die andere Art mit ihrer Lebenslage zusammen. Diese Klassen suchten nicht nach einem neuen Bewußtseinsinhalt, weil die Überlieferung durch das Leben selbst sie den alten noch festhalten ließ. Der moderne Proletarier wurde aus allen alten Lebenszusammenhängen herausgerissen. Er ist der Mensch, dessen Leben auf eine völlig neue Grundlage gestellt worden ist. Für ihn war mit der Entziehung der alten Lebensgrundlagen zugleich die Möglichkeit geschwunden, aus den alten geistigen Quellen zu schöpfen.
(...)
Ihr (der modernen Wissenschaftlichkeit, M.M.) wandte sich das Vertrauen, der Glaube des modernen Proletariats zu. Bei ihr suchte es den ihm notwendigen neuen Bewußtseinsinhalt."

„Was die wissenschaftliche Denkungsart nicht aus der alten Lebensordnung mitbekommen hat: das ist das Bewußtsein, daß sie als geistiger Art in einer geistigen Welt wurzelt.
(...)
Am Ende dieses Weges ertönt aus der proletarischen Seele die Überzeugung: Ich strebe nach dem geistigen Leben. Aber dieses geistige Leben ist *Ideologie*, ist nur, was sich im Menschen von den äußeren Weltvorgängen spiegelt, fließt nicht aus einer besonderen geistigen Welt her. Was im Übergange zur neuen Zeit aus dem alten Geistesleben geworden ist, empfindet die proletarische Lebensauffassung als Ideologie.
(...)
Die herrschenden Klassen erkennen sich nicht als die Urheber derjenigen Lebensgesinnung, die ihnen gegenwärtig im Proletariertum kampfbereit entgegentritt. Und doch sind sie diese Urheber dadurch

geworden, daß sie von ihrem Geistesleben diesem Proletariertum nur etwas haben vererben können, was von diesem als Ideologie empfunden werden muß."

„Man wird auf diesem Gebiete zum Umdenken dessen kommen, was man gegenwärtig denkt, wenn man das Gewicht der Tatsache wird richtig empfinden lernen, daß ein gesellschaftliches Zusammenleben der Menschen, in dem das Geistesleben als Ideologie wirkt, eine der Kräfte entbehrt, welche den sozialen Organismus lebensfähig machen. Der gegenwärtige krankt an der Ohnmacht des Geisteslebens."

Auf diesen Grundsätzen ruht Rudolf Steiners Einsicht in die *eigentliche* Sehnsucht des Proletariers. Dieser sucht nach einem *Bewusstsein seiner Menschenwürde*, und weil er dieses nicht finden konnte, tauschte er es gegen das *Klassenbewusstsein* ein.
Dadurch versank der ganze Kampf in das Gebiet des Wirtschaftslebens, denn ein tragendes Bedürfnis nach Geistesleben wurde nicht erkannt. Dadurch wurde auch nicht deutlich eingesehen, dass es tatsächlich menschenunwürdig ist, dass Arbeitskraft als Ware behandelt wird. Das ist die zweite Grundursache der sozialen Frage.[207]

„Im Altertum gab es Sklaven. Der *ganze* Mensch wurde wie eine Ware verkauft. Etwas weniger vom Menschen, aber doch eben ein Teil des Menschenwesens selber wurde in den Wirtschaftsprozeß eingegliedert durch die Leibeigenschaft. Der Kapitalismus ist die Macht geworden, die noch einem Rest des Menschenwesens den Charakter der Ware aufdrückt: der Arbeitskraft.
(...)
Aber man sieht nicht, wie es im Wirtschaftsleben selbst liegt, daß alles ihm Eingegliederte zur Ware werden *muß*.
(...)
Man kann nicht die menschliche Arbeitskraft des Warencharakters entkleiden, wenn man nicht die Möglichkeit findet, sie aus dem Wirtschaftsprozeß herauszureißen.

---
[207] Ebd. S. 53ff.

5. Teil, Anthroposophie und die Welt

(...)
Man sieht schon hieraus, daß die „soziale Frage" sich in drei besondere Fragen gliedert. Durch die erste wird auf die gesunde Gestalt des Geisteslebens im sozialen Organismus zu deuten sein; durch die zweite wird das Arbeitsverhältnis in seiner rechten Eingliederung in das Gemeinschaftsleben zu betrachten sein; und als drittes wird sich ergeben können, wie das Wirtschaftsleben in diesem Leben wirken soll."

Rudolf Steiner baut seine Einsicht in den sozialen Organismus nicht theoretisch auf, in Analogie zu der zuvor beschriebenen menschlichen Dreigliederung. Eine solche Art zu denken ist ihm absolut nicht eigen – das mag aus dieser „spirituellen Biographie" längst deutlich geworden sein. Er *bedenkt* nicht, wie das soziale Leben vielleicht auch dreigegliedert sein könnte. Er *schaut*, dass dies so ist, und ringt darum, diese Geistesschau in Worte zu bringen, die der Verstand fassen kann.

Ich gebe hier diese Charakteristik in seinen eigenen Worten:[208]

„Eines dieser Glieder ist das Wirtschaftsleben. Hier soll mit seiner Betrachtung begonnen werden, weil es sich ja ganz augenscheinlich, alles übrige Leben beherrschend, durch die moderne Technik und den modernen Kapitalismus in die menschliche Gesellschaft hereingebildet hat. Dieses ökonomische Leben muß ein selbständiges Glied für sich innerhalb des sozialen Organismus sein, so relativ selbständig, wie das Nerven-Sinnes-System im menschlichen Organismus relativ selbständig ist. Zu tun hat es dieses Wirtschaftsleben mit all dem, was Warenproduktion, Warenzirkulation, Warenkonsum ist.

Als zweites Glied des sozialen Organismus ist zu betrachten das Leben des öffentlichen Rechtes, das eigentliche politische Leben. Zu ihm gehört dasjenige, das man im Sinne des alten Rechtsstaates als das eigentliche Staatsleben bezeichnen könnte. Während es das Wirtschaftsleben mit all dem zu tun hat, was der Mensch braucht aus der Natur und aus seiner eigenen Produktion heraus, mit Waren, Warenzirkulation und Warenkonsum, kann es dieses zweite Glied des sozialen Organismus nur zu tun haben mit all dem, was sich aus rein

---
[208] Ebd., S. 62ff.

menschlichen Untergründen heraus auf das Verhältnis des Menschen zum Menschen bezieht.
(...)
Man muß dieses im Leben empfindend unterscheiden, damit sich als Folge dieser Empfindung das Wirtschafts- von dem Rechtsleben scheidet, wie im menschlichen natürlichen Organismus die Tätigkeit der Lunge zur Verarbeitung der äußeren Luft sich abscheidet von den Vorgängen im Nerven-Sinnesleben.
Als drittes Glied, das ebenso selbständig sich neben die beiden andern Glieder hinstellen muß, hat man im sozialen Organismus das aufzufassen, was sich auf das geistige Leben bezieht. Noch genauer könnte man sagen (...), was beruht auf der natürlichen Begabung des einzelnen menschlichen Individuums, was hineinkommen muß in den sozialen Organismus auf Grundlage dieser natürlichen, sowohl der geistigen wie der physischen Begabung des einzelnen menschlichen Individuums."

Aber wir können nicht einfach in Analogie zur menschlichen Dreigliederung sagen: dann entspricht das freie Geistesleben also dem Haupt, der Staat dem rhythmischen System, das Wirtschaftsleben dem Stoffwechsel. Das gilt zwar für den individuellen Menschen, *nicht* aber für den sozialen Organismus:[209]

„Also der Staat, oder besser gesagt, der soziale Organismus, ist ein organisches Wesen, welches, wenn ich den Ausdruck gebrauchen darf, dasjenige ißt, was die Menschen ausdenken, was die Menschen erfinden, was aus der menschlichen Geistigkeit kommt. Nehmen Sie die eigentliche Grundkraft, die eigentliche Grundeigenschaft aus der menschlichen Geistigkeit hinweg, nämlich die Freiheit, die individuelle Freiheit, so ist das genau so, wie wenn Sie den Menschen heranwachsen lassen wollten, ohne ihm zu essen zu geben. Die freien, individuellen Menschen, die sich in eine soziale Zwangsstruktur hineinstellen und ihre freie Geistigkeit steril machen, lassen ebenso die soziale Struktur absterben, wie ein Mensch absterben muß, dem

---
[209] GA 188, S. 175.

5. Teil, Anthroposophie und die Welt

Sie keine Nahrungsmittel geben. Das, was die menschlichen Köpfe in die Welt hereinbringen, das sind die Nahrungsmittel für den sozialen Organismus.

So daß man sagen kann: Das Produktive aus Nerven- und Sinnessphäre ist die Nahrung für den sozialen Organismus. – Das, was beim Menschen das rhythmische System ist, dem entspricht allerdings im sozialen Organismus alles dasjenige, was eigentlich dem Staate übertragen werden soll (...). Und was ist nun im Staat das Produktive? Dasjenige, was aus der Naturgrundlage im weiteren Sinne herauskommt, das Wirtschaftsleben. Das ist gewissermaßen der Kopf des Staates. Das Wirtschaftsleben, die Naturgrundlage, alles das, was produziert wird, das ist gewissermaßen der Kopf. Es ist umgekehrt wie beim individuellen Menschen. So daß wir ebensogut sagen können: Wie der Mensch produktiv ist durch seine Nerven und Sinne, so ist der soziale Organismus durch seine Naturgrundlage produktiv. Und wie der Mensch seinen Stoffwechsel von der Natur erhält, so erhält der soziale Organismus seine Nahrung aus dem Menschenkopf heraus.

Den sozialen Organismus verstehen Sie im Verhältnis zum Menschen nur richtig, wenn Sie den Menschen auf den Kopf stellen."

Zum Schluss gebe ich noch ein Beispiel von Steiners Sicht auf den Umgang mit dem Kapital. Da es in diesem Buch mehr darum geht, Rudolf Steiner selbst „sichtbar" werden zu lassen, ist eine vollständige Ausarbeitung der verschiedenen Themen nicht das Ziel, sondern es geht um ein Sichtbarwerden des „Verständnisses für den Menschen", das bei Rudolf Steiner allem zugrunde liegt, auch der Einsicht in die soziale Frage.[210]

„Das befreite Geistesleben wird soziales Verständnis ganz notwendig aus sich selbst entwickeln; und aus diesem Verständnis werden Anreize ganz anderer Art sich ergeben als derjenige ist, der in der Hoffnung auf wirtschaftlichen Vorteil liegt. Aber nicht darum kann es sich allein handeln, aus welchen Impulsen heraus der Privatbesitz an Produktionsmitteln bei Menschen beliebt ist, sondern darum, ob die freie

---
[210] GA 23, S. 108ff.

Die Dreigliederung des sozialen Organismus

Verfügung über solche Mittel, oder die durch die Gemeinschaft geregelte den Lebensbedingungen des sozialen Organismus entspricht.
(...)
Auf dieser gegenwärtigen Stufe *kann* eben die fruchtbare Betätigung der individuellen Fähigkeiten durch das Kapital nicht ohne die freie Verfügung über dasselbe in den Kreislauf des Wirtschaftslebens eintreten. Wo fruchtbringend produziert werden soll, da muß diese Verfügung möglich sein, *nicht* weil sie einem einzelnen oder einer Menschengruppe Vorteil bringt, sondern weil sie der Allgemeinheit am besten dienen kann, wenn sie zweckmäßig von sozialem Verständnis getragen ist.
(...)
Die Unterbindung der freien Verfügung über die Produktionsmittel kommt gleich einer Lähmung der freien Anwendung seiner (des Menschen, M.M.) Geschicklichkeit der Leibesglieder.
Nun ist aber das Privateigentum nichts anderes als der Vermittler dieser freien Verfügung. Für den sozialen Organismus kommt in Ansehung des Eigentums gar nichts anderes in Betracht, als daß der Eigentümer das *Recht* hat, über das Eigentum aus seiner freien Initiative heraus zu verfügen. Man sieht, im sozialen Leben sind zwei Dinge miteinander verbunden, welche von ganz verschiedener Bedeutung sind für den sozialen Organismus: *Die freie Verfügung* über die Kapitalgrundlage der sozialen Produktion, und *das Rechtsverhältnis*, in das der Verfüger zu andern Menschen tritt dadurch, daß durch sein Verfügungsrecht diese anderen Menschen ausgeschlossen werden von der freien Betätigung durch diese Kapitalgrundlage.
Nicht die *ursprüngliche* freie Verfügung führt zu sozialen Schäden, sondern lediglich das *Fortbestehen* des Rechtes auf diese Verfügung, wenn die Bedingungen aufgehört haben, welche in zweckmäßiger Art individuelle menschliche Fähigkeiten mit dieser Verfügung zusammenbinden.
(...)
In unserer Zeit haben wir eine Einrichtung, welche der hier angedeuteten sozialen Forderung Rechnung trägt, teilweise durchgeführt nur für das sogenannte geistige Eigentum. Dieses geht einige Zeit nach dem Tode des Schaffenden in freies Besitztum der Allgemeinheit über.

(...)
Nicht anders aber steht es mit anderem Eigentum. Daß mit dessen Hilfe der einzelne im Dienste der Gesamtheit produziert, das ist nur möglich im Mitwirken dieser Gesamtheit.
(...)
Nicht ein Mittel ist zu finden, wie das Eigentum an der Kapitalgrundlage ausgetilgt werden kann, sondern ein solches, wie dieses Eigentum so verwaltet werden kann, daß es in der besten Weise der Gesamtheit diene."

Und etwas später:[211]

„Man wird sehen können, daß durch Verwirklichung solcher sozialer Ideen, wie sie hier dargestellt sind, Einrichtungen, die gegenwärtig bestehen, eine völlig neue Bedeutung erhalten werden. Das Eigentum hört auf, dasjenige zu sein, was es bis jetzt gewesen ist. Und es wird nicht zurückgeführt zu einer überwundenen Form, wie sie das Gemeineigentum darstellen würde, sondern es wird fortgeführt zu etwas völlig Neuem. Die Gegenstände des Eigentums werden in den Fluß des sozialen Lebens gebracht. Der einzelne kann sie nicht aus seinem Privatinteresse heraus zum Schaden der Allgemeinheit verwalten; aber auch die Allgemeinheit wird sie nicht zum Schaden der einzelnen bureaukratisch verwalten können; sondern der geeignete einzelne wird zu ihnen den Zugang finden, um durch sie der Allgemeinheit dienen zu können."

So hat Rudolf Steiner 1919 Schritt für Schritt, Punkt für Punkt, die Idee der sozialen Dreigliederung ausgearbeitet, aufgeschrieben, ausgesprochen. Dem allen zugrundegelegt hat er, wie wir gesehen haben, die entwickelte spirituelle Einsicht. Eine Einsicht in die soziale Frage erlangt man nicht durch ein Denken in Abstraktionen, auch wenn dieses Denken noch so rein ist. Man muss dieses reine Denken mit einem *Willen* durchdringen, erfüllen, der zum Übersinnlichen durchbricht. Aber dann muss dieses übersinnliche, einsichtige, schauende

---

[211] Ebd., S. 125f.

Die Dreigliederung des sozialen Organismus

Bewusstsein sich mitten in die soziale Realität hineinstellen und hier schauen und fassen, was die wirkliche Gliederung dieses sozialen Lebens, das ein *werdender Organismus* ist, zeigt. Das hat Rudolf Steiner vorgemacht, und dem verdanken wir die Einsicht in die Dreigliederung des sozialen Organismus, wodurch wir zumindest als Idee schauen, erleben können, was dieser seinem Wesen nach *ist*. Rudolf Steiner versetzte sich hinein in die Einsichten, Parolen, Sehnsüchte, Behauptungen usw., die in seiner Zeit aktuell waren. Man hört in seinen Betrachtungen fortwährend die Parolen der sozialen Revolution, des Kommunismus, die wir auch noch aus den fünfzig Jahren danach kennen, die aber nun ihre Kraft verloren haben. Wir können also Rudolf Steiners Zeitdiagnose als Vorbild nehmen, müssten aber dahin kommen, eine neue Zeitdiagnose zu stellen, in der neue Begriffe, Parolen, Phrasen, hohle Worte erklingen, die wir mit ihrer wirklichen, tieferen Bedeutung erfüllen müssten. An die Stelle der Kapitalisten von damals sind die Giganten getreten, bei denen absolut undurchsichtig bleibt, *wer* das Kapital beherrscht; dazu kennen wir die namenlosen (es gibt keine verantwortliche Person), unerreichbaren (nicht per Telefon, nicht per email) „Quangos" (*quasi-autonomous non-governmental organizations*), die teils Staatsangelegenheit (staatlich finanziert) und teils privat (unabhängig) sind; und es gibt die verdeckt und offen agierenden zahllosen Lobbyorganisationen. So etwas müsste von uns mit einem spirituell erwachten Verständnis durchschaut werden. Wir können die Situation von 1919 nicht nach 2011 versetzen und einfach dieselben Worte wie Steiner verwenden – denn diese Worte bedeuten heute etwas ganz anderes.

Aber 1919, in der Zeit der Arbeiterrevolutionen, hat Rudolf Steiner sehr intensiv versucht, die soziale Organisation in die richtige Richtung zu bewegen. Dafür hat er immense Kräfte entfaltet. In dem Buch „Rudolf Steiners Erdenleben und Wirken" von Guenther Wachsmuth sind alle Details aus dieser Zeit zu finden. Zuerst versuchte Steiner, den Kriegsopfern zu helfen. So ließ er zum Beispiel für die deutschen Kriegsgeschädigten in der Schweiz am Goetheanum Goethes „Faust II" aufführen. Geistigen Beistand wollte er geben.

Im Februar 1919 wurde das schon zuvor besprochene Dokument

5. Teil, Anthroposophie und die Welt

„An das Deutsche Volk und die Kulturwelt" veröffentlicht. Im April 1919 erschien das oben zitierte Buch „Kernpunkte der sozialen Frage", innerhalb eines Jahres wurden davon 80.000 Exemplare auf deutsch verkauft und wurde es außerdem in viele Sprachen übersetzt. Steiner ging auf Vortragsreise nach Deutschland, sprach vor den Arbeitern vieler Fabriken und Industrien und führte auch mit den Leitern zahllose Gespräche. Ein Versuch, Prinz Max von Baden – der wenig später kurzzeitig der letzte Reichskanzler wurde – für die Idee der sozialen Dreigliederung zu interessieren, schien zunächst zu gelingen, doch trat dieser dann nicht öffentlich dafür ein. Aber Rudolf Steiner brachte auch den Mut auf, in erregten Versammlungen das Wort zu erheben. Wachsmuth schreibt:[212]

„Noch viel größerer größerer Mut gehörte damals dazu, unter die Wogen erhitzter Seelen zu treten und von etwas zu sprechen, das allen Theorien und Mächten des Augenblicks so sehr widersprach. Rudolf Steiner hatte diesen einzigartigen Mut. Wenn er mit seiner ruhigen, volltönenden, aus größter Selbstbeherrschung die Worte formenden Stimme zu dem aufgeregten Meer solcher Arbeiterversammlungen sprach, da gingen die seelischen Wellen der Erregung der Menschen zu Ruhe und lauschender Betrachtung über, nach und nach mussten die Vertreter der erhitzten Schlagworte und Phrasen in den Hintergrund treten, und in den Herzen der Besten wuchs die bejahende Antwort oder doch die ernste Frage nach tieferer Klärung der neuen Gedanken, die er ihnen geduldig, verständnisvoll, an die harte Wirklichkeit anknüpfend, Erkenntnisarbeit fordernd und zum rechten Tun führend, darbot. (...) So sprach er in diesen Tagen vor der Arbeiterschaft großer Stuttgarter Industrien, für die Arbeiter der Waldorf-Astoria-Fabrik, der Bosch-Werke, der Fabrik von J. del Monte, der Daimler-Werke, und auch in anderen Städten."
„Er arbeitete u.a. mit den Anthroposophen Emil Molt, Roman Boos, Ernst Uehli, Carl Unger, Hans Kühn, Emil Leinhas, Walter Kühne und vielen anderen zusammen."

---

[212] Guenther Wachsmuth: Rudolf Steiners Erdenleben und Wirken. Philosophisch-anthroposophischer Verlag am Goetheanum, S. 380.

Die Dreigliederung des sozialen Organismus

Wenn man versucht, mit diesen Geschehnissen im Leben Rudolf Steiners mitzuleben – was natürlich immer nur fragmentarisch bleibt, und auch sehr individuell –, dann empfindet man einerseits die enorme Ausbreitung der Anthroposophie nach außen, in die Welt hinein. Andererseits fühlt man, wie die Bedrohung zunimmt, man *sieht* gleichsam die Gegenmacht heraufkommen, die sich *gegen* alles Geistige in der Welt wendet. Man fühlt die eisige Kälte, das Grauwerden des Lichts, die Ermattung, die Entmutigung als etwas Drohendes heraufkommen. Im nachhinein, wissend, was bevorstand, ist es deutlich. Aber für Rudolf Steiner muss diese Drohung wie ein Wesen am Horizont gestanden haben – wartend, wieviele Menschen es von ihrem Pfad abbringen, wie es über die Menschen diesen grandiosen Impuls lahmlegen könnte.

DIE WALDORFSCHULE

In direktem Zusammenhang mit der sozialen Dreigliederung entstand auch die Waldorfschule. Wie alle Bewegungen der Anthroposophie nach außen war auch die Pädagogik etwas, was schon seit Jahrzehnten in Rudolf Steiners Geistanschauung heranwuchs. Als Student hatte er als Hauslehrer bei der Familie Specht in Wien ein Kind mit ernsthaften Lernschwierigkeiten (durch einen Hydrocephalus) erzogen. Durch ein sorgfältig erwogenes, erzieherisches Vorgehen brachte er den Jungen bis zum Gymnasium und zum Medizinstudium. Seine Einsichten in die Erziehungskunst finden in dieser Periode bereits ihren Ursprung. Für ein gesundes menschliches Zusammenleben auf der Basis der Einsicht in die Dreigliederung des sozialen Organismus maß er einer gesunden Schulerziehung die allergrößte Bedeutung zu. Der Mann, der als Direktor der Waldorf-Astoria Zigarettenfabrik auch in der Dreigliederungsbewegung eine wichtige Rolle spielte, Emil Molt (1876-1936), ergriff dann die Initiative zu einer Schule für die Arbeiterkinder, die auf die geisteswissenschaftlichen pädagogischen Einsichten Rudolf Steiners gegründet sein sollte.

Während der Eröffnungsfeier der Schule, am 7. September 1919, sprach Emil Molt unter anderem die folgenden Worte:[213]

„Meine sehr verehrten Anwesenden! Diese Gründung der Waldorfschule ist nicht etwa entsprungen einer bloßen Marotte eines einzelnen, sondern der Gedanke wurde geboren aus der Einsicht in die Notwendigkeiten unserer heutigen Zeit. Es war mir einfach Bedürfnis, in Wahrheit die erste sogenannte Einheitsschule ins Leben zu rufen und dadurch einem sozialen Bedürfnis wirklich abzuhelfen, so daß künftighin nicht nur der Sohn und die Tochter des Begüterten, sondern auch die Kinder der einfachen Arbeiter in die Lage versetzt werden, diejenige Bildung sich anzueignen, die heute notwendig ist zum Auf-

---

[213] GA 298, S. 18.

Die Waldorfschule

stieg zu einer höheren Kultur.

(...)

Aber es genügt heute ja nicht, eine bloße „Einrichtung" zu schaffen, sondern es tut not, diese Einrichtung zu erfüllen mit neuem Geiste. Und daß ein solcher Geist erfülle diese Einrichtung, dafür bürgt uns die anthroposophisch orientierte Geisteswissenschaft, und ich fühle mich innerlich tief verpflichtet, an dieser Stelle innigen Dank auszusprechen demjenigen, der uns diese Geisteswissenschaft vermittelt hat, unserem verehrten Herrn Dr. Rudolf Steiner. Aber ich danke auch der Behörde, welche es uns ermöglicht hat, mit dieser Einrichtung ins Leben zu treten, so daß wir heute in der glücklichen Lage sind, unsere Gedanken wirklich in die Tat überzuführen."

Dieser Eröffnung ging eine intensive Periode voraus, in der die neuen Lehrer auf diese Aufgabe vorbereitet wurden. Es waren die Tage vom 20. August bis zum 5. September, in denen täglich Vorträge gehalten und auch Seminarübungen gegeben wurden.[214] Das Ganze bildete den „Schulungskurs" für die Lehrer anlässlich der Begründung der Freien Waldorfschule in Stuttgart. Am Vorabend dieses Kurses, am 20. August 1919, hielt Rudolf Steiner zur Eröffnung eine Ansprache, aus der vieles über den Sinn und die Aufgabe der Waldorfschule deutlich wird:[215]

„Heute Abend soll nur etwas Präliminarisches gesagt werden. Die Waldorfschule muß eine wirkliche Kulturtat sein, um eine Erneuerung unseres Geisteslebens der Gegenwart zu erreichen. Wir müssen mit Umwandlung in allen Dingen rechnen; die ganze soziale Bewegung geht ja zuletzt auf Geistiges zurück, und die Schulfrage ist ein Unterglied der großen geistigen brennenden Fragen der Gegenwart. Die Möglichkeit der Waldorfschule muß dabei ausgenützt werden, um reformierend, revolutionierend im Schulwesen zu wirken.

---

[214] Gedruckt in: Allgemeine Menschenkunde als Grundlage der Pädagogik (293); Erziehungskunst. Methodisch-Didaktisches (GA 294); Erziehungskunst, Seminarbesprechungen und Lehrplanvorträge (GA 295).

[215] GA 293, S. 13ff.

5. Teil, Anthroposophie und die Welt

Das Gelingen dieser Kulturtat ist in Ihre Hand gegeben. Viel ist damit in Ihre Hand gegeben, um, ein Muster aufstellend, mitzuwirken. Viel hängt davon ab, daß diese Tat gelingt. Die Waldorfschule wird ein praktischer Beweis sein für die Durchschlagskraft der anthroposophischen Weltorientierung. Sie wird eine Einheitsschule sein in dem Sinne, daß sie lediglich darauf Rücksicht nimmt, so zu erziehen und zu unterrichten, wie es der Mensch, wie es die menschliche Gesamtwesenheit erfordert. Alles müssen wir in den Dienst dieses Zieles stellen.

Aber wir haben es nötig, Kompromisse zu schließen. Kompromisse sind notwendig, denn wir sind noch nicht so weit, um eine wirklich freie Tat zu vollbringen. Schlechte Lehrziele, schlechte Abschlußziele werden uns vom Staat vorgeschrieben. Diese Ziele sind die denkbar schlechtesten, und man wird sich das denkbar Höchste auf sie einbilden. Die Politik, die politische Tätigkeit von jetzt wird sich dadurch äußern, daß sie den Menschen schablonenhaft behandeln wird, daß sie viel weitergehend als jemals versuchen wird, den Menschen in Schablonen einzuspannen. Man wird den Menschen behandeln wie einen Gegenstand, der an Drähten gezogen werden muß und wird sich einbilden, daß das einen denkbar größten Fortschritt bedeutet. Man wird unsachgemäß und möglichst hochmütig solche Dinge einrichten, wie es Erziehungsanstalten sind. Ein Beispiel und Vorgeschmack davon ist die Konstruktion der russischen bolschewistischen Schulen, die eine wahre Begräbnisstätte sind für alles wirkliche Unterrichtswesen. Wir werden einem harten Kampf entgegengehen, und müssen doch diese Kulturtat tun.

Zwei widersprechende Kräfte sind dabei in Einklang zu bringen. Auf der einen Seite müssen wir wissen, was unsere Ideale sind, und müssen doch noch die Schmiegsamkeit haben, uns anzupassen an das, was weit abstehen wird von unseren Idealen. Wie diese zwei Kräfte in Einklang zu bringen sind, das wird schwierig sein für jeden einzelnen von Ihnen. Das wird nur zu erreichen sein, wenn jeder seine volle Persönlichkeit einsetzt. Jeder muß seine volle Persönlichkeit einsetzen von Anfang an.

(...)

Wir wollen hier in der Waldorfschule keine Weltanschauungsschule

Die Waldorfschule

einrichten. Die Waldorfschule soll keine Weltanschauungsschule sein, in der wir die Kinder möglichst mit anthroposophischen Dogmen vollstopfen. Wir wollen keine anthroposophische Dogmatik lehren, Anthroposophie ist kein Lehrinhalt, aber wir streben hin auf praktische Handhabung der Anthroposophie. Wir wollen umsetzen dasjenige, was auf anthroposophischem Gebiet gewonnen werden kann, in wirkliche Unterrichtspraxis.
(...)
Wir müssen uns bewußt sein der großen Aufgaben. Wir dürfen nicht bloß Pädagogen sein, sondern wir werden Kulturmenschen im höchsten Grade, im höchsten Sinne des Wortes sein müssen. Wir müssen lebendiges Interesse haben für alles, was heute in der Zeit vor sich geht, sonst sind wir für diese Schule schlechte Lehrer."

Und im ersten Vortrag sagt Rudolf Steiner:[216]

„Das wird unserem Erziehungs- und Unterrichtswesen allein die richtige Stimmung geben, wenn wir uns bewußt werden: Hier in diesem Menschenwesen hast du mit deinem Tun eine Fortsetzung zu leisten für dasjenige, was höhere Wesen vor der Geburt getan haben."

Das erste, worauf Rudolf Steiner in diesem Schulungskurs für die Lehrer hinwies, war die vorgeburtliche Realität des Menschenwesens, das sich durch Konzeption und Geburt mit einem aus der Vererbungsströmung stammenden physisch-ätherisch-astralischen Leib verbindet.

Geist: Geistesmensch, Lebensgeist, Geistselbst.

Seele: Bewusstseinsseele, Verstandes- und Gemütsseele, Empfindungsseele.

„Geistseele" verbindet sich mit „Körperleib", d.h. mit dem Astralleib, Ätherleib, physischen Leib, die wieder mit dem Mineral-, Pflan-

---
[216] Vortrag vom 21.8.1919, GA 293, S. 21.

zen- und Tierreich verbunden sind.

Weiter sagte er:

„Die Aufgabe der Erziehung, im geistigen Sinn erfaßt, bedeutet das In-Einklang-Versetzen des Seelengeistes mit dem Körperleib oder dem Leibeskörper. Die müssen miteinander in Harmonie kommen, müssen aufeinander gestimmt werden, denn die passen gewissermaßen, indem das Kind hereingeboren wird in die physische Welt, noch nicht zusammen. Die Aufgabe des Erziehers und auch des Unterrichters ist das Zusammenstimmen dieser zwei Glieder."

„Sie sehen, dieser Teil der Erziehung wird hinneigen zu dem Geistig-Seelischen: dadurch, daß wir harmonisieren das Atmen mit dem Nerven-Sinnesprozeß, ziehen wir das Geistig-Seelische in das physische Leben des Kindes herein."

„Dahin muß es gebracht werden durch die richtiggehende Erziehung, daß das, was der Mensch auf dem physischen Plan erfährt, hineingetragen wird in dasjenige, was der Seelengeist oder die Geistseele tut vom Einschlafen bis zum Aufwachen. Wir können als Unterrichter und Erzieher dem Kinde gar nichts von der höheren Welt beibringen. Denn dasjenige, was in den Menschen von der höheren Welt hineinkommt, das kommt hinein in der Zeit vom Einschlafen bis zum Aufwachen. Wir können nur die Zeit, die der Mensch auf dem physischen Plan verbringt, so ausnützen, daß er gerade das, was wir mit ihm tun, allmählich hineintragen kann in die geistige Welt und daß durch dieses Hineintragen wiederum in die physische Welt zurückfließen kann die Kraft, die er mitnehmen kann aus der geistigen Welt, um dann im physischen Dasein ein rechter Mensch zu sein."[217]

Dieses zweigliedrige Prinzip wurde in dem Schulungskurs dann bis in die Details in einer „allgemeinen Menschenkunde" ausgearbeitet, die der Waldorflehrer als lebendiges Fundament für seine Arbeit nicht

---

[217] GA 293, S. 23f, 25, 26.

entbehren kann. Wir sehen hier die pädagogischen Wirkungen des doppelten Stroms: des aufbauenden der physischen Menschennatur und des abbauenden der Geistseele, die durch ihr Eintreten in bzw. auf den physischen Plan schon die ersten Todeskeime hineinträgt, dank der der Mensch aber zu einer denkenden, selbstbewussten Individualität heranwachsen kann.

Bei der Eröffnung der Schule am 7. September sprach Rudolf Steiner ausführlich über den Impuls der „Erziehungskunst". Ich gebe hier mehrere Absätze wieder:[218]

„Und man kann überzeugt sein, daß nur diejenigen den Ruf nach sozialer Neugestaltung richtig hören in dem verwirrenden Chaos von Forderungen der Gegenwart, die seine Wirkung hineinverfolgen bis in die Erziehungsfrage.

(...)

Und wahrhaftig: alles, was zuletzt aus solchen Voraussetzungen heraus einläuft in das Erziehungs- und Unterrichtswesen, es stellt sich dar als eine dreifache heilige Pflicht.

Was wäre schließlich alles Sich-Fühlen und Erkennen und Wirken in der Menschengemeinschaft, wenn es sich nicht zusammenschließen könnte in der heiligen Verpflichtung, die sich gerade der Lehrer, der Erzieher auferlegt, indem er in seiner besonderen sozialen Gemeinschaft mit dem werdenden, dem aufwachsenden Menschen, mit dem kindlichen Menschen einen im allerhöchsten Sinne so zu nennenden Gemeinschaftsdienst einrichtete! Alles das, was wir schließlich wissen können vom Menschen und von der Welt, recht fruchtbar wird es erst, wenn wir es lebendig überführen können in diejenigen, die die soziale Welt gestalten werden, wenn wir nicht mehr mit unserer physischen Arbeit dabeisein können.

Alles das, was wir künstlerisch vollbringen können, es wird doch erst ein Höchstes, wenn wir es einlaufen lassen können in die größte Kunst, in diejenige Kunst, in der uns nicht totes Kunstmaterial wie Ton und Farbe übergeben ist, in der uns übergeben ist der lebendige Mensch, unvollendet, den wir bis zu einem gewissen Grade künstle-

---

[218] GA 298, S. 22ff, 30f.

risch, erzieherisch zum vollendeten Menschen machen sollen.
Und ist es nicht schließlich eine höchste heilige, religiöse Verpflichtung, das Göttlich-Geistige, das ja in jedem Menschen, der geboren wird, neu erscheint und sich offenbart, in der Erziehung zu pflegen? Ist dieser Erziehungsdienst nicht religiöser Kult im höchsten Sinn des Wortes? Müssen nicht zusammenfließen alle unsere heiligsten, gerade dem religiösen Fühlen gewidmeten Menschheitsregungen in dem Altardienst, den wir verrichten, indem wir herauszubilden versuchen das sich als veranlagt offenbarende Göttlich-Geistige des Menschen im werdenden Kinde!

Lebendig werdende Wissenschaft!
Lebendig werdende Kunst!
Lebendig werdende Religion!

das ist schließlich Erziehung, das ist schließlich Unterricht.
(...)
Wird doch heute der Lehrer, der zukünftig den Menschen bilden soll, eingeführt in die Gesinnung, in die Denkweise der gegenwärtigen Wissenschaft.
(...)
Man kann mit dem, was herausquillt aus der gegenwärtigen Geistesgesinnung, großartige technische Fortschritte machen; man kann damit auch in sozialer Beziehung eine freie Menschheitsgesinnung entwickeln, aber man kann nicht – so grotesk das heute noch der Mehrzahl der Menschen klingen mag – mit einer Wissenschaftsgesinnung, die auf der einen Seite allmählich zur Überzeugung gekommen ist, das menschliche Herz sei eine Pumpe, der menschliche physische Leib sei ein mechanistischer Betrieb, man kann nicht mit den Gefühlen und Empfindungen, die aus dieser Wissenschaft herausfließen, sich selber so beleben, daß man künstlerischer Erzieher des werdenden Menschen sein kann. Unmöglich ist es, gerade aus dem heraus, was unsere Zeit so groß macht in der Beherrschung der toten Technik, die lebendige Kunst des Erziehens zu entwickeln.
(...)
Und so haben wir versucht, in dem Kursus, der vorangegangen ist

unserer Waldorf-Unternehmung, und der bestimmt war für die Lehrer, eine Anthropologie, eine Erziehungswissenschaft zu begründen, die eine Erziehungskunst, eine Menschheitskunde werden kann, welche aus dem Toten das Lebendige im Menschen wieder erweckt. Das Tote – und das ist das Geheimnis unserer gegenwärtigen absterbenden Kultur –, das Tote, es macht den Menschen wissend, es macht den Menschen einsichtig, wenn er es aufnimmt als Naturgesetz; aber es schwächt sein Gemüt, aus dem die Begeisterung hervorgehen soll gerade im Erziehen. Es schwächt den Willen. Es stellt den Menschen nicht harmonisch in das ganze, gesamte soziale Dasein hinein. Nach einer Wissenschaft suchen wir, die nicht bloß Wissenschaft ist, die Leben und Empfindung selber ist, und die in dem Augenblick, wo sie als Wissen in die Menschenseele einströmt, zu gleicher Zeit die Kraft entwickelt, als Liebe in ihr zu leben, um als werktätiges Wollen, als in Seelenwärme getauchte Arbeit ausströmen zu können; als Arbeit, die insbesondere übergeht auf das Lebendige, auf den werdenden Menschen."

„Wenn wir in patriarchalische Zeiten zurückblicken, in Zeiten, in denen die Menschheit instinktiver gelebt hat als in unserem Zivilisationszeitalter, so mag man auf viele Veranlassungen kommen, stolz sein zu können auf die Errungenschaften der Gegenwart: soziale Triebe aber haben ältere Zeiten gehabt. Antisoziale Triebe beherrschen uns. Antisoziale Triebe müssen aber vor allen Dingen ausgetilgt werden in der Erziehungs- und Unterrichtskunst. Wer genauer beobachten kann, der sieht, wie auch allmählich das Erziehungs- und Unterrichtswesen eingemündet ist in antisoziales Wesen. Nur diejenige Erziehungs- und Unterrichtskunst aber kann fruchtbar sein, durch die der Lehrer von dem Momente an, wo er das Schulzimmer betritt, auf das Kind wirkt wie aus einem einheitlichen Empfinden heraus. Eins muß sein Kindesseele und Lehrerseele durch ein unterbewußtes geheimnisvolles Band, das vom Lehrergeist übergeht in den Kindergeist. Das gibt der Schule ihr soziales Gepräge. Dazu muß der Lehrer fähig sein, in das Kind sich wirklich hineinzuversetzen. Was tun wir heute oftmals? Ja, wir bemühen uns, unser Denken in solche Formen zu bringen, daß wir dem Kinde etwas erklären können. (...) (Steiner

erwähnt nun den Vergleich von Schmetterling und Puppe mit dem Freiwerden der Seele beim Sterben, M.M.)
Aber es gibt ein geheimnisvolles Gesetz, wonach man, wenn man so die Dinge zurechtrichtet, nichts richtig im Unterricht erreichen kann. Denn man kann wirklich nur das auf das Kind übertragen, woran man selbst glaubt aus tiefster Seele heraus. Erst wenn man sich dazu durchgerungen hat, zu empfinden, daß in dem Bilde von Puppe und Schmetterling nicht ein äußerlich zusammengeschusterter Vergleich gegeben ist, sondern ein solcher, den uns die göttlich-geistige Natur selber hinstellt, in dem Augenblick, wo wir glauben können an die Wahrheit des Bildes, wie das Kind daran glauben soll, in dem Augenblick erst gelingt es uns, lebendigen Geist auf das Kind zu übertragen. Wir müssen sprechen, wir müssen wirken können aus dem Geiste der Wahrheit heraus. Wir dürfen niemals aus dem heraus wirken, was heute in der Kulturentwickelung eine so große Rolle spielt: aus dem Geiste der Phrase heraus. Das können wir nur, wenn wir verbunden sind, innerlichst verbunden sind mit allem Menschlichen; wenn wir aufgehen können, noch wenn wir die allerweißesten Haare schon erlangt haben, in dem, was der werdende Mensch seinem Wesen nach ist. Innerlich müssen wir verstehen können den werdenden Menschen."

Das ganze Werk Rudolf Steiners, angefangen bei den allerersten Werken, liegt der Pädagogik zugrunde. Wir finden in dem Kurs „Allgemeine Menschenkunde" einen Keim, dieser Keim kann in die eigene Seele gelegt werden, auf dass er Leben gewinnt und aufsprießen und wachsen, blühen und wiederum Frucht tragen kann. Der Inhalt dieses Kurses wirkt nicht ohne weiteres so. Der Leser wird sich bewusst werden müssen, dass es wirklich um ihn selbst geht, dass er dann aber auch alle beschriebenen Prozesse verborgen in sich trägt, dass er sie aus den Anregungen im Text in sich selbst finden kann und dass sie dann da, in einem selbst, erst lebendig werden können. Wir sind selbst das Buch des Menschen, der Kurs „Allgemeine Menschenkunde" ist das Lesenlernen dieses Buches. Man lernt die Buchstaben kennen, mit denen in diesem Buch geschrieben ist. Dann findet man auch den Zugang zum werdenden Menschen, man lernt, in diesem Werden (mit-) zu leben. Die „Menschenkunde" ist die lebendige, werdende Erziehungs*wissenschaft*.

Aber dann kann man auch immer besser verstehen, was Erziehungs*kunst* ist. Das ist dann nicht nur ein Erziehen mit künstlerischen Hilfsmitteln wie Erzählen, Malen, Musik und so weiter. Es ist auch nicht nur das Erwerben von Unterrichtserfahrung. Es ist das Verwirklichen des *Prinzips* aller künstlerischen Tätigkeit, nun in der Erziehung. Man hat als Künstler das Material: das ist das ganze Kind, wie es gegeben ist. Man hat den Geist, das ist das Seele-Geist-Wesen aus dem Vorgeburtlichen, das im Kind Mensch werden will. Und als Erziehungskünstler versucht man, das Material *so* formen zu helfen, dass es so vollkommen wie möglich den Geist offenbart. Je mehr der aufwachsende Mensch seinen ganzen Menschen als Geistseele zeigen kann, desto mehr ist er ein Kunstwerk – und der Künstler wäre, zusammen mit allen anderen mitwirkenden menschlichen und übermenschlichen Wesen, der Erzieher.

Selbstverständlich ist die Individualität, die sich in den heranwachsenden Menschen inkarniert, selbst der zentrale Künstler. Sie nimmt ihre ganze vorgeburtliche Potenz mit auf die Erde, um das vererbte „Modell" umzugestalten, damit es am vollkommensten die Erscheinung der eigentlichen Individualität wird. Der Mensch erzieht sich also vor allem selbst. Wenn es keine Hindernisse gäbe, brauchte der Mensch keinen Erzieher. Sie gibt es aber. Und dies ist die Aufgabe des Erziehungskünstlers: dass er alles tut, was er vermag, um der Inkarnation zu helfen, sich ungehindert zu vollziehen. Das ist lebendig werdende Erziehungskunst.[219]

Letztlich ist diese Hilfe für das Hineintragen der Geistseele auf die Erde eine religiöse Handlung und eine fortwährende „Transsubstantiation", die als Altardienst im Unterricht, in jeder Erziehung, verrichtet wird. Hier ist der Künstler religiös, ist sowohl Priester als auch Arzt. Das werdende Kind wird geheiligt und auch geheilt. Das ist lebendig werdende Religion.

---

[219] Siehe auch: Mieke Mosmuller, Eine Klasse voller Engel. Über die Erziehungskunst. Occident, 2009.

HEILKUNST

Der beste Eindruck, den man von der anthroposophischen Medizin gewinnen kann, ist in dem Buch zu finden, das am Ende von Rudolf Steiners Erdenleben steht: „Grundlegendes zu einer Erweiterung der Heilkunst". Doch hat Steiner schon seit 1920 grundlegende Vorträge gegeben, und der Ursprung der anthroposophischen Medizin liegt bereits in der lebendigen Einsicht in die Doppelströmung der Zeit, wie sie Rudolf Steiner schon um sein zwanzigstes Lebensjahr herum empfing (siehe Teil I).

1911 gab er den Vortragszyklus „Eine okkulte Physiologie"[220], der schon einen ausgesprochen medizinischen Charakter hat. Aber auch der Zyklus „Grenzen der Naturerkenntnis"[221] ist ein Zyklus, der für Ärzte von großer Bedeutung ist, weil darin der Weg beschrieben ist, den der wissenschaftlich geschulte Anthroposoph gehen kann, ausgehend von den erkenntnistheoretischen inneren Übungen („Philosophie der Freiheit"), über das lebendige reine Kraftdenken zurück in den Leib.[222] Aber auch der Zyklus „Der Mensch im Lichte von Okkultismus, Theosophie und Philosophie"[223] gibt eine spirituelle Anatomie und Physiologie. Die Zyklenreihe über den Mikrokosmos und den Makrokosmos[224] enthält ebenfalls viele medizinische Einsichten. Doch 1920 gibt Rudolf Steiner dann den ersten Kurs für Ärzte und Medizinstudenten: „Geisteswissenschaft und Medizin"[225]. Im Herbst desselben Jahres kaufte die Ärztin Ita Wegman in Arlesheim ein „Häuschen in einem schönen Garten" und begann in Basel mit einer Praxis, nachdem sie zuvor jahrelang in Zürich gearbeitet hatte. Hier

---

[220] GA 128.
[221] GA 322.
[222] In meinem Buch „Das menschliche Mysterium" (Occident, 2011) habe ich versucht, diese Anweisungen zusammenzustellen und zu befolgen.
[223] GA 137.
[224] GA 201-208.
[225] GA 312.

Heilkunst

liegt der Beginn der blühenden Zusammenarbeit von Rudolf Steiner und Ita Wegman. Das Häuschen in dem schönen Garten wurde zu einer Klinik ausgebaut, in der zwölf bis fünfzehn Patienten aufgenommen werden konnten. Rudolf Steiner wurde zur Eröffnung eingeladen, und Ita Wegmans Beschreibung ihres gemeinsamen Rundganges durch die kleine Klinik ist sehr berührend: [226]

„Als 1920 der medizinische Kursus stattfand, der drei Wochen dauerte, war die Frage sehr akut geworden, wie dasjenige, was theoretisch an Wissen durch Rudolf Steiner gegeben worden war, in die Praxis umzusetzen sei. Welche Möglichkeiten standen da offen? Daß man dieses Wissen in seine eigene Ärzte-Praxis hineinfließen lassen konnte, das war uns allen klar, aber es stand noch die andere Frage: wie werden wir Ärzte uns weiter belehren, wie können wir in Ruhe und in jedem Augenblick Patienten beobachten und behandeln, wie können wir einen Ort schaffen, wo die gemachten Erfahrungen gesammelt werden können, die dann wieder dazu dienen sollten, andere Ärzte anzuregen?
Und die Notwendigkeit, Institutionen ins Leben zu rufen, in denen man das alles haben kann, stand uns klar vor Augen. Allerdings erst ein Jahr später entstanden dann die Klinisch-Therapeutischen Institute in Stuttgart und Arlesheim, die sich als Ziel gesetzt hatten, die Belehrungen und Anregungen, welche Rudolf Steiner auf medizinischem Gebiet aus der anthroposophischen Weisheit heraus gegeben hat, zu verwirklichen und in Taten umzusetzen.
Unvergeßlich wird für mich der Moment bleiben, als Rudolf Steiner zum ersten Male das Klinisch-Therapeutische Institut in Arlesheim besuchte. Es war noch ein kleiner Anfang; ein Landhaus, das in einem schönen Garten stand, wurde von mir angekauft, umgebaut und zur Klinik eingerichtet mit Platz für zwölf bis fünfzehn Patienten. „Versuchen Sie alles aus eigener Kraft zu gestalten", sagte er einmal zu mir, als die Rede war, daß das Klinisch-Therapeutische Institut entstehen sollte. Und ich gestaltete es auch aus eigener Ini-

---

[226] J.E. Zelymans van Emmichoven: Wer war Ita Wegman? Freies Geistesleben, 1990, Band 1, S. 92f.

tiative, aus eigener Kraft, wie mir angeraten wurde.
„Wie wird wohl alles aufgenommen werden", war bei mir die Frage, als ich unsern verehrten Lehrer Rudolf Steiner einlud, das Institut zu sehen, als es ganz fertig war zum Empfang der Patienten.
Mit klopfendem Herzen zeigte ich ihm die Zimmer, die in den verschiedenen Farben gemalt [waren], das Behandlungszimmer, die Veranden, was wird er sagen? Und unvergeßlich bleibt mir der Moment, als wir in der obersten Etage angelangt zur offenen Veranda uns begaben, um den schönen Ausblick zu sehen, den Arlesheim auf die Vogesen hat, Rudolf Steiner sich mir zuwendete, mir die Hand gab und die Worte aussprach, daß er mit mir arbeiten wolle, und daß es ihm Freude gemacht, daß das Institut zustande gekommen ist, dem er den Namen Klinisch-Therapeutisches Institut geben wollte und für das er jetzt mit mir zusammen einen Prospekt ausarbeiten wollte."

In diesem Prospekt gab Rudolf Steiner bereits eine kurze Zusammenfassung dessen, was er und Ita Wegman dann im ersten Kapitel ihres gemeinsamen Buches „Grundlegendes für eine Erweiterung der Heilkunst" beschrieben haben.
Die anthroposophische Heilkunst ist ohne Ita Wegman nicht zu denken. In einem der letzten Vortragszyklen, gehalten im Sommer 1924 in Torquay, weist Rudolf Steiner nachdrücklich auf diese außergewöhnliche Zusammenarbeit mit Ita Wegman hin, die sich ganz auf medizinischem Gebiet entfaltete.[227]

Für das Entfalten der geisteswissenschaftlichen Medizin ist neben der Einsicht in die Dreigliederung des menschlichen Organismus auch diejenige der Viergliederung von großer Bedeutung. Diese Viergliederung ist schon in der „Theosophie" zu finden, wird in der anthroposophischen Medizin jedoch sehr genau ausgearbeitet. Der aufbauende, zweigliedrige Strom besteht aus physischem Leib und Ätherleib; der abbauende zweigliederige Strom besteht aus Astralleib und Ich. Beide Doppelströme können jeweils mit einem für diesen Strom spezifi-

---

[227] Das Initiaten-Bewußtsein, GA 243.

schen Bewusstseinszustand, einer spezifischen Erkenntnisart erkannt werden. Der physische Leib, insofern er zur mineralischen Welt gehört, ist mit Hilfe der Naturwissenschaft erkennbar. Der Ätherleib kann damit nicht wahrgenommen oder erkannt werden. Hierfür ist das imaginative Bewusstsein notwendig. Der Astralleib liegt außerhalb des Gebietes der Naturwissenschaft und des imaginativen Bewusstseins: Um diesen zu erkennen, ist das Inspirationsbewusstsein notwendig. Das Ich schließlich liegt außerhalb des Gebietes der Naturwissenschaft, des imaginativen und des inspirativen Bewusstseins: Um zu einer Einsicht in dieses Wesensgliedes zu kommen, ist das intuitive Bewusstsein notwendig.

Im ersten Kapitel von „Grundlegendes..." werden die Prinzipien dieser Bewusstseinsentwicklung – die für alle anthroposophischen „Arbeitsfelder" gelten, nur das Anwendungsgebiet ist immer anders – noch einmal prägnant wiedergegeben. Daraus geht hervor, dass auch am Ende von Rudolf Steiners reichem Geistesleben dieser Kern der Geistesentwicklung unverändert geblieben ist. Dieser existierte schon in der Geist-Anschauung des Jungen und des jungen Mannes, im Studenten, dem Goethe-Forscher, dem Theosophen. Der Keim wurde während seines Lebens in vielerlei Böden gelegt, aus denen die Fülle der Anwendungen aufblühte. Diese Fülle weist auf die Vielseitigkeit des Menschen Rudolf Steiners hin, aber auch auf das Metamorphose-Potential dieses Keimes, der überall Wurzeln schlagen und aufwachsen, blühen und Frucht tragen kann.

Was dies für die Erweiterung der Medizin bedeutet, möge aus dem folgenden Zitat aus dem ersten Kapitel von „Grundlegendes für eine Erweiterung der Heilkunst" hervorgehen, dieses letzten, gemeinsam mit Ita Wegman geschriebenen Buches Rudolf Steiners:[228]

„Wahre Menschen-Erkenntnis als Grundlage medizinischer Kunst

(...) Die Erweiterung der Welt- und Menschenerkenntnis sehen wir in der von Rudolf Steiner begründeten Anthroposophie. Sie fügt zu der Erkenntnis des *physischen* Menschen, die allein durch die na-

---

[228] GA 27, S. 8ff.

turwissenschaftlichen Methoden der Gegenwart gewonnen werden kann, diejenige vom *geistigen* Menschen. Sie geht nicht durch ein bloßes Nachdenken von Erkenntnissen des Physischen zu solchen des Geistigen über. Auf diesem Wege sieht man sich doch nur vor mehr oder weniger gut gedachte Hypothesen gestellt, von denen niemand beweisen kann, daß ihnen in der Wirklichkeit etwas entspricht.

Die Anthroposophie bildet, bevor sie über das Geistige Aussagen macht, die Methoden aus, die sie berechtigen, solche Aussagen zu machen.

(...)

Man kann einfache, leicht überschaubare Gedanken in den Mittelpunkt des Bewußtseins stellen, und dann, mit Ausschluß aller anderen Gedanken, alle Kraft der Seele auf solchen Vorstellungen halten. Wie ein Muskel erstarkt, wenn er immer wieder in der Richtung der gleichen Kraft angespannt wird, so erstarkt die seelische Kraft mit Bezug auf dasjenige Gebiet, das sonst im Denken waltet, wenn sie in der angegebenen Art Übungen macht. Man muß betonen, daß diesen Übungen einfache, leicht überschaubare Gedanken zugrunde liegen müssen. Denn die Seele darf, während sie solche Übungen macht, keinerlei Einflüssen eines halb oder ganz Unbewußten ausgesetzt sein.

(...)

Im Verfolge dieses Übens kommt man zu einer Verstärkung der *Denkkraft*, von der man vorher keine Ahnung hatte. Man fühlt die waltende Denkkraft in sich wie einen neuen Inhalt des Menschenwesens. Und zugleich mit diesem Inhalt seines eigenen Menschenwesens offenbart sich ein Weltinhalt, den man vorher vielleicht geahnt, aber nicht durch Erfahrung gekannt hat. Sieht man einmal in Augenblicken der Selbstbeobachtung auf das gewöhnliche Denken hin, so findet man die Gedanken schattenhaft, blaß gegenüber den Eindrücken, die die Sinne geben.

Was man jetzt in der verstärkten Denkkraft wahrnimmt, ist durchaus nicht blaß und schattenhaft; es ist vollinhaltlich, konkret-bildhaft; es ist von einer viel intensiveren Wirklichkeit als der Inhalt der Sinneseindrücke. Es geht dem Menschen eine neue Welt auf, indem er auf die angegebene Art die Kraft seiner Wahrnehmungsfähigkeit erweitert hat.

Indem der Mensch in dieser Welt wahrnehmen lernt, wie er früher nur innerhalb der sinnlichen Welt wahrnehmen konnte, wird ihm klar, daß alle Naturgesetze, die er vorher gekannt hatte, *nur* in der physischen Welt gelten; und daß das Wesen der Welt, die er jetzt betreten hat, darin besteht, daß ihre Gesetze andere, ja die entgegengesetzten gegenüber denen der physischen Welt sind. In dieser Welt gilt nicht das Gesetz der Anziehungskraft der Erde, sondern im Gegenteil, es tritt eine Kraft auf, die nicht von dem Mittelpunkt der Erde nach auswärts wirkt, sondern umgekehrt so, daß ihre Richtung von dem Umkreis des Weltalls her nach dem Mittelpunkt der Erde geht. Und entsprechend ist es mit den andern Kräften der physischen Welt.

In der Anthroposophie wird die durch Übung erlangte Fähigkeit des Menschen, diese Welt zu schauen, die imaginative Erkenntnis-Kraft genannt. Imaginativ nicht aus dem Grunde, weil man es mit „Einbildungen" zu tun habe, sondern weil der Inhalt des Bewußtseins nicht mit Gedankenschatten, sondern mit Bildern erfüllt ist. Und wie man sich durch die Sinneswahrnehmung im unmittelbaren Erleben in einer Wirklichkeit fühlt, so auch in der Seelentätigkeit des imaginativen Erkennens. Die Welt, auf die sich diese Erkenntnis bezieht, wird von der Anthroposophie die ätherische Welt genannt. Es handelt sich dabei nicht um den hypothetischen Äther der gegenwärtigen Physik, sondern um ein wirklich geistig Geschautes. Der Name wird im Einklange mit älteren instinktiven Ahnungen dieser Welt gegeben. Diese haben gegenüber dem, was gegenwärtig klar erkannt werden kann, keinen Erkenntniswert mehr; aber will man etwas bezeichnen, so braucht man Namen.

Innerhalb dieser Ätherwelt ist eine neben der physischen Leiblichkeit des Menschen bestehende ätherische Leiblichkeit wahrnehmbar.

Diese ätherische Leiblichkeit ist etwas, das sich ihrem Wesen nach auch in der Pflanzenwelt findet. Die Pflanzen haben ihren Ätherleib. Die physischen Gesetze gelten tatsächlich nur für die Welt des leblosen Mineralischen.

Die Pflanzenwelt ist auf der Erde dadurch möglich, daß es Substanzen im Irdischen gibt, die nicht innerhalb der physischen Gesetze beschlossen bleiben, sondern die alle physische Gesetzmäßigkeit ablegen und eine solche annehmen können, die dieser entgegengesetzt ist. Die physischen Gesetze wirken wie ausströmend von der Erde; die ätherischen wirken wie von allen Seiten des Weltumfanges auf die Erde zuströmend. Man begreift das Werden der Pflanzenwelt nur, wenn man in ihr das Zusammenwirken des Irdisch-Physischen und des Kosmisch-Ätherischen sieht.

Und so ist es mit Bezug auf den Ätherleib des Menschen. Durch ihn geschieht im Menschen etwas, das nicht in der Fortsetzung des gesetzmäßigen Wirkens der Kräfte des physischen Leibes liegt, sondern das zur Grundlage hat, daß die physischen Stoffe, indem sie in das Ätherische einströmen, sich zuerst ihrer physischen Kräfte entledigen.

Diese im Ätherleibe wirksamen Kräfte betätigten sich im Beginne des menschlichen Erdenlebens – am deutlichsten während der Embryonalzeit – als Gestaltungs- und Wachstumskräfte. Im Verlaufe des Erdenlebens emanzipiert sich ein Teil dieser Kräfte von der Betätigung in Gestaltung und Wachstum und wird Denkkräfte, eben jene Kräfte, die für das gewöhnliche Bewußtsein die schattenhafte Gedankenwelt hervorbringen.

Es ist von der allergrößten Bedeutung zu wissen, daß die gewöhnlichen Denkkräfte des Menschen die verfeinerten Gestaltungs- und Wachstumskräfte sind. Im Gestalten und Wachsen des menschlichen Organismus offenbart sich ein Geistiges. Denn dieses Geistige erscheint dann im Lebensverlaufe als die geistige Denkkraft.

Und diese Denkkraft ist nur ein Teil der im Ätherischen webenden menschlichen Gestaltungs- und Wachstumskraft. Der andere Teil bleibt seiner im menschlichen Lebensbeginne innegehabten Aufgabe getreu. Nur weil der Mensch, wenn seine Gestaltung und sein Wachstum vorgerückt, das ist, bis zu einem gewissen Grade abgeschlossen sind, sich noch weiter entwickelt, kann das Ätherisch-Geistige, das im Organismus webt und lebt, im weiteren Leben als Denkkraft auftreten.

So offenbart sich der imaginativen geistigen Anschauung die bildsame (plastische) Kraft als ein Ätherisch-Geistiges von der einen Seite, das von der andern Seite als der Seelen-Inhalt des Denkens auftritt.

Verfolgt man nun das Substanzielle der Erdenstoffe in die Ätherbildung hinein, so muß man sagen: diese Stoffe nehmen überall da, wo sie in diese Bildung eintreten, ein Wesen an, durch das sie sich der physischen Natur entfremden. In dieser Entfremdung treten sie in eine Welt ein, in der ihnen das Geistige entgegenkommt und sie in sein eigenes Wesen verwandelt.

So aufsteigen zu der ätherisch-lebendigen Wesenheit des Menschen, wie es hier geschildert wird, ist etwas wesentlich anderes als das unwissenschaftliche Behaupten einer „Lebenskraft", das noch bis zur Mitte des neunzehnten Jahrhunderts üblich war, um die lebendigen Körper zu erklären. Hier handelt es sich um das wirkliche Anschauen – um das geistige Wahrnehmen – eines Wesenhaften, das im Menschen wie in allem Lebendigen ebenso vorhanden ist wie der physische Leib. Und um dieses Anschauen zu bewirken, wird nicht etwa in unbestimmter Art mit dem gewöhnlichen Denken weitergedacht; es wird auch nicht durch die Einbildungskraft eine andere Welt ersonnen; es wird vielmehr das menschliche Erkennen in ganz exakter Art erweitert, und diese Erweiterung ergibt auch die Erfahrung über eine erweiterte Welt.

Die Übungen, die ein höheres Wahrnehmen herbeiführen, können fortgesetzt werden. Man kann, wie man eine erhöhte Kraft anwendet, sich auf Gedanken, die man in den Mittelpunkt des Bewußtseins gerückt hat, zu konzentrieren, auch darauf wieder eine solch erhöhte Kraft anwenden, die erlangten Imaginationen (Bilder einer geistigätherischen Wirklichkeit) zu unterdrücken. Dann erlangt man den Zustand des völlig leeren Bewußtseins. Man ist bloß wach, ohne daß zunächst das Wachsein einen Inhalt hat. (Das Genauere findet man in den oben erwähnten Büchern.) Aber dieses Wachsein ohne Inhalt bleibt nicht. Das von allen physisch- und auch ätherisch-bildhaften Eindrücken leer gewordene Bewußtsein erfüllt sich mit einem Inhalt, der ihm aus einer realen geistigen Welt zuströmt, wie den physischen Sinnen die Eindrücke aus der physischen Welt zuströmen.

Man hat durch die imaginative Erkenntnis ein zweites Glied der menschlichen Wesenheit kennengelernt; man lernt durch die Erfüllung des leeren Bewußtseins mit geistigem Inhalt ein drittes Glied kennen. Die Anthroposophie nennt das Erkennen, das auf diese Art zustande kommt, dasjenige durch Inspiration. (...) Und die Welt, in die man durch die Inspiration Eintritt gewinnt, bezeichnet sie als die astralische Welt. – Spricht man, wie hier auseinandergesetzt, von „äthe-

5. Teil, Anthroposophie und die Welt

rischer Welt", so meint man die Wirkungen, die vom Weltumfange nach der Erde zu wirken. Spricht man aber von „astralischer Welt", so geht man in Gemäßheit dessen, was das inspirierte Bewußtsein beobachtet, von den Wirkungen aus dem Weltumfang zu bestimmten Geist-Wesenheiten über, die in diesen Wirkungen sich offenbaren, wie in den von der Erde ausgehenden Kräften sich die Erdenstoffe offenbaren. Man spricht von aus den Weltenfernen wirkenden konkreten Geist-Wesenheiten, wie man beim sinnlichen Anblick des nächtlichen Himmels von Sternen und Sternbildern spricht. Daher der Ausdruck „astralische Welt". In dieser astralischen Welt trägt der Mensch das dritte Glied seiner Wesenheit: seinen astralischen Leib.

Auch in diesen astralischen Leib muß die Erdenstofflichkeit einströmen. Sie entfremdet sich damit weiter ihrer physischen Wesenheit. – Wie der Mensch seinen ätherischen Leib mit der Pflanzenwelt, so hat er seinen astralischen Leib mit der Tierwelt gemeinsam.

Die den Menschen über die Tierwelt hinaushebende, eigentlich menschliche Wesenheit wird durch eine noch höhere Erkenntnisart als die Inspiration erkannt. Die Anthroposophie spricht da von Intuition. In der Inspiration offenbart sich eine Welt geistiger Wesenheiten; in der Intuition wird das Verhältnis des erkennenden Menschen zu dieser Welt ein näheres. Man bringt das zum Vollbewußtsein in sich, was rein geistig ist, wovon man im bewußten Erleben unmittelbar erfährt, daß es mit dem Erleben durch die Körperlichkeit nichts zu tun hat. Dadurch versetzt man sich in ein Leben, das ein solches als Menschengeist unter anderen geistigen Wesenheiten ist. In der Inspiration *offenbaren* sich die geistigen Wesenheiten der Welt; durch die Intuition *lebt* man mit diesen Wesenheiten.

Man gelangt dadurch zur Anerkennung des vierten Gliedes der menschlichen Wesenheit, zum eigentlichen „Ich". Wieder wird man gewahr, wie die Erdenstofflichkeit, indem sie sich dem Weben und Wesen des „Ich" einfügt, sich noch weiter ihrem physischen Wesen entfremdet. Die Wesenheit, welche diese Stofflichkeit als „Ich-Organisation" annimmt, ist zunächst die Form des Erdenstoffes, in der sich dieser am meisten seiner irdisch-physischen Art entfremdet.

Was man in dieser Art als „astralischen Leib" und „Ich" kennen lernt, ist nicht in gleicher Art an den physischen Leib in der Menschenorganisation gebunden wie der ätherische Leib. Inspiration und Intuition zeigen, wie im Schlafe sich „astralischer Leib" und „Ich" vom physischen und ätherischen Leib trennen, und wie nur im Wachzustande ein völliges Durchdringen der vier Glieder der Menschennatur zur menschlichen Einheitswesenheit vorhanden ist.

Im Schlafe sind in der physischen und ätherischen Welt der physische und ätherische Menschenleib verblieben. Sie sind da aber nicht in der Lage, in der physischer und ätherischer Leib eines Pflanzenwesens sind. Sie tragen in sich die Nachwirkungen der astralischen und der Ich-Wesenheit. Und in dem Augenblicke, in dem sie diese Nachwirkungen nicht mehr in sich tragen würden, muß Erwachen eintreten. Ein menschlicher physischer Leib darf niemals bloßen physischen, ein menschlicher Ätherleib niemals bloßen ätherischen Wirkungen unterliegen. Sie würden dadurch zerfallen.

Nun zeigen aber Inspiration und Intuition noch etwas anderes. Die physische Stofflichkeit erfährt eine Weiterbildung ihres Wesens, indem sie zum Weben und Leben im Ätherischen übergeht. Und *Leben* hängt davon ab, daß der organische Körper dem Wesen des Irdischen entrissen und vom außerirdischen Weltall herein aufgebaut wird. Allein dieser Aufbau führt wohl zum *Leben*, nicht aber zum *Bewußtsein* und nicht zum *Selbstbewußtsein*. Es muß sich der Astralleib seine Organisation innerhalb der physischen und der ätherischen aufbauen; es muß ein Gleiches das Ich in Bezug auf die Ich-Organisation tun. Aber in diesem *Aufbau* ergibt sich keine bewußte Entfaltung des Seelenlebens. Es muß, damit ein solches zustande kommt, dem Aufbau ein *Abbau* gegenüberstehen. Der astralische Leib baut sich seine Organe auf; er baut sie wieder ab, indem er die Gefühltätigkeit im Bewußtsein der Seele entfalten läßt; das Ich baut sich seine „Ich-Organisation" auf; es baut sie wieder ab, indem die Willenstätigkeit im Selbstbewußtsein wirksam wird.

Der Geist entfaltet sich innerhalb der Menschenwesenheit *nicht* auf der Grundlage *aufbauender* Stofftätigkeit, sondern auf derjenigen *abbauender*. Wo im Menschen Geist wirken soll, da muß der Stoff sich von seiner Tätigkeit zurückziehen.

Schon die Entstehung des Denkens innerhalb des ätherischen Leibes beruht nicht auf einer Fortsetzung des ätherischen Wesens, sondern auf einem Abbau desselben. Das *bewußte* Denken geschieht *nicht* in Vorgängen des Gestaltens und Wachstums, sondern in solchen der Entgestaltung und des Welkens, Absterbens, die fortdauernd dem ätherischen Geschehen eingegliedert sind.

In dem bewußten Denken lösen sich aus der leiblichen Gestaltung die Gedanken heraus und werden als seelische Gestaltungen menschliche Erlebnisse.

Sieht man nun auf der Grundlage einer solchen Menschenerkenntnis auf das Menschenwesen hin, so wird man gewahr, wie man sowohl den Gesamtmenschen wie auch ein einzelnes Organ nur durchschauen kann, wenn man weiß, wie in ihm der physische, der ätherische, der astralische Leib und das Ich wirken. Es gibt Organe, in denen vornehmlich das Ich tätig ist; es gibt solche, in denen das Ich nur wenig wirkt, dagegen die physische Organisation überwiegt.

Wie man den gesunden Menschen nur durchschauen kann, wenn man erkennt, wie sich die höheren Glieder der Menschenwesenheit des Erdenstoffes bemächtigen, um ihn in ihren Dienst zu zwingen, und wenn man auch erkennt, wie der Erdenstoff sich wandelt, indem er in den Bereich der Wirksamkeit der höheren Glieder der Menschennatur tritt; so kann man auch den kranken Menschen nur verstehen, wenn man einsieht, in welche Lage der Gesamt-Organismus oder ein Organ oder eine Organreihe kommen, wenn die Wirkungsweise der höheren Glieder in Unregelmäßigkeit verfällt. Und an Heilmittel wird man nur denken können, wenn man ein Wissen darüber entwickelt, wie ein Erdenstoff oder Erdenvorgang zum Ätherischen, zum Astralischen, zum Ich sich verhält. Denn nur dann wird man durch Einfügung eines Erdenstoffes in den menschlichen Organismus, oder durch Behandlung mit einer Erdentätigkeit bewirken können, daß die höheren Glieder der Menschenwesenheit sich ungehindert entfalten können, oder auch, daß die Erdenstofflichkeit an dem Zugefügten die nötige Unterstützung findet, um auf den Weg zu kommen, auf dem sie Grundlage wird für irdisches Wirken des Geistigen.

Der Mensch ist, was er ist, durch Leib, Ätherleib, Seele (astralischer Leib) und Ich (Geist). Er muß als Gesunder aus diesen Gliedern heraus angeschaut; er muß als Kranker in dem gestörten Gleichgewicht dieser Glieder wahrgenommen; es müssen zu seiner Gesundheit Heil-

mittel gefunden werden, die das gestörte Gleichgewicht wieder herstellen.
Auf eine medizinische Anschauung, die auf solche Grundlagen baut, wird in dieser Schrift hingedeutet."

Wir sehen in diesem Zitat, wie das, was in dem jungen Rudolf Steiner schon als Keim der Geistanschauung lebte, nun in dem Aufblühen der Heilkunde zu einer außerordentlich realen Menschenerkenntnis, einer physisch-ätherisch-astralisch-geistigen Erkenntnis wird.
Zwei große Ströme gibt es, die polar wirken: Das Physisch-Ätherische in fortwährendem Aufbau; das Astralisch-Geistige als Abbau darauf einwirkend. Aber in jeder Gliederung wirken zugleich der Aufbau und der Abbau. Besonders deutlich wird dies in der Beschreibung des Ätherleibes:

„Schon die Entstehung des Denkens innerhalb des ätherischen Leibes beruht nicht auf einer Fortsetzung des ätherischen Wesens, sondern auf einem Abbau desselben. Das *bewußte* Denken geschieht *nicht* in Vorgängen des Gestaltens und Wachstums, sondern in solchen der Entgestaltung und des Welkens, Absterbens, die fortdauernd dem ätherischen Geschehen eingegliedert sind."

Es wird ein fortwährendes musikalisches Erleben in Rudolf Steiner gewesen sein, das die Geistanschauung vom Mikrokosmos, dem irdischen Menschen, bildete. Dur im Aufbau, Moll im Abbau, in den verschiedenen Gliederungen auf verschiedenen Höhen verlaufend, „hörbar", und in diesem ineinandergewobenen Sein als Rhythmus, als Dynamik erlebbar, worin der Makrokosmos fortwährend in den Mikrokosmos hineinspielt. Nicht *ein* Doppelstrom ist erkennbar, sondern viele Gliederungen von Doppelströmen mit dem Hauptmerkmal: Evolution und Involution.
In Torquay, im Jahr 1924, wird dieses Bild noch einmal in aller Größe gegeben, nun nicht in einer Viergliederung, sondern in einer Siebenheit. Die rhythmische Mitte liegt in der Bewusstseinssphäre der Gegenwart, unseres „gewöhnlichen" Alltagsbewusstseins, und korrespondiert mit der Sonnensphäre des Goldes. Obersonnig liegen

5. Teil, Anthroposophie und die Welt

die Bewusstseinssphären, die eine Erweiterung des Bewusteins geben: Mars-Eisen, Jupiter-Zinn, Saturn-Blei. Die Seele erweitert sich räumlich bis an die Peripherie des Kosmos und kann nur durch eine kontinuierliche Verstärkung der Denkkraft das Bewusstsein behalten. Untersonnig liegen die Bewusstseinssphären, die in der Zeit verlaufen und die Verdichtungen des Seelenlebens erfordern: Venus-Kupfer, Merkur-Quecksilber, Mond-Silber. In den untersonnigen Sphären kommen wir in eine sommerhaft dichte Erhitzung; in den obersonnigen in eine winterhaft weite Abkühlung.

Verbinden sich die betreffenden Bewusstseinszustände, dann gibt Kupfer-Eisen das Zusammenleben mit den Verstorbenen und die Belehrungen der Göttin Natura (d.h. das Wiederfinden des Geistes in der Natur); Quecksilber-Zinn gibt das Erinnern an das Vorgeburtliche und das Erleben des ganzen Drüsensystems und der Absonderungen im Körper. Silber-Blei gibt die Erinnerung an die vorigen Inkarnationen und das Erleben des Gebietes der menschlichen Reproduktion, bis in die Organe.

Das Einzigartige der anthroposophischen Heilkunde ist, dass hier so unmissverständlich deutlich wird, dass die Erkenntnismethode und das Erkenntnisresultat dasselbe sind. In der gewöhnlichen Medizin muss in wissenschaftlichen Artikeln immer die Methode beschrieben werden. Das ist ein anderes Kapitel als das Resultat. Die Methode bestimmt allenfalls mit, wo das Resultat zu finden ist. In der anthroposophischen Heilkunde ist dies ganz anders, wie aus dem ersten Kapitel von „*Grundlegendes...*" hervorgeht. Durch das meditative Verstärken der Denkkraft wird diese wahrnehmbar. Jenes ist Methode, die Wahrnehmung ist das Resultat. Aber damit ist zugleich das zu erforschende Gebiet realisiert, wahrnehmbar geworden. Ohne eine sich verstärkende Denkkraft kann man den Ätherleib vom gesunden Menschenverstand aus als glaubhaft betrachten, seine Existenz mit Hilfe physischer Wahrnehmungen untermauern. Der Ätherleib *selbst* ist nicht wahrnehmbar. Dies ändert sich in dem Augenblick, in dem die Denkkraft als sich bewegendes Kräftefeld „ins Bild" kommt: Die Imagination ist geboren, und sie *ist* die Wahrnehmungsart des Ätherleibes (Kupfer-Eisen). Verstärkt man die innerliche Kraft so, dass man dieses webende Feld wieder zur Ruhe bringen kann, so dass als Inhalt

„nichts" mehr im Bewusstsein ist als nur die Kraft des Bewusstseins selbst, dann hat man die inspirative Erkenntnismethode realisiert, aber damit wird zugleich als neuer Inhalt der Astralleib real wahrnehmbar (Quecksilber-Zinn).

Dass alles immer von allen Seiten betrachtet werden muss, geht aus folgendem hervor: Indem man die Herrschaft über die eigenen *Seelen*prozesse erwirbt, wird der *Äther*leib wahrnehmbar (Imagination); indem man die Herrschaft (über einen Teil) des *Äther*leibes erringt, wird der *Astral*leib wahrnehmbar (Inspiration). Das Ich kann nur in die Wahrnehmung treten, wenn das Vermögen erwacht, *nur den Geist* im Bewusstsein zu haben (Silber-Blei). Das heißt, dass in dem vollbewussten *Willen* nur rein-geistiger Inhalt geschaut wird.

Nun war es natürlich deutlich, dass diese übersinnlichen Wesensglieder und Erkenntnisprozesse nicht oder kaum entwickelt waren – außer bei Rudolf Steiner –, und aus einer Passage aus „Geisteswissenschaft und Medizin" geht die Wandlungsfähigkeit hervor, mit der Rudolf Steiner mit diesem „Gebrechen" umging. Er gibt dort Anweisungen, wie der Arzt zu einem sicheren Empfinden des Ätherleibes kommen kann, indem er bei dem Patienten so exakt und ausführlich wie möglich betrachtet, wie es sich mit dessen Sehvermögen verhält:[229]

„Man muß sich klar sein darüber, daß die bloße physische Betrachtung des Menschen eben nur einen kleinen Teil des Menschen wirklich ins Auge faßt, und zwar, wie man ja naheliegend hat zu beurteilen, aus dem Grunde, weil nun schon einmal im Menschen sich findet dieser Ätherleib, dieser astralische Leib und dieses Ich, die von sich aus fortwährend am menschlichen Organismus tätig sind, die fortwährend arbeiten am menschlichen Organismus, die sich natürlich einer äußerlichen physischen Beurteilung – ich sage heute ausdrücklich in Anbetracht dessen, was ich gleich ausführen will: Beurteilung – vollständig entziehen. Aber deshalb ist es doch nicht ausgeschlossen, daß bei gutem Willen sich der Mensch dazu erzieht, etwas von dem sich anzueignen, was man nennen könnte: in den Verstand, in die Urteilskraft hereingenommenes Hellsehen. Man wird dann noch nicht zu

---

[229] Vortrag vom 3.4.1920, GA 312, S. 263ff.

einem solchen Hellsehen vorrücken, das es wirklich anschaulich mit Bildern zu tun hat, aber man wird zu einer solchen Art des Urteilens kommen, welche sich mit hellsichtigen Anschauungen wenigstens in eine starke und gültige Beziehung setzen kann.

Nun müssen Sie sich folgendes überlegen: Das Ich – wenn wir davon ausgehen, gewissermaßen beim anderen Menschen beginnen –, es arbeitet am Menschen, und so wie der Mensch in der gegenwärtigen Entwickelungsperiode ist, arbeitet dieses Ich vor allen Dingen am physischen Leib des Menschen. Es hat in der heutigen Menschheit verhältnismäßig noch wenig Fähigkeit, schon den Ätherleib zu beherrschen. Der Ätherleib wird verhältnismäßig noch stark dumpf und unbewußt von dem Ich beherrscht in der Kindheit. Später hört dieses Beherrschen auf. Nur bei denjenigen Personen, die sich für das spätere Leben eine starke Phantasie zurückbehalten, ist auch ein sehr starker Einfluß des Ich auf den Ätherleib vorhanden. Aber es ist im allgemeinen bei den Menschen, die verständig und trocken intellektualistisch werden, ein starker Einfluß des Ich auf den physischen Leib vorhanden und ein schwacher auf den Ätherleib.

Wenn Sie sich dieses einfach ordentlich vorstellen, was ich hier als Einfluß auf den physischen Leib bezeichne, so werden Sie doch nicht mehr sehr weit davon entfernt sein, sich auch vorstellen zu können, daß am Ganzen der physischen Organisation dieses Ich arbeitet, eine Art Gerüste ausdehnt. Es ist wirklich unserem physischen Leib etwas eingegliedert wie ein feines Gerüste. Dieses feine Gerüste, welches dem physischen Leib eingegliedert ist, das wie eine Art Phantom des Menschen angesehen werden kann, ist fortwährend im Menschen da. Der Mensch trägt ein ihm einfach durch seine Ich-Organisation eingeprägtes Gerüste mit sich herum, ein sehr feines Gerüste, welches allerdings aus den Kräften des Ätherleibes heraus dem physischen Leibe einorganisiert ist. Aber der Mensch verliert eben im Laufe seines Lebens allmählich die Kraft, das bewußt einzugliedern, und so halbbewußt, träumerisch, bleibt es eben beim phantasievollen Schaffen noch vorhanden.

Nun werden Sie leicht einsehen können, daß dieses Gerüste, das das Ich da in den menschlichen Organismus hineinzimmert, eigentlich in einem gewissen Grade ein Fremdkörper ist. Es ist in gewissem Grade ein Fremdkörper. Der menschliche Organismus hat auch fortwährend die Tendenz, gegen dieses Gerüste sich zu wehren. Und er bestrebt sich namentlich jede Nacht beim Schlafen, dieses Gerüste zu ruinieren. Nun, wenn wir auch im gewöhnlichen Leben wenig von diesem Gerüste wahrnehmen, so darf doch nicht vergessen werden, daß dieses Gerüste fortwährend die Tendenz hat, im Organismus gewissermaßen zu zerfallen, sich zu zersplittern und daß es dadurch fortdauernd die geheimnisvolle Ursache von Entzündungen im Organismus wird.

Das ist sehr wichtig, daß man ins Auge faßt, daß das Ich wirklich eine Art Phantom dem menschlichen Organismus ein-erschafft, gegen das sich der menschliche Organismus wie gegen einen Fremdkörper wehrt, und daß dieser Fremdkörper auch wirklich fortdauernd die Tendenz hat, sich in der physischen Organisation des Menschen zu zersplittern, gewissermaßen zu zerfallen, stets aus der menschlichen Organisation heraus zu zerfallen. Nun bekommen Sie ein gewissermaßen urteilsmäßiges Anschauen über dieses Gerüste bei einem Menschen, wenn Sie einfach psycho-physiologisch die menschliche Augenorganisation studieren. Denn alles dasjenige, was zwischen Auge und Außenwelt, beziehungsweise durch das Auge zwischen Seele und Außenwelt spielt, das stellt diese Aufrichtung eines Gerüstes, ich möchte sagen, in Reinkultur dar, und zwar so, daß zwischen beiden, zwischen dem eigentlichen Ich-Gerüste und dem, was durch die Wechselwirkung des Auges mit der Umwelt entsteht, eine Beziehung herrscht, die ich vielfach studiert habe, gerade bei blinden oder erblindeten Menschen. Da kann man sehr gut die gegenseitige Beziehung vergleichen des für die meisten Menschen normalen Phantoms, das einfach durch das Sehen in den Organismus hinein eingeschlossen wird, und jenem Phantom, das die eigentliche Folge der Ich-Tätigkeit im Organismus ist.

(...)

Kurz, wenn Sie die Augenorganisation eines Menschen studieren, so werden Sie zu einem urteilsgemäßen Erfassen des Ätherleibes kommen können, des Ätherleibes, der dann so ähnlich ist dem, was ich jetzt als ein Gerüste bezeichnet habe. Sie können sich durch nichts mehr erziehen, etwas vom Ätherleib eines Menschen zu erhaschen, als dadurch, daß Sie achtgeben auf die Augen-Organisation eines

5. Teil, Anthroposophie und die Welt

Menschen. Das andere richtet sich in Ihnen schon selbst ein. Wenn Sie sich eine Gewohnheit dafür aneignen, darauf achtzugeben, ob ein Mensch nahe oder weit guckt, und das auf sich wirken lassen, dann erzieht eine solche Gewohnheit in Ihnen die Empfänglichkeit für das Wahrnehmen des Ätherleibes. Kommen Sie dann der Sache noch meditativ zu Hilfe, meditieren Sie dazu, so wird es Ihnen nicht mehr so schwer werden, von dem hingebungsvollen Betrachten dessen, was im Menschen durch die Augenorganisation hervorgerufen wird, zu einer Betrachtung des Ätherleibes aufzurücken."

Und dann folgt die Passage, aus der hervorgeht, wie Rudolf Steiner seine Schüler dazu anspornen wollte, so exakt und ausführlich wie möglich mit den Sinnen und dem Verstand zu betrachten und dann dabei den meditativen Weg zu gehen:[230]

„Und wenn man spricht von dem Vorhandensein des Ätherleibes, von dem Wahrnehmen des Ätherleibes, so gibt es eben durchaus selbstverständlich jenen inneren Prozeß, der zum eigentlichen Hellsehen führt, der durch die Meditation führt. Aber es gibt auch einen Erziehungsprozeß von außen. Wenn wir uns bemühen, die Naturvorgänge in der richtigen Weise zu sehen, so kommen wir dazu, uns vom Urteil aus eine Anschauung von diesen Dingen zu verschaffen. Sehen Sie, die eigentlichen Hellseherorgane müssen ja von innen ausgebildet werden; aber das Urteil wird an der äußeren Welt ausgebildet. Bilden wir das Urteil intimer an der äußeren Welt aus, so kommt dieses Urteil dem sonst intimeren Prozeß beim Meditieren, dem von innen nach außen gehenden Prozeß entgegen."

Aber mit einem Erfassen des Stromes der Evolution und Involution im Menschen ist noch nicht alles geben. Der Arzt muss auch verstehend empfinden, wie in der Natur diese beiden Prozesse fortwährend wirksam sind, wie dies im Menschen weiterwirkt:[231]

---

[230] Ebd., S. 269.
[231] Vortrag vom 23.3.1920, GA 312, S. 69ff.

„Man ist allmählich dazu gekommen im materialistischen Zeitalter, eine Art Evolution der äußeren Wesen zu denken von dem sogenannten Einfachsten bis zu dem Kompliziertesten hin. Man hat dann, nachdem man zuerst seine Betrachtung ausgedehnt hat über die niederen Organismen, die Umwandelung der Formen studiert bis zu den kompliziertesten Organismen, dann auch ins Auge gefaßt das, was nicht Organismen sind, zum Beispiel das mineralische Reich. Das mineralische Reich hat man so ins Auge gefaßt, daß man sich gesagt hat: Das mineralische Reich ist eben einfacher als das Pflanzenreich. – Das hat schließlich dazu geführt, all die sonderbaren Fragen aufkommen zu lassen über die Entstehung des Lebens aus dem mineralischen Reich, über irgendein einmal vorhandenes Bedingtsein des Zusammenkommens der Substanzen aus ihrem bloßen unorganischen Agieren zu einem organischen Agieren.

(...)

Nun, einer unbefangenen Betrachtungsweise ergibt sich aber durchaus nicht das Richtige dieser Anschauung, sondern man muß sich sagen: In einer gewissen Weise läßt sich überhaupt ebenso, wie sich eine Art Evolution denken läßt von den Pflanzen hin durch die Tiere zum Menschen, wiederum eine Art Evolution denken von den Organismen, also von den Pflanzen hin zu den Mineralien, indem ihnen das Leben genommen wird. – Wie gesagt, ich will das heute nur andeuten, es wird in den folgenden Betrachtungen deutlicher herauskommen. Man kommt nur zurecht, wenn man die Evolution gar nicht so denkt, daß man vom Mineral heraufgeht über das Pflanzliche durch das Tierische zum Menschen, sondern wenn man den Ausgangspunkt in der Mitte nimmt und irgendwo eine Evolution denkt, die vom Pflanzlichen heraufgeht durch das Tierische zum Menschen, und eine andere Evolution, die hinuntergeht zum Mineralischen, wenn man also den Anfang nicht im Mineral setzt, sondern wenn man ihn mitten in die Natur hineinsetzt, so daß das eine entsteht durch eine aufsteigende, das andere durch eine niedersteigende Evolution. Dadurch aber wird man dazu kommen, einzusehen, daß, indem man von der Pflanze zum Mineral hinuntergeht und namentlich, wie wir sehen werden, zu dem ganz besonders bedeutsamen Mineral, dem Metall, daß da in der niedergehenden Evolution Kräfte auftreten können, die nun in einem ganz besonderen Verhältnisse zu dem Spiegelbild, der aufgehenden Evolution, stehen.

Kurz, die Frage stellt sich uns vor die Seele: Was sind in den Mineralien für ganz besondere Kräfte vorhanden, die wir nur studieren können, wenn wir hier diese Bildungskräfte, die wir an den niederen Organismen studiert haben, studieren? – Bei den Mineralien sehen wir sie auftreten in der Kristallisation. Die Kristallisation zeigt uns ganz entschieden etwas, was auftritt, wenn wir die niedergehende Evolution betrachten, was irgendwie nur im Zusammenhang stehen kann, aber nicht das gleiche ist, mit dem, was auftritt an Gestaltungskräften, wenn wir die aufsteigende Evolution betrachten."

Diesen Doppelstrom von Evolution und Involution in der außermenschlichen Natur muss der Arzt kennen, wenn er die richtigen Einsichten in die Heilmittel gewinnen will, die aus den vier Naturreichen gewonnen werden.

1923 fragte Ita Wegman Rudolf Steiner,[232] ob er das Mysterienprinzip in der Heilkunde nicht mehr betonen wolle. Warum er die medizinischen Kurse bis dahin so intellektuell gehalten habe? „Ich möchte eine Medizin haben, wie es während der Zeit der Mysterien war."

Er antwortete: „Die Mysterienmedizin soll wieder aufleben."

Und so entstand das gemeinsame Buch „Grundlegendes für eine Erweiterung der Heilkunst" und der medizinische Vortragszyklus „Meditative Betrachtungen und Anleitungen zur Vertiefung der Heilkunst"[233], unterteilt in einen „Weihnachtskurs" 1924 und einen „Osterkurs" 1924.

Gerade wenn man sich in die medizinischen Vorträge vertieft, treten diese zwei Seiten von Rudolf Steiners Begabung so stark hervor: die exakte, tief dringende und ausführliche Wahrnehmung mit den Sinnen einerseits und die Geistanschauung andererseits. Als Schüler fühlt man schon bald die Ohnmacht, in diesem Überfluss von Anregungen

---

[232] J.E. Zelymans van Emmichoven: Wer war Ita Wegman? Freies Geistesleben, 1990, S. 146.
[233] „Jungmedizinerkurs", GA 316.

Heilkunst

auf dem einen wie dem anderen Gebiet seinen Weg zu finden. Man fühlt die unbeschreibliche Grobheit des eigenen Wahrnehmens und Denkens, das „den Überblick behalten wollen", die Faulheit und den Widerwillen, *so* detailliert vorzugehen. In jedem Vortrag liegt ein ganzer Schatz von Anweisungen, aber die Seele ist zu plump, um ihnen so zu folgen, wie Rudolf Steiner gehofft hatte.

Doch in Ita Wegman fand er die Mitarbeiterin mit dem unerschöpflichen Willen, dem Mut, zu sein, wer sie war – mit allen Unvollkommenheiten –, und dem Mut zu heilen. Auf dem Gebiet dieser Willenskraft lebte das intuitive Potential, lebte auch die Einsicht in die früheren, gemeinsamen Inkarnationen.

In dieser spirituellen Biographie habe ich mich darauf beschränkt, Ursprung und Frucht von Rudolf Steiners Einweihung zu beschreiben – insoweit ein Mensch dies erleben kann. Die persönlichen Verbindungen habe ich größtenteils außerhalb der Betrachtung gelassen, weil diese Biographie sonst zu vielen Bänden auswachsen müsste. Aber Marie Steiner und Ita Wegman gehören zu Rudolf Steiners Biographie wie „unverzichtbare Gliedmaßen". Mit Marie Steiner kamen die beiden Formen anthroposophischer Kunst zur Blüte: Sprachgestaltung und Eurythmie.

Ita Wegman ist die andere unverzichtbare Genossin in der spirituellen Biographie. Mit ihr entwickelte Rudolf Steiner den Anfang einer Mysterien-Medizin. In dem Kapitel über Reinkarnation und Karma werden wir tiefer auf diese Verbindung zwischen Rudolf Steiner und Ita Wegman eingehen.

DIE CHRISTENGEMEINSCHAFT

Am 2. August 1922 sprach Rudolf Steiner vor den Mitgliedern der Anthroposophischen Gesellschaft das Schlusswort einer Zusammenkunft zur Orientierung über die geplante Gründung der Bewegung für religiöse Erneuerung. Ich zitiere zwei Fragmente aus diesem Schlusswort:[234]

„Es ist nun einige Zeit verflossen, da kamen einige jüngere Studierende der Theologie zu mir, um von ihren inneren Nöten zu sprechen; und die Art und Weise, wie sie sprachen, machte den Eindruck des ungeheuersten Ernstes. Das war aus dem Grunde, weil aus diesem Sprechen heraus ein ganz bestimmter Seelenunterklang ertönte, der im Grunde dazumal nicht deutlich ausgesprochen wurde, der aber außerordentlich stark in diesen jüngeren Seelen lebte. Wenn ich charakterisieren soll, was als dieser Seelenunterklang sich eigentlich kundgab, so ist es dieses: Es handelte sich um junge Theologen, die daran waren, ihr Studium zu vollenden und die hinaussahen in ihre Zukunft mit einer gewissen Verantwortlichkeit, die aber zurückschauten auf dasjenige, was sie während ihres Studiums der Theologie durchlebt hatten, mit einer gewissen Trostlosigkeit, jedenfalls so darauf zurückschauten, daß sie zeigten: Sie fühlen sich nicht in der Lage, der Verantwortlichkeit, die sie gegenüber ihrer Aufgabe empfanden, wirklich gerecht zu werden.
Es liegt ja nahe, daran zu denken, woher dieser Seelenunterklang kam, der im Grunde genommen eine Art von innerer Disharmonie war. Er kam daher, daß in der Gegenwart gerade die ernstesten Seelen, diejenigen Seelen, die eben ihre Lebensaufgabe auf dem Boden des religiösen Wirkens mit Ernst auffassen wollen, nicht jene innere Kraft mitnehmen können aus ihren Studien, die nötig ist, um diese Mission auszuführen.

---

[234] Beiträge zur Rudolf Steiner Gesamtausgabe, Heft 110, 1993, S. 16, 19f.

Die Christengemeinschaft

Nun, es war schon so, daß damals dieses Unausgesprochene, das aus diesen Seelen kam, mehr auf mich wirkte als dasjenige, was ausgesprochen wurde, daß nun das oder jenes kommen solle.
(...)
Man muß schon sich das alles vor die Seele führen, wenn man, ich möchte sagen, das rechte Herz gewinnen will zu demjenigen, was heute hier vor Ihnen ausgesprochen worden ist. Nun, Sie selber, Sie haben ja nach einem Weg zum Geistigen dadurch gesucht, daß Sie Anthroposophen geworden sind.

Als dazumal an mich dasjenige herantrat, was ich eben charakterisiert habe, da musste ich aus dem Ernst, mit dem das ganze aufgetreten ist, mir eben sagen: Hier wird auf einem bestimmten Felde von der Anthroposophie etwas gewollt, und das muß erfüllt werden, so gut es eben erfüllt werden kann. Und obzwar ich völlig auf dem Boden stehe, die anthroposophische Bewegung anthroposophische Bewegung sein zu lassen, so wie sie bisher war, und durchaus nicht selber irgendwie die Mission fühle zur Religionsgründung, so meinte ich doch, daß ich verpflichtet bin, alles dasjenige, was man von mir verlangte in bezug auf das Geben eines Inhaltes für diese religiöse Bewegung, auch wirklich zu erfüllen. Und so ist es denn in der Weise, wie es Ihnen geschildert wurde, nach und nach dazu gekommen, daß nun wirklich diese religiöse Erneuerungsbewegung bald ihr Werk beginnen soll.

Es ist selbstverständlich, daß diese religiöse Erneuerungsbewegung nicht verwechselt werden darf mit dem Gange, den die anthroposophische Bewegung selbst macht. Was ich hier auf Aufforderung hin hinzufügen wollte zu den Ausführungen der verehrten Redner des heutigen Abends, das ist dies, daß Anthroposophie in diesem Fall gegenüberstand einem Bedürfnis, das aus dem religiösen Leben selber heraufkam. Und das ist eigentlich dasjenige, was jetzt, wo diese religiöse Erneuerungsbewegung Ernst machen will in bezug auf ihr Wirken, ja ganz besonders festgehalten werden soll. Es war nicht die anthroposophische Bewegung, meine lieben Freunde, die etwa hat auftreten wollen und sagen: Ich will jetzt auch eine religiöse Erneuerungsbwegung begründen –, sondern es war aus dem religiösen Leben selbst heraus gekommen die Sehnsucht nach einer Erneuerung, und

5. Teil, Anthroposophie und die Welt

bei der Anthroposophie wurde dasjenige gesucht, was diesen Erneuerungsgedanken einen Inhalt gibt. So wird dasjenige, was Inhalt der Anthroposophie ist, wartend dastehen, wenn gefragt wird und insofern es gefragt wird."

Die jungen Studenten hatten eine Gruppe von 18 jungen Menschen für einen ersten Kurs von Rudolf Steiner zu versammeln vermocht. Es waren sechs Vorträge, gehalten vom 12. bis zum 16. Juni 1921.

Im Herbst 1921 gab Rudolf Steiner einen großen Zyklus von 29 Vorträgen und Diskussionsstunden. Daran nahmen über 100 interessierte Menschen teil, unter anderem mehrere Geistliche verschiedener Konfessionen.

Im September 1922 wurde dann durch 45 Personen des Herbstkurses die „Christengemeinschaft" begründet. Dr. Friedrich Rittelmeyer hatte die Leitung, und Rudolf Steiner gab einen dritten Vortragszyklus.

Im Juli 1923 gab Steiner den vierten, im September 1924 den fünften Kurs.

Bezüglich der Bedrückung in den Seelen der jungen Priester gab Rudolf Steiner zu Beginn des ersten Kurses eine Erläuterung der Ursache. Da er diese Bedrückung selbst als das Wesentlichste beschrieben hat, was er bei der ersten Begegnung im Gespräch mit den jungen Studenten erlebt hatte, scheint mir darin eine Essenz für Steiners Hilfe bei der Gründung der Bewegung für religiöse Erneuerung zu finden zu sein, wobei er bis an sein Lebensende betonte, dass die Anthroposophie nur Ratgeberin sei, dass die Bewegung für religiöse Erneuerung auf einem selbständigen Impuls beruhe.

Ich zitiere einige Passagen aus dem ersten und dem zweiten Vortrag des ersten Priesterkurses:[235]

„Wir sagen uns heute sehr leicht: Ja, da gibt es Menschen, die werden durch ihre höhere Bildung sich bewußt werden wollen über den Inhalt des Kultus; andere Menschen werden kein Bedürfnis danach

---

[235] Vortrag vom 12.6.1921, S. 33ff, 39.

haben, die werden gar nicht danach streben, die Sache ins bewußte Leben überzuführen. – Sehen Sie, wir leben gerade in einem Zeitpunkte der weltgeschichtlichen Menschheitsentwickelung, wo dies das Charakteristische ist, daß sehr schnell die Zahl derjenigen Menschen zunimmt, die in einer geeigneten Form aufgeklärt sein wollen über dasjenige, was auch bei ihnen Kultus ist. Und darauf müssen wir Rücksicht nehmen. Wir dürfen uns heute nicht das dogmatische Vorurteil bilden, den kannst du aufklären, den nicht. Denn wenn wir heute voraussetzen, daß auf einer gewissen Bildungsstufe lebende Menschen nicht aufgeklärt sein wollen, dann werden wir uns hier meist auf die Dauer irren. Die Zahl der Menschen, die einen gewissen Grad von Bewußtheit erringen wollen über das Symbolische und über das im Kultus Lebende, die wird tatsächlich mit jedem Tag größer, und die Hauptfrage ist eine ganz andere, nämlich diese: Wie kommen wir zu einem Kultus und symbolischen Inhalte, wenn wir zugleich die Forderung stellen, daß, sobald man sich bewußterweise aufklärt über diesen symbolischen Inhalt, dieser nicht abstrakt und gemütsfremd wird, sondern seinen vollen Wert, seine volle Geltung erhält? – Das ist das, was uns heute als Frage ganz besonders interessant ist.

Sie können, wenn es nicht gerade auf das Religiöse ankommt, hinweisen auf Goethes Märchen von der grünen Schlange und der schönen Lilie, das hervorgegangen ist aus einem Menschen, von dem man sprechen kann, wenn man will, wenn man die Begriffe pressen will, wie von einem Menschen, der immer geträumt hat über solche Dinge. Man redet ja auch davon, daß Schiller Goethes Träume ausgedeutet habe. In gewisser Beziehung war Goethe aber dasjenige viel bewußter, was in seinem Märchen lebte, als es Schiller geworden ist. Aber sein Bewußtsein ist ein solches, das im Bilde selbst leben kann, es ist nicht jenes abstrakte Bewußtsein, das man heute einzig und allein als Bewußtsein erlebt. Heute verwechselt man den Verstand mit dem Bewußtsein überhaupt. Von demjenigen, der bildlich vorstellt, glaubt man, er ist dem Grade nach nicht so bewußt wie der andere, der verstandesmäßig vorstellt. Verstandesmäßiges Vorstellen verwechselt man heute mit Bewußtheit.

Wir werden uns über die Frage von Bewußtheit und Unbewußtheit und Überbewußtheit eines Kultus und einer Symbolik zu unterhalten haben, die allerdings in allertiefstem Sinne unsere Gegenwart beschäftigen muß. Denn wir haben auf der einen Seite die katholische Kirche mit ihrem ja ganz mächtigen Kultus und ihrer ungeheuer mächtigen und zielbewußten Symbolik. Was liegt allein für eine ungeheure Kraft in dem Meßopfer, wenn es so vollzogen wird, wie es eben in den katholischen Kirchengemeinschaften vollzogen wird, das heißt, bei dem Bewußtsein der Gläubigen vollzogen wird, das da vorhanden ist. Und auch die Predigt hat beim katholischen Pfarrer durchaus den Inhalt, der auf die Symbolik bezüglich ist, und namentlich ist sie sehr durchsetzt vom Willen. [Auf der anderen Seite] wurde durch die evangelische Entwickelung der letzten Jahrhunderte die Entwickelung vom Kultus herübergeleitet zu dem eigentlichen Lehrinhalt, zum Lehrgehalt. Der Lehrgehalt ist nun dasjenige, was die Tendenz hat, immer mehr nur dann zu wirken, wenn er auf das Verständnis des Zuhörenden oder Lesenden abgestimmt ist. Deshalb stehen die evangelischen Kirchen vor der Gefahr der Atomisierung, vor der Gefahr, daß jeder seine eigene Kirche in seinem Herzen ausbildet, und gerade dadurch keine Gemeinschaftsbildung möglich ist. Und diese Gefahr ist schon eine solche, der begegnet werden muß.

Wir müssen die Möglichkeit einer Gemeinschaftsbildung haben, und zwar einer solchen, die nicht bloß auf äußere Einrichtungen, sondern auf das Seelisch-Innere gebaut ist, das heißt, wir müssen die Brücke schlagen können zwischen einem solchen Kultus, einem solchen Ritual, das vor dem modernen Bewußtsein bestehen kann und das doch, wie das evangelische Bekenntnis, wiederum in den vertiefteren Lehrgehalt hinüberführt.

Der Lehrgehalt individualisiert, analysiert die Gemeinschaft, bis man zuletzt beim einzelnen Menschen angelangt ist, analysiert sogar durch seine Tendenzen noch den einzelnen Menschen. Wer Psychologe ist, sieht die zerrissenen Naturen der Gegenwart, sie sind bis in die Individuen hinein individualisiert. Wir können tatsächlich heute die Menschen sehen, die nicht nur streben, ihr individuelles Bekenntnis zu haben, sondern die zwei und noch mehr Bekenntnisse haben, die sich in ihrer eigenen Seele bekämpfen. Die zahlreichen zerrissenen Naturen der Gegenwart sind nur die Fortsetzung der Tendenz, die die Gemeinschaft individualisiert, analysiert. Der Kultus, das Symbol, das Ritual ist das Synthetische, das führt wiederum zusammen; das kann man überall wahrnehmen, wo man auf diese Dinge praktisch eingeht. Daher ist diese Frage zu gleicher Zeit diejenige, die real der Frage der Gemeinschaftsbewegung zugrunde gelegt werden muß.

Die Frage nach der anthroposophischen Aufklärung und der rein religiösen Übung muß wiederum aus unserem heutigen wichtigen Zeitpunkte heraus gelöst werden. Wir erleben da allerdings heute etwas Tragisches; und da wäre es gerade bedeutsam, daß von Ihrer Gemeinschaft hier gewissermaßen eine Kraft ausgehen könnte, die zunächst über dieses Tragische etwas hinwegführen könnte. Wenn man eine solche Aufklärung hat, wie sie, ich möchte sagen, als religiöse Aufklärung sich ergibt in Konsequenz der gesamten anthroposophischen Aufklärung, die ja neben den religiösen auch historische Aufklärungen, naturwissenschaftliche Aufklärungen und so weiter hat, wenn man diese religiösen Aufklärungen der Anthroposophie betrachtet, so sind die Vorstellungen, die man bekommt, und in der Konsequenz dieser Vorstellungen die Empfindungen, die man bekommt, solche, die gar nicht anders können, als zu der Sehnsucht nach dem äußeren Symbol, nach dem Bilde, sich umzugestalten. Das wird eben so häufig verkannt, daß die anthroposophischen Vorstellungen schon andere sind als diejenigen Vorstellungen, die man heute sonst bekommt. Wenn man heute sonst Vorstellungen bekommt, sei es aus der Wissenschaft, sei es aus dem sozialen Leben heraus, so wirken diese in dem Sinne, den man schlechthin aufklärerisch nennt, und in dem Sinne, alles zu kritisieren, alles zu zersetzen. Wenn man die anthroposophischen Vorstellungen bekommt, so führen sie zu einer gewissen Hingabe des Menschen, sie verwandeln sich in eine gewisse Liebe. So wie das rote Blut nicht anders kann, als den Menschen aufbauen, so können die anthroposophischen Vorstellungen nicht anders, als den Menschen gefühls-, empfindungsgemäß, sogar willensgemäß anzuregen, so daß er die tiefste Sehnsucht empfängt nach einem Ausdruck desjenigen, was er zu sagen hat, im Symbolischen, überhaupt im Bildhaften. Es ist kein künstlich Herangeführtes, wenn Sie zum Beispiel in meiner „Geheimwissenschaft" so viel Bildhaftes finden; es kommt eben zuletzt dahin, daß man sich bildhaft ausdrückt.

(...)

5. Teil, Anthroposophie und die Welt

Das ist das Tragische, daß auf der einen Seite das tiefste Bedürfnis zum Bilde vorhanden ist, und auf der anderen Seite jeder Glaube an das Bild eigentlich verglommen ist. Wir glauben nicht daran, daß wir in Bildern etwas haben, das eben im Verstand, in den intellektuellen Begriffen nicht gegeben werden kann. Das müssen wir erst verstehen, wenn wir uns nächstens über die Frage unterhalten werden von Symbolum und Bewußtheit. Namentlich die Frage nach dem Balancieren zwischen Unterbewußtem und Bewußtem, die ja heute so viele Leute quält, werden wir erst fruchtbar beantworten können, wenn wir uns über diese Sache klar sind."

Im zweiten Vortrag sagt Rudolf Steiner:[236]

„In dem Augenblick, in dem er (der katholische Priester, M.M.) die Stola auf der Brust gekreuzt hat, in dem Augenblick ist er der Vertreter der Kirche.
Sehen Sie, das ist das eine Extrem. Es ist aber da, und es wird eine große Rolle spielen in der unmittelbar vor den Toren stehenden Kulturbewegung. Denn so verderblich wir diese Macht ansehen müssen, es ist eine Macht, eine ungeheure Macht; und man kommt ihr nicht anders nahe, als daß man sich ihrer voll bewußt wird. Sie werden nicht anders kämpfen können. Sie werden auf Schritt und Tritt in Ihrem Leben begegnen der Macht, die heute in unermeßlicher Weise sich ausbreitet, während die Menschheit schläft und es nicht bemerkt.
Auf der anderen Seite ist nun die Zeitaufgabe, daß vertraut wird auf – wenn ich es so nennen darf – die göttliche Harmonie. Und das, meine lieben Freunde, hat man absolut nicht verstanden in meiner „Philosophie der Freiheit". Aber es ist etwas, was im allereminentesten Sinne verstanden werden sollte in der Gegenwart. In meiner „Philosophie der Freiheit" baut auch das Rechtsleben auf den völlig aus sich heraus wirkenden individuellen Menschen. Einer der ersten, und zwar der geistvollsten Kritiker, die über meine „Philosophie der Freiheit" geschrieben haben – im englischen „Athenaeum" –, schrieb einfach, diese ganze Anschauung führe hinein in einen theoretischen

---

[236] Vortrag vom 13.6.1921, GA 342, S. 57ff.

Die Christengemeinschaft

Anarchismus. – Dieses ist selbstverständlich der Glaube der heutigen Menschen. Warum? Weil dem heutigen Menschen jedes wirkliche durchgöttlichte soziale Vertrauen eigentlich fehlt, weil die Menschen das Folgende, für unsere Zeit Allerwichtigste nicht begreifen können, und das ist das: Wenn man den Menschen wirklich dazu bringt, daß er aus seinem Innersten heraus spricht, dann kommt nicht durch seinen Willen, sondern durch die göttliche Welteinrichtung die Harmonie unter die Menschen. Die Disharmonie rührt davon her, daß eben die Menschen nicht aus ihrem Inneren heraus sprechen. Man kann die Harmonie nicht erzeugen auf direkte Weise, sondern nur durch diese indirekte Weise, daß man die Menschen wirklich bis zu ihrem Innersten bringt. Dann tut der eine ganz von selber dasjenige, was dem anderen frommt, spricht auch dasjenige, was dem anderen frommt. Die Menschen reden und handeln nur aneinander vorbei, solange sie sich nicht selbst gefunden haben.

Begreift man das als ein Mysterium des Lebens, dann sagt man sich: Ich suche den Quell meines Handelns in mir selber und habe das Vertrauen, daß der Weg, der mich da ins Innere führt, auch in die göttliche Weltordnung im Äußeren mich einschaltet und ich dadurch in Harmonie mit den anderen wirke. – Dadurch wird erstens das Vertrauen in das menschliche Innere gebracht, zweitens aber auch das Vertrauen in die äußere soziale Harmonie. Einen anderen Weg als diesen gibt es nicht, um die Menschen zusammenzubringen. Was daher von Ihnen errungen werden muß, wenn Sie durch Ihren Beruf tatsächlich auch sozial wirken wollen, göttlich sozial wirken wollen, geistig sozial wirken wollen, das ist die Möglichkeit, wirklich aus Ihrem Inneren heraus zu wirken, das heißt, daß jeder für sich, weil er sich gefunden hat, die Möglichkeit hat, eine Autorität sein zu dürfen."

Einerseits brachte dieses Wirken mit den Priestern Rudolf Steiner die höchste Befriedigung, andererseits hat es ihm auch tiefen Schmerz gebracht. Diesen Schmerz äußerte er im Goetheanum in dem Vortrag vom 30. Dezember 1922, einen Abend vor dem Brand, der dieses Goetheanum verwüstete. Die Christengemeinschaft war im September gegründet worden, und die Wirkung gab Anlass zu Schmerz.

429

5. Teil, Anthroposophie und die Welt

Ich zitiere auch hieraus einige Passagen:[237]

„So daß dasjenige, was ich damals aus den Notwendigkeiten unserer Menschheitsentwickelung heraus diesen suchenden Persönlichkeiten zu sagen hatte, sich etwa zusammenfassen läßt mit den Worten: Es ist notwendig für die heutige Menschheitsentwickelung, daß die anthroposophische Bewegung immer mehr und mehr wachse, wachse aus ihren Bedingungen heraus, nicht gestört werde in diesem Wachsen aus ihren Bedingungen heraus, die namentlich darinnen bestehen, daß jene geistigen Wahrheiten, die einfach aus der geistigen Welt zu uns wollen, zunächst unmittelbar in die Herzen eindringen, so daß die Menschen durch diese geistigen Wahrheiten erstarken. Dann werden sie den Weg finden, der auf der einen Seite ein künstlerischer, auf der andern Seite ein religiös-ethisch-sozialer sein wird. Diesen Weg geht die anthroposophische Bewegung, seit sie besteht. Für diese anthroposophische Bewegung ist, wenn nur dieser Weg richtig verstanden wird, kein anderer notwendig.

Die Notwendigkeit eines andern Weges ergibt sich für diejenigen Menschen, welche diesen Weg unmittelbar nicht gehen können, welche durch Gemeindebilden, im Zusammenarbeiten innerhalb der Gemeinde, einen andern Weg gehen müssen, der, ich möchte sagen, mit dem anthroposophischen erst später zusammenführt. So daß dadurch die Perspektive eröffnet war für zwei nebeneinanderhergehende Bewegungen: Die anthroposophische Bewegung, die dann ihre wirklichen Ziele erreicht, wenn sie dasjenige, was ursprünglich in ihr lag, wirklich auch sinn- und kraftgemäß verfolgt und sich in dieser Verfolgung nicht beirren läßt durch irgendwelche spezielle Arbeitsgebiete, die sich in ihrem Lauf eröffnen müssen. Auch das wissenschaftliche Arbeitsgebiet darf zum Beispiel nicht beeinträchtigen den Impuls der allgemeinen anthroposophischen Bewegung. Wir müssen uns klar sein darüber, daß der anthroposophische Impuls es ist, der die anthroposophische Bewegung ausmacht, und daß, wenn in der neuesten Zeit diese und jene wissenschaftlichen Arbeitsgebiete innerhalb der anthroposophischen Bewegung geschaffen worden sind, durchaus

---

[237] Vortrag vom 30.12.1922, GA 219, S. 167ff.

die Notwendigkeit besteht, daß dadurch die Kraft und Energie des allgemein-anthroposophischen Impulses nicht abgeschwächt werde, daß namentlich nicht in einzelne Wissenschaftsgebiete hinein, in die Denk- und Vorstellungsform einzelner Wissenschaftsgebiete hinein der anthroposophische Impuls so gezogen werde, daß von dem heutigen Wissenschaftsbetrieb, der gerade belebt werden sollte durch den anthroposophischen Impuls, wiederum so viel abfärbt, daß die Anthroposophie etwa chemisch wird, wie die Chemie heute ist, physikalisch wird, wie die Physik heute ist, biologisch wird, wie die Biologie heute ist. Das darf durchaus nicht sein. Das würde an den Lebensnerv der anthroposophischen Bewegung gehen. Es handelt sich darum, daß die anthroposophische Bewegung ihre spirituelle Reinheit, aber auch ihre spirituelle Energie bewahre. Dazu muß sie das Wesen der anthroposophischen Spiritualität verkörpern, muß in ihm leben und weben, muß alles dasjenige tun, was aus den geistigen Offenbarungen der Gegenwart heraus auch zum Beispiel in das wissenschaftliche Leben eindringen soll.

Nebenher, so meinte ich dazumal, könne eine solche Bewegung für religiöse Erneuerung gehen, die ganz selbstverständlich für diejenigen, die in die Anthroposophie hinein den Weg finden, keine Bedeutung hat, sondern für diejenigen, die ihn zunächst nicht finden können. Und da diese zahlreich vorhanden sind, ist natürlich eine solche Bewegung nicht nur berechtigt, sondern auch notwendig.

Darauf rechnend also, daß die anthroposophische Bewegung das bleibe, was sie war und was sie sein soll, gab ich, unabhängig von aller anthroposophischen Bewegung, einer Anzahl von Persönlichkeiten, die von sich heraus, nicht von mir aus, für die Bewegung für religiöse Erneuerung wirken wollten, dasjenige, was ich in der Lage war zu geben in bezug auf den Inhalt desjenigen, was eine künftige Theologie braucht: den Inhalt auch des Kultusmäßigen, das eine solche neue Gemeinschaftsbildung braucht.

Was da gegeben worden ist, ist von mir durchaus so gegeben worden, daß ich als Mensch andern Menschen dasjenige gegeben habe, was ich ihnen aus den Bedingungen der geistigen Erkenntnis der Gegenwart geben konnte. Das, was ich diesen Persönlichkeiten gegeben habe, hat nichts zu tun mit der anthroposophischen Bewegung. Ich habe es

5. Teil, Anthroposophie und die Welt

ihnen als Privatmann gegeben, und habe es so gegeben, daß ich mit notwendiger Dezidiertheit betont habe, daß die anthroposophische Bewegung mit dieser Bewegung für religiöse Erneuerung nichts zu tun haben darf; daß aber vor allen Dingen nicht ich der Gründer bin dieser Bewegung für religiöse Erneuerung; daß ich darauf rechne, daß der Welt das durchaus klargemacht werde, und daß ich einzelnen Persönlichkeiten, die von sich aus begründen wollten diese Bewegung für religiöse Erneuerung, die notwendigen Ratschlüsse gegeben habe, Ratschlüsse, die allerdings geeignet waren, einen gültigen und spirituell kräftigen, spirituell von Wesenheit erfüllten Kultus auszuüben, in rechtmäßiger Weise mit den Kräften aus der geistigen Welt heraus zu zelebrieren. Ich selber habe bei der Erteilung dieser Ratschläge niemals irgendeine Kultushandlung ausgeführt, sondern nur denjenigen, die in diese Kultushandlung hineinwachsen wollten, gezeigt, Schritt für Schritt, wie eine solche Kultushandlung zu geschehen hat. Das war notwendig. Und heute ist es auch notwendig, daß innerhalb der Anthroposophischen Gesellschaft dies richtig verstanden wird.

Die Bewegung ist also begründet worden, unabhängig von mir, unabhängig von der Anthroposophischen Gesellschaft, lediglich auf meine Ratschläge hin. Und derjenige, der den Ausgangspunkt gebildet hat, der sozusagen die erste Urkultushandlung begangen hat innerhalb dieser Bewegung, hat sie zwar nach meiner Anleitung begangen, nicht aber bin ich irgendwie an der Gründung dieser Bewegung beteiligt. Sie ist eine Bewegung, die aus sich selbst heraus entstanden ist, und die die Ratschläge von mir bekommen hat aus dem Grunde, weil, wenn jemand berechtigten Rat auf irgendeinem Gebiete fordert, es Menschenpflicht ist, wenn man den Rat erteilen kann, ihn auch wirklich zu erteilen.

(...)

Denn die Anthroposophische Gesellschaft wird von demjenigen nicht verstanden, der sich nicht so auffaßt, daß er ein Rater und Helfer sein kann dieser religiösen Bewegung, daß er aber nicht unmittelbar in ihr untertauchen kann. Wenn er dieses tut, so arbeitet er an zweierlei: erstens arbeitet er an der Zertrümmerung und Zerschmetterung der Anthroposophischen Gesellschaft, zweitens arbeitet er an der Fruchtlosigkeit der Bewegung für religiöse Erneuerung. Denn inner-

halb der Menschheit müssen doch alle diejenigen Bewegungen, welche in berechtigter Weise entstehen, wie in einem organischen Ganzen zusammenwirken. Das muß aber in der richtigen Weise geschehen.
(...)
Daher ist es notwendig, daß ohne Rückhalt die Anthroposophische Gesellschaft mit ihrem Inhalte Anthroposophie bleibe, ungeschwächt durch die neuere Bewegung; daß derjenige, der versteht, was anthroposophische Bewegung ist, alles das – nun nicht in irgendeinem überheberischen, hochmütigen, sondern in einem mit den Aufgaben unserer Zeit wirklich rechnenden Sinne –, worauf es ankommt, in die Worte zusammenfaßt: Diejenigen, die den Weg einmal in die Anthroposophische Gesellschaft gefunden haben, brauchen keine religiöse Erneuerung. Denn was wäre die Anthroposophische Gesellschaft, wenn sie erst religiöse Erneuerung brauchte!
Aber religiöse Erneuerung wird in der Welt gebraucht, und weil sie gebraucht wird, weil sie eine tiefe Notwendigkeit ist, wurde die Hand zu ihrer Begründung geboten. Richtig werden also die Dinge verlaufen, wenn die Anthroposophische Gesellschaft bleibt, wie sie ist, wenn diejenigen, die sie verstehen wollen, wirklich auch ihr Wesen ergreifen und nicht glauben, daß sie es nötig haben, einer andern Bewegung anzugehören, die ja ihren Inhalt hat, trotzdem es in realem Sinne richtig ist, daß nicht die Anthroposophie begründet hat diese religiöse Erneuerungsbewegung; aber die religiöse Erneuerungsbewegung, die sich selbst begründet hat, hat ihren Inhalt von der Anthroposophie her genommen.
Wer also diese Dinge nicht sinngemäß auseinanderhält, arbeitet, indem er für den eigentlichen Impuls der anthroposophischen Bewegung lässiger wird, daran, Boden und Rückgrat auch für die religiöse Erneuerungsbewegung wegzuschaffen und die anthroposophische Bewegung zu zertrümmern. Derjenige, der, auf dem Boden der religiösen Erneuerungsbewegung stehend, etwa meint, daß er diese auf die anthroposophische Bewegung ausdehnen müsse, entzieht sich selber den Boden. Denn dasjenige, was Kultusmäßiges ist, muß zuletzt sich auflösen, wenn das Rückgrat der Erkenntnis aufgehoben wird.
(...)
Daher bitte ich Sie, eben zu verstehen, daß es notwendig ist, daß

die Bewegung für religiöse Erneuerung wisse: daß sie bei ihrem Ausgangspunkte stehenbleiben müsse, daß sie versprochen hat, ihre Anhängerschaft außerhalb der Kreise der anthroposophischen Bewegung zu suchen, weil sie dort auf naturgemäße Weise zu finden ist und weil sie dort gesucht werden muß."

Ich beschreibe hier die Situation von 1922, wir können dasjenige, was Rudolf Steiner damals sagte, nicht ohne weiteres auf das 21. Jahrhundert übertragen. Aber für Steiners Lebensgang war diese Zusammenarbeit mit den jungen Priestern in mehrerer Hinsicht bedeutungsvoll.

Im September 1924, dem letzten Monat von Rudolf Steiners öffentlicher Wirksamkeit, gibt er den Priesterkurs über die Apokalypse. Dieser Kurs wurde ausschließlich für Priester gegeben, und überdies waren die Vorstandsmitglieder der Anthroposophischen Gesellschaft anwesend. Heute sind die Vorträge gedruckt und für jeden zugänglich.
Dass Rudolf Steiner auch in die Bewegung für religiöse Erneuerung den „Urimpuls" der Anthroposophie – wie er in ihm bereits lebte, als er ein Junge war – hineingab, aber in der Form, wie er für die Priester gegeben werden musste, mag aus den folgenden zwei Zitaten dieses Zyklus hervorgehen.
Im zweiten Vortrag sagt Rudolf Steiner:[238]

„Das waren im Grunde genommen die Erlebnisse, die diejenigen von Euch gehabt haben, die da eines Tages gekommen sind und gesagt haben: Es muß eine christliche Erneuerung eintreten. – Sie empfanden das, was in der heutigen Zivilisation lebt und was auch im religiösen Leben der heutigen Zivilisation lebt, sie empfanden das religiöse Leben aller Konfessionen bereits als getrennt von der wirklichen, realen geistigen Welt. Sie suchten den Weg wieder zur wirklichen, realen geistigen Welt.
Das ist es ja, was wegweisend ist und was uns zugleich in die Tiefe

---

[238] Vortrag vom 6.9.1924, Apokalypse und Priesterwirken, GA 346, S. 37ff.

Die Christengemeinschaft

der Mysterien hineinführen wird, die mit der Apokalypse zusammenhängen: daß die Transsubstantiation in der ersten Epoche zusammenhängt durch das Erleben mit dem physischen Leib, in der zweiten Epoche durch das Erleben mit dem Ätherleib und in der dritten Epoche durch das Erleben mit dem Astralleib; und an Euch, an Eurem innerlichen Erleben des Wirkens und Webens der Geistigkeit in der Welt hängt es, daß die Weihehandlung und die Apokalyptik von dem Ich der Menschheit ergriffen werde.

Damit ist aber jede richtige Auffassung von dem, was durch diese Bewegung für religiöse Erneuerung getan werden soll, davon abhängig, daß dies zu Tuende unmittelbar aufgefaßt werde als die Ausführung einer uns gestellten, einer uns übersinnlich gestellten Aufgabe, einer Aufgabe, die in den Dienst der übersinnlichen Mächte das stellt, was sie tut. Denn entweder muß das, was Ihr tut, in das Wesenlose verrinnen und nur eine Art von Störung gewesen sein in der jetzigen Evolution des Weltalls, wenn Ihr nicht die Tiefe Eurer Aufgabe erfaßt; oder aber Ihr erfaßt die Tiefe Eurer Aufgabe, Ihr fühlt diese Aufgabe von vornherein verbunden nicht mit dem Wirken von Menschen, sondern verbunden mit dem Wirken von Göttern durch die Erdenevolution hindurch. Dann müßt Ihr Euch sagen: Wir sind dazu berufen, die vierte Mysterienepoche der menschlichen Erdenentwickelung mitzugestalten. – Dann allein, wenn Ihr den Mut und die Kraft und den Ernst und die Ausdauer habt, in dieser Weise Euch in Eure Aufgabe zu finden, dann allein ist diese Aufgabe in den Dienst der Mächte gestellt, welche den Inhalt jenes Kultus haben unmittelbar herunterfließen lassen aus der geistigen Welt, als wir vor zwei Jahren hier zusammen waren. Dann allein ist das real, was Ihr durch den Inhalt dieses Kultus, der eine Offenbarung aus der geistigen Welt ist und der als solcher Euch überstrahlt hat, übernommen habt.

Und dann werdet Ihr immer mehr fühlen und empfinden, es war so: Der Christus ist zunächst in einer kosmisch realen, tellurisch realen Handlung in das Erdenleben einbezogen. Das Mysterium von Golgatha ist als reale Handlung da. Der Mensch muß es in unserer Zeit mit seinem Ich erst vereinigen. Denn das erste Angedenken an das heilige Abendmahl war noch getaucht in die dritte Mysterienepoche, in die Epoche, wo der astralische Leib die in dem Luftigen sich vollziehenden Kultwirkungen aufnahm und beherrschte. Jetzt aber handelt es sich darum, daß mit voller Bewußtheit der Mensch sein tiefstes Inneres verbindet mit dem Christus und anfängt, die Apokalypse in einer neuen Weise zu verstehen. (...)

So ist die Apokalypse so aus Johannes herausgesprochen, wie eigentlich im gewöhnlichen Bewußtsein einzig das Wörtchen „Ich" herausgesprochen wird aus dem Menschen. Wenn der Mensch „Ich" sagt, spricht er sein Inneres aus in diesen wenigen Lauten. Es kann nichts anderes damit gemeint sein als die eine, individuelle menschliche Wesenheit. Aber dieses eine enthält einen reichen Inhalt. Und ein reicher Inhalt ist der Inhalt der Apokalypse. (...)

Die Apokalypse bleibt *eine* ihrer Qualität nach, numerisch kann sie der Inhalt werden jeder einzelnen Priesterseele. Umgekehrt, jede einzelne Seele, die die Menschenweihehandlung vollzieht, kann Priesterseele werden dadurch, daß sie in sich die Vorbereitung durchmacht, das Ich zu identifizieren mit dem Inhalt der Apokalypse. Wir sind als Menschen Iche, wir werden im modernen Sinne des Wortes Priester, wenn die Apokalypse nicht bloß im Evangelium steht, wenn die Apokalypse aber auch nicht nur in unseren Herzen steht als ein fertig Geschriebenes, sondern wenn das Ich sich bewußt wird, daß es in jedem Augenblick des Lebens selbsterzeugend einen Abdruck der Apokalypse hervorbringt."

Hier spricht Rudolf Steiner seine ursprüngliche Idee der „Philosophie der Freiheit", die er später zum Beispiel in dem Aufsatz „Philosophie und Anthroposophie" in einer anderen Weise formuliert hat[239],

---

[239] Rudolf Steiner schreibt hier: „Das Abbild dieser reinen Aktualität findet sich nun im Menschen selbst, wenn er aus dem reinen Denken heraus zu dem Begriff des „Ich" kommt. Da ist er im Ich bei etwas, was Fichte als Tathandlung bezeichnet. Er kommt in seinem Innern zu etwas, das, indem es in Aktualität lebt, zugleich mit dieser Aktualität seine Materie mit hervorbringt. Wenn wir das Ich im reinen Gedanken fassen, dann sind wir in einem Zentrum, wo das reine Denken zugleich essentiell sein materielles Wesen hervorbringt. (...) So lässt sich erkenntnistheoretisch der Satz fundamentieren, „dass auch im reinen Denken ein Punkt erreichbar ist, in dem Realität und Subjektivität sich völlig berühren, wo der Mensch die Realität erlebt". Setzt er da ein und befruchtet er sein Denken so, dass dieses Denken von da aus wiederum aus sich herauskommt, dann ergreift er die Dinge von innen. Es ist also in dem durch einen reinen Denkakt erfassten und damit zugleich geschaffenen Ich etwas vorhanden, durch das wir die Grenze durchdringen, die für alles andere zwischen Form und Materie gesetzt werden muss."

für die Priester noch einmal aus. Es ist dasjenige, was in Aristoteles und in Thomas von Aquin bereits Gedanke war: „Wenn das Denkende und das Gedachte ein und dasselbe sind, dann ist das Wort der Begriff und ein Abbild des Geistes, aus dem es hervorgeht." Wenn also der Priester die Apokalypse so meditieren kann, dass seine Gedanken Teil seines Ichs werden, so bekommt er allmählich für das sonst punktförmige Ich einen reichen Inhalt: Die Apokalypse. „Jede einzelne Seele, die die Menschenweihehandlung vollzieht, kann Priesterseele werden dadurch, daß sie in sich die Vorbereitung durchmacht, das Ich zu identifizieren mit dem Inhalt der Apokalypse."

Am 22. September, kurz vor dem Ende der öffentlichen Vortragstätigkeit (am 28. September hielt er noch eine kurze Ansprache, die er abbrechen musste), sprach Rudolf Steiner vor den Priestern über die absolute Notwendigkeit, dass der Mensch das Denken bewusst in die Hand nimmt, und darüber, was geschehen würde, wenn der Mensch diese Aufgabe *nicht* erfüllt:[240]

„Wir müssen bedenken, daß wir ja leben im Zeitalter der Bewußtseinsseele, jener Etappe der gesamtmenschlichen Evolution, in der der Mensch die Intellektualität sozusagen in die Hand zu nehmen hat, in seine eigene Individualität hereinzugliedern hat. Natürlich ist dieses Zeitalter jetzt sozusagen das erste, das auf den Geist des Menschen noch beschränkte, in welchem die Dinge, die die Aneignung der Intellektualität betreffen, ablaufen innerhalb des menschlichen Sinnens und Denkens. Es wird ein Zeitalter kommen, in dem auch die tieferen Kräfte der menschlichen Seele ergriffen werden von demjenigen, was sich jetzt mehr abspielt innerhalb des Sinnens und Trachtens und Denkens.
Gegenwärtig ist der Mensch noch in der Lage, sich Vorstellungen darüber zu machen, wie er sich der in seine eigene Individualität hereinbrechenden Intellektualität bedienen soll. Aber es wird dieser Zeitraum der Bewußtseinsseelenentwickelung nicht ablaufen, ohne daß auch die Seelen selbst in ihren tiefsten Emotionen, in ihren Gefühlen,

---

[240] Vortrag vom 22.9.1924, GA 346, S. 256ff.

in ihren Leidenschaften ergriffen werden von der Intellektualität, und dann wird dasjenige eben noch tiefer und gründlicher im Menschen wohnen, was noch im Mittelalter gesucht worden ist in den Sternen, als man von engelischen Intelligenzen in den Sternen redete. Das alles wird ja im Menschen abgeladen. Und wenn dann später die Jupiterzeit kommt, so wird auch die menschliche Leiblichkeit ergriffen werden von der Intellektualität. Gerade gegenwärtig ist es daher noch möglich – weil die Dinge noch so liegen, daß der Mensch in Gedanken und Worte fassen kann, um was es sich handelt, weil die Seele noch nicht in ihrem innersten Gefüge von der Intellektualität ergriffen ist –, gerade gegenwärtig ist es daher namentlich im Priesterwirken noch möglich, dieses Wirken so zu orientieren, daß die Weltenzwecke, die Weltenziele wirklich erreicht werden können.

Denn sehen Sie, die Sache liegt ja so, daß der Mensch, indem er die Intellektualität an sich heranreißt aus dem Weltenall – und das liegt ja schließlich in der Weltenweisheit, daß er sie heranreißt –, daß der Mensch die Möglichkeit gibt, in unbewachten Momenten, die ja immer da sind, diese Intellektualität ergreifen zu lassen von jener ahrimanischen Macht, die in der christlichen Tradition der Satan genannt wird und der nicht verwechselt werden darf mit dem gewöhnlichen Teufel, welcher ja nicht die Eigenschaften des Satans hat, sondern eine niedrigere Macht ist. Satan hat den Rang von Urkräften, von Archai, und er ist derjenige, welcher im Verlaufe der Weltevolution diese Intellektualität ergriffen hat, lange bevor sie in der Art, wie es geschildert wurde, an den Menschen herantritt. Er ist gegenwärtig sozusagen der umfassendste Besitzer der Intellektualität, und er strebt danach, die menschliche Intellektualität so stark an die seinige zu binden, daß der Mensch auf diesem Wege herausfallen kann aus seiner Evolution. Also das Mysterium von Golgatha unwirksam zu machen, danach strebt diese ahrimanische Macht.

Nun, diese ahrimanische Macht, die in der christlichen Tradition der Satan genannt wird, hat keine Kraft, weiter hinauf zu wirken in den verschiedenen Weltenniveaus, als bis zum Menschen. Man kann sich also nicht denken, daß zum Beispiel die Intelligenz eines Angelos unmittelbar ergriffen werden könnte von dieser satanischen Macht. Nur in gewissen Ausnahmefällen kann das geschehen. Und das Wissen um diese Möglichkeit, daß in der Zukunft Momente eintreten könnten, wo es der satanischen Macht auch möglich sein könnte, nicht nur die Menschen an sich zu binden auf dem Umweg durch die Intellektualität, sondern wo die satanische Macht auch Wesen aus dem Gebiete der Angeloi, namentlich der Archangeloi, an sich binden könnte, das gehört gegenwärtig noch zu den höheren Geheimnissen des Okkultismus, über die vorläufig nicht gesprochen werden kann, und die nur unter gewissen Bedingungen enthüllt werden können. So daß wir nur andeuten können, daß eben in der Zukunft einmal selbst eine Verführung und Versuchung von Wesen aus der Hierarchie der Angeloi und namentlich der Archangeloi möglich sein könnte. Heute haben wir zunächst damit zu rechnen, daß die in der christlichen Tradition Satan genannte Macht die Gabe hat, sich sozusagen an dasjenige anzuhängen, was im Innern des Menschen mit einer solchen Selbständigkeit auftritt wie die Intellektualität; und dann, wenn gewissermaßen die im Menschen enthaltene Intellektualität ergriffen wird von der ahrimanischen Macht, dann kann der Mensch aus seiner Evolution herausgerissen werden in eine ganz andere Bahn, indem einfach sein Wesen nachgerissen wird von seinem Intellekt, bei dem Satan in der Lage ist anzuknüpfen. Das wäre bei keiner anderen seelischen oder geistigen Kraft, bei keiner anderen leiblichen Kraft im Menschen möglich als lediglich bei dem Intellekt, denn der Intellekt sitzt so im Menschen, daß er im Menschen das Allerselbständigste vorstellt; alles übrige hängt an gewissen göttlichen Mächten. Daher hat Satan es dann, wenn er sich zum Beispiel an das Fühlen, an das Empfinden, an das Begehren und Wünschen der Menschen heranmachen würde, immer noch zu tun mit den in diesen Seelenfähigkeiten darinsteckenden übermenschlichen Kräften. Die Intellektualität ist das erste, mit dem der Mensch sich ganz loslösen kann von den Wesenheiten, die seine persönliche Evolution bewirken, sie ist das erste, wo der Mensch durch seine ganz ureigene freie Kraft anknüpfen muß an diejenigen Mächte, die von Anfang an bei seiner Entwickelung gestanden haben."

Kurz vor dem Abbrechen seiner öffentlichen Tätigkeit hat Rudolf Steiner uns also diese Mahnung hinterlassen. Wir haben nicht bis in die Ewigkeit Zeit, uns endlich dafür zu entscheiden, uns das Denken vollkommen eigen zu machen, d.h. unser Ich mit dem Denken identisch zu machen, „das Denkende und das Gedachte" vollkommen eins werden zu lassen. Erst und nur dann wird es uns so eigen, dass Ahriman und seine Diener es nicht an sich ziehen können.

SECHSTER TEIL

DER KAMPF MIT DEN GEGENMÄCHTEN

SYLVESTERNACHT 1922/23
Der Brand des Goetheanums

Wir haben in dem Kapitel über das Goetheanum schon erlebt, wie der Verlust des Kunstwerkes „Goetheanum" für Rudolf Steiner wie der Verlust eines geliebten Mitmenschen war – und wahrscheinlich ist dies noch viel zu *schwach* ausgedrückt. Nach Rudolf Steiners Vortrag am Abend des 31. Dezember[241] brach der Brand aus. Der beste Eindruck von dem Geschehen, wie ich ihm in 28 Jahren des Lebens mit der Anthroposophie begegnet bin, ist in dem Buch von Marie Savitch über Marie Steiner-von Sivers und in dem Buch von J.E. Zeylmans van Emmichhoven über Ita Wegman zu finden.[242]

In Rudolf Steiners Biographie scheint dies ein Einschlag gewesen zu sein, der sowohl die spirituelle Seite als auch die persönliche Seite dieses großen eingeweihten, modernen Menschen getroffen hat. Die äußerlich sichtbar gewordene Anthroposophie wurde in Schutt und Asche gelegt. Die Frage entsteht: Steht sie wie ein Phönix aus der Asche auf? Diese Frage wird sich in den folgenden Kapiteln aus sich heraus beantworten. Hier gebe ich die Zitate aus den beiden oben genannten Büchern wieder.

„Bau-Brand" [243]

Es gibt viele sachliche Berichte über den Bau-Brand. Doch ein jeder kann zu dem Bild von dem, was sich abgespielt hat, beitragen.
Als die Zerstörungkraft der Flammen ihren Höhepunkt erreicht hatte, bestand die Gefahr, dass die Schreinerei auch erfasst werden würde und dass damit die Holzgruppe, die im Mittelpunkt des Baues hätte stehen sollen, die noch im Atelier Rudolf Steiners stand, auch in Ge-

---

[241] Enthalten in „Das Verhältnis der Sternenwelt zum Menschen...", GA 219.
[242] Marie Savitch: Marie Steiner-von Sivers. Philosophisch-Anthroposophischer Verlag am Goetheanum, 1965. J.E. Zelymans van Emmichhoven: Wer war Ita Wegman? Freies Geistesleben, 1990, Band 1.
[243] Marie Savitch, a.a.O., S. 139f.

fahr war. Das Bild des Menschheits-Repräsentanten, die Holzgruppe, wurde aus dem Atelier Rudolf Steiners herausgetragen und draußen auf die Erde gelegt. Das Tragen und Auflegen auf die Erde im Anblick des niederbrennenden Goetheanums ist ein unauslöschliches Bild, eingeschrieben in das Schicksal der Menschheit.

Als – nachdem der Alarm gegeben war – die Menschen zum Bau heraufströmten, brachte das ungeheuerliche Wissen, dass der Bau in seinem Südportal eine brennende Wunde trug, sie vor Schmerz zum Erstarren. Dann bemächtigte sich ihrer eine fieberhafte Aktivität. Das Löschen des Feuerherdes wurde, so gut wie es nur ging, organisiert, und sicher wurde alles Menschenmögliche getan. Der Wassermangel auf dem Hügel erschwerte alles, trotz der grössten Anstrengungen. Indem die Gefahr immer grösser zu werden schien, wagten sich diejenigen, die am Löschen nicht beteiligt sein konnten, in das brennende Gebäude, um das zu retten, was weggetragen werden konnte. Manches Wichtige wurde so gerettet. Andere, durch ihre Liebe zum Bau schmerzgebannt, konnten sich vom Anblick des Baues nicht trennen. Sie gingen in den brennenden Bau hinein, die große Treppe hinauf zum großen Kuppelraum und bildeten einen stummen, tragischen Abschiedschor für das, was allmählich der irdischen Form entschwand. Mancher hatte Jahre an den Architraven, Kapitälen, Sockeln geschnitzt, kannte jede gekerbte oder gebogene Fläche der plastischen Formen. Jetzt sahen sie, wie der Rauch diese Formen umhüllte, – ein dunkler, beizender, erstickender Rauch, – und dann das Aufschimmern der ersten Feuerzunge. Bis dann von Rudolf Steiner die Aufforderung ausging, dass alle sofort den Bau verlassen müssten. Die Flamme, die zwischen den beiden Kuppeln ausbrach, war zunächst eine Stichflamme und wurde ganz plötzlich eine unübersehbare Flamme, bevor die Kuppeln einstürzten. Nun standen die Menschen vor dem niederbrennenden Bau, vor dem größten Geheimnis der Menschen-Evolution, dem Verlust, der Zerstörung, dem Tod des Größten, was sie als Geistiges geschaffen oder empfangen hatten.

Wem beschieden war, am frühen Morgen Rudolf Steiner allein zu treffen, sah, wie er verändert war. Er schien ganz anders verbunden zu sein mit den Regionen der Welt, die sein Lebensgebiet waren. Von einer Schwere belastet, die man an ihm sonst nie sah. – Er, der so durchleuchtet war in jeder seiner Bewegungen – jede seiner Bewegungen war so durchsichtig, dass die Bewegung seiner Glieder nur wie Schriftzeichen waren, wenn er sich im Raume bewegte, – aber jetzt die Schwere tragend, war er mächtig und gewaltig in seiner neuen Kraft und Haltung. Sie wies hin auf einen Anfang, nicht auf das Ende. Das Antlitz dunkel, – aber das war das Antlitz einer gewaltigen Macht in seiner ganzen Hoheit.

Marie Steiner aber sah auch, wie nach dem Bau-Brand ein weiterer Kreis der Widersacher rund um ihn sich schloss. Das was geschah bis jetzt, waren nur Symptome der Gefahr, die Rudolf Steiner jetzt drohte.

Was man auch an den Anthroposophen aussetzen mochte, es war durch ihre Haltung in der ersten Zeit nach dem Bau-Brand wett gemacht. Sie waren von einer Gefasstheit, Sicherheit und Liebe zur Geisteszukunft der Menschheit. Sie waren wirklich Schüler von Rudolf Steiner.

Nach einiger Zeit fingen die Auseinandersetzungen in Stuttgart und anderen Orten wieder an. Auch zeigte sich eine Hilflosigkeit gegenüber Angriffen auf Rudolf Steiner in der Öffentlichkeit.

Aber nach dem Bau-Brand hat dieses alles Rudolf Steiner durch die Geistesmacht seiner neuen Befugnisse gemeistert."

In dem folgenden Kapitel beschreibt Marie Savitch den Brand von Marie Steiners Standpunkt aus:[244]

„Marie Steiner in der Bau-Brand-Nacht

Da kam die Nacht vom Bau-Brand. – Als der Alarm gegeben wurde, war es undenkbar, Marie Steiner hinauf zum Bau zu bringen. Damals waren noch keine Autos zur Verfügung. Sie blieb, oder man hat sie gebeten, in „Villa Hansi" zu bleiben. Sie hat nicht erlebt, was man gesehen hat: wie am Anfang des Brandes der Rauch durch das Holz herauszog, – wie an den Wänden des Südsaales einzelne Rauchwölkchen entlangliefen, die noch kaum herauswirbelten, – aber überall entlang

---
[244] Ebd., S. 141f.

den Wänden des Südportales hervordrangen. – Wie überall ein leises Knistern zu hören war, das immer stärker und stärker wurde, – dann ein leises Krachen –, dann ein stärkeres Krachen, – dann ein Rutschen, – ein Luftzug wie ein leises Stöhnen, – so wie ein Mensch, der in Agonie liegt. – Dann ein Zischen, und hier und da ein Aufleuchten, – dann ein stärkerer Rauch; er dringt in den grossen Raum! – Dann ein sonderbares Krachen, – ein Aufflammen! – dann der Durchbruch der Flammen in den großen Saal, – dann ein Lodern, – ein Brennen des ganzen Baues. – Dann das Einstürzen der Kuppeln und stundenlang noch immer weiter ein Lodern, und bis gegen den Morgen hin ein allmähliches Abdämmern, wo nur ein Haufen verkohlten Holzes, zu Asche gebrannten Holzes, auf der Beton-Unterlage des Baues und zwischen dem Beton verblieb. Dazwischen ein immer weiteres Glimmen und erneutes Auflodern der Flammen!

Marie Steiner hat die Menschen um den Bau nicht erlebt, die verloren nach allem möglichen griffen oder heroisch versuchten zu retten, was noch zu retten war.

Als man zum Bau hinaufstürzte, sah man zunächst kaum etwas: unten beim Eingang war schon dicker Rauch, – Rauch den Wänden entlang, – und etwas blitzte in den Fenstern des „weißen Saales". Man konnte noch gut in den Bau hinein; man konnte noch auf der Haupttreppe zum großen Saal hinaufsteigen, – das elektrische Licht brannte noch, – es war zunächst eine unheimliche Stille im großen Saal. – Da schossen die ersten Rauchwolken herein – das Feuer drang vor zum Saal, – ein säuselnder Luftzug ging voran, – der Rauch wurde dichter, – das Feuer drang herein in den Zwischenraum zwischen der kleinen und großen Kuppel, – und von da an war keine Hoffnung mehr, den Bau zu retten!

Für Frau Dr. Steiner war der Brand zuerst ein Telephon-Anruf an Rudolf Steiner. „Er sollte kommen! Es brenne im Bau!" – Entsetzen – Spannung – Ein nächstes Telephon: „Der Bau brennt!" – Noch war von „Villa Hansi" aus nichts zu sehen. – Dann eine Nachricht: „Die Feuerwehr! – Die Freunde tun ihr möglichstes, den Brand zu löschen!" – Da plötzlich am Himmel ein rötlicher Schein in Richtung des Baues, – ein Stärkerwerden des Feuerscheines, – ein Telephon: „Das Feuer ergreift den großen Saal."

Sylvesternacht 1922/23

Ein stärkeres Aufflammen am Himmel. – Dann die Nachricht: „Der Bau ist nicht mehr zu retten."

Ein Meer von Licht, – eine Helle, furchtbar in der Nacht – stundenlang – dann Abdämmern im Morgengrauen – dann nichts. –

Am Morgen der Anblick des zu Asche gebrannten, verkohlten Holzes, das noch rauchte. –

Marie Steiner sagte: „Wäre ich dabei gewesen, wäre ich gestorben." – Und dann Arbeit, Arbeit, Arbeit."

Nach diesem herzzerreißenden Bericht von Marie Savitch zitiere ich nun aus „Wer war Ita Wegman". Zuerst aus einem Brief von 1981 von Madeleine van Deventer, die später nach Ita Wegman die Leitung der Klinik übernommen hatte, an J.E. Zeylmans van Emmichhoven:[245]

„[...] Am Sylvester 1922 waren Pieter de Haan und ich zum Abendessen *nach* dem Vortrag in die Klinik eingeladen. Als ich dort – verspätet – eintraf, kam bald das Telefon: „Das Goetheanum brennt. Bitte mit allen verfügbaren Minimaxen hinaufkommen." So zogen wir alle mit den lächerlich kleinen Löschapparaten zum Goetheanum hinauf. Mit Bangen blickte man auf den Bau, sah kein Feuer, keinen Rauch. Die Hoffnung stieg – bis wir oben ankamen und erfuhren, daß ein gewaltiges Feuer zwischen den meterdicken Außen- und Innenwänden wütete.

Ich sah dann während der Nacht öfter Ita Wegman, einmal wie sie – in späterem Stadium – neben Rudolf Steiner stand und beide in das gewaltige Feuermeer schauten (nach dem Einsturz der großen Kuppel).

[...] Gegen Morgen (vielleicht um fünf Uhr) zog er sich mit Dr. Wegman zurück in die kleine Holzbude zwischen Schreinerei und Verlagshaus, wo Frau Finck die Vorträge tippte. Von dort kamen dann beide gegen acht Uhr morgens wieder zur Schreinerei. [...]"

In einem Vortragsmanuskript schrieb dieselbe Madeleine van

---

[245] J.E. Zelymans van Emmichoven: Wer war Ita Wegman? Edition Georgenberg, 1990, Band 1, S. 123f.

6. Teil, Der Kampf mit den Gegenmächten

Deventer:²⁴⁶

„Wer diese Brandnacht mitgemacht hat, für den bleibt sie das einschneidendste Erlebnis seines Lebens. Kein Tag vergeht, ohne daß die Bilder dieser Nacht vor einem auferstehen.

Das erste Goetheanum war ein lebendes Wesen, teurer als irgend ein menschliches Wesen. Sein Verlust machte uns heimatlos. Dazu kam der Schmerz beim Gedanken, was Rudolf Steiner durchmachen mußte. Er aber trauerte, weil die Menschheit beraubt wurde von einem Bau, dessen Formen Karma-Schauen hätten erwecken sollen,

Unter den Bildern dieser Nacht steht eines besonders deutlich vor der Seele, nämlich wie Rudolf Steiner lange Zeit unbeweglich dastand und in die farbige Flammenglut schaute. Ein Jahr später erzählte er uns, daß damals das Bild des Brandes von Ephesus aufstieg.

„Schaue den Logos / Im sengenden Feuer / Finde die Lösung / In Dianens Haus".

Ita Wegman stand damals an seiner Seite. Auch in ihr mögen Bilder aufgestiegen sein, die Rudolf Steiner ihr später deuten konnte. Jedenfalls entstand in ihr in dieser Nacht der Keim, der dann reifte zu ihrer Frage nach den neuen Mysterien.

Noch etwas anderes geschah in dieser Nacht. Sie hatte immer einen starken Unabhängigkeitswillen, wollte alles aus eigner Kraft zustande bringen. Von jetzt ab konnte sie sich restlos Rudolf Steiner zur Verfügung stellen.

Am frühen Morgen nach der Brandnacht kamen Rudolf Steiner und Ita Wegman den Hügel hinauf. Wir scharten uns schweigend um sie. Da sagte Rudolf Steiner: „Die Arbeit geht weiter – wir werden wieder aufbauen.""

Und nun folgt eine Beschreibung von Ita Wegman selbst. Sie verfasste diese 1935 anhand von eigenen Notizen:²⁴⁷

„Vormittags zehn Uhr 31. Dezember 1922 war der Vortrag von

---

²⁴⁶ Ebd., S. 124.
²⁴⁷ Ebd., S. 125f.

Sylvesternacht 1922/23

Herrn Imrie innerhalb einer naturwissenschaftlichen Tagung [...].
Dieser Vortrag löste unter den Besuchern eine große Aufregung [aus],
weil derselbe einen verworrenen Eindruck machte. So war die Stimmung an diesem Tag eine deprimierende. Man konnte sich nicht frei
machen von den Gefühlen der drohenden Gefahr.

Abends fand der Neujahrsvortrag R. Steiners statt. Ich erinnere mich
sehr gut, daß viele unruhig waren, trotzdem ging der Vortrag ohne
Unterbruch weiter und um zehn Uhr abends war das Goetheanum
leer. Der wachtuende Wächter [übergab seine] Wache dem Nachtwächter. Vorher machte Frl. Bauer, die die künstlerische Eurythmie-Garderobe unter sich hatte, noch einen eingehenden Gang durch
die Garderobe-Räumlichkeiten, auch aus einer gewissen Sorge heraus.
Sie machte die Beobachtung, daß ein starker penetranter Geruch im
Treppenhaus war, den sie aber mit den Klosetts, die da waren, in Zusammenhang brachte. Sie begegnete dem Nachtwächter und machte
ihn auf den Geruch aufmerksam. Er machte sofort den Rundgang
durch den Bau, kam in den weißen Saal und entdeckte da den Saal
voll mit Rauch. Sofort wurde mit dem Feuerhorn alarmiert. Das war
circa Viertel nach zehn Uhr, Miss Maryon kam aus ihrer Wohnung
herübergelaufen in die Schreinerei und telefonierte Dr. Steiner. Er
kam sofort und gab allerlei Anweisungen, inzwischen war auch die
Feuerwehr aus Basel und den umliegenden Orten gekommen. Von
den umliegenden Häusern kamen die Menschen gelaufen und bald
war das Gelände schwarz von Menschen. Viele Menschen waren in
das Gebäude hereingegangen, um zu helfen mit Löschen oder um zu
retten an Inhalt, was zu retten war. Aber trotz aller Mühe wurde man
des Feuers nicht Herr. Um elf Uhr schlugen die Flammen aus dem
Dache. Als immer mehr Rauch im Bau sich sammelte, gab Dr. Steiner
den Befehl, daß alle, die noch in dem Haus sich befanden, dasselbe
verlassen sollten. Er rief dann einige Namen, um sich zu vergewissern,
ob sie alle heraus waren. Da fehlte plötzlich der Kolisko. Und [es] war
ein Moment der größten Aufregung, als man ihn überall suchte und
meinte, er könnte im Bau in Ohnmacht gefallen sein. Da kam er dann
als letzter in erschöpftem Zustand heraus. Einige andere waren durch
den Rauch betäubt, andere wieder verletzt, so daß eine Hilfsstation
eingerichtet werden mußte und die Ärzte, die da waren, vollauf zu tun

hatten. Die Schreinerei war durch die Glut des Feuers brennend heiß geworden und befand sich, weil sie aus Holzbrettern gebaut war, in höchster Gefahr. Als man einsah, daß das Goetheanum nicht mehr zu retten sei, die Flammen hatten den ganzen Bau in Besitz genommen, es war ein Flammenmeer, das zum Himmel emporstieg, so großartig und gewaltig, wie man es noch niemals gesehen hatte, wurde alle Aufmerksamkeit auf die Schreinerei gerichtet, um sie vor dem Feuer zu schützen. Es wurde anhaltend die Schreinerei unter Wasser gehalten. Nun war das neben dem Schmerz, den man hatte, das Goetheanum von den Flammen verzehrt zu sehen, die größte Sorge, diese Schreinerei zu erhalten, die eigentlich dann die einzige Zufluchtsstätte für unsere Arbeit war. Alles, was wertvoll war, wurde aus der Schreinerei entfernt. Das Atelier R. Steiners wurde ausgeräumt, so wie auch das Archiv. Es war erschütternd zu sehen, wie, um die Arbeit weiterführen zu können, nun plötzlich alles Interesse Dr. Steiners und derjenigen, die um ihn waren, der unansehnlichen Schreinerei sich zuwandten, um den letzten Zufluchtsort zu erhalten. Dr. Steiner sah man überall, bald war er auf dem Gelände, das er in allen Richtungen durchlief, bald in der Schreinerei, immer mit tief traurig-ernster Miene ohne Aufregung, sich voll bewußt, was mit dieser Arbeit der Menschheit verloren gegangen ist. Dieser Bau war einzigartig und barg in seinen Formen und Bildern die ganze Welt- und Menschheitsentwicklung. Sich in ihm befinden bedeutete für jeden dafür Empfänglichen eine Anregung in den tiefsten Gründen seiner künstlerischen Schaffungskraft.

Dieses Gebäude war, durch die Formen, die es innerlich und äußerlich hatte, durch die Wand- und Deckenmalereien, durch die Glasfenster-Malereien, durch die Säulen, die von verschiedenen Holzarten waren, mit sinnvoller Plastik an den Kapitellen ein Wahrzeichen für die Menschen, hauptsächlich für diejenigen Menschen, die verstehen konnten, was sie sahen.

In dem Gebäude waren verborgen, aber doch offenbar, weil jeder es sehen konnte, die Zeichen, die sprachen von den Geheimnissen der Vergangenheit, Gegenwart und Zukunft.

Deshalb ist es auch unvergeßlich in den Seelen aller derjenigen, die das Glück gehabt haben, in ihm verweilen zu dürfen. In einer Nacht war eine zehn Jahre lange Arbeit zunichte gebracht.

Dr. Steiner stand um acht Uhr morgens noch einmal vor den Trümmern des Gebäudes, das immer noch brannte und rauchte. Die meisten waren nach Hause gegangen, das Gelände war leer, während treue Seelen das Atelier wieder einräumten, die Schreinerei wieder einrichteten für die Arbeit.

Allein stand er da und sah die Zerstörung an. Ich wagte mich mit Demut an ihn heran und konnte nur die Worte sprechen, es ist schrecklich für uns. Ja, sagte er, jetzt ist alles im Weltenäther aufgeschrieben."

In einem Tagebuch von Graf Ludwig von Polzer-Hoditz schreibt dieser, dass Rudolf Steiner am nächsten Tag zu ihm sagte:[248]

„Die Differenziertheit der Seelen ist zu groß. Wohl wollen sie alles sehen und hören und bei allem dabei sein, aber erwachen wollen sie nicht. So müssen sie an den Katastrophen und persönlichen Schmerzen wach werden. Hier waltet nicht Karma, sondern allein das Nicht-Wach-Sein der Mitglieder und der eben bis ins Physische wirkende Neid der Menschen. Die Möglichkeit war gegeben, unter uns den Raum des Wortes zu haben, aber der Raum des Wortes kann nur sein, wenn er seine Entsprechungen, sein lebendiges Abbild im Herzen, in der Wortgewissenhaftigkeit hat, das heißt, wenn der Mensch nicht allein zuhört, sondern Verantwortung tragen will und kann, als ein sich verantwortender Mensch vor dem ‚Wort der Welt'. Das war der Sinn des Baues: Wort und Antwort, *Logos und Mensch.*

In Ephesus hatten wir das Inkarnationsgeheimnis des Wortes vor uns. Es mußte zerstört werden, weil sonst die Widersachermächte dort ein bedeutendes Zentrum ihrer Wirksamkeit hätten entfalten können, denn der Neid der Götter war bis in das Atmosphärische hinein wirksam. Hier aber ist es eine Umkehrung. Die Götter schauten erwartungsvoll auf den Raum des Wortes herab, aber die Menschen waren nicht da, die den Bau zu schützen vermochten. Es war eine Möglichkeit gegeben, aber die Antwort der Menschen blieb aus, allein der Neid war nicht stumm."

---

[248] Ebd., S. 127.

DAS JAHR 1923

Wenn man bis zu dem Brand des Goetheanums mitgelebt hat, mit der Geistanschauung und der geistigen Naturanschauung, die in Rudolf Steiner zu einer verfeinerten, voll bewussten, durchschauten Erscheinung kam; und wenn man anhand dieser Anschauung zugleich mit der Entwicklung der ihn umgebenden Menschengruppen mitgedacht, mitgefühlt, mitgetan hat – dann erlebt man in dem Brand des Goetheanums nicht nur einen dramatischen, tragischen Höhe- oder Tiefpunkt. Man kann nicht anders, als auch ein *Bild* darin zu sehen. Man sieht ja das allmähliche Wachstum der Anthroposophie, sowohl des Offenbarungsinhalts und des Einweihungsweges als auch der Menge der Menschen, die Mitglied werden wollten, ja, die Schüler sein wollten. Rudolf Steiner war der Führer einer umfangreichen spirituellen Bewegung geworden, die sich im Aufbau befand. Wie ein äußeres Denkmal dessen stand das Goetheanum auf dem Dornacher Hügel. Die innere Spiritualität kann nicht vernichtet werden, dieses äußere Zeichen dessen sehr wohl: es brannte völlig nieder. Man erlebt ein Gleichnis (*nur* ein *Gleichnis*) zum Mysterium von Golgatha. Die Welt stellt sich dem Geist entgegen und hofft, diesen zu vernichten. In den Erkenntnissen zum Markus-Evangelium, wie Rudolf Steiner sie noch in theosophischer Zeit gab, zeigt er, wie es nur durch das Unverständnis und den Unglauben der Apostel, der Juden und der Römer zur Gefangennahme und der Kreuzigung kommen konnte. Dadurch musste das höhere Wesen, der Christus, sich aus Jesus lösen. Das ist der nackte Jüngling, der bei Jesu Gefangennahme im Garten Gethsemane fluchtete.[249]

Ein Gleichnis hierzu zeigt sich, wenn man gleichsam von außen mitlebend den Verlauf der Ereignisse betrachtet. Es gibt keine Apostel, Juden und Römer, sondern es gibt Schüler, Mitglieder und Umstehende. In dem Maße, in dem die Anthroposophie sich auch mehr

---

[249] Markus 14, 52.

nach außen zeigte, in dem anthroposophische Institute und Prozesse gesellschaftlich sichtbar wurden, wuchs der Haß dagegen explosiv. Und Rudolf Steiner selbst ließ im Jahr 1923 keinen Zweifel daran bestehen: Die Wege in die Außenwelt wurden nicht auf richtige Weise beschritten. Steiner musste den Mitgliedern die Freiheit lassen, die Dinge so einzurichten, wie sie das wollten, aber sie taten dies nicht auf die richtige Weise. Das hat er nicht nur 1923 kritisiert, er sprach zum Beispiel schon 1919 über ein Missverständnis in Bezug auf die Anwendung des Dreigliederungsimpulses:[250]

„Als ich vor längerer Zeit in unserem Bau in Dornach gesprochen habe von der Dreigliederung des sozialen Organismus, da verging einige Zeit, und es tauchte nachher auf ein ganz sonderbarer Plan. Als ein groteskes Beispiel, wie die Menschen heute erzogen sind, darf ich vielleicht diesen Plan anführen. Da ist der Bau, an dem Bau beschäftigt einige Menschen, damit verbunden andere, die nichts zu tun haben, und die in der Umgebung leben. Über die Dreigliederung des sozialen Organismus wurde gesprochen. Nun entstand in einigen Köpfen, die heute, möchte ich sagen, selbstverständliche Idee, man müsse doch irgendwo anfangen. Und man wollte nun irgendwo zu sozialisieren anfangen, indem man in der wüstesten Weise sektiererisch ein kleines Gebiet ins Auge faßt und in diesem kleinen Gebiet die wüstesten Pflanzen der Selbstsucht aufsprießen läßt, und dann sagt, man hat doch irgendwo mit dem Sozialisieren angefangen. Also sollte zunächst das, was an Menschentum um den Bau herum gruppiert war, sozialisieren, den dreigliedrigen sozialen Organismus in Szene setzen. Pläne wurden entworfen, wie die Dornacher den dreigliedrigen sozialen Organismus in Szene setzen. Man konnte nichts anderes tun, als den Leuten sagen: Was soll denn das eigentlich heißen? Nehmt einmal an, ihr macht Ernst mit der Sache: Dann käme als erstes die Selbständigkeit des Wirtschaftslebens. Ja, dann müßtet ihr euch natürlich vor allen Dingen Kühe anschaffen und melken und alles dasjenige tun, was scheinbar eine Wirtschaftsoase herbeiführen kann. Und dann könnten, weil mit dieser Wirtschaftsoase nach außen hin in Verbin-

---
[250] Vortrag vom 1.6.1919, GA 192, S. 143f.

dung stehen müssen andere Menschen, die schönsten Parasiten der Wirtschaft werden, denn jede solche sektiererische Abschließung ist nichts anderes als ein Wirtschaftsparasitismus. Man kann in einem geschlossenen Wirtschaftsgebiet drinnen ja nur sozial egoisieren; wenn man etwas ausschließt, so lebt man auf Kosten anderer. Es ist erst recht der wüsteste Kapitalismus. Und das Rechtsleben: nun, ich möchte sehen, falls ihr ein Gericht einsetzt, wenn einer etwas ausfrißt, und ihm das Urteil sprecht, ich wollte sehen, was dann der schweizerische Staat sagen würde, wenn ihr diese Dreigliederung hättet! Und das Geistesleben: seit wir eine anthroposophische Bewegung haben, ist gerade für das Geistesleben dasjenige angestrebt worden gegen alle Widerstände, was Unabhängigkeit ist nach allen Seiten hin. Das haben wir getan, solange wir existieren, und ihr seht gar nicht einmal, daß dies gleich in Angriff genommen worden ist. So wenig Verständnis dafür ist da, daß gemeint wird, auch das noch solle eingerichtet werden.

Darauf kommt es nicht an, daß heute irgend jemand sagt: Ja, an irgendeinem Punkte muß man doch anfangen. – Mit diesem Anfangen ist zumeist nur ein wüstes kapitalistisches Individualisieren gemeint, und dieses muß ja damit beginnen, daß man zunächst kapitalistisch eine solche Kolonie begründet. Damit ist man ganz ferne von dem, was mit den wirklich sozialen Gedanken gemeint sein kann."

Dieser Plan wurde nicht durchgeführt, viele andere Pläne dagegen sehr wohl. Auch war das Verhältnis zwischen Wissenschaft und Anthroposophie nicht richtig verstanden worden. Man wollte in der bestehenden Wissenschaft etwas Anthroposophisches sehen oder hineinbringen, statt die Wissenschaft durch Anthroposophie zu *erweitern*. Die Wissenschaftler blieben dieselben Wissenschaftler, und der einzige Unterschied war die Aufnahme der Anthroposophie als eine Art *inhaltlicher Zusatz*.

Gerade dies führte nach Rudolf Steiner zum Aufflammen von Hass gegen die Anthroposophie: dass sie nicht in ihrer wahren Gestalt in die Welt trat. Wenn er selbst nach außen trat, dann kamen die Widerstände wie Stürme zum *Erliegen*. Andere riefen diese Stürme gerade herauf, wodurch der Hass der *Umstehenden* angefacht wurde.

Die *Mitglieder* waren zu sehr mit den eigenen Angelegenheiten be-

Das Jahr 1923

schäftigt – wie Menschen nun einmal sind. In Stuttgart gab es in der Führung der Anthroposophischen Gesellschaft ein fortwährendes Aufflammen interner Probleme. Im Band 259 der Gesamtausgabe, „Das Schicksalsjahr 1923", kann zur Genüge nachgelesen und gefunden werden, wie tief die Probleme gingen und wie Rudolf Steiner sich damit auseinandersetzen musste, wie sich der Ton 1923 änderte, wie scharf dieser nun oft sein konnte.

Die *Schüler* hatten nicht tiefgehend genug verstanden, was für das richtige Vertreten der Anthroposophie nun eigentlich an *innerer* Qualität entwickelt werden musste.

Rudolf Steiner gibt einen Vortragszyklus über „Anthroposophische Gemeinschaftsbildung", in dem dieses Manko ausführlich besprochen wird. Aber auch in vielen anderen Vorträgen geht er darauf ein. In dem Band „Das Schicksalsjahr 1923" kann man in Marie Steiners Einleitung finden, in welchen Zyklen er darüber sprach.

Ich zitiere einige Passagen aus „Anthroposophische Gemeinschaftsbildung": [251]

„Ich möchte zurückverweisen auf mein Buch „Die Philosophie der Freiheit", das ja vor drei Jahrzehnten der Öffentlichkeit übergeben worden ist. Und ich möchte darauf aufmerksam machen, daß ich in diesem Buche bereits hingewiesen habe auf eine besondere Art des Denkens, die anders ist als diejenige, die man gewöhnlich heute zugibt. Wenn man heute vom Denken spricht, gerade wenn man in maßgebendsten Kreisen vom Denken spricht, dann verbindet man mit diesem Begriffe vom Denken den einer gewissen Passivität in der Haltung des Menschengeistes. (...) Demgegenüber habe ich in meiner „Philosophie der Freiheit" das aktive Element im menschlichen Denken betont, habe betont, wie der Wille einschlägt in das Gedankenelement, wie man gewahr werden kann die eigene innere Tätigkeit im sogenannten reinen Denken, indem ich zugleich gezeigt habe, daß aus diesem reinen Denken herausfließt alles dasjenige, was in Wirklichkeit moralische Impulse sein können.

(...)

---
[251] Vortrag vom 6.2.1923, GA 257, S. 51f, 55ff.

6. Teil, Der Kampf mit den Gegenmächten

Was für eine Art von Lesen war nun vorausgesetzt bei dieser „Philosophie der Freiheit"? (...) Man sollte sich gewissermaßen so fühlen: In dem passiven Denken habe ich auf einer höheren Stufe der Welt gegenüber doch nur geschlafen, jetzt wache ich auf (...). Er [der Mensch] sollte sich gewissermaßen sagen: Ja, ich habe bisher gedacht, aber dieses Denken bestand eigentlich darin, daß ich die Gedanken in mir strömen ließ, ich gab mich hin dem Strom der Gedanken. Jetzt beginne ich Stück für Stück meine innere Tätigkeit zu verbinden mit dem Gedanken; jetzt ist es so mit den Gedanken, wie wenn ich des Morgens aufwache und die Tätigkeit meiner Sinne verbinde mit der Farben- und Tonwelt oder die Tätigkeit meines Organismus verbinde mit meinem Willen.

(...)

Und betrachtet man in der Weise, wie ich es in meiner „Philosophie der Freiheit" getan habe, weiter den menschlichen Willen (...), so kommt man dazu, daß (...) man ebenso, indem man in den Willen sich hineinvertieft, so, daß man gewissermaßen mit seinem ganzen Wesen ruhig wird, wie ein ruhender Pol in der Bewegtheit der Willenswelt, die man sonst entfaltet, man nach der andern Seite weiterkommt.

(...)

Es hat sich darum gehandelt, allmählich eine Klärung darüber hervorzurufen, wie man aus dem gewöhnlichen Bewußtsein in ein erhöhtes Bewußtsein hineinkommen kann. Und obwohl ich immer wieder gesagt habe, der gewöhnliche, unbefangene Menschenverstand kann die Ergebnisse der Anthroposophie einsehen, so habe ich auch betont, daß für jeden heute zugänglich ist eine solche Bewußtseinshaltung, durch die er unmittelbar selber ein neues Denken und ein neues Wollen erreicht, wodurch er sich hineinversetzt fühlt in diejenige Welt, von der Anthroposophie redet. Dasjenige, was notwendig gewesen wäre, das ist, daß man abgekommen wäre davon, so etwas wie meine „Philosophie der Freiheit" mit derselben Seelenhaltung zu lesen, wie man etwa andere philosophische Darstellungen liest. Man hätte sie in der Seelenhaltung lesen müssen, durch die man aufmerksam wird darauf, daß man in eine ganz andere Art des Denkens, des Anschauens und des Wollens hineinkommt. Dann aber würde man

gewußt haben: Man erhebt sich mit dieser andern Bewußtseinshaltung von der Erde in eine andere Welt hinein, und dann entspringt aus dem Bewußtsein einer solchen Seelenhaltung eben jene innere Festigkeit, welche mit Überzeugung reden darf von demjenigen, was die Geistesforschung ergründen kann. Liest man die „Philosophie der Freiheit" in richtigem Sinne, dann redet man über das, was der Geistesforscher zu sagen hat, der eben mehr ergründen kann als dasjenige, was der Anfänger kann, mit Sicherheit, mit innerer Überzeugung. Aber ein solcher Anfänger, wie ich ihn jetzt charakterisiert habe, kann eben schon durch das richtige Lesen der „Philosophie der Freiheit" jeder werden. Dieser Anfänger kann dann von dem Ausführlicheren, das der entwickelte Geistesforscher sagen kann, so reden wie derjenige, der Chemie gelernt hat, von Forschungsresultaten redet, die er auch nicht angesehen hat, von denen er aber weiß aus dem, was er gelernt hat, aus dem, wie man über die Sachen redet und wie sie der realen Sphäre des Lebens angehören.
(...)
Und das ist es, worauf es ankommt, und das ist es, worauf jetzt mit aller Schärfe hingewiesen werden muß, weil sonst eben einfach die Entwickelung der Anthroposophischen Gesellschaft ganz und gar zurückbleibt hinter der Entwickelung der Anthroposophie. Dann muß die Anthroposophie auf dem Umwege durch die Anthroposophische Gesellschaft von der Welt ja gänzlich mißverstanden werden, und dann kann nichts anderes herauskommen als Konflikt über Konflikt!"

Ähnliche Worte finden wir in anderer Form auch in dem bereits zitierten Vortrag vom 3. Februar 1923 (siehe S. 348).

Hieraus wird sehr deutlich, was Rudolf Steiner unter dem Ausdruck „Wachwerden" oder „Erwachen" der Anthroposophen verstand. Nicht eine zunehmende Aufmerksamkeit im gewöhnlichen Sinnes Verstandes-Bewusstsein meinte er damit. Nicht, dass man aufmerksamer als zuvor die Zeitung liest oder dass man die Naturphänomene besser wahrnimmt. Er meinte damit, dass eine vollkommen neue Art zu denken erweckt hätte werden müssen, indem man auf dieselbe Art (als Gleichnis verstanden) aus dem gewöhnlichen Denken erwacht, wie man morgens aus dem Schlaf bzw. Traum im Sinnes-Verstandes-Bewusstsein erwacht. Nicht eine größere Wachheit *in* diesem Sinnes-Verstandes-Bewusstsein also, sondern ein Erwachen *aus* diesem, auf einer höheren Bewusstseinsstufe – das hätten die Anthroposophen tun müssen und müssen es noch immer.

Über die Zeit in Weimar schreibt Rudolf Steiner in „Mein Lebensgang":[252]

„Während ich an meiner „Philosophie der Freiheit" arbeitete, war meine stete Sorge, in der Darstellung meiner Gedanken das innere Erleben bis in diese Gedanken hinein voll wach zu halten. Das gibt den Gedanken den mystischen Charakter des inneren Schauens, macht aber dieses Schauen auch gleich dem äußeren sinnenfälligen Anschauen der Welt. Dringt man zu einem solchen inneren Erleben vor, so empfindet man keinen Gegensatz mehr zwischen Natur-Erkennen und Geist-Erkennen. Man wird sich klar darüber, daß das zweite nur die metamorphosierte Fortsetzung des ersten ist."

Das ist das Erwachen auf einer höheren Stufe des Bewusstseins im Denken, das so immer mehr und mehr zum eigenen vollbewussten Wesen gehört. *So* ist das neue Lesen der „Philosophie der Freiheit" gemeint, als ein kühnes, mutvolles Lernen, *so* zu denken, dass das erlebende Ich den Gedanken *selbst*, aus sich, hervorbringt, während gelesen wird.

Dieselbe Aufgabe gab Rudolf Steiner auch den Priestern der Christengemeinschaft, angepasst an ihr Amt, als er im September 1924 sagte:[253]

„Wir haben heute das, was in alten Zeiten ein höchstes Geistiges war für die Menschen, die Laute der Sprache, abgeschattet zur Trivialität. Wir müssen fühlen können, was da geschehen ist. Was ist denn ge-

---

[252] Mein Lebensgang, GA 28, S. 178.
[253] Vortrag vom 7.9.1924, GA 346, S. 52.

Das Jahr 1923

schehen? Die Laute sind da, aber die Götter sind für den Menschen nicht mehr in den Lauten da. Die Götter haben die Laute verlassen. Und die ahrimanischen Wesenheiten stecken auf dämonische Art in unseren Lauten. Die Volksvorstellung, daß die Laute unserer Sprache, wenn sie nurmehr fixiert werden, etwas von schwarzer Magie in sich enthalten, ist durchaus nicht unbegründet. Darin ist eine gesunde Volksvorstellung enthalten. Denn die göttlichen Laute von ehemals sind ahrimanisiert. Die Götter von ehemals haben die Laute verlassen, ahrimanische Wesenheiten sind eingezogen. Und wenn wir nicht wieder den Weg zurück finden auf diesem Gebiet, dann wird der Mensch schon durch die Sprache sich immer mehr mit ahrimanischen Mächten durchdringen."

*

Marie Steiner hat sich in diesem Jahr immer wieder mit großem Einsatz bemüht, im Geiste Rudolf Steiners den Problemen in Stuttgart die Stirn zu bieten.

Das Positive in diesem Jahr muss die zunehmende Zusammenarbeit von Rudolf Steiner mit Ita Wegman gewesen sein, eine Zusammenarbeit für die Medizin. Im September/Oktober nahmen beide an einem Kongress in Wien teil, und nach der Rückkehr nahm Rudolf Steiner mit ihr zusammen sehr intensiv die Arbeit auf, um den ersten Teil eines Werkes zu schreiben, das mehrere Teile hätte haben sollen. J.E. Zeylmans van Emmichoven formuliert dies wie folgt:[254]

„Er richtete die Zusammenarbeit mit Ita Wegman so ein, dass sie vormittags in seinem Atelier an Hand der vielen bisher behandelten Krankheitsfälle die Themen für das Buch besprachen und anschliessend zu Wegmans Sprechstunde in die Klinik fuhren. Gegen Abend, etwa um 18 Uhr, ging sie nach ihrer Baseler Sprechstunde wieder zu ihm ins Atelier. Er beschrieb ihr dann seine Forschungsergebnisse für ein bestimmtes Thema. Zu Hause formulierte Wegman das dazugehö-

---

[254] Wer war Ita Wegman?, a.a.O., S. 155.

rige Kapitel mit ihren eigenen Worten und fasste den Inhalt anhand der betreffenden Patientengeschichten in ihrer Weise zusammen."

Kehren wir zu dem Gleichnis zum Mysterium von Golgatha zurück, sehen wir also, dass der Brand des Goetheanums in Steiners eigenen Worten damit zusammenhing, dass die Anthroposophen nicht erwachen wollten. Dadurch konnte ein solcher Moment entstehen wie in der Sylvesternacht 1922/23, wo es an Schutz durch die geistige Welt mangelte – wodurch der Brand zur Vernichtung des äußerlich sichtbaren Ausdruckes der Anthroposophie führen konnte.

Damit kam alles, was es bis dahin gab, unwiderruflich zu einem Ende, die „Anthroposophische Gesellschaft" konnte so nicht weitermachen. Es scheint, als ob zwei treue Schüler in Liebe wie Zeugen unter dem Kreuz stehen: Marie Steiner und Ita Wegman. Dass diese beiden sich nicht wie Johannes und Maria vereint haben, bleibt eines der größten Rätsel in der Geschichte der Anthroposophie.

Das Jahr 1923 gleicht einer Grablegung und zugleich einer bittern Besinnung. Aber trotz alledem nahm der interne Streit erneut seinen Lauf, und dies muss wohl viel von der notwendigen Besinnungskraft beansprucht haben. Mit Marie Steiner an seiner einen Seite und Ita Wegman an der anderen geht Rudolf Steiner auf einen Auferstehungsimpuls zu. Zeylmans sagt hierüber: Es war Marie Steiner deutlich, wie Rudolf Steiner in dieser Zeit mit der Frage rang, ob man eine anthroposophische Weltvereinigung wagen könnte, oder ob er mit einigen Getreuen eine Art geschlossenen Orden für Anthroposophie beginnen sollte, wie er das zuvor schon 1911 anfänglich versucht hatte. Im Jahr 1922 hatte er ja zur Begründung der Christengemeinschaft eine der Zeit entsprechende Priesterhierarchie einrichten lassen, eine Art Orden also. Würden die anthroposophischen Mitglieder zu einem Erwachen kommen, wie es notwendig war, um einer kosmopolitischen anthroposophischen Vereinigungsform Gestalt zu geben? Marie Steiner beschließt ihren Bericht über das Jahr 1923 mit folgenden Worten:[255]

---

[255] Das Schicksalsjahr 1923..., GA 259, S. 54f.

Das Jahr 1923

„Diesen übersinnlichen Menschen in uns, den wir verloren haben, müssen wir wiederfinden. Er ließ die Gestalten der im vergeblichen Geistesringen sich verzehrenden Opfer einer verdunkelten Zeit an unserm Seelenauge vorbeiziehen. Ihr Ringen war nicht vergeblich, denn nur durch solches für die gesamte Menschheit stellvertretend vollzogene Ringen läßt sich der schöpferische Geist gleichsam durch das Tatgebet der Seele herunterzwingen, öffnet sich der Menschheit die entgegenströmende Gnade. Auch das Negative gebiert zuletzt das Positive, wenn es selbstlos ist, wenn es aus Ehrlichkeit kämpft. Die Verzweiflung zog den Retter heran, der zum Werkzeug der sich hinabsenkenden Offenbarung wurde, ihn, der das vollkommene Rüstzeug des irdischen Wissens besaß und in voller Selbstlosigkeit sein individuelles Sein der Menschheit zu opfern bereit war. Der Schwere dieser Rettungstat hat er sich nicht entzogen, wie schwach und ungenügend auch das Menschenmaterial war, mit dem er arbeiten mußte. Trotz der ihm entgegentretenden Dürftigkeit der Begabungen oder Schwäche der Seelen sah er das Streben des einzelnen Ich, sah die Sehnsucht der Seelen, über sich selbst hinauszuwachsen. Und dieser Seelenflamme gab er die spirituelle Nahrung, auf daß sie wachse und sich der Menschheit mitteile, nicht in sich verlösche. Ein nie ermüdender Erzieher der Menschheit, hütete er dieses heilige Feuer, rief es immer wieder zu wacher Tätigkeit auf, wenn es zu verglimmen drohte. Oft schien die träge Masse des Stoffes den Schwung der Seelen zu lähmen, es schien die Gewalt des Widerstandes von seiten der die äußere Welt beherrschenden Mächte den Sieg davonzutragen. Doch wer mit den Kräften der Zukunft arbeitet, weiß, daß auch die geistige Saat – nicht nur die irdische –, um aufsprießen zu können, erst ihren Weg durch das Chaos und den Tod nehmen muß. Das Chaos erleben wir. Die geistige Tat Rudolf Steiners sieht ihrer Auferstehung in der Zukunft entgegen."

Diese Auferstehung wurde jedoch mit der Weihnachtstagung erwartet. Die aus der Vergangenheit kommende Bewegung war mit dem Brand an ein Ende gekommen. Das Jahr der Besinnung gab Rudolf Steiner den Willen, zu versuchen, die Gesellschaft zu einer Auferstehung zu führen. Ein geistiges Goetheanum wurde begründet, der

Grundstein dafür in der Weihnachtszeit 1923/24 gelegt.

Im Jahr 1923 kam ein neuer Geistesstrom dem alten entgegen und führte zu den neuen Mysterien.

DIE WEIHNACHTSTAGUNG 1923/24

Nachdem sich für Rudolf Steiner erwiesen hatte, dass die Lebensfähigkeit der 1913 gegründeten selbständigen Anthroposophischen Gesellschaft an ein Ende gekommen war – was sich durch die Möglichkeit des Brandes gezeigt hatte –, und er im Jahr 1923 den nötigen Stillstand und die notwendige Besinnung erweckt hatte, übernahm er während der „Weihnachtstagung" die volle Leitung der neu zu begründenden „Allgemeinen Anthroposophischen Gesellschaft".

Die Meinungen und Auffassungen über die Bedeutung und Tragweite dessen unterscheiden sich sehr. Die Auffassung der Autorin dieses Buches ist, dass die Tatsachen selbst deutlich offenbaren, was die Bedeutung und Tragweite dieser „Weihnachtstagung" war und ist. Man braucht diese Tatsachen nur ohne vorgefasste Meinung aufnehmen, und sie sprechen für sich selbst.

Durch eine Reihe von Zitaten insbesondere jener Worte Rudolf Steiners, die er während der Eröffnung der Weihnachtstagung am 24. Dezember sprach, mag deutlich werden, was die Intentionen von Rudolf Steiner waren. Wenn man versucht, in seine Gedanken unterzutauchen, so offenbart sich die spirituelle Bedeutung. Auch das ist ja „Apokalypse", Offenbarung. Man gehe mit dem inneren Erleben voll bewusst bis in die Gedanken ... jeder kann den ganzen Band der Weihnachtstagung auf diese Weise meditierend studieren. Hier kann ich nur einige Fragmente aus den ersten zwei Tagen wiedergeben.

In seiner Eröffnungsansprache sagt Rudolf Steiner:[256]

„Doch ich möchte heute im wesentlichen nur von dem Positiven sprechen. Ich möchte darauf aufmerksam machen, daß, wenn diese Versammlung in der rechten Weise verläuft, wenn diese Versammlung sich so recht bewußt wird, wie Geistig-Esoterisches die Grundlage all

---

[256] GA 260, S. 37ff.

unseres Wirkens und Wesens sein muß, jene geistigen Samen, die überall da sind, erwärmt von Ihrer Stimmung und Ihrem Enthusiasmus, dann werden aufgehen können. Und wir wollen heute eben auf der einen Seite die Stimmung haben, die in ihrem wahren Ernste das zu nehmen versteht: Das Äußere ist Maja, Illusion; aus der Maja und Illusion keimt auf, zum Entzücken – nicht für unsere Schwäche, aber zum Entzücken für unsere Kraft, für den Willen, den wir entfalten wollen – dasjenige, was unsichtbar unter uns leben kann, das, was in zahlreichen Samen unsichtbar unter uns leben kann. Bereiten Sie, meine lieben Freunde, Ihre Seelen, daß diese Seelen aufnehmen diese Samen; denn Ihre Seelen sind der rechte Grund und Boden zu den Keimen, zu dem Entfalten, zu dem Entwickeln dieser Geistessamen. Und die sind die Wahrheit. Die glänzen doch heraus wie mit Sonnenschein, der alles Trümmerhafte überstrahlt, auf das unser äußerer Blick fällt. Lassen wir die tiefste Aufforderung des Anthroposophischen, überhaupt alles Spirituellen gerade heute hineinglänzen in unsere Seelen: außen Maja und Illusion, im Innern voll sich entfaltende Wahrheit, voll sich entfaltendes Gottes- und Geistesleben. Anthroposophie soll leben dasjenige, was in ihr als Wahrheit erkannt wird.
(...)
Und aus alledem, meine lieben Freunde, erstand für mich eine Fragenalternative. Ich hatte ja aus guten Gründen im Jahre 1912, 1913 gesagt, daß die Anthroposophische Gesellschaft als solche sich nunmehr selber leiten müsse, sich nunmehr selber führen müsse, und daß ich mich auf den Platz des Beratenden, des nicht unmittelbar in die Handlungen Eingreifenden zurückziehen müsse. Nun, heute stehen die Dinge so, daß in den letzten Wochen nach schwerem innerem Überwinden eben in mir die Erkenntnis aufgestiegen ist: Es würde mir unmöglich sein, die anthroposophische Bewegung innerhalb der Anthroposophischen Gesellschaft weiterzuführen, wenn diese Weihnachtstagung nicht zustimmen würde darin, daß ich nun wiederum selber in aller Form die Leitung beziehungsweise den Vorsitz der hier in Dornach am Goetheanum zu begründenden Anthroposophischen Gesellschaft übernehme."

Die anderen Vorstandsmitglieder, von Rudolf Steiner vorgestellt und

Die Weihnachtstagung 1923/24

durch die Versammlung angenommen, waren: Marie Steiner-von Sivers, Albert Steffen, Ita Wegman, Guenther Wachsmuth und Elisabeth Vreede.

Rudolf Steiner spricht dann über die Bedeutung der Statuten – deren Inhalt in den darauffolgenden Tagen viel diskutiert werden würde.[257]

„Und Sie werden sehen, die Statuten sind in einer Weise abgefaßt, daß alles Verwaltungsmäßige, alles, was jemals durch sich selber Veranlassung geben könnte, in Bürokratie umzuschlagen, aus diesen Statuten heraußen ist. Diese Statuten sind auf das rein Menschliche eingestellt. Sie sind nicht eingestellt auf Prinzipien, sie sind nicht eingestellt auf Dogmen, sondern in diesen Statuten ist etwas gesagt, was rein an das Tatsächliche und Menschliche anknüpft, meine lieben Freunde. In diesen Statuten ist gesagt: Hier in Dornach besteht das Goetheanum. Dieses Goetheanum ist in einer gewissen Weise geleitet. In diesem Goetheanum versucht man zu leisten diese und jene Arbeit. In diesem Goetheanum versucht man die Menschheitsentwickelung in dieser oder jener Weise zu fördern. Wie weit das Wort „richtig" oder „unrichtig" nun darauf anzuwenden ist, darüber darf in Statuten, die wirklich im modernen Sinne gehalten sind, nichts stehen. Allein die Tatsache steht da, daß es ein Goetheanum gibt, daß mit diesem Goetheanum Menschen verbunden sind, die dies oder jenes in diesem Goetheanum tun und glauben, daß sie mit diesem Tun die Menschheitsentwickelung fördern.
Von demjenigen, der sich dieser Gesellschaft anschließen will, wird kein Prinzip gefordert; kein Glaubensbekenntnis, keine wissenschaftliche Überzeugung, keine künstlerische Intention wird irgendwie dogmatisch hingestellt, sondern lediglich das gefordert, daß er sich heimisch darinnen fühlt, verbunden zu sein mit dem, was am Goetheanum geschieht.
Gerade bei dieser Gestaltung der Statuten ist versucht worden, von allem Prinzipiellen herauszuheben dasjenige, was hier begründet werden soll, und es auf das reinst Menschliche zu stellen."

---
[257] Ebd., S. 41f.

Dann beschreibt Rudolf Steiner, dass es bei der Gründung einer Allgemeinen Anthroposophischen Gesellschaft zwei Möglichkeiten gebe, denen man in die Augen sehen müsse.[258]

„Es kann einem ja ganz gut besser gefallen, für das oder jenes auch in der äußeren Form das Geheimnis in Anspruch zu nehmen. Aber gerade eine Gesellschaft, die in solcher Weise auf eine Wahrheitsgrundlage gebaut ist wie diese, wird jedesmal, wenn sie dieses Geheimnis für sich im Ernste in Anspruch nimmt, mit dem Zeitbewußtsein in Widerspruch kommen, und es werden die ernstesten Hindernisse für den Fortgang der Gesellschaft entstehen. Daher können wir heute eben gar nicht anders, meine lieben Freunde, als für die zu gründende Allgemeine Anthroposophische Gesellschaft die volle Öffentlichkeit in Anspruch nehmen.
(...)
Daher erstand für mich, ich möchte sagen, schon seit Jahren die Frage: Was ist mit den Zyklen eigentlich zu machen? Und heute ist keine andere Möglichkeit, als die Grenzwand, die man bisher physisch ziehen wollte und die überall durchschlagen worden ist, diese Grenzwand moralisch zu ziehen.
Das habe ich versucht, im Statutenentwurf zu tun. Die Zyklen sollen nun in der Zukunft alle ausnahmslos öffentlich verkauft werden, gerade so wie andere Bücher.
(...)
Sie sehen, es ist unschädlich, wenn derjenige, der von einer Sache nichts versteht, über diese Sache urteilt, denn man sagt: Das ist ein Dilettant, das ist ein Laie. – Und das Leben selber zieht die Grenze in bezug auf die Urteilsfähigkeit und Nichturteilsfähigkeit.
Daher kann auch wenigstens der Versuch gemacht werden, innerhalb unserer anthroposophischen Erkenntnisse die Grenze nun nicht weiter auf physische, sondern auf moralische Weise zu ziehen. Wir verkaufen die Zyklen an alle, die sie haben wollen, erklären aber von vorneherein, wer uns so kompetent erscheint für die Beurteilung dieser Zyklen, daß wir auf sein Urteil etwas geben; jeder andere ist den

---
[258] Ebd., S. 43ff.

Zyklen gegenüber Laie. Und wir erklären, daß wir uns in der Zukunft überhaupt nicht mehr einlassen auf das Urteil, das von einem Laien über die Zyklen gefällt wird. Das ist der einzige moralische Schutz, den wir finden können. Wir werden es dahin bringen, wenn wir ihn nur richtig durchführen, daß unsere Dinge ebenso aufgefaßt werden wie die Bücher über die Integration partieller Differentialgleichungen, so daß die Leute allmählich einsehen werden, daß es ebenso absurd ist, wenn irgendeiner, auch wenn er in anderen Dingen noch so gelehrt ist, über einen Zyklus urteilt, wie es absurd ist, wenn einer, der nicht einmal die Logarithmen kennt, ein Urteil abgibt und sagt: Das ist ja lauter Unsinn, was in diesem Buche über partielle Differentialgleichungen steht!
(...)
Ein weiteres, meine lieben Freunde, was uns große Schwierigkeiten bereitet, ist dieses, daß nicht überall in durchgreifender Art die Impulsivität der anthroposophischen Bewegung in der richtigen Weise eingeschätzt wird. Man kann einfach da oder dort Urteile hören, die ganz und gar die anthroposophische Bewegung dadurch verleugnen, daß sie sie in Parallele bringen mit dem, was durch sie für die Menschheitsentwickelung abgelöst werden soll.
(...)
Sehen Sie, das ist etwas, was von vielen gepflogen worden ist seit vielen Jahren. Das ist das Falscheste, was wir tun können. Wir müssen überall unter dem Zeichen der vollen Wahrheit, auf welchem Gebiete es auch ist, als Vertreter des anthroposophischen Wesens in der Welt auftreten, und wir müssen uns bewußt werden, daß, insofern wir das nicht können, wir eben eigentlich die anthroposophische Bewegung nicht fördern können. Alles verschleierte Eintreten für die Anthroposophische Bewegung führt doch zuletzt zu keinem Heil."

Dann macht Rudolf Steiner dies an Beispielen für die Eurythmie, das Rezitieren und Deklamieren sowie die Medizin deutlich.
Am 25. Dezember beginnt Rudolf Steiner dann mit der Grundsteinlegung für die Allgemeine Anthroposophische Gesellschaft.
Als der Grundstein für das erste Goetheanum gelegt wurde, wurde dies von dem makrokosmischen Vaterunser begleitet. Der Grundstein

der Weihnachtstagung ist ein Spruch, ein Mantram, das die „Zusammenfassung desjenigen (ist), was als wichtigstes Ergebnis der letzten Jahre vor Ihren Seelen stehen kann". Dieser Grundstein wird nicht in die Erde gelegt, sondern in die Herzen der zuhörenden Anwesenden.

In dem in Flammen aufgegangenen Goetheanum hatte Rudolf Steiner auch „das Wichtigste" der Anthroposophie sichtbar machen wollen. Dies konnte nicht auf dieselbe Weise wiederholt werden, es musste eine geistige Auferstehung stattfinden. Das Goetheanum war ein Kunstwerk. Rudolf Steiners hatte seine Kunstanschauung schon um das Jahr 1888 entwickelt, er formuliert sie in „Mein Lebensgang":[259]

„Er (der Künstler, M.M.) geht aus von dem, was sinnlich wahrnehmbar ist; aber er gestaltet dieses um. Bei dieser Umgestaltung läßt er sich nicht von einem bloß subjektiven Drang leiten, sondern er sucht dem sinnlich Erscheinenden eine Form zu geben, die es so zeigt, als ob das Geistige selbst da stehe. (...) die Darstellung des Sinnlichen in der Form des Geistes. So erblickte ich in dem Dasein der Kunst ein Hereinstellen der Geist-Welt in die sinnliche."

Nun war das „Material" jeder einzelne ganze Mensch, jedes anwesende Mitglied während der „Weihnachtstagung" und mit ihm *alle* Mitglieder; der „Künstler" waren die Menschen-„Willen", und die Geist-Welt, die sichtbar werden wollte, war die Anthroposophie als anthroposophische Bewegung. Alle Mitglieder wurden dazu aufgerufen, sich selbst zur „sichtbaren anthroposophischen Bewegung" umzugestalten. Ich bin tief davon überzeugt, dass dies dasjenige ist, was aus der Weihnachtstagung sprechen wollte. Dann waren die Statuten absolute Nebensache, obgleich in äußerem Sinne notwendig, aber auch der so umstrittene Aufbau der Gesellschaft aus den verschiedenen Teilen und ihr gegenseitiges Verhältnis waren noch Nebensache. Es ging um den individuellen Menschen, um das individuelle Herz, in das der spirituelle Grundstein gelegt werden sollte, der als Keim dasjenige umfasste, was das „wichtigste Ergebnis der letzten Jahre" war.

Von diesem Gesichtspunkt aus kann man die Weihnachtstagung un-

---

[259] Mein Lebensgang, S. 142.

möglich als einen Versuch ansehen, die anthroposophische Bewegung in eine zu etablierende Struktur zu gießen, die diese Bewegung dann bis in alle Ewigkeit umfassen könne. Mit dem individuellen Menschen wurde gerechnet, dieser sollte sich selbst als Geist offenbaren lernen, und er könnte dies dank des Keimes, des Grundsteins, der in das Herz gelegt wurde und der bewusst zu einer Selbsterkenntnis in drei Gliedern weiterentwickelt werden konnte. *Realer Geisteskeim* wurde gegeben, und das Leben darin war transsubstantiierende Kraft, die aufgrund der Ich-Aktivität jedes individuellen Mitgliedes wirksam werden konnte.

Mit anderen Worten: Es gibt nur soviel lebendige anthroposophische Bewegung, wie es Individuen gibt, die den Grundstein *aktiv* zur Entwicklung bringen. Das Anhören war nicht genug, auch wenn es gewaltig gewirkt haben muss. Das mehrmalige Anhören ebenso wenig. Das Nachdenken darüber war nicht genug, auch nicht in den gegebenen sieben Rhythmen. Ein Erwachen in Selbsterkenntnis, in *verwandelnder Selbsterkenntnis* musste entstehen, ein „Wachhalten des inneren Erlebens bis in die Gedanken". Dann würde in jedem Menschen-Ich die tief eingreifende „Apokalypse" der anthroposophischen Bewegung zum eigenen Ich gehören, Inhalt des Ich geworden sein. Qualitativ *eine*, numerisch unendlich vervielfältigbar. Dann wäre der „menschgewordene Bau", das erste Goetheanum, wirklich in diesem geistigen Bau auferstanden, der die neue Anthroposophische Gesellschaft wäre. Und wie Rudolf Steiner beim Bau des ersten Goetheanums der „leitende Künstler" war, der allen beteiligten Künstlern die richtigen Anweisungen gab, so übernahm er nun die Leitung dieses geistigen Baues, den er nicht von außen, sondern nur von innen leiten konnte, als Teilhaber, der die Leitung hat. Nur so konnte ja die lebendige anthroposophische Bewegung auch in das Bauwerk hineingeleitet werden. Niemand anders trug diese als allein Rudolf Steiner. Doch nun konnten viele ihr Träger werden.

Hier werden die Prinzipien „Form und Materie" wiederum sichtbar. Die Anthroposophische Gesellschaft war die „Materie", im Sinne einer Versammlung bereitwilliger Individuen mit einer Liebe zur Anthroposophie. Die „Form" war zunächst der Grundstein, der die

„Materie" Schritt für Schritt zu einem immer mehr dem Geiste gleichenden Bild machen könnte, um dann auch *nach außen, in die Welt hinein* strahlen zu können. Aber der Grundstein konnte nur mit vollem Respekt vor der Freiheit gegeben werden. Das heißt, dass er nicht direkt, „ungesehen" in die Herzen gelegt werden konnte; und die Liebe zur Freiheit forderte, dass jeder Mensch sich dieser Geist-Form bewusst würde. Dass er „das innere Erleben bis in die Gedanken hinein wach machen und halten würde". Darum musste das Individuum diese Form meditieren, und das tut ein Mensch nun einmal nur aus Freiheit, dazu ist niemand zu zwingen. In dem Buch „Der lebendige Rudolf Steiner" habe ich dies das notwendige „Bewusstsein der Form" genannt. Aber es ist ein *im* Denken des Grundsteins selbst erwachtes inneres Denk-Erleben. Das „Ich" muss soweit kommen, dass es sein Vermögen, Form und Materie zugleich zu sein, ausdehnen lernt auf einen Inhalt, der außerhalb des Ich liegt. Dies finden wir von Rudolf Steiner ja schon in seinem Aufsatz „Philosophie und Anthroposophie" ausgesprochen. Er bespricht darin diese Qualität des Ich, das als Form zugleich die Materie hervorbringt: [260]

„So läßt sich erkenntnistheoretisch der Satz fundamentieren, „daß auch im reinen Denken ein Punkt erreichbar ist (das Ich, M.M.), in dem Realität und Subjektivität sich völlig berühren, wo der Mensch die Realität erlebt". Setzt er da ein und befruchtet er sein Denken so, daß dieses Denken von da aus wiederum aus sich herauskommt, dann ergreift er die Dinge von innen. Es ist also in dem durch einen reinen Denkakt erfaßten und damit zugleich geschaffenen Ich etwas vorhanden, durch das wir die Grenze durchdringen, die für alles andere zwischen Form und Materie gesetzt werden muß."

Während seiner Rede bei der Grundsteinlegung der Allgemeinen Anthroposophischen Gesellschaft am 25. Dezember 1923, um 10 Uhr morgens, sprach Rudolf Steiner, während er den Grundsteinspruch aussprach, außerdem die folgenden Worte:[261]

---

[260] GA 35, S. 102.
[261] GA 260, S. 61ff.

„Meine lieben Freunde! Wenn ich heute zurückschaue gerade auf dasjenige, was geholt werden konnte aus den Geisteswelten, während die furchtbaren Kriegsstürme die Welt durchwogten, so muß dieses paradigmatisch zusammengefaßt werden in dieser Dreiheit von Sprüchen, die eben an Euer Ohr getönt haben.

Wahrgenommen werden konnte jene Dreigliederung des Menschen, durch die der Mensch in seinem ganzen Wesen nach Geist, Seele und Leib sich in erneuerter Form beleben kann das „Erkenne dich selbst", wahrgenommen konnte sie werden, diese Dreigliederung, seit Jahrzehnten. Ich selber konnte sie erst zur Reife bringen im letzten Jahrzehnt während der kriegerischen Stürme. Damals versuchte ich anzudeuten, wie der Mensch auch physisch lebt in seinem Stoffwechsel-Gliedmaßen-System, in seinem Herzens-Rhythmus-System, in seinem Kopfes-Denk- und Wahrnehmungs-System. Und man kann sich überzeugt halten davon, daß der Mensch – indem er in der richtigen Art, wie es gestern angedeutet worden ist, durch die Durchlebung seines Herzens mit Anthroposophia diese Dreigliederung richtig in sich aufnimmt – dann erkennt, dadurch, daß er fühlend und wollend erkennen lernt, was er eigentlich tut, indem er, die Weltengeister ihn belebend, durch seine Glieder sich hineinstellt in die Raumesweiten, dann erkennt im tätigen Erfassen der Welt – nicht im leidenden, passiven Erfassen der Welt, sondern im aktiv tätigen Erfassen der Welt, indem er seine Pflichten, seine Aufgaben, seine Mission in der Welt erfüllt – das Wesen der allwaltenden Menschen- und Weltenliebe, die da ist ein Glied im Gesamtweltenwesen. Und man kann sich überzeugt halten, daß wenn der Mensch erkennt das wundervolle Geheimnis, das da waltet zwischen Lunge und Herz – in dem innerlich wahrnehmbar ausgedrückt wird, wie die Weltenrhythmen, die durch Jahrtausende, durch Äonen wirken, in Puls- und Blutrhythmus hereinschlagen und Weltbeseelung im Menschen erwecken –, man kann hoffen, daß, indem dieses weisheitsvoll mit dem Herzen als Erkenntnisorgan erfaßt wird, dann der Mensch erfahren kann, wie die Weltenbilder, die gottgegebenen, den Kosmos aus sich heraus tatkräftig offenbaren. Wie man im wirkenden Sich-Bewegen erfaßt die waltende Weltenliebe, so wird man die Urbilder des Weltenseins erfassen, wenn man in sich fühlt den geheimnisvollen Übergang zwischen Weltenrhythmus und Herzensrhythmus und durch diese wiederum den Menschenrhythmus, der geheimnisvoll seelisch-geistig sich abspielt zwischen Lunge und Herz. Und wenn der Mensch in der richtigen Weise fühlend wahrnehmen wird, was sich offenbart in seinem Hauptessystem, das da ruhet auf seinen Schultern, auch wenn er geht, dann wird er, sich erfühlend in seinem Hauptsystem, die Herzenswärme ausgießend in sein Hauptessystem, die waltenden, wirkenden, webenden Weltgedanken in seiner eigenen Wesenheit erleben.

Und er wird so die Dreiheit alles Seins: Weltenliebe, waltend in Menschenliebe; Weltenimagination, waltend in menschlicher Organisationsgestaltung; Weltgedanken, waltend geheimnisvoll untergründlich in Menschheitsgedanken; er wird diese Dreigliederung erfassen und sich erkennen als individuell freier Mensch im waltenden Götterwirken des Kosmos, als Weltenmensch, individueller Mensch im Weltenmenschen, wirkend als individueller Mensch im Weltenmenschen für die Weltenzukunft. Er wird aus den Zeichen der Gegenwart heraus erneuern das alte Wort: „Erkenne dich selbst!"

Noch die Griechen durften weglassen den Nachsatz, weil bei ihnen das menschliche Selbst noch nicht so abstrakt geworden war wie bei uns, zusammengeflossen in den abstrakten Ich-Punkt oder höchstens in das Denken, Fühlen und Wollen, sondern weil bei ihnen erfaßt wurde die Menschennatur als Ganzes nach Geist, Seele und Leib. So durften die Griechen glauben, zu treffen den ganzen Menschen nach Geist, Seele und Leib, wenn sie das Wort ertönen ließen, das uralte Sonnenwort, das Apollo-Wort: „Erkenne dich selbst!"

Wir aber müssen sagen, wenn wir aus den Zeichen der Zeit in der richtigen Weise erneuern dieses Wort: O Menschenseele, erkenne dich selbst in deinem wesenden Weben in Geist, Seele und Leib. – Dann haben wir verstanden dasjenige, was allem Menschenwesen zu Grunde liegt. Und diese Weltensubstanz, in der da wirkt und west und lebt der Geist, der aus den Höhen strömt und im Menschenhaupte sich offenbart; die Christus-Kraft, die überall im Umkreise wirkt, die mit den Lüften webt, um die Erde kreisend, die in unserem Atemsystem wirkt und lebt; und wenn wir erkennen die in den Tiefen aus dem Erdeninnern heraufkommenden Kräfte, die in unseren Gliedmaßen wirken – und wenn wir diese drei Kräfte, die Kräfte der Höhen, die Kräfte des

Umkreises, die Kräfte der Tiefen in diesem Augenblicke vereinigen in einer gestaltenden Substanz: dann können wir in unserem Seelen-Erfassen dem Welten-Dodekaeder das Menschen-Dodekaeder gegenüberstellen. Und aus diesen drei Kräften: aus dem Geist der Höhe, aus der Christus-Kraft des Umkreises, aus der Vater-Wirksamkeit, der schöpferischen Vatertätigkeit, die aus den Tiefen strömt, wollen wir in diesem Augenblicke in unseren Seelen den dodekaedrischen Grundstein formen, den wir in den Boden unserer Seelen senken, damit er da sei zum starken Zeichen in den kräftigen Gründen unseres Seelenseins und wir in der Zukunft des Wirkens der Anthroposophischen Gesellschaft auf diesem festen Grundstein stehen können.

Wollen wir uns immerdar bewußt bleiben dieses heute geformten Grundsteines für die Anthroposophische Gesellschaft. Wollen wir das Andenken an den heute in den Boden unserer Herzen gesenkten Grundstein bewahren bei allem, was wir draußen und hier tun wollen zur Förderung, zur Entwickelung, zur vollen Entfaltung der Anthroposophischen Gesellschaft. Suchen wir in dem dreigliedrigen Menschen, der uns da lehrt die Liebe, der uns da lehrt die Weltimagination, der uns da lehrt die Weltgedanken, suchen wir in ihm die Substanz der Weltenliebe, die wir zu Grunde legen, suchen wir in ihm das Urbild der Imagination, nach dem wir die Weltenliebe in unserem Herzen formen, suchen wir die Gedankenkraft aus den Höhen, um dieses dodekaedrische imaginative Liebesgebilde in der entsprechenden Weise erstrahlen zu lassen! Dann werden wir von hier hinwegtragen dasjenige, was wir brauchen; dann wird er erglänzen, der Grundstein, vor unserem Seelenauge, jener Grundstein, der aus Welten-Menschenliebe seine Substanz, aus Welten-Menschenimagination seine Bildhaftigkeit, seine Gestaltung, und aus Welten-Menschengedanken jenes Glanzeslicht hat, das uns in jedem Augenblicke, wenn wir uns an diesen Augenblick erinnern, mit warmem, aber unsere Tat, unser Denken, unser Fühlen, unser Wollen anspornendem Lichte entgegenstrahlen kann.

Und der rechte Boden, in den wir den heutigen Grundstein hineinverlegen müssen, der rechte Boden, das sind unsere Herzen in ihrem harmonischen Zusammenwirken, in ihrem guten, von Liebe durchdrungenen Willen, gemeinsam das anthroposophische Wollen durch die Welt zu tragen. Das wird uns wie mahnend entgegenstrahlen können aus dem Gedankenlichte, das uns von dem dodekaedrischen Liebesstein, den wir in unsere Herzen heute versenken wollen, jederzeit entgegenstrahlen kann.

Das, meine lieben Freunde, wollen wir nur so recht in unsere Seele aufnehmen. Damit wollen wir unsere Seele erwärmen, damit wollen wir unsere Seele erleuchten. Und wir wollen bewahren diese Seelenwärme und dieses Seelenlicht, das wir heute aus gutem Willen in unsere Herzen eingepflanzt haben.

Wir pflanzen es ein, meine lieben Freunde, in einem Augenblicke, da das wirklich die Welt verstehende Menschen-Erinnern zurückblickt zu jenem Punkte der Menschheitsentwickelung in der Zeiten-Wende, wo aus der Finsternis der Nacht und aus der Finsternis des moralischen Menschheitsempfindens, einschlagend wie das Himmelslicht, geboren worden ist das zum Christus gewordene Gotteswesen, das in die Menschheit eingezogene Geisteswesen.

Und wir können am besten erkraften jene Seelenwärme und jenes Seelenlicht, die wir brauchen, wenn wir sie beleben mit jener Wärme und mit jenem Lichte, das in der Zeiten-Wende erstrahlt hat als das Christus-Licht in der Welten-Finsternis. Und wir wollen diese vor zwei Jahrtausenden stattgefundene Urweihenacht in unserem Herzen, in unserem Sinn, in unserem Willen beleben, damit sie uns helfe, wenn wir hinaustragen wollen in die Welt dasjenige, was uns entgegenglänzt durch das Gedanken-Licht des der Welt nachgebildeten, ins Menschliche herein versetzten dodekaedrischen Liebesgrundsteins.

Und so sei denn unser Herzensfühlen zurückgewendet zur Urweihenacht im alten Palästina." [262]

Diese dreigliedrige Selbsterkenntnis wurde also als Keim in die Gründe der Seelen gelegt, als lebendiger Liebesgrundstein, der dort zu Weltenliebe in Menschenliebe, zu Weltenimagination in Menschenimagination, zu Weltgedanken in Menschengedanken werden konnte. Aber dieser Grundstein war damit ganz verinnerlicht, vervielfältigt in den anwesenden Seelen, bereit gemacht zu weiterer Vervielfachung.

---

[262] Der Text des Grundsteinspruchs steht am Ende des Buches.

Die Weihnachtstagung 1923/24

Es war eine *Mysterienhandlung*, diese Grundsteinlegung, das ist an Rudolf Steiners Art zu sprechen deutlich zu erleben. Und viele der Anwesenden haben auch geäußert, dass sie sich ganz „verwandelt" fühlten, wie initiiert.

In dieser Mysterienhandlung nahm Rudolf Steiner also geistig die Liebessubstanz, die Willenssubstanz ist, noch ungeformt, und ließ sie durch die Weltenimagination zum Dodekaeder formen. Die Weltgedanken als Licht ließen dieses Gebilde vor Licht und Wärme erstrahlen. Die „Weltenimagination" berührt also die Menschenorganisation im Herzens-Lungen-Rhythmus, wodurch sie gebildet wird. Hier empfinden wir die zarten Beschreibungen von Thomas von Aquin über die „anima humana" wieder, die die „prima materia" berührt, wodurch der menschliche Leib entsteht, geformt wird. In dem Geiste Rudolf Steiners ist diese mehr allgemeine Einsicht wunderbar differenziert worden. Die Weltenimagination formt die Menschenorganisation, aber sie ist zugleich auch die umfassende Anthroposophie. Weltenimagination muss man verstehen als Imagination, die erst nach dem Erlangen der Inspiration und Intuition erlangt werden kann, sie ist das voll ausgestaltete, zur Blüte gekommene Manas, und ist in diesem Sinn nicht mit der „gewöhnlichen" Imagination zu vergleichen. Dasjenige, was von Rudolf Steiner zum Beispiel in „Wie erlangt man..." als Imagination beschrieben wird, ist erst Vorstufe dieser Weltenimagination, die dazu führt, dass der menschliche Leib real geformt wird, also nicht als Gedanke. Sie ist das rhythmische, harmonische Zusammengehen von Liebe und Erkenntnis, in dem eine reale „Anthroposophie" aufblüht. Diese Realität wurde nun in die Herzen der Anwesenden gelegt.

Aber das Kennzeichen der neuen Mysterien ist nun einmal die individuelle, freie innere Aktivität. Sie musste dennoch geweckt werden, um diese Verwandlung, diese Initiation, zu einer bleibenden, einer wachsenden zu machen. Eine gemeinsame Meditation war der Grundstein. Man kann sich vorstellen, wie vereinigend dies gewirkt haben möchte. Doch dann mussten die Menschen sich dazu aufraffen, dieser Anthroposophie einen zentralen Stellenwert in ihrem Leben einzuräumen, mehr oder weniger so, als ob der eigene *Ich-Inhalt* der Anthroposophie Platz macht. Das „Ich" bleibt das eigene Selbst,

6. Teil, Der Kampf mit den Gegenmächten

aber mehr als Umfassung der Anthroposophie und weniger als Umfassung der persönlichen Ambitionen, Wünsche und so weiter. Der *Wille* dazu muss während der Grundsteinlegung geweckt worden sein, das kann man selbst jetzt noch erleben. Aber diesen aufrechtzuerhalten, das ist, nach Paulus, doch nur mit der Hilfe des auferstandenen Christus möglich. Dieses Aufrechterhalten ist immer wieder die Schwierigkeit, in allem. Der tägliche Alltag nimmt allem sehr schnell die hohe, erfüllende Kraft, und das Feuer des Enthusiasmus' erlischt – die Persönlichkeit besteigt von neuem den Thron.

Am 1. Januar 1924, nachmittags um halb fünf, wurde die Weihnachtstagung festlich mit einem „Rout", einer Art Empfang, beendet. Während dieses Empfangs wurde Rudolf Steiner plötzlich krank. Es gab Gerüchte, er sei vergiftet worden. Dem ist offiziell stets widersprochen worden. Doch viele, viele Jahre später hat die Eurythmistin Ilona Schubert preisgegeben, was sie in diesen Stunden erlebt hat: [263]

„Seit Dr. Steiners Tod wird immer wieder die Frage gestellt, ob an dem Gerücht, daß er vergiftet worden sei, etwas Wahres daran ist. Bislang kamen die Fragen immer aus dem Kreise der Mitglieder. Nun hat in jüngster Zeit ein Mann der Öffentlichkeit, ein Journalist, mir dieselbe Frage gestellt und zwar so, daß ich daraus entnehmen mußte, er habe schon ziemlich viel darüber gehört, was aber doch sehr ungenau und irreführend war. Durch all die Jahre habe ich nichts erzählt von dem, was ich selbst erlebt habe. Nun aber fühle ich mich verpflichtet, den Gerüchten gegenüberzustellen, was ich damals selbst miterlebte. – Beim sogenannten Rout an der Weihnachtstagung am 1. Januar 1924 haben einige Eurythmistinnen die Gäste bedient, die in dem großen Saal der Schreinerei an kleinen Tischen saßen. Von dem Saal führte ein Gang an der Bühne vorbei zu den Garderoberäumen. In einem solchen Raum war eine Teeküche eingerichtet worden, und von da aus brachten wir Tee, Kaffee und Kuchen zu den Gästen. So ging auch ich einmal mit

---

[263] Ilona Schubert: Selbsterlebtes im Zusammensein mit Rudolf Steiner und Marie Steiner. Zbinden Verlag, 1977, S. 65ff.

einer Tasse Tee durch den Gang. Da teilte sich der Vorhang, der den Gang von dem Saal abschloß, und Dr. Steiner kam mir wankend entgegen, schneebleich und heftig stöhnend. Ich setzte schnell meine Tasse ab und konnte ihn gerade noch zu einem Sessel führen. Er sagte nur: „Mir ist ja so schlecht." Ich wollte schnell Frau Dr. Steiner und Frau Dr. Wegman holen, aber er hielt meine Hand ganz fest und sagte: „Nein, bleiben Sie bei mir – bitte Wasser, Wasser". Fräulein Mitscher, die gerade dazukam, lief gleich, es zu holen, ich konnte nicht weggehen, da ich mit meinem Arm Dr. Steiner stützte. Er leerte das Glas Wasser, das Fräulein Mitscher ihm reichte. Wir fragten, was denn geschehen sei, und da sagte er: „Man hat mich vergiftet." Man konnte sehen, daß er furchtbare Schmerzen hatte, er war eiskalt und schweißbedeckt. Fräulein Mitscher und Frau Turgenieff, die auch dazugekommen war, und ich beschlossen nun, sofort Hilfe zu holen. Da kam Frau Dr. Steiner aus dem Saal und fragte: „Ist etwas geschehen?" Als sie Herrn Doktor im Stuhl liegen sah, trat sie zu ihm und fragte wieder: „Was ist denn?" Dr. Steiner sagte auch zu ihr: „Man hat mich vergiftet – wie geht es den anderen Vorstandmitgliedern?" Frau Doktor sagte, daß die alle sich ruhig unterhielten, nur sie selbst hätte sein langes Fernbleiben beunruhigt. – Mit Mühe brachten wir Dr. Steiner dann in sein Zimmer und betteten ihn auf das Sofa. Dann holte Frau Turgenieff Frau Dr. Wegman. Fräulein Mitscher, Frau Turgenieff und ich warteten vor der Zimmertüre auf einen Bericht. Nach einer Weile kam Frau Doktor heraus und sagte, Dr. Steiner bitte darum, daß wir niemandem etwas sagen sollten. Man hat dann Dr. Steiner nach Hause in die Villa Hansi gebracht und nach ärztlicher Behandlung und einer Milchkur ging es ihm bald wieder besser.

Bis zu seinem Tode im März 1925, also lange Zeit nach dem Rout, hat er noch sehr viel gearbeitet und ist auf Vortragsreisen gegangen, so daß man nicht sagen kann, er sei an der Vergiftung gestorben. Die Todesursache war, laut ärztlichem Befund, eine ganz andere. Daß es ihm aber von dem oben erzählten Geschehen an nie mehr so ganz gut ging, ist auch eine Tatsache. – Wie oft und wie eindringlich Fräulein Mitscher, Frau Turgenieff und ich auch darüber nachgegrübelt haben, was eigentlich die Ursache bei dem Rout war und wie es hatte geschehen können – es gab nie eine Lösung dieser Frage."

Erdmuth Johannes Grosse hat in seinem Buch „Das Rätsel des Urvorstandes"[264] den Giftanschlag ausführlich besprochen. Er zitiert auch Marie Steiner:[265]

„Marie Steiner erlebte an ihm nach dem Rout, 'ein todwundes Auge eines zu Tode Getroffenen, der sich die letzte Frage stellt. Die Tiefe dieses Auge liess mich erschauern. Aber verweilen bei diesem Blick durfte man nicht, hinaus, hinweg ging es in zusammengedrängter Eile'."

Der Bau des Goetheanums, in dem der dreigliedrige Mensch in der makrokosmischen Entwicklung sichtbar werden sollte, war vernichtet.
Die Bemühungen zur sozialen Dreigliederung hatten nicht zu einer sozialen Umwandlung geführt.
Nun, während der Weihnachtstagung, hatten die Anthroposophen die Möglichkeit, zu einer dreigliedrigen Selbsterkenntnis zu kommen und mit dieser Verwirklichung der Selbsterkenntnis nach Geist, Seele und Leib als Vereinigung in der Welt öffentlich sichtbar zu werden. Keine Sekte, keine geheime Verbindung, sondern eine öffentliche Vereinigung, in der alles für jeden, der wollte, zugänglich sein musste, trat nun vor die Welt, ein neues lebendiges Goetheanum mit Gliedmaßen, Herzen, Häuptern in der ganzen Welt, individuell und gemeinsam. Auf den Grundstein konnte Anthroposophia lebendig aufgebaut werden – und sie ging aus von Dornach, von Rudolf Steiner, der „sie bewegen konnte".
Eine mächtige Handlung fand während der Weihnachtstagung statt. Aber an deren Ende wurde der Initiator, der Träger der Bewegung, schwer angegriffen.
Natürlich gibt es immer Gegner. Doch wenn der Kreis, der Ring

---

[264] Verlag am Goetheanum 2007.
[265] Erdmuth Johannes Grosse: Das Rätsel des Urvorstandes. Verlag am Goetheanum, 2007.

Die Weihnachtstagung 1923/24

um Rudolf Steiner geschlossen gewesen wäre, wäre jeder Angriff abgewehrt worden. Wie der Brand durch das Versagen der Mitglieder, auf welche Weise auch immer, möglich geworden war, so muss auch dieser Angriff auf Rudolf Steiner nur dadurch möglich gewesen sein, dass er ungeschützt war. Und damit meine ich natürlich nicht, dass er eine Reihe von Bodyguards um sich hätte haben sollen. Ein so durch und durch von Christus erfüllter Mensch wie Rudolf Steiner ist unantastbar – es sei denn, er hat sich für etwas zur Verfügung gestellt, was *nicht* unantastbar ist; wofür es Bedingungen einer solchen Unantastbarkeit gibt.

Während der Tage der Weihnachtstagung gab Rudolf Steiner die Vorträge „Die Weltgeschichte in anthroposophischer Beleuchtung". In diesen Vorträgen gab er ein großartiges Panorama der Geistesgeschichte der Menschheit, worin zwei menschliche Individualitäten mit ihren Gaben und Aufgaben einen zentralen Platz einnehmen. Nirgends wird angedeutet, dass eine der beiden Individualitäten Rudolf Steiner selbst ist und die andere Ita Wegman. Rudolf Steiner wird erwartet haben, dass die Zuhörer, sie alle bedeutende Anthroposophen, dies verstehen, erfassen würden. Dass sie genügend Bewusstsein vom Karma hätten, um dies ohne weiteres zu verstehen und anzunehmen. Und es gab sicher auch Zuhörer, die es vermuteten oder sicher wussten. Wurden diese karmischen Offenbarungen angenommen? Wollte man diese zwei Persönlichkeiten in diesen historischen Figuren sehen? Wieviele Anwesende konnten sich dem Ganzen dieser Weihnachtstagung selbstlos hingeben? Der Grundsteinlegung, der karmischen Offenbarung und den Besprechungen der Statuten, der Einsetzung des Vorstandes und so weiter? Hätten *wir* es gekonnt?

Es muss gegen den Träger des Impulses, der einströmen sollte, wohl eine innere Opposition gegeben haben, anders hätte keine Bresche in den Schutz, die Unantastbarkeit Rudolf Steiners geschlagen werden können, auch wenn der eigentliche Täter vielleicht von außerhalb kam. Und so muss er das Jahr 1924 geschwächt beginnen – jenes Jahr, in dem er die intensivste Aktivität entfalten würde, sowohl was die Offenbarungen, als auch was die Kurse und Ratschläge betrifft.

KARMA UND REINKARNATION

Während der Weihnachtstagung gab Rudolf Steiner eine Reihe von Vorträgen – jeden Abend einen, beginnend am 24. Dezember – mit dem Thema: Die Weltgeschichte im Lichte der Anthroposophie. Wie gesagt sprach er darin über zwei Individualitäten und ihre Bedeutung für die Geistesgeschichte der Menschheit. Ist hier, jetzt, der Ort, diese zwei Individualitäten in Verbindung mit dem Menschen zu bringen, der den Vorsitz der „Allgemeinen Anthroposophischen Gesellschaft" auf sich nahm?

Die Antwort muss wohl „ja" sein. Es muss für einige Anwesende mit Sicherheit deutlich gewesen sein, dass Rudolf Steiner einige seiner Inkarnationen beschrieb – ohne diese Verbindung offenbar zu machen – und dass zugleich jemand neben ihm beschrieben wurde, der immer neben ihm gestanden hatte. Welche Inkarnationsreihe wäre während dieser Weihnachtstagung sonst so bedeutsam gewesen, dass sie die Hauptsache wurde? In dem Buch „Die Menschheitsaufgabe Rudolf Steiners und Ita Wegman" von Margarete und Erich Kirchner-Bockholt wird ein sehr konkreter Zusammenhang zwischen diesen Vorträgen und den beiden Persönlichkeiten gegeben.

In den Niederlanden hat sich Nico Francken, ein Hausarzt aus Den Haag, der während vieler Jahre Vorsitzender der Vereinigung anthroposophischer Ärzte in den Niederlanden war, in den 80er Jahren sehr dafür eingesetzt, in Arztkreisen diesen karmischen Hintergrund von Ita Wegman bekannt zu machen. Und in den 90er Jahren erschien dann das dreibändige Werk „Wer war Ita Wegman?" von J.E. Zeylmans van Emmichoven, wo auf Seite 382 von Band I ein Faksimile eines der in dieser Hinsicht bedeutsamsten Briefe Rudolf Steiners an Ita Wegman abgedruckt ist. In diesem Brief vom 11. Juni 1924 ist in Rudolf Steiners Handschrift zu lesen, wie er selbst den Zusammenhang der zwei Individualitäten mit ihm, Rudolf Steiner, und ihr, Ita Wegman, bestätigt.

Da das spirituelle Leben nun einmal unmittelbar mit der Reinkarna-

Karma und Reinkarnation

tion zusammenhängt, muss in einer spirituellen Biografie dieser Hintergrund – da er bekannt ist – mit aufgenommen werden.[266]

Rudolf Steiner hat 1910 einen Vortragszyklus „Okkulte Geschichte"[267] gehalten, in dem er zum ersten Mal einen Zusammenhang zwischen der Inkarnation von zwei Personen aus dem alten Mesopotamien mit einer Inkarnation von zwei Personen (und einer weiteren) in der griechischen Zeit beschreibt. Später während der Weihnachtstagung hat er dann dieses Thema erneut besprochen und sehr ausführlich ausgearbeitet. Die erste Inkarnation dieser zwei Individualitäten ist in dem Epos von Gilgamesch erhalten geblieben. Darin wird ein Herrscher, ein großer König, ein Sieger beschrieben, der in Uruk im alten Mesopotamien lebte; wir müssen also an die Zeit um 3000 vor Christus denken. Von diesem Herrscher wird gesagt, dass er zu zwei Dritteln göttlich und zu einem Drittel menschlich sei. Eines Nachts wird ihm in einem Traum verkündet, dass jemand in sein Leben treten werde, der für ihn eine große Bedeutung haben werde. Er erzählt diesen Traum seiner Mutter:[268]

> *Eines Tages stand Gilgamesch auf und erzählte seinen Traum.*
> *Er sagte zu seiner Mutter:*
> *„Mutter, heute Nacht sah ich einen Traum.*
> *Während die Sterne am Himmel standen,*
> *fiel einer, wie ein Fels von Anu, dicht bei mir nieder.*
> *Ich wollte ihn aufheben, aber er war mir zu schwer.*
> *Ich wollte ihn wegrollen, aber konnte ihn nicht bewegen.*
> *Das ganze Land von Uruk stand um mich herum.*
> *Die Einwohner versammelten sich.*
> *Die Menschen beugten sich zu ihm und küssten ihm die Füße.*
> *Ich flüsterte ihm zu wie ein liebender Ehemann.*
> *Nun lege ich ihn dir zu Füßen.*

---

[266] Das Folgende ist ein Autoreferat eines Vortrages, den die Autorin dieses Buches zu Ehren des 150. Geburtsjahres Rudolf Steiners am 20.2.2011 in Rotterdam hielt.
[267] GA 126.
[268] Übersetzt aus: Theo de Feyter: Gilgamesj. Vrij Geestesleven, Zeist, 1991.

mögest du ihn mir gleichstellen."
Gilgameschs Mutter, die Weise, die Verständige,
die alles weiß, sprach zu Gilgamesch:
„Die Sterne am Himmel sind deine Freunde.
Einer fiel, wie ein Fels von Anu, dicht bei dir nieder.
Du wolltest ihn aufheben, aber er war dir zu schwer.
Du wolltest ihn wegrollen, aber konntest ihn nicht bewegen.
Du legtest ihn mir zu Füßen,
und ich werde ihn dir gleichstellen.
Du flüstertest ihm zu wie ein liebender Ehemann.
Er ist stark, ein Gefährte, ein Retter in der Not seines Freundes.
Er ist der Stärkste, der Gewaltigste des Landes,
seine Kraft ist gewaltig wie ein Fels von Anu.
Du flüstertest ihm zu wie ein liebender Ehemann.
Er wird dich nicht im Stich lassen.
Dies bedeutet dein Traum."

In dieser Erzählung wird der angekündigte Freund Enkidu genannt. Rudolf Steiner nennt ihn Eabani. Er wird als ein Mensch beschrieben, der genau in diesem Augenblick seine erste Erdeninkarnation beginnt, als ein Mensch, der daher die Erbsünde auf Erden nicht mitgemacht hat und der einem Stern gleicht. Rudolf Steiner legt dies wie folgt aus: Die kosmische Weisheit, die Sternenweisheit, war für Eabani unmittelbar zugänglich. Gilgamesch ist zu einem Drittel Mensch und zu zwei Dritteln göttlich, Eabani ist ganz Mensch. Er kommt auf die Erde, noch in einem Haarkleid, er kann noch mit dem ganzen Tierreich umgehen und kommunizieren. Bis eine Priesterin oder eine Tochter der Priesterin der Ischtar-Mysterien ihm im Wald begegnet und er sich mit ihr in Liebe vereinigt. Er tut dies sehr oft, mit einem gewaltigen Durst nach dieser Frau. Dann bemerkt er, dass er sein Vermögen verloren hat, dass er nicht mehr mit den Tieren kommunizieren kann, dass er aber auch seine übernatürliche Kraft verloren hat. Und so kommt er dann zu Gilgamesch, und er hört, dass dieser die Gewohnheit habe, zu verlangen, dass, immer wenn eine Hochzeit stattfinden soll, das Mädchen sich zuerst ihm, Gilgamesch, hingebe.

Gilgamesch nimmt jede Braut als erster. Das ist etwas, was Eabani in Wut entbrennen lässt, und so zieht er gegen den mächtigen Gilgamesch in den Kampf.

Die beiden kämpfen und erweisen sich als gleich stark. Sie schließen dann eine Freundschaft, die, man darf wohl sagen, bis heute dauert. Sie leben in einer gewissen Opposition zu den herrschenden Mysterien, sie ziehen aus, um den Himmelsstier zu bekämpfen. Dies gelingt, er wird tatsächlich überwunden, aber danach wird Eabani krank und stirbt. Rudolf Steiner beschreibt – und dank seiner Beschreibung kann man ein solches Epos sehr, sehr tief erleben –, wie Gilgamesch, während er zu einem Drittel Mensch und zu zwei Dritteln göttlich war, in seinem physisch-ätherischen Leib eigentlich als erster die eigene Individualität erlebt. Er erlebt das Ich also nicht mehr ganz außerhalb, sondern er spricht seinen Leib bereits als Ich an. Das weitere Leben Gilgameschs ist von Kummer um den Verlust seines Freundes beherrscht, und er steht vor der großen Frage: Was hat es damit auf sich, dass der Mensch sterblich ist? Wie kommt es, dass wir als Menschen soweit gekommen sind, dass wir einander so lieben können und uns durch den Tod dennoch trennen müssen?

Rudolf Steiner beschreibt im weiteren, wie die zwei Individualitäten dann zur Zeit Heraklits als Lehrer und Schüler, Kratylos und Mysa, in den Mysterien von Ephesus[269] leben. Es ist wichtig, sich klarzumachen, dass alle griechischen Mysterien als aus den Mysterien des Orpheus hervorgegangen betrachtet wurden. In Ephesus lebten die Mysterien des Wortes, in ihnen wurde das Erleben der Heiligkeit der Sprache, der menschlichen Sprache, betont.

Erich und Margarete Kirchner-Bockholt beschreiben in ihrem Buch, dass Kratylos nicht selbst in die Mysterien von Ephesus eingeweiht war, obwohl er dort Lehrer war. Das stimmt mit dem Kennzeichen, mit dem Wesen dieser Individualität überein, die selbst Träger der Mysterienweisheit ist und es deshalb nicht „nötig" hat, in die Mysterien eingeweiht zu werden. Kratylos ist der Lehrer von Plato.

Es gibt einen platonischen Dialog, der den Namen „Kratylos" trägt.

---

[269] In der heutigen Türkei, damals Griechenland.

6. Teil, Der Kampf mit den Gegenmächten

In diesem Dialog versucht Sokrates auf seine gewohnte Weise durch Argumentation etwas zu verdeutlichen, indem er logische Schlussfolgerungen daraus zieht und dann fragt: Ist es nicht so? Dann muss der andere sagen: Ja, so ist es. Hier geht es darum, dass Kratylos gesagt hat bzw. den Standpunkt vertritt, dass das *Wort* nie falsch sein kann. Sokrates will zeigen, dass es sehr wohl möglich ist, das Wort falsch zu verwenden. Er will außerdem zeigen, dass Worte durch eine Art Gesetzgebung entstanden sind; dass in einer fernen Vergangenheit die Worte den Dingen zugesprochen wurden. Kratylos vertritt den Standpunkt, dass die Dinge so heißen, weil sie nun einmal so sind; dass es nicht eine Frage der Namensgebung ist, sondern dass es das göttliche Wort selbst ist, das sich ausspricht. Hier kommt das Wesen der Sprachkunst und der Eurythmie schon zu einem großen Teil zum Vorschein, noch ohne dass Kratylos auch nur ein Wort spricht, denn er ist in der ersten Hälfte des Dialogs buchstäblich sprachlos.

In diesem ersten Teil führt Hermogenes das Wort und Sokrates geht darauf ein. Schließlich wird Kratylos einbezogen, und hier stellt sich dann heraus, dass er dabei war, aber bisher nichts gesagt hat. Sokrates spricht ihn an, um ihm zu zeigen: was du sagst, ist unmöglich! Auf seine bekannte sokratische Art beginnt er zu argumentieren – und dem kann man dann natürlich auch nicht entkommen. Kratylos denkt also mit Sokrates mit und sagt ja, ja, ja, ja; doch dann auf einmal sagt er: Ja, aber das, wovon du sprichst, ist etwas anderes. Es läuft darauf hinaus, dass Kratylos mit absoluter Sicherheit sagen will: Wenn ein Mensch ein Wort ausspricht, kann das Wort nicht falsch gesprochen sein. Natürlich, sagt Sokrates, das kann es sehr wohl. Wenn ich zu dir Hermogenes sage, obwohl du Kratylos bist, dann habe ich es doch falsch gesagt? Nein, sagt Kratylos, das Wort ist richtig, nur dass du es zu mir sagst, ist unsinnig. Aber das Wort ist richtig.

Und so setzt sich der Dialog zwischen ihnen fort, wobei Sokrates mit all seiner Spitzfindigkeit Kratylos so weit bringt, dass er zustimmt, aber dann zuletzt doch sagt: Ja, aber das ist etwas anderes. Und so endet der Dialog unentschieden. In einer Schlusspassage gibt Sokrates seine ganze Frage letztlich aus den Händen, an Kratylos, und sagt: Willst du nicht noch einmal darüber nachdenken? Dann komm wieder zu mir, und wir sprechen noch einmal darüber.

Kratylos ist der Lehrer von Plato. In Kratylos lebt Eabani, und Gilgamesch lebt in Ephesus in der Mysterienpriesterin Mysa.

Dann kehrt sich das Verhältnis um, Kratylos' Schüler Plato wird nun sein Lehrer. Plato wird der Lehrer von Aristoteles. Aristoteles, der reinkarnierte Kratylos, der die Akademie von Plato verlässt, als Plato stirbt, lehrt dann mit seinen Schülern auf Lesbos. Einer dieser seiner Schüler ist Theophrastos, der später die Leitung der Akademie von Athen – der aristotelischen Akademie, der peripatetischen Schule – übernimmt.

Im Jahr 342 vor Christus bittet der herrschende König von Mazedonien, Philippus II., Aristoteles, Lehrer seines Sohnes Alexander zu werden.

Aristoteles hat inzwischen ein anderes Verhältnis zu dem Wort. Bei Aristoteles wird das Wort zum Begriff und die Sprache zum Denken. Rudolf Steiner beschreibt, wie in der gewöhnlichen Geschichtsschreibung und in der Philosophiegeschichte von einem Konflikt zwischen Plato und Aristoteles gesprochen wird, die sich infolgedessen getrennt hätten. Rudolf Steiner gibt den wahren Gang der Ereignisse wieder: Plato sprach noch in Mysteriensprache. Und auch wenn bei Sokrates schon eine beginnende Logik zu finden ist, ist doch der *Inhalt* dessen, was er bringt, trotzdem noch immer echter Mysterieninhalt. Bei Aristoteles ist der ganze Mysterieninhalt in die Begriffskunde übergegangen. Dasjenige, was bei Plato großartige Weisheit ist, konzentriert sich bei Aristoteles gleichsam in die Begriffskunst, in das Formulieren einiger Begriffskategorien.

Bei Aristoteles findet man das Bewusstwerden der Logik, mit der die verschiedenen Begriffe verbunden werden. Damit arbeiten wir noch immer, wir wissen, dass es nicht von selbst geht. Wir müssten lernen, uns vorzustellen, dass Aristoteles derjenige gewesen ist, der die Sternenweisheit gleichsam in das übersetzt hat, was wir nun als abstrakte Begriffe erleben.

In einem seiner letzten Vorträge, im letzten Jahr seiner öffentlichen Aktivität, ruft Rudolf Steiner die Anthroposophen auf, sich bewusst zu werden, dass die Kategorien von Aristoteles tatsächlich die Buchstaben der Sternenschrift, der kosmischen Schrift sind. Er sagt sogar, dass die ganze Anthroposophie durch ein Lesen im Geist mit *diesen*

Begriffen zustandegekommen ist. Ich zitiere hier den Abschnitt:[270]

„Aber in dieser Erinnerung, in dieser historischen Erinnerung an Altes lag eine gewisse Kraft, Kraft, ein Neues zu schaffen. Und von jenem Moment ging die Kraft aus, ein Neues zu schaffen, aber ein merkwürdiges Neues, das die Menschheit wenig beachtet hat. Denn Sie müssen eigentlich erst verstehen, wie dieses Neue-Schaffen, das aus dem Zusammenwirken von Alexander und Aristoteles ausging, nun seiner Art nach beschaffen war.

Nehmen Sie irgendein bedeutendes Dichtwerk oder anderes Werk – und Sie können die schönsten Werke nehmen –, nehmen Sie meinetwillen eine deutsch übersetzte Bhagavad Gita, nehmen Sie Goethes „Faust", nehmen Sie die Iphigenie oder irgend etwas, was Sie hochschätzen, und denken Sie an den reichen, gewaltigen Inhalt, sagen wir, an den reichen, gewaltigen Inhalt von Goethes „Faust". Und jetzt, wodurch wird denn Ihnen, meine lieben Freunde, dieser reiche Inhalt vermittelt? Nehmen wir an, er würde Ihnen so vermittelt, wie er für die meisten Menschen ja vermittelt wird. Sie lesen den „Faust" irgendeinmal in Ihrem Leben. Was tritt Ihnen denn da auf dem physischen Plane entgegen? Was ist denn auf dem Papiere? Nichts anderes ist auf dem Papiere als Kombinationen von a b c d e f und so weiter. Alles, wodurch einem der große, gewaltige Inhalt des „Faust" aufgeht, sind ja nur Kombinationen von a b c d e f und so weiter. Wenn *Sie* das Alphabet kennen, so gibt es nichts auf dem Papier, was dasteht, was nicht zusammenfällt mit einem der etlichen zwanzig Buchstaben. Aus diesen etlichen zwanzig Buchstaben ist etwas hervorgezaubert auf dem Papier, was Ihnen hervorruft, wenn Sie eben lesen können, den ganzen reichen Inhalt des „Faust". Und es steht Ihnen sogar etwas frei. Es steht Ihnen frei, das Hersagen von a b c d e f und so weiter furchtbar langweilig zu finden, zu sagen, das ist ja eigentlich das Aller-Allerabstrakteste. Und dennoch, dieses Aller Allerabstrakteste, in richtiger Weise kombiniert, gibt den ganzen „Faust"!

Und nun entstand, als jenes Monden-Welterklingen wieder da

---

[270] Mysterienstätten des Mittelalters: Rosenkreuzertum und modernes Einweihungsprinzip. Das Osterfest als ein Stück Mysteriengeschichte der Menschheit. GA 233a, S. 163 ff.

war, in dem erkannt wurde von Aristoteles und Alexander, was das Feuer von Ephesus bedeutete, wie dieses Feuer hinausgetragen hat in Welten-Ätherfernen dasjenige, was das Geheimnis von Ephesus war, da war es, daß in diesen beiden entstand die Inspiration, die Weltenschrift zu begründen. Nur, die Weltenschrift wird nicht begründet mit a b c d e f, sondern die Weltenschrift wird begründet, wie die Buchschrift mit Buchstaben, so diese mit Gedanken. Und es entstanden die Lettern der Weltenschrift.

Wenn ich es Ihnen aufschreibe, sind sie ebenso abstrakt wie a b c d:

Quantität, also Menge
Qualität, Eigenschaft
Relation
Raum
Zeit
Lage
Tun
Leiden

Da haben Sie eine Anzahl von Begriffen. Lernen Sie mit diesen Begriffen, die zuerst Aristoteles dem Alexander vorgeführt hat, lernen Sie mit diesen Begriffen dasselbe vollführen, was Sie gelernt haben mit a b c d, dann lernen Sie aus Qualität, Quantität, Relation, Raum, Zeit, Lage, Tun, Leiden –, aus dem lernen Sie lesen im Kosmos.
(...)
Denn alle Geheimnisse der physischen und geistigen Welt sind in diesen einfachen Begriffen als dem Weltenalphabet enthalten.

Es ist in der Weltentwickelung das geschehen, daß gegenüber dem früheren unmittelbaren Wahrnehmen, für das die Tatsachen von Ephesus noch etwas Allercharakteristischstes sind, etwas getreten ist, was von der Alexanderzeit aus den Anfang nimmt, was sich dann später erst besonders entwickelt durch das Mittelalter hindurch, was tief verborgen ist, was tief esoterisch ist. Tief esoterisch ist der Sinn, der lebt in diesen acht, oder man kann sie auch auf zehn erweitern, in diesen acht oder zehn einfachen Begriffen. Und wir lernen eigentlich immer mehr in diesen einfachen Begriffen leben, aber wir müssen streben, sie so lebendig in der Seele zu erleben, wie man in der Seele lebendig erlebt das Abc, wenn man eben einen reichgegliederten, geisterfüllten Inhalt hat.

So sehen Sie, wie in zehn Begriffe, deren innere Leuchte- und Wirkekraft erst wiederum enthüllt werden muß, hineinlief dasjenige, was eine gewaltige, instinktive Weisheitsoffenbarung durch Jahrtausende war. Und es wird schon einstmals dahin kommen, daß man dasjenige, was eigentlich wie im Grabe ruht, die Weltenweisheit, das Weltenlicht, wiederum finden wird, wenn man wieder lesen lernen wird im Weltenall, wenn man erleben wird die Auferstehung dessen, was in der Zwischenzeit der Menschheitsentwickelung zwischen den zwei geistigen Epochen verborgen worden ist."

*

In der Zeit zwischen Platos Unterweisungen, die Aristoteles empfing, und den Unterweisungen, die er Alexander gab, liegt die Periode, in der er jenen Schüler hatte, der Theophrastos hieß und der ebenfalls in Zusammenhang mit dem späteren Rudolf Steiner gesehen werden muss.

Theophrastos war in einer vorigen Inkarnation ein Eingeweihter in die Orphischen Mysterien. Das waren Wortmysterien, aber da war das Wort noch Musik.

*

Dann kommt der Einschlag des Mysteriums von Golgatha. Von Rudolf Steiner wurde gesagt, dass Aristoteles und die Seinen nicht auf Erden waren, dass sie das Mysterium aus der geistigen Welt miterlebt haben: wie Christus zur Erde ging, wie er die geistige Welt verließ.

Gegenüber Ita Wegman hat Rudolf Steiner enthüllt, dass die folgende Inkarnation dieser zwei Individualitäten in der Zeit des heiligen Grals gefunden werden kann. Er hat gezeigt, wie diese Erzählungen nicht nur symbolische Bedeutung haben, sondern auch wirklich historisch sind.

Karma und Reinkarnation

Die Geschichte dieser zwei Individualitäten finden wir im „Parzival" von Wolfram von Eschenbach beiläufig erwähnt und ausführlicher in einem seiner Gedichte. Vieles darüber ist in dem Buch „Weltgeschichte im Lichte des Heiligen Gral"[271] von Walter Johannes Stein zu finden, in dem unter anderem die Liebe zwischen Sigune und Schionatulander beschrieben wird. Sigune kommt in der Parzival-Erzählung deutlich vor, Schionatulander nur am Rande. Sigune ist die Tochter von Schoysiane, der Schwester von Herzeleide. Herzeleide ist die Mutter von Parzival. Ihre Schwester ist mit dem späteren Mönch Kyot verheiratet. Sie haben eine einzige Tochter: Sigune. Die Mutter stirbt im Wochenbett, der Vater wird Mönch, und Sigune wird von ihrer Tante Herzeleide aufgezogen.

Schionatulander ist der Enkel von Gurnemanz und begleitet Parzivals Vater auf seinen Reisen nach Arabien. Er ist auch derjenige, der Herzeleide die Mitteilung überbringt, dass ihr Mann Gahmuret gefallen ist.

Sigune und Schionatulander begegnen einander und fassen unmittelbar eine tiefe Liebe zueinander. Eines Tages ist Sigune mit Schionatulander zusammen, in einem Zelt:[272]

So lagen sie nicht lange,
als aus dem Waldreviere
Mit heller schöner Stimme
auf blutger Fährte hinter wundem Tiere
Ein Bracke kam hoch lautend an mit Jagen.
Der fand hier kurzen Aufenthalt:
das muss ich lieber Freunde halb beklagen.
(...)
Da er so das Dickicht
durchbrach auf der Fährte,
Mit arabschem Gold bestickt
trug er am Hals ein Band von hohem Werte:

---

[271] Walter Johannes Stein: Weltgeschichte im Lichte des heiligen Gral. Das neunte Jahrhundert. Mellinger Verlag 1986.
[272] Fragment aus „Titurel" von Wolfram von Eschenbach, übersetzt von Dr. K. Simrock.

6. Teil, Der Kampf mit den Gegenmächten

Da sah man lichtes, köstliches Gesteine
Das wie die Sonne glänzte.
Er fing sich da den Bracken nicht alleine;

Was er mit dem Bracken
fing, will ich euch sagen:
Leid mit Not gefüttert
ward ihm da zu Teil ohne Zagen,
Und immerdar groß Kriegen und groß Streiten.
das Brackenseil ward ihm Beginn
verlorner Freuden und betrübter Zeiten.

Er trug den Hund im Arme
  Sigunen der klaren.
Das Seil war wohl zwölf Klafter lang,
die von vierfarbgen Seidenborten waren,
Grün, gelb, rot und braun, angestücket
Stets in Spannenlänge,
die Nähte schön und köstlich geschmücket.

Darüber lagen Ringe
mit Perlen lichten Scheines;
Je zwischen den Ringen,
spannenlang, ledig des Gesteines,
Vierfarbge Blätter, wohl von Fingers Breite.
Nehm ich den Hund an solch ein Seil,
so bleibt es bei mir, ob er entgleite.

Wenn mans dem Bracken abnahm,
zwischen den Ringen
Sah man Buchstaben,
die rund umher an dem Seile gingen.
Aventüre hört, wenn ihr gebietet:
Mit goldnen Nägeln waren

die Steine fest an den Strang genietet.

*Die Schrift war von Smaragden
mit Rubin verbündet,
Demant, Granat und Chrysolith dazwischen.
Das Seil war gut gehündet,
auch war wohl nie ein Hund so gut geseilet.
Ich weiß wohl, ließt ihr mir die Wahl,
welches ich wählte, unverweilet.*

*Auf grünem Samet
mit mailichem Scheine
War des Halsbands Borte
gestickt, und mit mancherlei Gesteine
Beschlagen, deren Schrift ein Fräulein lehrte.
Gardevias hieß der Hund,
das heißt zu deutsch: Hüte der Fährte.*

*Die Herzogin Sigune
las den Beginn der Märe:
„Ein Brackennamen ist das Wort,
das den Werten doch geziemend wäre:
Mann und Weib, die schön der Fährte hüten,
Hier wird es ihnen Gunst der Welt
und dort der himmlische Lohn vergüten."*

*Sie las am Halsband weiter,
noch nicht an dem Seile:
„Wer immerdar der Fährte
hütet, dessen Preis ist nimmer feile,
Da er im lautern Herzen so erstarkte,
Dass ihn nie ein Aug ersieht
auf dem wandelbaren, unsteten Märkte."*

Sie beginnt also zu lesen, doch plötzlich entläuft der Hund.
Wie es in der Ritterzeit üblich war, konnte die Geliebte den sie minnenden Ritter bitten, ihr einen Dienst zu erweisen, um ihr zu zeigen, wie stark und unüberwindlich er sei. Sigune bittet Schionatulander, ihr diesen Hund wiederzubringen.

Der Hund gelangt schließlich zu der Frau des Herzogs Orilus. Diese Frau, Jeschute, will das Halsband Sigune sehr gern geben, doch Schionatulander will das nicht, er will dafür kämpfen, den Hund zu erhalten. In dem Gefecht mit Orilus hält dieser ihn für Parzival, dem er feindlich gesinnt ist, und Orilus tötet ihn.

Auf dem Halsband des Hundes Gardevias stand die moralische Erziehung geschrieben, die der Mensch durchmachen muss, wenn er sich bereit machen will, die Sternenschrift zu empfangen. Rudolf Steiner hat dies folgendermaßen ausgelegt: Sigune wollte die Sternenweisheit auf eine alte Weise erobern, die in jener Zeit bereits nicht mehr zu den Möglichkeiten gehörte.

Dann kommt jener tief berührende Moment, in dem Parzival Sigune mit ihrem gestorbenen Geliebten im Schoß begegnet:[273]

„So kam unser törichter Knabe einen Abhang herabgeritten. Vor eines Felsens Spitze hörte er eines Weibes Stimme. Eine Frau schrie aus rechtem Jammer: Ihr war die wahre Freude entzwei gebrochen. Der Knabe ritt kühn zu ihr hin. Nun höret, was diese Frau tat. Da riss Frau Sigune ihre langen braunen Zöpfe vor Jammer vom Kopfe. Der Knappe sah nun hin: Schionatulander, den Fürsten, fand er tot in der Jungfrau Schoß. Alle Heiterkeit ward ihr zu Leid."

Damit war das tragische Schicksal besiegelt. Rudolf Steiner hat Ita Wegman geschrieben, dass Aristoteles und Alexander in der frühen christlichen Zeit eine kurze Inkarnation im Gralsgeschlecht durchgemacht haben. Da wurde wie durch ein Fenster in die damalige Kultur geschaut. So haben die beiden den tiefen, innigen Impuls des Christentums aufgenommen.

---

[273] Buch 3, 138.

Karma und Reinkarnation

*

Die andere Individualität, die dritte, der frühere Eingeweihte in die orphischen Mysterien, Theophrastos in der Zeit von Aristoteles, inkarniert sich im vierten, fünften Jahrhundert, in der Zeit des Patriarchen Theophilus, im frühen Christentum. Sie inkarniert sich als Frau, als eine Tochter des griechischen Philosophen und Mathematikers Theon von Alexandria. Sie vertritt da gerade die Blüte der alten Einweihung in Form einer außergewöhnlich reinen Kenntnis der Mathematik. Sie ist also eine Heidin und lebt in dem dennoch bereits christlichen Alexandria, wo sie auf die Opposition des herrschenden Bischofs Cyrillus traf. Dieser hetzte im Jahre 415 das Volk gegen diese Frau auf. Sie verlässt das Haus und wird auf der Straße von dem aufgehetzten Pöbel überfallen; man schleppt sie in eine Kirche, wo sie grauenvoll ums Leben gebracht wird, mit Scherben wird ihr das Fleisch von den Knochen gerissen. Diese Frau war Hypatia von Alexandria. Rudolf Steiner zeigt an verschiedenen Stellen, nicht gleichzeitig, den Unterschied zwischen der Inkarnation jener beiden Individualitäten in der Gralsströmung und dieser anderen, die eigentlich noch in der alten Weisheit lebt und so in einen Gegensatz zum äußeren Christentum kommt.

Dann kommen wir in die Zeit des späteren Mittelalters. Das Wissen, dass die drei Individualitäten auch hier eine Inkarnation gehabt haben, ist in verschiedenen Vorträgen Rudolf Steiners verhüllt ausgesprochen. Thomas von Aquin, Albertus Magnus, Reginald von Piperno.

Thomas Meyer hat diese Stellen in seinem Buch „Rudolf Steiners ‚eigenste Mission'" zusammengestellt.[274]

In dem letzten der drei Vorträge, die Rudolf Steiner 1920 über Thomas von Aquin hielt, sagte er folgendes:[275]

---

[274] Thomas Meyer: Rudolf Steiners „eigenste Mission". Perseus Verlag, 2009.
[275] GA 74, S. 93f.

„Wenn ich hier ein persönliches Erlebnis einfügen darf, so kann es das folgende sein. Es soll nur illustrieren, in aller Bescheidenheit. Als ich am Ende der achtziger Jahre in Wien im „Wiener Goethe-Verein" sprach über das Thema „Goethe als Vater einer neuen Ästhetik", da war unter den Zuhörern ein sehr gelehrter Zisterzienser. Ich setzte auseinander, wie man sich die Vorstellung Goethes über die Kunst zu denken hat, und da tat dazumal der Pater Wilhelm Neumann, ein Zisterzienser, der zugleich Professor an der theologischen Fakultät der Wiener Universität war, den merkwürdigen Ausspruch: Die Keime zu diesem Vortrage, den Sie heute uns gehalten haben, die liegen schon bei Thomas von Aquino!"

Im Juli 1924 erzählt er über dieses Erlebnis das Folgende: [276]

„Und dann kam das Merkwürdige, daß ich einmal in Wien einen Vortrag hielt. Dieselbe Persönlichkeit war dabei, und nach dem Vortrage machte sie eine Bemerkung, die gar nicht anders aufzufassen war, als daß der Mann in diesem Augenblicke ein volles Verständnis hatte für einen Menschen der Gegenwart und für die Beziehung dieses Menschen der Gegenwart zu seiner früheren Inkarnation. Und was er da über den Zusammenhang von zwei Erdenleben sagte, das war richtig, war nicht falsch. Aber er verstand gar nichts; er sprach das nur."

In einem dritten Vortrag beschreibt er das Geschehen zwei Monate später nochmals: [277]

„(...) als ich meinen Vortrag beendet hatte, sagte er etwas ganz Eigentümliches, etwas, das ich nur in der Form andeuten möchte: Er brachte mir ein Wort entgegen, in dem gelegen war seine Erinnerung an ein Zusammensein von ihm mit mir in einem früheren Erdenleben."

In dem Buch der Kirchner-Bockholts finden wir ein Schreiben in

---

[276] Vortrag vom 18.7.1924, GA 240, S. 161.
[277] Vortrag vom 12.9.1924, GA 238, S. 70.

der Handschrift Rudolf Steiners abgedruckt, in dem er für seine karmische Forschung kurze Fragen formuliert hat. In diesen fragt er die Akasha-Chronik: Wie war es im alten Mesepotamien, wie war es in Ephesus, wie war es in der Zeit von Aristoteles, wie war es in der Gralszeit, wie war es im späten Mittelalter? Da enden die Fragen. Die Inkarnation im Mittelalter ist eine Inkarnation, wo er innerhalb der katholischen Kirche gearbeitet hat, also in der etablierten gesellschaftlichen Struktur. Das kann man von dem Leben Rudolf Steiners nicht so sagen.

Josef Pieper, ein ausgewiesener Kenner des Thomas von Aquino, beginnt sein Buch über ihn wie folgt: [278]

„Man hat das dreizehnte Jahrhundert das auf besondere Weise „abendländische" Jahrhundert genannt. Die Bedeutung, die man mit dieser Benennung verknüpft, ist nicht immer völlig klar. In einem bestimmten Sinn würde ich die Kennzeichnung gleichfalls akzeptieren; ich würde sogar die Behauptung wagen, das spezifisch Abendländische sei eben in diesem Jahrhundert zur endgültigen Konstituierung gebracht worden, und zwar durch Thomas von Aquin selbst."

So finden wir bei einem Nicht-Anthroposophen schon durch den gesunden Menschenverstand die Erkenntnis, dass Rudolf Steiner bereits in der vorigen Inkarnation ein „Meister des Abendlandes" war!

Thomas von Aquino war bekanntlich ein Schüler von Albertus Magnus, dem großen „Doctor universalis" aus dem Orden der Dominikaner, der für sein universelles Wissen bekannt war. In einem von Rudolf Steiners Notizbüchern deutet er an, dieser sei dieselbe Individualität wie Hypatia, Theophrastos – der Schüler von Aristoteles – und der Eingeweihte der orphischen Mysterien, der Lehrer von Pherekydes von Syros, gewesen. Thomas von Aquino, den Albertus Magnus als außergewöhnlich begabten und auch heiligen Menschen erkannte, erhielt den Auftrag, als Lehrer an der Universität von Paris zu unterrichten.

---

[278] Josef Pieper: Thomas von Aquin. Leben und Werk. Kösel, 2000.

Er hat natürlich sehr viel geschrieben, basierend auf der aristotelischen Denktechnik. Es gibt zum Beispiel eine Auseinandersetzung über den Prolog des Johannes-Evangeliums, in der anhand der aristotelischen Kategorien Wort für Wort versucht wird, zu verstehen, was in diesem Prolog eigentlich gesagt wird. Thomas hatte den Auftrag, den Unterschied zu allerlei anderen Auffassungen über das Wort, über die Dreieinigkeit und die großen christlichen Offenbarungen deutlich zu machen. Er tat das auf eine dialektische Weise, indem er sich zuerst in dasjenige einlebte, was er besprechen wollte, dem gegenüberstellte, was man dagegen einwenden konnte, und dann zu einer Synthese kam. In dieser Synthese schrieb er stets: „*Ich* sage: ..." und dann folgte seine Schlussfolgerung.

Thomas von Aquino hat im letzten Teil seines Lebens zehn bis vierzehn Jahre lang einen jüngeren Bruder des Dominikanerordens als Freund gehabt. Es gibt darüber auch Dokumente, und es wird auch viel romantisiert. Dieser Freund war ein jüngerer Bruder, Reginald von Piperno, der zuerst Zisterziensermönch war und später Dominikaner geworden ist. In den letzten Jahren machte er alles mit Thomas von Aquino zusammen. So wird beschrieben, dass sie immer benachbarte Zimmer hatten, dass sie wechselseitig füreinander die Messe hielten, dass sie einander die Beichte abnahmen und so weiter. Eine Geistesfreundschaft war es, die dann letztlich Reginald zurücklässt, Thomas von Aquino stirbt als erster...

Es war nicht Rudolf Steiners Absicht, *nur* diese Offenbarungen in Bezug auf diese „okkulte Geschichte" und die damit zusammenhängende Menschheitsaufgabe der drei Individualitäten (umringt von vielen anderen) zu geben. Nach der Weihnachtstagung hat Rudolf Steiner viele Vorträge über karmische Zusammenhänge gehalten, aber auch nachdrücklich immer wieder angeregt, dass die Mitglieder selbst karmisch schauen lernen sollten. Er hat dafür mehrere Übungen gegeben. Aber die meditative Übung, von der aus der Schüler dies entwickeln konnte, ertönte während der Weihnachtstagung als Grundsteinspruch. Dieser kann die Menschenseele zu einer dreigliedrigen Selbsterkenntnis bringen – die zugleich Welterkenntnis ist –, um

dann von da aus die Liebe zur Tat in die Welt hineintragen zu können.
Der Grundstein darf nicht außerhalb des Menschen bleiben, als wäre er etwas, was man freibleibend einmal betrachten könne und dann wiederum nicht. Teil des Menschen müsste der Grundstein werden, gehegt im geistigen Herzen. Und wie zuvor das Goetheanum bei dem dafür offenen Besucher durch seine Formen die „Karmaschau" hätte erwecken können, so ist der Grundsteinspruch ein wirksames Wesen, das, wenn es auf die richtige Weise – in das „Ich" – aufgenommen wird, das Schauen des eigenen Karmas und des der Mitmenschen wecken kann. Das ist *eine* Facette. Eine andere Facette ist, dass im Grundstein in der Form eines Spruches die „Philosophie der Freiheit" wiedergekehrt ist, erweitert zu einem dreigliedrigen geistigen Erkenntnisvermögen. Was in der „Philosophie der Freiheit" im ersten Teil philosophisch, erkenntnistheoretisch besprochen wird, kehrt hier in einem Aufruf zur Übung in dreifachem Sinne bereichert zurück. Wie man in der „Philosophie der Freiheit" das bloße Lesen zu einer Übung erweitern müsste – wodurch man lernen würde, das innere Erleben bis in die Gedankenbildung hinein wachzuhalten –, so kann man diesen Grundstein erst recht nicht mehr ohne den *Willen zur Übung* aufnehmen. Dreimal ertönt es:

Übe Geist-Erinnern!
Übe Geist-Besinnen!
Übe Geist-Erschauen!

Es hat keinen Sinn, diesen Aufruf zu lesen oder laut auszusprechen, wenn man dem Aufruf nicht folgt.
Übe Geist-Erinnern! Die Frage ist dann: Was ist das, wie macht man das? Aber das ist nun genau der Inhalt der übrigen Sätze. Darin *steht*, was es ist, darin steht auch, wie man es machen muss, in welchem Gebiet man suchen muss, in welchem Zustand man sich befinden muss, welche Wesen man um Hilfe bitten kann und wer die „göttliche Person" ist, von der die Übung ausgeht und zu der sie führt. Der Grundstein umfasst den ganzen Einweihungsweg der Anthroposophie, und sei es nur als Keim. Pflanzensamen kann man in einem

Schälchen auf seinen Schreibtisch stellen und dort jahrelang stehenlassen. Man kann sie auch säen, die Folge ist etwas ganz anderes. Säen des Grundstein-Keimes ist die dreifache Übung, unterstützt durch die Geist-Erkenntnis in den Strophen.

Man kann sich dem Grundstein als etwas Seltsamem von außen nähern und versuchen, etwas von dessen Geheimnis zu entschlüsseln. Eine solche Annäherung beruht auf einem Missverstehen des Wesens dieses Grundsteins, und dieses Missverstehen hat den Grundstein nicht unberührt gelassen. Man kann sich ihm auch von innen nähern, als ob man selbst in seinem Zentrum wohnt und zugleich sein Umkreis ist. Er liegt schließlich im eigenen Herzen, und da ist man einmal Zentrum, dann wieder Peripherie. Wird man Zentrum, dann geht man zum Haupt hin, wird man Peripherie, dann geht man zu den Gliedmaßen, die einen durch die Raumeswelt in das Geistesmereswesen tragen.

Da liegt der Beginn der Meditation, in dem Schöpfen aus dem *Willen*, in derselben inneren Bewegung, wie es das Erinnern ist, aber ausschließlich auf diesen einen Inhalt gerichtet, den man meditiert und der gerade *nicht* aus der Erinnerung kommt. Man lebt noch in der gewöhnlichen Erkenntnisart, man ist noch nicht zu einem höheren Bewusstsein gekommen, aber man strebt, strebt in einem unendlich sich wiederholenden Schöpfen aus dem Willen, mit dem Willen. Letztendlich wird man gerade in dieses Gebiet zurückkommen, um seine „ewige Individualität" zu finden. Nun, zunächst, kann man nur abstrakt denken und ausgehend von einem Entschluss versuchen, zu einer Konzentration des Willens im Denken, des Denkens mit dem Willen zu kommen. Es ist der Erkenntnisprozess, der von Natur aus gegeben ist.

„Ich trat in diese Sinneswelt, des Denkens Erbe mit mir führend."
Ex Deo nascimur.

Die Naturwissenschaft in ihrer Verstandesform liegt in diesem Gebiet, so wie sie auch in der „Philosophie der Freiheit" der Ausgangspunkt ist.

Der Tod steht an des Weges Ende... Diesen Tod finden wir in dem

„Übe Geist-Besinnen!" Was ist Besinnen? In der gewöhnlichen Bedeutung ist es eine Bewegung des Stillhaltens, Stillstehens bei den Erfahrungen der eigenen Seele und des eigenen Geistes. Man sagt nicht: Ich besinne mich auf den Sturm. Wohl aber: Ich besinne mich auf meine Wut. Das ist ein „Seelen-Besinnen". Und Geist-Besinnen wird es, wenn man bei dem Geist-Prozess, bei dem geistigen Erleben, bewusst ruht. Für mich ist dieser Aufruf immer ganz und gar kongruent mit dem Aufruf in der „Philosophie der Freiheit", beim Denken als Prozess zu verweilen und bewusst anzuschauen – nur ist es in diesem Grundstein ein erweiterter Aufruf, der empfinden lässt, zu *wem* man sich wendet, wenn man diese Besinnung beginnt.

Man lebt in dem Herzens-Lungen-Schlage, der einen durch den Zeitenrhythmus ins eigne Seelenwesensfühlen leitet. Übe Geist-Besinnen!

Man löst sich aus der Einheit mit sich selbst, man achtet auf das Fühlen seines Seelenwesens, dadurch aber tritt man in das „Stirb und Werde!"

„Der Tod, er steht an des Weges Ende. Ich will des Christus Wesen fühlen. Es weckt in Stoffes-Sterben Geist-Geburt."

In Christo morimur.

Man wendet sich den damit zusammenhängenden geistigen Wesen zu, und der allumfassende Christus schenkt die Gnade gerade im Tod, da, wo der Rhythmus einem die Kraft gibt, sich mit dem Welten-Ich zu vereinigen. Sich mit sich selbst vereinigen, sich aus sich selbst befreien, in einem rhythmischen, meditativen Üben der Bewegung der Besinnung.

Nun kommt eine solche Beherrschung in die Meditation, dass man in einer bleibenden „Entäußerung" sein kann und dann der eigene Wille das Denken zur Ruhe bringen kann; keinen eigenen Gedanken mehr hervorbringen, die vollkommen zur Ruhe gebrachte Gedanken*kraft*, die zugleich *Wille* ist, die die *Freiheit an sich* ist, zur Verfügung stellen und bereit machen, das Licht der „ew'gen Götterziele" zu empfangen. Dann ist das Denken kein gewöhnliches Denken mehr, sondern ein Geist-Erschauen in Gedankenruhe, mit dem Welten-Wesens-Licht, das der Mensch in freiem Willen auf die Weltgedanken richten kann, wodurch sie sichtbar werden, schaubar werden.

Das „Ich" ist aus der Verstricktheit mit dem Tode herausgetreten in einen willentlichen Ausnahmezustand, in einen durch freie Willenstat eingenommenen Standpunkt, in dem das eigene Denken ruht und das göttliche Denken erschaut wird. Übe Geist-Erschauen!

„Im Geiste find ich so die Welt und erkenne mich im Weltenwerden."

Dann folgt das tiefgehende Geist-Erinnern, Geist-Besinnen, Geist-Erschauen der Zeitenwende. In der Erfüllung des Herzens mit der Christus-Sonnenwärme und des Hauptes mit dem Christus-Sonnenlicht entflammt die Liebe zur Welt und ihrem Wohl. Dass *gut* werde, was wir aus unseren Herzen heraus beschließen und mit unseren Häuptern zielvoll führen wollen.

Das ist der dreigliedrige, erweiterte zweite Teil der „Philosophie der Freiheit", die Offenbarung seines eigentlichen Wesens.

Moralische Intuition und Liebe zur Tat liegen in diesem Teil des Grundsteins beschlossen und blühen auf, wenn man sich ihm *von innen* nähert, als etwas, was man wirklich selbst ist, sein kann.

Dann aber wird die Menschenseele langsam zu einem Karma-Schauen bereit. Die Seele lernt, die richtige Haltung dazu einzunehmen. Und wenn davon ausgehend dann die Karmaübungen gemacht werden, wie Rudolf Steiner sie nach der Weihnachtstagung in Vorträgen gab – also auf dem Fundament des Grundsteins bzw. der Frucht der realisierten „Philosophie der Freiheit" –, dann kommen Bilder, Gefühle, aber auch sicheres Wissen in Bezug auf das eigene Karma, die eigene Individualität oder die des Mitmenschen.

Von dem bisher gelegten Fundament ausgehend werde ich nun im folgenden zeigen, welche Karmaübungen Rudolf Steiner gab.

Die bis dahin bestehenden Probleme in der Gesellschaft hätten erst von einem realen Karma-Bewusstsein aus vollständig gelöst werden können. Dazu gehörte zuallererst die Einsicht in die tieferen Zusammenhänge zwischen der Individualität Rudolf Steiners und seiner zwei treuen Gefährten. Notwendig war aber auch, dass die Menschen

Karma und Reinkarnation

selbst eine Ahnung in Bezug auf den Ursprung der bestehenden Probleme bekämen. Nur so könnte schließlich ein Verständnis für die differenzierte Gliederung des Menschen erwachen – natürlich auch bezüglich der inneren Entwicklung. Es ist schließlich sehr heilsam, Unterschiede in der Entwicklung erkennen zu können. Für den abstrakten Verstand sind die Unterschiede nur beim Wahrnehmen von Unterschieden in der Intelligenz, im Talent, im Vermögen auf der Bank und in sonstigem Besitz bedeutsam, ferner Unterschiede in äußerer Schönheit und sportlichen Leistungen. Darauf kommt es beim Karma-Schauen am allerwenigsten an.

Zuerst gebe ich aus Band II der „Esoterischen Betrachtungen karmischer Zusammenhänge" eine Stelle wieder, die als Anregung für die richtige Stimmung dienen kann, in der diese Dinge empfunden/behandelt werden müssen:[279]

„Denken Sie an die Szenen, die sich abspielen für Strader und Capesius im Übersinnlichen, wo sie als ganz andere Wesensformen auftreten, aber dieselben sind. Das ist ja nur die andere Seite, die wirklich im Menschen ist, dasjenige, was in der Welt der Götter, und nicht in der Welt der Erdenreiche, der Mineralien, der Tiere, der Pflanzen, der Berge, der Wolken und Bäume und so weiter ist. Wie mit heiliger Scheu hinzuschauen auf die Schicksale der Menschen, das ist auch etwas, was wir uns aneignen müssen, was die Zeit sich aneignen muß. Wenn man Biographien liest, die unsere heutigen materialistisch gesinnten Menschen schreiben, so ist es eigentlich furchtbar, denn die werden ohne heilige Scheu vor dem Schicksal desjenigen geschrieben, für den man diese Biographie schreibt. Eigentlich sollten Biographen wissen, daß, indem sie in ein Menschenleben auch nur schildernd hineingreifen, sie in einer unsichtbaren Weise in alle Hierarchien hineingreifen.
Durch solche Erwägungen kommt man zu der Gefühlsseite der Anthroposophie, wird gewahr, wie alles, was als Anthroposophisches an uns herankommt, auch unser Gefühl berühren muß, wie wir nicht

---

[279] Vortrag vom 30.5.1924, GA 236, S. 233f.

nur etwas lernen, sondern wie wir auch angeregt werden, über die Welt Gefühle zu entwickeln, Gefühle, die uns eigentlich erst richtig in das Menschenleben hereinstellen. Und ohne daß wir auf solche Gefühle geführt werden, können wir eigentlich jene Gesetzmäßigkeit nicht durchschauen, die das Karma des Menschen durchzieht."

Aus demselben Band zitiere ich die Übung, die Rudolf Steiner am 4. Mai 1924 gab: [280]

„Solange im Gesichtsfelde, möchte ich sagen, der gewöhnliche physische Mensch steht, undurchsichtig dasteht, solange man zunächst nur auf seine Physiognomie sieht, auf die Art und Weise, wie er sich gebärdet, auf die Art und Weise, wie er spricht, oder gar auf die Art und Weise, wie er denkt – was ja zumeist überhaupt nur ein schablonenmäßiger Abglanz dessen ist, wie er erzogen ist und was er erlebt hat –, solange man nur auf das alles sieht, so lange erscheint eben im Hinschauen durchaus nicht die karmische Motivierung. Diese karmische Motivierung erscheint erst, wenn der Mensch in einem gewissen Sinne durchsichtig wird.

Aber wenn der Mensch durchsichtig wird, so wird er es zunächst so, daß man eigentlich das Gefühl hat, er schwebt in der Luft. Man gewöhnt sich zunächst ab, zu glauben, der Mensch gehe oder bewege die Arme und Hände: die verliert man sozusagen zuerst. Verstehen Sie mich richtig, meine lieben Freunde: Im gewöhnlichen Leben ist einem das außerordentlich wichtig, was der Mensch mit den Armen und Beinen tut. Aber das verliert seine Bedeutung, wenn man das Tiefere im Menschen betrachten will. Nehmen Sie das im alleräußersten Umfange. Können Sie absehen von dem, was ein Mensch mit seinen Armen und Händen vollbringt, sehen Sie ihn gewissermaßen schwebend – ich bitte Sie, sich das nicht zu räumlich bildlich vorzustellen, sondern mehr lebensgemäß –, sehen Sie ihn also gewissermaßen schwebend, das heißt, legen Sie keinen Wert auf die Reisen, die er gemacht hat, auf die Gänge, die er gemacht hat, auf das, was er durch seine Beine tut, legen Sie keinen Wert auf die äußere Arbeit, die er mit

---

[280] Vortrag vom 4.5.1924, GA 236, S. 111ff.

seinen Armen verrichtet, sondern sehen Sie darauf, wie er gestimmt ist, wie sein Temperament ist, wie alles das ist, woran Arme und Beine keinen Anteil haben: dann ist das die erste Durchsichtigkeit, die Sie für den Menschen gewinnen können.
(...)
Aber was sehen Sie dann? Dann fangen Sie nämlich an zu begreifen, daß hinter dem Menschen der Mond erscheint. (...) Dann erscheint uns der Mensch nicht mehr so abgegrenzt von dem Weltenall, wie er uns sonst erscheint, sondern da beginnt er hinter sich den Mond zu zeigen mit all den Impulsen, die vom Monde aus auf den Menschen wirken. Wir fangen an zu sagen: Ja, der Mensch hat eine gewisse Phantasie, entwickelte oder unentwickelte Phantasie. Dafür kann er nichts. Da stehen die Mondenkräfte dahinter. Die werden uns nur durch das verdeckt, was aus der Tätigkeit seiner Arme und Beine hervorgeht.
(...)
Wir gehen weiter. Wir versuchen den Menschen weiter durchsichtig zu machen, und denken uns auch das weg. Sagen wir, wir suggerieren uns das weg, was den Menschen emotionell macht, was ihn mit einem gewissen Temperament begabt macht, was eben die mehr seelischen Äußerungen des alltäglichen Lebens sind.
(...)
Und wir können weitergehen, wir können absehen von alledem, was im Menschen dadurch ist, daß er Sinne hat. Also früher haben Sie abgesehen von alledem, was im Menschen ist dadurch, daß er Arme und Beine hat. Jetzt fragen Sie sich, was bleibt von dem Menschen noch übrig, wenn ich absehe davon, daß er durch seine Sinne etwas wahrgenommen hat? Da bleibt noch eine gewisse Denkrichtung übrig, eine gewisse Impulsivität seines Denkens, eine gewisse Richtung seines Lebens. Aber dafür wird Ihnen das ganze rhythmische System, die Brust des Menschen durchsichtig. Jetzt ist auch dieses weg, und im Hintergrunde erscheint Ihnen alles das, was an Sonnenimpulsen da ist. Sie schauen durch den Menschen durch und schauen eigentlich auf die Sonne, wenn Sie von alledem absehen, was der Mensch durch seine Sinne wahrgenommen hat. Das können Sie bei sich selber machen. Sie können sich fragen: Was habe ich durch meine Sinne? – Wenn Sie davon absehen, sehen Sie durch sich selber durch und sehen

sich als ein Sonnengeschöpf. Und wenn Sie jetzt auch noch absehen von seinen Gedanken, seiner Denkrichtung, dann verschwindet der Kopf auch noch. Der ganze Mensch ist fort. Sie sehen durch und sehen zuletzt Saturn im Hintergrunde. Aber in diesem Augenblicke liegt Ihnen das Karma des Menschen, oder Ihr eigenes Karma, bloß da. Denn in dem Augenblicke, wo Sie die Saturnwirkungen im Menschen beobachten, wo Ihnen der Mensch ganz durchsichtig geworden ist und Sie ihn soweit betrachten, daß Sie ihn auf dem Hintergrunde des ganzen Planetensystems schauen, auf dem Hintergrunde von Mond, Sonne, Saturn, in diesem Augenblicke liegt Ihnen das Karma des Menschen da.

(...)

Und so ist es, wenn ich auf die geschilderte Weise nach und nach den sichtbaren Menschen wegschaffe und hinter ihm seine Mondenimpulse, seine Sonnenimpulse, seine Saturnimpulse sehe. Dann kommt mir aus dem Weltenall das Bild des Menschen wieder entgegen. Aber das ist jetzt nicht der Mensch in seiner gegenwärtigen Inkarnation, das ist der Mensch in irgendeiner seiner vorigen Inkarnationen oder in ein paar vorigen Inkarnationen. Ich muß erst dazu kommen, daß der Mensch, den ich hier neben mir herumwandeln sehe, durchsichtig für mich wird, immer durchsichtiger und durchsichtiger, indem ich von seinem ganzen Leben absehe. Dann tritt an denselben Ort, aber hervorkommend aus Weltenfernen, der Mensch, wie er einmal war in früheren Erdenleben."

Der Grundsteinspruch wirkt in seinem Aufblühen in der Seele so, dass in den ersten drei großen Teilen der physische Teil des Menschen „vergessen" wird und an dessen Stelle die höheren Wesensglieder treten, „hinter" denen der kosmische Mensch in seiner Beziehung zu den Hierarchien und sogar der Trinität sichtbar wird. In dem kosmischen Menschen lebt die „karmische Impulsivität", und so ist der Grundsteinspruch ein Weg, um das Karma-Schauen zu initiieren, vorausgesetzt, das Vermögen wird geweckt, sich der Realität des Spruches *von innen* zu nähern, nicht von außen bloß über die Worte. Diese sind schließlich anfällig für Einflüsse allerlei anderer Wesen, die jeden unbewussten Moment der meditierenden Seele benutzen können, um

Karma und Reinkarnation

sie auf andere Wege zu bringen.
Im nächsten Vortrag hat Rudolf Steiner eine zweite Übung gegeben. Ich gebe diese Übung zusammenfassend wieder.[281]

Zuerst muss man sich angewöhnen, viel mehr und stärker in Bildern zu denken, als man es von seiner Natur aus gewohnt ist. Die Übung beginnt damit, sich ein bestimmtes Erlebnis, das man während des Tages gehabt hat, vor die Seele zu stellen; ein Erlebnis mit einem oder mehreren Menschen. Das muss in einer viel kräftigeren Weise getan werden, als man es gewohnt ist, damit hängt das Gelingen der Übung zusammen.

„(...) darauf kommt es aber zunächst an, sich die Aufgabe zu stellen, ein Erlebnis, das man gehabt hat, mit aller Schärfe sich – nicht wenn es dasteht, sondern hinterher – vor die Seele zu stellen, wie wenn man geistig es malen wollte, es so vor die Seele zu stellen, daß, wenn zum Beispiel in dem Erlebnisse etwas ist, wo jemand gesprochen hat, Sie sich das ganz gegenständlich machen: den Klang seiner Stimme, die Art und Weise, wie er geschickt oder ungeschickt die Worte gesetzt hat und so weiter, stark, energisch, kurz, das zum Bilde zu bringen, was man erlebt hat."

Man kann also auch von einer Stimme ein Bild formen, ein qualitatives „Gehörbild". Also nicht so sehr nur die Bedeutung des gesprochenen Wortes, sondern das qualitative Bild dessen, und dieses vorstellen: stark, energisch. Dieses Bild wird dann gerade durch seine Stärke in der darauffolgenden Nacht vom Astralleib, der dieses Bild trägt, außerhalb des Leibes in der äußeren Ätherwelt „ausgearbeitet".
In der äußeren Ätherwelt wird dieses Bild sehr scharf geformt. Dadurch wird es stärker. Es wird dann durch den Astralleib zurückgetragen in das Physisch-Ätherische, das es beim Aufwachen empfängt. Der eigene Ätherleib empfängt einen Eindruck des Bildes. Das geschieht während des zweiten Tages, der Ätherleib wird immer mehr mit dem Bild imprägniert. Das kann man spüren, man fühlt, dass

---

[281] Vortrag vom 9.5.1924, GA 236, Zitate: S. 119, 123, 125f.

etwas in einem ist, man hat ganz andere Gefühle, als man bis dahin hatte, das Bild gibt Gefühle. Dies alles geschieht jedoch nur, wenn das ursprüngliche Bild in der größtmöglichen inneren Aktivität geformt wurde.

Wenn man am nächsten Morgen erwacht, findet man das Bild umgeformt, es sind viele Bilder geworden, die sich wie eine Art realer Traum zeigen. Man erhält den Eindruck: „Ja, dieses Erlebnis, das ich da gehabt habe, das ich mir so ins Bild gebracht habe, das ist mir eigentlich zugetragen worden. (...) Da sind andere, da sind geistige Mächte mit im Spiel, die haben einem das zugetragen."

An diesem (dritten) Tag wird nun das veränderte Bild weiter bis in den physischen Leib hineingearbeitet, bis in die Nervenprozesse, die Blutprozesse. In der Nacht darauf verarbeitet der physische Leib das bis hierhin verwandelte Bild nochmals, es wird vergeistigt.

Nun entsteht ein gänzlich verändertes Bild und tritt aus den Grenzen des physischen Leibes heraus. Wenn man dann wach wird, ist man in diesem größeren, veränderten Bild darinnen, es umhüllt einen, man schwebt darin wie in einer Wolke. Nun hat es mit diesem Bild etwas Merkwürdiges auf sich:

„Da in diesem jetzigen Bilde sitzt Ihr Wille drinnen (...), aber dieser Wille, der kann sich nicht ausleben, der ist wie gefesselt.
(...)
Wenn sich dieses Erlebnis dann entwickelt, daß man sich so wie im Schraubstock fühlt (...), der Wille ganz durch und durch gefesselt ist, dann, wenn man darauf aufmerksam werden kann, verwandelt sich dieser Wille: dieser Wille wird zum Sehen. Er kann nichts, aber er führt dazu, daß man etwas sieht. Er wird zum seelischen Auge, und das Bild, mit dem man da aufgestanden ist, dieses Bild wird gegenständlich. Und das ist dann das Ereignis des vorigen Erdenlebens, oder eines vorigen Erdenlebens, welches das, was man am ersten Tag im Bilde entworfen hat, wiederum verursacht hat. Man bekommt durch diese Verwandlung durch Gefühl und Wille hindurch das Bild des verursachenden Ereignisses aus einem früheren Erdenleben."

Rudolf Steiner beschreibt dann weiter, dass man dies mit sehr viel

Karma und Reinkarnation

Kraft und Geduld machen muss, dutzende Male wird es kein Resultat haben – und auf einmal geht es dann. Man muss sich erst eine Eigenschaft erwerben, durch die es gelingen kann. Seelengewohnheit nennt er diese. Und man muss sogar mehrere Erlebnisse nebeneinander haben, mehrere pro Tag, tagein, tagaus. Die verschiedenen Erlebnisse vermischen sich nicht, eines gehört immer zum anderen. Und alles muss zudem in Gelassenheit und Ruhe ausgeführt werden.

Wir haben bis hierhin die Inkarnationen Rudolf Steiners erlebt; wir haben erlebt, wie man selbst zum Karma-Schauen kommen kann, auch wenn es nur anfänglich ist. In den Karma-Vorträgen hat Rudolf Steiner außerdem auch ausführlich über das „Karma der Anthroposophen" gesprochen.
In dem oben angeführten Vortrag anlässlich von Rudolf Steiners 150. Geburtsjahr habe ich darüber folgendes gesagt: [282]

Parallel zu der Offenbarung der durch Rudolf Steiner mitgeteilten verschiedenen Inkarnationen dieser zwei Individualitäten wird in der Zeit nach der Weihnachtstagung über eine andere Frage gesprochen: Was ist der Auftrag von uns Anthroposophen? Wie hängt dieser Auftrag mit den Inkarnationen dieser zwei Individualitäten im Laufe der Geschichte zusammen?
Wenn wir auf die Inkarnationen in der Gralszeit schauen, ist nicht sehr deutlich, in welches Jahrhundert wir diese zu stellen haben. Walter Johannes Stein spricht vom neunten Jahrhundert, aber es spricht vieles dafür, sie um Jahrhunderte früher anzusetzen, etwa im vierten oder fünften Jahrhundert. Doch in jedem Fall liegt zwischen der Inkarnation von Aristoteles und Thomas von Aquino die Zeit, in der die arabische Kultur einen großen Einfluss gewann.
Steiner schilderte in seinen Vorträgen, wie die kosmische Intelligenz, ursprünglich von Michael „verwaltet", zu den Menschen gekommen ist. Dass die kosmische Intelligenz beim Menschen ankam, bedeutet eine große Aufgabe für den Menschen: Die Aufgabe, die menschlich

---

[282] Das Folgende ist der zweite Teil eines Vortrages der Autorin zu Ehren des 150. Geburtsjahres Rudolf Steiners (notiert von Marie Anne Paepe, Brügge).

6. Teil, Der Kampf mit den Gegenmächten

gewordene Intelligenz wieder zu Michael zu richten. Da es noch eine andere kosmische Macht gibt (die ahrimanische), die die kosmische Intelligenz an sich zu binden weiß, ist ein risikovoller Verlauf der Dinge nicht ausgeschlossen. Denn zwischen den zwei kosmischen Mächten – der michaelischen und der ahrimanischen – herrscht ein ungleicher Kampf: Michael erwartet eine freie Zuwendung des Menschen, und Ahriman versucht, mit Zwang zu binden.

Rudolf Steiner sah in der Periode des sechsten bis siebten Jahrhunderts eine wichtige Entwicklung: In der arabischen Kultur erkannte man zu dieser Zeit bereits, dass die kosmische Intelligenz von Michael freigelassen worden war und beim Menschen ankam. Dies ist ein mystisches Geschehen, welches in der arabischen Kultur erkannt wurde – und in dieser Kultur wurde der Entschluss gefasst, die Intelligenz nicht zu Michael zurückkehren zu lassen, sondern ihr einen anderen Weg zu bahnen.

Im sechsten Jahrhundet inkarniert sich Mohammed. Im achten Jahrhundert sehen wir an dem prächtigen Hof von Harun al-Rashid (ca. 763 – 809) in Bagdad eine glanzvolle Kultur blühen: Wissenschaft, Kunst, Literatur, Philosophie... Auch der Aristotelismus wird gepflegt, mit der vollen Kraft der Kultur und mit einem absoluten Willen, diesen Aristotelismus a-christlich (im Sinne von nicht-christlich, außerhalb des Christentums) sein zu lassen.

Von Rudolf Steiner wissen wir das Folgende: Als Harun al-Rashid und sein Ratgeber[283] nach ihrem Tod in die geistige Welt zurückkehrten, wurde durch Aristoteles und Alexander, die ebenfalls in der geistigen Welt waren, ein christlich-aristotelischer Versuch unternommen, sie zu einer anderen Einsicht zu bringen. Dies misslang. Von da an verwandelte sich die Haltung jener zwei Individualitäten von einem nicht-christlichen zu einem anti-christlichen Streben. Viele andere Individualitäten, die dieses Geschehen wahrgenommen hatten, wurden dadurch jedoch beteuert und scharten sich um Aristoteles, Alexander und Michael.

Bevor Thomas von Aquino wieder auf die Erde kommt, kam es im Jahr 869 während des Konzils von Konstantinopel dazu, dass man –

---

[283] Der Ratgeber könnte Yahya Ibn Khalid Barmakid sein.

als Dogma – den Geist „abschaffte", indem man ihn zu einem Aspekt der Seele reduzierte. Zur selben Zeit finden wir in der Schule von Chartres ein letztes Aufleben der platonischen Lehre. Der platonische Charakter ist, dass die Natur als göttlich-durchgeistigt und nicht als ein Feld für die Wissenschaft betrachtet wird.

Als die großen Lehrer von Chartres wieder in die geistige Welt hineinkommen, bereiten sich die aristotelischen Lehrer gerade vor, zur Erde hinabzusteigen. Es findet ein himmlisches Konzil zwischen den Platonikern und Aristotelikern statt. Sie fassen gemeinsam Entschlüsse, wie die frei gewordene, in den Bereich des Menschen gelangte Intelligenz in der Bewusstseinsseelenzeit (unserer Zeit) zurück zu Michael geführt werden kann. Während die Platoniker in der geistigen Welt blieben, kamen die Aristoteliker zuerst zur Erde, weil sie eine Verwandtschaft mit der wissenschaftlichen Kultur hatten, die kommen würde. So sagt Rudolf Steiner:[284]

„Und da geschah es eben, daß die Lehrer von Chartres den Aristotelikern zunächst die Verwaltung der geistigen Erdenangelegenheiten übertrugen. Denjenigen also, die jetzt heruntersteigen sollten und gerade dazu geeignet waren, die Verwaltung des intelligenten Lebens, der Eigenintelligenz auf der Erde zu übernehmen, denen übertrugen die Platoniker, die eigentlich nur noch unter solchem Einfluß stehen konnten, daß die Intelligenz „vom Himmel aus" verwaltet wird, denen übertrugen diese Lehrer von Chartres die Verwaltung des geistigen Lebens auf der Erde."

Später würden sie dann auf Erden wieder zusammenkommen, um die Verbindung der kosmischen und der menschlichen Intelligenz zu feiern. Steiner hat dieses Thema an vielen Stellen besprochen (siehe u.a. die Karma-Vorträge).

Parallel zu diesem Geschehen aber wirkte die Gegenströmung von Harun al-Rashid und seinem Ratgeber. Sie entschieden sich für einen

---
[284] Vortrag vom 19.7.1924, GA 240, S. 174.

6. Teil, Der Kampf mit den Gegenmächten

anderen Weg, die menschlich gewordene Intelligenz zu bearbeiten, und verhielten sich als Bekämpfer des Christentums. Harun al-Rashid kehrt als Lord Bacon auf die Erde zurück, als der Begründer der modernen Wissenschaft, und sein Ratgeber als Comenius. Von Bacon stammen unter anderem die Aussprüche: „Wissen ist Macht" und „Man muss die Natur auf die Folter spannen, bis sie ihre Geheimnisse preisgibt."

In Naarden[285] steht das Standbild von Comenius. Er war eine edle, entwickelte Individualität. Doch zugleich brachte er den Anschauungsunterricht: Man lernt, was in die Anschauung gebracht wird, man erlangt nicht selbständig aus sich heraus die Erkenntnis, sondern man klebt an den Tafeln, den Bildern, die man aufnimmt.

Amos Comenius lebte von 1592 bis 1670, Lord Bacon von 1561 bis 1626.

Wir sehen, dass auch Thomas von Aquino gegen das arabische Denken kämpfen muss, gegen den Aristotelismus, wie er von den arabischen Philosophen und Ärzten in Spanien vertreten wird. Theophrastos hat das philosophische Denken von Aristoteles nach Westen gebracht. Alexander der Große hingegen brachte die naturwissenschaftlichen Einsichten von Aristoteles, seine tiefen Einsichten in die Beziehung des Menschen zum Kosmos, nach Osten. Später kehrten seine Schriften in ihrer arabisch verarbeiteten Form über die Mauren wieder nach Spanien, in den Westen zurück.

Diese arabische Verarbeitung des Aristotelismus fand dann Eingang in unsere Naturwissenschaften.

Rudolf Steiner beschrieb, dass im 15. und 16. Jahrhundert in der geistigen Welt eine Schule um Michael entstand. Diejenigen, die sich mit dieser verbunden fühlten, scharten sich um Michael, um über die Entstehung des Kosmos und über den Menschen zu lernen, darüber, was der Mensch ist und was Intelligenz ist, in kosmischem und in menschlichem Sinne.

Unter anderem sind auch Anthroposophen dabei gewesen. Weil es

---

[285] Ein kleiner Ort bei Amsterdam, in dem Comenius einige Zeit lebte und beerdigt ist.

Karma und Reinkarnation

diese Michaelschule gab, erkennt der Mensch, wenn er mit der lebendigen Geisteswissenschaft in Kontakt kommt, diese unmittelbar. Diejenigen, die nicht „dabei" waren, fühlen keine Verwandtschaft damit. Das ist Karma.

In unserer Zeit ist das große Problem, dass der Intellekt so abstrakt geworden ist. Diesen abstrakten Intellekt empfinden wir in Disharmonie mit der in uns lebenden Spiritualität, die nicht in intellektuelle Formen gefasst werden kann. Rudolf Steiner ist, wie wir gesehen haben, derjenige, der die in ihm lebende Spiritualität mit dem Intellekt in Verbindung gebracht hat.

In der Michaelschule wurde gelehrt, dasjenige, was als Spiritualität in uns lebt, mit dem abstrakten Intellekt in Berührung zu bringen, damit dieser wieder zur Intelligenz, zur kosmischen Intelligenz werden kann.

Die michaelische Frage an uns ist, ob wir unseren Intellekt so bearbeiten wollen, dass er geeignet wird, diese Intelligenz aufzunehmen. Man kann viele Inhalte aufnehmen, indem man liest, aber man muss soweit kommen, dass man sagt: Ich sehe ein, dass meine Intelligenz Intellekt geworden ist und dass ich diesen Intellekt wieder zur spirituellen Intelligenz umwandeln kann, indem ich meinen Willen in mein Denken hinauftrage.

Rudolf Steiner spricht in seinem vorletzten Vortrag (am 23. September 1924 in Dornach) darüber, dass in Professor Karl Julius Schröer, der ein Goethe-Kenner war, Plato inkarniert war. Er sagt, dass Schröer durch die Nachwirkung einer starken Spiritualität aus vorherigen Inkarnationen so spirituell war, dass er den Intellekt abwies, ihn umging, wo er konnte. Er wollte die Spiritualität nicht in den Intellekt hineintragen, wodurch dieser Intellekt zur spirituellen Intelligenz geworden wäre. Rudolf Steiner sagt in diesem Vortrag:[286]

„Und man möchte schon sagen: In Schröer zeigte sich das Zurückschrecken vor der Intellektualität. Hätte er die Intellektualität erreicht und sie vereinigen können mit der Spiritualität des Plato: Anthropo-

---
[286] Vortrag vom 23.9.1924, GA 238, S. 163f.

sophie wäre gekommen.
(...)
So sehen wir, wie in dem eigentlich ganz vergessenen Schröer der Goetheanismus vor dem Tore des in Spiritualismus verwandelten Intellektualismus stehengeblieben ist.
(...)
Und oftmals stand dieses für mich ergreifende Bild vor meinem seelischen Auge, wie Schröer die alte Spiritualität an Goethe heranträgt, darinnen bis zum Intellektualismus vordringen kann, und wie Goethe wieder erfaßt werden muß mit dem ins Spirituelle erhobenen modernen Intellektualismus, um ihn nun eigentlich vollständig zu verstehen."

DIE NEUEN MYSTERIEN
Die Freie Hochschule für Geisteswissenschaft

Als ein Teil der Allgemeinen Anthroposophischen Gesellschaft wurde die Freie Hochschule für Geisteswissenschaft gegründet. In ihr sollten verschiedene Fakultäten arbeiten, die den Namen „Sektionen" erhielten. So entstand zum Beispiel eine medizinische Sektion, eine pädagogische Sektion und so weiter.

Das Zentrum dieser Hochschule sollte jedoch die esoterische Schule sein, die Initiation der neuen Mysterien. Diese sollte aus drei „Klassen" bestehen, in die die Schüler schrittweise aufgenommen werden konnten. Die erste Klasse wurde 1924 in vollem Umfang begründet. Eine zweite und dritte Klasse haben wir nicht mehr empfangen.

Nach allem, was wir bis hierhin mit Rudolf Steiner spirituell miterleben haben dürfen, scheint dies alles zu Stroh, zu Spreu zu werden, wenn man es – innerlich erlebt – mit dem vergleicht, was in dieser ersten Klasse gegeben wird. Einst erlebte Thomas van Aquino nach einem reichen Leben religiöser Ekstase und mehr äußerlicher Schreib- und Lehrtätigkeit eine Ekstase von einer derart heiligen Tiefe bzw. Höhe, dass er seine Schreibhand niederlegte und alles, was er je geschrieben hatte, zu Spreu erklärte.

Im Leben Rudolf Steiners wiederholt sich dies, nun nicht für ihn selbst, sondern für die Mitglieder, für die Schüler. Alles, was davor an esoterischen Lektionen, an Philosophie, Anthroposophie gegeben worden war, verblasst vor der Gabe, die mit den Klassenstunden gereicht wird.

Der Grundstein war eine „Ouvertüre", die Klassenstunden geben die Möglichkeit, die erste Stufe der esoterischen Entwicklung in vollkommener Weise zu erklimmen.

In den ersten sieben Stunden befindet die meditierende Seele sich noch diesseits der Schwelle. Der Hüter steht im Zentrum, er ist der Sprecher, der die Ermahnungen ausspricht und zeigt, er verkündet die Schwächen des dreigliedrigen Menschen in Bezug auf die vier Elemente, die Ätherarten, Himmel und Erde und gibt an, wie die Seele sich im Denken, Fühlen und Wollen so verwandeln kann, dass sie an ihm, dem Hüter, vorbeigehen darf, über die Schwelle, durch das geöffnete Tor.

In der siebenten Klassenstunde ist dieser großartige Moment erreicht. Das „Mysterium Magnum" wird offenbart – wie Denken, Fühlen und Wollen, die auf Erden eins sind, sich mit ihren drei getrennten Ursprüngen verbinden und wie der Mensch die Kraft finden muss, *selbst* die Führung über diese drei zu behalten.

Dann, allmählich, nimmt die Seele eine umgestülpte Haltung an, sie wird durch die Anweisungen dazu gebracht, sich auf die richtige Weise *so* zu „stellen", dass sie sich aus der Gebundenheit an die Persönlichkeit auf Erden befreien lernt und von der geistigen Welt aus, umgekehrt, erkennen lernt, schauen lernt, fühlen lernt, wollen lernt.

Immer mehr wird der feste Boden des physischen Leibes verlassen und findet die meditierende Seele ihr Zuhause in dem geistigen Tempel, der ein *umgestülpter* dreigliedriger Organismus ist, durchglänzt, durchwebt, durchbebt von den himmlischen Hierarchien.

Eine Auferstehung der umfassenden Anthroposophie wird in den Klassenstunden gegeben. Rudolf Steiner hätte bestimmt, welche Schüler reif gewesen wären, um in eine zweite, eine dritte Klasse fortzuschreiten. Mit den Klassenstunden ist nichts zu vergleichen. Ihre Größe und ihre Erhabenheit überstrahlt alles, was vorausging.

Und Rudolf Steiner gab in Bezug auf jedes neue Mantram die notwendigen Anweisungen, um es auf die richtige Art und Weise meditieren zu können.

Die esoterische Schule stand unmittelbar in Verbindung mit Michael, dem Erzengel, der seit 1879 Zeitgeist ist und bei dem der absolute Ernst und die Achtung vor der menschlichen Freiheit Eigenschaften seines Wesens sind. So ernst und auch frei sollte der Umgang mit den esoterischen Stunden sein.

Während auf der einen Seite seit der Weihnachtstagung alle Vortragszyklen frei verfügbar wurden, auch für Nicht-Mitglieder, musste auf der anderen Seite in Bezug auf die esoterischen Unterweisungen strikte Geheimhaltung gefordert werden.

Die neuen Mysterien

Als Rudolf Steiner zum Beispiel am 25. April 1924 die zehnte Stunde gab, sagte er am Schluss: [287]

„Ich möchte nur noch am Schlusse eine Mitteilung machen. Es sollte nicht sein, daß, ohne daß jemand anfrägt, ob er das tun dürfe, dasjenige, was hier als Sprüche gegeben wird und auch als Mitteilungen, daß er das irgendwie weiter mitteilt. Es muß ein realer Zusammenhang sein. So daß tatsächlich eben nur nach Anfrage von dem einen zu dem andern mitgeteilt werden kann, oder Gruppen mitgeteilt werden kann. Insbesondere aber soll es streng verpönt sein, meine lieben Freunde, daß irgend etwas von diesen Sprüchen oder auch von ihrer Interpretation per Post versendet werde. Per Post dürfen die Dinge nicht versendet werden, und ich bitte, das recht ernst und streng einzuhalten."

Bedeutungsvoll hierin ist der Satz: Es muss ein realer Zusammenhang sein. Das heißt doch, dass die Teilnehmer an den esoterischen Unterweisungen, die „Klassenmitglieder", ein *Ganzes* bildeten, gleichsam ein Ganzes, das im geistigen Blickfeld lag. Und dass der Inhalt der Unterweisungen nicht in unbekannte Seelengebiete kommen sollte, wodurch Ausläufer im Unbekannten entstehen würden. Zusammenhaltende Kraft musste da sein. Es muss für Rudolf Steiner sehr schmerzvoll gewesen sein, zu erfahren, dass es immer Klassenmitglieder gab, die nicht in diesem Ernst mit der esoterischen Unterweisung umgingen. Dies stand in schroffem Kontrast zu der Erhabenheit und der realen Anwesenheit der geistigen Welt in den Sprüchen.
Noch in den achtziger, neunziger Jahren wurde versucht, diese Ehrfurcht vor den Stunden im Sinne ihrer Geheimhaltung aufrechtzuerhalten. Nun sind die Inhalte ganz „freigegeben", sie sind sogar im Internet zu finden, und so musste es natürlich kommen. Aber das hat selbstverständlich Folgen für die Wirksamkeit und die Bedeutung.
Wir besprechen hier jedoch nicht die heutige Situation, wir leben mit Rudolf Steiner im Jahre 1924 mit. Am 2. August gab er die neunzehnte Klassenstunde, mit der die erste Klasse abgeschlossen war. Spä-

---
[287] GA 270b, S. 27.

ter hat er noch Wiederholungsstunden gegeben.

Am Schluss dieser neunzehnten Stunde spricht er ebenfalls bittere Worte: [288]

„Meine lieben Schwestern und Brüder, es ist ja nun einmal so, daß leider die Maßregeln, auf welche genügend hingewiesen worden ist innerhalb dieser esoterischen Schule, sonderbar beobachtet werden von vielen, die Mitglieder geworden sind, angesucht haben um die Mitgliedschaft und sie auch haben erwerben können; und ich mußte ja schon gestern mancherlei urgieren, monieren. Man sollte es nicht glauben, aber vorgekommen ist es ja, daß Mitglieder mit ihren blauen esoterischen Zertifikaten hier ihre Plätze belegt haben. Aber vorgekommen ist auch, daß von drei Seiten her Hefte – eine Kapsel eigentlich und zwei Hefte – mit den mantrischen Sprüchen dieser Schule einfach liegengelassen worden sind. Die Kapsel mit den mit Schreibmaschine geschriebenen Sprüchen ist draußen auf der Straße gefunden worden. Von einem Hefte konnte in der Weise abgeschrieben werden, wie ich's Ihnen gestern erzählt habe. Ein anderes Heft ist im Glashaus liegengeblieben. So daß es nötig geworden ist, drei Mitglieder dieser Schule, unmittelbar bevor diese Klassenstunde begonnen hat, auszuschließen.

Damit sind wir angekommen bei dem neunzehnten Ausschluß aus dieser Schule. Man sollte meinen, daß der Ernst mehr sprechen könnte aus den Seelen derjenigen, die hier doch schon gehört haben dasjenige, was diese Schule bedeutet. Der eine verliert die Sprüche auf der Straße, der zweite läßt sie hier liegen, der dritte läßt sie liegen im Glashause; und es wird nötig, drei durchaus prominente Mitglieder aus der Schule auszuschließen. Und ich kann Ihnen die Versicherung geben, meine lieben Schwestern und Brüder, daß dasjenige, was mit Bezug auf die strenge Handhabung der Maßregeln dieser Schule im Beginne und dann immer wieder gesagt worden ist, strenge eben gehandhabt werden muß. Eine solche Schule mit dem esoterischen Ernst kann eben nur aufrecht erhalten werden, wenn tatsächlich ihre Mitglieder dasjenige innehalten, was im Namen der geistigen Mächte,

---

[288] GA 270b, S. 276.

die dieser Schule vorstehen, verlangt werden muß.

Es ist in wahrhaft okkulten Dingen so. Und es kann dasjenige, was vielfach gewaltet hat in der Anthroposophischen Gesellschaft, nicht weiter fortwalten. Es muß dasjenige, was mit Ernst durch seinen eigenen Charakter erfüllt ist, auch wirklich mit Ernst genommen werden können."

Während der Weihnachtstagung hat Rudolf Steiner gesagt, dass diese esoterische Schule ganz in seiner Verantwortung lag und dass es auch an ihm war, einen eventuellen Nachfolger zu benennen. Diesen hat er schließlich *nicht* benannt. Aus der Tatsache, dass er so deutlich erklärt hat, dass *er* der Leiter sei und ein folgender Leiter von ihm benannt werden müsse, ist notwendig abzuleiten, dass mit dem Tod Rudolf Steiners die esoterische Schule ohne Leiter war und damit also *keinen Bestand mehr hatte*. Das heißt nicht, dass der Inhalt verfallen sei. Wohl aber heißt es, dass der reale esoterische Charakter verfallen ist. Dieser „Verfall" begann schon während der Leitung durch Rudolf Steiner, indem die Mitglieder der Schule nicht begriffen, mit welcher Auferstehungskraft sie lebten, mit welcher erhabenen Auferstehung der Mysterien.

Welterschütternd war diese Grundlegung der neuen Mysterien. Aber im Zeitalter der Freiheit mussten die Mitglieder durch diese Freiheit erkennen, wer sie waren und wie sie sich verhalten mussten. Es war überhaupt nicht so, dass Rudolf Steiner erwartete, dass alle Mitglieder schon ein hohes esoterisches Niveau hätten. Erwartet wurde die Ehrfurcht, die Zurückhaltung, die Schweigsamkeit, das Absehen von allem Sensationellen, die Hingabe an die Sprüche. An vielen Stellen gibt er an, wie er erwartete, dass die Sprüche aufgenommen würden. In der zehnten Stunde, am 25. April 1924, klingt dies so:[289]

„Es ist also das Gebundensein des gesunden Menschenverstandes an die Körperlichkeit oder das Nichtgebundensein, was eigentlich heute eine große Scheidung zwischen den Menschen hervorbringt. Denn wenn Sie in ehrlicher Weise Ihr eigen nennen einen solchen gesunden

---

[289] GA 270b, S. 12f.

Menschenverstand, der die Anthroposophie begreift, dann ist dieser gesunde Menschenverstand in dem Momente, wo er die Anthroposophie ehrlich begreift, unabhängig von der Leiblichkeit. Und dieser gesunde Menschenverstand, der die Anthroposophie ehrlich begreift, der ist überhaupt der Anfang des esoterischen Strebens. Und man sollte das schätzen, daß der begreifende gesunde Menschenverstand der Anfang des esoterischen Strebens ist. Man sollte das nicht übersehen. Dann wird man, wenn man von diesem Begreifen des gesunden Menschenverstandes ausgeht und sich nach den Anleitungen richtet, die eben in den dazu berufenen Schulen gegeben werden, dann wird man auch in den esoterischen Weg immer mehr und mehr hineinkommen."

Zuallererst muss also der gesunde, ehrliche Menschenverstand eingesetzt werden, um die Anthroposophie zu begreifen. Aber im Meditieren der Sprüche kommt es noch auf etwas anderes an.
In der zehnten Stunde führen die Sprüche zu einem Erfühlen, „Erwollen" der vorigen Inkarnation. Das kann man nicht mehr bloß begreifen, hier muss man sich mit der Bedeutung, der Reichweite, der Größe und Erhabenheit der Wirkungen der Sprüche durchdringen:[290]

„Durchdringen wir uns damit, daß das so ist, daß wirklich – während wir glauben, nur in der gewöhnlichen Welt des physischen Erdendaseins zu sein – unsere Seele diesen Gang zurück bis ins vorige Erdenleben durchmacht, dann werden wir uns von der Gewichtigkeit desjenigen, was wir mit einer solchen Sache erleben, bewußt. Und im Bewußtsein dieser Gewichtigkeit, die wie ein warmer, leuchtender Strom durch unser ganzes Denken und Wollen und Fühlen strömt, da werden wir dann mit jenem innerlichen Zaubergefühle unsere Meditation durchsetzen, welches notwendig ist, damit die Meditation in der richtigen Weise wirkt. Man darf es ein innerliches Zaubergefühl, ein magisches Gefühl nennen aus dem Grunde, weil es sich mit keinem Gefühl, das wir sonst auf der Erde haben, vergleichen läßt, weil es gefühlt ist ganz unabhängig von aller Körperlichkeit. Wenn wir auch

---

[290] Ebd., S. 26f.

noch nicht mit unserem Denken, mit unserem Vorstellen hinauskommen können aus dem physischen Leibe, dieses Zaubergefühl, dieses magische Gefühl, das wir aus der Gewichtigkeit dessen heraus, was wir seelisch tun, erleben, das steht in der reinen geistigen Welt da. In diesem Zaubergefühl, in diesem magischen Gefühl erleben wir rein geistig-seelisch. Wir stehen in der geistig-seelischen Welt drinnen."

In den *alten* Mysterien wurden die Schüler auserwählt. Sie mussten sich einem umfangreichen System von Regeln und Übungen unterwerfen, denen sie genügen, die sie erfüllen und vollziehen mussten. Rudolf Steiner hat mit der esoterischen Schule die neuen Mysterien begründet, und dafür konnten die Schüler sich selbst auserwählen, Rudolf Steiner bestätigte die Anfrage dann. In dieser Schule wurden ganz sicher ebenso große, erhabene, mächtige Unterweisungen gegeben wie in den alten Mysterien. Nur trug der Schüler *selbst* alle Verantwortung für das Einhalten der inneren Verpflichtungen zur Selbsterziehung. Dem wurde von einigen selbst in alleräußerlichstem Sinne nicht Genüge getan. Ich beschreibe dies hier, um mitfühlen zu können, wie schmerzvoll dies für Rudolf Steiner war.

Wenn man versucht, zu erfassen, *was* da gegeben wurde, wie dies die Apotheose der anthroposophischen Wirksamkeit bis zu diesem Moment war, dann würde erwartet werden können, dass man in sprachloser Verehrung gedankt hätte; dass man nicht nur Rudolf Steiner, sondern der geistigen Welt für das gedankt hätte, was hier in die Welt trat, zu fassen für jeden gesunden Menschenverstand, für jedes Gemüt mit einer Anlage zum Fühlen von Magie, von Zauber in geistigem Sinne. Alles Vorangegangene verblasst beim Aufgehen dieser inneren Sonne. Die Ekstase von Thomas von Aquino, die Geistentrücktheit, durch die ihm alles Geschriebene wie Spreu schien; diese Geistentrücktheit, in einer geisteswissenschaftlich exakten Form, wurde nun als Möglichkeit den Mitgliedern der neuen esoterischen Schule gegeben. Alles vorhergehende Wissen wäre ihnen wie Spreu erschienen, es wäre abgefallen, um dieses höhere Wissen auferstehen lassen zu können.[291]

„Sich richtig hineinversetzen in ein solches ideelles Geschehen, die

---

[291] Elfte Klassenstunde, GA 270b, S. 41f.

Meditation zu etwas machen, was man nicht bloß denkt, fühlt oder will, sondern was einen umwebt und umschwebt und umschwirrt und umströmt und umstrahlt, und was aus dem Umschwirren und Umschweben und Umströmen und Umstrahlen wiederum zurücktritt in das Leben des Herzens, und im Herzen strömend, webend, strebend, strahlend vibriert, so daß wir uns fühlen hineinverwoben in das Weben und Leben der Welt, daß unser Meditieren ist etwas, was für unsere Empfindung nicht bloß in uns lebt, sondern was lebt in uns und in der Welt, auslöscht die Welt, auslöscht uns, eins macht im Auslöschen uns und die Welt, daß wir ebensogut sagen können: „Es spricht die Welt", wie wir sagen: „Wir sprechen in uns". Das erweitert allmählich den Charakter des Meditierens.

Das Meditieren so geübt, gibt allmählich dem Menschen die Möglichkeit – mit der im Innern erlebten Auflösung desjenigen, als das ihm sein gewöhnliches Selbst immer erscheint –, Geist zu werden für seine eigene Auffassung.

Damit aber, daß wir eintreten in solche Erkenntniswege, daß wir ehrlich uns nähern solchen Erkenntniswegen, daß wir wissen lernen: wir sind im Meditieren nicht allein in der Welt, sondern wir sind im Zwiegespräch mit der geistigen Welt, dadurch nähern wir uns immer mehr und mehr dem, was eine Erneuerung des Mysterienwesens ist."

Aber es durften nur neun Monate vergehen. Neun Monate nach der Weihnachtstagung war die öffentliche Wirksamkeit Rudolf Steiners zu Ende.

Noch *einmal* kam er, um einen Michael-Vortrag zu halten, obwohl seine Kräfte es schon nicht mehr zuließen.

Diese Ansprache wurde die letzte, es war „Die letzte Ansprache".

DIE LETZTE ANSPRACHE

In den Mantren der Klassenstunden wurde der Schüler Schritt für Schritt bis an die Schwelle zur geistigen Welt geführt. Da war er noch in den Strom eingebettet, der der fortlaufende Zeitstrom ist. An der Schwelle und jenseits der Schwelle kehrt sich dies um, da wird der Schüler dazu gebracht, sich in dem zurücklaufenden, dem okkult-astralen Strom zuhause zu fühlen. Dieser Strom müsste in der Meditation die Oberhand gewinnen, deutlich würde dabei werden, wie unendlich viel objektiver, kräftiger und machtvoll-realer das Erleben da, in diesem okkult-astralen Strom ist. Eine wunderbare Auferstehung in der Seele würde da erlebt werden, die ersten Schritte in einen konkreten „magischen Idealismus", in eine wirklich anwesende, glänzende, schwirrende, farbige, klingende geistige Welt, die von geistigen Wesen erfüllt ist.

An der Schwelle trennen sich die drei Seelenglieder, und die Erleuchtung besteht daraus, dass sich der Astralleib mit dem Ätherleib verbindet. Dadurch beginnt das Leben in dem okkult-astralen Strom. Im gewöhnlichen Alltagsleben ist die Übung für diese Verbindung des Astralleibes mit dem Ätherleib das *Mitleid*.[292]

Durch die Karmavorträge und den Grundsteinspruch werden die Mitglieder dazu aufgerufen, nach einer Bewusstseinsentwicklung auf diesem Gebiet zu streben. Die Mitglieder der esoterischen Schule durften noch weiter gehen, sie werden in den okkult-astralen Strom eingeführt, initiiert. Wir haben versucht, Rudolf Steiner bis hierhin zu folgen. Nun sehen wir in diesem Jahr 1924 ein Bild: Der Lehrer führt im Großen aus, was die Schüler im Kleinen beginnen können. In Rudolf Steiner strömt die geistige Welt *noch* kraftvoller und umfassender herab als zuvor. Die okkult-astrale Seite mit dem Lebensgeist und dem Geistesmenschen nimmt in Rudolf Steiner nie dagewesene

---
[292] Vortrag vom 21.3.1922, GA 211.

Formen an – was für das gewöhnliche Bewusstsein „nur" in der Fülle der Offenbarungen und der unaufhörlichen Aktivität, den ununterbrochen gegebenen Vorträgen und Kursen, wahrnehmbar ist.

Stellen wir uns dies doch wirklich einmal vor: Die ganze geistige Welt neigt sich in Hingabe diesem Menschen zu, der physische Leib muss sich in diesem für den Leib nun einmal sehr starken Strom behaupten; ein Leib, der durch die Folgen des Brandes und der Vergiftung schon sehr geschwächt war. Der heutige physische Leib ist nicht geeignet, den vollen Geist zu tragen. Aber die Individualität in Steiner *kann* dies. Er beherrscht beide Ströme und muss auch bewusst jene Kraft gehandhabt haben, die zu der Verbindung von Astralleib und Ätherleib gehört: das Mitleid. Nicht nur Vorräge und Kurse gab er in diesem Jahr 1924, es suchten auch Menschen Rat bei ihm, mehr, immer mehr, Tag für Tag. Die persönliche Seele, ganz von Christus durchdrungen, war Schauplatz für die geistige Welt in all ihrer Macht, Kraft, Herrlichkeit.

Die Schüler der esoterischen Schule wurden im Kleinen mitgenommen in diesem Prozess, wurden zu einer Befreiung von der Subjektivität geführt, zum Finden der bleibenden Individualität, zum Finden der richtigen Position im Erkennen des geistigen Tempels und seiner Bewohner. Die Seele jedes Schülers wurde dazu gebracht, im Kleinen Schauplatz für die geistige Welt zu sein.

Aber dies hätte ja nur gelingen können, wenn auch hier im Kleinen in jeder strebenden Seele das Mitleid geweckt worden wäre. Mitleid ist das absolute Gegengift gegen alle möglichen Formen von Eifersucht, von Neid, von Missgunst. Mitleid ist *Mitleben* in der allergrößten Intensität – mit dem Fremden, dem Objektiven. Sich so in das Fremde einleben, dass es das Eigene wird; dass Freude und Leid ebenso stark, ja noch stärker als die eigene Freude und das eigene Leid erlebt werden. Das bedeutet auch *Verständnis*, ein gefühlsmäßig vollkommen sich einlebendes Verstehen des „fremden" Wesens.

Hätte dies nicht die immer schwächer werdenden irdischen Kräfte des Lehrers gestärkt? Wenn die Mitglieder der esoterischen Schule diese innere Kraft in sich erweckt hätten, dann wäre dies die Kraft geworden, mit der Rudolf Steiner hätte weiterarbeiten können.

Die letzte Ansprache

Guenther Wachsmuth beschreibt, wie die letzten Wochen von Steiners Aktivität verliefen:[293]

„Wir hatten bereits erwähnt, daß Rudolf Steiner in diesen letzten Wochen des Lehrens und Schaffens im Kreise der Mitarbeiter in 70 Vorträgen, also täglich drei- bis viermal, unter die zu den verschiedensten Arbeiten versammelten Menschen trat. Am Vormittag und Nachmittag sprach er zu den Künstlern, Priestern, Wissenschaftern, Ärzten und Pädagogen, an den Abenden führte er die Gesamtheit der Mitglieder in die geschichtlichen Quellen, Schicksale und Aufgaben der anthroposophischen Bewegung ein, und in den wenigen noch freibleibenden Stunden führte er auch konsequent die Aussprachen mit den Bauarbeitern und Handwerkern des Goetheanum-Baues weiter. Es war eine Tragik und in gewissem Sinne auch eine Schuld, daß viele der Menschen, die inmitten dieser Arbeitsfülle auch noch täglich um persönliche Besprechungen mit ihm baten, nicht erkannten, daß diese Anforderung in solcher Zeit und in Kenntnis seiner schweren körperlichen Leiden ein Zuviel bedeutete, das seine physischen Kräfte zu sehr belasten mußte. Und doch gab er in seiner selbstlosen Güte und hingebenden Hilfsbereitschaft auch noch die Möglichkeit zu Hunderten von persönlichen Gesprächen, Konferenzen, Aussprachen und Ratschlägen. Trotz der Warnungen der seine Kräfte hütenden Ärztin und Beraterin Frau Dr. Wegman und der Bitten der Freunde, die seine Leiden kannten, die Fülle der täglichen Beanspruchungen einzuschränken, gewährte er seine Gaben von morgens bis spät in die Nacht mit gesteigerter Intensität. Die Folgen, die sich mit Notwendigkeit hieraus ergaben, hat Frau Marie Steiner in eindringlichen Worten geschildert:

„Täglich drei Kurse von einer unsäglichen Kraft des Geistesfluges, von überraschender Fülle der Gliederung und praktischer Anleitung. Daneben zumindest drei Vorträge wöchentlich über Anthroposophie und herrlichste Vorträge für die Arbeiter am Bau. Nicht

---

[293] Guenther Wachsmuth: Rudolf Steiners Erdenleben und Wirken, eine Biographie, a.a.O., S. 611.

durfte man ein Wort der Schonung sagen. Bitten um Schonung war Hemmung. So mußte das Geschick seinen Lauf nehmen.
Er selbst hat uns wiederholt gesagt, daß das, was ihn aufs Lager niederstreckte, die vielen Privatbesprechungen waren. Die Vorträge konnte er entsprechend seinen Kräften einteilen, so meinte er – und sie hatten auch tragende Kraft. Das übrige, nachgebend den Bittgesuchen, hatte er nicht mehr in der Hand, konnte es nicht mehr seinem Kräfterest anpassen. Vierhundert Besucher zählte der Torwärter in der Zeit, wo er täglich vier Vorträge gab. Es hatte schon lange keinen Ruheaugenblick mehr gegeben, um aufzubauen das, was im Kräfteorganismus abgebaut war.

Zwar suchten die für die Gesamtheit der Arbeit in Dornach Mitverantwortlichen ihm die Last der sonstigen Arbeit nach Möglichkeit abzunehmen oder doch tragen zu helfen, aber der Strom der Hilfesuchenden, die von allen Seiten seine Kräfte doch ständig in Anspruch nahmen, war nicht zu dämmen, denn seine eigene Güte ließ ihnen die Tore offen. Und wo die Einsicht die Fragenden nicht selbst zurückhielt, war darum das Hinopfern seiner letzten physischen Kräfte unvermeidbar. So mußten die Natur und das Schicksal selbst Halt gebieten, als die Kräfte Ende September des Jahres 1924 so weit aufgezehrt waren, daß auch die übermenschliche Fähigkeit der Selbsthingabe Rudolf Steiners es nicht mehr ermöglichte, den leidenden Körper aufrechtzuerhalten und in die Arbeit einzuspannen. Es ist nicht aussprechbar, was wir erlebten, als er in jenen Tagen des September unter den Qualen des physischen Leidens die letzten Gaben in seinen Michaeli-Vorträgen darbrachte. (...)
In seinem aus geistigen Gesetzen geführten Lebensgang war es eine sinngemäße Erfüllung, daß er seinen letzten Vortrag in diesem Erdenleben zur Michaeli-Zeit, am 28. September 1924, am Goetheanum gab. Er sprach in diesen letzten Worten über die Erdenwanderung und die Taten der geistigen Wesenheit des Johannes. Und er gab den Zugang zum Mysterium des Lazarus. Ein zweiter Vortrag sollte diese Gabe ergänzen, aber sein Leiden zwang ihn auf das Krankenlager zum schwersten Opfergang. So stand er in diesem Vortrag vom 28. September zum letztenmal vor den Menschen

Die letzte Ansprache

auf jenem Rednerpult der Schreinerei in Dornach und stellte in die schicksalreiche Atmosphäre dieser Arbeitsstätte das Wesen des *johanneischen Christentums*, dessen esoterische Wahrheiten er in unserer Zeit aus der heiligen Tradition der Geschichte erhalten, aus der geistigen Schau verkündet und als treuer Hüter und Wegbereiter dem 20. Jahrhundert anvertraut hatte."

J.E. Zeylmans van Emmichoven beschreibt in Zusammenhang mit Ita Wegman einige wichtige Geschehnisse. Allgemein wird angenommen, dass Rudolf Steiner für die Leitung der esoterischen Schule keinen Nachfolger benannt habe. Zuvor habe ich dies auch so übernommen. Zeylmans berichtet jedoch Folgendes: [294]

„Im September nahm Rudolf Steiner also eine größere Anzahl Menschen in die Erste Klasse auf; er hatte früher schon wiederholt erklärt, daß Wegman mit ihm die Schule zu leiten habe; sie hatte die Verbreitung der esoterischen Lehren zu überwachen und *„die Mantren zu hüten"*. Die Aufnahmen der neuen Mitglieder fanden im September 1924 in Steiners Atelier statt, die Kandidaten wurden von Guenther Wachsmuth hereingeführt, Ita Wegman hatte neben Rudolf Steiner zu stehen. Nachdem er einige Fragen gestellt hatte, sagte er: *‚Wollen Sie der Michaelsschule* [das ist die Erste Klasse der Freien Hochschule] *treu bleiben, so geben Sie mir die Hand. Geben Sie auch Frau Dr. Wegman, die mit mir die Michaelsschule leiten wird, die Hand.'* Vorher war sie wohl immer anwesend gewesen, doch war diese Form eines Treuegelöbnisses neu. Die Zahl der Neuaufnahmen war so groß, daß Steiner sich entschloß, anstatt den Lehrkurs fortzusetzen, die Stunden vom Anfang zu wiederholen; so hielt er im September in Dornach sechs ‚Wiederholungsstunden'. Kurz zuvor hatte er sich entschlossen, die Zweite und Dritte Klasse der Hochschule einzurichten. Durch seine Erkrankung Ende September kam es nicht mehr dazu."

Am 28. September 1924 tritt Rudolf Steiner für den letzten Vortrag vor die Mitglieder. Er kann nur einen Teil dessen geben, was er zu geben hatte.

---

[294] Wer war Ita Wegman?, a.a.O., S. 229f.

6. Teil, Der Kampf mit den Gegenmächten

In früheren Vorträgen hatte er zwei Reihen von Inkarnationen für die beiden Johannes' angegeben: für Johannes den Täufer und für Johannes den Evangelisten. Johannes der Täufer trug in sich Elias und wurde zu Raffael und Novalis. Johannes der Evangelist trug Hiram in sich und wurde zu Christian Rosenkreutz. Die folgenden Inkarnationsreihen sind durch Rudolf Steiner offenbart worden: [295]

„Adam" – Pinehas – Elias – Johannes der Täufer – Raffael – Novalis.
„Kain" – Hiram – Lazarus-Johannes (der Evangelist) – Christian Rosenkreutz – Graf von St.-Germain.

In der letzten Ansprache gibt er eine Abfolge an, die ein Rätsel aufgibt:[296]

„Wir sehen, wenn wir den geistigen Blick in alte Zeiten zurückwerfen, vor uns innerhalb der jüdischen Tradition auftauchen die prophetische Natur des *Elias*. Wir wissen, welche zielsetzende Bedeutung für das Volk des Alten Testamentes und damit für die Menschheit überhaupt diese zielsetzende Kraft des Propheten Elias hatte. Und wir haben ja darauf hingewiesen, wie im Laufe der Zeit an den wichtigsten Punkten der irdischen Menschheitsentwickelung die Wesenheit, welche in Elias da war, wiedererschienen ist, wiedererschienen ist (...) in *Lazarus-Johannes*, was ja ein und dieselbe Gestalt ist, wie Sie schon aus meinem „Christentum als mystische Tatsache" ersehen."

Hier ist also nicht Johannes der Täufer als der wiedererscheinende Elias genannt, sondern Lazarus-Johannes. Der Hinweis auf „ein und dieselbe Gestalt" bezieht sich hier auf Lazarus und Johannes, denn dies wird in dem genannten Buch ausgeführt, nicht die Beziehung zu Elias.

„Wir haben aber des weiteren gesehen, wie diese Wesenheit wiedererscheint in jenem Weltenmaler, der gerade über das Mysterium von

---

[295] Wobei es natürlich Zwischeninkarnationen gibt.
[296] GA 238, S. 167f.

Golgatha so ungeheuer eindrucksvoll seine künstlerische Entfaltung schweben lassen konnte. Und wir haben dann gesehen, wie dasjenige, was in tief christlichem Impulse wie das Wesen des Christentums selber in Farbe und Form hineindrängend in *Raffael* lebte, wie das wiedererstand in dem Dichter *Novalis*, wie aus dem Dichter Novalis dasjenige in wunderschönen Worten sich offenbarte, was in Raffael vor die Menschheit hingestellt wurde in den schönsten Farben und Formen. Wir sehen die Aufeinanderfolge von Wesenheiten, die sich durch den Inkarnationsgedanken zu einer Einheit zusammenschließen."

Dann beschreibt Steiner Raffaels nachtodlichen Gang durch die Planetenwelt, die Mondensphäre, die Merkursphäre, die Venussphäre, bis zur Sonnensphäre:[297]

„(...) zu jenem Sonnendasein, durch das er als Prophet Elias der Menschheit durch sein Volk die großen, die zielstrebenden Wahrheiten beigebracht hat.
Wir sehen, wie er in der Sonnensphäre wiederum intim zu leben vermag, jetzt auf eine andere Art als damals, als er des Christus Jesus Genosse auf Erden war, dasjenige, was er durchgemacht hatte, als er von Lazarus durch die Initiation des Christus Jesus zu dem Johannes geworden ist."

Dann gelangt er bis in die Jupitersphäre und kommt mit Goethe, aber auch mit Geistern, die mehr oder weniger auf Abwegen waren, zusammen. Er nahm Teil an der Entwicklung des späteren Eliphas Lévi und an dem, was in Swedenborg lebte.

„Und so sehen wir Raffael jung sterben, Novalis jung sterben, – eine Wesenheit, die hervorging aus Elias-Johannes, in zwei verschiedenen Formen sich der Menschheit darstellend, vorbereitend dadurch in künstlerischer, in dichterischer Weise die Michael-Stimmung, heruntergesandt als Bote von der Michael-Strömung hin zu den Menschen auf Erden.

---

[297] Ebd., S. 170. Nächstes Zitat S. 172f.

6. Teil, Der Kampf mit den Gegenmächten

(...)
Ihm (Novalis, M.M.) stirbt seine Geliebte in jungen Jahren. Er ist selber noch jung. Was will er, indem sie ihm gestorben ist, für ein Erdenleben führen? Er drückt das selber so aus, daß er sagt: Sein Erdenleben soll sein, ihr nachzusterben. – Schon will er übergehen ins Übersinnliche, schon will er das Leben des Raffael wieder führen, nicht eigentlich die Erde berühren, sondern ausleben möchte er in der Dichtung seinen magischen Idealismus, indem er nicht berührt sein wollte vom Erdenleben.

Und wie sehen wir, wenn wir dasjenige, was er in seine Fragmente gegossen hat, wie sehen wir es, wenn wir das auf uns wirken lassen? Es wirkt deshalb so tief, weil alles dasjenige, was man in unmittelbarer sinnlicher Wirklichkeit vor sich hat, weil alles dasjenige, was Augen sehen können und was Augen auf der Erde als schön empfinden können, in Novalis' Dichtung durch dasjenige, was in seiner Seele lebt, als magischer Idealismus, in einem fast himmlischen dichterischen Glanze erscheint. Das unbedeutendste Materielle weiß er in seinem geistigen Lichtglanz wiedererstehen zu lassen durch seinen dichterisch-magischen Idealismus.

Und so sehen wir gerade in Novalis einen glänzenden Vorboten jener Michael-Strömung, meine lieben Freunde, die Euch alle führen soll jetzt, indem Ihr lebt, und dann, indem Ihr durch die Pforte des Todes gegangen sein werdet, finden werdet alle diejenigen – auch das Wesen, von dem ich heute gesprochen habe – in der geistig-übersinnlichen Welt, finden werdet alle diejenigen, mit denen Ihr vorbereiten sollt das Werk, das geschehen soll am Ende dieses Jahrhunderts und das die Menschheit über die große Krisis hinausführen soll, in die sie versetzt ist."

Hier beschreibt Rudolf Steiner in erhaben gemütvoller Stimmung die Inkarnationen Elias, Lazarus-Johannes, Raffael und Novalis.

Dann ruft er noch dazu auf, den Michael-Gedanken in sich zum vollen Leben zu erwecken. Wenn dies – durch Rudolf Steiner erkannt – in vier mal zwölf Menschen geschehen würde, dann würde „das Licht, das durch Michael-Strömung und Michael-Taten über der

Die letzte Ansprache

Menschheit in der Zukunft sich ausbreiten wird", eine Tatsache sein.

Aber dies war nur die Hälfte des Inhaltes, die zweite Hälfte konnte Rudolf Steiner nicht mehr geben. Marie Steiner schreibt im September 1925 darüber: [298]

„Er brachte den Vortrag nicht so weit, wie er es ursprünglich gewollt hatte. Er gab uns den ersten Teil des Mysteriums von Lazarus; damals sagte er mir nicht nur, sondern schrieb auch später auf den Umschlag der ersten Nachschrift: Nicht weitergeben, bis ich den zweiten Teil dazu gegeben haben werde. – Man hat es ihm dann trotzdem abgerungen, wie so manches. – Jetzt wird er diesen zweiten Teil uns nicht mehr geben. Unsern Erkenntniskräften wird es vorbehalten bleiben, das Richtige zu unterscheiden zwischen den Inkarnations- und Inkorporationsgeheimnissen, den Durchkreuzungen der Individualitätslinien. Er endigte mit dem, was wie ein roter Faden durchgegangen war durch seine Weisheitsoffenbarungen: dem Mysterium von Novalis, Raffael, Johannes... Wir sind immer wieder zu ihm zurückgeführt worden, von den verschiedensten Aspekten aus. Das letzte, das schwerste, weil von einer andern Individualitätslinie durchkreuzt, gab er uns am Vorabend jenes Michaelitages – und brach ab..."

Was Dr. Ludwig Noll in Bezug auf diese Kreuzung überlieferte – er war neben Ita Wegman Rudolf Steiners behandelnder Arzt und hat von ihm den Zusammenhang vernommen – kann auf folgende Weise in einem größeren Zusammenhang gesehen werden: [299]

„Eva ist die Urmutter, sie stellte den Menschen dar, wie er durch drei planetarische Entwicklungsstufen geworden war. Zur Erschaffung des irdischen Menschen verband sich einer der Elohim, bei dem die Weisheit noch mit dem Feuer der Mondperiode verbunden war, mit Eva, und es wurde Kain geschaffen. Dagegen schuf Jahve, derjenige der

---

[298] Ergänzende Bemerkungen zur letzten Ansprache. GA 238, S. 176.
[299] Aus: Mieke Mosmuller: Die Frage nach Wundern und solchen, die nicht sein können... Der Europäer, Dezember/Januar 2009/2010, S. 11-13.

Elohim, der eine ruhige, abgeklärte Weisheit hatte, die nicht mehr mit Leidenschaften durchdrungen war, den Erdenmenschen Adam. Dieser verband sich auch mit Eva, und es wurde Abel geschaffen. [300]

In der salomonischen Zeit finden wir den König Salomo als Abel-Sohn und Hiram Abiff, den Baumeister, als Kain-Sohn wieder. Salomo hat die abgeklärte göttliche Weisheit, Hiram die Erkenntnisse, die durch die irdische Arbeit erlangt werden.

In der Zeitenwende finden wir Hiram als Lazarus wieder, er wird vom Christus geliebt. Als Lazarus einer Krankheit erliegt, die nach Christus Jesus „nicht zum Tode ist", und er doch ins Grab gelegt worden ist, kommt der Christus und erweckt ihn. In Rudolf Steiners *Das Christentum als mystische Tatsache* wird klar und deutlich dargestellt, dass es hier um eine alte Einweihung geht, die durch Christus öffentlich vollführt wird. [301] In den alten Einweihungen wurde der Ätherleib vom physischen Leib losgelöst, wobei der Hierophant den Prozess in der Hand hatte. Nur wenn dieser Prozess misslang, starb der Schüler wirklich. In der Einweihung des Lazarus ist Christus selbst der Hierophant, und es scheint fast ein Sakrileg, wenn man meinen würde, dass diese Einweihung von Lazarus zu einem tatsächlichen Tod mit Verwesung des physischen Leibes geführt hätte.

Christus gibt dem physischen Leib des Lazarus den Ätherleib, der sich mit dem Logos erfüllt hat, zurück. Lazarus ist in seiner Seele bis zur Verstandes- oder Gemütsseele entwickelt. Johannes der Täufer ist gestorben und der ihm innewohnende Geist des Elias wirkt als geistige Atmosphäre[302] weiter, in der die Geschehnisse eingebettet sind. Er, Elias, bereitet in Lazarus, bei der Auferweckung, die Wege des Logos vor, er ebnet den Pfad. Das heißt, er formt in Lazarus die Bewusstseinsseele, die durch Christus selbst mit dem Logos erfüllt wird. In Lazarus-Johannes lebt der Logos, der ihm auch von außen, als Christus Jesus entgegentritt.

Das ist Lazarus-Johannes, der Jünger, den der Herr liebt. Hier vermählt sich der Kain-Sohn mit dem Adam-Sohn, denn der Elias-Geist

---

[300] GA 93, S. 162ff.
[301] GA 8, S. 119 ff.
[302] Vortrag vom 17.9.1912, GA 139, S. 53 ff.

geht ja auf den ersten Adam zurück[303], und aus dieser Vermählung geht die Einweihung in den Logos hervor. Dieser Jünger liegt beim Abendmahl an Christi Brust und steht mit der Mutter unter dem Kreuz.
Da steht also Kain-Adam, wie er geworden ist als Lazarus-Johannes, neben Eva, wie sie als Maria-Sophia geworden ist.
Die Mondenmutter wurde Erdenmutter und zeigt hier unter dem Kreuz ihre Zukunftsgestalt, die Weisheit, die auf dem Jupiter da sein wird.[304] Sie ist die reine Seele, die den Heiligen Geist aufnehmen kann, wodurch die Erleuchtung, das Manas eintritt.
Der Mensch, Johannes der Evangelist, der Apokalyptiker, der den ersten Adam verwandelt in sich trägt, steht unter dem Kreuz, das den zweiten Adam gebiert. Die vollständige bisherige Menschheitsentwicklung in ihrer schönsten Form steht in Lazarus-Johannes mit Sophia dem Gott gegenüber. Der heutige Mensch wird selbst mit den sieben Gaben des Heiligen Geistes erfüllt, wenn er dieses Urbild des Mysteriums von Golgatha kraftvoll imaginiert. Allmählich wird die Seele zur Sophia, das Ich zum Johannes, in dem die Liebe des Christus zur Geist-Erkenntnis wird."

Das ist das letzte Bild, das Rudolf Steiner vorzeichnete, aber nicht zum Abschluss bringen konnte. Ist dieses Bild nicht eine Wiedergabe des tatsächlichen Zustandes, in dem Rudolf Steiner sich befand?
In Lazarus wurde der Logos ausgegossen, als „Zwischenperson" wirkte das Wesen des Elias. Lazarus-Johannes – von Christus Jesus eingeweiht – trägt die geistige Welt dank der realen „Vermittlung" durch Elias-Johannes den Täufer.

Ein Wesen derselben Größe stand vor den Anthroposophen, tagein, tagaus. Nicht die Individualität des einen oder des anderen Johannes, sondern die Individualität, die nun einmal in Rudolf Steiner inkarniert war. Diese Individualität stand in sichtbarer Gestalt vor den Mitgliedern. In unsichtbarer Gestalt lebte in ihm und durch ihn hindurch

---

[303] Vortrag vom 19.9.1909, GA 114, S. 107ff.
[304] Vortrag vom 31.5.1908, GA 103, S. 203ff.

die ganze geistige Welt. Christus selbst war da der Vermittler, durch den das Menschen-Ich die Kraft erhält, die höheren Wesensglieder, Manas, Buddhi und Atman zu tragen. Aber indem Rudolf Steiner sich mit der Gesellschaft verband, indem er den Vorsitz übernahm und den Menschen die reale Einweihungskraft brachte, müssen all diese Menschenseelen Teil der „Grundlage" für den Geist geworden sein. Dieses Fundament hätte durch vielerlei Aktivitäten verstärkt werden können, wodurch Rudolf Steiner nicht *allein* die ganze Kraft der geistigen Welt hätte tragen müssen.

Eine dieser möglichen Aktivitäten wäre das Prinzip „durch Mitleid wissend" gewesen. Hätten wir mehr Einsatz in dem Erwecken des realen Miterlebens dieses Menschen in seiner Totalität aufgebracht, dann wären wir „wissend" geworden, und die Last und die Aufgabe hätte sich auf uns verteilen können.

Nun stand er allein da. Er zeigte durch seine letzte Ansprache, in welchem Zustand er war – nicht nur durch sein sichtbares Leiden, sondern auch durch die Bedeutung seiner Worte. Wenn er allein *geblieben* wäre, d.h. nicht der Vorsitzende geworden wäre, hätte er in der eigenen Seele die Tragekraft gehabt, das Fundament gebildet. Nun teilte er mit allen Mitgliedern, und diese gaben nichts oder nicht genügend oder sogar Negativität zurück.

Es geht nicht um das gewöhnliche Mitleid, um ein Bedauern und Beklagen. „Durch Mitleid wissend" ist ein Seelenzustand, eine Offenheit in innerer Aktivität, ein Einweihungsprinzip.

Der Gral war enthüllt, aber Amfortas konnte sich nur davon abkehren, der Glanz war zu strahlend, die Heiligkeit zu tief, der Aufruf zu stark.

DIE ZEIT DES KRANKENLAGERS
Anthroposophische Leitsätze

Guenther Wachsmuth beginnt die Beschreibung der Zeit von Rudolf Steiners Krankenlager mit folgenden Worten: [305]

„Wo er seine Arbeitsstätte hatte, dort verblieb Rudolf Steiner nun auch in den Monaten, da er nicht mehr zu den Menschen gehen konnte. Er ist während der folgenden Zeit nicht mehr in seine Wohnung zurückgekehrt, sondern blieb bis zum Tode in seinem Atelier auf dem Hügel von Dornach, in dem schlichten, hohen Raume, wo er all die Jahrzehnte geschaffen und vielen Tausenden von Menschen Rat und Hilfe gegeben hatte. Sein Lager stand zu Füssen der Christus-Statue, an der er bis zuletzt geschaffen hatte. Jetzt konnte sein Blick auf diesem Werke ruhen. Nun musste es stiller werden in diesem Arbeitsraume. Nur wenige Menschen konnte er noch persönlich sprechen; die Stimme wurde leiser, das Hören zur Anstrengung der körperlichen Kräfte. Das Antlitz war schmäler geworden, das Leiden ließ die Formen des edlen Hauptes noch plastischer hervortreten, seine Augen sprachen von den Schmerzen, aber sie waren gütiger und leuchtender denn je. Und seine hohe geistige Kraft schuf in der Stille und Konzentration die Gaben, die von nun ab im geschriebenen Wort zu den Menschen kamen.

Wenn man das Atelier in diesen Wochen und Monaten betrat, da fand man Rudolf Steiner meist halb aufgerichtet auf seinem Lager lesend und schreibend. Er hat ununterbrochen weitergearbeitet."

J.E. Zeylmans van Emmichoven berichtet in Zusammenhang mit Ita Wegman wie folgt: [306]

„Man konnte anfangs nicht überschauen, wie Steiners Krankheit sich entwickeln würde, ob er sich nach kurzer Zeit erholen könnte

---

[305] Guenther Wachsmuth, a.a.O., S. 613.
[306] Wer war Ita Wegman?, a.a.O., S. 234f, 239f, 243.

oder ob mit einem längeren Krankenlager zu rechnen sei. Steiners eigene Aussagen darüber waren wechselhaft, er konnte – oder wollte – sich nicht mit seinem körperlichen Zustand befassen, ließ Wegman aber zunächst auch nicht an sich heran. Sie hatte jahrelang erlebt, wie er sich um andere Patienten kümmerte; daß er nun selbst Patient war, schien unfaßlich. Sie hatte sich zwar zunehmend um seine Diät gekümmert; da er fast jede Nahrung verweigerte, forderte dies die größte Aktivität und Erfindungskraft – aber auf Heilmittel und sonstige Therapien für sich selber ließ er sich zunächst nicht ein. Erst einige Tage nachdem er am 26. September seine Vorträge abgesagt hatte, wurde ihr klar, daß sie hier selbständig, unabhängig von seinem Verhalten, auftreten sollte. Diese Entscheidung war um so schwerer, weil er seine Arbeit in seelischer Frische und im Vollbesitz seiner mächtigen Geisteskraft auf dem Krankenbett ununterbrochen fortsetzte. Er schrieb an seinem *Lebensgang*, verfaßte die *Briefe an die Mitglieder* und die *Leitsätze*, las die Tageszeitungen, vertiefte sich in wissenschaftliche und literarische Neuerscheinungen, welche er sich täglich in großen Mengen kommen ließ. Er erledigte mit Guenther Wachsmuth die Gesellschaftskorrespondenz, kümmerte sich bis in die letzten Details um den Wiederaufbau des Goetheanums, besprach sich regelmäßig mit Albert Steffen wegen der beiden Wochenzeitschriften *Das Goetheanum* und *Was in der anthroposophischen Gesellschaft vorgeht*, für die er immer wieder Artikel schrieb. Er führte mit seiner Frau, die am 30. September eine längere Erythmietournee begonnen hatte, eine rege Korrespondenz, schuf neue Eurythmieformen und befaßte sich wie immer mit allen möglichen menschlichen Problemen innerhalb der Gesellschaft, für deren Schicksal er sich nun als verantwortlich ansah.

(...)

Rudolf Steiner war es zutiefst zuwider, Behandlung und Pflege in Anspruch nehmen zu müssen. Als er erfuhr, daß unter den Mitgliedern der Anthroposophischen Gesellschaft Gerüchte kursierten, er sei einem Giftanschlag zum Opfer gefallen, verfaßte er selber für das ‚Schwarze Brett' und für das Mitteilungsblatt drei Berichte über seinem Zustand.

(...)

Von Januar 1925 an sprach er allerdings, wie er es schon in seinen

Die Zeit des Krankenlagers

Mitteilungen vom 11. und 19. Oktober 1924 angedeutet hatte, nicht mehr von Krankheit, sondern von ‚Karmawirkungen'.

Seine Enttäuschung darüber, daß seine Ausführungen über das Karma (die Schicksalszusammenhänge) seiner nächsten Mitarbeiter in der Anthroposophischen Gesellschaft und seine Anregung, ‚Karmaübungen' durchzuführen (vgl. Vortrag vom 9. Mai 1924, in GA 236), von den Betreffenden nicht aufgegriffen worden waren, war groß; er deutete gegenüber Wegman an, dass dies für ihn zur Folge haben würde, nicht länger in der Gesellschaft wirken zu können, denn dadurch würde klar, daß Michaels Wirksamkeit für die jetzige Zeit nicht erkannt würde; vor dieser Himmelsmacht, aus der *„die Gedanken der Dinge erfließen"*, sei die vollständige Erkenntnis dieser karmischen Zusammenhänge notwendig, sonst würde das wahre Menschenbild der Anthroposophie nicht wirksam sein können.

(...)

Es wurde im Laufe des Winters für die behandelnden Ärzte immer schwerer, Rudolf Steiners Gesundheitszustand zu beurteilen. Wegman sah wohl *‚seine physische Kraft allmählich verschwinden'*. Es gab kurze Zeiten, in denen er zweimal am Tag aufstand; dann wieder verließen ihn seine Kräfte so sehr, daß sie ihn unterstützen mußte, wenn er beten wollte. Er betete jeden Tag stehend mit lauter Stimme das Vaterunser, was Menschen, die außen am Atelier vorbeikamen, hörten. Im November schien eine Besserung in Sicht, Ende Dezember kam ein schwerer Rückfall; am 2. Januar 1925 erlitt er eine Herzschwäche, die Ärzte fürchteten um sein Leben."

In den Berichten betonte Steiner, dass seine Kräfte durch die Überbelastung, „die von außen kam", erschöpft worden waren:[307]

„Vielleicht darf ich bei dieser Gelegenheit eine Bitte an unsere lieben Freunde aussprechen. Ich möchte nicht, daß meine physische Körperverfassung Gegenstand von allerlei Ideen werde. Es handelt sich darum, daß, während ich den eigentlichen Kurs-Tätigkeiten, die so umfangreich in den letzten Monaten waren, durchaus gewachsen war, ich

---

[307] GA 260a, S. 400.

den Bogen meiner physischen Tätigkeit überspannen mußte durch die übergroßen Forderungen, die neben der Kurstätigkeit aus der Mitgliedschaft kamen. Das hat dazu geführt, daß ich jetzt, während ich jeder geistigen Betätigung voll nachkommen könnte, physisch nicht einmal das Allergeringste vermag, sondern hoffen muß, daß der einzigartigen opfervollen Pflege meiner lieben Freundin Dr. Ita Wegman und ihres treuen Helfers, Dr. Noll, es gelingen werde, mir bald wieder auch ein physisches Tun, ohne das ja leider auf Erden das Geistige nicht wirken kann, wenigstens bis zu einem Maße zu ermöglichen. – Man denkt eben nicht oft daran, was *von außen bewirkte* Überbürdung in bezug auf Zeit bei jemand, der in geistgetragener Tätigkeit ist, für verheerende Folgen haben kann, und wie wenig Autofahren hilft, wenn die bedingte Zeitersparnis in die Programme eingerechnet werden muß. Aber zuletzt muß ja alles das schicksalsgemäß (karmisch) empfunden werden."

J.E. Zeylmans van Emmichoven schreibt:[308]

„Das Gerede über einen Giftanschlag verstummte jedoch bis heute nicht, selbst von engsten Mitarbeitern wurde es als besonderes Geheimnis munter weiterverbreitet. Giftig wirkten solche Gerüchte unter den Anthroposophen allemal, und tun es noch heute. Die ‚Vergiftungsfrage' ist von Steiner selbst und von den behandelnden Ärzten zweifelsfrei und ein für allemal geklärt worden." [309]

*

Im Herbst 1924, auf dem Krankenbett, schrieb Rudolf Steiner vor allem über das „Michael-Mysterium". Dank dieser Beschreibungen haben wir die Möglichkeit, ein tiefgehendes Verständnis des Wesens, der Offenbarung und der Wirksamkeit dieser „himmlischen Macht" zu erlangen. Nach jeder Ausführung fügte Rudolf Steiner eine kur-

---

[308] Wer war Ita Wegman?, a.a.O., S. 237f.
[309] Siehe hierzu jedoch auch S. 478.

ze Zusammenfassung in Form von „Leitsätzen" an, die als Ausgangspunkt für die Meditation dienen konnten, zugleich aber auch als Anleitung gedacht werden, um in den „Zweigen", den Arbeitsgruppen, überall auf der Welt an dem gleichen Thema zu arbeiten:[310]

„In den Leitsätzen, die vom Goetheanum ausgegeben werden, soll die Anregung für die tätig sein wollenden Mitglieder gegeben sein, den Inhalt des anthroposophischen Wirkens einheitlich zu gestalten. Man wird finden, wenn man an diese Sätze jede Woche herantritt, daß sie eine Anleitung dazu geben, sich in den vorhandenen Stoff der Zyklen zu vertiefen und diesen in einer gewissen Anordnung in den Zweigversammlungen vorzubringen."

Michael erscheint vor unserem geistigen Blick als das Wesen, das in der Vergangenheit stets die Intellektualität im Kosmos entfaltet hat, als Diener der göttlich-geistigen Mächte. In der fernen Vergangenheit war der Kosmos noch das göttliche Wesen *selbst* und der Mensch empfing dieses göttliche Wesen selbst als „Gedanken". Sein „Ich" war noch ganz in das göttlich-geistige Wesen des Kosmos eingebettet, und dieses formte die Gedanken. Michael war die himmlische Macht, die diese göttlich-wesenhafte Ordnung repräsentierte.

In der folgenden Phase der Entwicklung hat das göttliche Wesen sich aus dem Kosmos zurückgezogen. In ihm sind noch die *Offenbarungen* der Wesen anwesend; die menschlichen Gedanken sind keine Wesen mehr, sondern geistige Offenbarungen, die er in seinem Astralleib trägt. Michael repräsentierte diese „Offenbarungsordnung" als kosmische Intellektualität, kosmische Intelligenz.

Wiederum eine Epoche später, wir kommen nun in die griechische Zeit, die Zeit des Mysteriums von Golgatha, umfassen die Weltgedanken des Kosmos, umfasst die kosmische Intelligenz nur noch die geistige Wirksamkeit, die der Mensch in seinem Ätherleib als Gedanken trägt. Die Gedanken *leben* noch. Dadurch kann der Mensch noch nicht einem gottlosen Materialismus verfallen, denn die lebenden Gedanken zeugen in ihm selbst noch immer von „Gottes Wirksamkeit".

---

[310] Anthroposophische Leitsätze, GA 26, S. 54.

Erst in unserer Zeit sind die Gedanken tote Abspiegelungen geworden, der Leib spiegelt diese, wodurch sie zu den flüchtigen, leblosen Schatten werden, wie wir sie kennen. Dies hängt mit der Tatsache zusammen, dass der Kosmos „Gottes Werk" geworden ist. In dem statischen Kosmos sehen wir höchstens noch das Werk der göttlich-geistigen Wesen – wir können sogar leugnen, dass es je einen Gott gab, gibt oder geben wird.

Hiermit ist die Intellektualität in den Besitz des Menschen selbst gekommen. Er sieht Michael nicht als ihren Repräsentanten, sieht diese himmlische Macht nicht mehr. Er empfindet die Gedanken als sein eigenes Produkt.

Damit einher geht die Entwicklung der Naturwissenschaft. Der Intellekt richtet sich gänzlich auf die Außenwelt, einen mechanischen Kosmos, dessen Gesetzmäßigkeiten er sucht. Alle Subjektivität muss außerhalb bleiben, der tote Intellekt hat Verwandtschaft mit der toten Natur, in der kein Geist zu erkennen ist.

Michael ist der Intelligenz auf ihrem Weg zum Menschen gefolgt.

Der Mensch ist durch diese Entwicklung frei von Gott geworden, und Michael will diese Freiheit wahren. Darum geht er nicht weiter als bis zur ätherischen Welt, wo er mit ernster Gebärde sein Vorbild zeigt: die ganze kosmische intelligente „Vorzeit".

Aber es gibt eine andere Macht, die mit der Intellektualität verwandt ist: die ahrimanische Macht.

In den Leitsätzen schreibt Rudolf Steiner:[311]

„Dieses Wesen hat sich seit lange aus der Entwickelungsströmung losgelöst, der die gekennzeichneten göttlich-geistigen Mächte angehören. Es hat sich in urferner Vergangenheit als selbständige kosmische Macht neben diese hingestellt. – Nun steht es in der Gegenwart zwar räumlich in der Welt darinnen, der der Mensch angehört, aber es entwickelt mit den rechtmäßig dieser Welt angehörenden Wesen keinen Kräftezusammenhang. Nur da die Intellektualität, von den göttlich-geistigen Wesen losgelöst, an diese Welt herankommt, findet Ahriman

---

[311] Anthroposophische Leitsätze, GA 26, S. 114ff.

sich mit dieser Intellektualität so verwandt, daß er sich auf seine Art durch sie mit der Menschheit verbinden kann. Denn er hat, was der Mensch in der Gegenwart wie eine Gabe aus dem Kosmos erhält, schon in urferner Zeit mit sich vereinigt. Ahriman würde, wenn ihm gelänge, was in seiner Absicht liegt, den der Menschheit gegebenen Intellekt ähnlich seinem eigenen machen. –

Nun hat Ahriman sich die Intellektualität in einer Zeit angeeignet, als er sie nicht in sich verinnerlichen konnte. Sie blieb eine Kraft in seinem Wesen, die mit Herz und Seele nichts zu tun hat. Als kalt-frostiger, seelenloser kosmischer Impuls strömt von Ahriman die Intellektualität aus. Und *die* Menschen, die von diesem Impuls ergriffen werden, entwickeln eine Logik, die in erbarmungs- und liebeloser Art für sich selbst zu sprechen scheint – in Wahrheit spricht eben Ahriman in ihr –, bei der sich nichts zeigt, was rechtes, inneres, herzlich-seelisches Verbundensein des Menschen ist mit dem, was er denkt, spricht, tut. –

Michael hat *sich* die Intellektualität aber nie angeeignet. Er verwaltet sie als göttlich-geistige Kraft, indem er sich verbunden fühlt mit den göttlich-geistigen Mächten. Dadurch zeigt sich auch, indem er die Intellektualität durchdringt, in dieser die Möglichkeit, ein Ausdruck des Herzens, der Seele ebenso gut zu sein wie ein solcher des Kopfes, des Geistes. Denn Michael trägt in sich alle die Ursprungskräfte seiner Götter und der des Menschen. Dadurch überträgt er auf die Intellektualität nichts Kalt-Frostiges, Seelenloses, sondern er steht bei ihr in warm-inniger, seelenvoller Art.

Und hierinnen liegt auch der Grund, warum Michael mit ernster Miene und Geste durch den Kosmos wallet. Im Innern *so* verbunden sein mit dem intelligenten Inhalte, wie Michael es ist, bedeutet zugleich, die Anforderung erfüllen müssen, nichts von subjektiver Willkür, von Wunsch oder Begehren in diesen Inhalt hineinzubringen. Sonst wird ja Logik Willkür *eines* Wesens statt Ausdruck des Kosmos. Streng sein Wesen als Ausdruck des Weltwesens zu halten; alles, was sich im Innern als Eigenwesen regen will, auch in diesem Innern zu lassen: das betrachtet Michael als *seine* Tugend. Sein Sinn ist nach den großen Zusammenhängen des Kosmos gerichtet – davon spricht seine Miene; sein Wille, der an den Menschen herantritt, soll widerspiegeln, was er im Kosmos erschaut –, davon spricht seine Haltung, seine Geste. Michael ist in allem *ernst*, denn Ernst als Offenbarung eines Wesens ist der Spiegel des Kosmos aus diesem Wesen; Lächeln ist der Ausdruck dessen, was, von einem Wesen ausgehend, in die Welt hineinstrahlt."

Das ist in unserer Zeit das Bild des Kampfes mit Ahriman. Als Übung zur Objektivität haben wir die Naturwissenschaft. Aber die Gefahr ist, dass die Seele *so* aus sich herausgezogen wird, dass sie Ahriman zum Opfer fällt. Während jedoch die Seele so stark objektiv nach außen, auf den mechanischen Kosmos gerichtet ist, ist in ihr still und innerlich etwas zur Entwicklung gekommen. Eine Möglichkeit, Gedanken zu denken, die nichts mit dem sichtbaren Kosmos zu tun haben, ja, eine Möglichkeit, die Gedanken*kraft* zu „denken", entwickelte sich im Zentrum der menschlichen Seele, eine Möglichkeit zum *reinen Denken*:[312]

„Erst als die Gedanken ihre Prägung im physischen Leibe annahmen und sich das Bewußtsein nur auf diese Prägung erstreckte, trat die Möglichkeit der Freiheit ein. Das ist der Zustand, der mit dem fünfzehnten nachchristlichen Jahrhundert gegeben ist.
In der Welt-Entwickelung kommt es nicht darauf an, was für Bedeutung die Ideen der heutigen Naturanschauung zur Natur haben; denn diese Ideen haben ihre Formen nicht deshalb angenommen, um ein bestimmtes Bild der Natur zu liefern, sondern um den Menschen zu einer bestimmten Stufe seiner Entwickelung zu bringen.
Als die Gedanken den physischen Körper ergriffen, war aus ihrem unmittelbaren Inhalte Geist, Seele, Leben getilgt; und der abstrakte Schatten, der am physischen Leibe haftet, ist allein geblieben. Solche Gedanken können nur Physisch-Materielles zum Gegenstande ihrer Erkenntnis machen. Denn sie sind selbst nur *wirklich* an dem physisch-materiellen Leibe des Menschen.
(...)
Michaels Sendung ist, in der Menschen Äther-Leiber die Kräfte zu

---

[312] Leitsätze, GA 26, S. 79.

bringen, durch die die Gedanken-Schatten wieder *Leben* gewinnen; dann werden sich den belebten Gedanken Seelen und Geister der übersinnlichen Welten neigen; es wird der befreite Mensch mit ihnen leben können, wie ehedem der Mensch mit ihnen lebte, der nur das physische Abbild *ihres* Wirkens war."

Michael hat sein Verhältnis zu den göttlich-geistigen Wesen bewahrt. Der Mensch hat dieses um der Entwicklung der Freiheit willen für das Bewusstsein verloren. Der Kosmos ist noch immer das Werk Gottes. Doch bleibt dieses durch die Tat Michaels durch den Menschen von Geist durchdrungen:[313]

„Michael rechnet es sich zur tiefsten Befriedigung an, daß es ihm gelungen ist, die Sternenwelt *durch den Menschen* noch unmittelbar mit dem Göttlich-Geistigen auf die folgende Art verbunden zu erhalten. Wenn der Mensch, nachdem er das Leben zwischen dem Tode und einer neuen Geburt vollbracht hat, wieder den Weg zu einem neuen Erdendasein antritt, dann *sucht* er beim Hinabstieg zu diesem Dasein eine Harmonie zwischen dem Sternengang und seinen Erdenleben herzustellen. Diese Harmonie, die vor Zeiten selbstverständlich da war, weil das Göttlich-Geistige in den Sternen wirkte, in denen auch das Menschenleben seinen Quell hatte: sie würde heute, wo der Sternengang bloß die *Wirksamkeit* des Göttlich-Geistigen fortsetzt, nicht da sein, wenn der Mensch sie nicht suchte. Er bringt sein aus früherer Zeit bewahrtes Göttlich-Geistiges in ein Verhältnis zu den Sternen, die ihr Göttlich-Geistiges nur noch als Nachwirkung einer früheren Zeit in sich haben. Dadurch kommt ein Göttliches in das Verhältnis des Menschen zur Welt, das früheren Zeiten entspricht, doch aber in späteren Zeiten *erscheint*. Daß dies so ist, *das ist die Tat Michaels*.
(...)
(...) (Der Mensch hat um sich, M.M.) nur noch das *Werk* des Göttlich-Geistigen. Dieses *Werk* ist in seinen Formen durchaus göttlich-geistiger Art. Für das menschliche Anschauen zeigt sich das Göttliche in den Formen, in dem naturhaften Geschehen; aber es ist *nicht mehr*

---

[313] Ebd., S. 95.

als Lebendiges darinnen. Die Natur ist dies gottgewirkte Werk des Göttlichen und ist überall Abbild der göttlichen Wirksamkeit.

In dieser sonnenhaft göttlichen, aber nicht lebendig göttlichen Welt lebt der Mensch. Er aber hat, als Ergebnis des Wirkens Michaels an ihm, als Mensch den Zusammenhang mit dem Wesen des Göttlich-Geistigen bewahrt. Er lebt als Gott-durchdrungenes Wesen in einer nicht Gott-durchdrungenen Welt.

In diese Gott-leergewordene Welt wird der Mensch hineintragen, was in ihm ist, das, zu dem *seine* Wesenheit in diesem Zeitalter geworden ist.

Menschheit wird sich hineinentfalten in eine Welt-Entwickelung. Das Göttlich-Geistige, dem der Mensch entstammt, kann als kosmisch sich ausbreitende Menschenwesenheit durchleuchten den Kosmos, der nur noch in dem Abbild des Göttlich-Geistigen vorhanden ist.

Nicht mehr dieselbe Wesenheit, die einst als Kosmos war, wird da durch die Menschheit aufleuchten. Das Göttlich-Geistige wird im Durchgang durch das Menschentum ein Wesen erleben, das es vorher nicht offenbarte.

Daß die Entwickelung diesen Fortgang nehme, dagegen wenden sich die ahrimanischen Mächte. Sie wollen nicht, daß die ursprünglichen göttlich-geistigen Mächte das Weltall in seinem weiteren Fortgang erleuchten; sie wollen, daß die von ihnen aufgesogene kosmische Intellektualität den ganzen neuen Kosmos durchstrahle und daß der Mensch in diesem intellektualisierten und ahrimanisierten Kosmos weiterlebe.

Bei einem solchen Leben würde der Mensch den Christus verlieren. Denn dieser ist mit einer Intellektualität in die Welt hereingetreten, die ganz so ist, wie sie einst in dem Göttlich-Geistigen gelebt hat, da dies noch in seiner *Wesenheit* den Kosmos bildete. Sprechen wir heute so, daß unsere Gedanken auch die des Christus sein können, so setzen wir den ahrimanischen Mächten etwas entgegen, das uns behütet, ihnen zu verfallen. (...)

Anthroposophie schätzt in rechter Art, was die naturwissenschaftliche Denkweise gelernt hat, seit vier bis fünf Jahrhunderten über die Welt zu sagen. Aber sie spricht außer *dieser* Sprache eben noch eine andere über das Wesen des Menschen, über die Entwickelung des Menschen und über das Werden des Kosmos; sie möchte die Christus-Michael-Sprache sprechen.

Denn werden beide Sprachen gesprochen, dann wird die Entwickelung nicht abreißen und vor dem Finden des ursprünglich Göttlich-Geistigen auf das Ahrimanische übergehen können. Die bloße naturwissenschaftliche Art zu sprechen, entspricht der Loslösung der Intellektualität von dem ursprünglich Göttlich-Geistigen. Sie *kann* ins Ahrimanische übergehen, wenn der Mission Michaels nicht geachtet wird. Sie *wird es nicht*, wenn der frei gewordene Intellekt sich durch die Kraft des Michael-Vorbildes wieder findet in der vom Menschen losgelösten, ihm gegenüber objektiv gewordenen ursprünglichen kosmischen Intellektualität, die im Quell des Menschen liegt und die in Christus innerhalb des Menschheitsbereiches wesenhaft erschienen ist, nachdem sie aus dem Menschen zur Entfaltung seiner Freiheit gewichen war."

Die Aufgabe für den Menschen in unserer Zeit ist es dann, dass er nicht nur in der Werkwelt lebt, mit geöffneten Sinnen und seinem Verstand, sondern dass er sich inmitten dieser Werkwelt in der Gegenwart zugleich die „vergangene Welt" vergegenwärtigt. Michael kann diese vergangene Zeit nicht in die Gegenwart hineintragen, dann würde der Mensch die Illusion erleben, die Vergangenheit sei *gegenwärtig*. Das ist luziferisch:[314]

„Wäre es anders: wirkte Michael so, daß er seine Taten hereintrüge in die Welt, die der Mensch gegenwärtig als physische erkennen und erleben muß, so erführe der Mensch in der Gegenwart aus der Welt das, was in Wirklichkeit nicht in ihr *ist*, sondern *war*. Geschieht solches, dann führt dies illusorische Erfassen der Welt die Seele des Menschen aus der *ihr* angemessenen Wirklichkeit in eine andere, nämlich in eine luziferische.

Die Art, wie Michael das Vergangene im gegenwärtigen Menschenleben zur Wirksamkeit bringt, ist die im Sinne des rechten geistigen

---

[314] Ebd., S. 102f.

Weltenfortschritts gehaltene, die nichts Luziferisches enthält. Es ist wichtig, daß in der Auffassung der Menschenseele eine rechte Vorstellung davon lebe, wie in Michaels Mission alles Luziferische vermieden wird."

Der Mensch muss sich bewusst sein, dass er die lebendige kosmische, göttlich-geistige Intelligenz als etwas aus der Vergangenheit Stammendes in die Gegenwart hineinträgt. Das ist die Aufgabe für das *äußere* Leben. *Christus* ist im Inneren zu finden.
Der Mensch verliert den Menschen, indem sein Blick nach außen gerichtet ist. Aber Christus ist für die Seele erreichbar, und Er gibt ihr das Wissen des eigenen übersinnlichen Wesens:[315]

„So werden nebeneinanderstehen können: Michael-Erlebnis und Christus-Erlebnis. Durch Michael wird der Mensch gegenüber der äußeren Natur in der rechten Art ins Übersinnliche den Weg finden. Naturanschauung wird, ohne in sich selbst verfälscht zu werden, sich neben eine geistgemäße Anschauung von der Welt und vom Menschen, sofern er ein Weltwesen ist, hinstellen können.

Durch die rechte Stellung zu Christus wird der Mensch dasjenige, was er sonst nur als traditionelle Glaubens-Offenbarung empfangen könnte, im lebendigen Verkehr der Seele mit Christus erfahren. Die innere Welt des seelischen Erlebens wird als eine geistdurchleuchtete erlebt werden können wie die äußere Welt der Natur als eine geistgetragene."

Der Mensch ist durch das oben beschriebene Geschehen zu einem Wesen geworden, dass immer mehr zur Freiheit kommen kann, das sich in gewissem Sinne immer mehr auf das Fundament der eigenen Verantwortung stellen kann. Aber dann braucht er Michael und Christus für sein leibliches Wohlergehen.

„Eine freie Handlung kann nur diejenige sein, bei der kein Naturgeschehen in oder außer dem Menschen mitwirkt.

---

[315] Ebd., S. 104.

Die Zeit des Krankenlagers

Dem steht als der polarische Gegensatz gegenüber, daß im freien Wirken der Menschen-Individualität in dieser ein Naturgeschehen unterdrückt wird, das bei unfreiem Handeln da wäre und dem Menschenwesen seine ihm kosmisch vorbestimmte Gestaltung gäbe.

Diese Gestaltung, die dem Menschen, der in seinem Wesen mit dem gegenwärtigen und zukünftigen Welten-Entwickelungs-Stadium mitlebt, *nicht* auf naturgemäßem Wege zukommt, kommt ihm auf geistgemäßem zu durch das Sich-Verbinden mit Michael, wodurch er auch den Weg zu Christus findet." [316]

Und zuvor heißt es:[317]

„Der Mensch weiß sich in einer Wirklichkeit, wenn er der physischen Sonne gegenübersteht und durch sie Wärme und Licht empfängt.

So muß er der geistigen Sonne, Christus, die ihr Dasein mit dem Erdendasein vereint hat, gegenüber leben und von ihr in der Seele das lebendig empfangen, was in der geistigen Welt der Wärme und dem Licht entspricht.

Er wird sich von der „geistigen Wärme" durchdrungen fühlen, wenn er den „Christus in sich" erlebt. Er wird sich in dieser Durchdringung erfühlend sagen: diese Wärme löst dein menschliches Wesen aus Banden des Kosmos, in denen es nicht bleiben darf. Das göttlich-geistige Sein der Urzeit mußte dich zur Erringung der Freiheit in Regionen führen, in denen es nicht bei dir bleiben konnte, in denen es aber dir den Christus gegeben hat, daß seine Kräfte dir als freiem Menschen verleihen, was das göttlich-geistige Sein der Urzeit dir einstmals auf dem Naturwege gegeben hat, der damals zugleich der Geistesweg war. Zu dem Göttlichen, aus dem du stammest, führt dich diese Wärme wieder zurück.

Und in diesem Erfühlen wird im Menschen in inniger Seelenwärme zusammenwachsen das Erleben in und mit dem Christus und das Erleben echten und wahren Menschentums. „Christus gibt mir mein

---

[316] Ebd., S. 113, Leitsätze 118-120.
[317] Ebd., S. 110f.

Menschenwesen", das wird als Grundgefühl die Seele durchwehen und durchwellen.

Und ist erst *dieses* Gefühl vorhanden, so kommt auch das andere, in dem der Mensch durch Christus sich hinausgehoben fühlt über das bloße Erdensein, indem er sich mit der Sternen-Umgebung der Erde eins fühlt und mit allem, was in dieser Sternen-Umgebung zu erkennen ist als Göttlich-Geistiges.

Und so mit dem geistigen Lichte. Der Mensch kann sich in seiner Menschenwesenheit voll erfühlen, indem er sich als freie Individualität gewahr wird. Aber eine Verfinsterung ist damit doch verbunden. Das Göttlich-Geistige der Urzeit leuchtet nicht mehr. Im Lichte, das der Christus dem Menschen-Ich bringt, ist das Urlicht wieder da. Es kann in solchem Zusammenleben mit dem Christus der beseligende Gedanke sonnenhaft die ganze Seele durchglänzen: Das uralt-herrliche göttliche Licht ist wieder da; es leuchtet, obwohl sein Leuchten kein naturhaftes ist. Und der Mensch vereinigt sich in der Gegenwart mit den geistigen kosmischen Leuchtekräften der Vergangenheit, in der er noch nicht eine freie Individualität war. Und er kann in *diesem* Lichte die Wege finden, die seine Menschenwesenheit recht führen, wenn er sich verständnisvoll in seiner Seele mit der Michael-Mission verbindet."

Diese Einsichten in die moderne Zeit, in das Wesen Michaels, in die Verbindung zu Michael und Christus in einem Gebiet, das außerhalb der unmittelbaren Gegenwart liegt, in den Kampf mit Ahriman, den Kampf mit Luzifer, sind Gaben, die Rudolf Steiner von seinem Krankenbett aus gab. Es scheint sein geistiges Testament zu sein, ein gewaltiger Aufruf an die Mitglieder, aber zugleich eine Prophetie. Luzifer und Ahriman stehen bereit, um mit ihren Scharen die Menschen zu inspirieren und hierdurch Prüfungen apokalyptischen Charakters auf die Erde zu bringen. Rudolf Steiner hinterließ die innere Michaelische Waffenrüstung, eine auf nicht einmal einhundert Buchseiten konzentrierte Zusammenfassung der Zeit ab 1879 – dem Beginn des Michael-Zeitalters – und einen Keim der Anthroposophie, eine durch seinen eigenen inneren Weg umgewandelte, metamorphosierte „Philosophie der Freiheit". Und in seinem Gespräch mit Ita Wegman wird deutlich, wie die Wirksamkeit Michaels mit jener anderen Offenbarung zusammenhängt, die er noch *vor* seinem Krankenlager gab. Das Karma, die gegenseitigen Schicksalszusammenhänge seiner nächsten Mitarbeiter in der Anthroposophie – eine Offenbarung, die nicht in der richtigen Weise aufgenommen wurde.[318]

„Er deutete gegenüber Wegman an, dass dies für ihn zur Folge haben würde, nicht länger in der Gesellschaft wirken zu können, denn dadurch würde klar, daß Michaels Wirksamkeit für die jetzige Zeit nicht erkannt würde; vor dieser Himmelsmacht, aus der *„die Gedanken der Dinge erfließen"*, sei die vollständige Erkenntnis dieser karmischen Zusammenhänge notwendig, sonst würde das wahre Menschenbild der Anthroposophie nicht wirksam sein können."

---

[318] Wer war Ita Wegman?, a.a.O. S. 240.

SIEBENTER TEIL

DER LEBENDIGE RUDOLF STEINER

ABSCHIED VOM ERDENWIRKEN

Das Wort „Tod" kann man für Rudolf Steiners Erdenabschied nicht verwenden. Auch „Sterben" ist unpassend. Wie er in „Wie erlangt man..." beschreibt, existiert für den Eingeweihten kein „Tod" mehr, er stirbt nicht mehr so, wie ein Nicht-Eingeweihter sterben muss. Er setzt seine Wirksamkeit in einem für Nicht-Eingeweihte unsichtbaren Gebiet fort. Für sie ist er „tot", ist er „gestorben". Er selbst bewohnte längst jenes Gebiet, das der gewöhnliche Mensch erst nach dem Tod betritt, für ihn war es nur das Ablegen eines Kleides, das Ablegen des physischen Leibes. Doch der Schmerz, nicht mehr so arbeiten zu können, wie er es stets getan hatte, sichtbar, fühlbar für die Mitmenschen, muss groß gewesen sein, schon in den Monaten des Krankenbettes. Gelassenheit und Schmerz schließen einander nicht aus. Man kann gelassen verrichten, was getan werden muss, und in dieser Gelassenheit dennoch leiden. Sein Werk setzte sich fort, aber er wurde für die Menschen auf Erden darin unwahrnehmbar.

Es gleicht einem welten-tragischen Augenblick, wenn man sich in dieses „Ablegen des physischen Leibes" lebendig vertieft. Er war noch „jung", er hätte noch jahrzehntelang seine Gaben schenken können. Dennoch ging er, gerade erst 64 Jahre alt, von „uns". Er hatte getan, was er in seinen „Leitsätzen" als Michael-Mission und Christus-Erleben beschrieben hatte. In ihm war das „Urlicht wieder da", das Licht und die Wärme von Christus und die Kraft Michaels. Ein durchgeistigter Mensch, durch den der von Gott verlassene Kosmos wieder zu strahlen, sich zu erwärmen begann, wodurch eine unsägliche Kraft im Erkennen frei wurde. Dies war wahrnehmbar gewesen, für jeden, der es „sehen" konnte. Eine Gemeinschaft von Anthroposophen mit einem Vorstand ohne Vorsitzenden blieb als entseelter Leib, als ein vom Geist verlassener Körper zurück.

Wenn man es auf diese Weise betrachtet, scheint die Auszehrung von Rudolf Steiners Leib fast zusammenzuhängen mit der Krankheit jenes anderen, kolossalen Leibes der Anthroposophischen Gesellschaft, den er angenommen hatte.

Manche Menschen denken, die Veränderungen in der Konstitution der AAG vom 8. Februar 1925, wo anders gehandelt wurde, als es mit Rudolf Steiner besprochen worden war,[319] seien (mit) eine Todesursache gewesen. Rudolf Steiner hat selbst immer betont, dass es um die *Menschen* ging, nicht um die Statuten oder die Konstitution. Im äußeren Sinne ist dies natürlich wichtig, und wenn man zuviel Inhalt darin aufnimmt, zu viele Beschränkungen formuliert, gibt dies Starrheit. Aber es ging um die individuellen Menschen in einer Gemeinschaft, Menschen mit derselben Willensrichtung, die *sich selbst* so formen wollen sollten, dass das Esoterische in *sie* hineinfließen könnte – und damit in die Gemeinschaft:[320]

„Und Sie werden sehen, die Statuten sind in einer Weise abgefaßt, daß alles Verwaltungsmäßige, alles, was jemals durch sich selber Veranlassung geben könnte, in Bürokratie umzuschlagen, aus diesen Statuten heraußen ist. Diese Statuten sind auf das rein Menschliche eingestellt. Sie sind nicht eingestellt auf Prinzipien, sie sind nicht eingestellt auf Dogmen, sondern in diesen Statuten ist etwas gesagt, was rein an das Tatsächliche und Menschliche anknüpft, meine lieben Freunde. In diesen Statuten ist gesagt: Hier in Dornach besteht das Goetheanum. Dieses Goetheanum ist in einer gewissen Weise geleitet. In diesem Goetheanum versucht man zu leisten diese und jene Arbeit. In diesem Goetheanum versucht man die Menschheitsentwickelung in dieser oder jener Weise zu fördern. Allein die Tatsache steht da, daß es ein Goetheanum gibt, daß mit diesem Goetheanum Menschen verbunden sind, die dies oder jenes in diesem Goetheanum tun und glauben, daß sie mit diesem Tun die Menschheitsentwickelung fördern.

Gerade bei dieser Gestaltung der Statuten ist versucht worden, von allem Prinzipiellen herauszuheben dasjenige, was hier begründet wer-

---

[319] Buchleitner, Karl: Das Schicksal der anthroposophischen Bewegung und die Katastrophe Mitteleuropas. Oratio Verlag, 1997. Rudolf Saacke, www.anthroposophie-online.de.
[320] Eröffnungsvortrag Rudolf Steiners bei der Weihnachtstagung, GA 260, S. 41f.

den soll, und es auf das reinst Menschliche zu stellen."

Guenther Wachsmuth schreibt in seinem Buch darüber:[321]

„Am 8. Februar 1925 fand jene wichtige konstituierende Versammlung statt, welche die geistigen Entscheidungen der Weihnachtstagung auch mit den Lebens- und Wirkensformen der Umwelt verband, welche Beschluß fasste über die Einordnung der Konstitution und Arbeitsgebiete der Hochschule und der Gesellschaft in die äußeren Rechtsformen, über die Statuten, die Gliederung des Gesellschaftsorganismus, dessen lebendige Struktur und zugleich dauernde Sicherung in den Stürmen der kommenden Zeit. Die Richtlinien, die Rudolf Steiner hierfür gab, wahrten immer die Einheit von geistiger Gesetzmäßigkeit und irdischer Form, das Wesen der Kontinuität und zugleich die Möglichkeit organischer Wandlung und zielsicheren Ausbaues. So geschah nun alles, um die zukünftige Entwicklungslinie der geistigen Bewegung, der Gesellschaft, der Hochschule, der Sektionen und aller aus der Geisteswissenschaft befruchteten Arbeitsgebiete als einer lebendigen Einheit zu gewährleisten."

Nach den Berichten war es Guenther Wachsmuth, der die Richtlinien von Rudolf Steiner empfing, und war er es auch, der in der von ihm erwähnten Versammlung eine andere Gliederung des Gesellschaftsorganismus – also nicht gemäß Steiners Richtlinien – annehmen ließ.
Man könnte sich vorstellen, dass dies, wenn hier von Unwahrhaftigkeit, von Lügen, die Rede ist, eine Ursache sein könne, dass Rudolf Steiner nicht mehr bleiben konnte. Der Grund wäre dann der Betrug durch ein oder mehrere Vorstandsmitglieder, also durch *Menschen*. Ob Guenther Wachsmuth wirklich etwas ganz anderes gemacht hat, als er mit Rudolf Steiner besprochen hatte, lässt sich meiner Ansicht nach nicht absolut beweisen.
In den Worten von Wachsmuth ist jedoch wohl schon etwas von dem späteren – bis heute zu findenden – Gemütszustand der Leitung der AAG zu „kosten", die die Überzeugung hat, dass die Wirkung der

---
[321] a.a.O., S. 622f.

Weihnachtstagung sich dank dieses „Wesen(s) der Kontinuität und zugleich (der) Möglichkeit organischer Wandlung und zielsicheren Ausbaues" bis heute fortsetze. Damit ist dann auch bis heute „alles gut, was getan wird", denn die AAG ist ein gesund konstituiertes, lebendiges Wesen, das gesund wächst und sich entwickelt – *trotz* der Menschen, ihrer Verstrickungen, geistlosen Einsichten, modernen Kommunikations-Abhängigkeit und so weiter.

Rudolf Steiner verließ das Erdenleben. Dieser Abschied muss eine unvorstellbare Wirkung gehabt haben. Wie immer bringt die Endgültigkeit der Trennung durch den Tod – und für die Zurückbleibenden war es sehr wohl ein „Tod" – erst wirklich ein Bewusstsein darüber, wer das ist, der nun nicht mehr sichtbar, hörbar, fühlbar ist. Das Bewusstsein dessen, was man unterlassen hat, was man hätte tun können und nicht getan hat, hätte fühlen können und nicht gefühlt hat, hätte erkennen können und nicht erkannt hat – all dies senkt sich nach dem Tod eines geliebten Menschen unwiderruflich hernieder, wie eine Art auf Erden zu erfüllendes Kamaloka für die Hinterbliebenen. Für sie muss diese Entbehrung unerträglich gewesen sein. Diese Unerträglichkeit wird einer der Gründe für den Streit gewesen sein, der ausbrach. Das menschliche Gefühlsleben sucht immer einen Ausweg aus unerträglichen Gefühlen, und das Temperament bestimmt mit, welcher Weg dieser Ausweg ist. Sich zurückziehen oder gerade äußerlich aktiv werden, einander die Schuld geben. Es scheint zu banal, um es aufzuschreiben, aber begreiflich ist es.

Wir blicken auf das ganze Werk Rudolf Steiners zurück, auf alles, was er in seinem Inneren entwickelt hat und was er an tief ergründeten Einsichten empfing und weitergab. Wir blicken auf einen Menschen, der gleichsam nichts anderes mehr konnte als bis zum aller-allerletzten Augenblick alles zu opfern, was er hatte und war. Die Quellen, die ich verwendet habe, um von bestimmten Geschehnissen zu zeugen – Wachsmuth, Wegman, Marie Steiner –, sprechen von diesem Menschen, mit dem sie zusammengelebt haben. Das gemütvollste Zeugnis ist sicher das von Ita Wegman, das reinste, aber vorwurfsvollste ist das von Marie Steiner, das abstrakteste das von Guenther Wachsmuth.

Abschied vom Erdenwirken

Man versuche, sich eine Vorstellung zu bilden, eine gemütvolle Vorstellung dieses begnadeten Menschen, Rudolf Steiners. Er muss von den göttlichen Hierarchien „gedacht worden" sein, als der Einweihungsweg an sich, als die Sternenerkenntnis an sich, im reinen, guten Sinne. Wie ist es, wenn man neben einem solchen Menschen gelebt hat, mit ihm gearbeitet hat? Wie ist es, wenn der Abschied da ist?

Und all diese Menschen, die ihm nicht so nahe kommen konnten, die ihn aber dennoch miterlebt haben...

Marie Savitch schreibt:[322]

„Am 28. März fand in Stuttgart eine Besprechung mit einigen Waldorflehrern über dieses letzte Problem statt. Und am 29. März, gleich nach dem Rezitationsabend, noch eine andere Besprechung. Nach dem Rezitationsabend bekam Marie Steiner die Nachricht, dass eine Verschlechterung in dem Zustande von Rudolf Steiner eingetreten sei, dass aber noch kein Grund zu einer besonderen Unruhe und Abreise nach Dornach vorliege. Dieses war eine Aussage von berufener Seite.
In den frühen Morgenstunden erhielt Marie Steiner die Nachricht, dass die Verschlechterung im Zustande Rudolf Steiners stark zunehme und dass sie nach Dornach zurückkehren müsste. – Trotz dem rasenden Tempo der Rückfahrt nach Dornach reichte die Zeit nicht mehr aus. (...) Marie Steiner war nicht bei dem Tode von Rudolf Steiner zugegen. In den letzten 24 Stunden seines irdischen Lebens, wie seit 23 Jahren, erfüllte sie seinen Auftrag und diente seinem Werk und seinen Intentionen.

Marie Steiner betrat das Atelier, wo Rudolf Steiner aufgebahrt war. Es waren viele Menschen da, die in ihrer Ergriffenheit nicht sofort realisierten, dass die Witwe Rudolf Steiners den Raum betrat; dann allmählich wichen alle von der Bahre. Tief beugte sich das Haupt Marie Steiners über das Haupt Rudolf Steiners, keine andere Äußerung kam von ihr. Eine Weile blieb sie stehen, ein Sessel wurde

---
[322] Marie Savitch: Marie Steiner-von Sivers, a.a.O., S. 157ff.

vorgeschoben und sie blieb noch eine Zeit im Atelier. Sie wachte dann bei ihm die Nächte hindurch und war viel allein im Atelier.
(...)
Bei der Totenfeier war Rudolf Steiner in der Schreinerei aufgebahrt. Die Züge seines Antlitzes, die Formschönheit seines Hauptes und seiner Hände waren jetzt vom Schimmer der Kerzen beleuchtet. Er lag in einem feierlichen Gewande, das einem Gewande einer Gestalt aus seinen Mysteriendramen glich. Alles war mit schwarzen Vorhängen verhängt. Dieses war der äussere Anblick. Der Raum selbst war erfüllt von dem Schmerz des Verlustes, den die Menschen erlebten. Es drang jetzt in die Menschen das Bewusstsein ein, dass sie ihn im Irdischen nicht mehr sehen, seine Worte nicht mehr hören, ihn nicht mehr würden sprechen können.
(...)
Die Erschütterung wuchs. Die Tage nach dem Tode Rudolf Steiners bis zur Kremation waren von solcher inneren Spannung erfüllt, dass viele es nur dadurch ertragen konnten, dass sie diese Tage in einem Zustande, der dem Traume gleich war, durchlebten. Bei der Kremation erhob sich das Erleben der höchsten Realität weit über die geistigen Kräfte der Anwesenden. Und wenn dieses mit voller Wachheit auch nur von wenigen erlebt wurde, so war es doch in jedem da: die Beziehung zu Rudolf Steiner im Geiste, die direkte Wirkung Rudolf Steiners aus dem Geiste. Vereint in ihren Mitgliedern war die Anthroposophische Gesellschaft während der Kremation zu einem geistigen Kräftezentrum erhoben.
Nach diesem gewaltigen, aller Kräfte überbeanspruchenden, erhabenen Geschehen kann man sich nicht wundern, dass eine Müdigkeit, eine Erschöpfung auch die Stärksten ergreifen konnte."

Ita Wegman beschreibt das Geschehen wie folgt:[323]

„Am Sonntag, 29 März, bemerkte Wegman eine Änderung in Rudolf Steiners Verhalten. Er erwachte mit Schmerzen. *„An diesem Morgen wurde nicht gearbeitet, zum ersten Mal."* [...] *„Er war außer-*

---
[323] Wer war Ita Wegman?, a.a.O., S. 244f.

ordentlich still und geduldig an diesem Tage und gab neue Angaben für seine Behandlung." [...] *"Um vier Uhr nachmittags wiederholten sich die Schmerzen, meine innere Unruhe wollte nicht weichen, ich bestand da-rauf, Frau Dr. Steiner, die in Stuttgart weilte, zu benachrichtigen."* Noll teilte ihre Unruhe nicht, doch konnte Wegman durchsetzen, daß Marie Steiner in Stuttgart angerufen wurde.

(...)

„Auch der Doktor zeigte gar nichts, was Veranlassung geben konnte zu Befürchtungen, er frug sogar, ob das Atelier nebenan bald fertig sein werde, damit er für das innere Modell des neuen Goetheanums arbeiten könne. So gingen wir in die Nacht hinein. Der Puls war etwas rascher wie sonst, aber kräftig und regelmäßig. Ich konnte mich nicht entschließen, mich hinzulegen und blieb auf und ließ das Licht brennen. Zu meinem großen Entstaunen ließ der Doktor dies zu, was ich noch nie durchsetzen konnte, wenn auch früher schon Zeiten waren, wo ich banger Sorge um sein Leben war. Was war dies? Auch Dr. Noll blieb im Nebenzimmer wachend. Die Vornacht ging ruhig vorüber, ich beobachtete jeden Atemzug und versenkte mich ins Gebet, um dieses teure Leben zu erhalten. Da bemerkte ich um 3 Uhr morgens eine leise Veränderung in den Atemzügen, sie wurden rascher, ich näherte mich dem Bette, er schlief nicht, schaute mich an und fragte mich, ob ich müde sei. Mit dieser Frage kam er mir zuvor, was mich unendlich rührte. Der Puls war jetzt nicht mehr so kräftig, als er gewesen war, auch viel rascher. Ich holte Dr. Noll, um zu beraten, was zu tun sei. Der Doktor war nicht erstaunt, ihn zu sehen so mitten in der Nacht und begrüßte ihn freundlich. „Es geht mir gar nicht schlecht", sagte er, „ich kann nur nicht schlafen". So machten wir das Licht aus. Aber um 4 Uhr rief er mich, weil die Schmerzen wiederkamen. „Und sobald es Tag wird, wollen wir die Behandlung fortsetzen, die ich angegeben habe", sagte er. Er wollte uns Ruhe gönnen, und mit diesem Satz gab er wieder den Beweis, daß er immer an Andere dachte und niemals an sich selbst. Wir warteten natürlich nicht auf den Tag und machten das, was notwendig war. Aber da veränderte sich bald die Situation, der Puls wurde schlechter, die Atemzüge rascher. Und wir mussten es erleben, daß dieses Leben allmählich verlöschte, und unser Führer, Lehrer und Freund von dem physischen Plan scheiden ging.

Das Weggehen war wie ein Wunder. Als ob es sich von selbst verstände, ging er. Es war mir, wie wenn im letzten Augenblick die Würfel der Entscheidung fielen. Und als sie gefallen waren, war kein Kampf, kein Versuch mehr da, auf der Erde bleiben zu wollen. Er schaute einige Zeit ruhig vor sich hin, sagte noch ein paar liebe Worte zu mir und schloß mit Bewußtsein die Augen und faltete die Hände. (Aus Ita Wegman, *Das Krankenlager, die letzten Tage und Stunden Dr. Steiners*, in *Nachrichtenblatt*, 2. Jg. Nr. 16, 19. April 1925, S. 62 f.)"

NACH DEM 30. MÄRZ 1925
Der lebendige Rudolf Steiner

„Auf die Bitte Frau Marie Steiners vollzog Friedrich Rittelmeyer die Weihehandlung, die Rudolf Steiners Geschenk an die Christengemeinschaft war. Am darauffolgenden Morgen wurde der Sarg zur Kremation geführt.
(...)
Bei der Einäscherungsfeier vereinte Albert Steffen den geliebten Lehrer und uns im Bild seines Wesens, das nur der Künstler in solcher lichten Vollendung zeichnen kann. Er sprach vom „Gottesfreund und Menschheitsführer". Und was in uns Erdenmenschen durch Rudolf Steiners Führung und Schulung als Gewissheit erstanden ist, was wir in seinem Geiste zu tun berufen sind, umfasste er in den Worten:
‚Er hat uns die Welt wiederum so gezeigt, daß wir wissen: sie ist aus Gott hervorgegangen. Er ist so gestorben, daß wir fühlen: Christus lebt in diesem Tode. Sein unsterblicher Geist möge in unseren Taten auferstehen. Wir wollen sie, so gut wir können, heiligen.'" [324]

Die lebendige Harmonie hatte sich in das Unsichtbare, Unhörbare zurückgezogen. Die Hinterbliebenen waren nicht genügend vorbereitet, ihn auch wirklich schauen zu können.
Die nun folgenden Jahre wurden zu einem Bild dieses ungenügenden esoterischen Erfülltseins, zu einem Bild schroffer Disharmonie.
In den Klassenstunden hatte Rudolf Steiner den Mitgliedern, den Schülern, den „Schwestern und Brüdern" die Anleitung gegeben, die innere Position unbegrenzt zu erweitern, um einen Standpunkt in der geistigen Welt zu finden, wo das irdische Selbst nur noch wie eine entfernte Erinnerung bleibt.
Danach hätte gestrebt werden müssen, in Zusammenhang mit den realen Karmaübungen und den tiefen Einsichten in die karmischen Verbindungen namentlich der Vorstandsmitglieder.
Aus dem Verlauf der Geschehnisse geht hervor, dass diese eigene in-

---
[324] Guenther Wachsmuth: Rudolf Steiners Erdenleben und Wirken, a.a.O., S. 625.

nere Harmonie nicht gefunden wurde, dass es keine reale Verbindung mit dem lebendigen Rudolf Steiner in der geistigen Welt gab – jedenfalls nicht bei allen Vorstandsmitgliedern. Worte sind leicht gesprochen, sie sind nichtssagend, wenn sie nicht von einer Wirklichkeit getragen werden. Und so ertönen bis heute nichtssagende Worte, die inzwischen nur noch *Hülsen* sind. Ich sage nichts über das Individuum, in dem einzelnen Menschen kann die aufrichtige Verbindung mit der anthroposophischen Harmonie sehr wohl innig erlebt werden. Sobald jedoch „Vorstandssprache" gesprochen wird, ist der Inhalt geringer als nichts.

Das Erdenleben Rudolf Steiners, auch die spirituelle Biografie, endete am 30. März 1925. Aber von dieser spirituellen Biografie aus müssen wir doch auch einen Versuch machen, eine wirkliche Einsicht in das Leben dieses Menschen zu erringen, wie es sich *nach* dem Ablegen des irdischen Kleides fortsetzte. Mir scheint, dass Ita Wegman noch die meiste Veranlagung hatte, darin etwas zu erreichen – auch wenn auch sie nicht imstande gewesen ist, die richtige irdische Form dafür zu finden; und dies war vielleicht auch nicht möglich.

Rudolf Steiner stand schon in der geistigen Welt. Der Unterschied nach dem 30. März ist, dass er nicht mehr wahrgenommen wurde. Vielleicht noch hier und da in einem Traum oder einer Vision, aber nicht exakt hellsichtig. Doch auch wenn man nicht so weit gehen kann, kann man versuchen, ein reales Bild des Geschehens zu formen. Das ist keine bloße Phantasie, das ist Imagination. Rudolf Steiner hat *alles* gegeben, was er hatte, hat den Mitgliedern der Vereinigung durch sich hindurch letztlich die lebendige Anthroposophia gegeben. Wie auch immer die Konstitution war, in jedem Fall konnte das Esoterische bis in jedes einzelne Mitglied empfangen werden, und dies verlief in dem Gesellschaftsgeschehen, wie es mit der Weihnachtstagung initiiert worden war. Was auch immer gesagt oder geschrieben wurde, Rudolf Steiner war der – einzige – Träger von Anthroposophia und der reale Leiter der esoterischen Schule, weil nur er die Offenbarungen empfangen und weitergeben konnte. Die geistige Welt *selbst* lebte ja in den Klassenstunden.

Nach dem 30. März 1925

Mit seinem Tod hörte dies unwiderruflich auf.

Nachdem Rudolf Steiner seinen Leib abgelegt hatte, konnte er nicht mehr der sinnlich wahrnehmbare Bringer der lebendigen Geisteswissenschaft sein. Am 30. März 1925 wird dieser lebendige Impuls also ebenfalls unwahrnehmbar, ist jedenfalls nicht mehr exakt hellsichtig wahrnehmbar.

Der lebendige Rudolf Steiner breitet sich in der geistigen Welt aus, aber seine größte Sorge wird doch der weitere Weg seiner Schüler auf Erden sein. Jederman, der in der Anthroposophie etwas Berechtigtes sieht, wird unter seinem geistigen Schutz stehen. Dann aber können wir uns doch vorstellen, dass auch die Menschen, die *nach* seinem Tode Mitglied wurden, in diesen Schutz eintraten und -treten? Dass überhaupt *alle* Menschen, die in der Anthroposophie etwas Berechtigtes sehen, also auch diejenigen, die nicht Mitglied werden, in sein geistiges Wesen aufgenommen werden?

Seit diesen vergangenen Jahrzehnten wird die *eigentliche* anthroposophische Gesellschaft also einen übersinnlichen Charakter haben, mit dem lebendigen Rudolf Steiner verbunden sein – *nicht* mit Statuten oder Konstitution oder Vorständen oder Gebäuden oder Institutionen. Wenn man das Bild in seiner Seele so malt, dann erscheint die äußere Institution immer mehr wie eine Schlacke, ein Rest. Insoweit er sich in Übereinstimmung mit dem lebendigen Rudolf Steiner halten könnte, könnte auch dieser Rest *lebendig* sein, selbst wenn es niemals wieder einen Vorstand mit einer lebendigen esoterischen Lehrmöglichkeit würde geben können.

Dagegen „sieht" man, wie Rudolf Steiner ein *geistiger Lehrer* ist, wie unzählige Seelen seine Schüler sind, ob sie nun auf Erden inkarniert sind oder nicht, ob sie Mitglied der Gesellschaft sind oder nicht. Es geht überhaupt nicht mehr um eine Gesellschaft, um Statuten, Sektionen, Institutionen, Konstitutionen. Es geht einzig und allein um Rudolf Steiner, wie er *jetzt* ist. Es ist auch Unsinn, wenn behauptet wird, wir hätten von Rudolf Steiner nur noch (eventuell magische) Worte auf Papier und könnten nur *so* zu ihm kommen. Worte sind ja noch sehr stark an den physischen Leib, an dessen Sprache gebunden. Gedanken sind dies viel weniger, geistige Bilder und lebendige Begriffe sind vollkommen leibfrei. Haben diese die Anthroposophie zum Inhalt, dann ist man vom Wesen des lebendigen Rudolf Steiner umhüllt. Ob er inzwischen wieder inkarniert ist, ist nur von relativer Bedeutung. Solange er nicht für die Sinne wahrnehmbar wird, ist er ein Meister im Geist, in der Seele des Anthroposophen.

In den „Post-Mortem-Briefen" von Helmuth von Moltke – das sind (durch Rudolf Steiner) aufgezeichnete Mitteilungen dieses Verstorbenen – wird sehr deutlich, wie ein Verstorbener mit seinen geliebten Menschen verbunden bleibt; ob diese in der geistigen Welt oder auf Erden sind, ist nur ein qualitativer Unterschied.

Wird sich Rudolf Steiner dann nicht mit all seiner Opferkraft auch jetzt um seine Schüler kümmern? *Da* liegt unsere Vereinigung, bei *ihm*. Er lehrt uns die Michael-Mission, das Mysterium von Golgatha, das Wesen der Gegenmächte. Sein auf dem Papier zu findendes Wort löst sich auf zu einem realen Geist-Erleben, zu einem bewussten Erleben der realen Verbindung mit ihm und seinem noch immer lebendigen, unterweisenden Wesen.

Wir können uns die ungeheure Ausbreitung seines Wesens vorstellen, die eintrat, als es nicht mehr durch einen Leib beschränkt war. Dies ist ein Gleichnis dafür, was hier auf Erden entstehen könnte. Rudolf Steiner, der *Lebendige*, ist unser „Vorsitz", ist derjenige, der die Gesellschaft der Anthroposophen führt, nicht ein Vorstand hier oder da. Der erstarrte Gesellschaftsleib kann die reale Ausbreitung der wirklichen, lebendigen Vereinigung der Anthroposophen nur einschränken. Fällt diese Einschränkung ab, dann breitet sich die Vereinigung mächtig aus, nach der Gesetzmäßigkeit, die in ihr liegt: Die Vereinigung des Menschen mit sich selbst und damit mit allen anderen.

Am 30. März 1925 verfiel die Weihnachtstagung, und vor allem verfiel die Freie Hochschule zu einem äußeren Institut. Es gibt keinen esoterischen Strom als allein den in dem individuellen Menschen, der in seinem Willen die Anthroposophie „will" und der sich damit der Vereinigung im Geiste und ihrem Vorsitzenden, dem lebendigen Rudolf Steiner, angeschlossen hat.

Dieser lebendige Impuls in zahllosen Individuen könnte auch die äußeren Ausbreitungen „beseelen" und dadurch heilen.

Rudolf Steiner ist kein Gott, das will ich hiermit nicht sagen. Er unterweist in Freiheit, und durch diese Unterweisung kann man zu

„Gott" kommen. Was in der Welt nach 1925 geschah, dem muss in unserer Zeit vorgebeugt werden – denn auch in unserer Zeit droht ja vergleichbar Schlimmes. Wir sind viele, unzählbar viele. Wir müssen nur unseren Lehrer als „Vorsitzenden" erkennen lernen und dann in Harmonie, im Einklang miteinander, zu einem „Halleluja" aufstehen.

DIE ERSCHEINUNG DES CHRISTUS IN DER ÄTHERISCHEN WELT

In der Zeit, in der in der Theosophischen Gesellschaft der „Stern des Ostens" aufzukommen begann – die Zeit der Bemühungen Leadbeaters und Besants, den jungen Krishnamurti als den wiedererschienenen Christus hinzustellen –, gab Rudolf Steiner an vielen Orten zahllose Vorträge, um die Wahrheit bezüglich dieser Wiederkunft zu offenbaren.

Christus sollte wirklich „wiederkehren", aber nicht in einer physischen Gestalt. Rudolf Steiner offenbarte, dass Christus, der Auferstandene, für den Eingeweihten immer in der Erdenumgebung zu finden war. Ein Eingeweihter kann sich zu einem Bewusstsein erheben, in dem der auferstandene Christus wahrgenommen werden kann. Der Hellseher fühlt sich dann in einem Land, das die östliche Mystik als das wunderbare Land Schamballa beschrieben hat. Gefühlsmäßig gibt es eine Übereinstimmung mit dem Gralsgeschehen, das mit den Worten besungen wird: „Im fernen Land, unnahbar unseren Schritten…". Ein Land, das Novalis dichterisch in seinem „Heinrich von Ofterdingen" besungen hat, ein Land in einem „Goldenen Zeitalter". So ist dieses nach Christi Auferstehung für Eingeweihte immer zugänglich gewesen. Paulus aber hatte vor Damaskus dieses Erlebnis des auferstandenen Christus ohne eine Einweihung in die Mysterien. Ihn überkam dieses Schauen, und er nannte sich einen „zu früh Geborenen".

Die Apostelgeschichte beschreibt das Ereignis im neunten Kapitel:[325]

„Saulus aber schnaubte noch mit Drohen und Morden gegen die Jünger des Herrn und ging zum Hohenpriester und bat ihn um Briefe nach Damaskus an die Synagogen, damit er Anhänger des neuen Weges, Männer und Frauen, wenn er sie dort fände, gefesselt nach Jerusalem führe.

---

[325] Übersetzung nach Luther.

Die Erscheinung des Christus in der ätherischen Welt

Als er aber auf dem Wege war und in die Nähe von Damaskus kam, umleuchtete ihn plötzlich ein Licht vom Himmel; und er fiel auf die Erde und hörte eine Stimme, die sprach zu ihm: Saul, Saul, was verfolgst du mich? Er aber sprach: Herr, wer bist du? Der sprach: Ich bin Jesus, den du verfolgst. Steh auf und geh in die Stadt; da wird man dir sagen, was du tun sollst.

Die Männer aber, die seine Gefährten waren, standen sprachlos da; denn sie hörten zwar die Stimme, aber sahen niemanden. Saulus aber richtete sich auf von der Erde; und als er seine Augen aufschlug, sah er nichts. Sie nahmen ihn aber bei der Hand und führten ihn nach Damaskus; und er konnte drei Tage nicht sehen und aß nicht und trank nicht.

Es war aber ein Jünger in Damaskus mit Namen Hananias; dem erschien der Herr und sprach: Hananias! Und er sprach: Hier bin ich, Herr. Der Herr sprach zu ihm: Steh auf und geh in die Straße, die die Gerade heißt, und frage in dem Haus des Judas nach einem Mann mit Namen Saulus von Tarsus. Denn siehe, er betet und hat in einer Erscheinung einen Mann gesehen mit Namen Hananias, der zu ihm hereinkam und die Hand auf ihn legte, damit er wieder sehend werde.

Hananias aber antwortete: Herr, ich habe von vielen gehört über diesen Mann, wie viel Böses er deinen Heiligen in Jerusalem angetan hat; und hier hat er Vollmacht von den Hohenpriestern, alle gefangen zu nehmen, die deinen Namen anrufen.

Doch der Herr sprach zu ihm: Geh nur hin; denn dieser ist mein auserwähltes Werkzeug, dass er meinen Namen trage vor Heiden und vor Könige und vor das Volk Israel. Ich will ihm zeigen, wie viel er leiden muss um meines Namens willen.

Und Hananias ging hin und kam in das Haus und legte die Hände auf ihn und sprach: Lieber Bruder Saul, der Herr hat mich gesandt, Jesus, der dir auf dem Wege hierher erschienen ist, dass du wieder sehend und mit dem Heiligen Geist erfüllt werdest.

Und sogleich fiel es von seinen Augen wie Schuppen und er wurde wieder sehend; und er stand auf, ließ sich taufen und nahm Speise zu sich und stärkte sich. Saulus blieb aber einige Tage bei den Jüngern in Damaskus.

Und alsbald predigte er in den Synagogen von Jesus, dass dieser Gottes Sohn sei. Alle aber, die es hörten, entsetzten sich und sprachen: Ist das nicht der, der in Jerusalem alle vernichten wollte, die diesen Namen anrufen, und ist er nicht deshalb hierher gekommen, dass er sie gefesselt zu den Hohenpriestern führe? Saulus aber gewann immer mehr an Kraft und trieb die Juden in die Enge, die in Damaskus wohnten, und bewies, dass Jesus der Christus ist.
Nach mehreren Tagen aber hielten die Juden Rat und beschlossen, ihn zu töten. Aber es wurde Saulus bekannt, dass sie ihm nachstellten. Sie bewachten Tag und Nacht auch die Tore, um ihn zu töten. Da nahmen ihn seine Jünger bei Nacht und ließen ihn in einem Korb die Mauer hinab.
Als er aber nach Jerusalem kam, versuchte er, sich zu den Jüngern zu halten; doch sie fürchteten sich alle vor ihm und glaubten nicht, dass er ein Jünger wäre. Barnabas aber nahm ihn zu sich und führte ihn zu den Aposteln und erzählte ihnen, wie Saulus auf dem Wege den Herrn gesehen und dass der mit ihm geredet und wie er in Damaskus im Namen Jesu frei und offen gepredigt hätte. Und er ging bei ihnen in Jerusalem ein und aus und predigte im Namen des Herrn frei und offen.
Er redete und stritt auch mit den griechischen Juden; aber sie stellten ihm nach, um ihn zu töten. Als das die Brüder erfuhren, geleiteten sie ihn nach Cäsarea und schickten ihn weiter nach Tarsus."

Dieses Erleben vor Damaskus, das Paulus als ein „zu früh Geborener" hatte, wird im 20. Jahrhundert für eine zunehmende Anzahl von Menschen *von Natur aus* möglich, d.h. *ohne* vorangehende Einweihung, ausschließlich auf der Basis einer reifen Seele, in der durch eine Seelen-Not oder ein schockierendes Geschehen das Zeiterleben „auseinanderweicht", um die Ewigkeit einzulassen: das Schauen von Christus in der Ätherwelt. Novalis hat in dem dritten seiner „Geistlichen Lieder" dieses Geschehen in Worte gefasst.

Wer einsam sitzt in seiner Kammer,
Und schwere, bittre Thränen weint,

Die Erscheinung des Christus in der ätherischen Welt

Wem nur gefärbt von Noth und Jammer
Die Nachbarschaft umher erscheint;

Wer in das Bild vergangner Zeiten
Wie tief in einen Abgrund sieht,
In welchen ihn von allen Seiten
Ein süßes Weh hinunter zieht; –

Es ist, als lägen Wunderschätze
Da unten für ihn aufgehäuft,
Nach deren Schloß in wilder Hetze
Mit athemloser Brust er greift.

Die Zukunft liegt in öder Dürre
Entsetzlich lang und bang vor ihm –
Er schweift umher, allein und irre,
Und sucht sich selbst mit Ungestüm.

Ich fall' ihm weinend in die Arme:
Auch mir war einst, wie dir, zu Muth,
Doch ich genas von meinem Harme,
Und weiß nun, wo man ewig ruht.

Dich muß, wie mich ein Wesen trösten,
Das innig liebte, litt und starb;
Das selbst für die, die ihm am wehsten
Gethan, mit tausend Freuden starb.

Er starb, und dennoch alle Tage
Vernimmst du seine Lieb' und ihn,
Und kannst getrost in jeder Lage
Ihn zärtlich in die Arme ziehn.

Mit ihm kommt neues Blut und Leben

In dein erstorbenes Gebein –
Und wenn du ihm dein Herz gegeben,
So ist auch seines ewig dein.
Was du verlohrst, hat er gefunden;
Du triffst bey ihm, was du geliebt:
Und ewig bleibt mit dir verbunden,
Was seine Hand dir wiedergiebt.

Rudolf Steiner offenbarte, dass dieser Wiederkunft Christi ein dramatisches Geschehen in der Ätherwelt zugrunde liegt. Im 19. Jahrhundert wurden die menschlichen Gedanken – die in der Ätherwelt leben – immer materialistischer, bezogen sich immer mehr auf die tote Natur und verloren vollkommen ihr *Leben*. Christus, der einmal in einem Menschenleib lebte, der gekreuzigt worden, gestorben, begraben worden und am dritten Tage auferstanden war, hatte in der Ätherwelt nun den Ätherleib eines Engelwesen als „Körper". In diesem trat durch die „Materialisierung" der Gedanken ein zweiter „Tod" ein, eine Art Ersticken durch das fehlende *Leben* in den Menschengedanken.

Auch aus diesem „Tod" ist Christus auferstanden, dies ist seine Auferstehung in der Ätherwelt. Unmittelbar damit hängt die Auferstehungskraft – als Möglichkeit – in unserem heutigen Denken zusammen. Von Natur aus wird das Denken immer materieller, immer „toter", aber in der Ätherwelt lebt die Auferstehung des Denkens, es ist Christus in der Ätherwelt.

Verstärkung des Denkens durch Übung in der Denktechnik, Konzentration im Denken, Meditation im Sinne des Erlebens und Anschauens *eines* Gedankenkomplexes bringen den Menschen dazu, nicht mehr ausschließlich die tote Denkspiegelung zu haben, sondern darin aufzuerstehen, zu erwachen, in einer ungeheuren Kraftwirkung, die bittersüße Seligkeit verleiht. Das ist Christus in der Ätherwelt. Er macht es möglich, aber Er *ist* es auch. Gefühlsmäßig ist es eine wehmütige Gnade, die sich bis zu einem Schmerzerleben verstärkt und doch zugleich die Glückseligkeit des inneren Schauens des auferstandenen Christus verleiht. Dieses Erleben *ruht* auf der ursprünglichen

Die Erscheinung des Christus in der ätherischen Welt

Totheit des Denkens und dem Leiden daran. Aber der mutvolle Einsatz, sich über den Tod hinauszuarbeiten, führt einen in Seine Hand, man erlangt eine gereifte Seele.

Man wird zum Ätherdenken erhoben, zu einem sich bewegenden Kräftefeld, das „räumliche Zeit" zu sein scheint, weil es anzuschauen ist. Das dabei auftretende Gemütserlebnis ist die Erscheinung von Christus in der Ätherwelt.

Dies ist der *bewusste Weg* zu dieser Erfahrung der Wiederkunft.

Der *natürliche Weg* kann nicht gewählt werden, er wird verliehen, als Gnade in der Not, selbstverständlich auch für gereifte Seelen.

In seinem ersten Mysteriendrama lässt Rudolf Steiner dies Theodora aussprechen:[326]

„Vor meinem Geiste steht ein Bild im Lichtesschein,
Und Worte tönen mir aus ihm;
In Zukunftzeiten fühl' ich mich,
Und Menschen kann ich schauen,
Die jetzt noch nicht im Leben.
Sie schauen auch das Bild,
Sie hören auch die Worte,
Sie klingen so:
Ihr habt gelebt im Glauben,
Ihr ward getröstet in der Hoffnung,
Nun seid getröstet in dem Schauen,
Nun seid erquickt durch mich.
Ich lebte in den Seelen,
Die mich gesucht in sich,
Durch meiner Boten Wort,
Durch ihrer Andacht Kräfte.
Ihr habt geschaut der Sinne Licht
Und musstet glauben an des Geistes Schöpferreich.
Doch jetzt ist euch errungen
Ein Tropfen edler Sehergabe,

---

[326] Die Pforte der Einweihung, GA 14, S. 28f.

O fühlet ihn in eurer Seele.

Ein Menschenwesen
Entringt sich jenem Lichtesschein.
Es spricht zu mir:
Du sollst verkünden allen,
Die auf dich hören wollen,
Daß du geschaut,
Was Menschen noch erleben werden.
Es lebte Christus einst auf Erden,
Und dieses Lebens Folge war,
Daß er in Seelenform umschwebt
Der Menschen Werden.
Er hat sich mit der Erde Geistesteil vereint.
Die Menschen konnten schauen ihn noch nicht,
Wie er in solcher Daseinsform sich zeigt,
Weil Geistesaugen ihrem Wesen fehlten.
Die sich erst künftig zeigen sollen.
Doch nahe ist die Zukunft,
Da mit dem neuen Sehen
Begabt soll sein der Erdenmensch.
Was einst die Sinne schauten
Zu Christi Erdenzeit,
Es wird geschaut von Seelen werden,
Wenn bald die Zeit erfüllt wird sein.

In den Vorträgen von 1910, die in dem Band „Das Ereignis der Christus-Erscheinung in der ätherischen Welt" gesammelt sind, formuliert Rudolf Steiners es unter anderem wie folgt:[327]

„Der Christus ist immer da, aber er ist in der geistigen Welt. Und wir können ihn erreichen, wenn wir uns in sie erheben. Und alle anthro-

---

[327] Vortrag vom 25.1.1910, GA 118, S. 29f. Die nächsten beiden Zitate: Vortrag vom 30.1.1910, S. 71, und vom 6.3.1910, S. 125 und 130.

posophische Lehre sollte sich in uns in den starken Wunsch umwandeln, dieses Ereignis an der Menschheit nicht spurlos vorübergehen zu lassen, sondern in der Zeit, die uns zur Verfügung steht, allmählich eine Menschheit heranzubilden, die reif sein möge, diese neuen Fähigkeiten in sich auszubilden und sich damit erneut mit dem Christus zu verbinden. Denn sonst müßte die Menschheit dann lange, lange warten, bis ihr wieder solch eine Gelegenheit gegeben werden könnte. Lange Zeit müßte sie warten: bis zu einer Wiederverkörperung der Erde. Ginge die Menschheit vorüber an diesem Ereignis der Wiederkunft des Christus, dann würde das Anschauen des Christus im Ätherleibe auf diejenigen beschränkt werden, welche sich durch eine esoterische Schulung willig erweisen, sich zu einem solchen Erleben zu erheben. Das Große aber, daß für die allgemeine Menschheit, für alle Menschen diese Fähigkeiten errungen würden, daß dieses große Ereignis verstanden würde durch die natürlich entwickelten Fähigkeiten aller Menschen, das würde für lange, lange unmöglich."

Deutlich ist also: Durch Einweihung ist das Erleben immer zu erreichen, und das bleibt auch so. Soll es jedoch eine natürliche Eigenschaft des Menschen werden, dann muss ein Verständnis für dieses Geschehen erweckt werden, das für alle Menschen zugänglich ist. Dann kann sich die natürliche Anlage entwickeln, ausgehend vom Verständnis, vom Erkennen.

„Jetzt aber entwickeln sich wieder Fähigkeiten, Übersinnliches zu schauen, Ätherisches zu schauen. Das hat dann zur Folge, daß ungefähr in jenem Zeitraum von 1930 bis 1940 eine Anzahl von Menschen, die die ersten Pioniere sein werden dieses ätherischen Hellsehens, dasjenige sehen werden, was der Christus in dieser unserer Zeit ist."

„Und das wird das Große, das Gewaltige des nächsten Zeitalters sein, daß für viele Menschen das Ereignis von Damaskus aufleben wird, daß für diejenigen Fähigkeiten, von denen eben gesagt worden ist, daß sie auftreten werden, der einmal in der geistigen Erdensphäre befindliche Christus wahrnehmbar wird, hereinleuchten wird. Indem die Menschen fähig werden, den Ätherleib zu sehen, werden sie den Ätherleib des Christus Jesus sehen lernen, wie der Paulus ihn gesehen hat. Das ist dasjenige, was als das Charakteristikum eines neuen Zeitalters beginnt, und was bei den ersten Vorläufern der Menschen mit diesen Fähigkeiten sich schon zwischen 1930 bis 1940/45 zeigen wird.

(...)

Die Menschheit wird wiederum hineinwachsen in das Land Schamballa durch normale menschliche Fähigkeiten, aus dem sich Kraft und Weisheit die Eingeweihten zu holen haben für ihre Mission. Schamballa gibt es, Schamballa gab es, Schamballa wird wieder da sein für die Menschheit. Und zu dem ersten, was die Menschen erblicken werden, wenn Schamballa sich wieder zeigen wird, wird der Christus in seiner Äthergestalt gehören. Es gibt keinen andern Führer für die Menschheit in das von den orientalischen Schriften für verschwunden erklärte Land, als den Christus. Der Christus wird die Menschen nach Schamballa führen."

Das war 1910. Aber am Ende seiner Wirksamkeit, wirklich in den letzten Wochen, wirft Rudolf Steiner einen prophetischen Blick auf das 20. Jahrhundert und macht hier Aussagen, die schockierend, erschütternd sind. In dem Kurs für die Priester der Christengemeinschaft sagt er in dem Vortrag vom 12. September 1924 folgendes – und damit werfen wir einen Blick in die Zeit nach dem Tode Rudolf Steiners, eine Zeit, die uns „von dieser Seite aus" wohlbekannt ist, die wir durch sein Geistesauge jedoch auch „von jener Seite" betrachten können:[328]

„Zweimal ist 666 erfüllt worden. Es ist jetzt die Zeit, in der in der geistigen Welt von Sorat und den anderen Gegendämonen alle Anstalten gemacht werden, um das Sonnenprinzip nicht auf die Erde hereinzulassen, um das aber, vorbereitend seine neue Herrschaft, Michael kämpft mit seinen Scharen, Michael, der der Erdenregent war vor dem Mysterium von Golgatha, etwa zur Alexanderzeit, und der

---

[328] GA 346, S. 120ff.

Die Erscheinung des Christus in der ätherischen Welt

dann abgelöst wurde von anderen Erzengeln, von Oriphiel, Anael, Zachariel, Raphael, Gabriel, und der seit dem letzten Drittel des 19. Jahrhunderts wiederum die Erdenherrschaft hat, um in seiner Art weiterzuarbeiten für den Christus, für den er gearbeitet hat, bis seine vorige Herrschaft zu Ende war, ungefähr bis zum Ende der Alexanderherrschaft. Jetzt ist Michael wieder da auf der Erde, jetzt aber, um auf der Erde dienstbar zu werden in der Vorbereitung des Christus und des tieferen Verständnisses für den Christus-Impuls.

(...)

Aus dem, was da in den Anschauungen der alten Mysterienweisheit und in dem prophetischen Schauen künftiger Mysterienweisheit lebte, folgt, daß die Menschen, die das sozusagen innere Christentum annehmen, das vergeistigte Christentum, die hinschauen in bezug auf den Christus zum Sonnengenius, daß diese Menschen mit einer Beschleunigung ihrer Evolution am Ende dieses 20. Jahrhunderts wiedererscheinen werden. Und alles das, meine lieben Freunde, was wir jetzt in diesem Zeitalter tun können, indem wir die Spiritualität der Lehre ergreifen, ist von großer Bedeutung, denn wir tun es für die Menschen in diesem Zeitalter sub specie aeternitatis. Es ist eine Vorbereitung für dasjenige, was, zunächst in großen, umfassenden, intensiven Geistestaten, geschehen soll am Ende des Jahrhunderts, nachdem viel vorangegangen ist, was einer Spiritualisierung der modernen Zivilisation widersetzlich ist.

(...)

Wir haben jetzt bevorstehend das Zeitalter der dritten 666: 1998. Zum Ende dieses Jahrhunderts kommen wir zu dem Zeitpunkt, wo Sorat wiederum aus den Fluten der Evolution am stärksten sein Haupt erheben wird, wo er sein wird der Widersacher jenes Anblickes des Christus, den die dazu vorbereiteten Menschen schon in der ersten Hälfte des 20. Jahrhunderts haben werden durch die Sichtbarwerdung des ätherischen Christus. Es wird nur noch zwei Drittel des Jahrhunderts dauern, bis Sorat in mächtiger Weise sein Haupt erheben wird.

(...)

Und noch vor Ablauf dieses Jahrhunderts wird er sich zeigen, indem er in zahlreichen Menschen auftreten wird als diejenige Wesenheit, von der sie besessen sind. Man wird Menschen heraufkommen sehen,

von denen man nicht wird glauben können, daß sie wirkliche Menschen seien. Sie werden sich in einer eigentümlichen Weise auch äußerlich entwickeln. Sie werden äußerlich intensive starke Naturen sein mit wütigen Zügen, Zerstörungswut in ihren Emotionen. Sie werden ein Antlitz tragen, in dem man äußerlich eine Art Tierantlitz sehen wird. Die Soratmenschen werden auch äußerlich kenntlich sein, sie werden in der furchtbarsten Weise nicht nur alles verspotten, sondern alles bekämpfen und in den Pfuhl stoßen wollen, was geistiger Art ist. Man wird es erleben zum Beispiel in dem, was gewissermaßen konzentriert ist auf engem Raume in seinen Keimen im heutigen Bolschewismus, wie das eingefügt werden wird in die ganze Erdenentwickelung der Menschheit.
(...)
Auf das Hineintreten des Michael in die geistige Evolution der Menschheit mit dem Ende des 19. Jahrhunderts und des ätherischen Christus in der ersten Hälfte des 20. Jahrhunderts wird folgen das Hereintreten des Sonnendämons vor Ablauf dieses Jahrhunderts."

Und am 20. September 1924, nur wenige Tage vor dem Abbruch der Vorträge, sagt Rudolf Steiner in demselben Zyklus:[329]

„1933, meine lieben Freunde, bestünde die Möglichkeit, daß die Erde mit allem, was auf ihr lebt, zugrunde ginge, wenn nicht die andere weise Einrichtung da wäre, die sich nicht errechnen läßt. (...) Man müßte im Sinne des Apokalyptikers sagen: Ehe denn der ätherische Christus von den Menschen in der richtigen Weise erfaßt werden kann, muß die Menschheit erst fertig werden mit der Begegnung des Tieres, das 1933 aufsteigt. –"

Bekanntlich kam 1933 Hitler an die Macht, er hat in seiner Person und in seinen Anhängern die „Sorat-Menschen" erlebbar gemacht.

Es wird wohl so sein, dass Rudolf Steiner nach dem 30 März 1925 sein Werk in Geistestaten besser tun konnte, als es ihm auf Erden

---

[329] Ebd., S. 239f.

Die Erscheinung des Christus in der ätherischen Welt

möglich war. Wir, die Menschheit, mussten diese Konfrontation mit Sorat ohne seine irdische Anwesenheit durchmachen. In der Geschichte der Anthroposophischen Gesellschaft ist nach 1925 deutlich eine Spiegelung dieser Konfrontation wahrnehmbar.

Schulen wir unseren Blick *so*, dass wir ihn geeignet machen, mit Bewusstsein in der Ätherwelt und den höheren Welten weilen zu können.

Dort wartet auf uns ein Mensch, der liebste, der weiseste, der kräftigste ... Rudolf Steiner, der lebendige; dort wartet auf uns ein Erzengel, Michael, ernst, der uns zu dem allerhöchsten Wesen führen will; dort wartet auf uns Gott selbst, der uns in ätherischer Gestalt erwartet, Christus.

DER GRUNDSTEIN

Menschenseele!
Du lebest in den Gliedern,
Die dich durch die Raumeswelt
Im Geistesmeereswesen tragen:
Übe Geist-Erinnern
In Seelentiefen,
Wo in waltendem
Weltenschöpfer-Sein
Das eigne Ich
Im Gottes-Ich
Erweset;
Und du wirst wahrhaft leben
Im Menschen-Welten-Wesen.

Denn es waltet der Vater-Geist der Höhen
In den Weltentiefen Sein-erzeugend.
Seraphim, Cherubim, Throne,
Lasset aus den Höhen erklingen,
Was in den Tiefen das Echo findet;
Dieses spricht:
Ex Deo Nascimur.
Das hören die Elementargeister
Im Osten, Westen, Norden, Süden:
Menschen mögen es hören.

Menschenseele!
Du lebest in dem Herzens-Lungen-Schlage,
Der dich durch den Zeitenrhythmus
Ins eigne Seelenswesensfühlen leitet:
Übe Geist-Besinnen
Im Seelengleichgewichte,

Der Grundstein

Wo die wogenden
Welten-Werde-Taten
Das eigne Ich
Dem Welten-Ich
Vereinen;
Und du wirst wahrhaft fühlen
Im Menschen-Seelen-Wirken.

Denn es waltet der Christus-Wille im Umkreis
In den Weltenrhythmen Seelen-begnadend.
Kyriotetes, Dynamis, Exusiai,
Lasset vom Osten befeuern,
Was durch den Westen sich gestaltet;
Dieses spricht:
In Christo morimur.
Das hören die Elementargeister
Im Osten, Westen, Norden, Süden:
Menschen mögen es hören.

Menschenseele!
Du lebest im ruhenden Haupte,
Das dir aus Ewigkeitsgründen
Die Weltgedanken erschließet:
Übe Geist-Erschauen
In Gedanken-Ruhe,
Wo die ew`gen Götterziele
Welten-Wesens-Licht
Dem eignen Ich
Zu freiem Wollen
Schenken;
Und du wirst wahrhaft denken
In Menschen-Geistes-Gründen.

Denn es walten des Geistes-Weltgedanken
Im Weltenwesen Licht-erflehend.
Archai, Archangeloi, Angeloi,

Lasset aus den Tiefen erbitten,
Was in den Höhen erhöret wird;
Dieses spricht:
Per spiritum sanctum reviviscimus.
Das hören die Elementargeister
Im Osten, Westen, Norden, Süden:
Menschen mögen es hören.

*

In der Zeiten Wende
Trat das Welten-Geistes-Licht
In den irdischen Wesensstrom;
Nacht-Dunkel
Hatte ausgewaltet;
Taghelles Licht
Erstrahlte in Menschenseelen;
Licht,
Das erwärmet
Die armen Hirtenherzen;
Licht,
Das erleuchtet
Die weisen Königshäupter.

Göttliches Licht,
Christus-Sonne,
Erwärme
Unsere Herzen;
Erleuchte
Unsere Haupter;
Daß gut werde,
Was wir aus Herzen
Gründen,
Aus Häuptern
Zielvoll führen wollen.

Zweites Goetheanum, Dornach/Schweiz

NACHWORT

Diese spirituelle Biographie bleibt unvollständig, unvollkommen, unvollendet. Es könnte noch Jahre daran gearbeitet werden, und dann wäre sie noch immer nicht vollkommen. Ich habe mich darauf beschränkt, dem innerlichen Weg Rudolf Steiners zu folgen, und habe die Persönlichkeiten, die dabei unentbehrlich waren, kaum genannt. Ich habe bewusst davon abgesehen, weil ich mich nun einmal beschränken musste. Auch ist die Auswahl der Themen sehr unvollständig geblieben. Ich habe versucht, den Menschen der Philosophie der Freiheit bis zu seinem Tod in den Verwandlungen dieser Philosophie der Freiheit zu folgen: Er erscheint wieder in der Grundsteinmeditation, in den Mantren der Klassenstunden; er erscheint in den Leitsätzen noch einmal in Keimform zusammengeballt. Und auch ‚nach Tausenden von Jahren' wird es die Philosophie der Freiheit sein, die vom Werk Rudolf Steiners geblieben sein wird...

Baarle Nassau, Oktober 2011.

LITERATUR

Rudolf Steiner Gesamtausgabe

GA 1   Einleitungen zu Goethes Naturwissenschaftlichen Schriften.
GA 2   Grundlinien einer Erkenntnistheorie der Goetheschen Weltanschauung, mit besonderer Rücksicht auf Schiller.
GA 3   Wahrheit und Wissenschaft.
GA 4   Die Philosophie der Freiheit.
GA 4a Dokumente zur „Philosophie der Freiheit".
GA 5   Friedrich Nietzsche, ein Kämpfer gegen seine Zeit.
GA 6   Goethes Weltanschauung.
GA 7   Die Mystik im Aufgange des neuzeitlichen Geisteslebens und ihr Verhältnis zur modernen Weltanschauung.
GA 8   Das Christentum als mystische Tatsache und die Mysterien des Altertums.
GA 9   Theosophie.
GA 10 Wie erlangt man Erkenntnisse der höheren Welten?
GA 11 Aus der Akasha-Chronik.
GA 12 Die Stufen der höheren Erkenntnis.
GA 13 Die Geheimwissenschaft im Umriß.
GA 14 Vier Mysteriendramen.
GA 15 Die geistige Führung des Menschen und der Menschheit.
GA 16 Ein Weg zur Selbsterkenntnis des Menschen.
GA 17 Die Schwelle der geistigen Welt.
GA 18 Die Rätsel der Philosophie.
GA 20 Vom Menschenrätsel.
GA 21 Von Seelenrätseln.
GA 22 Goethes Geistesart.
GA 23 Die Kernpunkte der Sozialen Frage.
GA 24 Aufsätze über die Dreigliederung des sozialen Organismus und zur Zeitlage 1915-1921.

GA 25	Kosmologie, Religion und Philosophie.
GA 26	Anthroposophische Leitsätze.
GA 27	Grundlegendes für eine Erweiterung der Heilkunst.
GA 28	Mein Lebensgang.
GA 35	Philosophie und Anthroposophie.
GA 36	Der Goetheanumgedanke inmitten der Kulturkrisis der Gegenwart.
GA 40	Wahrspruchworte.
GA 40a	Sprüche, Dichtungen, Mantren. Ergänzungsband.
GA 44	Entwürfe, Fragmente und Paralipomena zu den vier Mysteriendramen.
GA 78	Anthroposophie, ihre Erkenntniswurzeln und Lebensfrüchte.
GA 93	Die Tempellegende und die Goldene Legende.
GA 93a	Grundelemente der Esoterik.
GA 95	Vor dem Tore der Theosophie.
GA 99	Die Theosophie des Rosenkreuzers.
GA 118	Das Ereignis der Christus-Erscheinung in der ätherischen Welt.
GA 119	Makrokosmos und Mikrokosmos.
GA 124	Exkurse in das Gebiet des Markus-Evangeliums.
GA 126	Okkulte Geschichte.
GA 128	Eine okkulte Physiologie.
GA 133	Der irdische und der kosmische Mensch.
GA 134	Die Welt der Sinne und die Welt des Geistes.
GA 135	Wiederverkörperung und Karma.
GA 137	Der Mensch im Lichte von Okkultismus, Theosophie und Philosophie.
GA 148	Aus der Akasha-Forschung. Das Fünfte Evangelium.
GA 156	Okkultes Lesen und Okkultes Hören.
GA 189	Die soziale Frage als Bewußtseinsfrage.
GA 202	Die Brücke zwischen der Weltgeistigkeit und dem Physischen des Menschen.
GA 211	Das Sonnenmysterium und das Mysterium von Tod und Auferstehung.
GA 217	Geistige Wirkenskräfte im Zusammenleben von alter und

	junger Generation.
GA 219	Das Verhältnis der Sternenwelt zum Menschen und des Menschen zur Sternenwelt. Die geistige Kommunion der Menschheit.
GA 221	Erdenwissen und Himmelserkenntnis.
GA 233	Die Weltgeschichte in anthroposophischer Beleuchtung und als Grundlage der Erkenntnis des Menschengeistes.
GA 233a	Mysterienstätten des Mittelalters.
GA 235-240	Esoterische Betrachtungen karmischer Zusamenhänge.
GA 243	Das Initiatenbewusstsein.
GA 245	Anweisungen für eine esoterische Schulung.
GA 259	Das Schicksalsjahr 1923 in der Geschichte der Anthroposophischen Gesellschaft.
GA 260	Die Weihnachtstagung zur Begründung der Allgemeinen Anthroposophischen Gesellschaft 1923/24.
GA 262	Rudolf Steiner / Marie Steiner-von Sivers: Briefwechsel und Dokumente 1901-1925.
GA 264	Zur Geschichte und aus den Inhalten der ersten Abteilung der Esoterischen Schule 1904 bis 1914.
GA 265	Zur Geschichte und aus den Inhalten der erkenntniskultischen Abteilung der Esoterischen Schule von 1904 bis 1914.
GA 266	Aus den Inhalten der Esoterischen Stunden, I-III.
GA 269	Ritualtexte für die Feiern des freien christlichen Religionsunterrichtes.
GA 270	Esoterische Unterweisungen für die erste Klasse der Freien Hochschule für Geisteswissenschaft am Goetheanum 1924.
GA 277	Eurythmie – Die Offenbarung der sprechenden Seele.
GA 279	Eurythmie als sichtbare Sprache.
GA 287	Der Dornacher Bau als Wahrzeichen geschichtlichen Werdens und künstlerischer Umwandlungsimpulse.
GA 288	Stilformen des Organisch-Lebendigen.
GA 293	Allgemeine Menschenkunde als Grundlage der Pädagogik.
GA 312	Geisteswissenschaft und Medizin.

GA 313	Geisteswissenschaftliche Gesichtspunkte zur Therapie.
GA 314	Physiologisch-Therapeutisches auf Grundlage der Geisteswissenschaft.
GA 315	Heileurythmie.
GA 316	Meditative Betrachtungen und Anleitungen zur Vertiefung der Heilkunst.
GA 317	Heilpädagogischer Kurs.
GA 318	Pastoralmedizinischer Kurs.
GA 319	Anthroposophische Menschenerkenntnis.
GA 322	Grenzen der Naturerkenntnis.
GA 342-346	Vorträge und Kurse über christlich-religiöses Wirken I-V.

WEITERE LITERATUR

Platon: Kratylos.

Platon: Parmenides.

Aristoteles: De eerste filosofie. Historische Uitgeverij 2002.

Ovid: Metamorphosen.

Thomas von Aquino: Der Prolog des Johannes-Evangeliums. Freies Geistesleben, 1993.

Thomas von Aquino: Sentenzen über Gott und die Welt. Johannes Verlag, 2000.

Pieper, Josef: Die Scholastik. Kösel, 1998.

Pieper, Josef: Thomas von Aquin. Leben und Werk. Kösel, 2000.

Rath, Wilhelm: Rudolf Steiner und Thomas von Aquin. Perseus, 1991.

Wiesberger, Hella: „Rudolf Steiners Lebenswerk in seiner Wirklichkeit ist sein Lebensgang. Die drei Jahre 1879-1882 als eigentliche Geburts-Zeit der Anthroposophischen Gesellschaft." Beiträge zur Gesamtausgabe Nr. 49.

Steiner, Rudolf: Brief an Friedrich Eckstein von Ende November 1890, GA 39, S.

Rittelmeyer, Friedrich: Meine Lebensbegegnung mit Rudolf Steiner. Urachhaus, 1983.

Wachsmuth, Guenther: Rudolf Steiners Erdenleben und Wirken. Philosophisch-Anthroposophischer Verlag am Goetheanum, 1964.

Lindenberg, Christoph: Rudolf Steiner. Eine Biographie. Freies Geistesleben, 1997.

Schubert, Ilona: Selbsterlebtes im Zusammensein mit Rudolf Steiner und Marie Steiner. Zbinden Verlag, 1977.

Meyer, Thomas: Rudolf Steiners „eigenste Mission". Perseus Verlag, 2009.

Zander, Helmut: Anthroposophie in Deutschland. Vandenhoeck & Ruprecht, 2007.

Zander, Helmut: Rudolf Steiner. Die Biographie. Piper, 2011.

Gebhardt, Miriam: Rudolf Steiner. Ein moderner Prophet. Deutsche Verlags-Anstalt, 2011.

Ullrich, Heiner: Rudolf Steiner. Leben und Lehre. Verlag C.H. Beck, 2011.

Meyer, Thomas: Helmuth von Moltke. 2 Bde. Perseus Verlag, 2005.

Teichmann, Frank: Die Entstehung der Anthroposophischen Gesellschaft auf mysteriengeschichtlichem Hintergrund. Freies Geistesleben, 2002.

Fant, Ake; Klingenborg, Arne; Wilkes, A. John: Die Holzplastik Rudolf Steiners in Dornach. Verlag am Goetheanum, 1981.

Wegman, Ita: Im Anbruch des Wirkens für eine Erweiterung der Heilkunst nach geisteswissenschaftlicher Menschenkunde. Natura-Verlag, 1956. (darin enthalten u.a. der genannte Aufsatz).

Grosse, Erdmuth Johannes, Das Rätsel des Urvorstandes. Blicke auf die Konflikte in der Anthroposophischen Gesellschaft nach Rudolf Steiners Tod. Eine karmisch-psychologische Betrachtung. Verlag am Goetheanum, 2007.

Kirchner-Bockholt, Margarete und Erich: Die Menschheitsaufgabe Rudolf Steiners und Ita Wegman. Verlag am Goetheanum, 1981.

Zeylmans von Emmichhoven, J.E.: Wer war Ita Wegman? Band 1, 2 und 3. Edition Georgenberg, 1990.

Buchleitner, Karl: Das Schicksal der anthroposophischen Bewegung und die Katastrophe Mitteleuropas. Oratio Verlag, 1997.

Savitch, Marie: Marie Steiner-von Sivers, Rudolf Steiner Press, London, 1967.

Stein, Walter Johannes: Die Weltgeschichte im Lichte des heiligen Gral. Das neunte Jahrhundert. Ch. Mellinger Verlag, 1986.

Saacke, Rudolf: Die Formfrage der Anthroposophischen Gesellschaft und die Innere Opposition gegen Rudolf Steiner, Books on Demand, 2000.